침례교신학 톺아보기

논쟁과 대화로 탐색하는 조직신학체계

Questing for Baptist Systematic Theology
in Debate and Dialogue

김용복 지음

침례신학대학교출판부

프롤로그

　침례신학대학교에서 20년 넘게 침례교신학과 조직신학을 가르쳐왔지만, '침례교 조직신학'(the baptist systematic theology)이라는 단어는 여전히 사용하는 데 어려움이 있다. 특히 "침례교의 조직신학이 무엇인가?"라는 질문을 받을 때면 그 어려움은 난처함으로 바뀐다. 왜냐하면 이 질문 속에는 침례교를 대표할 수 있는 유일한 '조직신학체계'를 제시하라는 의미가 담겨있기 때문이다. 즉, 이는 다른 교단들이 그들만의 '교단신학'을 가지고 있듯이, 침례교회를 대표하는 신학적 입장이 무엇인가를 묻는 것이다. 이런 요구는 침례교단 밖에서 뿐 아니라, 교단 안에서도 계속해서 일어나는 문제다. 그래서 어떤 이는 "이게 바로 침례교조직신학이다"라고 말할 수 있는 책을 만들어 달라고 요청하기도 한다. 하지만 전체 침례교회를 대표할 수 있는 유일한 조직신학체계는 존재하지 않는다. 만일 누가 그것을 제시한다면, 아마도 수많은 침례교인들은 그것을 '반(反)' 침례교적이라고 비판하게 될 것이다. 왜 그러한가? 그것을 이해하기 위해서는 침례교회가 출현한 배경과 걸어온 역사를 돌아보아야 한다.

　침례교회의 기원은 17세기에 영국 성공회에서 분리되어 나온 일단의 '분파운동'(sect movement)에서 찾을 수 있다. 그 과정에서 침례교회는 '일반'(general) 침례교회와 '특수'(special) 침례교회로 나뉘어 시작되었다. 그런데 문제는 일반침례교회가 아르미니우스주의신학을 표방했고, 특수침례교회는 칼뱅주의신학을 주장했다는 데 있다. 이는 처음부터 침례교회가 서로 다른 구원론적 신학체계(즉, 칼뱅주의와 아르미니우스주의) 안에서 동일한 교회론적 이상과 가치를 들고 나온 사람들이라는 의미를 가진다. 따라서 침례교조직신학을 칼뱅주의라고 말할 수 없고 아르미니우스주의라고도 규정할 수 없지만, 반대로 칼뱅주의라고도 말할 수 있고 아르미니우스주의라고도 볼 수 있다. 침례교회 안에 공존하는 이런 신학적 다양성으로 인해 일찍부터 침례교인들은 신학적으로 더 많은 논쟁과 대화를 하지 않을 수 없었고, 그 결과 제3의 대안적 신학을 창출하기도 했다. "두 명의 침례교인이 만나면 세 가지 사상이 나온다"는 말은 이런 상황을 적절히 반영하고 있다.

침례교조직신학을 하나로 체계화하거나 규정하는 일이 '반침례교적'이라하더라도, 그것이 침례교인들은 신학체계를 무시하거나 어떤 신학적 입장도 주장하지 않는다는 말은 아니다. 오히려 침례교인들은 시대와 지역에 따라 다양하게 자신들의 신학 입장을 적극적으로 표명해왔다. 다만 그런 신학 입장이 절대화되지 않았고 다양한 신학 견해를 존중하는 전통을 유지하려고 노력해왔다는 데 남다른 특징이 있다. 그러므로 전체 침례교회를 대표하는 '신조화된' 침례교조직신학을 말할 수는 없지만, 특정 지역과 시대를 반영하는 '하나의' 침례교조직신학은 얼마든지 신앙고백이라는 형식으로 제시될 수 있다. 18세기 영국 일반침례교회의 조직신학이나 19세기 영국 특수침례교회의 조직신학, 혹은 20세기 미국 남침례교의 조직신학이 여러 차례 신앙고백을 통해 그들 나름의 합의를 이루었다는 것은 그 예가 될 것이다.

따라서 21세기 한국 침례교회의 조직신학체계를 세워나가는 일은 언제든지 가능하다. 그 일을 위해서는 두 가지 작업이 필요하다. 하나는 한국에서 침례교회가 시작된 역사를 신학적으로 분석하여 우리에게 주어진 신학전통과 유산을 정립하는 일이다. 다른 하나는 그 신학유산을 토대로 오늘날 침례교회들이 신앙과 신학의 합의를 도출해내는 일이다. 아쉽게도 지금까지 한국 침례교회는 총회차원에서 신학체계를 갖춘 우리의 신앙고백서를 채택한 적이 없다는 점에서 이 일은 교단의 정체성 확립을 위해 반드시 필요하고 시급한 과제라고 하지 않을 수 없다.

이 책은 침례교의 신학정체성을 반성하고 정립하기 위해 그동안 필자가 발표했던 논문들을 모아 재구성한 것이다. 여기에 수록된 대부분의 글은 1999년부터 최근까지 침례신학대학교 교수논문집인 「복음과 실천」에 게재했던 논문들과, 침례교신학에 관해 기획 출판된 단행본들에 기고했던 논문들이다. 이 작업들을 통해 보여주려고 했던 연구 목적은 세 가지로 정리될 수 있다. 첫째는 침례교조직신학이라는 큰 그림을 파악하는 것이다. 둘째는 침례교 안에 공존하는 다양한 신학적 스펙트럼을 분석하고, 첨예한 신학논쟁들을 정리하는 것이다. 셋째는 한국 침례교회의 조직신학 전통을 탐구하고 그 정체성을 정립하는 것이다. 책명을 "침례교신학 톺아보기: 논쟁과 대화로 탐색하는 조직신학체계"라고 한 것은 한국 침례교조직신학의 정립을 지향하는 데 목적이 있음을 반영한 것이다.

이 책의 구성도 이런 연구목적에 따라 세 부분으로 이루어졌다. 제1부는 현재 논쟁적인 신학주제를 침례교조직신학의 관점에서 정리한 논문들로 구성되었다. 이 주제들은 침례교회뿐 아니라 기독교공동체 안에서 끊임없이 갈등을 불러일으키는 주제다. 제2부는 침례교조직신학의 특성과 체계를 이해하기 위해 연구한 논문들을 모았다. 침례교회 안에는 극단적 칼뱅주의로부터 이신론적 아르미니우스주의에 이르기까지, 근본주의에서 개방된 자유주의까지 폭넓은 스펙트럼이 공존해왔는데, 여기서는 그것들을 대변할 수 있는 신학입장을 선별했다. 제3부는 한국 침례교의 조직신학 전통을 재해석한 논문들로 편성했다. 역사적으로 보면 한국 침례교회는 동아기독교의 신앙유산과 미남침례교의 신학전통이 결합한 형태라고 할 수 있는데, 이 둘의 신학전통을 파악하고 그 관계를 재설정하는 일이 우리에게 주어진 하나의 과제다.

침례교의 조직신학을 정립하는 일은 대단히 신중하고 인내심을 요구하는 일이다. 다양한 신학 입장이 '침례교회'라는 울타리 안에 공존하며 논쟁과 대립과 대화를 반복해왔던 세계 침례교회의 역사에서 배울 점은 무엇인가? 침례교인들이 특정한 신학 견해나 신앙고백 혹은 신조보다도 성서에 최상의 권위를 부여해왔다는 사실은 그 점에서 대단히 중요한 유산이 아닐 수 없다. 그렇기 때문에 우리는 성서의 다양한 목소리를 성급하게 교리화거나 특정한 교리체계를 절대화하려고 하지 않는다. 이런 '성서-우선적' 신앙과 신학 태도는 여러 가지 민감한 신학 주제에 대해 열린 자세로 논쟁과 대화를 통해 신앙의 정체성을 만들어가도록 우리를 독려한다.

여기에 소개된 연구들이 이 책의 목적에서 제시한 목적을 달성하기에는 아직 많이 부족하다는 것을 인정하지 않을 수 없다. 그럼에도 이 책을 출판하게 된 가장 큰 까닭은 한국 침례교회의 신학을 정립하는 일에 조금이라도 기여할 수 있기를 바라기 때문이다. 이 연구들 가운데 잘못된 주장이나 부족한 부분에 대해서는 앞으로 계속해서 수정해나갈 것이다. 그러나 그보다도 이 책이 또 다른 누군가가 한 단계 더 진전된 연구와 결과물들을 내놓게 되는 마중물의 역할을 할 수 있다면 그 또한 보람된 일이다. 지금 우리에게 필요한 것은 좀 더 많은 대화와 논쟁을 통해 한국 침례교회의 신학정체성과 공감대를 만들어가는 일이다.

일러두기

1. 논문의 통일을 기하고 한글맞춤법 표기법에 맞추기 위해 목차의 번호를 바꾸거나 이전에 사용된 몇 가지 외국어 표기를 다음과 같이 일괄 수정했다. 단, 다른 사람의 논문이나 책에서 사용된 것을 인용할 때는 그리하지 않았다.
   예/ 칼빈→칼뱅, 알미니우스→아르미니우스, 칼빈주의→칼뱅주의, 알미니우스주의→아르미니우스주의, 어거스틴→아우구스티누스 등.
2. 수록된 논문들은 발표된 년도의 편차가 심하기 때문에 때때로 글의 표현에서 일관성과 통일성이 결여된 부분이 있다. 이런 부분은 논문의 주요 내용이나 주장에 배치되지 않는 범위에서 필요에 따라 적절하게 가필하거나 삭제하는 등의 일부 수정을 가했다. 다만 새로운 내용을 첨가해야 할 경우에는 원문과 구별하기 위해 수정사실을 각주나 본문에서 밝혀두었다.
3. 침례신학대학교의 논문작성법에 변화가 일어나면서 발생하게 된 각주양식의 차이는 최신 방식으로 수정했다.
4. 논쟁적 주제를 연구할 때는 공통적으로 다음과 같은 세 영역에서 탐구했다: 성서적 영역, 역사적 영역, 침례교조직신학 전통.
5. 수록된 일부 논문들은 「침례교신학: 침례교인의 신앙과 신학 유산」(초판 2005)과 「회중주체적 조직신학」(2017)에도 부분적으로 소개되기도 했다.
6. 여기에 수록된 논문들의 출처는 각각 각주에서 밝혔으며, 모든 논문은 판권을 소유하고 있는 연구소와 출판사로부터 게재 허락을 받았다. 각 논문의 원래 제목과 출처는 다음과 같다:

〈제1부〉 침례교회의 신학논쟁과 현대적 이슈

01_ 성서의 권위와 무오성→"남침례교 신학전통에서 본 성시무오성 논쟁의 역사적-신학적 의미,"「복음과 실천」 51집 (2013 봄): 77-101.

02_ 창조신앙과 생태신학→"침례교 조직신학 전통에서 본 창조신앙에 대한 생태신학적 성찰,"「복음과 실천」 55집 (2015 봄): 105-34.

03_ 죄책과 의의 간접전가→"아담의 죄와 그리스도의 의의 전가 교리에 대한 성서적-신학적 재고: 침례교의 조직신학 전통 안에서,"「복음과 실천」 59집 (2017 봄): 177-207.

04_ 성령침례: 중생과 제2은사의 관계→"성령침례의 성서적-신학적 이해: 침례교의 관점에서,"「복음과 실천」 43집 (2009 봄): 229-59.

05_ 방언과 성령의 은사→"방언현상에 관한 역사적, 신학적, 성서적 이해: 침례교 조직신학의 관점에서,"「복음과 실천」 53집 (2014 봄): 97-126.

06_ 신자침례-유아세례: 차이점과 신학적 함의→"유아세례의 신학적-성서적 재고: 침례교의 관점에서,"「유아세례 다시보기」, 성결교회와 역사연구소 편 (서울: 바울서신, 2004), 154-79.

〈제2부〉 침례교회의 조직신학 전통과 정체성

07_ 침례교회의 조직신학 전통과 특성→"침례교회의 조직신학 전통: 칼뱅주의, 아르미니우스주의, 신학적 중도주의,"「침례교회 정체성」, 개교60주년기념 (대전: 침례신학대학교출판부, 2014), 393-421.

08_ John L. Dagg의 신학과 칼뱅주의→"John Leadley Dagg의 신학과 패러다임 분석: 칼빈주의의 5대 교리를 중심으로,"「복음과 실천」 27집 (2001 봄): 193-35.

09_ Edgar Y. Mullins의 강권적 은혜와 중도신학→"E. Y. Mullins의 강권적 은혜: 견인의 확실성과 배교의 가능성을 포괄하는 이론적 근거,"「복음과 실천」 25집 (2000 봄): 271-311.

10_ Dale Moody의 신학과 아르미니우스주의→"Dale Moody의 신학과 패러다임 분석: 칼뱅주의 5대 교리를 중심으로,"「복음과 실천」 37집 (2006 봄): 161-90.

11_ 침례교신앙고백서 분석과 새로운 패러다임→"신앙고백서를 통해 본 침례교신앙의 패러다임,"「복음과 실천」 35집 (2005 봄): 131-66.

12_ 침례와 주의 만찬의 교회론적 의미→"침례교인의 관점에서 본 교회예전의 교회론적 의미,"「침례교회예전」, 침례신학연구소 편 (대전: 침례신학대학교출판부, 2008), 159-96.

⟨제3부⟩ 한국 침례교회의 신학전통과 정체성

13_ Malcolm C. Fenwick의 신앙과 신학체계→「사경공부」에 나타난 Malcolm C. Fenwick의 신앙과 신학,"「복음과 실천」 47 (2011 봄): 109-38.

14_ 대한기독교회의 신앙양태와 침례교 정체성→"대한기독교회의 신앙양태와 침례교 정체성."「한국침례교회와 역사: 회고와 성찰」, 허긴 박사 은퇴기념논문집발간위원회 편 (대전: 침례신학대학교출판부, 2010), 67-98.

15_ '호칭장로' 문제: 한국 침례교회의 직분과 정체성→"한국침례교회의 직제 문제: '호칭장로'를 중심으로,"「다문화시대에 다시 보는 한국침례교회」, 침례교신학연구소 편 (대전: 침례신학대학교출판부, 2009), 79-118.

16_ 한국 침례교회의 조직신학 전통→"한국 침례교 신학전통에서 본 하나님의 주권과 인간의 자유의지: 조직신학적 관점에서."「하나님의 주권과 인간의 자유」 (대전: 침례신학대학교출판부, 2003), 127-56.

17_ 한국 침례교회 목회자들의 신학성향→"한국 침례교 목회자들의 신학적 경향 분석,"「복음과 실천」 29집 (2002 봄): 183-221.

차 례

프롤로그 · 3

제1부 침례교회의 신학논쟁과 현대적 이슈

01 성서의 권위와 무오성 …………………………………… 23
  I. 성서의 권위와 무오성 문제 ………………………………… 24
    1. 성서 권위의 근거 ………………………………………… 24
    2. 무오와 무류의 차이 ……………………………………… 25
    3. 침례교신앙고백서에서 본 무오와 무류의 차이 ……………… 27
  II. 남침례교의 성서무오성 논쟁: 역사적 관점에서 ……………… 31
    1. 창세기 문제와 성서무오성 논쟁 ………………………… 32
    2. 무오성 논쟁의 성격과 결과 ……………………………… 34
  III. 남침례교의 조직신학 전통 ………………………………… 36
    1. 초기 전통과 성서무오 …………………………………… 36
    2. 중기 전통과 성서무오 …………………………………… 38
    3. 후기 전통과 성서무오 …………………………………… 40
  마치는 글 ……………………………………………………… 42

02 창조신앙과 생태신학 …………………………………… 45
  I. 생태계 위기의 원인과 신학적 반성 ………………………… 46
    1. 이원론적 인간중심주의의 배경 …………………………… 46
    2. 패러다임 전환의 문제 …………………………………… 48
  II. 창조신앙에 관한 성서본문 재해석 ………………………… 50
    1. 하나님의 형상 재해석 …………………………………… 50
    2. 인간의 지배권 재해석 …………………………………… 51
  III. 창조신앙의 조직신학적 재구성 …………………………… 53
    1. 창조론 재해석 …………………………………………… 54

2. 종말론 재해석 ·· 56
　Ⅳ. 창조신앙과 침례교 조직신학전통 ································ 58
   1. 침례교신앙고백서 분석 ······································ 58
   2. 침례교 조직신학자들의 창조신앙 이해와 최근 동향 ············ 60
　마치는 글 ·· 66

03 죄책과 의의 간접전가 ·· 69
　Ⅰ. 전가교리의 역사적 배경과 신학적 의미 ························· 70
   1. 원죄의 전가와 그 방식 ····································· 70
   2. 그리스도의 의의 전가와 그 방식 ···························· 73
　Ⅱ. 침례교조직신학 전통에서 본 전가교리 ·························· 77
   1. 침례교신앙고백서들의 입장 ································· 77
   2. 침례교 조직신학자들의 주장 ································ 82
　Ⅲ. 전가교리와 성서적 근거 ······································ 86
   1. 죄책의 전가와 성서적 토대 ································· 86
   2. 의의 전가와 성서적 토대 ··································· 89
   3. 원죄와 의의 전가방식 비교 ································· 91
　마치는 글 ·· 92

04 성령침례: 중생과 제2은사의 관계 ································ 95
　Ⅰ. 성령침례의 논쟁과 논점: 역사적 배경 ·························· 96
   1. 오순절운동의 기원과 전개 ·································· 97
   2. 한국 교회의 성령침례 문제 ································· 99
　Ⅱ. 성령침례에 대한 침례교적 이해 ······························ 101
   1. 신앙고백서들에서 본 성령침례와 은사 ······················ 101
   2. 침례교신학자들의 견해 ···································· 104
   3. 성령침례 문제의 새로운 갈등 국면 ························· 107
   4. 한국 침례교회의 전통 ····································· 109

Ⅲ. 성령침례의 성서적 의미 ··· 111
　　　　1. 성서의 용례 분석 ·· 111
　　　　2. 사도행전의 성령강림사건들 ····································· 112
　　　　3. 고린도전서의 성령침례와 은사 문제 ······················· 114
　　마치는 글: 성령운동의 성격과 방향 ···································· 116

05 방언과 성령의 은사 ··· 119
　Ⅰ. 한국 교회의 방언현상과 논쟁점 ·· 120
　Ⅱ. 방언에 대한 역사적 이해 ··· 123
　　　　1. 초기 교부시대의 방언현상 ······································ 123
　　　　2. 중세와 근대의 방언현상 ··· 124
　　　　3. 20세기의 방언현상 ·· 125
　Ⅲ. 방언에 대한 침례교적 이해 ·· 126
　　　　1. 신앙고백서에 나타난 방언현상 ······························ 127
　　　　2. 주요 침례교 신학자들의 견해 ································ 128
　　　　3. 최근 남침례교의 상황 ··· 131
　Ⅳ. 방언현상에 대한 성서적 이해 ·· 132
　　　　1. 사도행전의 방언현상 ··· 133
　　　　2. 고린도전서 방언의 현상적 특징 ······························ 133
　　　　3. 고린도교회 방언현상의 목적과 대상 ······················ 136
　　　　4. 고린도교회 방언현상과 은사추구 문제 ·················· 138
　마치는 글 ··· 140

06 신자침례-유아세례: 차이점과 신학적 함의 ······················· 143
　Ⅰ. 역사적 배경 ··· 144
　　　　1. 유아세례 논쟁의 역사 ··· 144
　　　　2. 신자침례 운동의 시작 ··· 149
　Ⅱ. 유아세례 찬-반의 성서적, 신학적 근거 ·························· 151

1. 유아세례와 언약신학의 관계 ··· 151
   2. 유아세례와 유아신앙의 관계 ··· 155
   3. 유아세례와 구원의 수단 ·· 158
   4. 유아세례와 교회회원권의 문제 ··· 162
  마치는 글 ·· 167

제2부 침례교회의 조직신학 전통과 정체성

07 침례교회의 조직신학 전통과 특성 ·································· 171
  I. 침례교회의 기원과 신학적 특성 ·· 174
   1. 일반침례교회와 아르미니우스주의 ································· 174
   2. 특수침례교회와 칼뱅주의 ·· 175
   3. 미국 침례교회와 신학적 중도주의 ································· 176
  II. 침례교신앙고백서에 나타난 신학특성 분석 ···················· 178
   1. 신앙고백서들과 신학 성향 ·· 178
   2. 신앙고백서 분석과 그 결과 ·· 180
  III. 세 신학패러다임과 주요 신학자들 ································· 183
   1. 아르미니우스주의와 침례교 신학자들 ··························· 183
   2. 칼뱅주의와 침례교 신학자들 ·· 186
   3. 중도주의와 침례교 신학자들 ·· 190
  마치는 글 ·· 193

08 John L. Dagg의 신학과 칼뱅주의 ································· 195
  I. 역사적-신학적 배경 ·· 197
   1. 성장 과정 ··· 197
   2. 목회사역 ··· 198
   3. 신학적 공헌 ··· 199
   4. 신학의 특성과 일반적 평가 ·· 201
   5. 문제제기 ··· 202

II. 신학의 내용과 패러다임 분석 ········· 203
　　　1. 원죄론: 전적 타락에 대한 반응 ········· 203
　　　2. 선택론: 무조건적 선택에 대한 반응 ········· 208
　　　3. 속죄론: 제한 속죄에 대한 반응 ········· 213
　　　4. 주권-자유의지론: 불가항력적 은혜에 대한 반응 ········· 218
　　　5. 견인-배교론: 성도의 최종 견인에 대한 반응 ········· 222
　　마치는 글 ········· 226

09 Edgar Y. Mullins의 강권적 은혜와 중도신학 ········· 231
　　I. 견인과 배교의 신학적 근거에 대한 전통적 두 입장 ········· 234
　　　1. 견인의 근거: 칼뱅주의의 불가항력적 은혜 ········· 235
　　　2. 배교의 근거: 아르미니우스주의의 조건적 은혜 ········· 240
　　II. Edgar Y. Mullins의 강권적 은혜 ········· 246
　　　1. 멀린스 신학의 특성 ········· 246
　　　2. 예정과 선택의 관계 ········· 247
　　　3. 강권적 은혜의 결과: 견인의 확실성과 배교의 비실제성 ········· 250
　　　4. 성경의 사례 분석 ········· 256
　　마치는 글: 견인의 확실성과 배교의 가능성에 대한 포괄적 근거 ········· 259

10 Dale Moody의 신학과 아르미니우스주의 ········· 261
　　I. 역사적-신학적 배경 ········· 262
　　　1. 간추린 생애 ········· 262
　　　2. 신학의 태도와 관심 ········· 264
　　II. 신학의 패러다임 분석: 은혜와 자유의 조화 ········· 266
　　　1. 죄책과 전가: 전적 타락 교리를 넘어서서 ········· 267
　　　2. 하나님의 섭리방식: 무조건적 선택 교리를 넘어서서 ········· 269
　　　3. 속죄와 그 적용범위: 제한 속죄 교리를 넘어서서 ········· 271
　　　4. 하나님의 은혜와 인간의 자유: 불가항력적 은혜 교리를
　　　　넘어서서 ········· 273

    5. 중생의 점진성과 배교: 성도의 견인 교리를 넘어서서 ············ 275
  마치는 글 ··· 280

11 침례교신앙고백서 분석과 새로운 패러다임 ···················· 283
  I. 신앙고백서 선정기준과 배경 ·· 284
    1. 영국 침례교회의 신앙고백서 ·· 284
    2. 미국의 침례교 신앙고백서 ··· 286
  II. 신앙고백서 비교: 하나님의 은혜와 인간의 자유를 중심으로 ············ 288
    1. 전체 구조 비교 ··· 288
    2. 침례교의 신앙고백서에 대한 주제별 분석 ······································· 291
  III. 침례교 신앙의 새로운 패러다임 ··· 302
    1. 전통적인 세 가지 패러다임 ··· 302
    2. 침례교신앙: 제4의 패러다임 ·· 304
  마치는 글 ··· 309

12 침례와 주의 만찬의 교회론적 의미 ······························ 311
  I. 침례 ··· 312
    1. 침례의 의미 ··· 313
    2. 침례의 대상 ··· 317
    3. 침례의 형식 ··· 320
  II. 주의 만찬 ·· 323
    1. 주의 만찬의 의미 ·· 324
    2. 주의 만찬의 대상 ·· 329
    3. 주의 만찬의 형식 ·· 332
  마치는 글 ··· 335

제3부 한국 침례교회의 신학전통과 정체성

13 Malcolm C. Fenwick의 신앙과 신학체계 ·············· 339
  I. 하나님의 은혜와 주권 ························· 342
    1. 하나님의 구원사역: 찾으시는 은혜 ············· 342
    2. 묵시의 목적과 성령의 역할 ················· 344
  II. 인간의 자유권과 그리스도의 대속사역 ············ 345
    1. 원죄와 선택의 자유 ···················· 345
    2. 그리스도의 대속공로 ··················· 347
  III. 중생의 조건: 믿음 ························ 348
    1. 복음의 핵심 ······················· 349
    2. 율법과 은혜의 차이 ···················· 350
    3. 하나님-인간의 협력 ···················· 352
  IV. 신자의 성화와 종말신앙 ···················· 353
    1. 고난의 의미와 세 종류 원수 ················ 353
    2. 하나님의 법과 죄의 법 ··················· 355
    3. 말씀과 성령의 조화 ···················· 357
    4. 배교가능성 ······················· 359
    5. 종말신앙의 현재적 의미 ·················· 361
  마치는 글 ····························· 362

14 대한기독교회의 신앙양태와 침례교 정체성 ············ 365
  I. 성경주의: 성경해석과 신조사용 문제 ·············· 368
  II. 지역교회의 자율성과 회중정체: 교회행정과 직분 문제 ······ 373
    1. 목회형태: 순회목회와 담임목회의 혼재 ············ 373
    2. 행정체제와 직분 ····················· 376
  III. 신자침례: 교회와 국가의 관계 ················ 384
  마치는 글 ····························· 388

15 '호칭장로' 문제: 한국 침례교회의 직분과 정체성 ············ 391
  I. 신약성서에 나타난 직제 ································ 394
    1. 목회자 직분의 구분 ······························ 394
    2. 장로의 성격과 의미 ······························ 395
  II. 직제의 역사적 변천과 정치체제 ······················ 397
    1. 초대교회의 의사결정: 회중체제 ················ 397
    2. 직제의 계급화: 감독체제 ························ 398
    3. 개혁주의의 직제: 장로체제 ······················ 400
  III. 침례교회의 직제 ·· 402
    1. 신앙고백서들에 나타난 직제 ···················· 403
    2. 침례교 신학자들의 견해 ·························· 408
  IV. 한국 침례교회의 직제 문제 ·························· 411
    1. 대한기독교회의 직제 ······························ 411
    2. 기독교한국침례회의 직제 ························ 412
    3. 호칭장로 문제 ······································ 413
  마치는 글: 문제해결을 위한 제언 ······················· 415

16 한국 침례교회의 조직신학 전통 ······················ 419
  I. 「사경공부」에 나타난 주권과 자유의지 ············· 422
    1. 하나님의 은혜와 주권 ···························· 422
    2. 인간의 원죄와 하나님의 형상 ·················· 423
    3. 신앙의 의미와 자유의지 ························ 424
    4. 구원의 시작과 끝 ································ 425
    5. 그리스도 중심의 신학 ···························· 427
  II. 「조직신학원강」에 나타난 주권과 자유의지 ······· 429
    1. 하나님의 은혜와 주권 ···························· 430
    2. 인간의 원죄와 하나님의 형상 ·················· 431
    3. 신앙의 의미와 자유의지 ························ 432

  4. 구원의 시작과 끝 ··· 433
  5. 그리스도 중심의 신학 ··· 434
 III. 「복음과 실천」에 나타난 주권과 자유의지 ······················· 435
  1. 하나님의 은혜와 주권 ··· 435
  2. 인간의 원죄와 하나님의 형상 ································· 437
  3. 신앙의 의미와 자유의지 ··· 439
  4. 구원의 시작과 끝 ··· 440
  5. 그리스도 중심의 신학 ··· 442
 마치는 글 ·· 443

17 한국 침례교회 목회자들의 신학성향 ······················· 445
 I. 기본 인식도와 정체성 확립 문제 ······································ 448
  1. 침례교에 대한 관심과 열정 ····································· 448
  2. 침례교의 정체성 확립에 대한 장애 요인 ············· 449
  3. 정체성 확립 방안 문제 ··· 451
 II. 신학적·교리적 경향 분석 ·· 453
  1. 침례교의 기원 ··· 453
  2. 한국 침례교의 장단점 ··· 454
  3. 신학 노선 ··· 455
  4. 침례교의 정신과 원리 ··· 457
  5. 목회현장에 반영된 침례교정신 ······························· 458
  6. 교리 특성 ··· 469
 마치는 글 ·· 478
  1. 교리적, 신학적 차원 ··· 478
  2. 교육적·제도적 차원 ··· 480

에필로그 ·· 483
참고자료 ·· 487

제1부
침례교회의 신학논쟁과 현대적 이슈

제주도 순례자의 교회 내부 십자가창

01
성서의 권위와 무오성*

침례교회의 신학적 정체성을 설명하는 데 결정적으로 중요한 두 주제를 택한다면 그것은 성서관과 교회관일 것이다. 침례교회의 성서관은 '오직 성서만으로'라는 종교개혁 전통과 기반을 같이 하지만, 그것들보다는 더 '근원적'(radical)이다. 또한 침례교회의 교회관도 자유교회 전통 안에서 성서적 교회를 구현하기 위해 온갖 저항에도 굴하지 않았던 역사를 가지고 있다. 그래서 인지 역사적으로 볼 때 침례교인들은 대부분 성서와 교회의 문제 때문에 신학논쟁에 휘말리거나 신앙의 박해를 받아왔다. 따라서 해롤드 린셀(Harold Lindsell)이 유아세례 거부, 침수례, 회중정치와 함께 성서무오성(biblical inerrancy)을 남침례교인의 정체성으로 내세운 것은 일리가 있다.[1] 하지만 이때 린셀이 사용한 성서무오성이란 개념이 얼마나 침례교의 역사적 배경을 가지고 있는가 하는 것은 좀 더 검토해볼 문제다.

이 연구는 남침례교의 신학전통에서 일어난 성서무오성 논쟁을 조직신학 관점에서 재평가하는 데 목적이 있다. 연구자는 이를 위해 침례교회의 신앙고백서들, 남침례교단 안에서 벌어졌던 신학논쟁들과 대표적 조직신학자들의 견해들을 차례로 분석했다. 그리고 그 과정에서 성서의 권위와 무오성 문제가 어떻게 이해되고 적용되었는지 살펴봄으로써 20세기 후반에 일어난 남침례교단의 성서무오성 논쟁을 재평가할 수 있는 근거를 마련하고자 한다. 과연 남침례교단의 성서무오성 논쟁은

---

* 출처: 김용복, "남침례교 신학전통에서 본 성서무오성 논쟁의 역사적-신학적 의미," 「복음과 실천」 51집 (2013 봄): 77-101.

[1] Harold Lindsell, *The Battle for the Bible* (Grand Rapids: Zondervan Publishing House, 1976), 91.

역사적으로나 신학적으로 어떤 의미가 있으며, 우리는 그 사건을 어떻게 평가해야 하는가?

I. 성서의 권위와 무오성 문제

침례교인들에게 성서의 권위는 신앙생활에서 그 어떤 것보다도 중요하다. 여기서 '그 어떤 것'이란 일반적으로 전통, 신학, 교리, 신조 등 성서 이외의 다른 권위를 의미한다. 그 점에서 침례교인들은 "신학과 교리의 사람들" 혹은 "전통의 사람들"이 아니라 명실공이 "성서의 사람들"(people of the book)이라고 불려왔다.[2]

1. 성서 권위의 근거

성서의 권위에 대한 그리스도인의 확신은 일차적으로 성서가 스스로 밝히는 성서의 기록목적에 근거한다. 요한복음은 그 기록목적을 우리가 예수를 그리스도로 믿어 생명을 얻게 하기 위함이라고 밝혔고(요 20:31), 디모데후서는 성서가 우리로 하여금 "그리스도 예수 안에 있는 믿음으로 말미암아 구원에 이르는 지혜"가 있게 하고, 동시에 "교훈과 책망과 바르게 함과 의로 교육하기에 유익"하다고 그 목적과 방법을 적시했다. 그리고 그것이 가능한 근거는 "모든" 성서가 "하나님의 감동"(딤후 3:15-16)으로 이루어졌기 때문이라고 명시했다.

모든 그리스도인들이 다 그렇겠지만, 특별히 침례교인들은 신앙의 자유와 신학적 다양성을 존중하기 때문에 성서의 권위를 남다르게 강조한다. 왜냐하면 침례교인들은 하나의 특정한 신학이나 특정 신조를 교단신학이나 교단신앙의 규범으로 받아들이지 않는 전통을 가지고 있기 때문이다. 그러니 침례교회 안에서는 서로 간에 다양한 신학적 입장에 대한 논쟁이 다른 교단에 비해 매우 활발하게 열려 있는 편이다. 그리고 그 논쟁을 조율할 수 있는 유일한 수단과 기준은 성서였기 때문에

---

[2] 김용복, 「침례교신학: 침례교인의 신앙과 신학 유산」, 수정재판 (대전: 침례신학대학교출판부, 2009), 69-70.

성서는 침례교인들에게 무엇보다도 중요한 신학적 가치판단의 근거이며 신앙과 삶의 최종적 권위로 작용해왔다. 그런 까닭으로 침례교인들은 성서를 최종적 권위가 되게 하기 위해서 성서에 오류가 없다는 확신을 결코 포기하지 않았다.

사실 역사적 기독교 전반에서 보더라도 성서에 오류가 없고 그 내용이 신실하다는 확신은 하나의 "공리적 개념"(axiomatic concept)에 해당한다.[3] 해롤드 브라운(Harold O. J. Brown)이 비록 "성서무오"라는 교리가 "명시적으로 가르쳐지지는 않았다 하더라도 초대교회 때부터 [그 사상은] 전제되어 왔고 당연시되어 왔음이 분명하다"고 주장한 것은 타당한 진술이다.[4] 물론 여기서 "성서무오"를 어떻게 이해하는가 하는 문제는 이론의 여지가 있을 수 있지만 그것이 어떻게 해석되든, 어느 때라도 성서에 오류가 없다는 신앙고백이 파괴된다면 그 여파는 아마도 상상을 초월한 재앙으로 다가올 것이 분명하다. 그 점에서 침례교인들이 성서가 영감을 받은 성서기자들에 의해 기록된 하나님의 계시이며, 오류가 없는 완전한 하나님의 말씀으로 믿어온 것은 매우 소중한 전통이다.

2. 무오와 무류의 차이

성서의 권위와 오류 문제를 다룰 때, "성서는 오류가 없는 완전한 하나님의 말씀"이라는 진술을 어떻게 이해해야 하는가 하는 것은 대단히 중요하다. 일반적으로 성서의 오류 문제는 '무오'(inerrancy)와 '무류'(infallibility)라는 개념을 통해 설명되어 왔다.[5]

---

[3] L. Russ Bush, "Understanding Biblical Inerrancy," *Southwestern Journal of Theology* vol. 50, no. 1 (Fall 2007): 21.

[4] Harold O. J. Brown, "현대판 아리우스 논쟁: 성경 유오의 제전제," 「성경무오: 도전과 응전」, Norman L. Geisler 편, 권성수 옮김 (서울: 엠마오, 1988), 521. 해롤드 브라운은 성서무오와 유오의 문제를 "현대판 아리우스 논쟁"이라고 규정하고, 오늘날 성서의 무오성을 포기하면 성서가 하나님의 말씀이라는 성서의 권위도 침식될 것이라고 우려하면서 그것은 마치 호모우시오스(ὁμοούσιος, 동일본질)와 호모이우시오스(ὁμοιούσιος, 유사본질)의 논쟁에서 성부와 성자는 유사본질이라고 말함으로써 삼위일체 신앙의 기본구조를 침식시키는 것과 같을 것이라고 지적했다(Ibid., 510-1).

[5] 어떤 사람은 infallible을 '불오한'이라고 번역하기도 한다. 그런데 이 단어를 '무오한'으로 번역하는 것은 조심해야 한다. 왜냐하면 일반적으로 '무오한'으로 번역되는 단어는 'inerrant'기

본래 권위 문제와 관련해서 무류라는 용어가 사용되기 시작한 것은 14세기에 프란시스수도회에서 청빈에 관한 논쟁이 벌어질 때부터였다. 이 때 귀도 테레니(Guido Terreni)는 "신앙에 관한 진술들을 결정하고 선포하는 권한을 가진 교황은 오류가 있을 수 없다"고 주장했고, 이런 사상이 교황무류성 교리로 공식적으로 채택된 것은 1870년 제1차 바티칸공의회에서였다.6) 반면 개신교에서는 이 무류라는 개념을 성서의 권위에 적용했다. 장로교의 대표적 신앙고백서인 "웨스트민스터신앙고백서"(1646년)에서는 이 단어가 신앙과 실천에 관한 문제에서 전적으로 신뢰할 만하다는 의미로 사용되었다.7) 그러다가 패커(J. I. Packer)의 주장에 따르면, 어느 순간부터 장로교인들은 성서의 "절대적인 진실성"을 강조하기 위해 무류 대신 "무오"라는 용어를 사용했다.8) 그 뒤부터 무오와 무류는 그 의미가 구분되기 시작했고, 무류보다 무오가 성서의 권위를 표현하는 더 강력한 개념이 되었다.

사전적 의미에서 본다면 이 두 단어는 동의어라 할 수 있다. 하지만 이 용어들은 사용하는 사람에 따라 서로 다르게 적용되었다. 대체로 이 두 용어는 적용범위를 성서의 원본이냐 사본까지냐, 혹은 기록목적과 성서영감의 범위와 방법이 무엇이냐에 따라 다르게 해석되는 경향이 있다. 그러므로 만일 성서의 권위와 신뢰성을 주장하기 위해서 성서의 원본과 성서에 기록된 모든 영역에서 과학적으로나 역사적으로나 지리적으로나 신학적으로 오류가 없다고 주장한다면 그것은 '성서무오'를 말하는 것이다. 그러나 모든 성서의 사본이나 역본에서라도 성서가 기록된 본래의 목적, 즉 교리나 종교적 진리, 즉 신앙과 실천을 말하는 데 오류가 없다고 주장한다면 그것은 '성서무류'를 의미한다. 따라서 성서무오를 주장하는 사람들은 성서의 진리를 '연역적'으로 접근하는데 반하여 성서무류를 주장하는 사람들은 '귀납적' 방법

때문이다.

6) Donald K. McKim, 「교회의 역사를 바꾼 9가지 신학논쟁」, 장종현 옮김 (서울: UCN, 2005), 234, 245.

7) Stephen T. Davis, *The Debate about the Bible: Inerrancy versus Infallibility* (Philadelphia: The Westminster Press, 1977), 16.

8) J. I. Packer, "칼빈과 성경무오," 「성경무오와 교회」, John D. Hannah 편, 정규철 역 (서울: 그리심, 2009), 162.

으로 성서의 진리를 규명하려고 한다. 그 때문에 이들은 성서무오를 주장하는 사람들처럼 성서에 나타나는 문제점들을 억지로 조화시키거나 제거하려고 하지 않는다. 왜냐하면 이들은 성서가 하나님의 책인 것과 동시에 인간의 책이라는 사실을 인정하는 것이 오히려 중요하다고 보기 때문이다.

또한 성서무오를 주장하는 사람들은 하나님이 실수하실 수 없다고 생각했고, 성서무류를 말하는 사람들은 성서가 "인간의 결함"(human flaw)을 가지고 있다고 간주했다.9) 일반적으로 전자의 사람들은 어느 단어를 사용하든지 성서에는 일체의 오류가 있을 수 없다는 측면을 강조하는데 반하여, 후자의 사람들은 전자의 사람들이 쓰는 개념을 무오로 규정하고 자신들은 그보다 완화된 의미로 무류라는 단어를 선호한다.10) 전자의 견해를 "절대무오"(absolute inerrancy)라 하고, 후자의 입장은 "제한무오"(limited inerrancy) 또는 "비무오"(noninerrancy)라고 부르기도 한다.11) 하지만 큰 틀에서 보면 제한무오와 비무오는 모두 성서무류로 간주해도 좋다.

3. 침례교신앙고백서에서 본 무오와 무류의 차이

침례교인들은 17세기 초부터 자신들의 신앙을 자유롭게 고백해 왔다. 그리고 그 신앙고백들은 시대와 환경에 따라 다양한 신학 입장들을 반영했다. 남침례교의 신학전통에서 성서의 권위와 오류 문제가 어떻게 이해되어왔는가를 검토하기 위해서는 영국과 미국 침례교인들의 신앙고백들을 먼저 살펴볼 필요가 있다.

---

9) Rob James, Gary Leazer and James Shoopman, 「미국 남침례교 현대사: 근본주의자들의 남침례교단 장악 약사」, 정양숙 옮김 (대전: 침례신학대학교출판부, 2001), 43.

10) 허셀 홉스는 무류와 무오의 차이를 이렇게 설명했다: "날이 무딘 칼은 그것으로 버터를 자를 경우 무류한 칼(infallible knife)이 될 수 있다. 당신은 그 단어를 사용함으로써 진술을 약화시킬 것이다. 나는 그것이 당신과 많은 사람들이 좋아하는 단어라는 것을 알지만, 그 단어는 '어떤 오류도 섞여 있지 않은' 표현과 같이 강력한 의미를 갖고 있지 않다." 김용복, 「침례교신학」, 187.

11) 스탠리 그렌즈의 설명에 따르면, "제한무오"는 성서가 신앙과 실천의 문제(즉 어떤 분야에서)를 말할 때 오류가 없다는 주장이고, "비무오"는 어떤 목적으로 성서가 쓰였는가에 관심이 있다. 그래서 이들은 아예 무오라는 용어를 부적절한 것으로 일축한다. Stanley Grenz, 「조직신학: 하나님의 공동체를 위한 신학」, 신옥수 옮김 (서울: 크리스챤다이제스트, 2003), 578-80.

영국의 일반침례교회를 실제적으로 창시했다고 볼 수 있는 토마스 헬위즈(Thomas Helwys)는 "네덜란드 암스테르담에 남아 있는 영국인들의 신앙선언서"(1611년) 23조 "성서" 항목에서 일차적으로 "성서의 기능"과 "그리스도에 대한 증언"을 다음과 같이 강조했다: "신구약성서는 우리의 교훈을 위해 기록되었다(딤후 3:16). 그리스도를 증거하기 위해 열심히 읽어야 한다(요 5:39). 성서는 모든 일에서 유일하게 우리의 방향을 정해주는 것으로서 하나님의 거룩한 말씀을 담고 있는 글이기 때문에 경건하게 사용돼야 한다."[12] 여기서 "우리의 방향을 정해"준다는 것은 구원과 관련해서 믿어야 할 것과 믿지 말아야 할 것의 한계를 정해준다는 말로 이해될 수 있다.[13] 이 고백서에서는 무오나 무류의 개념이 나타나지 않았다.[14] "표준신앙고백서"(1660년)에서도 성서는 "성도들의 신앙과 실천을 규제하는 데 필요한 규율"이라고만 고백되었고,[15] 웨스트민스터신앙고백을 거의 그대로 따른 것으로 알려진 "정통신조"(1678년)에서도 "무류"라는 단어는 빠졌다.[16]

특수침례교회가 제정한 최초 신앙고백서인 "제1차 런던신앙고백서"(1644년)는 의외로 성서에 관한 신앙고백이 등장하지 않았다. 그 이유는 아마도 침례교인들이 성서의 권위 그 자체를 이미 전제하고 있었기 때문이 아닌가 추측된다.[17] 그러나 "제2차 런던신앙고백서"(1677년)는 제1장 "성서에 대하여" 제1조에서 성서가 "무류"하다는 표현을 사용했다: "성서는 구원에 이르는 모든 지식, 신앙, 순종 문제에서 유일하고 충분하고 확실하고 무류한 규율(infallible rule)이다."[18] 무류라는 단어가 침

---

12) William L. Lumpkin, *Baptist Confessions of Faith,* Revised Edition (Valley Forge: Judson Press, 1969), 122.

13) L. Russ Bush and Tom J. Nettles, 「침례교인과 성경」, 노창우 역 (서울: 요단출판사, 1986), 50.

14) R. Alan Culpepper, "Scripture," *A Baptist's Theology,* ed. R. Wayne Stacy (Macon: Smyth & Helwys Publishing, 1999), 92.

15) Lumpkin, *Baptist Confessions of Faith,* 232.

16) Davis, *The Debate about the Bible,* 153.

17) Cecil E. Sherman, "성경은 신자들의 신앙과 삶을 위해 기록된 유일한 권위이다," 「21세기 속의 1세기 신앙」, Charles W. Deweese 편, 김승진 옮김 (대전: 침례신학대학교출판부, 2005), 96.

18) Culpepper, "Scripture," 92; Lumpkin, *Baptist Confessions of Faith,* 248.

례교신앙고백에서 처음으로 등장한 것이다.19) 특별히 무류라는 표현이 들어간 이 첫 문장은 "웨스트민스터신앙고백서"에도 없는 것이어서 그 역사적 의의가 더욱 크다. 그리고 이 무류라는 표현은 1장 5조("무류한 진리")와 1장 9조("성서해석의 무류한 규율")에서도 각각 한 번씩 더 사용되었다.20) 그런데 여기서 사용된 무류는 모든 영역에 오류가 없다는 뜻이라기보다 구원과 관련해서 오류가 없다는 것을 의미했다. 따라서 영국의 일반침례교회나 특수침례교회 계열의 17세기 신앙고백서들은 엄격한 의미에서 성서무오 혹은 성서무류에 대한 개념이 등장하지 않았거나, 사용되었다 하더라도 그것은 신앙과 실천에서 유일한 권위를 인정하는 성서무류를 의미했다고 볼 수 있다.

18세기 미국 최초의 침례교신앙고백서인 "필라델피아신앙고백서"(1742년)는 "제2차 런던신앙고백서"를 거의 그대로 계승한 것이었는데, 특별히 성서 부분은 완벽하게 서로 일치했다.21) 따라서 여기서도 "제2차 런던신앙고백서"와 마찬가지로 "무류한 규율"이라는 단어는 구원을 이루는 모든 지식을 뜻했다. 그런데 19세기 초 "샌디크릭지방회 신앙원리"(1816년)에서는 이 "무류한"이라는 수식어가 빠지고, "신구약성서는 하나님의 말씀"이며 "믿음과 실천에 대한 유일한 규율"이라고 선언되었다.22) 또한 "뉴햄프셔신앙고백서"(1833년)에서도 "무류한"이라는 용어 대신 "그 내용에서는 어떠한 오류의 혼합도 없는 진리"라는 표현이 대신 사용되었다. 문제는 "그 내용에서는"(for its matter)이라는 표현이다. 전체 문맥으로 볼 때 이 단어는 "종교적 교훈"을 의미한다고 보는 것이 설득력이 있다.23) 그리고 "제2차 런던신앙고백서"와

---

19) Edgar V. McKnight, "Baptist and Inerrancy," *Perspectives in Religious Studies* vol. 20, no. 2 (Summer 1993): 153.

20) Lumpkin, *Baptist Confessions of Faith*, 250, 251. 「옥스퍼드영어사전」에 따르면 "무류한"(infallible)이라는 단어가 15세기부터 19세기까지 "실수할 경향에서 제외된" "틀림없는 확실성" 등으로 사용되었다. Bush and Nettles, 「침례교인과 성경」, 102.

21) "The Philadelphia Confession of Faith"(1742), Chapter 1: Of the Holy Scriptures, no. 1, *Baptist Confessions, Covenants, and Catechisms*, Timothy and Denise George, ed. (Nashville: Broadman&Holman Publishers, 1996), 56.

22) Culpepper, "Scripture," 93.

23) Lumpkin, *Baptist Confessions of Faith*, 362; McKnight, "Baptist and Inerrancy," 156.

"필라델피아신앙고백서"를 계승한 서든침례신학대학원의 "원리강령"(1858년)도 "무류한"이라는 용어를 "권위 있는"(authoritative)이라는 단어로 대체했다.24) 이처럼 미국 침례교회를 대변하는 초기 18-19세기 신앙고백서들은 그 이전의 다른 신앙고백서에서 사용했던 성서무류라는 표현을 제거했거나, 사용했더라도 성서무오보다 신앙과 구원에 한해서 제한적으로 적용했다는 특징을 보여주었다.25)

그렇다면 남침례교단에서 제정한 최초의 신앙고백서인 "침례교인의 신앙과 메시지"(1925년)는 어떠한가? 이 고백서는 제1조에서 성서의 목적이 "구원"이며 그 내용에서는 "오류가 섞이지 않은 진리"라고 천명했다. 다음은 제1조 "성서"의 전문이다:

> 성서(The Holy Bible)는 신적으로 영감을 받은 사람들에 의해 기록되었으며 사람에게 하나님 자신을 드러내는 계시의 기록이다. 그것은 신적 교훈을 가르치는 완벽한 보물이다. 성서의 저자는 하나님이며, 그 목적은 구원이고, 그 내용은 어떠한 오류의 혼합도 없는 진리다. 성서는 하나님이 우리를 판단하게 될 원리들을 계시하며, 세상이 끝날 때까지 남게 될 것으로서, 그리스도인을 연합하게 하는 참된 중심이며, 모든 인간의 행위, 신조들, 그리고 종교적 견해들이 시험받아야 할 최상의 기준이다.26)

여기서 주목해야 할 문구는 "뉴햄프셔신앙고백"에 추가된 부분이다. 그 가운데 가장 중요한 변화는 "모든 인간의 행위, 신조들, 그리고 견해들"이 "모든 인간의 행위, 신조들, 그리고 종교적 견해"로 바뀐 대목이다. 새롭게 추가된 수식어는 "종교적"(religious)이라는 단어다. 남침례교인들은 이 표현을 통해 성서의 권위가 인간 지

---

24) Culpepper, "Scripture," 94.
25) 다만 1905년에 조직된 "미국 랜드마크침례교회 총연합회"(United States General Association of Landmark Baptists)의 "교리적 진술"(Doctrinal Statement of The American Baptist Association)에서는 "우리는 모든 성서의 무류한 축자영감(infallible verbal inspiration of the whole Bible)을 믿는다"(딤후 3:16)고 강도 높은 표현을 사용했다. 이 변화는 "무류한"이라는 단어가 "기능적 종교적 무류"에서 "영감의 무류"로 옮겨간 "새로운 움직임"(new move)이었다는 평가를 받았다(McKnight, "Baptist and Inerrancy," 155). 그런데 이 교리적 진술은 19세기 후반 지계석주의 논쟁을 주도했던 그레이브스(J. R. Graves)의 성서원본의 무오사상을 반영한 것이어서(Lumpkin, *Baptist Confessions of Faith*, 377-8) 미국 침례교회의 기본 전통을 대변한다고 보기는 어렵다.
26) Lumpkin, *Baptist Confessions of Faith*, 393.

식의 모든 영역에서가 아니라 신앙과 실천에 제한되어 있다는 것을 표현하고자 했던 것 같다. 또한 1925년판의 25개 조항을 17개 조항으로 축소한 1963년 개정판에서는 특별히 "성서를 해석하는 기준은 예수 그리스도"라는 문장을 마지막에 추가함으로써 성서의 권위를 그리스도의 사역과 인격 안에 있는 하나님의 계시에 종속시켰다. 따라서 남침례교의 "침례교인의 신앙과 메시지"(1925년판과 1963년판)는 침례교인들이 성서가 하나님의 영감을 받아 기록된 것이지만 인간 기자들의 기록이라는 것을 적시함으로써 성서무류를 성서 자체의 속성으로 해석되는 것을 피해왔다.[27]

이상으로 17세기 이후 20세기 중반까지 영국과 미국에서 제정된 대표적 침례교 신앙고백들에 따르면, 침례교인들은 성서의 권위를 무엇보다 강조하되 대체로 무오와 무류의 개념을 딱히 구분하지 않았고, 성서가 그 기록목적을 달성하는 데는 결코 오류가 없다는 것을 고백하는 일관된 전통을 이어왔다고 할 수 있다. 이는 역사적으로 침례교인들이 '성서무오'보다는 '성서무류' 개념을 더 선호했다는 것을 의미한다. 하지만 제임스 가렛 2세가 20세기 전의 침례교신앙고백에서는 성서의 영감에 대해 오류가 없다는 단어(infallible)를 찾아볼 수 없고, 지계석주의자와 근본주의자에게서만 그것이 발견된다고 주장한 것은[28] 다소 부정확한 평가라고 할 수 있다.

II. 남침례교의 성서무오성 논쟁: 역사적 관점에서

남침례교에서 성서무오성 논쟁이 특별하게 관심을 끌기 시작한 것은 20세기 후반부터였다. 이 시기에 교회들을 혼란에 빠지게 했던 대표적 사건들은 두 차례 벌어진 창세기 논쟁과 1979년부터 본격화된 이른바 "성서무오성 논쟁"(biblical inerrancy controversy)이다.[29] 이 논쟁들은 두 가지 점에서 공통점을 가지고 있었다. 하나는

---

27) Culpepper, "Scripture," 95-6.
28) James Leo Garrett, Jr. "Biblical Authority according to Baptist Confessions of Faith," *Review and Expositor* (Winter 1979): 47.
29) 월터 B. 셔든은 20세기에 남침례교단에서 일어난 가장 중요한 신학논쟁으로 "20년대 중반의 근본주의 논쟁, 60년대 초의 엘리어트 논쟁, 69년에서 70년대 초반에 걸친 브로드만 논쟁, 그리고 70년대 후반부터 시작된 성서무오성(the Inerrancy) 논쟁"을 들었다. W. B.

그것들이 모두 성서의 권위와 해석에 관한 문제와 관련이 있다는 것이고, 다른 하나는 그 배후에 "근본주의자들"(fundamentalists)과 "온건주의자들"(moderates)의 대립과 갈등이 있다는 점이다.30)

1. 창세기 문제와 성서무오성 논쟁

첫 번째 창세기 성서논쟁은 1961년 미드웨스턴침례신학대학원(Midwestern Baptist Theological Seminary)의 구약학 교수인 랄프 엘리어트(Ralph H. Elliott)가 「창세기의 메시지」(The Message of Genesis)라는 책을 출판하자 폭발했다.31) 엘리어트는 이 책에서 모세의 창세기저작설을 부인하고 창세기 1-11장을 상징으로 해석해야 한다고 주장했다. 그는 성서의 역사성에 대한 의문을 남침례교단 앞에 제기한 셈이다. 대다수의 남침례교인들은 그의 책을 강하게 비판했고, 결국 엘리어트는 이사회로부터 해고를 당했다.

두 번째 창세기 논쟁은 1969년에 발간된 「브로드만 성서주석」(The Broadman Bible Commentary) 제1권, 「창세기」로부터 시작되었다. 이 책은 옥스퍼드대학교의 리젠트 파크대학(Regent's Park College)의 학장인 헨톤 데이비스(G. Henton Davies)

Shurden, "The Inerrancy Debate: A Comparative Study of Southern Baptist Controversies," *Baptist History and Heritage* 16, 2 (April 1981): 12.

30) 다커리(David S. Dockery)는 남침례교인들을 신학성향에 따라 (1) 근본주의자들(fundamentalists) (2) 복음주의자들(evangelicals) (3) 온건주의자들(moderates) (4) 자유주의자들(liberalists)로 분류하고, 이를 다시 (1)과 (2)를 보수주의자들(conservatives), (3)과 (4)를 온건주의자들로 나누었다. 그리고 (1)과 (2)의 특징은 이들이 "무오"를 수호한다는 점을 들었다. David S. Dockery, "Biblical Inerrancy: Pro or Con?" *The Theological Educator*, 37 (Spring 1988): 1. 하지만 이 논문에서는 근본주의자와 온건주의자라는 용어로 양쪽 진영의 성향을 대표했다. 한편, 페이지 페터슨(Paige Patterson)은 교단의 성향을 운동권 보수주의자들, 직관적 보수주의자들, 교단주의자들, 자유주의자들로 구분했는데, 이 가운데 운동권 보수주의자들과 직관적 보수주의자들이 전체 남침례교인들의 약 80%를 차지한다고 보았다. 그리고 무오성 논쟁이 시작되면서부터 보수주의자들에게 "불명예스러운" "근본주의자"라는 이름이 주어졌다고 주장했다. Paige Patterson, 「개혁의 해부학」, 김종환 옮김 (대전: 침례신학대학교출판부, 2007), 12-3, 16-7.

31) 물론 그 이전에도 이런 성서논쟁이 없었던 것은 아니다. 토이(Crawford H. Toy) 사건 등 그와 관련된 사건에 대해서는 Lindsell, *The Battle for the Bible*, 91-104 참조.

에 의해 쓰였다. 여기서 데이비스는 아브라함이 아들 이삭을 제물로 바치라는 하나님의 명령이 하나님의 뜻에 대한 아브라함의 이해일 뿐 하나님의 지시는 아니었을 것이라고 해석했다. 이 책이 나오자 남침례교단 안에서 비판여론이 폭등했고, 그 이듬해에 열린 콜로라도 덴버총회는 브로드만 성서주석의 창세기 편을 다시 쓰도록 결의함으로써 논쟁을 정리했다.32)

그 뒤 문제의 성서무오성 논쟁이 커다란 이슈로 새롭게 떠오른 것은 1970년대 후반이다. 이 논쟁을 촉발시킨 계기는 크게 두 가지 사건에서 찾을 수 있다. 하나는 해롤드 린셀의 저서들이다.33) 그는 「성서를 위한 전투」(The Battle for the Bible, 1976)라는 책을 통해 그리스도인이라면 성서무오성 문제에 관심을 가져야 한다고 말하고, 최근에 성서무오성에 대한 믿음을 포기하는 사람들이 남침례교단 안에도 나타났다고 지적했다. 특히 린셀은 남침례교 신학교수들이 대부분 무오성을 지지하지 않고 있으며, 남침례교도 그런 문제를 심각하게 다루지 않는다는 것을 우려했다. 특히 그는 성서무오성을 포기하게 되면 결국 남침례교는 침례교임을 포기하게 되고 "복음주의자"이기를 부정하는 것이며, 결국 "배교의 길에"(on the road to apostasy) 들어서게 될 것이라고 강력하게 경고했다.34) 린셀은 성서무오를 이 시대의 복음주의가 회복해야 할 마지막 회복점으로 간주했던 것이다.35)

또 하나는 1979년 휴스턴에서 개최된 남침례교총회에서 나왔다. 이 총회에서 이른바 '근본주의자'라 불리던 사람들은 성서무오성이라는 구호를 앞세우고 교단정화 작업을 선언했다. 이 작업은 크리스웰대학(The Criswell College)의 학장이던 페이지 페터슨(Paige Patterson), 휴스턴제일침례교회 주일학교 교사이자 판사였던 폴 프레슬러(Paul Pressler), 그리고 멤피스의 벨뷰침례교회(Bellevue Baptist Church) 목사인 애드리언 로저스(Adrian Rogers)가 중심이 되어 전개되었다. 그들은 남침례교단 안에 있는 자유주의 경향을 가진 사람들을 제거하기 위해 10년 프로젝트를 가동시켰

---

32) James, Leazer and Shoopman, 「미국 남침례교 현대사」, 45; 김용복, 「침례교신학」, 339-42.
33) Harold Lindsell의 *The Battle for the Bible* (1976)과 *The Bible in the Balance* (1979) 참조.
34) Lindsell, *The Battle for the Bible*, preface, 104, 208-10.
35) Packer, "칼빈과 성경무오," 163.

다. 애드리언 로저스가 총회장으로 선출된 것은 그 첫 결실이었다. 이때부터 근본주의자들이 말하는 "위대한 시대"가 개막된 것이다.[36]

이 성서무오성 논쟁은 그 이전에 일어난 창세기논쟁과 그 성격이 사뭇 달랐다. 이전의 창세기논쟁은 한 개인이나 한 권의 책에 초점이 있었지만, 이 논쟁은 교단의 총회장을 선출하기 위해 "조직적 투쟁"(systemic struggle)과 관련되었기 때문이다. 그런데 이 논쟁을 주도한 사람들은 "온건주의자들이 없는 교단"을 자신들이 원하는 방향으로 통제하고 조정하기를 원했다는 점에서[37] 문제가 적지 않았다.

2. 무오성 논쟁의 성격과 결과

남침례교단에서 일어난 무오성 논쟁은 거의 모든 영역에서 많은 변화를 초래하는 계기가 되었다. 무엇보다도 이 논쟁은 침례교의 정체성과 관련해서 성서에 대한 해석과 그것을 적용하는 데 침례교인들 사이에 얼마나 큰 갈등이 표출되었는가를 여실히 보여주었다. 또한 이 논쟁으로 인해 일어난 교단 내 '전투'를 바라보는 시각 차이도 아주 컸다. 한 편에서는 이 논쟁을 남침례교를 개혁하는 수단으로 이해했는가 하면, 다른 한 편에서는 이것이 교단에서 권력을 장악하려는 사람들에 의해 악용되었다고 비판했다.[38]

이 논쟁은 겉으로 보면 성서에 대한 두 입장 차이, 즉 무오와 무류의 차이를 해소하지 못하고 극단으로 치달은 현상처럼 보인다. 근본주의자들은 성서무오를 붙드는 것이 자유주의신학으로 빠지는 것을 막는 길이라고 믿었다. 페이지 페터슨이 남침례교단 안에서 성서무오성 논쟁을 감행한 이유와 근거도 결국엔 자신들이 개

---

36) "위대한 시대"(a great time)라는 말은 크리스웰(W. A. Criswell)이 애드리언 로저스를 총회장으로 선출하면 열리게 될 것이라고 예언적으로 선언한 말이다.

37) Walter B. Shurden and Randy Shepley, ed. "An Overview of the SBC Controversy," *Going for the Jugular: A Documentary History of the SBC Holy War* (Macon: Mercer University Press, 1996), xii-xiv.

38) E. Glenn Hinson, "Baptist and Evangelicals: What is the Difference?" *Baptist History and Heritage* (April 1981): 31. Patterson, 「개혁의 해부학」은 전자를 지지하고, James, Leazer and Shoopman, 「미국 남침례교 현대사」는 후자의 목소리를 담고 있다.

혁을 하지 못하면 수십만의 남침례교단 사람들이 "영원한 파멸"을 맞게 될 것이라고 생각했기 때문이다.[39] 하지만 온건주의자들은 오히려 근본주의자들의 그런 신앙을 "성서숭배"(bibliolatry)로 간주했고,[40] 근본주의자들이 성서무오성이라는 기치를 내걸고 그것을 남침례교인들에게 "수류탄"처럼 사용했다고 비판했다.[41] 사실 린셀이 「성서를 위한 전투」에서 성서무오를 복음주의자들 가운데 "미래 복음주의의 방향을 결정"할 "결정적 이슈"라고 규정했지만,[42] 그를 비판하는 사람들은 그의 저서가 성서무오 교리에 대한 주석적 변증을 거의 담고 있지 않았으며 성서무오를 비판하는 사람들의 과장된 말들을 집중적으로 다루었다고 지적했다. 또 어떤 사람들은 린셀이 "역사가 뒷받침해주지 않은" "허술한 주장"을 했다고 비판하는가 하면,[43] 린셀의 "신학적 시한폭탄"이 "복음주의의 적들"만 아니라 "동맹군들까지 다치게" 했다면서 그쯤 되면 무오성은 "교리"가 아니라 "하나의 무기"가 되었다고 비난했다.[44] 더 나아가 제임스 슈프만(James G. Shoopman)은 남침례교단의 성서무오성 논쟁을 "근본주의자들"이 "교단을 지배"하여 "교단의 성격을 바꾼 정치적인 운동"이었다고 규정했다. 계속해서 그는 성서무오성 논쟁이 단순한 신학논쟁이 아니라 "급소찌르기"(Going for the jugular)라고 불리는 치밀한 계획과 장기적인 작전 속에서 벌어진 교단 장악의 역사였으며, 근본주의자들은 이를 위해 교단의 이사들과 기관들을 근본주의자들로 채울 때까지 총회장을 근본주의자로 당선시켰다고 주장했다.[45]

과연 온건주의자들이 주장하는 것처럼, 근본주의자들은 남침례교단을 정치적으로 장악하기 위해 무오성 논쟁을 이용했는가? 아니면 근본주의자들이 해명하는 것처럼, 온건주의자들로 인해 자유주의화되고 있는 남침례교단을 개혁하기 위해 성

---

39) Patterson, 「개혁의 해부학」, 15.
40) Shurden and Shepley, ed. "An Overview of the SBC Controversy," xvi.
41) James, Leazer and Shoopman, 「미국 남침례교 현대사」, 47.
42) Lindsell, *The Battle for the Bible*, 202.
43) John R. Muether, "복음주의자들과 성경," 「성경무오와 해석학」, Harvie M. Conn 편, 정광욱 옮김 (서울: 엠마오, 1992), 376-7.
44) Alister McGtath, 「제임스 패커의 생애」, 신재구 옮김 (서울: 기독교문서선교회, 2004), 328.
45) Rob James, Gary Leazer and James Shoopman, 「미국 남침례교 현대사」, 9, 13, 15-6.

서무오성 논쟁이 일어난 것인가?

III. 남침례교의 조직신학 전통

남침례교의 조직신학자들은 성서의 권위와 무오 문제를 어떻게 이해했는가? 이 질문에 답을 하기 위해 여기서는 남침례교의 전통을 그 특징에 따라 나타나는 세 시대로 나누어 살펴보았다. 초기 전통은 19세기 중반 남침례교단의 분립(1845년)부터 20세기 초반 제임스 보이스시대까지를 말한다. 이 시기의 대표적 조직신학자는 존 대그(John L. Dagg)와 제임스 보이스(James P. Boyce)다.46) 중기 전통은 보이스시대를 극복하고 중도적 신학을 구현한 에드가 멀린스시대부터 2차 세계대전까지를 의미한다. 이 시기의 대표적 조직신학자는 에드가 멀린스(Edgar Y. Mullins)와 월터 카너(Walter T. Conner)다.47) 후기 전통은 2차 세계대전 이후부터 현재까지를 의미한다. 이 시기의 대표적 조직신학자들로는 데일 무디(Dale Moody)와 밀러드 에릭슨(Millard J. Erickson)이다.48)

1. 초기 전통과 성서무오

존 대그는 성서의 기원이 인간으로부터 온 것이 아니라 하나님으로부터 왔지만, 인간의 언어를 통해 계시되었기 때문에 성서에는 모호한 표현이 있을 수 있다고 인정했다. 하지만 그는 그런 모호함이 불완전함은 아니며 "성서의 모호한 점 중 일부는 하나님의 깊은 것"이라는 입장을 취했다.49) 그리고 그는 「기독교의 증험론」이라

---

46) John L. Dagg, *A Manual of Theology* (Charleston: Southern Baptist Publication Society, 1867); James P. Boyce, *Abstract of Systematic Theology* (Philadelphia: American Baptist Publication Society, 1887).

47) Edgar Y. Mullins, *The Christian Religion in Its Doctrine Expression* (Philadelphia: Roger Williams Press, 1917); Walter T. Conner, *A System of Christian Doctrine* (Nashville: Sunday School Board of the Southern Baptist Convention, 1924).

48) Dale Moody, *The Word of Truth: A Summary of Christian Doctrine Based on Biblical Revelation* (Grand Rapids: William B. Eerdmans, 1981); Millard J. Erickson, *Christian Theology*, 3 vols. (Grand Rapids: Baker Book House, 1983, 1984, 1985).

는 책에서 "하나님의 말씀은 긍정적으로 말하면 신적 진리이고 부정적으로 말하면 인간의 무류가 아니다"라고 주장했다.50) 이 대목에서 대그는 성서의 진리성(truthfulness)을 설명하기 위해 "무류"라는 용어를 사용했다. 그런데 대그의 설명에는 다소 이중적인 면이 있다. 그는 한 편으로 진리성이 성서가 다루는 모든 문제에서 완전함을 의미한다고 했고 이런 기술적 완전함을 오직 성서 원본에만 적용시켜야 한다는 입장을 취하면서도, 다른 한편으로는 모든 문제에 적용되는 성서의 무오성은 이론적으로만 존재하고 실제로는 종교적 진리를 말할 때 무류가 적용된다고 보았다. 따라서 대그는 성서를 "종교적 지식의 완전한 자료이고, 종교적 진리의 무류한 기준"이라고 주장했다. 그런 까닭에 그가 "무류"와 "진리"라는 단어를 사용할 때는 언제나 그 문맥이 종교적 지식을 다루는 곳에서 나타났다는 평가를 받았다.51)

제임스 보이스는 「조직신학개요」 서문에서 성서에 대해 "세계의 문헌 가운데 유일하게 '인간의 불완전에서 비롯된 오류 가능성'에 물들지 않은 '하나님의 계시에 대한 [성서의] 완전한 영감과 절대적 권위'를 믿는다고 선언했다." 그리고 그는 성서가 "무류"하며, 하나님께서 성서에 나타날 수도 있는 "일체의 오류 가능성"을 막아 주었다고 주장했다.52) 이 때 보이스가 사용한 단어는 "무오"가 아니라 "무류"였는데, 그 의미는 "영감받은"이란 뜻이었다. 보이스는 "성서를 종교적 권위의 유일한 근원"으로 보았고, 그런 태도는 "그가 쓴 글 어디에서도 뚜렷하게" 나타났다. 그는 "성서에 아무런 오류가 없다고 주저하지 않고 단언"했다. 그에게 성서는 하나님의 계시로서 인간의 오류로부터 자유로운 것이었다.53)

---

49) L. Russ Bush and Tom J. Nettles, 「침례교인과 성경」, 229.
50) John L. Dagg, *Evidences of Christianity* (Macon: J. W. Burke and Co., 1869), 224, Bush and Nettles, 「침례교인과 성경」, 233에서 재인용.
51) Dwight A. Moody, "성경"(The Bible), 「침례교신학의 흐름: 1845년부터 최근까지」, Paul Basden 편, 침례교신학연구소 옮김 (대전: 침례신학대학교출판부, 1999), 51-2.
52) Timothy George, "제임스 페티그루 보이스"(James Petigur Boyce), 「침례교신학자들」 상, Timothy George & David S. Dockery 편. 침례교신학연구소 펴냄 (대전: 침례신학대학교출판부, 2008), 406.
53) Bush and Nettles, 「침례교인과 성경」, 286; Dwight A. Moody, "성경"(The Bible), 52-5. 보이스와 함께 써든침례신학대학원을 설립 당시 교수였던 바질 맨리 2세(Basil Manly, Jr.)나 존 브로더스(John A. Broadus)도 성서의 무류에 대해 확고한 입장을 표방했다. Bush and

남침례교의 초기 조직신학 전통에 나타난 성서관은 어떻게 정리될 수 있을까? 앞에서 언급한 조직신학자들은 성서의 무오와 무류 개념을 구분하지 않았고, 일사 직으로는 성서의 권위를 모든 영역에 적용한 듯했다. 이런 입장은 같은 시대의 침례교신앙고백서들이 보여준 견해와는 다소 다른 것이었다. 아마도 이는 그들이 당시 프린스턴 학파의 개혁주의 영향을 강하게 받았기 때문이었을 것이다.[54] 하지만 다른 한편으로는 성서의 권위를 종교적 영역에만 제한시키는 모습도 보여주었다는 점에서 다소 이중적이었다.

2. 중기 전통과 성서무오

에드가 멀린스는 성서가 "종교적이고 영적인 자족성을 언급"하는 데 오류가 없다는 것을 강조함으로써, 성서의 권위를 철저하게 종교의 영역 안에서 수립하는 데 주력했다. 그는 과학적 지식과 종교적 진리를 조화하기 위해 노력할 필요가 없다고 생각했다. 그에게 성서는 종교의 책이다. 따라서 성서에서 과학적 지식이나 역사적 지식의 무오를 주장할 필요가 없다. 그는 다음과 같이 주장했다: "성경은 종교의 책이라는 것을 마음에 분명히 간직해 두어야 한다. 종교가 아닌 어떠한 다른 주제나 과학에 관한 교과서로 성경을 생각한다는 것은 잘못이다.... 인간은 성경이 과학이나 수많은 잡다한 것들을 가르쳐야 한다고 선포할 권리가 없다."[55]

멀린스는 성서의 목적에 따른 무류를 말하기 위해 마르커스 다즈(Marcus Dods)의 말을 인용해 다음과 같이 비유로 설명했다: 시계가 무류하다는 것은 시간을 말

Nettles, 「침례교인과 성경」, 291, 292, 305, 306.

54) Dwight A. Moody, "성경"(The Bible), 51. 프린스턴 학파의 성서관에는 세 가지 요소가 특징을 이룬다. 첫째는 모든 성서가 무오하다는 것이고, 둘째는 이 무오가 모든 문제들에 적용된다는 것이며, 셋째는 이 무오가 원본에만 적용된다는 것이다. 이런 성서원본의 무오성에 관한 강조는 웨스트민스터신학대학원의 교수진이 1946년에 「무류한 말씀」(*The Infallible Word*)을 펴내고, 1949년에는 "복음주의신학회"(The Evangelical Theological Society)가 결성되었으며, 1977년에는 "국제성서무오협회"(International Council on Biblical Inerrancy)가 조직되면서 그 강도를 더해갔다. Harvie M. Conn, "개론적 역사: 성경무오, 해석학, 그리고 웨스트민스터," 「성경무오와 해석학」, 18-9.

55) Edgar Y. Mullins, "Baptists and the Bible," *Encyclopedia of Southern Baptists*, ed. Norman Wade Cox (Nashville: Broadman, 1958), 142, Basden 편, 「침례교신학의 흐름」, 68에서 재인용.

해주는 시계로서 무류함이다. 항해사가 무류한 바다지도를 가지고 있다는 것은 등대가 있는 곳, 물이 얕은 곳, 암초가 있는 곳 등을 가르쳐주는 안내자로서 오류가 없다는 것이다.56) 멀린스가 완전축자영감 교리를 혐오했던 것도 바로 성서의 권위를 종교적 주제에 한정하고 성서의 무류를 강조하기 위함이었다. 왜냐하면 완전축자영감 교리는 성서를 기록하는 과정에서 "인간적 요소를 축소"시키고 성서의 "종교적이고 영적인 초점을 변질"시키기 때문이다. 멀린스는 과학적 설명에서 발생한 작은 오류가 성서의 권위를 "무효화"한다는 견해를 거부했다.57)

월터 카너는 자신의 조직신학 저서들 안에서 성서무류뿐 아니라 '성서의 교리'에 관해 거의 언급하지 않았다. 다만 그는 애트우드(E. B. Atwood)에게 보낸 서신들에서 성서의 영감과 오류 문제에 관해 다음과 같이 피력했다: "축자영감이 잘못된 것임을 환기시키고; 부적절한 것으로 원본의 가치를 축소시키고; 무오를 입증할 수 없는, 무의미한 것으로 거부하고; 무류와 무오를 구별하며; 성경의 종교적 가치가 성경 무오에 종속되어 있다는 것을 부인"했다.58) 그가 성서무오보다 무류 교리를 지지한다고 밝힌 이유는 성서무오교리는 원본에만 적용되는데, 문제는 우리에게 원본이 존재하지 않기 때문이다. 그는 "입증할 수 없는 이론"에 매달려 성서의 "종교적 가치를 결정"하는 것은 바람직하지 않다고 보았다.59) 그렇지만 그는 새로운 과학 지식이나 세계관 때문에 성서에서 보여준 "케케묵은 우주론과 낡은 세계관"을 거부하지도 않았다. 그는 성서비평이라는 방법론을 사용하는 데 주저하지 않았지만, "자유주의적이거나 현대주의적인 신학에 치우치지 않았다."60)

남침례교 중기의 조직신학 전통에서 성서에 관해 보여준 중요한 특징은 이 시기부터 무오와 무류의 구별이 분명해졌다는 데 있다. 그리고 이 시기는 성서무오 개념을 거부하고 성서무류 사상에 더 많은 무게중심을 실었던 때였다.

---

56) Marcus Dods, "The Bible: Its Origin and Nature," 151-2, Edgar Y. Mullins, *The Christian Religion in Its Doctrinal Expression*, rept. (1917; Philadelphia: The Judson Press, 1954), 152-3에서 재인용.
57) Dwight A. Moody, "성경"(The Bible), 56.
58) Ibid., 60.
59) Ibid., 34, 58-9.
60) Ibid., 70-1.

3. 후기 전통과 성서무오

데일 무디는 성서에 매우 충실힌 조직신학자였지만, 그의 저서 어디에서도 무오나 무류에 관한 고찰이 나타나지 않았다. 그것은 무디가 성서 자체와 대화하는 것을 성서에 "관하여" 대화하는 것보다 더 중요하게 간주했기 때문일 것이다.61) 그렇지만 무디는 성서무오와 성서무류를 엄격히 구분한 신학자였다. 그리고 그는 무오가 아니라 무류를 선택했다. 그의 말을 들어보자: "나는 성경이 가르치기로 의도한 교리를 다루는 데 있어서는 보통 무류라는 용어를 사용한다. 무오는 연대와 같은 것들과 우주에 대한 서술적 묘사들 그리고 이와 같은 사건들을 다루는 데 사용한다…. 나는 이 둘을 상호교환 가능한 용어들로 보지 않는다."62) 이 말은 무디가 성서의 목적을 "과학적이 아니라 구원론적으로 고찰"한다는 것을 의미한다. 그 때문에 무디는 성서에 비록 "과학적 혹은 역사적 세부사항에 나타난 명백한 오류 때문에 걱정하지 않는다. 왜냐하면 그와 같은 세부사항을 규정하는 것"은 성서의 목적이 아니기 때문이다.63)

사실 남침례교 신학전통에서 볼 때 무디는 처음으로 현대과학과 문헌비평을 포용했고, 그것이 성서 교리를 설명하는 데 영향을 끼치도록 했던 신학자였다.64) 그에게 성서란 "무슬림이 코란을 대하거나 몰몬교도들이 조셉 스미스의 몰몬경(the golden plates)을 대하듯 하늘로부터 내려온 것이 아니다." 성서가 "역사적 계시"를 담은 것이라면 역사 과학적 방법으로 연구될 수 있어야 한다. 왜냐하면 성서는 "죽은 교의(dogma)가 아니라 살아 있는 전통(tradition)"이기 때문이다. 그래서 그는 성서와 과학이 "새로운 종합"에 이르게 될 것을 기대했다.65) 무디가 「진리의 말씀」에서 성서를 "역사적 계시에 관한 하나의 '기록' 혹은 하나의 '증언'이라고 묘사"한 것

---

61) Stiver, "데일 무디"(Dale Moody), 「침례교신학자들」, 하, 322.
62) Dale Moody, "The Inspiration of Holy Scripture" (unpublished manuscript edited by Dwight Moody, Boyce Centenniak Library, The Southern Baptist Theological Seminary, 1981), 68, Dwight A. Moody, "성경"(The Bible), 60에서 재인용.
63) Stiver, "데일 무디(Dale Moody)," 324.
64) Dwight A. Moody, "성경"(The Bible), 71.
65) Dale Moody, *The Word of Truth*, 212.

은 그의 성서관이 "오류 가능성을 가지고서 하나님의 자기 계시를 지시한다는 신정통주의적 강조"와 만나는 대목이다. 그 점에서 무디에게 성서는 "계시에 대한 최상의 자원이기는 하지만 교리화된 계시는 아니다."66)

밀러드 에릭슨은 '무오'를 이렇게 정의했다: "성서는 그것이 기록된 당시의 문화와 의사소통 수준과 목적들 안에서 올바르게 해석될 때, 그것이 분명하게 증언하는 모든 내용들 속에서 온전히 참되다."67) 그런데 에릭슨의 설명에 따르면, 무오는 "절대무오"(absolute inerrancy), "완전무오"(full inerrancy), "제한무오"(limited inerrancy), "목적무오"(inerrancy of purpose) 등으로 나뉜다.68) 이 가운데 완전무오를 지지하는 에릭슨은 무오를 이해하는 몇 가지 중요한 기준을 다음과 같이 제시했다: 첫째, 무오는 단순히 보도된 것에 관한 것이 아니라 주장되거나 긍정되는 내용에 관한 것이다. 따라서 이 입장에서 보면 성서 안에 보도된 내용이 사실과 다를 수도 있다. 사도행전 7장에 나오는 스데반의 설교가 연대순으로 볼 때 정확하지 않을 수 있다는 것이다. 왜냐하면 스데반의 설교 내용이 영감이 된 것은 아니기 때문이다. 둘째, 성서의 신실성은 표현된 것이 당시의 문화적 상황 속에서 어떤 의미가 있는가를 가지고 판단되어야 한다. 셋째, 성서의 주장은 그것이 기록된 목적에 따라 판단될 때 전적으로 진실하다. 넷째, 역사적 사건들과 과학적 문제들은 기술적 언어가 아니라 현상적 언어다. 다섯째, 성서본문을 설명할 때 나타나는 어려움들이 오류를 지시하는 것으로 간주되어서는 안 된다.69) 에릭슨은 성서무오와 성서무류 중간에서 자신의 입장을 정한 것처럼 보인다.

남침례교의 조직신학 전통에서 보면 성서의 영감이나 무오 혹은 무류 등에 관한

---

66) Stiver, "데일 무디"(Dale Moody), 323.
67) Erickson, *Christian Theology*, vol. 1, 223-4.
68) 절대무오는 과학과 역사 문제에 있어서까지 성서의 모든 내용이 완전한 사실이라는 주장이고, 완전무오는 모든 영역에서 성서는 온전히 사실이라는 점에서는 절대 무오와 같지만, 성서에서 표현된 과학이나 역사의 문제는 나타나는 현상을 기록한 것이라는 점에서 차이가 있다. 제한무오는 구원의 문제와 관련해서만 성서가 무오하다는 입장이고, 목적무오는 성서가 그 목적을 무오하게 달성할 수 있다고 보는 입장이다. Erickson, *Christian Theology*, vol. 1, 222-3.
69) Erickson, *Christian Theology*, vol. 1, 234-5.

견해에 통일성이 부족하다는 특징이 나타난다. 어떤 학자는 이런 현상에 대해 마치 "헤겔적 순서"처럼 사상이 전개되었다고 평가하기도 했다. 이는 초기 전통의 논제(thesis)가 중기 선봉의 반논제(antithesis)를 거쳐 후기 전통에서 종합(synthesis)에 이르는 형국과 같다는 것이다. 초기 전통은 아무래도 구 프린스턴신학의 영향으로 영감, 무오, 무류를 동일한 의미로 사용했다. 하지만 이 시기조차도 종교적이고 도덕적 메시지로서 하나님의 말씀에 대한 신뢰를 강조하지 않은 것은 아니었다. 그런데 중기 전통에 오면 무오와 무류는 엄격히 구별되었고, 종교적 메시지에 관련된 성서무류 사상이 강하게 나타났다. 그리고 후기 전통에서는 기술적 무오를 수호하는 데 소홀했다. 하지만 그 어떤 전통에서도 남침례교인들은 성서의 총체적 신뢰성에 대해 결코 의심하지 않았다.70)

마치는 글

지금까지 살펴본 바에 따르면, 남침례교 신학전통 안에서 나타난 성서의 권위와 오류 문제에는 다음과 같은 몇 가지 특징이 있음을 알 수 있다. 첫째, 전체적으로 볼 때 침례교의 신학전통에서 보여준 성서무오 혹은 성서무류 사상은 일관성 면에서 다소 철저하지 못했다. 하지만 성서의 권위와 신뢰성을 믿는 일에는 일관된 하나의 전통을 보유하고 있었다. 둘째, 대부분 침례교신앙고백서들은 20세기 후반에 제기되었던 것과 같은 의미의 성서무오를 분명하게 주장하지 않았다. 이 고백서들이 성서의 권위와 신뢰성에 대해 보여준 것은 오히려 성서무류의 의미가 강했다. 셋째, 남침례교 조직신학 전통에서는 초기 전통과 중기 이후 전통 사이에 현격한 차이가 나타났다. 초기 전통에서는 성서무오를 표면적으로 주장했지만, 이런 성향은 중기 이후에 거부되면서 성서무류를 지지하는 것으로 바뀌었다. 그리고 초기 전통이라 하더라도 1970년대 후반에 사용하던 그런 의미의 성서무오는 강요되지 않았던 것으로 보인다.

성서무오를 받아들이지 않고 성서무류를 주장한다는 것은 성서를 본질적으로 신

---

70) Dwight A. Moody, "성경"(The Bible), 36, 75.

뢰할 수 없다는 의미가 아니다. 그것은 전통적으로 기독교 역사 속에서 꾸준히 고백해왔던 것처럼, 우리의 신앙과 실천의 문제에서 볼 때 성서는 결코 오류가 없다는 것을 주장하는 것이다. 성서에 대한 신뢰와 그 권위를 인정하는 것은 그리스도인들에게 절대적으로 중요하다. 성서는 하나님의 특별한 계시를 담은 기록이고, 그것은 성서의 기록목적에 따라 어떠한 오류도 있을 수 없다. 성서의 내용이 과학적으로나 역사적으로 증명되지 않는다 해서 그것이 성서에 오류가 있다는 근거가 될 수는 없다. 하지만 그 성서에 대한 신뢰나 성서의 무오 혹은 무류성은 20세기 후반에 근본주의자들의 관점에서 말하는 그런 무오를 의미하는 것은 아니다. 그런 의미의 무오성은 역사적 기독교 전통이나 침례교 전통 안에서 볼 때 특정 시대와 상황에서 불거져 나온 논쟁이고 이슈였다.

남침례교인들은 그 누구보다도 성서의 최상 권위를 인정해온 사람들이다. 하지만 이 성서의 최상 권위는 성서무오라는 이론에 근거했다기보다 성서를 통해서만 영원한 생명의 말씀을 발견할 수 있다는 이른바 '성서주의'(biblicism)에 기초한 것이다. 그 점에서 스티븐 데이비스(Stephen T. Davis)의 다음과 같은 주장은 타당하다: "복음주의자와 그렇지 않은 자를 어떻게 구분하는가? 간단한 답은 우리의 기준이 본질적으로 무오설과 같은 철학적이거나 변증적인 기준이 아니라 성서적 기준이어야 한다는 것이다."[71] 우리는 성서의 문자 그 자체를 믿는 것이 아니라 성서를 통해 계시된 성부 하나님의 존재와 성자 하나님의 구속 사역과 성령 하나님의 역사를 믿는 것이다.

성서는 하나님의 계시와 인간의 언어가 만나서 이루어진 것이다. 그 안에는 신적 요소와 인간적 요소가 포함되어 있다. 따라서 성서의 원리들을 오늘날 적용하려면 어떤 부분은 재해석의 작업을 불가피하게 필요로 한다. 이 작업은 성서의 신적 권위를 부인하는 행위가 아니다. 오히려 그것을 통해 성서는 오늘날 모든 독자들에게 하나님의 신실하고 오류가 없는 말씀이 되는 것이다.

---

71) Davis, *The Debate about the Bible*, 132.

02
창조신앙과 생태신학*

오늘날 인류가 직면한 생태계 위기는 단순한 자연파괴 이상의 문제가 있다. 현대인들은 생태계의 심각한 파괴현상을 직접 체감하면서 이 문제가 인간존재의 전반에 대한 총체적 위기라는 인식을 하게 되었고, 거의 모든 분야에서 생태학적 반성을 하게 되었다. 그 점에서 한스 페르 뒤르(Hans-Peter Dürr)의 다음과 같은 경고는 정확한 지적이다: "이 세계는 우리 없이도 살 수 있지만, 우리는 우리를 떠받치고 있는 하부구조 없이 살 수 없지요. 하부를 파괴하면 우리도 따라서 쇠락의 길을 걷게 됩니다."[1] 그래서 위르겐 몰트만(J. Moltmann)은 이 생태계 위기를 "모든 삶의 체계" 위기로 보았고, 폰 바이젝커(C. F. von Weizsacker)는 "시간이 촉박하다"고 외쳤으며, 슈마허(F. Schumacher)는 위기극복을 위해 가치관의 변화를 요청했다.[2]

생태계 파괴에 대한 이런 위기의식은 '생태신학'(ecological theology)의 등장을 불러왔고, 그에 대한 대처방안들을 모색하게 만들었다. 생태신학은 "환경적 위협과 불의에 대한 기독교의 생태학적 지혜를 회복하려는 노력"이며 "상황신학의 차세대 물결"로 간주된다. 그러므로 생태신학적 관심과 작업은 "생태계 위기가 초래한 도전에 직면해서 기독교전통을 다시 탐구하고 다시 발견해서 다시 새롭게 하는 시도"라고 할 수 있다.[3]

---

* 출처: 김용복, "침례교 조직신학 전통에서 본 창조신앙에 대한 생태신학적 성찰,"「복음과 실천」55집 (2015 봄): 105-34.
1) Hans-Peter Dürr외 4인,「신, 인간 그리고 과학」, 여상훈 옮김 (서울: 시유사, 2000), 140.
2) 김용복, "생태계의 위기와 창조신앙의 회복,"「뱁티스트」38호 (1999): 52.

이 연구는 생태계 위기와 관련된 창조신앙의 문제와 그 의미를 생태신학적 관점에서 검토하고 반성하는 데 일차 목적이 있다. 그리고 이런 생태신학적 반성이 침례교신학 전통 안에서는 어떠한지 살펴보는 것이 이차 목적이다. 따라서 이 글에서는 다음과 같이 세 단계의 과정을 통해 창조신앙에 대한 생태신학적 반성을 시도하고자 한다: 첫째, 창조신앙에 대한 주석적 논의를 간단하게 검토하고 성서적 창조신앙을 정립한다. 둘째, 창조론과 종말론의 조직신학 주제를 생태신학적 관점에서 재해석한다. 셋째, 침례교의 조직신학전통에서 창조신앙과 생태계 문제가 어떻게 취급되어왔는지 분석하고 평가한다.

I. 생태계 위기의 원인과 신학적 반성

생태계가 파괴되고 인간의 보금자리가 위험하다는 인식을 하면서 그 원인을 심각하게 돌아보기 시작한 것은 20세기 후반 서구 기독교 전통에서였다. 다양한 원인이 지적되었지만 그 가운데 기독교의 창조신앙에 대한 문제제기가 무엇보다도 큰 반향을 일으켰다. 그리고 이는 기독교신학 안에서 생태계 파괴의 원인을 반성하고 창조신앙을 재해석하는 동력을 제공했다.

1. 이원론적 인간중심주의의 배경

생태계 위기의 원인으로 지목된 것 가운데 하나는 배타적 이원론에 기초한 인간중심주의 사상이었다.4) 이에 대한 신학적 반성은 1954년 조셉 시틀러(Joseph Sittler)가 "지구를 위한 신학"의 필요성을 역설하고, 1961년 세계교회협의회에서 "자연의 위협에 대한 위험성을 경고"함으로써5) 본격화되었다.6) 그리고 이 반생태적 인간중

---

3) Ernst M. Conradie, "Towards an Agenda for Ecological Theology: An Intercontinental Dialogue," *Ecotheology* vol. 10, no. 3 (2005): 281-2.

4) 전현식, "생태적 회심과 창조세계의 회복," 「기독교사상」, 2009년 1월호, 210-28 참조. 전현식은 기독교의 초월적 영성의 반생태적 특성들로 인간중심주의, 정신/몸의 이원론, 초월적 유신론을 들었다(ibid., 214).

5) Joseph Sittler, "A Theology for Earth," *Evocations of Grace: The Writings of Joseph Sittler on*

심주의사상의 배경으로 유대-기독교 전통이 비난대상으로 부상한 데는 린 화이트 (Lynn White, Jr.)의 영향이 컸다. 화이트는 1967년 「과학」(Science)에 기고한 "생태계 위기의 역사적 뿌리"에서 "기독교는 이 세상에서 가장 인간중심적인 종교가 되었으며… [기독교는] 인간이 자신의 목적을 위해 자연을 개발하는 것이 하나님의 뜻이며, 자연은 인간에게 봉사하는 것 이외에는 존재이유가 없다"는 입장을 가지고 있다며 비판했다.7) 화이트의 이 글은 "기독교의 현관 앞에 환경문제들의 책임을 던져" 놓았으며, "그리스도교 전통에 화염병을 던진 것보다 더 큰 충격"을 주었다는 평가를 받았다.8) 그 뒤 많은 신학자들은 여러 관점에서 생태계 문제의 신학적 반성에 참여했다. 프란시스 쉐퍼(Francis Schaeffer)가 「환경오염과 인간의 죽음」에서 "기독교 공동체에 주신 하나님의 소명"은 "그리스도인들이 여기에서 지금 인간과 자연 그리고 자연 자체를 실질적으로 치유하는 방법을 제시해야 하는 것"이라고 주장한 것도 그에 대한 한 응답이었다.9)

화이트의 비판이 얼마나 정당했는가 여부와 관계없이, 그리고 그것이 기독교의 잘못된 창조신앙의 결과 때문이든 아니면 또 다른 이원론적 인간중심주의와 산업화의 결과이든, 지난 수세기 동안 인간은 "세계의 중심이요 정점"으로 행세했고,

---

Ecology, Theology and Ethics, eds. Steven Bouma-Prediger and Peter Bakken (1954; Grand Rapids: Eerdmans, 2000), 20-31, David G. Horrell, 「성서와 환경: 생태성서학 입문」, 이영미 옮김 (오산: 한신대학교출판부, 2014), 17에서 재인용.

6) 시틀러가 신학계에 생태계 위기의 경종을 울렸다면, 산업계와 정치계에 환경적 경고를 한 사건은 생물학자 레이첼 카슨(Rachel Carson)의 「침묵의 봄」(Silent Spring)의 출간(1962년)이었다. Stephen B. Scharper, "생태위기," 「20세기의 사건들과 현대신학」, Gregory Baum 엮음, 연규홍 옮김 (서울: 대한기독교서회, 2009), 357.

7) Lynn White, Jr., "The Historical Roots of Our Ecological Crisis," *Science,* March 10, 1976, 1203, Cliff Cain, "Down to Earth Theology: Reclaiming Our Responsibility for Creation and Embracing Biblical Stewardship," *American Baptist Quarterly* vol. 30, no. 3-4 (Fall-Winter 2011): 277에서 재인용.

8) Scharper, "생태위기," 357, 359.

9) Francis Schaeffer, *Pollution and the Death of Man: The Christian View of Ecology* (Wheaton: Tyndale House, 1970), 69, John J. Davis, "Ecological 'Blind Spots' in the Structure and Content of Recent Evangelical Systematic Theologies," *Journal of the Evangelical Theological Society* vol. 42, no. 2 (June 2000): 273에서 재인용.

"세계는 인간 아래에, 인간의 주변에 있으며, 인간을 위하여 존재"하게 되었다. 그리고 이런 반생태적 인간중심주의사상은 인간이 "이 세계를 자기 마음대로 시배"10) 할 수 있다는 잘못된 인식을 낳았다. 물론 그렇다고 해서 이런 일련의 사실들이 곧바로 성서 자체가 반생태적 사상을 담고 있다는 근거가 되는 것은 아니다. 성서는 생각보다 여러 곳에서 생태학적 관심을 표명하기 때문이다(창 2:15; 창 6-9장; 레 25: 2-4, 8-11, 21-24; 시 104편; 욥 38-41장; 사 11:6-9; 렘 33:25-26; 마 10:29; 막 1:13; 롬 8:18-23; 엡 1:22-23; 골 1:19-20; 계 21:1-8 등). 다만 성서에 대한 잘못된 해석과 적용이 이런 반생태적 전통을 만들었던 것이다.

2. 패러다임 전환의 문제

생태계의 위기현상에 대한 신학적 반성 가운데 주목할 만한 것은 자연과 인간의 갈등을 접근하는 새로운 관점에 있다. 게르하르트 리드케(G. Liedke)는 「생태신학」 에서 두 종류의 갈등을 제시했는데, 하나는 균형적 갈등이고 다른 하나는 비균형적 갈등이다. 여기서 생태계와 인간의 갈등은 비균형적 갈등에 속한다. 리드케의 설명에 따르면, 비균형적 갈등을 해소하기 위해서는 두 단계의 접근이 필요하다. 첫 번째는 먼저 갈등의 균형을 이루는 것이고, 두 번째는 "연합적 전략"을 시도하는 것이다.11) 그동안 생태계는 인간의 폭력에 의해 지나치게 불균형을 경험해왔다. 그래서 기독교신앙의 전통적 교리를 성찰하고 재해석하여 그 관계를 재설정하는 것은 그 첫 번째 작업인 균형을 시도하는 일이다. 로즈메리 류터(Rosemary R. Reuther)가 "에코페미니즘과 신학"(1994년)에서 주장한 대로, "착취와 지배의 관계를 상호 지지의 관계"로 바꾸는 작업이나, 레오나르도 보프(Leonardo Boff)가 「생태신학」 (1994)에서 "가난을 가장 큰 환경문제"로 규정한 것도 이 불균형을 해소하려는 시각의 전환이라고 볼 수 있다.12) 이는 생태계문제가 사회정의와 밀접한 관련이 있어서, 사회정치문제와 함께 일어난다는 사실을 명확하게 인식하게 되었다는 것을 의미한다.13)

---

10) 김균진, 「생태학의 위기와 신학」(서울: 대한기독교서회, 1991), 23.
11) Rosino Gibellini, "생태신학의 최근 흐름," 심광섭 옮김, 「기독교사상」, 1998년 12월호, 104-5.
12) Ibid., 106, 108.

나아가 이런 작업은 불가피하게 기독교신학에서 신관의 변화와 전통적 패러다임의 전환을 요구하게 되었다. 셀리 맥페이그(S. McFague)가 하나님을 단순히 초월적 존재로 보는 관점을 버리고 하나님의 내재성을 강조하면서 초월성을 견지하는 "범재신론"(panentheism)적 시각이 필요함을 역설한 것도 이런 맥락에서다. 물론 이런 범재신론적 시각은 자연을 "하나님의 몸"이라고 표현하는 것과 같이, 자연숭배사상이나 범신론의 문제점을 공유하기 때문에 그것이 과연 건강한 성서적 이해인지 끊임없이 의심을 받았고, 모순적이며 부적절하다는 비판을 받기도 했다.14)

결국 창조신앙에 대한 신학적 반성은, 그 성패와 관계없이, 전통적 패러다임을 어떻게 전환할 것인가 하는 문제로 귀결된다. 과연 그 신학적 반성이 성서적 계시에 어긋나지 않는 새로운 틀을 마련할 수 있을까? 문제의 원인으로 지목된 이 인간중심주의에서 완전히 벗어날 수 있을까? 그리고 성서는 여러 가지 대안적 관점들을 얼마나 지지해주고 있을까? 이런 질문들은 매튜 폭스(Matthew Fox)가 주장했던 "창조 중심의 영성"(the creation-centered spirituality)을 복음주의 입장에서 그대로 수용하기 어렵게 만드는 견제장치로 작용했다. 그가 말하는 창조 중심의 영성은 "'[자연] 안에 존재하는 신성'을 발견"하고, "'자연과 대화'할 뿐 아니라 '자연과 함께 창조'하며, '인간과 모든 피조물 안에 존재하는 우주'를 추구"하는 것을 의미하며, "인간과 우주는 합일하여 하나의 우주로 존재하게 된다"는 이론이기 때문이다.15) 그러므로 인간중심주의에서 벗어나는 일이 반대로 자연중심주의나 자연의 신성화로 대체되어서는 안 될 것이다. 왜냐하면 그런 주장은 명백히 성서의 지지를 받지 못하기 때문이다. 성서는 하나님과 피조물의 관계를 동일시하는 것이 아니라 다음과 같이 주종관계로 선언한다: "하늘과 모든 하늘의 하늘과 땅과 그 위의 만물은 본래 네 하나님 여호와께 속한 것이라"(신 10:14), "땅은 하나님의 것"이다(레 25:23). 이 세상의

---

13) Scharper, "생태위기," 365.

14) Sallie McFague, *The Body of God: An Ecological Theology* (Minneapolis: Augsberg Fortress, 1993), 71, 장도곤, 「예수 중심의 생태신학: 생태신학 입문」 (서울: 대한기독교서회, 2002), 34-5에서 재인용.

15) Matthew Fox, *Original Blessing* (Santa Fe, N. Mex: Bear & Company, 1983), 15, 69, 장도곤, 「예수 중심의 생태신학」, 75에서 재인용.

모든 것이 다 하나님의 것이라는 성서의 사상은 창조세계에서 인간의 올바른 위치를 자리매김하는 데에도 대단히 중요하다. 이 말은 이 땅에 대한 소유권을 행사하고 그것을 마음대로 파괴하고 독점할 수 있는 권리가 인간에게 없다는 것을 선언한 것이며, 동시에 피조물을 신성시해서는 안 된다는 경고이기도 하다.

생태계 위기를 초래한 원인과 책임이, 전적으로는 아니더라도, 기독교의 창조신앙에 대한 잘못된 해석과 그로 인해 야기된 자연에 대한 인간중심적 태도와 행동에 있다면, 신학적 반성은 창조신앙을 새롭게 해석하는 데서 출발하는 것이 자연스럽다. 따라서 전통적으로 해석해왔던 창조신앙을 어떻게 패러다임을 달리하여 생태신학적으로 재해석할 수 있는가 하는 것은 문제해결의 주요한 관건이다.

II. 창조신앙에 관한 성서본문 재해석

생태계에 대한 신학적 반성은 성서본문에 대한 재해석에서부터 시작되었다. 그리고 성서의 재해석은 화이트가 창세기의 "지배"와 "하나님의 형상" 개념이 창조신앙을 왜곡하게 만든 원인으로 지적한 이래,[16] 이 두 개념에 우선적으로 집중하게 되었다.

1. 하나님의 형상 재해석

전통적으로 "하나님의 형상"(창 1:26) 개념은 다른 피조물에 대한 인간의 우월성과 지배권을 뒷받침하는 데 사용되어왔다. 하지만 구약에서 사용된 이 단어는 일차적으로 "모든" 인간이 존재론적으로 동등한 특권을 가진 존재라는 뜻으로 이해되어야 한다. 이 단어가 인간과 다른 피조물의 존재론적 차이를 설명하는 데 사용되는 것은 바람직한 해석이 아니다. 왜냐하면 고대근동사회에서는 이 단어가 신의 대리인으로서 왕을 지칭하는 개념으로 쓰였지만, 구약성서의 초점은 "모든" 인간이 왕

---

16) John J. Davis, "Ecological 'Blind Spots' in the Structure and Content of Recent Evangelical Systematic Theologies," 274.

처럼 하나님의 형상으로 창조된 하나님의 대리인이라는 것을 강조하는 데 있기 때문이다.[17] 그래서 브레트(Mark Brett)는 이 구절을 "인간 전체가 피조물을 다스리라는 소명을 부여한, 왕적 통치의 민주화를 이룬 본문"으로 해석했다.[18] 이런 구약성서의 만인평등사상은 신약의 전신자제사장직(the priesthood of all believers) 사상과 그 맥을 같이 한다. 모든 신자는 하나님 앞에서 제사장으로서 행동할 권리와 책임이 있다고 말하는 신약의 이 정신은 신자들을 상하계층 구조로 이해하는 것을 원천적으로 차단하며, 신자들 사이의 불평등을 해소하고 그리스도 안에서 하나가 되게 한다. 신약의 이 사상이 교회 안에서 신자들 사이의 관계에 초점을 두고 있다면, 구약에서 하나님의 형상 개념은 세상 안에서 모든 인간 사이의 관계를 염두에 둔 것이었다. 따라서 하나님의 형상으로 창조되었다는 본문이 다른 피조물을 지배하고 마음대로 파괴하는 인간의 행동을 정당화하는 근거가 될 수는 없다. 오히려 이 구절은 모든 인간의 존엄성을 뒷받침하는 토대로 삼아야 할 뿐 아니라 나아가 피조물을 돌보는 인간의 책임성을 촉구하는 단서로 삼아야 한다. 이 문맥에는 왕이 백성들을 잘 다스려야 하듯이 하나님의 형상으로 창조된 인간도 다른 피조물을 하나님의 뜻에 따라 잘 다스리고 보존해야 한다는 의미를 내포하기 때문이다.[19]

2. 인간의 지배권 재해석

하나님의 형상과 관련해서 함께 재검토해야 할 본문은 "모든 것을 다스리게 하자"(창 1:26)라는 구절이다. 여기서 사용된 히브리어 "다스리다"(radah)는 구약에서 사람, 지역, 민족, 힘, 생물 등을 "주관하다," "관리하다," "다스린다" 등으로 25회 등장한다.[20] 그렇다면 왕과 같은 존재인 인간은 하나님의 대리인으로서 어떻게 다스

---

[17] Kurt Marti, "창조신앙연구: 하느님의 생태학,"「창조신앙과 생태학」, 이정배 편저 (서울: 설우사, 1987), 58.
[18] Mark G. Brett, "Creation Groaning: An Earth Bible Reading of Romans 8:18-22," *Readings from the Perspective of Earth*, ed. Norman C. Habel (Sheffield: Sheffield Academic Press, 2000), 77, Horrell,「성서와 환경」, 57에서 재인용.
[19] 강사문, "구약성경의 생태학적 이해,"「장신논단」제13집 (1997): 18.
[20] Ibid., 17.

려야 하는가? 클라우스 베스터만(Claus Westermann)은 고대 왕의 통치를 다음과 같이 설명했다: "[그것은] 착취하는 것이 아니라, 왕이 다스리는 사람들의 안녕과 번영에 대해 인격적으로 책임지는 것이다."21) 이런 해석은 하나님이 아담에게 피조물들을 "경작하며 지키라"(창 2:15)고 한 최종명령에서도 확인된다. 여기서 사용된 히브리어 "경작하다"(abad)는 "섬기며 일한다"는 의미로(289회, 동사), "주인을 섬기는 종이나 봉사자"의 뜻으로(799회, 명사) 사용되었다. 하나님은 인간을 당신이 만드신 피조물을 섬기며 봉사하는 존재로 세우셨던 것이다. 그러므로 다스리는 것이 동시에 섬기는 것을 내포한다는 것은 구약성서의 중요한 가르침이다. 영어 minister가 장관과 목회자를 모두 의미하는 단어라는 것도 이런 맥락을 반영한 것이다.22)

또한 "땅을 정복하라"(창 1:28)를 해석하는 문제도 재고해야 할 대상이다. 과연 히브리어 "정복하라"(kabash)가 파괴하고 짓밟아도 좋다는 군사적 의미로 이해되고, 생태계 파괴행위를 정당화하는 근거로 사용될 수 있을까? 이에 대해서는 서로 상반된 해석으로 엇갈린다.

노르만 하벨(Norman Habel)은 "정복하라"가 "단순히 인간이 자연에 권력을 가지고 있음을 확증해주는 데 그치지 않고 잔인한 통제를 의미"하며, "정복하라는 명령은 상대를 부숴버리라"는 뜻이어서, 이 말을 "유연하게 설명할 방도"가 없다고 단언했다. 또한 그는 "사람을 하나님보다 조금 못하게 하시고 ... 주의 손으로 만드신 것을 다스리게 하시고 만물을 그의 발아래 두셨"다고 하는 본문(시 8:5-6)은 문자적으로 볼 때 성서를 친환경적으로 해석하기 어렵게 만든다고 주장했다.23) 클레어 팔머(Clare Palmer)는 청지기직 자체에 정치적으로 "권력 행사와 억압"의 의미가 내포되어 있기 때문에 그것을 사용함으로써 "인간이 나머지 세상과 구분된다는 선별의식," "자연세계는 인간을 위한 자원이며, 인간은 자연을 통제하고, 자연은 인간의 관리를 받아야 한다"는 부정적 의식이 깔려있다고 보았다.24) 게다가 맥대니얼(J. B.

---

21) Claus Westermann, *Genesis*, tr. David E. Green (Grand Rapids: Wm. B. Eerdmans, 1987), 11.
22) 강사문, "구약성경의 생태학적 이해," 21-2.
23) Norman Habel, "Geophany: The Earth Story in Genesis 1," *The Earth Story in Genesis*, eds. Norman C. Habel and Shirley Wurst (Sheffield: Sheffield Academic Press, 2000), 46, David G. Herroll, 「성서와 환경」, 64에서 재인용.

McDaniel)은 청지기직이라는 것이 지금까지 하나님이 주신 것을 잘 사용하면 문제가 없다는 것을 전제하기 때문에 "새로운 의미의 인간중심주의"라는 한계를 가지고 있다고 지적했다. 그는 인간이 "청지기처럼 무엇을 관리하려고 할 것이 아니라 청빈과 겸손을 지닌 순례자 모습으로 사는 것이 더 적합"하다고 주장했다.25)

하지만 이런 비판적 견해가 있음에도, 이 단어는 문맥적으로 볼 때 땅을 충만하게 하고 그것을 더욱 풍성하게 하라는 뜻으로 해석하는 것이 더 자연스럽다. 그래야 창세기에서 "여호와 하나님이 그 사람을 이끌어 에덴동산에 두어 그것을 경작하며 지키게 하"신(2:15) 하나님의 뜻과 잘 조화가 된다. 피조물에 대한 인간의 이런 청지기 개념은 "이 땅이 하나님의 것"이라는 진리에서 나온 "필연적 관심"이며 결과다. 왜냐하면 인간은 결코 땅의 주인이 될 수 없고, 그렇기에 자기 마음대로 하지 못하고 주인이신 하나님의 뜻에 따라 다스려야 하기 때문이다. 성서에서 읽히는 이런 청지기직 사상은 "환경문제에서 우리가 어떻게 소금과 빛이 될 수 있는가 하는 것을 이해하는 데 본질적"이다.26)

성서의 교훈을 이해할 때는 어떤 관점에서 해석하느냐, 무엇을 중심으로 해석하고 어떤 것을 부수적인 것으로 간주할 것인가를 결정하는 것이 중요한 관건이 된다. 그러므로 특정 구절에 대한 다양한 해석 가능성을 열어두고 성서의 기본 정신을 읽어내고, 전체적인 맥락에서 조화롭게 이해하려는 노력이 필요하다.

III. 창조신앙의 조직신학적 재구성

생태학적 관심에서 비롯된 생태신학의 과제는 단순히 창조신앙에 대한 재해석에

---

24) Clare Palmer, "Stewardship: A Case Study in Environmental Ethics," *The Earth Beneath: A Critical Guide to Green Theology*, ed. Ian Ball, et al. (London: SPCK, 1992), 76-8, David G. Herroll, 「성서와 환경」, 59-60에서 재인용.
25) 김승혜 외 4인(종합토론), "그리스도교는 오늘의 환경위기에 어떻게 답하는가?" 「현대 생태 사상과 그리스도교: 종교대화 강좌」, 김승혜 외 4인 (서울: 바오로딸, 2010), 415-6.
26) Morris H. Chapman, "Salt and Light in Our World," *The Earth Is the Lord's: Christians and the Environment*, Richard D. Land & Louis A. Moore, eds. (Nashville: Broadmann Press, 1992), 29.

그칠 문제가 아니다. 그것은 기독교신앙의 모든 주제를 새롭게 해석하고 재구성할 것을 요구한다. 여기서는 지면의 한계로 창조론과 창조의 완성을 의미하는 종말론으로 연구범위를 제한하고자 한다.

1. 창조론 재해석

창조론에서 재해석이 필요한 주제는 자연의 존재론적 가치에 대한 신학적 성찰이다. 예전에는 하나님의 창조사건을 지나치게 인간 중심으로 해석했기 때문에 자연의 존재가치가 정당하게 평가될 수 없었다. 이 반생태적 신학전통은 초기 성서주석가들이 그리스철학의 영향을 받아서 성서에서 "인간중심적 사고를 강화"시켰고, 점차 그리스도인들이 "자연세계를 잊어버리고" 구원을 하나님과 인간의 관계인 "죄인의 의화"로만 한정했기 때문에 비롯된 현상이라고 볼 수 있다.[27] 이런 관점은 창조사건을 인간의 타락과 구원의 시각에서만 해석하는 전통으로 이어졌다. 그 결과, 창조사건은 구속사의 서론으로 전락하고, 구원의 역사를 해석하는 하나의 수단에 불과한 것이 되었다. 이와 같은 인간 중심의 전통적 해석은 고대 교부신학으로부터 현대신학에 이르기까지 거의 모든 주류 신학자들에게서 찾아볼 수 있는 현상이다.[28] 그 점에서 전통적인 "죄-구원의 틀"이 지나치게 강조되는 문제점을 지양하고 "창조-축복 패러다임"으로[29] 관점을 바꿔 읽어야 한다는 제안은 성서적 신관을 벗어나지 않는 범위에서 비판적으로 검토되어야 할 과제다.

창조론에서 재해석이 필요한 또 다른 주제는 하나님의 형상과 관계 문제다. 그동안 이 주제는 인간론에서 다루어지면서 실체론적으로 접근되었기 때문에 하나님과 인간과 자연의 관계가 제대로 이해되지 못했다. 이런 접근은 인간을 다른 피조물보다 더 우월한 존재로 해석하고, 인간에게만 부여된 하나님의 형상을 다른 피조물에게는 없는 어떤 특별한 자질, 즉 영혼 혹은 이성 등으로 간주하게 만들었다. 이

---

27) 김승혜, "그리스도교의 창조신앙·안식년·계약사상의 생태적 조명," 「현대 생태사상과 그리스도교」, 123.

28) 김도훈, 「생태신학과 생태영성」, 125-50.

29) 황종렬, "매튜 폭스의 우주 그리스도론," 「현대 생태사상과 그리스도교」, 323-5 참조.

런 현상에 대해 볼프하르트 판넨베르크(W. Pannenberg)는 인간이 스스로 "창조의 꽃"이라는 식으로 생각했기 때문에 일어난 "과오"가 "역사 속에서" 하나님과 인간의 "연결이 끊어졌을 때마다" 일어났다고 정확하게 비판했다.30)

따라서 하나님의 형상 문제는 생태신학적으로 보면 인간론보다 창조론에서 좀 더 폭넓게 논의될 필요가 있다. 그럴 때 비로소 이 개념은 인간중심적으로 해석되는 것을 지양하고, 생태신학적 관점에서 의미부여가 가능해진다. 또한 실체론적 해석보다는 관계론적으로 접근할 때 이 주제는 생태계 문제와 연계될 여지가 넓어진다. 하나님의 형상을 실체론적으로 접근하면 "인간을 다른 피조물과 분리"시키고 "생태학적 제국주의(ecological imperialism)의 최대 적을 정당화"하게 되지만,31) 관계라는 측면에서 접근하면 인간의 중요한 특성이 다른 피조물에게는 없는 어떤 특별한 능력이나 특권이 아니라 창조세계 안에서 삼위일체 하나님의 관계를 실현해야 할 책임적 존재로 이해될 수 있다. 그리고 하나님과 인간의 관계 문제는 하나님과 피조물 사이에도 그대로 적용되어야 한다는 점에서 생태신학적 함의를 가진다. 하나님이 이 세상을 무로부터 창조하고 보존하신다는 사상은 창조 이후에도 하나님은 이 세상과 관계하신다는 것을 의미한다. 게다가 성서에 따르면 하나님은 "창조세계를 친근하게 관계하시는 분"이다. 그러므로 창조세계와 하나님의 관계에서 하나님의 초월성이 지나치게 강조되는 것은 바람직하지 않다. 만일 그렇게 되면 "창조세계에 대한 하나님의 돌봄과 관심으로 인한 연관성은 간과"될 수밖에 없기 때문이다. "하나님의 초월성과 내재성 사이의 균형"이 마땅히 유지되어야 할 까닭이 여기에 있다.32)

창조론에서 재해석해야 할 또 다른 주제는 공동체성 문제다. 하나님에 의해 창

---

30) W. Pannenberg(대담), "인간은 정말 '창조의 꽃'일까요?" 「신, 인간 그리고 과학」, 145.
31) Noreen L. Herzfeld, *In Our Image: Artificial Intelligence and the Human Spirit* [인터넷단행본] (Minneapolis: Fortress Press, 2002), 15, https://books.google.co.kr/books?id=D_9bpU_3rWEC&pg=PA15&lpg=PA15&dq=emil+brunner,+ecology,+image+of+God&source=bl&ots=VGznmMaXTu&sig=eysQ55hh3NqYHEfWgJPwkF0CIos&hl=ko&sa=X&ei=17ebVN31Ldfc8AXh4ILoBQ&ved=0CEEQ6AEwBQ#v=onepage&q=emil%20brunner%2C%20ecology%2C%20image%20of%20God&f=false, 2014년 12월 24일 접속.
32) Erickson, "Biblical Theology of Ecology," 41.

조된 피조물 사이에는 각각 역할의 차이는 있을지 모르지만 주체와 객체의 구분은 없어야 한다. 굳이 있다면 창조주 하나님이 주체요 모든 피조물은 객체가 될 뿐이나. 그런데 전통적 창조론에서는 자연을 공동체의 구성원으로 포함하는 일에 인색했거나 무지했다. 따라서 생태신학적 관점에서 인간과 자연은 서로 긴밀하게 연결되어 있는 하나의 공동운명체라는 인식이 필요하다. 몰트만은 이를 다음과 같이 표현했다: "모든 피조물들은 사귐 안에서 살도록 되어 있으며 사귐들의 형식 속에서 창조되었다. 공동체화가 피조물들의 삶의 원리이다. 창조는 개체적 '소립자들'로 구성된 것이 아니며, 이 요소들은 인간이 자연에게 가하는 분열들의 마지막 산물에 불과하다."33) 사실 어떤 점에서 보면 자연이 인간에게 의존하는 것보다 인간이 자연에 의존하는 것이 더 크다. 자연 없이 인간은 존재할 수 없지만, 자연은 인간 없이도 존재할 수 있다. 뿐만 아니라 인간은 도저히 해낼 수 없는 일도 자연은 하나님의 섭리에 따라 스스로 창조세계를 유지하고 보호하는 능력이 있다. 실제로 성서는 하나님의 창조사역에 자연도 참여하는 것으로 묘사한다(창 1:11-28). 이는 인간뿐 아니라 자연도 창조와 보존사역에서 하나님과 동역할 수 있다는 것을 의미한다.

2. 종말론 재해석

그동안 전통적 종말론은 조직신학의 부록처럼 취급되는 경향이 없지 않았다. 하지만 종말론은 다른 주제와 매우 긴밀한 관련을 맺을 뿐 아니라, 조직신학의 모든 질문들을 최종적으로 완성하는 주제라고 할 수 있다. 특히 종말론은 일종의 "새로운 창조론"(a new creation)으로서 처음의 창조론과는 분리될 수 없는 동전의 양면과 같다. 이 둘의 관계가 분리되면 그것은 서로에게 "무책임한 것"이 되고 만다. "책임 있는 기독교 종말론"이 되려면 "생태학적"이어야 한다는 말은 그 점에서 설득력이 있다.34) 생태학적 종말론이 태초의 창조사건으로부터 시작해서 그리스도의 사건에서 절정에 이르고, 그리스도의 성육신과 대속적 죽음으로 인한 구원이 생태학

---

33) J. Moltmann, 「생명의 영」, 김균진 옮김 (서울: 대한기독교서회, 1992), 301.
34) Catherine Keller, "종말론, 생태학, 그리고 녹화를 위한 우월권," 신재식 역, 「생태학과 기독교신학의 미래」, 호남신학대학교 편 (서울: 한들출판사, 1999), 341, 325.

적 관점에서 종말론의 주제와 필연적으로 연결되는 것도 그 까닭이다.

전통적 관점에서는 구원 문제가 인간에게로만 축소되는 경향이 있다. 하지만 성서는 결코 구원의 범위를 인간으로만 제한하지 않는다. 특히 복음전도와 십자가 화해의 대상이 인간에게 국한되지 않고 모든 피조물로 적용된 성서적 사례(막 16:15; 골 1:20)는 종말론적으로 모든 피조물의 창조질서 회복이 곧 복음이며 하나님과 화해하는 길이라는 증거라고 할 수 있다.[35] 프리츠 부리(F. Buri)가 구원의 행위를 새로운 창조로 연결시킨 것은 그 점에서 적절했다: "인간의 죄로 인하여 땅도 파괴되었다면, 이제 새 아담을 통하여 땅을 뒤덮고 있는 죄로 인한 저주가 거두어지고 이 땅도 새로운 창조를 성취할 마지막 사건이 이루어지는 장소로 바뀌게 된다."[36] 또한 존 브리그스(John H. Y. Briggs)는 바울의 구속에 대한 환상(골 1:16-20)이 "모든 창조질서를 위해서 주어진 것"이라고 전제하고, "인권"(human rights)뿐 아니라 "피조세계의 권리"(creation right)가 "훼손"당하는 것에 대해서도 말해야 하며 그 "죄에 대해 고백"해야 한다고 주장했다. 그리고 그는 그리스도의 죽으심을 "피조세계와 동시에 남녀 인간들을 위해서 인간이 죄를 범함으로 야기된 결과를 뒤집어 놓으신 것"이라고 해석함으로써[37] 대속의 대상을 창조세계의 모든 피조물로까지 확장시켰다. 이런 해석들은 오히려 성서가 인간중심적이 아니라는 하나의 반증이다. 사실 성서는 하나님이 인간뿐 아니라 피조물 전체와 언약을 맺고 구원을 이루시는 분이라는 것을 증언한다. 노아와 맺은 언약(창 9:16)을 "하나님의 우주적, 생태적 언약의 은혜"라고 부르는 까닭이 여기에 있다.[38] 그러므로 구원론은 인간 구원의 문제뿐 아니라 전우주적 구원, 창조세계의 구원을 말하는 종말론과 만나야 한다.

생태학적 관점에서 종말의 사건들을 성찰할 때 간과할 수 없는 또 다른 주제는

---

35) 김승혜 외 4인(종합토론), "그리스도교는 오늘의 환경위기에 어떻게 답하는가?" 423.
36) Fritz Buri, "기독교 신앙 내에서의 땅에 대한 인간의 책임,"「창조신앙과 생태학」, 128.
37) John H. Y. Briggs, "지역교회에 충실할 뿐 아니라 지구촌 침례교인들의 공동체에도 기여하자,"「21세기 속의 1세기 신앙」, Charles W. Deweese 편, 김승진 옮김 (대전: 침례신학대학교 출판부, 2005), 365, 367.
38) Bernhard W. Anderson, "Creation and Ecology," *Creation in the Old Testament*, ed. B. W. Anderson (Philadelphia: Fortress Press, 1984), 167, 김도훈,「생태신학과 생태영성」, 112에서 재인용.

우주적 최후상태와 관련된 사건들, 즉 "휴거," "천년왕국," "새 하늘과 새 땅" 등의 문제다. 이런 사건들은 전적으로 하나님의 주권 아래 있는 것이기에 인간의 생태학적 노력이 있다 하더라도 그다지 큰 영향을 받지 않을지 모른다. 하지만 적어도 최후상태에 대한 해석들이 창조세계를 외면하고 파괴하는 행위를 정당화하는 근거로 사용되는 것은 바람직하지 않다. 그 점에서 데이비드 오르(David Orr)가 (세대주의적) 전천년주의 종말론이 휴거 사건을 통해 파멸하는 지구로부터 구출될 것이라고 믿게 하고, 지구의 환경을 지키려는 "청지기 역할"을 외면하게 만든다고 비판한 것은 주목할 가치가 있다.[39] 또한 같은 맥락에서 요한계시록 21-22장의 "새 하늘과 새 땅"에 대한 환상도 신중하게 해석해야 한다. 특히 이 최후상태를 "그 날에 하늘이 불에 타서 풀어지고 물질이 뜨거운 불에 녹아"질 것이라는 본문(벧후 3:10-13)을 근거로 현재 생태계가 완전히 소멸하게 될 것이라고 해석하는 것은 생태신학적 관점에서 볼 때 지양되어야 한다. 이 땅의 최후상태는 파괴로 끝나는 것이 아니라 회복을 통한 새로운 시작이라는 점에서 창조론과 연결되기 때문이다.

IV. 창조신앙과 침례교 조직신학전통

그렇다면 침례교의 조직신학전통에서는 생태계의 문제에 대해 어떤 태도를 취해왔을까? 이를 살피기 위해서 침례교신앙고백서들을 분석하고, 주요 침례교 조직신학자들의 창조신앙을 하나님의 형상과 지배권 문제를 중심으로 검토하고자 한다.

1. 침례교신앙고백서 분석

윌리엄 럼킨(William L. Lumpkin)이 편집한 「침례교 신앙고백서」에 수록된 41개의 고백서들을 살펴보면 창조신앙과 관련된 간단한 언급을 몇 군데에서 확인할 수 있다. 그 내용은 대체로 창조주 하나님의 피조물 보존과 피조물에 대한 인간의 지

---

39) David Orr, "Armageddon Versus Extinction," *Conservation Biology* 19 (2005): 291, David G. Horrell, 「성서와 환경」, 25에서 재인용.

배권 등에 관한 것이다.

역사상 최초로 세워진 영국 일반침례교회의 신앙고백서인 "네덜란드 암스테르담에 남아있는 영국인들의 신앙고백서"(1611년)는 제1조에서 "이 하나님으로 말미암아 하늘과 땅에 있는 만물이 창조되고 보존되고 있다(창 1장)"고 고백했으며,[40] 일반침례교회의 "성서에 따라 선언된 참 복음신앙"(1654년)은 제1조에서 "하나님은 사람을 올바른 자로 만드시고(전 7:29) 땅 위의 모든 피조물을 지배하는 권한을 주셨다(창 9:2). 땅위에 모든 짐승들은 두려움으로 인간의 지배에 복종케 하셨다"고 진술했다.[41] 이 고백서들은 창조하고 보존하시는 하나님, 자연을 다스릴 지배권을 가진 인간 등에 대한 진술이 간결하게 언급되었다는 공통점이 있다.

그런데 일반침례교회의 "초대교회 모범을 따라 모인 30개 회중의 신앙과 실천"(1651년)은 상대적으로 의미있는 표현을 담고 있어 주목된다. 이 고백서는 제6조에서 "하나님은 그가 선하게 만드신 피조물을 통해 인간이 다시금 하나님의 지혜와 능력을 깊이 이해하도록 진지한 사색과 혹은 명상을 촉구하셨고, 지금도 촉구하신다"고 함으로써[42] 피조물이 인간들의 사색과 명상을 촉구하는 하나의 수단이 된다는 것을 밝혔다. 이런 피조물의 역할은 단순히 지배의 대상으로 간주하는 것과 비교할 때 상대적으로 진일보한 창조신앙 이해라고 볼 수 있다. 또한 남침례교의 "침례교인의 신앙과 메시지"(1963년)는 하나님을 "창조주, 구속주, 보호자, 우주의 통치자"로 고백하고, 하나님이 "우주와 창조물들을 섭리적으로 보호l하고] 다스리며" 인간은 "창조의 최고 작품"이라고 서술했다.[43] 하지만 20세기 후반에 작성된 이 고백서가, 심지어 2000년도 재개정판에서조차, 생태계 문제에 대한 관심을 전혀 반영하지 않았다는 점에서 못내 아쉬움이 크다.[44]

---

40) William L. Lumpkin, 「침례교 신앙고백서」, 김용복, 김용국, 남병두 옮김 (대전: 침례신학대학교출판부, 2008), 144.
41) Ibid., 231.
42) Ibid., 216.
43) Ibid., 463, 465.
44) "Comparison of 1925, 1963 and 2000 Baptist Faith and Message," [인터넷자료] http://www.sbc.net/bfm2000/bfmcomparison.asp, 2014년 12월 24일 접속.

2. 침례교 조직신학자들의 창조신앙 이해와 최근 동향

생태계에 관한 침례교 신학자들의 관심은 1970년대 전후로 양상이 크게 달라졌다. 이전 시대를 대표하는 남침례교의 조직신학자들은 앞에서 살펴본 신앙고백서 내용처럼, 생태계에 대한 신학적 인식이 부족했고 인간중심적인 관점에서 인간의 우월성을 강조하는 수준에서 창조신앙을 이해했다. 그들은 대동소이하게 하나님의 형상을 정신적이고 영적인 측면에 두고 피조물에 대한 인간의 지배권을 하나님의 형상으로 해석하는 경향을 보였다. 존 대그(John L. Dagg)는 하나님의 형상을 "정신적 은사"라고 말하면서, 하나는 인간의 실체적 요소, 즉 인간의 지성, 도덕성, 영성으로, 다른 하나는 기능적 요소, 즉 모든 피조물을 다스리고 지배하는 권한으로 나타났다고 설명했다.[45] 제임스 보이스(James P. Boyce)는 인간을 "영과 육이 신비롭게 결합"된 존재로서 "영의 세계와 물질의 세계를 묶어 주는 고리"로 이해하면서,[46] 피조물을 지배하는 권한이 인간에게 있다는 것을 인정했다. 하지만 그것을 하나님의 형상으로 보지 않고 인간이 가지고 있는 하나의 "직분"이라고 한 점에서[47] 대그와 차이를 보였다. 에드가 멀린스(Edgar Y. Mullins)에게도 인간은 "창조의 면류관이며 목표"였다. 피조물과 관련한 그의 인간 이해는 보이스의 사상을 그대로 계승한 측면이 있다. 그는 인간을 "물리적 우주와 영적 우주 사이를 연결하는 존재"요, "신체와 영혼을 결합하는 인격적 생명의 통일체"라고 보았다.[48] 그러나 피조물에 대한 인간의 지배권을 하나님의 형상으로 이해한 점에서는 보이스보다 대그를 닮았다. 토마스 카너(Thomas Conner)는 인간의 창조를 "세계질서의 정상"이라는 말로 표현했는데, 그에게 "인간 없는 창조는 무의미"하고, 인간이 피조물을 지배하는 것은

---

45) John L. Dagg, *A Manual of Theology* (Charleston: Southern Baptist Publication Society, 1867), 142-3.

46) James P. Boyce, *Abstract of Systematic Theology* (Philadelphia: American Baptist Publication Society, 1887), 195.

47) James P. Boyce, "The Image of God in Man," *Nineteenth Century Evangelical Theology*. ed. Fisher Humphreys (Nashville.: Broadman Press, 1983), 148-9.

48) Edgar Y. Mullins, *The Christian Religion in Its Doctrinal Expression*, Reprinted (Philadelphia: Judson Press, 1954), 255-60.

"인간 존재의 법칙"이다.[49]

한편, 북침례교의 어거스터스 스트롱(Augustus H. Strong)은 그 시기에 속한 신학자로서는 예외적으로 피조물에 대한 신학적 조명을 남다르게 시도했다. 하나님의 형상을 인간의 "인격성"이나 "거룩성"으로 이해한 점에서는[50] 동시대의 다른 신학자들과 차이가 없지만, 자연에 대한 견해는 한층 진보적이었다. 그는 "그리스도와 하나 됨을 통해 인간이 창조 질서 안에 있는 그리스도의 계시에 자신을 조화"시키려했다. 그의 이런 관점은 "윤리적 일원론"(ethical monism)이라는 사상으로 표현되었는데, 이는 "초월적 창조자와 피조물 사이의 인격적("윤리적") 이원성을 유지하면서, 동시에 우주는 하나님과 하나인 실체(하나님의 내재성)라는 관점을 화해시키고자 하는 그의 방식"이었다. "자연은 피조물들로 하나님을 나타내는 편재하는 그리스도"라고 말한 대목이나 "우주는 하나님에 대한 그리스도의 제한적이고 일시적인 표명"이라고 해석한 부분은[51] 당시 다른 신학자들이 가지고 있는 자연관과 구별된 이해였다. 하지만 생태계 위기에서 비롯된 문제의식이 없기는 그도 마찬가지였다.

이처럼 20세기 중반까지 대부분 침례교 조직신학자들은 생태계에 대한 위기의식이 없었으며, 하나님의 형상을 인간이 다른 피조물보다 우월한 존재요, 그들을 지배할 수 있는 하나의 특권처럼 이해했다는 공통점을 보여주었다. 이런 창조신앙은 생태계의 파괴를 적어도 의도적으로 조장하지는 않는다 하더라도 그것을 보호하는 신앙적 기제로 작용하기 어려운 것이었다.

그러나 1970년대 이후에 신학 견해를 발표한 조직신학자들은 대체로 하나님의 창조사역과 인간의 본성 영역에서 볼 때 생태학적 관심을 표명하고 그에 대한 신학적 반성을 시도했다. 데일 무디(Dale Moody)는 그동안 인간이 자연의 지배자로 이

---

49) Walter T. Conner, *A System of Christian Doctrine* (Nashville: Sunday School Board of the Southern Baptist Convention, 1924), 294-5.

50) Augustus H. Strong, *Systematic Theology, A Compendium,* Three Volumes in One (Philadelphia: Judson Press, 1906), 514-22.

51) Ibid., 105-10; Augustus H. Strong, *Christ in Creation and Ethical Monism* (Philadelphia: Roger Williams Press, 1899), 8, 25, Kurt A. Richardson, "아우구스투스 홉킨스 스트롱(Augustus Hopkins Strong)," 「침례교 신학자들」, 상 (대전: 침례신학대학교출판부, 2008), 462에서 재인용.

해된 것은 창조기사(창 1: 26-31)를 잘못 해석했기 때문이며, 그로 말미암아 두 방향으로 왜곡이 일어났다고 비판했다. 하나는 "충만하라"를 강조하다가 과도한 생산과 인구 증가로 나갔고, 또 하나는 "지배하라"를 강조하다가 지나친 개발을 부추겼다는 것이다. 그러면서 그는 "신학 없는 기술은 하나님의 선한 창조를 포악하게 학대하게 된다"고 경고했다.52) 또한 무디는 생태학의 중요성을 강조하면서, "신학은 생태학에 관련"되어야 하고, 하나님의 형상을 재고해야 한다고 요청했다. 그는 "인간은 창조의 관리인이지 개발에 열을 올리는 지배인이 아니다," "인간은 자연 안에 몰입되지 않고, 동시에 자연으로부터 분리되지도 않는다. 인간은 자연 안에 그리고 자연과 함께 존재한다"는 등, 생태학적으로 이전 시대와 차별된 진술을 남겼다.53) 하지만 무디 역시 "인간은 창조의 면류관이고 창조와 하나님의 지배 아래에서 다른 피조물을 지배할 권리"54)를 가진다고 주장한 점에서는 이전 신학자들과 크게 다르지 않았다.

밀러드 에릭슨(Millard J. Erickson)은 인간의 정당한 지위를 부여하기 위해 창조신앙에 이중적 태도로 접근했다. 그는 일차적으로 인간이 "독자적 존재"가 아니고, "우주의 중심"도 아니며, 창조의 "궁극적 가치"도 아니라고 전제하면서, 인간은 다른 피조물처럼 "창조의 법에 복종"해야 할 유한한 존재요, 창조물 가운데 하나일 뿐이라고 주장했다.55) 특히 그는 "인간과 다른 피조물 사이에 서로 연결"되어 있으며, 이 둘을 분리시키는 것은 "우리의 창조된 본성이 가지고 있는 한계를 망각하고 인간과 다른 피조물의 상호의존관계를 무시하는 것"이어서 "인간론적 가현설"(anthropological docetism)에 빠질 위험이 있다고 경고했다.56) 또한 그는 창조교리에 함축된 의미를 설명하면서 "창조 안에 있는 모든 피조물은 그 자체의 기능을 가지고 있으며, 인간의 기능은 하나님이 창조하신 세상의 나머지를 돌보는 것"이라고 강조했다.57) 그러

---

52) Moody, *The Word of Truth: A Summary of Christian Doctrine Based on Biblical Revelation* (Grand Rapids: Eerdmans, 1981), 226-7.
53) Ibid., 190-1, 194.
54) Ibid., 226.
55) Millard J. Erickson, *Christian Theology*, vol. 2 (Grand Rapids: Baker Book House, 1984), 487-9.
56) Erickson, "Biblical Theology of Ecology," 45-6.

나 다른 한편으로 에릭슨은 하나님의 형상이 인간에게 "본능적인 것"이며, 인간만이 의식적이고 인격적인 관계를 가지고 창조주께 응답할 "인격적 능력"이 있다고 보았다.58)

제임스 가레트 2세(James L. Garrett, Jr.)는 그리스도인들이 "창조교리의 중심성"을 인식하고 "삶의 모든 영역에 적용해야" 한다고 주장했다.59) 그는 하나님의 형상에 대한 설명이 피조물에 대한 인간의 지배권으로 해석되는 것이나 그것을 인간의 행동결과로 간주하는 것은 근거가 불충분하다며 거부했다. 그는 하나님의 형상이라는 용어가 특별히 신약에서 "지배"와 관련해서 사용된 본문이 없다는 것을 적시했다.60) 비록 피조물과 인간의 우월관계로 접근하지 않았지만, 가레트는 하나님의 형상으로 창조된 인간이 다른 피조물에 비해서 "종교적"이고 "존엄"한 존재라는 것을 인정했다.61)

제임스 맥클렌던 2세(James W. McClendon, Jr.)는 "창조에 관한 성서적 가르침의 생태학적 결과"를 연구하는 데에 관심을 보였다. 그는 오늘날 그리스도인들이 "자연에 대한 탐욕스러운 태도"를 보여 비난을 받는다고 지적하면서, "창조에 대한 인간중심적 교리들은 명백히 잘못된 것"이라고 단언했다. 그리고 그는 "부패할 경향이 있다는 것을 보여주었던 인간의 통치권(rulership)과 통제력(mastery)에 관한 예전의 견해를 대체할 수 있는 창조관"이 필요하다고 역설했다. 또한 그는 창조세계에 대한 인간의 "청지기직"과 "지배"라는 개념들은 "인간의 본성"에서 나오는 것이 아니라는 진일보한 이해를 했다.62)

스탠리 그렌즈(Stanley J. Grenz)는 하나님의 형상으로부터 창조세계 안에서 인간

---

57) Millard J. Erickson, *Christian Theology*, vol. 1 (Grand Rapids: Baker Book House, 1983), 385.
58) Ibid., 472.
59) James L. Garrett, Jr. *Systematic Theology: Biblical, Historical, & Evangelical* vol. 1 (Grand Rapids: William B. Eerdmans, 1990), 319.
60) Ibid., 396.
61) Ibid., 404-5.
62) James W. McClendon, Jr., *Systematic Theology: Doctrine*, vol. II (Nashville: Abingdon, 1994), 157; John J. Davis, "Ecological 'Blind Spots' in the Structure and Content of Recent Evangelical Systematic Theologies," 282.

에게 주어진 "특별한 역할," "책임성," "통치" "관리" "사랑의 공동체" 등의 개념을 이끌어냈다.63) 그리고 그는 골로새서 1장 16절을 인용하면서 "만물은 그리스도에 의해 그리스도를 위해 창조"되었으며, "우주의 단일한 원리"이면서 "모든 피조물이 나아가는 목표"인 그리스도의 최종적 구원사역은 "구속된 사람들이 모든 피조물과 조화를 이루고 하나님과 화해를 즐기며, 새로워진 지구에서 살게 되는 것"이라고 해석했다.64) 또한 그는 골로새서 1장 19-20절을 근거로 그리스도의 십자가 사역이 "우리의 물리적 환경을 포함해서 인류와 만물의 궁극적 화해를 계획하셨다"고 설명했다.65)

이처럼 1970년대 이후 대부분의 침례교 조직신학자들은 생태계 위기를 의식하고 그에 대한 창조신앙의 재해석을 시도했다. 하지만 창조세계에 대한 그들의 이해는 "환경적 윤리"가 함축되지 않았거나 "환경적 관심"이 부족했고, "현대적 의미의 환경문제"가 반영되지 못했으며, 그 연결점이 명확하지 않다는 등 여러 면에서 비판을 받기도 했다.66) 글렌 스타센(Glen H. Stassen)과 데이비드 거쉬(David P. Gushee)의 「하나님의 통치와 예수 따름의 윤리」는 이런 약점을 윤리적 측면에서 보완한 측면이 있다.67)

최근 침례교인들 사이에서 생태계의 위기문제를 신학적으로 반성하고 대처할 것을 요청하는 움직임들이 나타난 것은 매우 고무적인 일이다. 그 가운데 하나는 1992년 출판된 「땅은 주님의 것: 그리스도인들과 환경」이다. 이 책은 남침례교 신학자-목회자들의 생태신학적 성찰이 반영된 하나의 결과물로써, 1991년 남침례교

---

63) Stanley J. Grenz, *Theology for the Community of God* (Nashville: Broadman and Holman, 1994), 224-33.

64) Ibid., 136, 151.

65) Ibid., 454.

66) John J. Davis, "Ecological 'Blind Spots' in the Structure and Content of Recent Evangelical Systematic Theologies," 277, 281, 283.

67) 이들은 생태계 위기를 대처하는 데에 "인간중심적 접근법," "생명중심적 접근법," "신중심적 접근법" 등이 있는데, 그 가운데 신중심적 접근법에 속하는 "지구를 보호하는 청지기 직분" 윤리와 "언약적 관점"의 윤리가 생태학적 원리를 잘 보여준다고 평가하면서, 그리스도인들이 어떻게 생태학적으로 살아가야 하는지에 대해 사례별로 제시했다. Glen H. Stassen & David P. Gushee, 「하나님의 통치와 예수 따름의 윤리」, 신광은, 박종금 옮김 (대전: 대장간, 2011), 576-83.

크리스천생활위원회(the Southern Baptist Christian Life Commission)에서 주최한 24차 연례세미나로부터 태동된 것이었다.68) 이 책에서 윌리엄 핀슨 2세(Willaim M. Pinson, Jr.)는 남침례교단이 아직도 청지기직에 대한 신학적, 윤리적 연구와 실천적 계획을 충분하게 내놓지 못하고 있다고 반성했고,69) 잭 그레이엄(jack N. Graham)은 복음주의 교회들이 환경문제에 대해 무관심하고 그에 대한 책임감을 인정하는 데 소극적이라고 비판했다.70) 또 다른 하나는 2008년 3월에 "환경과 기후변화에 대한 남침례교 선언문"이 발표된 일이다. 이 선언문은 생태계의 위기와 그 원인 등을 지적하고, 환경보호를 해야 할 이유를 남침례교의 "침례교인의 신앙과 메시지"(2000년)의 조항들을 근거로 다음과 같이 호소했다: "우리는 BFM에서 하나님을 '우주의 창조자, 구속자, 보존자, 통치자'로 고백하는 것처럼, 그를 통해 그리고 그를 위해 창조된 피조물을 하나님에 대한 우리의 사랑 때문에라도 환경과 기후 문제를 보살펴야 한다." 나아가 이 선언문은 "하나님이 우리를 이 땅과 이 땅의 피조물들에 대해 청지기로 임명했다(창 1:26-28)"는 사실을 적시하면서71) 목회자들의 참여를 독려했다. 하지만 이 선언문에 동참한 사람들은 여전히 그 수가 미비했고, 그런 무관심에 대해 불편한 심기를 드러낸 어떤 글에서는 이 선언문에 서명한 남침례교 전 총회장들이 세 명밖에 없다고 토로했다.72)

유럽 침례교회들의 경우도 상황은 크게 다르지 않은 것 같다. 케이스 존스(Keith G. Jones)는 16세기 초반의 아나뱁티스트 공동체들이 창조신학을 통해 교리와 실천에 진정성을 보여주었지만, 침례교 공동체들은 실천보다는 교리에 더 큰 관심을 보

---

68) Richard D. Land & Louis A. Moore, eds., *The Earth Is the Lord's: Christians and the Environment* (Nashville: Broadmann Press, 1992).
69) William M. Pinson, Jr., "A Denominational Perspective on Biblical Stewardship," *The Earth is the Lord's*, 135.
70) Jack N. Graham, "Accepting Our Responsibility," *The Earth is the Lord's*, 144.
71) "A Southern Baptist Declaration on the Environment and Climate Change," [인터넷자료] http://www.baptistcreationcare.org/node/1, 2014년 11월 26일 접속.
72) Ed Craig, "Southern Baptists and 'Creation care,'" *National Review Online* [온라인신문], March 19, 2008, http://www.nationalreview.com/planet-gore/17914/southern-baptists-and-creation-care/edward-john-craig, 2014년 12월 2일 접속.

여주는 방향으로 흘렀으며, 히브리사상과는 반대로 육체보다는 정신에 집중하고 믿음을 영적인 것으로 만들었다고 비판했다. 그리고 개인적으로는 창조질서에 대한 관심이 없었던 것이 아니었지만 적어도 20세기 끝 무렵에 와서야 예언자적 목소리가 나오기 시작했다고 지적했다. 그렇지만 그조차도 다른 주요 교단들에 비하면 여전히 침례교인들은 신학적으로나 실천적으로 이 주제에 대한 관심과 행동이 미비한 수준이라고 평가했다.[73]

마치는 글

침례교는 역사적으로 다양한 신학유산을 물려받았음에도 생태학적 관심과 그에 따른 실천적 전통은 아직 미약한 편이다. 개별적으로 생태신학적 해석과 윤리적 지침을 제공한 신학자들이 없는 것은 아니지만, 여전히 침례교인들의 삶에서 그와 같은 관심과 태도의 변화를 발견하는 일은 그리 익숙한 광경이 아니다. 존 위버(John Weaver)가 "지구지키기 신학"(theology of earthkeeping)에서 주장한 다음과 같은 진술은 그 점에서 침례교인들에게 현실적 권면이 된다: "그리스도인들은 생태학적으로 생각하고 행동하는 것을 배워야 한다. 무절제, 오염, 무자비한 파괴행위를 회개해야 한다.... 적합성을 가지고 복음을 분명하게 선포할 때 오늘날 환경과 사회적 이슈에 대해 예언자적으로 적절하게 말해야 한다. 그리고 통전적 창조교리를 재발견해야 한다."[74]

따라서 생태계 문제를 해결하기 위해서는 먼저 창조신앙에 대한 올바른 성서적 이해와 그에 따른 신학과 태도의 변화가 선행되어야 한다. 특히 조직신학의 전통적 해석들을 생태신학적 관점에서 비판적으로 검토하고 재구성하는 작업이 필요하다. 근본적으로 신학적 인식과 태도의 변화 없이는 실천적 삶도 가능하지 않을 뿐 아니

---

73) Keith G. Jones, "Baptists and Creation Care," *Baptist Quarterly* vol. 42, no. 7 (July 2008): 473.
74) John Weaver, "Teaching Environmental Theology," *The Place of Environmental Theology*, eds. John Weaver and Margot R. Hodson, 54, Keith G. Jones, "Baptists and Creation Care," 466에서 재인용.

라 그 진정성과 지속성도 기대할 수 없기 때문이다. 나아가 적절한 행동양식을 개발하고 환경운동에 적극 참여하며 절제된 소비생활을 하는 것이 중요하다. 그것은 하나님의 창조질서에 동참하는 일이기 때문이다.

끝으로 그리스도인들의 생태신학적 관심과 행동은 생태계 회복을 위한 노력일 뿐만 아니라 교회개혁을 위한 하나의 대안이 될 수 있다는 데에서도 현실적 가치를 찾을 수 있다. 그런 인식과 실천들은 교회의 대형화 추세를 제어하고 절제하는 환경윤리로 작용하기 때문이다. 생태계의 위기문제는 본질적으로 더 커지고 더 많아지려는 인간의 탐욕과도 무관하지 않다. 어쩌면 인간의 탐욕이 생태계 문제의 근원적 뿌리라고 말하는 것이 더 현실적일 수 있다. 이원화된 인간중심주의라는 것은 그 탐욕을 정당화시키는 하나의 도구로 작용한 것일지 모른다. 거대한 것은 불가피하게 많은 소비를 요구하고, 많은 소비는 본질적으로 생태계 파괴적일 수밖에 없다. 따라서 생태계를 보존하고 돌보는 생태신학적 노력은 오늘날 교회 안에서 일어나는 병폐를 해결하기 위한 하나의 발판이다. 그리고 그러한 노력은 그리스도인들의 생태학적 개혁의 진정성을 보여주는 중요한 표지가 될 것이다.

03
죄책과 의의 간접전가*

구원의 문제는 복음의 두 가지 대칭적 핵심 요소라고 할 수 있는 '원죄'(original sin)와 '칭의'(justification)와 직결된 주제다. 역사적으로 볼 때 이 주제범주 안에서 제기되었던 핵심 질문은 다음과 같다: 원죄는 무엇이고 그것은 어떤 방식으로 후손에게 전가되는가? 혹은 전가되지 않는가? 그리스도의 성육신과 죽음, 그리고 그의 사역은 어떻게 구원사역과 관련되는가? 죄인이 그리스도를 통해 의롭다고 간주되는 것은 어떤 의미인가? 그리스도의 의는 어떤 방식으로 죄인들에게 전가되는가 혹은 전가되지 않는가? 이런 다양한 질문은 인간의 본질을 파악하거나 하나님의 은혜와 섭리를 이해하는 과정에서 끊임없이 제기되어 왔으며, 그에 대한 답변은 신학의 성향과 패러다임을 형성하는 데 결정적 영향을 끼쳐왔다.

이 연구는 위에서 제기된 질문들 가운데 일차적으로 '전가'(imputation) 문제에 초점을 맞추었다. 따라서 이 연구는 원죄나 칭의 그 자체에 관한 논의보다는 그것들의 전가 형태와 그 의미를 탐구하는 데 관심을 두고 다음과 같이 진행되었다. 첫째는 유형별로 아담의 원죄 전가와 그리스도 의의 전가 문제를 살펴보았다. 그 문제에 대한 해석방식들이 신학적으로 어떤 의미가 있는가를 탐구했다. 둘째는 이 주제가 침례교조직신학 전통에서 어떻게 표현되어왔는지 살펴보았다. 이를 위해서 침례교회들이 발표했던 신앙고백서들과 대표적인 조직신학자들의 저서들을 분석했

---

* 출처: 김용복, "아담의 죄와 그리스도의 의의 전가 교리에 대한 성서적-신학적 재고: 침례교의 조직신학 전통 안에서," 「복음과 실천」 59집 (2017 봄): 177-207.

다. 이는 침례교신학의 정체성을 파악하는 중요한 근거를 제공해줄 것으로 기대된다. 셋째는 이 주제와 관련된 주요 성서본문들에 대한 재해석을 시도했다. 여기서는 수로 개혁주의의 전가교리 해석에 대한 타당성 여부를 점검했으며, 결론적으로 죄의 전가와 의의 전가를 어떤 방식으로 해석하는 것이 더 성서적일 수 있는가를 타진했다.

I. 전가교리의 역사적 배경과 신학적 의미

전가교리는 인간의 운명에 대한 궁극적 원인, 즉 인간이 어떻게 죄인이 되었으며, 죄인이 어떻게 의인이 될 수 있는가를 설명하는 중요한 주제로 인식되어왔다. 이 교리는 그 단어에서 말해주듯이,[1] 누군가의 책임을 묻는 문제와 직접적으로 관련되어 있다. 그 책임 문제는 다음의 두 질문에서 핵심적으로 드러난다: "우리의 죄책(guilt)은 누구의 책임 때문인가?" 또는 "우리의 구원은 누구의 공로(merit)로 인함인가?" 앞의 질문은 원죄(original sin)의 전가와 관련되고 뒤의 질문은 의(righteousness)의 전가와 연결된다. 그리고 이 대칭적 구조 한가운데는 칭의 문제가 있다. 칭의 교리는 최초의 아담과 마지막 아담의 대칭적 논리구도에서 인간론과 구원론을 연결하고 완성하는 복음의 핵심으로 이해된다.

1. 원죄의 전가와 그 방식

원죄의 교리에서 가장 논란이 되는 대목은 바로 그 죄의 책임이 후손에게 전가된다고 하는 사상이다. 죄책의 전가를 주장한 사람들은 로마서 5장 12절을 핵심적 성서 근거 가운데 하나로 인식해왔다: "이러므로 한 사람으로 말미암아 죄가 세상에 들어오고 죄로 말미암아 사망이 왔나니 이와 같이 모든 사람이 죄를 지었으므로 사망이 모든 사람에게 이르렀느니라"(롬 5:12). 여기서 "이와 같이"라는 문구를 어떻

---

[1] '전가하다'는 단어는 "여기다(credit to), 돌리다(reckon to), 옮기다(impute), 간주하다(regard) 또는 어떤 사람이 담당할 것을 다른 사람에게 지우다(ascribe to)"라는 의미를 가진다. 신호섭, 『개혁주의 전가교리』(서울: 지평서원, 2016), 37.

게 해석하느냐에 따라 원죄의 전가는 크게 세 가지 유형으로 달라진다. 여기서 중요한 관점은 책임 전가의 원인과 관련된다. 첫 번째 유형은 원죄와 그 전가를 인정하지 않기 때문에 책임전가라는 개념 자체가 존재하지 않지만, 두 번째와 세 번째 유형은 원죄를 인정하고 그 책임이 전가된다고 보는 점에서 일종의 "연대책임설"(solidarity view)에 속한다.[2] 다만 그 전가의 방식에 따라 다시 직접전가설과 간접전가설로 나뉜다.

첫 번째, 원죄의 비전가설인 '모범설'(example view)은 로마서 5장 12절의 하반부를 개인이 아담의 본을 따라서 죄를 범하는 '자범죄'로 해석한다. 따라서 "이와 같이"는 '그와 같은 방법으로'의 의미를 가진다. 즉, 모든 인간은 아담과 같은 방법으로 죄를 범했기 때문에 그에 대한 책임을 스스로 지게 된다는 것이다. 펠라기우스가 "죄를 짓지 않은 사람들에게 아담의 죄가 해를 주었다면, 그리스도의 의도 믿지 않는 사람들에게 유익을 줄 것"이라는 원죄와 칭의의 구조적 문제점을 제기했던 것도 이 책임의 문제와 관련된다. 결국 그는 아우구스티누스에 의해 "하나님의 은혜를 대적하는 자," "그리스도의 십자가를 무효화하는 자," "원죄를 부정하는 이단사상을 소개한 자"로 비난받았다.[3]

두 번째, 직접전가설인 '연방설'(federalism)은 아담의 죄가 어떤 수단이나 경로 여부와 관계없이 모든 후손에게 그 책임이 전가된다는 점에서 '직접전가의' 방식이다. 이 견해에 따르면, 아담은 "인류의 맨 앞에 서 있"으며, "하나님은 아담을 자기 자신뿐 아니라 미래의 모든 후손을 대신하여 행하도록 에덴동산"에 두셨다. 여기서 "연방"이라는 개념은 "아담이 범죄했을 때 우리 모두를 대표하여 범죄했다는 것"을 핵심적으로 말하기 위한 것이다. "아담의 타락은 우리의 타락"이었고, 하나님은 "아담의 원의(Original Righteousness)를 박탈함으로 아담을 처벌하셨을 때 우리도 똑같이 처벌"받았다.[4] 여기서는 "이와 같이"를 '그런 까닭으로'로 해석한다.

---

2) 세 가지 형태의 명칭과 일부 내용은 H. Wayne House, *Charts of Christian Theology and Doctrine* (Grand Rapids: Zondervan Publishing House, 1992), 87-90 참조.
3) Augustinus, "그리스도의 은혜와 원죄에 대하여,"「아우구스티누스의 은혜론」, 김종흡 역 (서울: 생명의말씀사, 1990), 143; Robert F. Evans, *Pelagius: Inquiries and Reappraisal* (New York: Seabury Press, 1968), 66.

세 번째, 간접전가설인 '생식설'(seminalism)은 생물적으로나 유전적으로 아담의 죄가 후손에게 전가될 때 어떤 수단이나 통로를 통해 전가되기 때문에 '간접전가'로 분류된다. 이 견해는 "이와 같이"를 '그러한 영향으로'로 해석한다. 그런데 이는 또다시 '무조건적' 전가와 '조건적' 전가로 나뉜다. 무조건적 전가는 유전적 요인을 중시하고, 조건적 전가는 인간의 의지적 요인을 강조한다. 무조건적 전가는 인간 개인의 행동과 관계없이 책임이 부여된다는 점에서 직접전가방식과 실제적으로나 결과적으로 크게 다르지 않을 수 있다. 이는 "육욕으로 인한 죄책"(reatus concupiscentiae)을 언급했던 아우구스티누스의 '자연적 머리됨'(natural headship) 개념과 매우 유사하다. 아우구스티누스는 접시 두 개가 달린 저울에서, 한 쪽 접시에 악이라는 무거운 것을 올려놓으면 저울은 악 쪽으로 심하게 기울어질 수밖에 없다고 판단했다. 그런데 인간은 원죄로 인해 악의 접시 쪽으로 이미 기울어져 있으며,5) 그런 불균형과 자유의지의 파괴는 모든 인류에게 전가되었다고 주장했다. 아우구스티누스는 이 문제를 설명하기 위해 로마서 5장 12절을 인용하면서, 우리 모두가 "아담 안에 있었으며, 우리는 모두 아담이었다"고 주장했다.6) 존 머레이(John Murray)는 이에 대해 "모든 인간은 아담이 범죄할 때 이미 그의 허리"에 있었으며, 이는 그들이 아담 안에서 죄를 지었고 아담이 처음 범죄할 때 그와 함께 타락"했다는 것을 의미한다고 말했다. 그는 아담이 모든 인류의 "자연적 뿌리"(natural root)고, 그들 사이에는 "생식적 관계"가 있다고 보았다.7) 따라서 모든 인간은 하나님 앞에서 자유의지를 행사할 수 있는 능력을 원천적으로 상실했으며, 인간의 의지는 노예상태로 전락했고, 이런 상황에서 인간에게 주어지는 은혜는 하나님의 선물이다. 이때 하나님의 은혜는 "불가항력적"인 것이며 "예정된 것"이었다.8)

하지만 조건적 전가는 모든 인간이 직접 자신의 의지를 통해 죄를 짓는다는 부

---

4) R. C. Stroull, 「하나님의 예정과 선택」, 정중은 옮김 (서울: 생명의말씀사, 2014), 93.
5) Alister McGrath, 「이신칭의」, 김성웅 옮김, 2판 (서울: 생명의말씀사, 2015), 47.
6) J. L. Neve, 「기독교교리사」, 서남동 역 (서울: 대한기독교서회, 1985), 231.
7) John Murray, "The Imputation of Adam's Sin," *Westminster Theological Journal* 19 no. 1 (Nov. 1956): 26.
8) Neve, 「기독교교리사」, 233.

분을 강조한다. 모든 인간이 아담의 죄로 인해서 죄의 환경을 물려받고, 죄의 경향성을 가지고 태어났으며, 결국 의지적으로 범죄하게 됨으로써 죄책을 지게 된다는 것이다. 스탠리 그렌즈(Stanley Grenz)는 무조건적 전가나 조건적 전가가 모든 사람이 아담의 죄로 인한 결과로 죄를 지을 소질을 물려받았다는 점을 인정한 부분에서는 같지만, 조건적 전가는 무조건적 전가가 직접전가처럼 그 입장이 가혹하다고 생각했기 때문에 개인의 의지적 선택이라는 요소를 죄책의 근거로 추가했다고 이해했다.9) 위에서 말한 이 세 유형의 논리 전개방식을 비교하면 다음과 같다: (1) 직접전가의 논리: "아담은 범죄하였다. 그러므로 모두가 죄책이 있다." (2) 무조건적 전가방식의 논리: "아담은 범죄하였다; 그러므로 모두가 부패하였다; 그러므로 모두가 죄책이 있다." (3) 조건적 간접전가의 논리: "아담은 범죄하였다; 그러므로 모두가 부패하였다; 그러므로 모두가 범죄한다; 그러므로 모두가 죄책이 있다."10)

2. 그리스도의 의의 전가와 그 방식

그리스도의 의의 전가 개념은 종교개혁의 칭의 교리를 설명하는 데 결정적으로 작용했다. 본래 칭의는 성서와 기독교 전통 안에서 "그리스도를 통한 하나님과 세상의 화해를 설명"하기 위해 사용되어온 개념 가운데 하나였는데, 이 화해가 "믿음에 의한"(by faith) 칭의라는 용어로 설명되고 논의되었다.11) 그리고 이신칭의가 어떤 방식으로 이루어지는가를 설명하는 것이 '의의 전가' 문제다. 이 문제는 죄의 전가와 구조적으로 대칭관계에서 설명될 수밖에 없지만, 죄의 전가처럼 간단하게 유형화하기는 어려운 점이 있다.12) 여기서는 비전가의 입장과 전가의 입장으로 크게 나누고, 비전가는 다시 칭의 교리 자체를 부정하거나 다르게 해석하는 유형(모범설

---

9) Stanley Grenz, 「조직신학: 하나님의 공동체를 위한 신학」, 신옥수 옮김 (서울: 크리스챤다이제스트, 2003), 306.
10) Ibid., 306-7.
11) Alister E. McGrath, 「하나님의 칭의론: 기독교교리 칭의론의 역사」, 한성진 옮김 (서울: 기독교문서선교회, 2008), 9, 18.
12) 칭의에 관한 유형화와 그에 관한 논쟁은 James K. Beilby and Paul R. Eddy 편, 「칭의논쟁: 칭의에 대한 다섯 가지 신학적 관점」, 문현인 옮김 (서울: 새물결플러스, 2015) 참조.

적 접근)과 칭의 교리는 받아들이지만 의의 전가 교리를 거부하는 유형(간접전가에 가까운 형태)으로 구분했다. 그리고 전가의 입장은 기본적으로 직접전가 방식과 동일한 것으로 간주했다.

첫 번째, 칭의 또는 의의 전가를 부정하는 견해는 아우구스티누스 이전의 교부들에게서 일반적으로 발견된다. 이들은 인간의 자유의지를 강조하면서 인간의 책임적 행동을 무효화하는 개념을 받아들이지 않는 경향이 있었다. 인간의 자유의지를 지나치게 강조했던 펠라기우스의 사상이 이 견해의 극단에 해당한다.

그리스도의 의가 전가되는 것이 아니라고 생각하는 견해는 로마 가톨릭이나 동방 정교회를 비롯해서 개신교의 비주류에 해당하는 분파들(아나뱁티스트, 퀘이커, 오순절 등)에 이르기까지 대단히 그 폭이 넓다.[13] 아나뱁티스트들은 루터의 칭의 개념 자체를 수용하지 않고, "순종과 규율을 중시"하면서 "개인을 변화시키는 하나님보다는 인간의 책임과 하나님에 대한 의무를 강조"했다.[14] 그들은 칭의를 단순히 믿는 자를 의롭게 간주하는 하나님의 은혜가 아니라, 죄인이 내적으로 변화되는 과정으로 이해되거나 예수를 따르는 자들이 "세상으로부터 분리"되는 것으로 해석하기도 했다.[15] 그들이 칭의를 그렇게 해석하는 까닭은 예수 그리스도를 믿는 제자들이 세상의 권세를 따르지 않고 예수를 따르기 위해 세상과 단절하는 것이 신앙의 본질이라고 보았기 때문이다. 이들은 대체로 삶의 현장에서 그리스도를 따라가는 헌신된 행동과 사회적 해방사건 등을 통해 '의'가 구현된다고 생각한다. 이와 같은 생각은 해방신학이나 여성신학 등 여러 형태의 정치신학에서도 분명하게 나타난다.[16]

두 번째, 그리스도의 의가 직접 방식으로 전가된다고 보는 견해는 대체로 종교개혁전통에서 보편적으로 받아들여졌다. 마르틴 루터(Martin Luther)는 "전가된 의"(iustitia imputata)의 신학을 체계적으로 발전시키지는 못했다 하더라도 그것의 기초를 제공한 인물로 평가받는다.[17] 그 점에서 루터는 '직접전가' 방식으로 해석한

---

13) Ibid., 129.
14) McGrath, 「하나님의 칭의론」, 283.
15) Robert Friedmann, *The Theology of Anabaptism: An Interpretation* (Eugene: Wipf and Stock Publishers, 1998), 80-1.
16) Beilby and Eddy 편, 「칭의논쟁」, 61-4.

대표적 인물이다. 그는 하나님의 의를 "처벌적 의"로만 해석하는 것이 잘못 되었다는 것을 깨닫고 '이신칭의' 사상을 들고 나왔는데, 이는 하나님이 "개인들을 그들의 공로대로 보상하는 무자비한 재판관이 아니라, 죄인들에게 선물로 의를 주는 자애로운 하나님"으로 인식한 것이다. 그가 말하는 이신칭의 교리는 우리의 구원을 위해 하나님이 필요한 모든 일을 하신다는 것을 의미한다. 그 의는 죄인 안에서가 아니라 밖에서 이루어지는 "외적 의"(iustitia aliena)로서, 하나님이 그것을 죄인의 의로 간주해주는 의로움이다. 여기서 루터는 그 의가 "전가된" 것이라는 점을 강조했는데, 이는 아우구스티누스의 구원론적 틀 속에 "새롭고 급진적인 해석"을 집어넣은 것이다.[18] 따라서 신자를 의롭게 하는 주도권은 언제나 하나님에게 있다. 여기서 '의의 전가'는 바로 칭의가 이루어지는 방법이다. 이 "외적 의"라는 개념은 나중에 멜란히톤(Philip Melanchthon)과 칼뱅(John Calvin) 등에 의해 "법정적 칭의"로 발전했다.[19] 그리고 이 전가 교리는 칼뱅주의나 아르미니우스주 모두가 일반적으로 동의했던 개념으로, 가톨릭과 개신교를 구분하는 "경계선"(boundary marker) 역할을 했고, 개신교신학과 예배와 영성을 형성하는 최상의 요소로 작용했다.[20]

루터에게 이런 전가 개념은 그리스도와 죄인 사이에서 일어나는 하나의 '놀라운 교환'(wonderful exchange)이다. 필립 입슨(Philip H. Eveson)은 이런 루터의 교환 사상이 "하나님의 의롭다 하시는 은혜의 심장"에 해당한다고 말하면서, 죄와 의의 전가를 다음과 같이 설명했다: "죄는 신자에게 전가된 것이 아니라 그리스도에게 전가되었고 ... 그리스도의 순종 혹은 의로움은 신자에게 전가되어 신자가 의로워질 수 있는 법적 요소를 갖추게 되었다."[21] 또한 멜란히톤은 신자에게 전가되는 '외적 의' 개념을 더욱 강조했으며, 칼뱅은 칭의가 "죄의 사면과 그리스도의 의의 전가로

---

17) McGrath, 「하나님의 칭의론」, 308.

18) Ibid., 284.

19) McGrath, 「이신칭의」, 77-82.

20) Michael F. Bird, "Incorporated Righteousness: A Response to Recent Evangelical Discussion Concerning the Imputation of Christ's Righteousness in Justification," *Journal of the Evangelical Theological Society* 47 no. 2 (June 2004): 256.

21) Philip H. Eveson, 「칭의론 논쟁」, 석기신, 신호섭 옮김 (서울: 기독교문서선교회, 2001), 33.

구성"된다고 언급했다.22) 이런 사상은 후기 개혁신학에서 그리스도의 능동적 순종과 수동적 순종이라는 "이중전가"(double imputation)에 근거하여, 신자들이 자신의 죄를 용서받을 뿐 아니라 의롭다고 간주되며, "하나님의 율법 아래서 그리스도의 온전한 의로움에 참여함으로써 영생의 상속자"가 된다는 폭넓은 공감대를 형성하게 되었다.23) 이런 해석은 중세교회에서 교회성사에 의해 분여되고 선행에 의해 획득된다는 비성서적 칭의관에 대한 일종의 반작용으로 나온 것이어서 그 나름대로 복음의 본질을 회복하는 데 기여한 바가 크다. 하지만 중세의 칭의관과 종교개혁 전통의 칭의관은 어떤 점에서 보면 서로 양극단의 지점에 있는 것이다.

세 번째는 칭의를 인정한다 하더라도 의의 전가를 반대하거나 다르게 해석하는 유형이다. 이들이 반대하는 전가 교리는 종교개혁의 '직접전가'였기 때문에, 유형적으로나 의미론적으로 간접전가 방식과 맥락을 같이 한다. 이런 견해는 인간의 자율성을 강조하는 계몽주의와 자유주의를 거치면서 전통적 칭의 개념이 약화되거나 재해석되면서 새롭게 부상했다. 특히 신약학 분야에서 바울 연구에 대한 새로운 기류가 조성되었다. 먼저 유대인 신학자 클라우드 몽테피오레(Claude G. Montefiore)는 유대교에서도 이스라엘의 운명이 "인간의 공로"가 아니라 "하나님의 자비"에 의해서 결정된다는 것을 인정하고 있었다는 새로운 주장을 했다. 이 견해는 여러 학자들에 의해 받아들여졌다. 데이비스(W. D. Davies)는 「바울과 랍비의 유대교」(1948)에서 "바울에게 복음은 결코 유대교의 폐지가 아닌 완성이었으며, 유대교의 핵심적 정수를 흡수한 것"이라며 바울을 새롭게 읽을 것을 도전했고, 바울에 관한 새 관점의 등장은 1977년 샌더스(E. P. Sanders)의 「바울과 팔레스타인 유대교」의 출판으로 "결정적 전기"를 맞았다.24)

새 관점의 신학자 가운데 하나인 톰 라이트(Tom N. Wright)는 개인적 차원에서 이해되었던 법정적 칭의 개념에 이의를 제기하고, 교회론적 차원에서 접근했다. 그

---

22) McGrath, 「하나님의 칭의론」, 320, 340.
23) Cornelis P. Venema, "Calvin's Doctrine of the Imputation of Christ's Righteousness: Another Example of 'Calvin Against the Calvinists'?" *Mid-America Journal Theology* 20 (2009): 19.
24) Ibid., 20.

는 칭의를 "전 세계를 위한-이스라엘을 통한-하나님의 구원 계획"이라고 새롭게 해석했다. 그에게 1세기의 칭의 사건은 "그리스도의 의"가 전가되는 것이 아니라 단지 의롭다고 "선언"된 것이며, 그것은 종말에 가서 "하나님의 백성으로 인정을 받는 것인지를 현재 확인"하는 것이다.25) 그가 그리스도의 의가 전가된다는 것을 반대한 것은 "처음 믿는 순간부터 마지막으로 하늘나라에 도달하기까지 죄인을 그와 같은 의의 상태로 옷을 입힌다"는 개혁주의사상을 비판한 것이다.26) 그는 종말론과 연결시켜 "최종적 칭의"를 강조했고, 마지막까지 그리스도인과 함께 하시는 성령의 역할에 주목했다. 특히 칭의를 성령의 역할과 관련시키는 것은 제임스 뷰케넌(James Buchanan)처럼 "그리스도의 대속 사역을 성령의 사역으로 대치하는 것은 비성서적"이라고 주장하는 전통적 칭의관을 비판하기 위한 것이었다.27)

II. 침례교조직신학 전통에서 본 전가교리

침례교인들은 원죄와 의의 전가를 어떻게 이해하고 가르쳤는가? 침례교회의 다양한 신학 성향을 가능한 한 공정하게 반영하기 위해서 공식 신앙고백서들과 침례교를 대표하는 조직신학자들의 견해를 살펴보았다.

1. 침례교신앙고백서들의 입장

대부분의 침례교신앙고백서는 아담의 원죄와 믿음에 의한 칭의에 관해서는 전통적 개혁주의입장과 비슷한 내용을 담고 있었다. 하지만 신앙고백의 내용을 좀 더 면밀히 분석해보면, 앞에서 언급했던 전가방식의 차이가 드러난다는 것을 확인할 수 있다.28)

---

25) 권연경 외, "톰 라이트, 바울, 한국교회"(신학좌담) [온라인자료] http://cafe.daum.net/Wellspring/Tx8N/1?q=%C5%E8%20%B6%F3%C0% CC%C6%AE%20%C4%AA%C0%C7%B8%A6%20%B8%BB% C7%CF%B4%D9, 2017년 1월 8일 접속.
26) Tom N. Wright, 「톰 라이트, 칭의를 말하다」, 최현만 옮김 (서울: 에클레시아북스, 2011), 14.
27) James Buchanan, 「칭의 교리의 진수」, 신호섭 옮김 (서울: 지평서원, 2014), 416.

첫째, 원죄와 그 전가를 명시적으로 인정하지 않은 고백서는 "참된 기독교에 관한 명제들과 결론들"(1612-1614년)이다. 이 고백서는 원죄교리를 부정하고 죄의 선가노 인정하지 않았다. 18조에 따르면, "원죄는 근거 없는 말이며, 인간이 그 말로 의미를 부여할 만한 것은 어디에도 존재하지 않는다(겔 18:20). 하나님께서는 오직 아담에게만 죽음을 경고하셨을 뿐이지(창 2:17) 그의 후손들에게는 아니며, [그 까닭은] 그분이 영혼을 창조하셨기 때문이다(히 12:9)." 또한 20조에서는 "유아들은 죄 없이 순전하게 태어나므로 유아로 죽으면 의심할 것 없이 구원을 얻으며, 이에는 예외가 없다(창 5:2; 1:27 cf. 고전 15:49).... 법은 유아들에게 주어지지 않았으며 오직 그것을 이해할 수 있는 자들에게만 주어졌다(롬 5:13; 마 13:9; 느 8:3)"고 진술했으며, 그 이유를 25조에서 "어느 누구도 그의 자녀를 교수대에 보내려고 낳지 않으며, 어떤 토기장이도 부수기 위하여 질그릇을 만들지 않는 것처럼, 하나님께서는 어떤 인간도 파멸시키기 위하여 창조하거나 예정하지 않으신다(겔 33:11; 창 1:27; 고전 15:49; 창 5:3)"는 말로 설명했다.[29] 그런데 칭의 문제에 대해서는 구체적으로 언급하지 않았다.

둘째, 원죄와 의의 전가를 직접전가방식으로 서술한 신앙고백서들은 영국의 특수침례교회와 일반침례교회 모두에서 나왔다. 특수침례교회의 최초 신앙고백서인 "런던신앙고백서"(1644년)는 4조에서 "그 때문에 사망이 모든 사람에게 임했고, 모든 것을 지배했다. 타락 이후 모든 것은 죄 가운데 잉태되고 불법 안에서 태어났으며, 본성상 진노의 자녀가 되었다. 그리고 죄의 노예가 되어 사망에 예속되었고 죄 때문에 온갖 재난이 이 세상에 영원히 임하게 되었다. 본성상 그리스도와 무관한 존재가 되고 말았다"라고 말했다. 또한 5조에서 "타락한 온 인류는 죄와 불법으로 모두 죽음에 이르게 되었고, 범죄함으로써 위대하신 하나님의 영원한 진노를 받게 되었다"[30]고 진술했다. 칭의와 관련해서는 28조에서 믿음과 그리스도와 연합을 전

---

28) 여기서 분석한 신앙고백서는 다음의 자료에서 나온 것이다. William L. Lumpkin, 「침례교 신앙고백서」, 김용복 외 2인 옮김 (대전: 침례신학대학교출판부, 2008).
29) Ibid., 154-5.
30) Ibid., 193-4.

제조건으로 내세웠다: "그리스도와 연합한 자들은 그리스도의 피에 의해 그들의 과거, 현재, 미래의 모든 죄로부터 의롭다 칭함을 받았다. 우리는 이 칭의를 그리스도의 죽음으로 이루어진 속죄를 통해 하나님에 의해 범죄한 피조물들이 모든 죄로부터 호의적이고 값없이 면제된 것으로 간주된다. 그리고 이 칭의가 드러나고 적용된 것은 믿음을 통해서다."31) 하지만 여기에 '전가된다'는 표현은 없다.

특수침례교회의 "제2런던신앙고백서"(1677년/1688년)는 원죄의 죄책이 후손에게 전가된다는 표현과 그 이유에 대해 좀 더 구체적으로 언급했지만, 여기에는 아담의 '자연적 머리'와 '연방적 머리' 개념이 혼용되어 있다. 6장 2조는 우리가 아담이 범죄할 당시 이미 "조상 안에 있으므로, 그로 인해 죽음이 우리 모두에게 임했다(롬 5:12 등)"고 진술했고, 3조는 "인류의 뿌리인 아담과 하와는 하나님의 정하심에 따라 모든 인류의 대표자"라고 표현되었다. 그리고 "일반적인 출생에 의해 그들로부터 난 모든 자손들에게 죄책이 전가되었고, 부패한 본성이 전달되었다(롬 5:12-19; 고전 15:21- 22, 45, 49)"고 밝혔다. 이 고백서는 침례교신앙고백서들 가운데 처음으로 "죄책의 전가"라는 신학용어를 사용했다.32) 또한 11장 1조에서는 칭의가 "믿음 그 자체의 전가, 믿는 행위, 혹은 어떠한 복음에 대한 순종" 등으로 의롭게 되는 것이 아니라, "전체 율법에 대한 그리스도의 능동적인 순종과 자신의 죽음에 대한 수동적인 순종이 그들에게 전가됨으로써" 이루어진다고 선언했다.33) 여기서 청교도신학자나 개혁주의신학자들이 주장했던 그리스도의 "능동적 순종"과 "수동적 순종" 개념이 처음으로 등장했다. 그리고 이 두 개념은 3조에서 다음과 같이 풀어 설명되었다: "그리스도는 순종과 죽음으로 의롭다함을 얻게 된 모든 자들의 빚을 완전히 갚았으며[능동적 순종], 십자가에서 피를 흘리는 희생을 통하여 그들이 받아야 할 형벌을 대신 받음으로써[수동적 순종], 그들을 대신하여 하나님의 공의를 합당하고 진정하며 완전하게 충족하셨다."34)

---

31) Ibid., 202.
32) Ibid., 305.
33) Ibid., 313.
34) Ibid., 314. [ ]의 내용은 연구자의 첨가.

일반침례교회의 "정통신조"(1678년)는 제14조에서 아담이 "자기 의지에 따라" 금단의 열매를 먹었고, "자기 자신과 자연적 번식에 의해 낳은 모든 자손에게 하나님의 서수를 조래"하게 되었으며, 이 언약은 "자연적 번식에 의해 그의 허리에서 나온 사람들과도 맺어진 것"이라고 적시했다. 제15조에서는 원죄를 "모든 사람의 잘못되고 부패한 본성"이라고 정의했고, "아담으로부터 자연적 출생에 의해 자연적으로 전해진 것"이라고 밝혔다. 또한 제16조에서 칭의는 "그리스도가 그의 능동적인 순종에 의해, 동정녀 마리아로부터 받은 우리의 본성 안에서 성취된 것이며, 하나님의 자유로운 수여에 의해 우리에게 전가된 것"이라고 선언했다. 다만 "하나님으로서 그리스도의 본질적 의로움"이나 "사람으로서 그 자신의 인격적 의로움"이 아니라, "신인으로서 중보자가 가지고 있는 의로움"이 우리에게 전가된다고 고백했다. 제24조에서는 칭의를 "성부 하나님의 선언적 선고 혹은 재판의 판결"과 같다고 했고, 우리는 "신인(神人)의 의로움을 유효한 믿음에 의해 영접하고 받아들인다"고 진술했으며, "그리스도의 능동적이며 수동적인 순종은 하나님의 율법과 정의가 요구하는 모든 의로움과 고난을 이루셨다"고 설명했다.[35]

셋째, 간접전가방식으로 진술한 신앙고백들은 대체로 영국 일반침례교회들과 미국을 포함한 그밖에 지역에서 나온 신앙고백서들에서 나타났다. 영국 일반침례교회의 최초 신앙고백서인 "암스테르담에 남아있는 영국인들의 신앙선언서"(1611년)는 3조에서 "예수 그리스도의 순종으로 말미암아 모든 사람은 의로 여기심을 받았다(롬 5:19). 따라서 모든 사람은 살아나고(고전 15:22) 그의 의로우심은 모든 사람에게 미쳤다"고 고백했다. 6조에서도 "그리스도의 의로우심"이 사람을 의롭다고 인정하는 근거가 된다고 말했다.[36] 하지만 4조에서는 "사람이 타락하여 온갖 죄악에 물들어 선한 성품과 의지를 함께 지니지 못하게 되었다"고 선언했다. 그리고 인간이 "나면서부터 진노의 자식"(엡 2:3)이 된 원인은 "죄 안에서 잉태되어 불의한 데서 태어"났기(시 51:5) 때문이라고 밝혔다.[37] 이는 전가라는 표현을 사용하지 않았지

---

35) Ibid., 357-66.
36) Ibid., 144-5.
37) Ibid., 144.

만, 의미상 간접전가를 지시하는 것으로 볼 수 있다. 왜냐하면 "온갖 죄악에 물든 다"고 표현한 것은 죄책의 원인을 아담의 원죄에 두지 않고, 그 이후에 진행된 여러 방편과 과정을 암시하고 있기 때문이다.

일반침례교회의 "표준신앙고백서"(1660년)는 2조에서 인간이 범죄하여 "첫째 죽음에 굴복"했다고 말했지만, 그것이 후손에게 전가된다는 개념은 나타나지 않았다. 다만 4조에서 불신앙은 "공의로우신 하나님께서 사람의 자녀들을 책벌하시는 원인"이라고 지적했고, 10조에서는 영유아의 운명에 대해 이례적으로 다음과 같이 언급했다: "유아 때 죽어, 인격적으로 하나님의 율법에 대해 죄를 범하지 않은 모든 어린이는 최초 아담의 죄로 인해 저희에게 주어진 첫째 사망에만 굴복하게 된다. 이 첫째 사망에서 그들은 둘째 아담으로 인해 온전히 이끌려 올라가게 될 것이다. 그리고 (그 상태로 죽어있는) 그들 가운데 누구든지 아담의 죄로 인해 지옥의 영원한 형벌(이것이 둘째 사망이다)을 받는 일은 없다."[38]

"자유의지침례교 신앙에 관한 문서"(1834, 1948년)는 4장 2절에서 인간은 타락한 뒤 "하나님을 순종하려고 하지 않으며, 오히려 악을 향한 경향"을 갖게 되었다고 서술했다. 6장에서는 "유아기에 죽은 모든 아이들은 실제적으로 하나님의 율법을 반대하는 죄를 범하지 않았"으며, "그들 중 누구도 아담의 죄의 죄책으로 인해서 지옥에서 형벌 받을 상태로 죽지 않"는다고 선언했다. 또한 10장에서는 신앙의 열매를 "복음에 순종"하는 것이며, "믿을 수 있는 능력은 하나님의 선물이지만, 믿는 것 자체는 피조물의 행위"라고 밝혔다. 하지만 칭의 문제는 언급되지 않았다.[39]

남침례교총회의 신앙고백서(1925년 1963년)는 3조에서 타락으로 인해서 "후손들은 죄를 향하는 본성과 환경을 유전"으로 물려받았고, "도덕적 행위를 할 수 있을 때가 되면 곧장 죄인이 되며 정죄 아래 놓이게 된다"고 선언했다. 또한 4조에서는 칭의가 "회개하고 그리스도를 믿는 모든 죄인들을 의롭게 하는 하나님의 원리에 근거한 하나님의 은혜롭고 완전한 무죄판결"이라고 진술했다.[40] 1859년 서든침례신

---

38) Ibid., 270-3.
39) Ibid., 435, 438, 439.
40) Ibid., 465-6.

학대학원의 "원리개요"(Abstract of Principles)는 간명하게 죄된 속성을 유전받은 사람들은 "도덕적 행위를 할 수 있게 되는 즉시" 실재적 범죄자가 된다고 말했다(VII). 이 글은 일부 신조주의자들의 희망과 달리 성서보다 우월하지 않으나, 유아 죄책과 유아세례라는 필연으로부터 벗어난 났다는 평가를 받았다.[41] 그밖에 "미국 침례교 성서동맹의 신앙조항들"(1923년), "스웨덴침례교의 신앙고백서"(1681년), "불어권 침례교회들의 복음주의연합신앙고백서 및 교회원리들"(1879년 1924년) 등도 원죄의 전가와 칭의의 문제를 대체적으로 간접전가 방식으로 선언했다.[42]

지금까지 살펴본 신앙고백서들 가운데 하나의 고백서만을 제외하면 대체적으로 원죄와 믿음에 의한 칭의에 대해 구체적으로든 혹은 간접적으로든 언급하고 있었다는 점에서 큰 차이가 없다. 하지만 그것을 직접전가방식으로 볼 것인가 아니면 간접전가방식으로 볼 것인가는 구원의 주체를 어떻게 설정하는가 하는 문제와 관련되기 때문에 그 차이의 중요성이 간과되어서는 안 된다. 영유아의 죄책과 구원 문제에 대해 직접적으로 언급한 고백서들은 일반침례교회의 "표준신앙고백서"(1660년), "참된 기독교에 관한 명제들과 결론들"(1612-1614), "자유의지침례교 신앙에 관한 문서"(1834, 1948년)였다. 이 고백서들이 밝힌 영유아의 구원 가능성은 죄책의 전가를 인정하지 않는 입장에서 설명될 수 있는 것이다.

2. 침례교 조직신학자들의 주장

침례교 조직신학자들은 원죄와 의의 전가에 대해 어떤 견해를 가지고 있었을까? 주로 영국과 미국의 대표적인 신학자들의 견해에 나타난 특징들을 살펴보았다.[43]

영국 최초의 침례교 조직신학자로 알려진 존 길(John Gill)은 전통적 개혁주의의 5대 교리를 논리적으로 철저하게 주장했으며, 아우구스티누스 이후로 누구보다도

---

41) Dale Moody, *The Word of Truth: A Summary of Christian Doctrine Based on Biblical Revelation* (Grand Rapids: Eerdmans, 1981), 290.

42) Lumpkin, 「침례교 신앙고백서」, 454, 456, 487, 491-2.

43) 미국 남침례교 조직신학자들의 견해는 다음의 선행 논문에서 일부 발췌했다. 김용복, "남침례교 신학전통 안에서의 인간론: '자유와 은혜' 개념을 중심으로" (박사학위논문, 침례신학대학교 대학원, 1996), 58-227 참조.

은혜의 교리를 옹호했고 설득력 있게 저술한 사람으로 평가받기도 했다.[44] 그는 특별히 칭의를 하나님의 "영원하고 내재적인 행위"로 이해했고, 그것을 능동적 칭의와 수동적 칭의로 구분해서 설명했다. 즉, 능동적으로는 "하나님의 주권적인 호의에 기초한 하나님의 영원한 행위"지만, 수동적으로는 하나님의 능동적 칭의를 "시간과 공간 내에서 택자에게 개인적으로 시행된 적용"이라고 본 것이다. 이런 해석은 초기 개혁주의자들의 "계약신학의 전형"을 따른 것이다.[45]

미국 남침례교의 존 대그(John L. Dagg)는 원죄의 전가와 관련해서 '연합설'을 지지했다. 그는 아담과 후손 사이의 연합이 세 가지 차원에서 이루어졌다고 설명했다: 첫째는 "도덕적 연합"(moral union)으로서, 아담은 불순종함으로 "반항의 깃발"을 올렸고, 우리 모두는 "그 일에 참여"했다. 둘째는 "자연적 연합"(natural union)으로서 인간은 부모로부터 부패된 본성을 물려받았다. 셋째는 "연방적 연합"(federal union)으로서 아담은 "연방적 머리"(federal head)다. 대그는 "아담과 후손들 사이의 이와 같은 연합으로, 부패와 정죄가 그를 통해 후손들에게 전달"되었다고 보았으며, "후손들이 고통 받는 아담의 죄는 아담의 것일 뿐만 아니라, 그들 자신의 것이기도 하다. 그 죄가 후손에게 전가된 것은 그 죄가 그들에게 속해 있는 것"이기 때문이다.[46] 또한 대그는 그리스도를 "믿는 모든 사람"에게 "전가된 그리스도의 의"가 작용한다고 보았다.[47] 그는 신자들과 그리스도가 각각 삼중의 연합, 즉 "동의의 연합," "영적인 연합," "연방적 연합"에 의해서 전가행위가 이루어지고, 그 결과로 신자들이 하나님 앞에서 의롭게 된다고 주장했으며, "아담의 죄가 그의 자손에게 전가된 것은 정의의 행위고, 그리스도의 의가 믿는 자에게 전가되는 것은 은혜의 행위"라고 진술했다.[48]

---

44) Timothy George, "존 길(John Gill)," 「침례교신학자들」, 상, Timothy George and David S. Dockery 편, 침례교신학연구소 옮김 (대전: 침례신학대학교 출판부, 2008), 137.

45) Ibid., 140.

46) John L. Dagg, *A Manual of Theology* (Charleston: Southern Baptist Publication Society, 1857), 165-9.

47) Ibid., 265.

48) Ibid., 270-2.

제임스 보이스(James P. Boyce)는 아담의 죄가 인류의 보편적 죄의 원인이 된다고 믿었다. 그는 그 원인을 아담과 인류의 관계를 통해 설명했다. 인류는 단순히 아담의 죄를 모방하는 것이 아니라, "본성 가운데 있는 뿌리 깊은 악의 결과"로서 죄인일 수밖에 없다. 이런 관계를 설명하기 위해 그는 "인류의 자연적이고 연방적 머리"(the natural and federal head of the race)라는 표현을 사용했다.[49] 칭의와 관련해서 보면, 보이스는 칭의의 원인이 믿음이 아니라 오직 "그리스도의 공로"뿐이라고 주장했다. 그에게 믿음은 "칭의의 조건"일 뿐이다. 또한 칭의는 하나님의 "법정적 행위"(a forensic act)일 뿐, 거룩한 본성을 부여하는 것이 아니다. 이는 칭의로 인해 죄인이 죄에서 자유롭게 되는 것은 아니라는 의미다. 보이스는 이것을 그리스도의 의가 "인격적으로" 전가된 것이 아니라, "대표적으로" 전가된 것이라고 설명했다.[50]

에드가 멀린스(Edgar Y. Mullins)는 아담이 인류의 "대표," 혹은 "공적 머리"(the official head)가 된다는 것에 대해서는 의문을 제기하지 않았지만, 언약관계를 통해 우리에게 아담의 죄가 전가되었다는 사상은 받아들이지 않았다. 그것을 입증할 만한 성서적 증거가 없다고 보았기 때문이다.[51] 또한 멀린스는 칭의를 "하나님의 호의로 인간을 회복시키고, 정죄로부터 인간을 구원하시는 하나님께서 죄인들을 법적으로 무죄하다고 선언하는 것"이라고 주장했다.[52]

월터 카너(Walter T. Conner)는 원죄의 전가문제에서 아담이 인류의 "자연적 선조요 근원"이기 때문에 그의 죄가 후손에게 전가된다고 말한 바울의 개념을 "상식적이지 못하고 앞뒤가 바뀐 개념"이라고 비판했다. 또한 인간이 생식적으로 아담 안에 있고, 아담의 죄를 공유하는 까닭에 죄에 대한 책임이 있다고 말하는 아우구스티누스의 "연방설"을 "매우 미숙하고 유물론적인 방법"이라고 혹평했으며, 유전적 타락을 전적 타락으로 보는 칼뱅의 견해를 거부하고 그것을 "범죄의 불가피성"으로

---

49) James P. Boyce, *Abstract of Systematic Theology* (Philadelphia: American Baptist Publication Society, 1887), 251-2.

50) Ibid., 395-401.

51) Edgar Y. Mullins, *The Christian Religion in Its Doctrinal Expression* (Philadelphia: Roger Williams Press, 1917), 293.

52) Fisher Humphrey, "에드가 영 멀린스(E. Y. Mullins)," 「침례교신학자들」, 상, 543.

해석했다. 카너는 인간이 아담의 죄가 전가되었기 때문이 아니라, 하나의 "유기체적 통일성"으로 이루어져 있기 때문에, 인류의 머리인 첫 사람의 죄에 영향을 받는 것이고, 전체 인류가 아담의 죄에 빠져든 것이라고 설명했다.53)

데일 무디(Dale Moody)는 원죄의 직접전가가 비성서적이라고 확신했다. 그는 아우구스티누스주의가 인간에게 "전가된 죄책"을 너무 강조했기 때문에, 죄에 대한 "개인적 책임감"을 소홀하게 되었다고 비판했다.54) 그는 요아킴 예레미아스(Joachim Jeremias)가 유전된 죄책과 유아세례를 연결하는 아우구스티누스의 오류를 인정하지 않았으며, 칼뱅주의는 루터주의를 따라 유전된 죄를 지지했다고 지적했다. 또한 벌카우어(G. C. Berkouwer)도 그 이론의 난점들을 인식했지만, 그 이론을 지지하기 위해 펠라기우스적 논쟁을 재탕하고 개신교의 신앙고백에 호소했다고 비판했다. 그는 잘못된 전통이 성서의 가르침 위에 승리한 것이 있다면 바로 이것이 그 "전시품 1호"라고 일갈했다.55) 또한 칭의와 관련해서 무디는 루터가 칭의를 "법정적 행위"로 해석했고, 중생과 성화를 강조하는 칼뱅주의조차도 이 라틴의 "법률주의"를 폐기할 수 없었다고 지적했다.56)

밀러드 에릭슨(Millard J. Erickson)은 원죄의 문제를 다루면서 로마서 5장 12절의 "모든 사람이 죄를 범한다"는 구절을 현재시제로 해석하는 것을 반대하고 단순부정과거로 해석했다. 그는 모든 사람의 죄와 아담의 죄를 동일하게 여겼고, 아담의 죄에 모든 사람이 어떤 형태라도 연관되어 참여했다는 입장을 취했다: "[모든 사람은] 실제로 아담 안에 있었고, 아담의 행위 안에서 모두가 범죄했다."57) 그러나 죄책의 문제에서는 원죄의 책임이 모든 사람에게 예외 없이 전가된다는 주장을 받아들이

---

53) Walter Thomas Conner, *A System of Christian Doctrine* (Nashville: Sunday School Board of the Southern Baptist Convention, 1924), 335-7; James Leo Garrett, Jr. "월터 토마스 카너(Walter Thomas Conner)," 「침례교신학자들」, 하, Timothy George and David S. Dockery편, 침례교신학연구소 옮김 (대전: 침례신학대학교출판부, 2010), 134.
54) Moody, *The Word of Truth*, 280.
55) Ibid., 289-90.
56) Ibid., 328.
57) Millard J. Erickson, *Christian Theology*, vol. II. (Grand Rapids: Baker Book House, 1984), 636-37.

지 않았다. 그 점에서 영유아들은 자발적으로 책임 있는 결정을 할 수 있을 때까지 무죄로 간주된다고 보았다. 그는 이런 입장을 "죄책의 조건적 선가"(conditional imputation of guilt)라는 말로 표현했다. 또한 그는 죄책의 조건적 전가를 그리스도의 의의 전가와 연결해서 다음과 같이 설명했다: "그리스도의 의가 전가되는 것처럼, 죄책도 의식적이고 자발적인 결단이 있어야 한다. 그러기 전에는 단지 죄책의 전가는 조건적이다. 고로 우리가 책임을 질 나이가 되기 전에는 정죄란 없다."[58]

위에서 확인된 사실은 침례교 조직신학자들의 견해가 획일적이지 않다는 것이다. 초기에는 개혁주의 전통처럼 원죄와 의의 전가를 인정하는 편이었지만, 남침례교의 중기 신학전통에 속하는 멀린스부터는 직접전가 교리에 대해 부정적이거나 거부하는 입장을 보여주었다.

III. 전가교리와 성서적 근거

성서는 전가교리에 대해 어떤 목소리를 내고 있는가? 구약성서는 기본적으로 아버지의 죄를 자식들이 지지 않아도 된다는 입장을 보이고 있는 것 같다(신 24:16; 겔 18:2-4, 20). 이런 시각은 연방설과 같은 직접전가방식이 구약의 가르침에 부합하기 어렵다는 것을 시사한다. 신약성서는 원죄와 의의 전가를 어떻게 설명하고 있는가? 여기서는 지면 관계상 바울서신의 핵심구절들을 중심으로 직접전가방식의 성서적 타당성을 검토하는 것으로 연구의 범위를 제한했다.

1. 죄책의 전가와 성서적 토대

데일 무디는 현재시제로 처음 언급된 고린도전서 15장 22절에서 바울이 다음과 같이 하나의 원리를 제시했다고 주장했다: "아담 안에서 모든(all) 사람이 죽은 것(die) 같이 그리스도 안에서 모든 사람이 삶을 얻으리라." 무디에 따르면, 바울은 "아담 안에서 모든 사람이 죽었던"(died)이라고 말하지 않았다. 현재에 각 개인은 자

---

58) Ibid., 639.

신의 행위로 하나님으로부터 물러남으로써 "죽는다"(die). 그는 만일 "모든"이 인간의 반응을 고려하지 않고 모든 사람을 의미한다면 보편주의(universalism), 즉 "모든 사람이 첫 아담 안에서 저주받고 모든 사람이 마지막 아담 안에 구속될 것"이라는 결론에 이르게 될 것이라고 경고했다.[59]

특히 무디는 로마서 5장 12절을 문제 삼았다. 전통에 익숙해진 사람들은 여전히 이 구절에서 "모든 사람이 죄를 지었으므로"(because everyone has sinned)가 아니라 "아담이 죄를 지었으므로"(because Adam sinned)라고 잘못 해석한다는 것이다.[60] 그는 아우구스티누스가 원죄유전설을 주장한 것도 이 본문을 잘못 해석했기 때문으로 보았다. 아우구스티누스는 헬라어 '왜냐하면'(eph'hōi)을 '그 안에서'(in quo)로 잘못 번역한 제롬(Jerome)의 견해를 따랐다는 것이다. 또한 에베소서 2장 1절도 "허물과 죄로 죽었던"(dead in trespasses and sins, AV)이 아니라 "너의 불순종과 죄 때문에"(because of your disobedience and sins)로 번역되어야 한다고 지적했다. 그리고 그는 로마서 5장 12절과 에베소서 2장 1절이 모든 반대자들에게 펠라기우스주의자라는 잘못을 씌워 억압하려는 사람들의 "병기고"에 저장되어 있다고 풍자하면서, 전통이 성서를 이기려면 좋은 번역이 배격될 때 가능하다고 비판했다.[61] 브라이언 빅커스(Brian Vickers)도 "모든 사람이 아담 안에 있다"고 해석하는 실재론적 입장(realist position)을 강하게 비판하고, 그 구절은 "실제적 죄" 혹은 "개인적 죄"로 해석하는 것이 불가피하다고 단언했다.[62]

따라서 로마서 5장 12절이나 고린도전서 15장 22절은 죄책의 직접전가방식으로 해석할 수 있는 근거가 부족하거나 없다고 결론을 지을 수 있다. 사실 이 본문들에 대한 직접전가 방식의 해석은 결국 모든 인간이 그리스도로 말미암아 다 구원되어야 한다는 보편주의로 나가거나 아니면 타락전 선택설(supralapsarianism)로 나갈 수

---

59) Moody, *The Word of Truth*, 286.
60) Ibid., 287.
61) Ibid., 197-8.
62) Trevor P. Craigen, "Review of Brian Vickers, *Jesus' Blood and Righteousness: Paul's Theology of Imputation*. Wheaton: Crosway, 2006," *The Master's Seminary Journal* 19 no. 1 (Spring 2008): 142.

밖에 없는 구조적 한계를 가지고 있다. 그래서 전통적 칼뱅주의는 타락전 선택설 혹은 이중예정설로 나갔고, 수정 칼뱅주의자인 칼 바르트가 이중예정을 거부하고 보편주의를 주장한다는 의혹을 받는 것은 논리적 결과라고 할 수 있다.

에베소서 2장 3절에서 "본질상 진노의 자녀"(by nature objects of wrath)는 어떻게 해석되어야 하는가? 전통적으로 이 구절은 아담으로부터 직접 물려받은 죄책 때문에 우리는 날 때부터 하나님의 진노 아래 있다고 해석되어왔다. 그런데 스탠리 그렌즈는 "진노의 자녀"를 달리 해석할 수 있는 근거를 제시했다. 바우어(Walter Bauer)사전과 테이어(Joseph H. Thayer)사전에 따르면, '자녀들'이라는 헬라어 '테크논'(teknon)은 분노라는 추상명사 '오르게스'(orges)와 만나면서 "무엇에 의해서 특징지어지는 사람들"의 의미가 된다. 이런 용례는 "빛의 자녀"(엡 5:8), "지혜의 자녀"(마 11:19)에서도 찾아볼 수 있다. 따라서 이 구절은 "분노라는 특징을 지니는 사람들"로 번역될 수 있다. 그렌즈에 따르면, 문맥상으로도 이 표현은 '인간의 운명'을 말한다기보다는 '인간의 행동'에 초점이 있다. 바울은 이 문장을 통해 아담의 후손에게 아담의 죄가 직접 전가되었다는 것을 말하려고 한 것이 아니라, "단순히 우리의 죄악된 상태의 특징"을 설명하려 했다고 보는 것이 더 타당하다. 그러므로 이 본문을 죄책의 직접전가를 지지하는 토대로 삼는 것은 그 근거가 "취약"하다고 할 수 있다.[63]

원죄의 전가는 영유아나 지적 장애인들의 구원 문제와도 직결된다. 성서는 이 문제에 대해 직접적으로 언급하지 않았다. 일반적으로 칼뱅주의에서는 인간의 자유의지를 인정하지 않기 때문에 전적으로 그 원인을 하나님으로 돌릴 수밖에 없는데, 그럴 경우 여전히 이 문제는 이중예정의 문제를 피할 수 없다. 반면에 아르미니우스주의는 원죄의 죄책이 간접전가되는 것으로 보기 때문에 그 원인과 책임을 인간에게 돌리게 된다.

---

63) Grenz, 「조직신학」, 308-9.

2. 의의 전가와 성서적 토대

전가된 의와 관련해서 중요하게 인용되는 구절 가운데 하나는 로마서 4장 3-6절이다. 여기서 바울은 아브라함이 의롭게 여김을 받은 것은 그가 하나님을 믿었기 때문이라고 말하면서, "일하는 자에게는 그 삯이 은혜로 여겨지지 아니하고 보수로 여겨지거니와 일을 아니할지라도 경건하지 아니한 자를 의롭다 하시는 이를 믿는 자에게는 그의 믿음을 의로 여기시나니"(4-5절)라고 선언했다. 즉 바울은 칭의의 근거를 행위가 아니라 믿음이라고 본 것이다. 그런데 여기서 어떻게 그 믿음이 우리를 의롭게 간주할 수 있는가 하는 질문은 매우 중요하다.

17세기 초기 종교개혁의 전통은 그리스도의 의가 "그리스도의 '능동적'(active) 순종과 '수동적'(passive) 순종으로 이루어진다"고 본 점에서 일치된 견해를 가지고 있었다. 능동적 순종은 "하나님의 율법적 요구"에 대해 그리스도의 삶을 통해 하나님의 계명을 온전히 순종하고 완성한 것을 말하고, 수동적 순종은 "율법의 형벌을 감내"함으로써 그리스도의 대속적 죽음을 이룬 것을 의미한다.64) 존 브라인(John Brine)은 이 구절을 설교하면서, 우리가 의롭게 되는 것은 그리스도의 순종 때문이며, 한 사람의 불순종으로 많은 사람이 죄인이 되었던 것처럼 한 사람의 순종으로 많은 사람이 의롭게 되었다고 역설했다. 또한 그리스도의 순종은 율법의 명령에 순종하는 것이고, 아담의 불순종에 반대되는 행동으로써, "그리스도의 능동적 순종"(Christ's active obedience)은 우리를 의롭다고 인정하는 하나의 "질료"(the matter)라고 주장했다.65)

뷰케넌은 로마서 5장 18-19절을 근거로 "의는 '한 사람의 의'와 '한 사람의 순종'으로 불리어졌다"고 주장했다. 그는 이런 표현이 "그리스도의 사역과 즉각적으로 연결시키는 한편, 많은 사람이 의롭게 되는 개인적 순종들을 배제"하면서, "우리 자신의 순종으로 말미암아 획득되는 것이 아니라, 하나님의 은혜로 말미암아 무조건적

---

64) Venema, "Calvin's Doctrine of the Imputation of Christ's Righteousness," 17.
65) John Brine, "Christ's Active Obedience Imputed to His People, and the Merit of It Demonstrated," *The Sermons of John Brine* (London: John Ward, 1759), [인터넷자료] http://www.mountzionpbc.org/John_Brine/jb_imputation_2.htm, 2017년 1월 5일 접속.

이며 자비롭게 수여된 것"을 나타내는 것이라고 해석했다. 다만 그 의는 "주입"이 아니라 "반드시 전가"로 이루어지는 것이라는 단서를 달았다.66) 특히 전가를 받는 자는 그것이 원죄의 전가이든 그리스도의 의의 전가이든, 어떤 "능동적 관계"나 "참여"를 하지 못한다는 사실이다. 왜냐하면 그것은 "한 사람과 많은 사람 사이에 존재하는 대표적이며 동맹적 관계에 기초"해 있기 때문이다. 그는 이것을 "대표성의 연합"이라고 불렀다.67) 또한 그는 아담의 죄가 후손 안에 내재해있는 "유전적인 부패"를 통해 간접적으로 전가된다거나, 그리스도의 의가 후손들에 의해 주입된 "유전적인 거룩과 선한 행위"를 통해 간접적으로 전가된다고 주장하는 것을 받아들이지 않았다. 하지만 왜 간접전가를 반대하는지에 대해서는 정확하게 지적하지 않았다. 다만 그는 "칭의의 유일하고도 직접적인 기초로서의 그리스도의 고난들과 순종의 공로가 그의 백성들에게 직접적으로 전가된 것을 확증"한다고 선언했다. 또한 그는 그런 진술이 우리의 대표자로서 행하신 그리스도의 사역으로부터, 또 그분이 성취하기 위해 수행한 대속 사역의 본질로부터 연역적으로 증명될 수 있다고 주장하는데 그쳤다.68)

데일 무디는 제임스 뷰캐넌이 여전히 칭의가 사람을 의롭게 만드는 것이냐 아니면 의롭다고 선언하는 것이냐 하는 "양자택일적인 잘못된 대립명제"를 가지고 설명한다고 비판했다. 무디는 로마서 5장 12-21절에서 하나님의 객관적 칭의와 인간의 주관적 반응을 구분하면서, "은혜에 의해 죄를 이기는 객관적 칭의"를 체험하기 위해서는 "예수 그리스도를 주님으로 순종하는 믿음을 통한 주관적인 반응의 필요성이 반복적으로 진술"된다고 주장했다. 그는 "믿음 안에서 순종함이 없는 곳에는 은혜에 의한 칭의도 없다"고 전제하고, 20세기 성서신학이 "법률주의의 속박을 벗어던지고 믿음의 순종으로서 의로움이라는 역동적인 관점"을 취하게 되었다고 평가했다.69)

---

66) Buchanan, 「칭의 교리의 진수」, 347, 351.
67) Ibid., 352-3.
68) Ibid., 356.
69) Moody, *The Word of Truth*, 328.

3. 원죄와 의의 전가방식 비교

원죄와 의의 전가를 해석하는 기준은 어떤 설명방식이 성서에 적합한가를 판단하는 것이다. 어떤 해석이 더 성서적 지지를 받을 수 있는가 하는 것은 그것이 성서 전체에서 말하는 복음의 내용과 얼마나 접촉성이 많은가에 달렸다. 원죄의 전가방식과 의의 전가방식은 구조적으로 동일하지만, 구원사역에서 인간의 역할을 어떻게 이해하는가에 따라 그 본질적 의미는 달라진다. 그것은 오직 하나님의 단독적 사역인가, 아니면 하나님과 인간의 협력적 사역인가 하는 것과 관련이 있다.

직접전가는 원죄의 전가든, 의의 전가든 실제로 인간이 주체적으로 할 수 있는 여지가 없다. 원죄는 최초의 인간이 한 행동 때문에 모든 후손이 죄책을 짊어져야 하고, 그리스도의 의와 순종도 오로지 하나님의 은혜로 인간에게 전가될 뿐이다. 이 때 인간은 할 수 있는 일도, 그럴 능력도 없다. 반면에 간접전가는 인간 측에서 해야 할 몫이 분명히 존재한다. 아담의 죄로 인해 모든 후손이 죄 가운데 태어나고 부패된 본성을 물려받았다 하더라도 각자가 의지적으로 죄를 범해야만 죄책을 담당하게 된다. 그러므로 실제로 죄책을 지거나 의롭게 칭함을 받으려면 인간이 실제로 죄를 범하거나, 그리스도에 대한 믿음을 실제로 고백해야 한다. 그러므로 의지적으로 그런 결정을 할 수 없는 상태에 있는 사람에게는 죄책과 칭의 전가가 성립되지 않는다. 이것을 표로 설명하면 다음과 같다:

〈표〉 원죄와 의의 간접전가 비교

원죄의 전가	아담 → 〈간접전가〉 → 잠정적 죄인 → 〈범죄〉 → 실제 죄인
의(義)의 전가	그리스도 → 〈간접전가〉 → 잠정적 의인 → 〈믿음〉 → 실제 의인

〈표〉에서 보듯이, 간접전가방식으로 해석할 때 무엇보다도 중요하게 강조되는 두 개념은 '범죄'와 '믿음'이다. 이 표에서 가운데 세 단어, 즉 '간접전가, 잠재적 죄인/의인, 범죄/믿음'을 빼면 직접전가방식이 된다. 즉, '아담 → 실제 죄인' '그리스도 → 실제 의인'이 된다는 것이다. 간접전가방식에 따르면, 누구든지 아담의 행위

나 그리스도의 행위 그 자체만으로는 실제로 죄에 대한 책임과 구원의 보증을 받을 수 없다. 자신의 인격적 의지를 발휘하여 죄를 실제로 범하거나 아니면 자발적으로 믿음을 가질 때까지는 다만 '짐징직으로' 쇠인이고 의인일 뿐이다. 로마서 5장 12절에서 "모든 사람이 죄를 지었으므로"라는 구절을 생략하지 않으려면, 간접전가방식으로 해석해야 한다. 이 구절은 아담의 죄가 직접 전가되어 모든 사람에게 사망이 임한 것이 아니라, 모든 사람이 죄를 지었기 때문에 사망이 임한 것을 가리킨다. 만일 이것을 직접전가방식으로 해석하게 되면 성서에서 중요하게 강조하는 두 개념, 즉 '범죄'와 '믿음'은 들어갈 자리가 없다.

그 점에서 직접전가방식보다는 간접전가방식으로 해석하는 것이 성서의 가르침에 더 가깝다고 생각한다. 성서는 우리에게 초지일관 우리의 죄를 회개하고 복음을 믿으라고 말하고 있기 때문이다. 이런 성서적 교훈을 받아들일 수 있는 해석구조는 직접전가방식보다 간접전가방식이다.

마치는 글

다니엘 밀리오리(Daniel L. Migliore)는 "은혜에 의한 칭의"라는 메시지를 성서에서 재발견하는 작업은 "혁명적 잠재성"을 가진다고 말했다. 이 말은 우리에게 "가치와 정체성"을 부여하는 존재가 바로 하나님이며, 우리는 "무가치한 존재"가 아니라 "대단히 중요한 사람"이라는 것을 깨닫게 하는 것을 의미한다.[70] 그 점에서 그리스도의 의로 인해 '의롭게 간주/된다'는 칭의 교리는 성서적 신앙의 핵심이라고 할 수 있다. 그러나 그것이 어떤 방식으로 이루어지는가에 대해서는 다양한 해석들이 역사 안에서 부침(浮沈)을 거듭해왔던 것도 사실이다.

침례교회는 이 문제에 대해서 획일적 하나의 입장을 견지해오지 않았다. 일반적으로는 종교개혁의 유산인 원죄의 전가와 '이신칭의'의 교리를 수용해왔지만, 예외적으로 일부 신앙고백서는 그것을 거부했던 사례도 존재한다. 원죄의 전가 문제에

---

[70] Daniel L. Migliore, 「기독교조직신학개론: 이해를 추구하는 신앙」, 전면개정판 (서울: 새물결플러스, 2012), 398.

서도 직접전가를 주장하는 전통과 간접전가를 지지하는 흐름이 공존했음을 알 수 있다. 하지만 근래에 와서 침례교신학자들에 의해 제기되는 중요한 질문 가운데 하나는 종교개혁 전통의 직접전가방식에 대한 성서적 근거가 얼마나 설득력이 있는가 하는 것이다. 오히려 성서의 주요 구절들은 간접전가방식으로 해석하는 것이 그리스도인의 주체적이고 책임적인 신앙을 뒷받침하는 데 도움이 된다는 것을 강하게 암시하고 있다. 우리가 원죄의 전가와 의의 전가를 우리의 신앙과 삶에 적용할 때 간과하지 말아야 할 것은 우리의 책임성 문제다. 이 책임성의 문제는 우리의 신앙에 대한 책임성을 정당하게 요구할 수 있는 설명방식, 그리고 책임질 수 없는 나이와 상태에 있는 사람에게 죄책을 무차별적으로 적용하지 않을 수 있는 해석방식이 직접전가보다는 간접전가라는 것을 지시한다.

04
성령침례: 중생과 제2은사의 관계*

한국 교회는 20세기 초 폭발적인 성령체험을 통해 괄목할 만한 부흥을 이루었고, 한국 사회에 적지 않은 긍정적 영향을 끼쳐왔다. 이는 당시 성령운동의 결과가 성도들의 철저한 회개를 기반으로 잘못된 관습을 타파하고 사회를 개혁하며 한국 사회를 선도하는 일을 해냈기 때문이다. 그러나 최근 통계적으로나 현상적으로 볼 때 한국 교회는 안팎으로 신뢰를 크게 잃어가고 있다. 그 때문에 한국 교회는 다양한 영역에서 교회부흥을 위해 노력하고 있다. 그 가운데 하나가 1907년의 부흥을 다시 일으키자는 "성령운동"이다.[1] 그리고 이 성령운동은 오늘날 '은사운동'(charismatic movement) 양상으로 한국 교회 안에서 빠르게 퍼져나가는 추세다.

그런데 한국 교회는 이 성령운동에 관한 한 지나칠 정도로 그 입장이 다양해서 오히려 성령운동으로 인해 한국 교회가 더 분열과 갈등으로 치닫고, 그로 인해 교회의 신뢰도는 더욱 추락하는 것이 아닌가 하는 염려가 없지 않다. 성령운동 혹은 은사운동에서 한국 교회가 한 목소리를 내지 못하는 핵심적 요인은 '성령침례'(Spirit-Baptism)에 대한 이해 차이에서 비롯된다.[2] 한국 교회에서 성령침례와 중생의 관계에 대한 입장 차이는 그것이 성령운동의 걸림돌이 될 만큼이나 심각하다.

---

* 출처: 김용복, "성령침례의 성서적-신학적 이해: 침례교의 관점에서," 「복음과 실천」 43집 (2009 봄): 229-59.
1) 이용규, 「한국 교회와 신유운동」 (서울: 쿰란출판사, 2006), 237.
2) 이 글에서는 침례교의 관점에서 일관되게 '성령침례'라는 용어를 사용했다. 그러나 필요에 따라 인용문일 경우는 '성령세례'라는 표현을 허용했다.

특히 개혁주의 전통과 성결 혹은 오순절주의 입장에서 나타나는 차이는 더욱 첨예하고, 이는 침례교회들 안에서도 예외가 아니다. 역사적으로 볼 때 한국 교회의 비극 가운데 하나는 나와 다른 사람의 경험을 존중하고 배려하려는 태도가 부족하다는 데 있다. 우리는 기본적으로 성령의 역사를 인간의 경험으로 제한해서도 안 되지만, 그것을 비인격화하여 도구화하는 것도 결코 바람직한 태도가 아니라는 사실에 주목할 필요가 있다.

이 연구의 궁극적 목적은 성령운동에 관한 갈등과 대결의 구도를 극복하고 한국 교회가 새롭게 갱신하기 위한 성령론적 근거를 모색하는 데 있다. 그러나 논문의 직접적 목표는 침례교적 관점에서 성령운동의 가장 민감한 개념인 성령침례와 중생/회심의 관계를 성서적, 역사적, 신학적으로 검토함으로써 성령운동의 의미를 조직신학적 관점에서 재정립하는 것이다. 따라서 이 논문에서 풀어야 할 과제는 두 가지다. 하나는 중생과 성령침례의 관계를 이론적으로 제공하는 것이고, 다른 하나는 목회와 신앙현장에서 성령의 은사문제에 대해 어떤 태도를 보여야 하는지를 조언하는 일이다. 이 연구는 한국 침례교회들이 목회현장에서 성령침례에 관한 신학이론을 정립하고 성령운동에 관한 실천적 사역을 효과적으로 독려하는 데서 그 의의를 찾을 수 있다.

I. 성령침례의 논쟁과 논점: 역사적 배경

성령침례의 주제가 조직신학에서 본격적으로 '구원의 순서'(ordo salutis)라는 맥락에서 다뤄지기 시작한 것은 20세기에 들어와 오순절운동(pentecostal movement)이 확산되면서부터였다. 이 오순절운동은 1960년대와 70년대에 널리 영향을 끼치면서 세계적으로 괄목할 만한 교회성장을 이루었으며, 오늘날에도 가장 영향력 있는 대중적 기독교운동 가운데 하나로 자리매김했다.[3]

---

3) Wayne Grudem, *Systematic Theology: An Introduction to Biblical Doctrine* (Grand Rapids: Zondervan Publishing House, 1994), 763; David S. Dockery, "Book Review of *Dictionary of Pentecostal and Charismatic Movement*, edited by Stanley M. Burgess, et. al. (Grand Rapids: Zondervan, 1988)," *Review and Expositor* vol. 87, no. 1 (Winter 1990): 143. 이 책에는 은사운

1. 오순절운동의 기원과 전개

미국의 오순절운동은 존 웨슬리(John Wesley)로부터 영향을 받은 성결운동에서 비롯되었다고 할 수 있다. 하지만 성령침례와 관련해서 볼 때 전통적 성결운동과 오순절운동 사이에는 분명한 입장 차이가 존재한다.[4] 전통적 성결운동은 성령침례를 중생과 구분하면서 "성결" 혹은 "제2의 축복"이라 불렀지만, 20세기 오순절운동은 성령침례를 성결 혹은 성화와 또 다시 분리하여 "제3의 축복"이라 부르며 차별화했다.[5]

20세기 오순절운동은 세 단계로 전개되어왔다. 첫째 단계는 1906년에 침례교회 목회자 시모(William J. Seymour)에 의해 시작된 로스앤젤레스 아주사거리(Azusa Street)의 부흥집회로부터 시작되었다. 이 아주사거리의 부흥운동은 1901년 켄사스 주 토페카(Topeka)에서 파햄(Charles Fox Parham)이 운영하던 성경학원에서 나타난 방언현상과 그의 교리적 영향들을 받아들이면서, "첫 번째 물결"이라고 불리는 "교리적 오순절주의"(doctrinal pentecostalism)의 기원이 되었다. 이 운동은 "오순절 체험을 제도화"하고 방언을 회심 이후의 성령침례와 그 표적의 일차적 증거라고 주장하는 배타적 특징을 보여주었다.[6] 그러나 이런 주장은 성결운동을 하는 사람들로

동에 뛰어들었던 남침례교인으로서 다른 교단을 창설한 인물로 C. H. Mason(the Church of God in Christ 창시자), E. N. Bell(the Assemblies of God의 초대 감독), William Branham and Tommy Hicks(신유운동의 초기 지도자들)과 최근의 지지 목회자들로 Larry Lea, Pat Robertson, Kames Robison 등이 소개되어 있다.

4) 성결운동과 오순절운동의 관계에 관해서는 박명수, 「근대복음주의의 주요 흐름: 한국 성결교회의 배경에 대한 연구」 (서울: 대한기독교서회, 1998), 217-67 참조. 박명수는 오순절운동이 18세기 영국에서 시작한 성결운동에서 비롯되었지만, 성결보다 성령의 은사(특히 방언)에 강조점을 둔다는 점에서 차이가 있다고 보았다(Ibid., 223).

5) 최초로 "제3의 축복"을 주장한 사람은 침례교 목회자였던 어윈(Benjamin H. Irwin)이다. 하지만 그의 주장은 복음주의적인 성결집회에서 이단으로 정죄되었다. 그러자 어윈을 따르던 사람들은 1895년 "불침례성결연합회"(Fire-Baptized Holiness Association)를 결성했다. 하지만 이 운동은 극단적으로 흘러 자극적인 신비체험을 추구하다가 결국 어윈의 도덕적 타락으로 막을 내리고 말았다. 배본철, "한국교회 성령운동의 외래적 배경," 「크리스천투데이」, 2003년 8월 1일자 [온라인신문] http://www.christiantoday.co.kr/view.htm?code=oc&id=150162, 2009년 1월 14일 접속; 박명수, 「근대 복음주의의 주요 흐름」, 223-6.

6) David Emmanuel Goatley, "The Charismatic Movement Among Baptists Today," *Review and Expositor* vol. 94, no. 1 (Winter 1997): 31; Stanley Grenz, *Theology for the Community of God*

부터 신랄하게 비판을 받았다. 특히 방언에 대한 비판은 혹독할 정도했다. 성결운동의 여성지도자 화이트(Alma White)는 "소위 오순절 세례라고 하는 방언운동은 육에 속한 것이며, 사탄에게 속한 것"이리고 비판했고, "사단운동은 말세에 하나님의 백성을 넘어뜨리려는 사탄의 마지막 계교이다. 늦은 비 운동으로 잘 알려진[방언운동은 하나님의 옛 백성들을 몰아내려는 사탄의 거대한 계획"이라고까지 주장했다.7)

둘째 단계는 1960년대에 이르러 "두 번째 물결"이라 불리는 "은사운동" 혹은 "체험적 오순절주의"(experimental pentecostalism)로서 종전의 입장을 완화한 운동이었다. 이 두 번째 운동은 1959년 성령침례를 받았다는 성공회 사제 베네트(Dennis Bennett)에 의해 주도되었다. 그는 방언을 성령침례의 필수적 표적이라고 고집하지 않았다.8) 이 운동은 이전 오순절운동의 교리적 확신에서 한 발 물러나, 어느 정도 체험의 상대성을 인정했다. 역사적으로는 교리적 오순절운동에 빚을 지고 있었지만, 이 두 번째 운동은 성서해석에서 근본주의적 태도를 버리고 좀 더 융통성을 발휘했다.9) 따라서 첫 번째 물결로서 오순절운동이 특정 교단들에 한정되어 있는 것에 반해서, 두 번째 은사운동은 1960년 이래 다양한 기독교 지도자들의 주목과 관심을 받았고, 미국뿐 아니라 다른 나라에까지 널리 확산되기 시작했다.10)

셋째 단계는 1980년대 표적과 기사를 강조하는 "세 번째 물결"로 다시 변모하여 그 저변을 확대한 운동이다. 이 세 번째 운동은 방언을 무시하지 않았지만, 그밖에 다른 성령의 외적 현상들(예언, 치유, 축귀, 죽은 자 소생)에 더 관심을 두었다. 이 운동은 풀러신학교의 와그너(C. Peter Wagner)에 의해 시작되었고, 윔버(John Wimber)의 지

(Nashville: Broadman & Holman Publishers, 1994), 543.

7) 박명수, 「근대 복음주의의 주요 흐름」, 245.
8) Grenz, *Theology for the Community of God*, 543-4. 이 시기의 사조를 "신오순절주의"(neo-Pentecostalism)라고 불렀는데, 신오순절주의자들은 새로운 교단을 창설하지 않고 자신들이 속한 교단 안에서 활동했다(Goatley, "The Charismatic Movement Among Baptists Today," 32).
9) W. E. Whalley, "Pentecostal Theology," *The Baptist Quarterly* vol. 27, no. 7 (1978): 287.
10) Dale Moody, *The Word of Truth: A Summary of Christian Doctrine Based on Biblical Revelation* Grand Rapids: William B. Eerdmans, 1981), 36; Millard J. Erickson, *Introducing Christian Doctrine*, ed. L. Arnold Hustad (Grand Rapids: Baker Book House, 1992), 271.

도력에 힘입은 "빈야드협회"(the Vineyard Fellowship)를 통해 새로운 양상으로 확산되고 있다.11)

2. 한국 교회의 성령침례 문제

역사적으로 볼 때 한국 교회의 초창기 선교사들은 주로 중생과 성령침례를 구분하는 전통 안에 있었다. 이는 그들이 19세기 후반 미국과 영국의 웨슬리안 성결운동과 개혁파 성령운동으로부터 영향을 받았기 때문이다.12) 따라서 이 시기의 성령체험은 대체로 회개와 성결에 집중되었다. 특히 1907년 평양 장대현교회의 성령체험은 성령의 임재에 압도되고, 밤새워 (통성)기도하며, 죄의 통렬한 고백과 신체적 변화 등으로 나타났다.13) 이 당시 성령체험은 대체로 성도들의 내면적 변화를 수반했지만, 그것이 중생체험과 어떤 관계가 있는지 정확히 확인하기는 어렵다. 그 성령체험이 어떤 사람에게는 중생체험일 수도 있고, 또 다른 사람에게는 중생 이후의 성령체험일 수도 있다. 하지만 오늘날 관심을 끄는 방언현상은 나타나지 않았던 것으로 보인다.14)

그런데 1918년 이후에 「신학지남」에서 보여준 선교사들의 입장은 중생과 성령침례의 동시성을 강조하는 것으로 나타났다. 이런 현상은 그들이 정통 개혁주의 성령론의 영향을 받았기 때문인 것 같다. 그 당시 대표적인 개혁주의 신학자는 엥겔(George O. Engel), 솔타우(Stanley T. Soltau), 로버츠(Stacy L. Roberts) 등이다.15) 하지만 1930년대부터 중국인 교수 가옥명(價玉銘)의 영향으로 다시 중생과 성령침례를 구분하는 개혁파 성령운동이 한국 교회에 꾸준히 영향을 끼쳤다.16) 특히 머레

---

11) Grenz, *Theology for the Community of God*, 544.
12) Bonjour Bay, "The Pyongyang Great Revival in Korea and Spirit Baptism," *Evangelical Review of Theology* vol. 31, no. 1 (2007): 14.
13) 민경배, 「한국기독교회사」, 개정판 (서울: 대한기독교출판사, 1982), 252-3; Bay, "The Pyongyang Great Revival in Korea and Spirit Baptism," 12-3.
14) 박명수, 「근대복음주의의 주요 흐름」, 219.
15) 배본철, "해방 이전 〈신학지남〉의 성령론," 「크리스천투데이」, 2003년 10월 23일자 [온라인신문] www.christiantoday.co.kr/view.htm?code=oc&id=150217, 2009년 1월 14일 접속.

이(Andrew Murray), 토레이(R. A. Torrey), 로이드존스(D. M. Lloyd-Jones) 등은 개혁신학 안에서 성령침례의 중요성을 강조하는 데 크게 기여했다. 한국 교회의 개혁신학 안에 공존하던 이런 두 입장은 1990년대 초반에 지상토론으로 격돌했다. 이 논쟁은 고신대학교의 안영복 교수가 "종전의 [개혁주의] 성령론"을 비판하면서 촉발된 것이었다.17)

현재 한국 교회의 성령운동은 교단과 관계없이 다양한 신학 입장이 정리되지 않은 채 확산되는 실정이다. 어떤 사람은 중생과 성령침례를 구분하면서 성결의 체험을 강조하는가 하면, 또 어떤 사람은 성결의 체험보다는 성령의 은사를 더 강조한다. 또 다른 사람은 성령의 은사 즉, 방언을 받지 않으면 아예 성령의 내주도 없다는 극단적 주장을 하기도 한다. 하지만 구조적으로 정리한다면, 한국 교회의 성령론은 성령침례와 은사의 관계와 관련해서 두 가지 유형으로 구분될 수 있다. 첫째는 중생과 성령침례를 동일시하면서 이후에 성령충만을 추구하는 유형(A)이고, 둘째는 중생과 성령침례를 구분하면서 성령충만을 추구하는 유형(B)이다. 첫 번째 형은 다시 성령충만을 인격적 변화에 초점을 두는 유형(A-I)과 각종 은사를 수용하면서 성령충만을 추구하는 유형(A-II)으로 나눌 수 있고, 두 번째 형은 성령침례의 특징을 성결에 두는 유형(B-I)과 방언과 각종 은사를 강조하는 유형(B-II)으로 나눌 수 있다. 이 가운데 (A-I)유형은 개혁주의의 전통적 입장이고 (B-I)유형은 감리교와 성결교의 입장이며, (B-II)유형은 오순절 계통의 입장이고 (A-II)유형은 오순절운동과

---

16) 배본철, "가옥명(價玉銘)의 성령론," 「크리스천투데이」, 2003년 10월 30일자 [온라인신문] www.christiantoday.co.kr/view.htm?code=oc&id=150238, 2009년 1월 14일 접속.

17) 안영복, 「성령론의 바른 이해」(서울: 기독교문서선교회, 1987) 참조. 이 논쟁의 핵심은 중생, 성령침례, 성령충만의 관계와 성령은사의 계속성 여부에 관한 것이었다. 안영복의 설명에 따르면, 오순절 사건은 단회의 사건이 아니라 재림까지 계속되는 사건이다. 중생은 성령침례가 아니다. 성령침례는 위로부터 오는 성령의 능력이고 충만이다. 한편, 논쟁에 참여한 최갑종의 설명에 따르면, 오순절 사건은 "[단회적] 구원역사적 사건이며 동시에 또한 [계속적] 구원적용의 사건"이다. 성령침례는 제2의 은사가 아니라 복음을 통해 구원에 참여하는 모든 사람에게 적용되는 현상이며, 중생이고 동시에 성령충만이다. 「기독교연합신문」, 1992. 8. 23; 1992. 9. 20; 1992. 9. 27 참조. 이 양쪽 입장을 좀 더 알기 위해서는 다음의 두 권을 비교하며 읽으면 좋다. D. M. Lloyd-Jones, 「성령세례」, 정원태 역 (서울: 기독교문서선교회, 1999); John Stott, 「성령세례와 충만」, 김현희 옮김 (서울: IVP, 2002).

개혁주의 성령론을 절묘하게 절충한 것이다. 이 마지막 (A-II)유형은 성령침례와 중생의 관계에서는 개혁신학의 손을 들어주고, 성령의 은사활용에 있어서는 오순절 운동의 손을 들어준 셈이다.[18] 이론적으로는 이 입장이 매력적이기는 하지만, 실제적인 측면에서도 그러한지는 좀 더 연구해볼 문제다.

II. 성령침례에 대한 침례교적 이해

침례교회들은 역사적으로 성령침례와 성령의 은사에 대해서 어떤 입장을 취해왔는가? 이를 검토하기 위해서는 세계 침례교회들의 신앙고백서들, 신학자들의 견해, 그리고 한국 침례교회의 상황을 살펴볼 필요가 있다.

1. 신앙고백서들에서 본 성령침례와 은사

성령침례나 성령은사에 대한 영국 침례교회들의 공식적 입장은 일반침례교회의 신앙고백서들과 특수침례교회의 신앙고백서들에서 다르게 나타났다. 일반침례교회들은 항상 일치된 것은 아니지만, 성령침례 혹은 신자들이 성령을 받기 위해 노력해야 한다는 입장을 보여주었다. "참된 기독교에 관한 명제들과 결론들"(1612-1614년)은 성령내주를 믿음에 의한 것이라고 전제하면서도(44조), 성령의 은사들을 언급했고, 방언, 예언, 치유, 기적들을 성령침례와 동일시했다. 그리고 이런 은사들은 "더 좋은 것들, 즉 성화의 가장 적합한 은사들로 인도하는 수단"(53조)으로 규정했다.[19] 이는 중생과 성령침례가 구분되고 있음을 의미한다. "표준신앙고백서"(1660년)는 7조에서 "사랑, 평화, 오래 참음, 자비, 양선, 온유, 절제(성령의 열매, 갈 5:22-23)를 이루지 못하는 사람은(입으로는 성령에 관해 말하지만) 약속된 성령을 아직 받지 못한 것이다"라고 말함으로써 성령을 받은 기준이 겉으로 드러나는 은사보다 내면의 인격적 완성에 두고 있음을 반영했다. 하지만 12조에서는 "그리스도

---

18) 여주봉, 「성령사역의 회복」(용인: 새물결출판사, 2001), 150-202 참조.
19) William L. Lumpkin, *Baptist Confessions of Faith* (Valley Forge: Judson Press, 1969), 131, 134.

교리의 원리에 순종하며 기도하고 안수하여 하나님께 가까이 감으로써 성령의 약속을 받는 것은 침례 받은 모든 신자의 의무다(히 6:1-2; 행 8:12, 15, 17; 19:6; 딤후 1:6). 그로 인해 그들은 육신의 필요를 극복할 수 있다"(롬 8:13)고 말했다.[20] 이는 중생 이후에 성령의 약속을 받기 위해 신자들이 노력해야 한다는 것을 명시한 것이다. "정통신조"(1678년)는 32조에서 "감독이나 장로가 그리스도께서 약속하신 성령을 받게 하기 위해 침례 받은 신자들에게 안수기도하는 것은 그리스도의 가르침의 원리이며, 실행되어야 하고, 성부와 성자께서 약속한 성령을 받기 위해 침례 받은 모든 신자는 이에 순종해야 한다고 믿는다"고 함으로써,[21] 역시 중생과 성령 받는 문제를 구분하고 있다.

반면에 특수침례교회의 신앙고백서들은 대부분 성령침례나 그 필요성에 관해 언급을 하지 않거나 혹은 중생 이후의 성령침례 개념을 반대했다. "제1런던신앙고백서"(1644년)는 신자들이 믿음으로 "거룩하고 성화된 백성"이라고 말할 뿐(29조),[22] 제2의 은사나 축복에 대한 개념에는 관심이 없다. "서머세트 신앙고백서"(1656년)도 18조에서 성령이 "그의 계속적인 현존을 통해 우리와 함께, 또 우리 안에 거하시면서(요 14:16-17), 하나님 나라의 신비와 뜻을 우리에게 가르치고 열어 보여주신다" (고전 2:10, 11, 13; 계 2:29; 5:5)고 말할 뿐,[23] 성령침례를 별도로 언급하거나 제2의 은사를 암시하는 곳이 없다. 다만 26조에서 "진정으로 회개하고 믿어 예수 그리스도의 이름으로 침례를 받은 사람들은 그 믿음을 실천하는 데 필요한 능력을 지니게 되며, 성령의 무한한 은사들과 은혜를 확실히 받게 된다"(행 2:38, 39; 엡 1:13)고 말함으로써,[24] 중생체험과 성령의 은사를 받는 것이 별개의 문제가 아님을 선언했다. "제2런던신앙고백서"(1677년/1688년)는 13장 1조에서, 중생하는 신자들 안에 "새 영이 창조"되며, "말씀과 그들 안에 내주하는 성령에 의해 진정으로 그리고 인격적으로 더욱 성화된다"고 주장했을 뿐이다.[25]

---

20) Ibid., 227, 229.
21) Ibid., 320-1.
22) Ibid., 164.
23) Ibid., 207.
24) Ibid., 211.

미국 침례교회의 대표적 신앙고백서들은 영국의 특수침례교회들처럼 성령침례에 관해 직접 언급을 하지 않았다. 다만 완곡한 표현으로 성령의 은혜나 성화를 인격 차원에서 강조했고, 대체로 성령의 제2은사 개념을 반대했다. "필라델피아 신앙고백서"(1742년)는 31장 "안수"에 관한 조항에서 안수의 목적을 "성령의 별도의 은사들을 받는 데 있는 것이 아니라, 약속의 성령을 더욱 받는 것(엡 1:13-14) 혹은 성령의 은혜를 더하는 것"에 두었다.26) "뉴햄프셔 신앙고백서"(1833년)는 1853년에 추가된 10조 "성화"에서 성화는 "점진적인 역사"로써 중생할 때 시작된다고 진술함으로써 성령의 제2축복 개념을 차단했다.27) 그리고 남침례교 총회의 신앙고백서(1925년/ 1963년)는 성령의 은사와 관련해서 성령 하나님이 신자들에게 "교회를 통해 하나님을 섬기게 하기 위해 영적 은사들을 주신다"고 간략하게 선언했다(2조 3항).28) 또한 성령은 중생하는 순간부터 성화를 시작하시는데, 신자 안에 내주하는 성령의 능력을 통해 "도덕적이고 영적인 완전을 향해 나아가도록" 하신다고 진술했다(4조 2항).29) 그밖에 "러시아 침례교신앙고백서"(1884년)도 "성령침례는 성령을 처음으로 영접하는 것이며(행 1:5-8); 그 자체는 새 사람의 시작을 의미한다. 그러므로 그것[성령침례]은 위로부터 다시 태어남과 은사들의 전달을 수반한다"고 함으로써,30) 중생과 성령침례를 동일시하는 입장을 보여주었다.

대체로 침례교회의 신앙고백서들은 교리적으로 중생과 성령침례의 관계를 명시하지 않았으며, 이 문제에 대해 하나의 통일된 입장을 가지고 있지 않았다. 영국의 일반침례교회들은 어느 정도 중생 이후의 성령체험을 강조하는 전통을 가지고 있었고, 나머지 대부분의 침례교회들은 중생과 성령체험을 분리하지 않는 입장에 서 있었다. 물론 성령의 은사가 계속되는지 중단되었는지에 관해서는 특별하게 언급한 신앙고백서를 찾을 수 없었다.

---

25) Ibid., 267-8.
26) Ibid., 351.
27) Ibid., 365.
28) Ibid., 394.
29) Ibid., 395.
30) Ibid., 425-6.

2. 침례교신학자들의 견해

전통적으로 대표적 영미 침례교신학자들은 중생과 성령침례를 동일한 사건으로 해석했고, 대체로 오순절 성령의 초자연적 은사는 더 이상 일어나지 않는다는 이른 바 '은사중지론'을 지지했던 것으로 보인다. 1814년 3년차 정기총회의 초대 의장을 지낸 펄먼(Richard Furman)은 초대교회에 있었던 기적적 도움보다 교육의 중요성을 더 강조했다: "만일 사람들이 오늘날 신적 영감을 받지 않는다면, 그리고 기적의 시대가 지나갔다면, 그렇다면 분명하게 말할 수 있는 것은 기적 없이 이러한 일[하나님의 일]을 하기 위해서 하나님이 기꺼이 부르시는 사람들에게 집중적으로 교육을 시켜야 할 필요가 있다."[31] 최초의 남침례교 조직신학자로 평가받는 대그(John Dagg)도 성령의 역할을 "구속의 언약 안에서 성부 하나님이 선택하신 모든 사람에게 회개와 믿음을 주기 위해 유효하게 부르시는 것"으로 한정하고, 사도적 사역이나 예언의 은사는 성서의 완성으로 인해 중단되었다고 가르쳤다.[32] 캐롤(Benajah H. Carroll)은 성령침례가 "전체 교회를 위한 것이지 단순히 개인들을 위해 주어진 것이 아니"라고 설명했다. 그는 성화가 중생과 분리될 수 없다고 보았고, 웨슬리의 "제2 축복" 개념을 거부했다.[33] 비즐리-머레이(G. R. Beasley-Murray)도 성령침례를 중생과 구분하는 것을 반대했다. 그는 사도행전에 나오는 여러 가지 사례들도 그 둘의 구분을 명쾌하게 지지해주지 않는다고 보았다. 특히 고린도전서 12장 13절을 주석하면서, "한 성령으로 혹은 한 성령에 의하여" 받은 침례는 "오직 성령에 의해서만, 그리스도의 코이노니아에 들어갈 수 있기 때문"(롬 8:9)에, 그리스도 안에서 그리스도로 옷 입는 것과 다를 것이 없다고 주장했다. 그러므로 "이 진술[고전 12:13]의 지배적인 관념은 사적인 의미에서 개인적으로 성령을 받는 것이 아니라, 침례 받은 자가 성령을 통하여 그리스도의 몸에 통합된다는 사회적 개념"이라고 강변했다.[34]

---

31) Thomas J. Nettles, "Richard Furman," *Baptist Theologians*, eds. Timothy George and David S. Dockery (Nashville: Broadman Press, 1990), 148.
32) Mark Dever, "John Dagg," *Baptist Theologians*, 174, 178.
33) James Spivey, "Benajah Harvey Carroll," *Baptist Theologians*, 315, 318.
34) George R. Beasley-Murray, 「성서적 침례론」, 임원주 역 (서울: 검과흙손, 2006), 268-9.

20세기 초반 미국 남침례교를 대표하는 조직신학자 멀린스(Edgar Y. Mullins)는 오순절 사건을 예언된 성령침례가 역사적으로 성취된 것으로 이해했다. 그리고 이 성취는 이방인 고넬료의 회심에서 완성된 것으로 생각했다. 그 이후에는 성령침례가 언급되지 않았기 때문이다.35) 멀린스는 오순절 사건을 구속사적 관점에서 일어난 초유의 사건으로 보는 듯하다. 초기 그리스도인들은 이 성령침례로 인해 많은 은사와 능력을 경험하게 되었다. 다만 그는 후기 신약문헌에서 성령의 활동이 윤리적인 측면에서 크게 강조된다는 점을 부각시켰다.36) 홉스(Herschel H. Hobbs)는 성서가 언제나 예수 그리스도를 중심으로 해석되어야 한다고 강조했다. 따라서 그는 "당신이 성령으로부터 제2의 축복을 받아야 한다고 말하는 것은 예수께서 모든 것을 다 하실 수 없다는 것을 함축하는 것이며, 그렇게 되면 당신은 성서를 이해하는 열쇠가 그리스도가 된다는 그 기준을 위반하게 되는 것"이라고 주장했다.37) 홉스는 신약성서에 "제2의 축복"에 대해서는 어떤 것도 언급하지 않는다고 지적하고, 성령은 "중생하는 순간"에 그 사람의 삶 속에 거하신다고 단언했다. 또한 방언은 복음을 다른 사람들에게 자신이 할 수 있는 능력보다 더 빠르게 전달하기 위해 사용된 "일시적 은사"였으며, 오늘날은 언어 학습을 통해 이와 동일한 능력을 발휘할 수 있다고 생각했다.38) 멀린스와 홉스는 남침례교의 신앙고백서를 최초로 만들고(1925년) 그것을 개정하는 데(1963년) 주도적으로 영향을 끼쳤던 인물이라는 점에서 그 의의가 중요하다. 또한 크리스웰(W. A. Criswell)은 고린도전서 13장 10절의 "온전한 것"을 완성된 성경으로 간주했으며, 사도시대에 주어진 영적 은사들은 그 시대에 제한된 것으로 해석했다.39) 스태그(Frank Stagg)도 1960년대 미국 교회를 확산되었던 "은사운동"이 비성서적으로 행해졌기 때문에 많은 분열과 불화를 일으켰다고 비판했다.40) 20세기 후반부에 남침례교를 대표하는 조직신학자 무디(Dale Moody)는 회심

---

35) Edgar Y. Mullins, *The Christian Religion in Its Doctrinal Expression*, reprinted (Philadelphia: Judson Press, 1954), 360.
36) Ibid., 204.
37) Mark Coppenger, "Herschel Hobbs," *Baptist Theologians*, 439.
38) Herschel H. Hobbs, *What Baptists Believe* (Nashville: Broadman Press, 1964), 51-2.
39) L. Russell Bush III, "W. A. Criswell," *Baptist Theologians*, 454.

을 성령침례와 하나의 사건으로 이해했다: "회개는 물 침례 이전에 해야 하며, 성령 침례는 회개 이전에 받을 수 없다. 믿음으로 일어나는 회개는 언제나 성령침례와 결합되는 하나의 시간이다."⁴¹⁾ 특히 무디는 성령의 교제와 성령의 사역을 구분했다. 그의 설명에 따르면, 성령의 교제가 나타나는 형태는 성령침례, 성령의 선물, 성령의 통일성이고, 성령의 사역이 나타나는 형태는 성령의 은사, 성령충만, 성령의 검이다. 성령의 은사는 "교회의 사역을 위해 성령에 의해 주어지는 영적 재능을 묘사하는 것"이고(고전 1:7; 12:4, 9, 30f; 롬 12:6; 엡 4:11), 성령충만은 "교회의 예배와 사역에 있어 능력의 근원"이다.⁴²⁾

한편, 침례교신학자들 가운데 중생과 성령침례는 동일한 사건으로 간주하면서도, 성령의 은사에 대해서는 개방된 입장을 보인 경우도 적지 않다. 에릭슨(Millard J. Erickson)은 성령침례와 회심/중생이 동등한 것은 아니라 하더라도 적어도 "동시에"(simultaneous) 나타나는 것이라고 보았다. 그는 고린도전서 12장 13절에서 신자가 성령에 의해 침례를 받고 그리스도와 한 몸이 되는 것이라 생각했다. 그러나 사도행전에서 중생과 성령침례가 분리되어 나타난 경우는 구약성도들의 경우와 같은 맥락에서 해석했다.⁴³⁾ 그리고 에릭슨은 어느 경우에도 성령침례는 사람에 의해 추구된 것이 아니고, 또 그 선물이 모인 모든 사람에게 주어졌다는 것을 확인했다. 방언과 관련해서는 조심스러운 태도를 취했다. 그것이 초대교회 때만 일시적으로 나타난 현상이라는 증거도 없고, 또 오늘날 그런 현상이 반드시 성령에 의해 나온 것이라고 할 수도 없다는 것이다. 그러므로 실제로 중요한 것은 그런 특별한 은사에 관심을 모으는 것이 아니라, 성령으로 하여금 우리의 삶을 전적으로 지배하도록 하는 데 있다고 주장했다.⁴⁴⁾ 그루뎀(Wayne Grudem)은 중생과 성령침례가 동일한 사

---

40) Robert Sloan, "Frank Stagg," *Baptist Theologians*, 500.
41) Moody, *The Word of Truth*, 313.
42) Ibid., 447-8. 성령의 선물(the gift)은 성령 자신이고, 성령의 은사들(gifts)은 성령이 주시는 것이다.
43) Millard J. Erickson, *Christian Theology*, vol. 3 (Grand Rapids: Baker Book House, 1985), 879-80; Erickson, *Introducing Christian Doctrine*, 273.
44) Erickson, *Christian Theology*, vol. 3, 880-1; Erickson, *Introducing Christian Doctrine*, 273-4.

건이지만, 영적 은사를 "그리스도의 승천과 재림 사이에 교회들에게 주신 것"이고 "그리스도께서 다시 오실 때까지 교회로 하여금 그 사역을 감당하도록 무장시키기 위해" 주어진 것이라고 이해했다.45) 그 점에서 방언의 은사는 아직 끝난 것이 아니다. 하지만 은사는 서로 의존하여 교회의 연합을 이루기 위해 주어진 것이므로, 모든 그리스도인이 방언의 은사를 해야 한다고 주장하는 것은 성서적이 아니라고 보았다. 동시에 영적 은사는 신앙의 성숙과도 반드시 관련이 있는 것이 아니고, 은사를 받았어도 교리나 행동에서 미성숙할 수 있다고 주장했다.46)

스펄전(Charles H. Spurgeon)이나 피노크(Clark H. Pinnock)는 좀 더 성령체험에 대해 많이 열려있는 경우에 해당한다. 스펄전은 영국의 기도부흥운동(1860년) 이전에 뉴파크가침례교회(New Park Street Baptist Church)에서 성령체험을 통해 진정한 부흥을 경험했는데, 그때를 다음과 같이 묘사했다: "여러 번 우리 모두는 침묵하며 앉아있는 모임에서 엄숙하고 강한 경외감을 느꼈다. 주님의 능력이 우리를 덮듯 나타났다.... 나는 이렇게 말했다. '사랑하는 친구들이여, 우리는 오늘밤 이 자리에서 매우 분명하게 하나님의 영을 받았습니다. 집으로 돌아가서 하나님의 자비로운 감화를 잃지 않도록 조심하십시오.'"47) 피노크는 1967년 "성령충만"(the infilling of the Spirit)을 경험한 뒤, 비은사주의자들에게 오순절의 가르침에 대해 좀 더 호의적 태도를 가질 것을 요구했다.48)

3. 성령침례 문제의 새로운 갈등 국면

침례교인들에게 성령침례의 문제가 새로운 갈등 문제로 떠오른 것은 1970년대 초반이었다. 이때부터 일부 침례교인들은 성령침례가 회심 이후의 경험이라고 주장하기 시작했다. 그러나 대다수의 침례교인들은 여전히 성령침례를 회심의 사건으로 이해하는 입장에 속해 있었고, 은사운동을 이단으로 규정하는 사람들도 있었

---

45) Grudem, *Systematic Theology*, 1018.
46) Ibid., 1022, 1030.
47) Lewis A. Drummond, "Charles Haddon Spurgeon," *Baptist Theologians*, 279.
48) Robert V. Rakestraw, "Clark H. Pinnock," *Baptist Theologians*, 662, 664, 670.

다.[49] 따라서 그 갈등과 대립의 양상은 압력과 규제로 나타날 수밖에 없었다. 특히 미국 남침례교 총회는 은사운동을 인정하거나 실행하는 사람들에게 매우 단호한 조치를 취했다. 로비슨(James Robison)은 은사주의를 지지하는 자신의 입장을 취소하도록 압력을 받았고, 캐롤(Charles and Sharon Carroll) 부부는 1995년 해외선교부에 의해 선교사 자격을 잃었다. 또 1996년 플로리다 침례교 주총회는 신오순절주의를 지지하는 세 교회의 회원권을 "거부"(refuse)하기도 했다. 이런 일련의 조치들에 대해 비판의 소리가 일어나는 것은 당연한 일이다. 비판자들은 총회의 이런 결정들이 결코 "비침례교적"일 뿐 아니라, 침례교회들 안에는 본질적으로 성령침례와 침례교 교리에 관한 해석의 불일치가 있어왔다고 주장했다. 특히 이들은 피터 와그너의 통계를 통해 남침례교 총회 안에는 200-300개 정도의 교회들이 은사운동을 하는 교회라고 밝히고, 대다수의 남침례교회들이 인정하는 "침례교인의 신앙과 메시지"(the Baptist Faith and Message)에도 은사운동을 배제해야 할 만한 진술이 전혀 없다는 것을 근거로 제시했다. 모턴(Paul S. Morton)에 의해 주도되는 "순복음침례교협회"(the Full Gospel Baptist Fellowship)로 알려진 전국침례교총회(the National Baptist Convention)에 소속된 교회들 가운데는 은사 현상이 늘어나고 있는데, 이들은 침례교회의 중요한 정체성인 전신자제사장직, 지역교회의 자율성 등을 계속 강조하면서, 신유, 예언, 방언의 영적 은사들을 활용하고 있다.[50]

   20세기 이전의 전통적 침례교인들에게 은사운동이나 중생 이후의 성령침례 문제는 논의의 대상이 될 만한 주제가 아니었는지 모른다. 하지만 20세기에 오순절운동이 확산되면서부터, 특히 최근에 와서 이 문제는 그 어느 교단보다도 남침례교단을 혼란스럽고 고통스럽게 만들고 있다. 이런 현상은 침례교회가 개인과 지역교회의 자율성을 강조하는 자유교회 전통 위에 세워졌기 때문에 더욱 그러했던

---

49) Anthony R. Cross, *Baptism and the Baptists: Theology and Practice in Twentieth Century Britain,* Studies in Baptist History and Thought, vol. 3 (Cumbria: Paternoster Press, 2000), 351; Goatley, "The Charismatic Movement Among Baptists Today," 33-4. 은사운동에 반대 입장을 보인 대표적 학자들은 Frank Stagg, Glenn Hinson, Wayne Oates, Fisher Humphreys, Malcolm Tobert 등이다. Claude L. Howe, "The Charismatic Movement in Southern Baptist Life," *Baptist History and Heritage* 13 (July 1978): 20-7 참조.

50) Goatley, "The Charismatic Movement Among Baptists Today," 34-6.

것 같다.51)

최근 일부 침례교인들은 "제4의 물결"(Fourth Wave)을 통해 오순절주의자들과 복음주의자들 사이의 견해 차이를 해소하려는 포슨(David Pawson)의 관점에 관심을 보이고 있다. 이 견해는 성령의 객관적 선물과 주관적 선물 모두에 초점을 둠으로써 양쪽의 입장을 절충하는 것이다. 그래서 오순절주의자들에게는 성령이 반복적으로 임하지 않는다는 것을, 복음주의자들에게는 회심하는 것이 성령 받는 것과 동일한 현상이 아니라는 것을 일깨우는 데 주력한다. 포슨은 이 두 가지 사실을 수용하게 되면, 은사주의와 복음주의가 통합될 수 있을 것이라고 믿었다.52) 하지만 회심과 성령 받는 것을 동일한 현상이 아니라고 주장하는 것을 전통적 침례교인들이 쉽게 받아들일 것 같지는 않다.

4. 한국 침례교회의 전통

해방 전 한국 침례교회는 창시자 말콤 펜윅(Malcolm C. Fenwick) 선교사의 영향으로 성령운동에 대해 부정적이거나 소극적이었다. 펜윅은 신자에게 성령이 내주해 계시므로 "성령을 주소서"라는 기도는 합당하지 않다고 가르쳤다. 심지어 그는 사도행전 1장에서 120문도가 성령을 구하는 기도는 잘못된 것이었다고 주장하기도 했다. 왜냐하면 성령은 구한다고 주어지는 것이 아니라, 이미 주님께서 주시기로 약속하신 것이고, 또한 약속한 것을 하나님께서 섭리대로 주신 것이기 때문이다.53) 또 펜윅은 말씀과 성령의 조화를 대단히 강조했는데, 특별히 성령의 역사는 생명이 있게 하고 믿음을 확실하게 해주는 것으로 이해했다.54) 그리고 그는 성령이 예수를 영접할 때 임하는 것이고, "새 방언"(막 16:17)은 다른 나라의 방언을 하는 것이 아니라 새로운 피조물이 새 노래로 찬양하듯, "새 혀"로 말하는 것이라고 해석함으로

---

51) Larry Hart, "Problems of Authority in Pentecostalism," *Review and Expositor* vol. 75, no. 2 (Spring 1978): 261.
52) Cross, *Baptism and the Baptists*, 354-5.
53) 이정수, 「한국침례교회사」, 기독교한국침례회 총회 역사편찬위원회 편 (서울: 침례회출판사, 1990), 117.
54) Malcolm C. Fenwick, 「사경공부」, 미간행필사본, 10.

써,55) 방언현상을 인정하지 않았다. 펜윅의 성서해석이 타당한지 여부는 차치하더라도 그의 강력한 영향력으로 인해 한국 침례교회의 전반부 50년은 성령의 은사운동과 소원해지게 되었던 것 같다.

해방 후 한국 침례교회의 입장도 크게 다르지 않았다. 신학교 강단에서 조직신학을 주도적으로 가르쳤던 알버트 게미지(Albert A. Gammage, Jr.) 선교사는 성령침례를 "신자가 처음으로 성령충만해진 상태를 묘사하는 데 사용"되었다고 규정했다. 그리고 그는 이 경험이 "구원의 체험을 하는 때 일어난다(고전 12:13)"고 보았으며, "제2의 축복"이라고 말하는 교리는 잘못된 것으로 단정하고, "효과적인 봉사"를 위해 "여러 번 성령의 충만"을 받을 수 있다고 주장했다. 이 때 성령충만은 구원받은 후에 그리스도에 대한 "완전한 헌신"을 의미했다.56) 따라서 한국 침례교회의 전통적 입장은 중생과 성령침례를 동일한 경험으로 보면서, 제2의 축복이나 은사를 추구하는 것을 인정하지 않는 것이 일반적이었다.

그러나 1960년대 말부터 한국 침례교회에도 부흥사들의 성령체험과 은사운동을 통해 새로운 형태의 부흥을 맞이하기 시작했다. 오관석, 강원희, 지덕, 김충기 등은 그 시대를 대표하는 부흥사들이다.57) 그 가운데 오관석은 "예수를 믿고 침례나 세례를 받는다 할지라도" 그것은 성령을 받는 것과 별개의 것이라고 주장하고, 성령의 역사를 세 단계로 나누어 설명했다. 첫째는 "감동 감화" 단계로서, 예수를 믿게 하는 성령의 역사다. 둘째는 기질에 따라 각종 은사를 받는 단계이고, 셋째는 성결한 사람이 되게 하는, 성령충만의 역사가 일어나는 단계다.58) 이는 비록 성령침례라는 용어를 교리적 차원에서 명확하게 정의하지 않았지만, 구조적으로 중생과 성령침례를 구분하는 입장을 받아들인 것이다.

지금까지 살펴본 바에 따르면, 성령침례에 관한 침례교회의 일반적 전통은 중생과 성령침례를 동일한 사건으로 보는 것이었으며, 대체로 오순절 성령의 은사

---

55) Ibid., 38.
56) Albert Gammage, 「조직신학원강」 (대전: 침례신학대학출판부, 1993), 94-5.
57) 허긴, 「한국침례교회사」 (대전: 침례신학대학교출판부, 1999), 554-5.
58) 오관석, "믿을 때 성령을 받았느냐?" 「떠나지 않는 한 천사」 (서울: 한국기독교출판사, 1970), 「하늘의 소리」 (서울: 바울서신사, 1997), 291-3.

는 중단되었다고 보는 입장이 우세했다고 할 수 있다. 이런 현상은 아마도 침례교 인들이 가지고 있는 성서 중심적이고 그리스도 중심적인 신학에서 비롯된 결과였는지도 모른다. 하지만 최근에 들어와서는 침례교회 안에도 오순절운동에 대해 열려 있는 교회들과 신학자들이 많이 등장함으로써, 이 문제는 점점 더 교회간의 갈등과 대립의 요인으로 작용하면서 침례교회의 전통적 입장에 도전하고 있다. 한국 침례교회들도 정체성과 관련해서 성령침례에 대한 본격적 논의에 대비해야 할 시점에 놓인 것 같다.

III. 성령침례의 성서적 의미

침례교인들은 어느 특정한 신학 입장보다도 성서적 교회를 회복하자는 데 가장 큰 목표를 두고 있다. 따라서 성령침례에 관한 침례교의 입장을 정립하는 데는 성서적 근거를 검토하는 일이 무엇보다 필수적이다.

1. 성서의 용례 분석

신약성서에서 성령과 침례라는 말이 함께 사용된 곳은 모두 일곱 군데다. 그 가운데 복음서의 내용은 모두 병행구절로 나타난다(마 3:11; 막 1:8; 눅 3:16; 요 1:33). 복음서의 네 군데 본문은 요한보다 더 능력이 있는 예수 그리스도께서 성령과 불로 침례를 줄 것이라는 예언에 관한 것이다. 그리고 사도행전 1장 5절은 복음서에 기록된 요한의 말을 재확인하면서 오순절 사건으로 연결하는 역할을 한다. 사도행전 11장 6절에서는 베드로가 성령으로 침례를 받을 것이라는 요한의 말을 회상한 것이다. 따라서 이 네 본문은 결국 하나의 내용으로 규결되고, 이는 다시 사도행전의 오순절 성령강림 사건으로 이어진다. 결과적으로 신약성서에 등장하는 성령과 침례의 문제는 형식적으로는 두 개의 본문만 남게 된다. 하나는 사도행전 오순절 사건이고 나머지 하나는 고린도전서 12장 13절이다.

2. 사도행전의 성령강림사건들

앞에서 살펴본 복음서의 네 본문이 예어적으로 가리킨 시간은 사도행전에서 다음과 같이 네 번의 성령강림사건으로 보고되었다. 첫째는 오순절 성령강림사건(행 2:1-4)이다. 이것은 예수께서 약속하신(눅 24:49; 행 1:8) 성령이 실제로 제자들에게 처음으로 임한 사건이다. 이 시기는 예수의 역할과 성령의 역할이 교체되는 하나의 전환점이었다. 예수는 떠나고 성령이 오신 것이다. 그 점에서 이 사건은 구속사적 관점에서 볼 때 최초의 사건이었다. 이는 가시적이었고 집단적이었으며, 초대교회의 시작을 선포한 사건이기도 했다. 그것은 예수의 제자들이나 그들과 함께 있었던 사람들의 삶에서 볼 때 "개인적인 사건 이상"이었다.[59] 여기서 성령이 임한 증거는 두 가지로 나타났는데, 하나는 보는 것이고 다른 하나는 듣는 것이다. 보는 것은 "불의 혀처럼 갈라지는 것들"이었고, 듣는 것은 "급하고 강한 바람 같은 소리"와 "다른 언어들"이었다. 특별히 성령이 이와 같은 방법으로 임한 목적은 무엇인가? 베드로는 그것이 "예수를 하나님이 살리신" 것을 증거하기 위함이라고 생각했던 것 같다(행 2:32-33). 이 날 베드로의 설교 요지도 역시 "너희가 십자가에 못 박은 이 예수를 하나님이 주와 그리스도가 되게 하셨느니라"에 있었다. 그 결과, 삼천 명이나 침례를 받고 신자가 되었다(행 2:41). 여기서 침례를 받는다는 것은 성령의 선물을 받는 것과 연결된다. 이 때 성령의 선물은 어떤 은사를 말하는 것이라기보다 성령 자체를 의미하며,[60] 그것은 곧 구원을 뜻한다. 그래서 베드로는 38절에서 "너희가 회개하여 각각 예수 그리스도의 이름으로 침례를 받고 죄 사함을 받으라. 그리하면 성령의 선물을[성령을 선물로] 받으리니"라는 약속을 전했던 것이다.

둘째는 사마리아 성령강림사건(행 8:14-17)이다. 이는 사마리아인들이 회심했을 때 성령이 임하지 않았다가 사도들이 와서 안수하자 비로소 성령이 임한 사건이다. 이 경우 회심과 성령의 임함 사이에는 분명한 시간 격차가 존재한다는 것을 인정하지 않을 수 없다.[61] 하지만 비즐리-머레이는 이 사건을 다음과 같이 다른 각도

---

59) Grudem, *Systematic Theology*, 770.
60) Beasley-Murray, 「성서적 침례론」, 177.
61) Lloyd David Franklin, "Spirit-Baptism: Pneumatological Continuance," *Review and Expositor* vol.

에서 해석했다: "그것은 그(누가)가 이 그리스도인들을 성령이 없는 것이 아니라 기독교 공동체의 일반적 삶을 특징 지워주는 영적인 은사들이 없는 것으로 간주한 것이 될 수 있을까? 누가가 성령의 은사에 관련된 카리스마적 현상에 특별한 관심이 있었던 것은 의심의 여지가 없다. 바울은 은사들(charismata)과 이와 같은 성령의 소유를 분명하게 구별한다."62) 그러므로 사도행전에서 성령을 "받았다"는 표현은 이중적 의미가 있는 것 같다. 어떤 경우는 직접적으로 성령침례를 지시하지만, 또 어떤 경우는 성령의 증거, 즉 은사가 임하는 것을 현상적으로 표현한 것이다. 그리고 그런 은사는 언제나 동일하지 않고 상황에 따라 다양한 모습으로 나타났다. 사실 사도의 안수를 통해 성령이 임하기 전에도 이미 사마리아에는 빌립을 통해 많은 표적과 능력이 나타난 상태였다(8:6, 13). 이런 맥락에서 볼 때, 사도의 안수를 통해 성령이 임했다고 하는 표현은 많은 학자들이 지적했던 대로 누가가 "사마리아의 그리스도인들이 예루살렘의 지도력에 구원사적으로 의존되어 있다는 것을 보여주기 위한" 방편으로 해석될 수 있다.63) 이는 어떤 점에서 기독교운동에서 "통일"을 유지하고 "분열이 일어나지 않도록" 하기 위함이었다.64)

셋째는 가이사랴 고넬료 집안의 성령강림사건(행 10:44-48; 11:1-18)이다. 이 사건은 고넬료가 회심한 직후에 성령이 임했고, 이어서 물침례가 행해졌다. 물침례는 중생한 신자들이 받는 것이니, 이 경우로 인해 물침례를 받은 사람들이 어느 시점에서 다시 성령침례를 받아야 한다고 주장하기 어렵게 되었다.

넷째는 소아시아 에베소의 성령강림사건(행 19:1-7)이다. 이것은 요한의 침례와 예수의 침례를 확연히 구분한다. 요한의 침례를 받았다고 하는 제자들은 바울을 통해 비로소 예수의 침례, 즉 제대로 된 복음을 접했던 것으로 보인다. 따라서 그들은 침례를 다시 받았다. 요한의 침례는 참된 복음에 의한 회심의 결과로 볼 수 없기 때문이다.

94, no. 1 (Winter 1997): 19.
62) Beasley-Murray, 「성서적 침례론」, 191.
63) Grenz, *Theology for the Community of God*, 547.
64) Stanley E. Anderson, *Your Baptism Is Important* (Little Rock: Seminary Press, 1958), 93-4.

사실 사도행전에는 중생과 성령침례의 관계에 대해 하나의 패턴을 제공하지 않는다. 특히 사마리아 성령강림사건과 가이사랴 고넬료 집안의 성령강림사건은 완전히 다른 패턴을 보여준다. 사마리아는 회심과 물침례 이후에 성령을 받았고, 가이사랴의 고넬료 집안은 성령침례와 회심이 함께 일어났고 그 뒤에 물침례가 이어졌다. 그렇지만 전체적으로 본다면 초대교회의 성령체험은 사마리아 사건보다는 가이사랴 사건을 좀 더 전형적 패턴으로 따르는 것 같다.[65] 왜냐하면 초대교회에서 모든 성도들에게 중생 이후에 성령침례를 받아야 한다고 믿었다면, 다른 서신서에서 한 번도 성령침례를 받아야 한다고 말하지 않을 리가 없기 때문이다. 오히려 에베소서에는 예수 믿는 그리스도인에게 성령께서 인을 쳤다고 말하고(엡 1:13), 성령의 충만함을 받으라고 명령한다.[66] 사도행전의 성령침례 사건은 모든 교회를 위한 하나의 모형을 말한 것이 아니다. 모든 교회에게 요구된 것은 성령충만이었다. 그루뎀은 중생 이후에 계속해서 경험하게 되는 제2, 제3의 영적 체험을 가장 잘 표현할 수 있는 단어는 "성령충만하게 되는 것"(being filled with the Holy Spirit)이라고 지적했다.[67] 사도행전에서 등장하는 성령의 역사하심을 일관되게 표현한 것은 성령으로 "충만"하다는 표현이었고(행 2:4; 4:8, 31; 6:3, 5; 7:55; 11:24; 13:9; 52), 에베소서 5장 18절에서 결정적으로 바울은 "성령으로 충만함을 받으라"고 명령했다.

3. 고린도전서의 성령침례와 은사 문제

고린도전서 12장 13절의 핵심구절은 "한 성령으로 침례를 받아"라는 표현이다. 이 본문은 두 가지로 해석이 가능하다. 하나는 이것을 모든 신자들에게 적용하여 개인의 구원 체험을 의미하는 보편적 중생사건으로 해석하는 것이고, 다른 하나

---

[65] Grenz, *Theology for the Community of God*, 547. 하지만 한 가지 관점은 분명하다. 결과적으로 사도행전의 성령강림 사건은 복음의 전파 상황과 밀접한 관계를 맺고 있다는 것이다. 사도행전은 예수께서 명령하신 대로(행 1:8) 예루살렘-사마리아-가이사랴-소아시아로 복음이 전파되는 과정에 따라 성령강림의 사건을 기록하고 있다. 이 점에서 사도행전은 예수의 명령이 성령의 역사에 의해 이런 방식으로 실천되었다는 것을 보여준 것이다.

[66] 홍정길, "성령과 성령세례," 「현대교회와 성령운동」, 옥한흠 편 (서울: 엠마오, 1984), 118-20.

[67] Grudem, *Systematic Theology*, 781.

는 고린도교인들이 오순절 사건을 동일하게 체험했다는 가정 아래 초자연적 성령의 은사를 받는 현상으로 설명하는 것이다. 하지만 두 번째 견해를 지지할 만한 근거는 매우 부족하다. 비록 고린도교인들이 오순절 사건을 경험했다 하더라도, 바울의 관점에서 볼 때 성령침례의 내적 의미는 결국 보편적 중생사건을 의미하는 것으로 이해하는 것이 더 적합하기 때문이다. 이를 설명하기 위해서는 사도행전과 고린도전서의 성령침례에 관한 관점이 서로 다르다는 것을 이해하는 것이 필요하다.

사도행전의 저자 누가는 성령의 "가시적이고 인식 가능한 방법"으로 나타나는 것에 강조점이 있고 성령을 구원과 연관시키지 않는 반면에, 바울은 "성령의 구원론적 특징"을 중요하게 생각했다. 따라서 그에게 성령침례는 "그리스도의 몸의 지체"가 된다는 의미가 있다.[68] 그렇다면 그리스도의 몸을 이룬다는 것은 어떤 의미인가? 사도행전에 나타난 현상이나 바울이 성령침례를 통해 말하려고 했던 것은 소수의 사람들이 특별한 체험을 했다는 것에 초점이 있는 것이 아니라 모든 그리스도인이 하나 되는 체험, 즉 새로운 공동체의 출현과 인종과 신분과 성별의 차이를 뛰어넘어 성령 안에서 "하나 된" 사건에 있었다. 그 점에서 성령침례는 공동체의 모든 구성원들이 "한 몸으로 통일시키는 기초"로서 중요한 의미가 있다. 성령으로 침례를 받는다는 것은 "다양한 인종과 종교와 문화를 배경으로 하는 사람들을 그리스도의 '한 몸'으로 통일시키는" 교회론적 기초가 되기 위해서 소수의 사람들만이 하는 경험일 수 없다.[69] 사실 초대교인들은 성령체험을 통해 능력으로 복음을 전했고, 동시에 자신들은 종교, 사회, 경제적인 영역에서 매우 혁명적인 삶을 시작했으며, 재산을 공유하고 구성원의 필요에 따라 분배하는 공동체를 구현하는 결과를 낳았다. 그들은 결코 신비적 혹은 감정적 차원에서 성령체험을 해소시킨 것이 아니라, 삶의 영역에서 새로운 공동체를 실현하는 능력으로 삼았던 것이다.[70]

은사문제와 관련해서 논쟁의 극대점을 보이는 구절은 고린도전서 13장 8절이다.

---

[68] Veli-Matti Kärkkäinen, 「21세기 성령론」, 김명남 옮김 (서울: 프라이스, 2005), 41-3.
[69] 이한수, "바울과 누가의 성령 이해," 「기독교연합신문」, 1993년 3월 14일자, 17면.
[70] 김경희, "우주적 소통의 경험 및 새로운 평등 공동체의 비전으로서의 초창기 기독교인들의 성령체험과 평등 공동체의 실현을 위한 그들의 구체적인 실천들," 「신학사상」, 138집 (2007 가을): 64, 74, 83.

이 본문은 "온전한 것"이 올 때 일부 은사들(방언, 지식, 예언)이 폐할 것을 말하고 있다. 문제는 "온전한 것"을 어떻게 해석하는가 하는 것이다. 어떤 사람들은 이것을 사랑이나 경건의 완성으로 해석하지만, 또 다른 사람들은 그리스도의 재림으로 해석한다. 은사가 교회의 유익을 위해 주어진 것이라면 그 때는 종말의 때, 교회의 완성을 지시한다고 보는 것이 타당하다.[71]

그러므로 신약성서를 통해서 확인할 수 있는 사실은 중생과 성령침례를 구분하기 보다는 하나로 이해하는 것이 더 바람직하다는 것이다. 하지만 성령의 일부 은사가 중단되었다거나 성령의 역사를 제한하는 주장은 받아들일 만한 성서적 근거가 약하다. 오히려 그것은 계속된 성령충만을 통해 신자들이 추구해야 할 하나의 덕목이요, 교회를 세우고 복음을 증거하는 데 필요한 성령의 선물로 이해해야 한다.

마치는 글: 성령운동의 성격과 방향

성령운동이 한국 교회에 필요하다는 주장에는 아무도 이의를 제기하지 않을 것이다. 그러나 어떤 성격의 성령운동이 필요한가 하는 데에는 관점의 차이가 있다. 이제 앞에서 제기했던 두 가지 과제를 풀어야 할 때가 되었다. 첫째는 교리적으로 성령침례와 중생의 관계로 인한 불화와 대립을 해소하는 것이 중요하다. 이를 위해서 가장 바람직한 방향은 중생과 성령침례를 동시적 사건으로 보는 것이다. 이는 성서적으로나 현실적으로 문제해결의 중요한 단서가 된다. 중생과 성령침례를 나누는 것은 일반신자와 성령침례를 받은 신자로 나누는 것과 같다. 이런 시각은 교회 안에서 "우리와 그들"(we-they)이라는 사고를 만들고, 시기, 교만, 분열을 초래할 위험이 있다.[72] 성서적으로나 전통적으로나 한국 침례교회들이 성령침례와 중생을 동일시하는 것은 어려운 일이 아닐 것이다.

둘째는 성령의 은사운동에 대해 열린 태도를 가지는 것이 필요하다. 물론 성령

---

71) 김동수, 「방언은 고귀한 하늘의 언어」 (서울: 이레서원, 2008), 167.
72) Grudem, *Systematic Theology*, 777.

의 은사는 그 자체가 목적이 아니라 성령충만의 내적 열매를 맺을 수 있는 하나의 수단이라는 인식을 하는 것이 중요하다. 전통적 침례교회들은 이 대목에서 의외로 완고한 교리적 주장을 포기하지 않는 경향이 있다. 하지만 침례교신학의 특성이 다양한 구원관을 수용하면서 일치된 교회론을 추구하는 데 있다면, 이는 성령론에서도 동일하게 적용되어야 한다. 침례교회의 구원론에 칼뱅주의와 아르미니우스주의가 공존하듯이, 성령론에서도 성령체험을 강조하는 입장과 중생체험을 강조하는 입장이 공존할 수 있다는 사실을 인정하는 것이 필요하다. 따라서 중생 이후에 성령체험을 통해 다양한 은사들을 활용해야 한다는 주장이 침례교회 안에서 허용되어야 한다. 총회 차원에서 하나의 교리적 입장을 근거로 다른 견해를 배격하거나 이단시하는 것은 결코 침례교적이지 못한 처사다. 물론 갈등은 여전히 존재할 것이다. 하지만 이런 갈등은 어떤 점에서 "운명적"이다. 이는 교단주의와 초교단주의의 갈등이기도 하고, 인종적으로 아프리카-아메리카 영성과 유럽-아메리카 영성의 갈등이기도 하다. 그러나 여전히 은사운동은 침례교회들 사이에서 계속될 것이다. 만일 침례교회들이 그들을 인정하지 않는다면, 은사운동을 하는 침례교회들은 교단을 떠날 수밖에 없을 것이다.[73]

그러므로 중생 이후의 영적 체험을 성령침례가 아닌 성령충만으로 부른다면, 오순절운동과 개혁주의 진영은 좀 더 새로운 관계를 도모할 수 있다. 그렇게 되면 중생(성령침례)한 신자는 성령충만을 받기 위해 노력할 수 있다. 그리고 하나님의 교회를 세우기 위해 성령께서 각각에게 주시는 은사들을 본래의 목적에 따라 활용하는 것이 중요하다는 것을 인식해야 한다. 그 가운데 특별한 초자연적 능력(방언, 예언, 신유 등)이 나타나는 은사가 있음을 인정하고 그것을 배제하거나 이단시하지 않아야 한다. 이는 오순절주의자들이 누가의 관점에서 접근한 것이고, 개혁주의자들은 바울의 관점에서 접근한 것이라는 차이를 인정하는 일이기도 하다. 결국 우리는 이 두 관점을 수용하는 것이 필요하다. 하나의 지평보다는 다차원적 관점이 하나님에 관한 완전한 그림을 그리는 데 도움이 되기 때문이다.[74]

---

73) Goatley, "The Charismatic Movement Among Baptists Today," 38-9.
74) Koo Dong Yun, "Water Baptism and Spirit Baptism: Pentecostals and Lutherans in Dialogue,"

다만 은사운동은 성서적 관점에서 매우 조심스럽게 접근되어야 한다. 한국 교회가 초기에 성령운동을 통해서 세상의 빛과 등불의 역할을 잘 감당할 수 있었던 것은 성령체험이 가시적, 감각적 현상에 머부르지 않고, 그 에너지를 도덕적이고 사회적 방향으로 성화되었기 때문이었다. 이는 성령의 은사와 충만을 "소유하는 것"(to have)에 목표를 두지 않고 성숙한 그리스도인이 "되는 것"(to be)에 초점을 맞추는 것이다. 한국 교회는 중생과 성령침례의 고질화된 논쟁에서 벗어나 좀 더 포용적 차원에서 성령충만을 추구하며 실추된 교회의 위상을 바로 세우는 데 힘을 모아야 한다.

Dialog: A Journal of Theology 43:4 (Winter 2004): 350.

05
방언과 성령의 은사 *

언제부터인가 한국 교회는 '방언열풍'에 빠져 있다고 해도 과언이 아닐 정도로 방언에 대한 관심이 많아졌고 그에 대한 격론도 그치지 않고 있다. 박영돈은 「일그러진 성령의 얼굴」에서 "수마(水磨)가 할퀴고 간 자국처럼 세계 교회의 처처에 상처와 갈등과 분쟁"을 남겼던 이 방언열풍이 한반도에만 다시 "불어 닥치는 기이한 현상"이 나타나고 있으며, 그 원인은 "영적 침체의 악순환에서 빠져나갈 돌파구"를 방언에서 찾으려는 데 있다고 분석했다. 그리고 이것은 "교인들의 열심을 자극해 교회를 속히 부흥시켜 보려는 사역자들의 열망과 그것을 부추기는 데 성공한 대중 매체의 역할이 절묘하게 맞물려 빚어진 현상"이라고 부정적으로 진단했다.[1] 또 어떤 사람들은 오늘날 나타나는 모든 방언은 다 사탄이 준 것이거나 심리적 현상 혹은 학습된 것이라고 단언하거나,[2] 방언은 "근원적 불안감을 잠재우는 마취제"요 모두 "가짜"라고 주장했다.[3] 반대로 어떤 사람들은 방언이 우리의 신앙을 위해 꼭 필요한 성령체험이며, "하나님과 대화하는 최상"(supremely communication with God)의 수단이거나 혹은 "효과적"(effective) 수단이라고 응수했다.[4] 만일 전자의 주장이 맞

---

* 출처: 김용복, "방언현상에 관한 역사적, 신학적, 성서적 이해: 침례교 조직신학의 관점에서," 「복음과 실천」 53집 (2014 봄): 97-126.

1) 박영돈, 「일그러진 성령의 얼굴: 한국교회 성령운동 무엇이 문제인가」 (서울: IVP, 2011), 143-4.
2) John F. MacArther, Jr., 「무질서한 은사주의」, 이용중 옮김 (서울: 부흥과개혁사, 2008), 379-89.
3) 옥성호, 「방언, 정말 하늘의 언어인가」, 개정판 (서울: 국제제자훈련원, 2012), 14, 18.

는다면 방언사용은 전면 중단되어야 마땅하다. 하지만 후자의 주장이 사실이면 모든 신자들에게 방언을 해야 한다고 권면하는 것은 당연하다. 과연 한국 교회의 방언 열풍은 영적 열등감과 교회성장 혹은 상업주의의 다툼에서 나온 부산물인가? 아니면 그 반대로 한국 교회의 회복과 영적 부흥을 가능하게 하는 성령의 바람인가?

그동안 한국 교회의 방언 문제는 주로 장로교회 안에서 일어난 갈등과 논쟁이었다. 하지만 최근에는 침례교회 안에서도 그 갈등의 양상이 점차 확산되는 실정이다.5) 따라서 이 연구는 방언에 관한 기존의 일반적 논의에 침례교회 전통의 검토내용을 추가하여 연구터전을 다음과 같이 네 영역으로 구성했다: 한국 교회의 방언현상, 방언의 역사적 배경, 침례교 전통, 성서적 이해. 궁극적으로 이 연구의 목적은 상호배타적으로 방언을 옹호하거나 배격하는 견해들을 비판적으로 검토하고 방언과 그 활용에 대한 성서적 입장을 침례교의 조직신학적 관점에서 정립하는 데 있다.

I. 한국 교회의 방언현상과 논쟁점

한국 교회의 방언열풍을 이해하기 위해서는 먼저 김우현의 「하늘의 언어」와 그에 대한 반격서로 나온 옥성호의 「방언, 정말 하늘의 언어인가?」를 주목할 필요가 있다. 김우현은 방언이 "지치고 무기력해진 주님의 교회를 강하게 충전시키는 귀중한 에너지"요, "하늘 문을 여는 가장 강력한 통로"라고 극찬했다.6) 그는 방언만 할 수 있으면 모든 문제를 해결할 수 있을 것 같이 방언의 효과를 극대화하면서 마치 방언의 '전도사' 역할을 자처하는 듯했다. 실제로 그 책은 독자에게 영적 문제를 해결하는 길이 방언을 하는 것이고, 방언 유무에 따라 신앙의 우열이 나뉘게 된다는 생

---

4) J. Rodman Williams, *Renewal Theology: Salvation, the Holy Spirit, and Christian Living, Renewal Theology: Systematic Theology from a Charismatic Perspective*, vol. Two (Grand Rapids: Zondervan Publishing House, 1996), 231-2.
5) 한국 침례교회는 초기부터 해방 후 얼마 동안은 방언이나 제2은사 문제에 대해 소극적이거나 부정적인 태도를 보였다. 그러다가 1960-70년대 이후부터 부흥사들의 활약으로 방언과 같은 은사들이 자주 나타났고, 최근에는 지역교회뿐 아니라 신학교에서조차 더욱 더 그 현상이 활발해지는 양상을 띠고 있다.
6) 김우현, 「하늘의 언어」 (서울: 규장, 2007), 207, 218.

각을 갖게 할 정도로 방언을 예찬했다. 이에 대해 옥성호는 한국 교회에 불어 닥친 방언열풍을 "말씀을 향한 또 하나의 사탄의 공격"이라고까지 규정하고, 성서는 방언을 "조심하고 선별해야 할 대상"으로 가르친다고 세차게 질타했다.7)

이 둘의 방언 논쟁에 즉각 가세한 책은 문효식의 「방언! 무엇이 문제인가?」와 김동수의 「방언은 고귀한 하늘의 언어」다. 문효식은 김우현의 방언체험을 "불건전한 신비주의"라고 규정하고, 그의 책은 "건실한 신앙서적이 아니라 그의 주관적인 생각이나 경험들을 성경 해석이나 신학적 검증 없이 마구 쏟아 내놓은 것"이라고 혹평했다.8) 반면에 김동수는 신학적 기초가 부족했던 김우현의 주장을 신약학자로서 좀 더 성서적 근거와 논리로 보완했다는 점에서 진일보한 것이다. 그는 특별히 "방언을 말하는 사람은 모두 '은사주의자들'"로 간주한 존 맥아더(John F. MacArther, Jr.)의 방언중지론(cessationism)9)에 대해 강하게 비판했다.10) 하지만 김동수는 "다른 성령의 은사는 모두가 다 받을 필요가 없지만 예외적으로 방언만은 모든 신자가 다 받아야 할 은사"라는 것을 "고집스럽게 성경적으로 입증해 보려고 했기 때문"에 "성경의 명료한 뜻을 왜곡하는 무리한 해석"이라는 비판에 직면했다.11)

이 상황에서 다소 중도적 시각에서 방언논쟁에 참여한 박영돈은 이런 두 형태의 극단적 해석들을 모두 비판했다. 그는 "김우현 씨가 체험에 치중한 나머지 말씀을 무시했다면, 말씀을 수호하려던 옥성호 씨는 신학적인 전통에 지나치게 의존한 나머지 성경 말씀을 곡해하는 오류를 범"했다고 진단했다.12) 그는 양쪽 입장의 문제점들을 성서적으로 비판하고, 결론적으로 "방언의 남용은 교회를 허물지만 방언의

---

7) 옥성호, 「방언, 정말 하늘의 언어인가?」, 19, 32.
8) 문효식, 「방언! 무엇이 문제인가?」 (서울: 크리스챤서적, 2008), 94, 107.
9) 존 맥아더는 다음과 같은 근거로 방언이 중지됐다고 주장했다: (1) 방언은 기적적, 계시적 은사 (2) 방언은 믿지 않는 이스라엘 민족에게 표적으로 사용하기 위한 은사 (3) 방언은 신약성서의 최초 책들에만 기록 (4) 동서방의 신학자들도 방언이 사라진 것으로 간주 (5) 역사 속의 방언현상들은 이단적이거나 광신적이거나 비정통적 집단과 동일시. MacArther, 「무질서한 은사주의」, 368-75.
10) 김동수, 「방언은 고귀한 하늘의 언어」, 개정증보판 (초판 2008; 서울: 이레서원, 2012), 150.
11) 문효식, 「방언! 무엇이 문제인가?」, 163.
12) 박영돈, 「일그러진 성령의 얼굴」, 151-2.

선용은 교회를 세운다"고 주장했다. 그리고 그는 "하나님이 방언을 주신 목적"이 "방언으로 기도함으로 영이 새로워지고 하나님과의 영적인 교통함이 깊어지며 풍성해지고," "그래서 그리스도를 닮은 거룩하고 진실한 신앙 인격자와, 형제들과 교회를 위해 열심히 간구하는 기도의 사람"이 되게 하는 데 있다고 보았다.13) 결국 박영돈은 방언열풍으로 인한 한국 교회의 갈등을 방언 자체보다는 방언의 남용과 선용이라는 문제로 환원시킨 셈이다.

박영돈의 등장은 양극단의 갈등이 완화되는 데 어느 정도 균형된 시각을 제공하는 측면이 있지만, 그의 주장과 논리에도 문제가 없는 것은 아니다. 그는 옥성호의 견해를 반박하기 위해 "방언은 하나님이 인간에게 말씀하시는 계시와는 정반대로 사람이 하나님께 기도하는 것인데, 어떻게 인간에게 주어지는 하나님의 계시가 될 수 있겠는가?"14)라고 비판했는데, 이는 고린도전서의 방언현상을 단편적으로만 파악한 결과라고 할 수 있다. 바울이 "방언은 믿는 자들을 위하지 아니하고 믿지 아니하는 자들을 위하는 표적"(고전 14:22)이고, 그 방언을 알아듣도록 통역하라(고전 14:5, 13)고 말한 것은 방언이 하나님께 기도하는 것이 아님을 보여주는 하나의 증거가 될 수 있기 때문이다. 또한 그는 "방언의 선용"이 "교회를 세운다"고 했는데, 여기서 선용이 무엇을 의미하는지가 분명하지 않다. 아마도 그는 "하나님과의 영적인 교통"이 "깊어지며 풍성해지고" "형제와 교회를 위해 열심히 간구하는 기도의 사람"이 되는 것을 선용의 결과라고 본 것 같다. 그렇기에 그는 바로 이어서 "건전한 방언의 은사를 받았는가는 이런 성령의 열매를 통해 증명되어야 한다"고 덧붙였다.15) 하지만 고린도교회에 훈계했던 바울은 방언의 선용이 교회를 세운다고 한 적도 없고, 방언을 하면 하나님과 영적 교통이 깊어지고 풍성해진다고 말하지도 않았다. 오히려 바울은 통역 없는 방언은 교회에 무익하니 하지 말라고 했을 뿐이다.

어떤 주장이 더 성서적이고 현실적으로 교회를 위해 더 유익한 해석일까? 방언을 둘러싼 이들의 논쟁은 결과적으로 체험과 성서의 권위 문제거나 방언의 유용성

---

13) Ibid., 182.
14) Ibid., 154.
15) Ibid., 182.

문제로 인한 갈등이라고 볼 수 있다. 그러므로 최근 한국 교회에서 격돌한 방언논쟁은 우리에게 방언현상에 대해 역사적이고 성서적이고 현실적 차원에서 좀 더 면밀하게 재검토할 것을 요구한다.

II. 방언에 대한 역사적 이해

성서시대 이후 기독교역사에서는 방언 문제가 어떤 양상으로 나타났는가? 그리고 신학자들은 그것을 어떻게 이해했는가?

1. 초기 교부시대의 방언현상

초기 교부들은 대체로 방언현상에 대해 부정적이거나 무시했던 것으로 보인다. 그리고 어떤 교부들은 방언이 성서시대 이후에 그쳤다는 입장을 가지고 있었다. 존 크리소스톰(John Chrysostom)은 고린도전서 12장과 14장을 주석하면서 방언이 더 이상 존재하지 않는다고 언급했다: "방언은 그 때[고린도교회에 편지를 썼을 때는 존재했지만, 지금[크리소스톰 시대]은 더 이상 일어나지 않았다." 아우구스티누스(Augustinus)도 방언 은사는 "그 시대에만 나타난 표적"이었다고 주장했다. 물론 이런 견해가 모든 사람들에게 해당되는 것은 아니다. 예외적이긴 하지만 몬타누스(Montanus)는 "광란과 비정상적인 엑스타시에 빠져서... 이상한 것들을 읊조렸고," 프리스카(Prisca), 막시밀라(Maximilla)도 "열광의 엑스타시 상태에서 말했다"는 기록이 있다. 테르툴리아누스(Tertullianus)도 "말시온 반박"(Against Marcion)에서 말시온이 "성령을 통해 엑스타시 상태에서 말했고... 방언을 통역"했으며, 그 공동체 안에는 방언을 하는 여자들이 있다고 적시했다.16)

그런데 초기 기독교역사에서 방언에 대한 언급이 거의 나타나지 않은 것은 주목할 만한 현상이다. 니케아시대 이전(100년-325년)은 박해와 순교의 시대였고, 신앙

---

16) Anthony A. Hoekema, *Tongues and Spirit-Baptism: A Biblical and Theological Evaluation* (Grand Rapids: Baker Book House, 1981), 11-7.

을 수호하고 교리를 형성해 나가던 격동의 시대였다.17) 만일 오늘날 방언지지자들이 주장하는 것처럼 방언이 그토록 유용한 신앙생활의 활력이 되고 하나님과 밀접한 교제를 하는 수단이라면 어찌하여 그런 박해의 상황에서 방언으로 기도하는 일이 권장되지 않았을까? 어느 때보다 더욱 더 방언이 필요한 때가 아니었던가? 하지만 신약성서의 중요한 교리들을 언급하고 기독교의 우수성을 보여주려 했던 교부들은 방언에 대해서 거의 침묵했다.18) 이런 현상은 방언이 전적으로 그친 증거가 아니라 하더라도19) 최소한 방언이 그런 기능을 하는 은사가 아니었든지, 혹은 방언 현상이 소수의 사람들에게서만 나타난 현상이거나, 그 영향력이 긍정적이든 부정적이든 거의 없었다는 것을 시사한다.

2. 중세와 근대의 방언현상

조지 커튼(George Barton Cutten)은 중세에 다음과 같은 사람들이 방언으로 말했다는 기록을 남겨 놓았다: 성 빈센트 페리어(St. Vincent Ferrir), 성 루이스 버트랜드(St. Louis Bertrand), 성 프란시스 사비에르(St. Francis Xavier).20) 종교개혁시대에도 방언은 간헐적으로 언급되었지만, 그 현상은 주류 기독교라 할 수 있는 가톨릭, 루터파, 개혁파 등에서가 아니라 뮌스터 사건과 연루된 일부 아나뱁티스트라고 불리던 사람들에게서 주로 나타났던 것 같다.21) 필립 샤프(Philip Schaff)는 중세기와 종교개혁시대에는 방언이 분명하게 언급되지 않았다고 결론을 내렸다.22)

---

17) Robert G. Gromacki, *The Modern Tongues Movement* (Phillipsburg: Presbyterian and Reformed Publishjng, 1967), 11-8.

18) Cleon L. Rogers, Jr. "The Gift of Tongues in the Post Apostolic Church" (A.D. 100-400), *Bibliotheca Sacra* CXXII, 486 (April-June, 1965): 134-6; Gromacki, *The Modern Tongues Movement*, 17-8.

19) 특별히 동방정교회에서는 비록 적게 나타났을지언정 방언현상이 "완전히 소멸되지는 않았다." T. Ware, *The Orthodox Church* (London: Penguin Books, 1993), 250, Veli-Matti Kärkkäien, 「21세기 성령론」, 김명남 옮김 (서울: 프라미스, 2005), 91에서 재인용.

20) George Barton Cutten, *Speaking with Tongues*, 42-7, Hoekema, *Tongues and Spirit-Baptism*, 18-9에서 재인용.

21) George W. Dollar, "Symposium on the Tongues Movement: Church History and the Tongues Movement," *Bibliotheca Sacra* 120 no. 480 (Oct. 1963): 318.

17세기 말과 18세기 초에는 "세베네의 어린 선지자들"(the little prophets of the Cevennes)이 전혀 배우지 않은 히브리어와 라틴어로 방언했다는 기록이 있으며, 18세기에는 프랑스의 얀센파(the Jansenists) 일부 사람들이 방언을 했다고 전해진다. 19세기 스코틀랜드에서는 메리 캠벨(Mary Campbell)과 에드워드 어빙(Edward Irving)이 방언을 했다고 한다. 특히 어빙에 의해 주도된 방언현상은 좀 더 광범위하게 확산되었던 것 같다. 물론 어빙파의 방언은 그 운동에 참여했다가 탈퇴한 로버트 백스터(Robert Baxter)가 그들이 "거짓말하는 영(a lying spirit)에 의해 방언"해 왔다고 주장함으로써 그 진의를 의심받게 되었다. 그밖에 쉐이커들(Shakers), 퀘이커들(Quakers), 초기 몰몬교인들, 휘트필드와 웨슬리를 통해 회심한 일부 사람들, 미국 대부흥운동과 스코틀랜드, 웨일즈의 부흥집회, 아르메니아 등에서도 방언이 일어났다는 기록이 있다.23)

3. 20세기의 방언현상

20세기에 들어오면 방언현상은 그 양상이 크게 달라진다. 20세기 초에 미국에서 일어난 오순절은사운동은 방언이 성령침례의 필수 현상이라고 폐쇄적으로 해석했기 때문에 많은 비판에 직면하기도 했다. 하지만 1960년대부터는 방언이 교리보다는 체험이 강조되면서 전 세계적으로 확산되는 계기를 마련했다. 특히 1980년대 이후 은사운동은 방언을 포함한 표적과 기사를 강조하는 "세 번째 물결"로 변모하여 그 저변을 꾸준하게 확대해 나갔다.24)

이처럼 교회사에서 나타났던 방언현상은 시대에 따라 그 양상이 달랐다. 어떤 시대에는 방언현상이 미미하거나 부정적으로 평가되었고, 어떤 때는 폭발적으로 나타났다. 그러나 적어도 20세기 초에 오순절운동이 일어나 전 세계로 확산되기 전

---

22) David W. Lehigh, "What About Speaking in Tongues?" [온라인자료] http://www.brfwitness.org/?p=185, 2014년 1월 20일 접속.
23) Hoekema, *Tongues and Spirit-Baptism*, 22-3.
24) 김용복, "성령침례의 성서적-신학적 이해: 침례교의 관점에서," 「복음과 실천」 제43집 (2009년 봄): 229-32.

에는 대규모로 방언하는 현상은 일어나지 않았던 것으로 보인다.25) 또한 20세기 이전에 일어났던 방언현상은 주로 소수 분파들이나 심지어 이단으로 정죄된 집단들에서 일어난 것이어서 기독교 전체의 보편적 현상이 아니었지만, 20세기에 시작된 방언현상은 전 세계적으로 거의 모든 기독교 공동체 안에서 보편적으로 확산되는 현상이라는 점에서 큰 차이가 있다. 따라서 단순히 초대교회 이후에 방언이 완전히 그쳤다고 주장하는 것은 그 역사적 근거가 약하다고 할 수 있다.

문제는 역사 속에 등장한 방언현상들이 얼마나 성서적이고 건강한가 하는 데 있다. 오늘날 방언의 은사를 강조하거나 부정하는 사람들은 무엇을 근거로 그것을 주장하는 것일까? 그 현상의 초자연성 때문인가, 아니면 그것의 신앙적 혹은 목회적 유용성 때문인가? 만일 그것이 전자라면 방언현상이 기독교 공동체 밖에서도 실제로 많이 일어나고 있다는 점에서26) 각별히 조심해서 분별해야 할 필요가 있고, 후자라면 방언현상이 우리의 신앙생활에서 어떤 유익이 있는지를 좀 더 성서적으로 살펴보아야 한다.27) 하지만 방언에 대한 해석은 교단별로 차이가 있을 뿐 아니라, 같은 교단 안에서도 서로 다른 다양한 목소리로 큰 갈등을 빚고 있기 때문에 해결의 실마리를 찾는 것은 그리 쉬운 일이 아니다.

III. 방언에 대한 침례교적 이해

침례교회는 과연 방언에 대해 어떤 일관된 견해를 가지고 있었을까? 방언에 대한 침례교적 이해를 위해서는 다음과 같은 세 가지 질문에 답할 필요가 있다: 첫째, 역사적으로 침례교인들은 방언현상에 대해 어떤 공식적 입장을 가지고 있었는가? 신

---

25) Hoekema, Tongues and Spirit-Baptism, 10.
26) 기독교공동체 밖에서 나타난 방언현상들: the Report of Wenamon, Dialogues of Plato, Vergil's Aeneid, Pythoness of Delphi, Mystery Religions, Mohammedianism, the Eskimos of Greenland, Tibet, China 등. Gromacki, *The Modern Tongues Movement*, 5-9 참조.
27) 방언을 비롯한 초자연적 은사에 대한 서로 다른 견해들을 폭넓게 객관적으로 비교해보려면 다음 책을 참고하라. Richard Gaffin 외 3인, 「기적의 은사는 오늘날에도 있는가: 은사에 대한 네 가지 관점」, Wayne A. Grudem 편, 이용중 옮김 (서울: 부흥과개혁사, 2009).

앙고백서를 통해 방언현상을 인정하거나 거부한 적이 있었는가? 둘째, 침례교신학자들은 방언에 대해 어떤 견해를 가지고 있었는가? 셋째, 오늘날 침례교회들은 이 방언현상에 대해 어떤 태도를 보이고 있는가?

1. 신앙고백서에 나타난 방언현상

침례교신앙고백서들은 방언에 대해 어떤 진술을 했을까? 적어도 윌리엄 럼킨(William Lumpkin)이 편집한 「침례교신앙고백서」에 소개된 신앙고백서들에는 구체적으로 방언이 언급된 사례가 등장하지 않았다. 이것은 침례교회들이 공식적으로는 방언에 대한 하나의 입장을 표명한 적이 없었다는 것을 의미한다. 다만 교회론 부분에서 성령의 은사에 대해 신앙고백한 내용들이 일부 신앙고백서들에 나타날 따름이다.

"초대교회 모범을 따라 모인 30개 회중의 신앙과 실천"(1651년)은 58조에서 은사의 목적이 선교에 있음을 명시적으로 밝혔고, 71조에서는 언어의 은사와 관련해서 다음과 같이 진술했다: "하나님의 자유로운 은혜로 성도들에게 주어진 은사들이 질서에 따라 좀 더 잘 발휘되기 위해서는 다른 사람을 방해해서는 안 된다. 기회가 주어지면 하나님으로부터 들은 내용을 청중에게 유익이 되도록 차례로 말해야 한다. 그러면 하나님의 영광과 자기의 평화에 관련된 내용을 판단할 능력이 주어진다"(고전 14:30, 31).[28] 그리고 "표준신앙고백서"(1660년)도 5조에서 은사는 "교회 안에서만 아니라, (기회가 있는 대로) 세상을 향한 선교를 위해 사용해야 한다"고 명시했다.[29] 또한 "성서에 따라 선언된 참 복음-신앙"(1654년)은 25조에서 "모든 교회 회원은 다른 사람의 유익을 위해 자신의 은사를 베풀어야 한다"(마 25:27; 벧전 4:10)고 했으며,[30] "서머세트 지역과 그 인근에 있는 여러 그리스도 교회들의 신앙고백서"(1656년)는 25조 18항에서 "은사를 행하는 형제들은 여러 사람이 배우고 권

---

28) William L. Lumpkin, 「침례교신앙고백서」, 김용복, 김용국, 남병두 옮김 (대전: 침례신학대학교출판부, 2008), 223, 225.

29) Ibid., 271.

30) Ibid., 234.

면을 받기 위해 한 사람씩 적당하게 질서 있게 행한다"(고전 14:31, 40)고 했다.31) 또한 "정통신조"(1678년)는 35조에서 성도의 교제와 가난한 자의 구제에 관해 언급하면서, "그러므로 그들은 시로 여러 가지 은사도 나눠 가져서 피차 조화롭게 의존하게 한다. 이는 사적인 일뿐 아니라 그보다 더 공적인 일에서도, 전체의 공적 또는 공동의 이익을 위해, 하나님의 집의 장엄한 예배를 위해 각 회원이 필요하다는 것을 알고 있기 때문이다"라고 언급했다.32)

이상에서 살펴본 바에 따르면, 신앙고백서들은 방언은사의 사용을 명시적으로 긍정하거나 부정하지 않았으며, 일부 신앙고백서들은 초자연적 은사의 목적과 사용방법 등에 대해 언급하고 있다는 것을 알 수 있다. 신앙고백서들이 직간접적으로 은사에 대해 언급한 세 가지 교훈은 다음과 같다: 첫째, 은사의 목적은 선교에 있다는 것이고, 둘째, 은사를 사용할 때는 질서가 필요하다는 것이며, 셋째, 은사는 청중에게 유익해야 한다는 것이다. 따라서 침례교신앙고백서들은 오늘날 방언의 갈등문제를 해결하는 데 별로 도움이 되지 않는다.

2. 주요 침례교 신학자들의 견해

역사적으로 볼 때, 방언에 대한 침례교 신학자들의 견해는 매우 다양한 편이었다. 17세기 존 길(John Gill)은 명시적이진 않지만 방언의 존재를 암시한 듯하다. 그는 기도의 유형을 설명하면서, "분명하지 않은 소리로 표현된" 기도를 언급했다. 그는 이 기도를 "말로 대화가 되지 않는 신음소리"와 같은 것이지만, "하나님은 그 신음소리의 언어를 완전하게 아시고 이해하여 들으시고 응답하신다"고 설명했다.33)

19세기 찰스 스펄전(Charles Spurgeon)은 "성령 받기"(Receiving the Holy Spirit)라는 설교에서 초기의 기적적 은사는 그쳤다는 견해를 보여주었다:

---

31) Ibid., 250.

32) Ibid., 377.

33) John Gill, *A Complete Body of Doctrinal and Practical Divinity*, reprinted (First Edition 1839; Paris: The Baptist Standard Bearer, 1987), 940.

기독교 초기시대에는 성령이 기적적 표적들로 자신의 현존을 드러냈지만, … 이 시대에 하나님의 교회에 허용된 성령의 [남아 있는] 사역들은 우리를 떠난 초기의 기적적 은사들처럼 모든 면에서 가치있는 것이다. 성령의 사역으로 인해 사람들은 죄로 인한 죽음으로부터 소생하게 되는데, 이런 성령의 사역은 결코 방언을 하게 하는 능력보다 열등하지 않다.34)

또 그는 고린도전서 13장 12절을 본문으로 한 설교에서, 영적 은사들은 "일시적으로" 쓸모가 있으며, 그 가치는 그것들이 발휘되는 영역에 "제한"되었다고 말함으로써 어떤 은사들은 더 이상 일어나지 않는다는 것을 에둘러 표현했다.35) 스펄전 자신은 성령의 특별한 은사를 몇 가지 체험했던 것으로 보이지만 방언은 하지 않았던 것 같다.36)

20세기 초, 에드가 멀린스(Edgar Y. Mullins)는 방언에 대해서 구체적으로 언급하지 않고, 성령의 능력은 죄인을 중생하게 하고 거룩한 생활을 하게 하는 데 있으며, 특별히 후기 신약문헌에서는 성령의 윤리적 측면이 부각되었다고 설명했다. 또 그는 기도의 요소에 방언을 포함시키지 않았으며, 성령의 모든 은사는 "오직 다른 이의 유익을 위해 사용"하는 것이라고 규정했다.37) W. A. 크리스웰(W. A. Criswell)은 방언이란 "과도기인 사도시대에 그리스도를 증거하기 위해 주어진 표적의 은사"였다고 전제하고, 오늘날 방언을 추구하는 것은 "믿음이 아니라 주제넘는 행동"이며, 그것은 "마치 홍해에 가서 기적의 지팡이로 바다를 둘로 나누려고 하는 것처럼 쓸모없는 행동"이라고 풍자했다.38) 허셀 홉스(Herschel H. Hobbs)도 방언이 "일시적" 은사였으며, 초대교회 이후 중지되었다고 주장했다.39)

---

34) Nathan Busenitz, "Spurgoen, Impressions, and Prophecy," [온라인자료] http://thecripplegate.com/spurgeon-impressions-and-prophecy, 2014년 1월 16일.

35) Charles Spurgeon, 「고린도전후서 갈라디아서」, 스펄전설교전집, 모수환, 김원주 역 (서울: 크리스챤다이제스트, 2011), 208-9.

36) John R. Rice, "Kindly, Clear Bible Answers About Speaking In Tongues," [온라인자료] http://www.fbbc.com/messages/rice_tongues.htm, 2014년 1월 16일 접속.

37) Edgar Y. Mullins, 「조직신학원론」, 권혁봉 역 (서울: 침례회출판사, 1982), 254, 339, 516.

38) W. A. Criswell, *The Baptism, Filling & Gifts of the Holy Spirit* (Grand Rapids: Zondervan Publishing House, 1973), 116.

반면에 데일 무디(Dale Moody)는 성령의 은사를 설명하면서 방언과 방언의 통역에 대해 인정했고,[40] 방언의 영적 은사가 중단되었다는 데이브 맥퍼슨(Dave MacPherson)의 주장은 고린도전서 13장 3절을 잘못 해석해서 나온 것이라고 반박했다.[41] 웨인 그루뎀(Wayne Grudem)은 "방언은 말하는 사람이 이해하지 못하는 음절로 된 찬송"이라고 정의하고, 그것은 일반적으로 아무도 알아들을 수 없는 언어지만, 예외적으로 알아들을 수 있는 언어도 포함된다고 설명했다. 그리고 통역하는 사람이 없으면 개인적으로 방언을 해야 한다고 조언했다.[42] 또한 클락 피노크(Clark H. Pinnock)는 방언이 "고상하고 덕을 세우는 은사"로서, "마음 깊은 곳에서 나오는 탄식을 표현하고 심연으로부터 하나님께 부르짖는 한 방법"이라고 정의하고, 방언기도는 "추상화를 그리는 것"과 같은 기도라고 설명했다. 그리고 그는 "체험이 마르고 은사를 인식하지 못하는 신자들은 회복(renewal)을 추구해야 한다"고 주장했다.[43]

한편, 밀라드 에릭슨(Millard J. Erickson)은 현대의 은사운동 현상이 성령의 은사인지 아닌지 판단하는 것은 불가능하다고 전제하고, 방언이 그친다는 예언의 성취 시기도 분명하게 언급된 구절이 없지만, 모든 초자연적 종교체험이 하나님으로부터 온 것도 아니라면서 방언현상에 대해 판단을 보류하는 태도를 보였다. 다만 그는 바울이 권면한 절차에 따라 방언과 통역을 하여 청중에게 유익하게 하는 것이 중요하며 통역이 없을 때는 개인적으로 경건시간에 사용해야 한다고 제한했다.[44]

이상에서 보면 방언에 관한 침례교 신학자들의 견해는 양 극단과 그 중도가 혼재해 있었다는 것을 확인할 수 있다. 그래서 티모시 조지(Timothy George)는 침례교인들이 본질적으로 중요하지 않은 많은 문제들에 관해서는 의견이 일치하지 않

---

39) Herschel H. Hobbs, *What Baptists Believe* (Nashville: Broadman Press, 1964), 52.
40) Dale Moody, *The Word of Truth: A Summary of Christian Doctrine Based on Biblical Revelation* (Grand Rapids: Eerdmans, 1981), 370.
41) Ibid., 449.
42) Wayne Grudem, 「조직신학 (하)」, 노진준 옮김 (서울: 은성, 1997), 354-5, 357.
43) Clark H. Pinnock, *Flame of Love: A Theology of the Holy Spirit* (Downers Grove: InterVarsity Press, 1996), 172-3.
44) Millard J. Erickson, *Christian Theology*, vol. 3 (Grand Rapids: Baker Book House, 1985), 880-2.

았다고 말하면서, 그 예로 "세족(洗足), 찬양, 방언, 안수, 선교사 임명, 목사 안수례, 협동과 교제의 적절한 한계선" 등을 들었다. 그는 침례교인들이 이런 문제들로 인해 수많은 분열을 했고, 고통스러운 불협화음을 만들어냈다고 술회했다.[45]

3. 최근 남침례교의 상황

전통적으로 남침례교단은 방언과 같은 초자연적 성령은사를 받아들이지 않는 경향이 강하다. 은사운동을 하던 침례교회들이 지방회에서 축출된 사례들은 그에 대한 증거라고 할 수 있다.[46] 특히 2005년 남침례교단의 해외선교부(International Mission Board) 이사회가 사적 기도언어, 즉 방언을 용납하는 선교사 후보생들의 자격을 박탈할 것을 결의한 것은 또 하나의 예에 해당한다.

하지만 최근에는 남침례교 안에서 방언 문제로 인한 갈등의 폭이 예전보다 더 심화되거나, 그것에 대한 다양한 대화가 시도되고 있는 상황이다. 특히 일부 신학자들과 목회자들이 방언현상을 긍정적으로 받아들이고 실제로 방언을 주장함으로써 새로운 논쟁이 유발되고 있다. 「크리스천 센추리」는 이런 상황에 대해 남침례교단이 방언 논쟁으로 "다시 들끓고 있다"고 논평했다.[47] 사우스웨스턴신학대학원의 이사인 드와이트 맥키직(Dwight McKissic)이 2006년 8월 29일 채플에서 자신은 1981년부터 방언을 해왔다고 밝히고 해외선교부의 정책을 비판한 것도 이런 논쟁을 더욱 더 확산시키는 계기가 되었다.[48] 맥키직은 남침례교의 방언에 대해 새롭게

---

45) Timothy George, David Dockery 편, 「침례교신학자들」, 상, 침례교신학연구소 펴냄 (대전: 침례신학대학교출판부, 2008), 25.
46) 1975년에 여섯 교회가 3개 주 안에 있는 네 개 지방회에서 교제를 박탈당했고, 1996년에는 플로리다침례교총회 선교부에서 신오순절주의를 받아들인 두 교회를 교제하지 않기로 결정했으며, 1999년에는 웹스터카운티 침례교지방회가 같은 이유로 갈보리침례교회를 102대 2의 압도적인 표차이로 제명했다. Emir Caner, *Southern Baptists, Tongues, and Historical Policy* [온라인단행본] White Paper (Fort Worth: The Center for Theological Research Southwestern Baptist Theological Seminary, 2006), 3-4, http://www.baptisttheology.org/baptisttheology/assets/File/SBCTonguesHistoricalPolicy.pdf, 2014년 1월 16일 접속.
47) "'Tongues' resurfaces as Southern Baptist issue," Christian Century [온라인자료] 17 October 2006, 17, http://www.christiancentury.org/article/2006-10/tongues-resurfaces-southern-baptist-issue, 2014년 1월 18일 접속.

연구해서 "침례교인의 신앙과 메시지"(Baptist Faith and Message)에 반영해줄 것을 총회 실행위원회에 요청하는 편지를 보내기도 했다. 그는 남침례교인들이 오늘날 방언이 그쳤다는 견해를 지지하는 것처럼 보이는 것은 방언중지론자나 준(semi)-방언중지론자들이 교단 내에 권력을 차지하고 있기 때문이라고 분석했다. 또한 그는 남침례교인들이 방언중지론을 지지한다는 것은 하나의 가정일 뿐이고 실제로는 많은 학자들과 목회자들이 그 견해를 지지하지 않는다고 주장했다.[49]

따라서 침례교인들이 전통적으로 방언에 대해 어떤 입장을 가지고 있었는지를 단정적으로 말하는 것은 불가능하다. 하지만 그렇다 하더라도, 이제 침례교인들은 다시 한 번 방언에 관한 논의를 새롭게 시작하지 않을 수 없는 상황에 직면해 있다. 과연 침례교인들은 방언에 대해 어떤 태도를 취하는 것이 바람직할까? 결국 그 해답은 방언에 대한 성서적 입장을 재정립하는 것에서 찾아야 할 것이다.

IV. 방언현상에 대한 성서적 이해

신약성서에서 방언(glōssa)이란 용어는 세 군데, 즉 마가복음, 사도행전, 고린도전서에서 나타난다. 그 가운데 마가복음은 방언현상에 대한 구체적 정보를 제공하지 않기 때문에[50] 이 연구에서는 그리 중요한 기여를 하지 못한다. 결국 방언에 대한 관심은 누가와 바울에게 집중될 수밖에 없다. 과연 그들은 방언현상에 대해 어떤 입장을 가지고 있었는가?

---

48) Hannah Elliott, "Group asks SBC to reconsider tongues policy," *The Baptist Standard* [온라인자료] 8 Dec. 2006, http://www.baptiststandard.com/resources/archives/46-2006-archives/591-group-asks-sbc-to-reconsider-tongues-policy, 2014년 1월 7일 접속.

49) Robert Marus, "McKissic wants SBC to address 'tongues' in Baptist Faith & Message," [온라인자료] http://www.baptiststandard.com/resources/archives/46-2006-archives/5552-mckissic-wants-sbc-to-address-tongues-in-baptist-faith-aamp-message, 2014년 1월 7일 접속.

50) 마가복음서는 16장 17절에서 "새 방언"(glōssais kainais)을 언급한다. 이 구절은 예수께서 죽음에서 부활하신 뒤 열 한 제자들에게 나타나서 그들의 믿음 없음과 마음이 완악한 것을 꾸짖으시고, 온 천하에 다니며 만민에게 복음을 전파하라 명령하시면서 믿는 자들에게 "새 방언"으로 말하는 표적이 나타날 것을 약속하신 것이다(16:14-18). 여기서 "새 방언"이 무엇을 의미하는지 정확하지 않다. 다만 그것은 초자연적 이적일 것이라는 것만 확인해줄 따름이다.

1. 사도행전의 방언현상

사도행전은 모두 세 군데에서 방언을 언급했다. 2장에서 성령충만한 제자들은 "다른 언어"(heterais glōssais)로 말하기 시작했다(행 2:4). 그러자 사람들은 각각 자신들의 "언어"(dialektos)로 제자들이 전하는 복음을 듣고 소동했다(행 2:6-8). 이 때 다른 언어를 사용하는 사람들은 적어도 열다섯 지역에서 온 사람들이었다(행 2:9-11).

이 특별한 언어 사건은 방언이라는 초자연적 은사가 각지에서 다른 외국어를 사용하는 사람들을 대상으로 나타난 것이 분명하다.[51] 그들은 자신들이 "난 곳 방언" 즉 모국어로 들었다. 이는 언어의 한계를 뛰어넘어 모두가 복음사건을 알아듣게 되었다는 것을 의미한다. 따라서 이 때 일어난 방언현상은 문화와 언어가 다른 사람들이 "하나님의 큰 일"을 알아듣도록 이 땅에서 일상적으로 사용하는 언어로 듣게 되는 기적 사건이었다. 동시에 이 사건은 초대교회의 출현과 관련해서 특별히 예외적으로 일어난 역사적 사건이다.[52] 그러므로 이 사건을 교회 전체가 하나의 규범으로 받아들여야 할 방언현상으로 받아들이거나, 이후 일어난 모든 방언현상도 외국어일 것이라고 단정할 만한 결정적 근거는 없다.

사도행전에는 그 뒤에도 두 번 더 방언현상이 언급되었다. 10장 46절에서는 이방인 고넬료와 그 친척과 친구들이 성령을 받음으로 방언을 하며 하나님을 높였다고 했고, 19장 6절에서는 에베소에서 예수의 이름으로 침례를 받은 사람들에게 바울이 안수하니 성령이 임하여 방언도 하고 예언도 했다고 기록되었다. 이 때 나타난 방언이 외국어였는지 아니면 어떤 소리였는지는 설명이 없지만, 그것이 성령의 현현을 알게 하는 하나의 표적과 같은 것이었다고 볼 수는 있다.

2. 고린도전서 방언의 현상적 특징

사도행전의 사건이 초대교회에서 일어난 역사적 사실을 서술하는 데 목적이 있

---

51) Max Turner, *The Holy Spirit and Spiritual Gifts: Then and Now* (Cumbria: Paternoster Press, 1996), 222-3.
52) 맥스 터너는 이 사건을 "계시의 영인 성령의 시대가 시작된다는 것을 알리는 유일한 섭리적 표적"이라고 규정했다. Turner, *The Holy Spirit and Spiritual Gifts*, 226.

었다면, 고린도전서의 방언은 바울이 교회에 교훈을 주기 위한 편지라는 점에서 전체 교회의 규범으로 간주할 만하다. 다만 당시 고린도교회가 하나님의 성전을 더럽히며(3:17), 온갖 문제점들을 드러내고 있는 상황에서53) 바울이 성령의 은사들과 방언의 사용방법에 대해 권면하고 있다는 사실은 전제되어야 한다. 과연 고린도전서에 나타난 방언의 외적 특징은 무엇인가? 그것을 파악하려면 다음 질문에 주목하는 것이 필요하다: 방언은 천사의 말과 같이 인간이 이해할 수 없는 하늘의 소리인가(고전 13:1), 아니면 인간이 사용하는 이 땅의 다른 외국어인가? 그리고 그것은 왜 반드시 통역을 해야(고전 14:5, 13) 하는가?

방언을 강조하는 사람들은 "사람의 방언과 천사의 말"(고전 13:1)이라는 표현이 방언을 하늘의 언어임을 증거하는 근거라고 생각한다.54) 과연 그러한가? 성서에서 언제 천사들이 사용하는 말을 사람들이 알아들으라고 통역한 적이 있었는가? 오히려 천사들은 인간의 언어로 사람들과 의사소통하지 않았는가?55) 따라서 천사의 말을 문자적으로 천상의 실제언어로 해석하는 것은 무리가 따른다. 그보다 고린도전서 13장은 우리가 알아들을 수 없는 인간의 방언을 하더라도 또는 천사처럼 아름다운 말을 한다 하더라도 사랑이 없으면 아무 소용이 없다는 것을 강조하려는 데 의도가 있다고 보는 것이 좋다. 그러므로 이 본문을 근거로 방언을 "하늘의 언어" 또는 "천사의 말"과 동일시하는 것은 해석의 오류이거나 매우 취약한 성서적 토대에서 나온 것이라고 할 수 있다.

고린도전서에서 주목할 또 하나의 표현은 "각종 방언 말함"(고전 12:10)이라고 표

---

53) 고린도교인들의 영적 부패는 대단히 심각했다: 고린도교회는 각 파로 분열하여 싸우고 있었다(고전 1:11). 아버지의 아내마저도 음행의 대상이 되었고, 그런 범죄를 교인들이 용납하고 있었다(고전 5:1-2). 또 교회 안에서 스스로 문제를 해결하지 못해서 세상 법정에 소송했고(고전 6:1), 우상숭배도 만연했다(고전 10:21). 은사를 남용했으며(12:1-14), 부활을 믿지 않는 사람들까지 있었다(고전 15:12). 게다가 교회 안에는 하나님의 말씀을 팔아서 먹고 사는 장사꾼들도 있었고(고후 2:17), 다른 예수를 전하고 다른 영을 받게 하고 다른 복음을 전해도 교인들은 잘 용납하는 상황이었으며(고후 11:4), 거짓 사도와 속이는 일꾼과 사도로 가장한 자들도 활동했다(고후 11:13).

54) Gordon D. Fee, 「바울, 성령, 그리고 하나님의 백성」, 길성남 옮김 (서울: 좋은 씨앗, 2000), 229.

55) 눅 1:11-20; 2:8-14 참조.

기된 부분이다. 이는 방언이 "기도하는"(praying) 것이라기보다는 일차적으로 무엇인가를 "말하는"(speaking) 수단이었다는 것을 의미한다. 그런데 문제는 사도행전과는 다르게 고린도교회에서는 주변 사람들이 그 방언을 알아들을 수 없었다는 데 있다. 왜 알아들을 수 없는 언어(방언)가 교회에서 성령에 의해 주어졌을까? 이 질문은 왜 바울이 방언을 통역하라고 요청했는가와 밀접한 관련이 있다.

물론 통역해야 한다는 말만으로 방언이 하늘의 언어인지 혹은 사람의 언어, 즉 외국어인지를 판단하기는 어렵다. 두 가지 경우가 다 해당될 수 있기 때문이다. 그런데 현장상황을 고려하면 방언은 단순히 외국어가 아닐 가능성도 있다. 왜냐하면 만일 방언이 당시 통용되던 다른 외국어였다면, 그 자리에 그 외국어를 할 줄 아는 사람이 통역할 수 있기 때문이다. 그렇다면 그 통역은 성령의 초자연적 은사가 아니었을 것이고, 바울은 방언을 말하는 자에게 통역하기를 기도하라(고전 14:13)고 하지 않고 통역할 자를 찾으라고 했을 것이다. 새뮤얼 스톰스(Samuel C. Storms)는 이와 관련해서 다음과 같이 의미있는 말을 남겼다: "만일 방언이 언제나 인간의 언어라면 통역의 은사는 특별한 성령의 역사나 능력 주심이나 나타남도 요구되지 않는 은사일 것이다. 바울처럼 여러 언어를 사용하는 사람이면 누구든 자신의 재능으로 방언을 통역할 수 있을 것이다."[56] 또한 고린도교회의 방언을 외국어라고 일반화할 수 없는 또 하나의 근거는 만일 그것이 인간의 다른 언어였다면 그 방언을 들은 사람들이 그들을 향해 "미쳤다"(mainesthe)고 반응하지는 않았을 것이기 때문이다(고전 14:23).[57] 여기서 한 가지 분명한 사실은 방언이, 인간의 언어든 하늘의 언어든, 통역을 해야 할 정도의 언어체계를 가지고 있는 말이라는 것이다.[58]

---

56) Samuel C. Storms, "제3의 물결의 관점,"「기적의 은사는 오늘날에도 있는가」, 292.
57) 스티븐 체스터는 믿지 않는 자에게 표적이 되게 하려면 mainesthe를 "미쳤다"가 아니라 "영감을 받았다"(You are inspired)로 번역해야 한다고 주장했다. Stephen J. Chester, "Divine Madness? Speaking in Tongues in 1 Corinthians 14.23," *Journal for the Study of the New Testament* 27. 4 (2005): 445. 하지만 이런 해석은 방언에 대한 부정적 반응을 말하려 했던 바울의 의도와 조화되기 어렵다.
58) Turner, *The Holy Spirit and Spiritual Gifts*, 227.

3. 고린도교회 방언현상의 목적과 대상

고린도교회에 방언이 주어진 목적은 무엇일까? 기본적으로 방언은 은사이기 때문에 다른 은사들과 마찬가지로 교회의 덕을 세우기 위한 것임이 분명하다. 그런데 문제는 방언이 이런 역할을 어떻게 할 수 있었는가 하는 것이다. 이 문제를 풀기 위해서는 방언의 대상이 누구인가를 먼저 생각해보는 것이 좋다. 방언의 목적은 불가불 방언의 대상과 자연스레 연결되기 때문이다.

우선 방언을 통역해야 한다는 것은 그 대상이 사람들이라는 것을 지시한다. 특별히 바울은 방언이 "믿는 자들을 위하지 않고 믿지 아니하는 자들을 위하는 표적"(고전 14:22)이라고 말했다. 이런 표현은 방언의 대상과 목적에 대해 가르치려는 의도를 가지고 있다.[59] 어쩌면 방언은 믿지 않는 사람들에게 무엇인가를 알리기 위한 예언적 현상이었을 가능성이 있다. 왜냐하면 하나님은 믿지 않는 사람들에게 알아들을 수 없는 이상한 언어로 말하고 그것을 통역하게 함으로써 그들이 하나님의 위엄과 권능을 경험하여 복음을 받아들이기를 원하셨다고 볼 수 있기 때문이다. 물론 그 대상을 이방인 불신자들만으로 제한할 필요는 없다. 방언은 믿지 않는 유대인들에게 "심판의 표적"일 수도 있고,[60] 고린도교인들에게는 통역을 통해 유익을 줄 수도 있기 때문이다.

그것이 어떤 의도로 사용된 말이라 하더라도 "표적"(sêmeion)이라고 표현된 것은 방언이 분명히 조심해서 다루어야 할 대상이라는 것을 암시한다. 표적이 복음의 말씀을 전하거나(막 16:20; 행 14:3; 롬 15:19), 사람들이 그것을 보고 예수를 선지자로 인정하는(요 6:14) 긍정적 기능을 하는 것은 사실이다. 하지만 성서는 그보다 표적에 대한 부정적 이야기를 더 많이 전해주고 있다. 많은 표적을 행했어도 믿지 않는 사람들이 있었고(요 4:48; 12:37), 하늘로부터 표적을 구하는 것은 예수를 시험하기 위함이며(눅 11:16), 도리어 표적은 악한 세대가 구하는 것이고(눅 11:29), 악한 자들도 사탄의 활동을 따라 표적을 행했으며(살후 2:9), 거짓 선지자들은 표적으로 성도

---

[59] Robert Saucy, "새뮤얼 스톰스의 입장에 대한 신중수용론적 관점에서의 반론," 「기적의 은사는 오늘날에도 있는가」, 309.
[60] Turner, *The Holy Spirit and Spiritual Gifts*, 230.

들을 미혹한다(계 19:20)고 성서는 경고한다. 그러므로 표적의 은사로서 방언은 초대교회에서조차 특별히 더 조심하고 경계해야 할 성령의 은사였다는 것을 기억해야 한다.

하지만 방언은 하나님께 드리는 기도라고 주장하는 사람들이 제시하는 근거도 검토할 가치가 있다. 그들은 "내가 만일 방언으로 기도하면 나의 영이 기도하거니와 나의 마음은 열매를 맺지 못하리라"(고전 14:14)는 구절을 하나의 근거로 제시한다. 그런데 이 구절은 정당한 근거로 보기 어렵다. 나의 마음이 열매도 맺지 못할 기도를 왜 해야 하는가라는 측면에서 본다면, 바울은 필시 방언이 기도의 용도로 사용되는 것을 원치 않았을 수 있다. 바울은 방언으로 기도하면 영과 마음이 함께 기도할 수 없다고 생각했기 때문에 그 다음에 "영으로도 기도하고 또 마음으로도 기도"하기를 원한다고 말했다. 이 말은 방언이 기도일 수 있다는 것을 부인하는 객관적 근거는 아니더라도, 적어도 그것이 방언을 권장하는 근거로 사용되어서는 안 된다는 것을 의미한다. 오히려 이 문장을 바울의 "비꼼"으로 해석하는 것도 일리가 있다. 옥성호는 "나의 영"을 성령으로 해석하는 것을 비판하면서 "나의 영"으로 말하는 것은 "하나님의 영"으로 말하는 것(고전 12:3)과 대비되는 것으로 해석했다.[61] 게다가 이 구절을 근거로 방언을 인정하면, 영과 마음을 분리하는 삼분설을 지지하는 것이 되는데, 삼분설 자체가 성서적 근거를 찾기 어렵다는 점에서 부담이 가중되지 않을 수 없다.

또 다른 근거는 "방언을 말하는 자는 사람에게 하지 아니하고 하나님께 하나니 이는 알아듣는 자가 없고 그 영으로 비밀을 말함이라"(14:2)와 "만일 통역하는 자가 없거든 교회에서는 잠잠하고 자기와 및 하나님께 말할 것이요"(14:28)라는 구절이다. 이는 명백하게 방언의 대상을 하나님이라고 명시하는 것처럼 읽힌다. 방언은 하나님을 향한 어떤 형태의 표현이라는 것이다. 물론 이것은 통역 없이 방언하는 일이 무익하다는 것을 지적하기 위한 반어법으로 해석되기도 한다.[62] 하지만 그런 반어법적 해석은 14장 28절 후반부의 "자기와 하나님께 말할 것이요"를 해석하는 데

---

61) 옥성호, 「방언, 정말 하늘의 언어인가?」, 194.
62) MacArther, 「무질서한 은사주의」, 365.

어려움을 준다. 방언이 기도라고 주장할 수 있는 또 다른 근거는 기도의 일반적 내용이라고 볼 수 있는 다수의 표현들이 등장하기 때문이다: "방언으로 기도"(14:14), "영으로 찬송"(14:15), "영으로 축복"(14:16), "네 감사에 어찌 아멘하리요"(14:16).

그러므로 고린도교회 방언은 목적 및 대상과 관련해서 이중적 양상을 띠고 있다고 볼 수 있다. 하나는 방언의 대상이 사람들이고, 다른 하나는 하나님이라는 것이다. 전자는 사람들에게 그 표적을 통해 무엇인가를 전달하려는 의도가 있었고, 후자는 개인적으로 하나님께 "비밀"을 말하는 것이다. 그렇다면 고린도교회의 방언은 두 종류의 형태가 섞여있었다는 말인가? 그렇지는 않다. 바울은 두 종류의 방언을 언급할 의도가 없었다. 대상이 이중적이라 해서 반드시 두 형태가 있었을 것이라고 예단할 필요는 없다. 하지만 적어도 한 가지 분명한 것은 그 어떤 경우라 하더라도 방언이 뜻 없는 어떤 소리거나 무아지경의 주절거림 혹은 반복적인 주문과 같은 현상은 아니라는 것이다. 그것은 분명한 의미체계를 갖춘 언어였을 것이다.

4. 고린도교회 방언현상과 은사추구 문제

방언이 하나님께 드리는 기도였든, 사람들을 위한 표적이었든, 바울은 그것을 사용하는 방법에 대해 이례적이리만치 매우 구체적으로 설명했다. 사실 어쩌면 방언 자체의 본질보다도 방언사용의 방법 문제가 방언으로 갈등을 빚고 있는 오늘날 교회들이 주목해야 할 대목일지 모른다. 바울은 성령의 은사가 교회의 덕을 세우기 위해 사용될 때 은혜가 된다고 가르쳤다. 그러므로 방언이 "자기의 덕을 세우는 것"(고전 14:4)이라는 말을 근거로 자기의 유익을 위해서 방언을 '적극' 활용하고 추구해야 한다고 주장하는 것은 본말이 전도된 것이다. 만일 바울이 자기의 유익을 위해 방언을 추구하라는 의도로 말했다면 13장에서 사랑은 "자기의 유익을 구하지 아니"한다고 말한 것이 무색해진다. 오히려 바울은 자기에게는 유익이 있다 하더라도 교회에 유익이 되지 않는 방언은 사랑의 행위가 아니라고 말한 것이다. 그러므로 개인에게 유익이 된다고 해서 모든 신자들이 다 방언을 해야 한다고 강변하는 것은 성서의 교훈을 오해하거나 외면하는 것이다. 또한 방언을 금하지 말라(고전 14:39)는 말을 근거로 방언을 적극적으로 권장하는 것도 논리의 비약이긴 마찬가지다.

오히려 바울의 편지에는 고린도교인들이 성령의 은사를 지나치게 추구하는 모습을 책망하려는 의도가 있었던 것으로 보인다. 흔히 성령의 은사를 추구해야 한다고 주장하는 사람들은 고린도전서 12장 31절을 그 근거로 제시한다: "너희는 더욱 큰 은사를 사모하라. 내가 또한 가장 좋은 길을 너희에게 보이리라." 문제는 이 구절에서 "사모하라"(zeloute)를 어떻게 해석하는가 하는 것이다. 이 문장은 명령법인가, 아니면 직설법인가? 문법적으로는 둘 다 가능하다.

대부분의 성서번역본이나 주석들은 이 동사를 명령형으로 해석한다. 그런데 이 문장을 명령으로 해석하면, 은사 중에는 높고 낮은 등급이 있다는 것을 인정하는 수밖에 없다는 문제가 생긴다. 과연 성령의 은사를 더 크거나 높고 작거나 낮은 것으로 이해하는 것이 타당한가? 어떤 사람은 이 구절을 근거로 은사에는 가치가 큰 것과 작은 것이 있으며, 방언은 "더 큰 은사"가 아니라고 주장하지만[63] 그런 견해는 동의하기 어렵다. 교회에 덕을 세울 수 있다면 더 크고 작은 은사는 의미가 없다. 이는 바로 직전에 바울이 말한 것처럼(고전 12:12-27), 우리 몸에서 다른 지체보다 더 열등한 지체는 없고, 각 지체는 각자의 역할을 하면서 조화를 이루는 것과 같은 이치다. 그러나 반대로 어떤 사람은 이 구절을 근거로 방언이 최상의 은사라고 주장한다. 하지만 그것도 바울이 방언에 대해 가지고 있었던 염려와 부정적 태도로 볼 때 설득력이 없다. 바울은 유일하게 방언은사에 대해서만 통역이 없으면 교회에서 잠잠하라(고전 14:28)는 조건부 금지조항을 달았으며, 은사목록을 나열할 때도 가장 뒤에 언급했고(고전 12:8-10, 28), 에베소서(4:11-12)와 로마서(12:6-8)에서는 아예 은사목록에서 방언을 뺐다. 교회를 그리스도의 몸으로 은유하며 각 지체가 서로 연합하는 것을 말하려는 바울의 의도에서 은사의 우열을 가린다는 것은 부자연스럽다. 그런데 한국 교회에 혼란과 갈등을 야기한 중요한 요인 가운데 하나는 바울의 의도와는 정반대로 성도들에게 방언과 같은 은사를 얻기 위해 몸부림치도록 만든다는 데 있다.

하지만 이 문장을 직설법으로 해석하면 상황은 크게 달라진다. 그렇게 해석하면 이 문장은 은사를 사모하라는 것이 아니라 더 큰 은사를 사모하는 고린도교인들을

---

63) Heokema, *Tongues and Spirit-Baptism*, 88.

책망하는 뜻이 된다. 직설법으로 읽으면 29-31절의 바울의 말은 이렇게 들린다: "다 사도이겠느냐 다 선지자이겠느냐 다 교사이겠느냐 다 능력을 행하는 자이겠느냐 다 병 고치는 은사를 가진 자이겠느냐 나 방언을 말하는 자이겠느냐 다 통역하는 자이겠느냐. 그런데도 너희는 더 큰 은사들을 지나치게 사모하고 있다. 그러나 나는 너희에게 가장 좋은 길을 보여주겠다."[64] 당시 고린도교인들이 보여주었던 심각한 영적 부패를 생각한다면 이 구절은 경쟁적으로 더 큰 은사만을 무질서하게 추구하는 고린도교인들을 책망하는 것으로 읽는 것이 더 적절하다. 모름지기 성령의 은사는 추구하고 훈련해서 취득하는 것이 아니라, 하나님의 주권적 선물이라는 것을 망각하지 말아야 한다.

마치는 글

오늘날 방언현상이 과연 성서적인가 하는 문제는 여전히 해결되기 어려운 질문이다. 하지만 방언중지론자든 방언지속론자든, 그들이 가지고 있는 하나의 공통분모는 교회에 대한 관심이다. 그들은 방언이 어떤 형태로든 교회의 유익 때문에 사용되거나 금지되어야 한다고 주장한다. 바울이 방언현상을 설명하면서 제시한 기본 원칙도 교회와 관련된 것이었다. 그는 모든 은사가 교회의 유익을 위해 사용되어야 한다고 보았다. 그 때문에 바울은 청중이 알아듣지 못하는 방언은 교회에 유익이 없다고 생각했다. 사도행전에서 나타난 방언도 다른 언어를 사용하는 사람들이 알아들을 수 있는 은사였고, 고린도교회에 나타난 방언도 일차적으로는 다른 사람들

---

64) 이와 같은 번역을 지지하는 신학자들: Albert Barnes, Gordon D. Fee, Arnold Bittlingger, Ralph P. Martin, D. L. Baker, G. Iber, A. A. Chevallier 등. MacArther, 「무질서한 은사주의」, 367. 그밖에 다음의 영어번역본들도 이 번역을 지지하거나 허용한다. New International Version Footnote: "But you are eagerly desiring the greater gifts"; God's Word Version: "You only want the better gifts"; Names of Good Bible: "You only want the better gifts"; The Message Footnote: "And yet some of you keep competing for so-called 'important' parts"; Lexham English Bible: "But You are striving for the greater gifts"; Contemporary English Version Footnote: "You desire the best gifts." [온라인성경번역본] http://www.biblegateway.com/versions, 2014년 1월 26일 접속.

이 알아들을 수 있도록 통역할 것을 요구받았다. 이 점이 무엇보다도 중요한 방언 은사의 한 가지 공통점이었다.

어쩌면 방언이 중단된 은사인가, 지속되는 은사인가 하는 문제는 그다지 중요하지 않을 수 있다. 사실 다른 성령의 은사들이 오늘날에도 중지된 것이 아니라고 한다면 방언만 그쳐야 할 특별한 근거를 성서적으로 뒷받침하기는 쉽지 않다. 문제는 그 방언의 은사가 오늘날 얼마나 성서적 목적과 방법에 따라 활용되고 있는가 하는 것이다. 예나 지금이나 역사적 교회는 교리적이든, 윤리적이든 수많은 문제점들로 인해 고통을 받고 변질되어 왔다. 그 문제점 가운데 방언이 한 요소를 차지하고 있다면 그것도 과감하게 개혁해야 할 대상이다.

침례교회는 역사적으로 볼 때 방언현상에 대해 통일된 하나의 견해를 가지고 있지 않았다. 따라서 침례교회의 특정 전통을 근거로 방언을 금지하거나 주장하는 것은 큰 의미가 없다. 다만 어떤 교회 전통 안에 있다 하더라도, 방언 자체를 거부하는 폐쇄적 태도는 바람직하지 않다. 하지만 그렇다 하더라도 교회에서 방언현상은 성서적 관점에서 벗어나지 않는 선에서 조건적으로 허용되어야 한다. 적어도 방언현상과 관련된 성서적 교훈은 두 가지로 정리될 수 있다. 하나는 방언이 뜻 없는 소리가 아니라 어떤 형태로든 체계를 갖춘 언어였다는 사실이고, 다른 하나는 통역 없이 알아들을 수 없는 방언이 공적 예배에서 집단적으로 사용되어서는 안 된다는 것이다.

06
신자침례-유아세례: 차이점과 신학적 함의 *

'유아세례' 논쟁은 기독교 역사만큼이나 오래되었을 뿐 아니라 교회의 정체성을 확립하는 데 결정적 요인으로 작용해왔다. 아우구스티누스를 비롯해서 종교개혁시대의 (재)침례교인들과 20세기 칼 바르트에 이르기까지 그 논쟁은 거듭되어왔다. 어떤 사람은 유아세례 폐지론이나 무용론을 주장하는가 하면, 또 어떤 사람은 유아세례 필수론을 주장하기도 한다.[1] 하지만 이 논쟁은 단순히 교회예전 차원에서 그치는 것이 아니고, 하나님의 주권 및 예정, 신앙의 본질, 그리고 교회와 국가의 관계 등과 밀접하게 관련되어 있기 때문에 그 일치점을 찾기가 쉽지 않은 것도 사실이다.

이 연구는 유아세례 논쟁의 연장선상에서 유아세례의 성서적, 신학적 근거가 과연 정당한지 그 타당성을 침례교의 관점에서 재고하는 데 목적이 있다. 이를 위해 먼저 유아세례에 관한 문제와 신자침례가 등장하게 된 역사적 배경을 간단하게 살펴본 뒤, 침례의 목적과 그 효과에 대해 재성찰하고 유아세례가 안고 있는 신학적 문제점에 대해서 비판적으로 검토하고자 한다.

---

* 출처: 김용복, "유아세례의 신학적-성서적 재고: 침례교의 관점에서,"「유아세례 다시보기」, 성결교회와 역사연구소 편 (서울: 바울서신, 2004), 154-79; 김용복, "신자침례와 유아세례의 차이점과 그 신학적, 정치적 의미,"「복음과 실천」 31집 (2003 봄): 106-14. 이 글은 앞에 언급한 두 논문을 합친 것인데, "I. 역사적 배경"은 후자의 논문에서, 나머지 부분은 전자의 논문을 전재한 것임.

1) Dale Moody, *Baptism: Foundation for Christian Unity* (Philadelphia: Westminster Press, 1967), 127-60; 김용복, "신자침례와 유아세례의 차이점과 그 신학적, 정치적 의미," 107-11 참조.

I. 역사적 배경

16-17세기 (새)침례교인들이 자신의 정체성을 드러낼 때 나타난 공통점은 그들이 유아세례를 반대했다는 데 있다. 이것은 이른바 '유아세례 반대, 신자침례 지지'라는 신앙의 커밍아웃인 셈이다. 그 결과 (재)침례교인들이 국가와 제도권 교회로부터 불이익을 당했고, 심지어 목숨까지 잃었다는 것은 역사가 증언하는 사실이다. 왜 유아세례를 반대하는 것이 문제가 되었는가? 그리고 박해자들은 어떤 근거에서 유아세례를 주장했는가? 심지어 오늘날에도 어떤 사람은 유아세례 무용론에 대해 "그것은 세례 가운데 역사하시는 하나님의 은총을 가로막는 위험스런 주장이며, 동시에 세례를 통해 받게 되는 하나님의 축복을 거부하는 비극"이라고 비판하는 태도를 보여 주기도 한다.[2] 과연 유아세례는 비성서적이며 무용한 교회예전인가, 아니면 하나님의 선행적 은혜와 관련해서 오히려 정당하며 필요한 것인가?

1. 유아세례 논쟁의 역사

유아세례의 기원에 대해서는 입장 차이가 현저하다. 현대 신학자 가운데는 초대교회의 유아세례를 인정하지 않는 사람이 있는가 하면, 그 가능성을 주장하는 사람들도 있다. 빠르게는 초대교회부터 유아세례의 실시를 주장하는 설득력 있는 가설도 있고, 적어도 3세기가 되기 전에는 유아세례가 시작되지 않았다고 반박하는 견해도 만만찮다.[3] 하지만 어느 입장이 역사적 지지를 받을 수 있는가 하는 것은 그

---

[2] 박성완, "유아세례의 성서적 근거," 「신학과 신앙」 2 (1987): 22.
[3] 유아세례의 기원과 초대교회에서의 유아세례 유무에 관한 대표적인 논쟁은 예레미아스(J. Jeremias, *Infant Baptism in the First Four Centuries*)와 알랜드(K. Aland, *Did the Early Church Baptize Infants?*)의 논쟁이다(Moody, *Baptism*, 127-60 참조). 예레미아스는 아우구스티누스의 전통을 따라 원죄를 제거하기 위해 유아세례가 필요하며, 그것은 초대교회 때부터 시행되었다고 주장했고, 알랜드는 아우구스티누스의 견해를 지지하기는 했지만, 유아세례가 2세기 전에는 나타나지 않았다고 반격했다. 참고로 비즐리-머레이는 "신약성서는 유아세례가 초대교회에서 실행되었다는 어떠한 증거도 제시하지 않는다"고 말하고, 유아세례는 "그 다음 세기에 구체화된 성례전 중시주의로 인해서 변형되었다"고 주장한다. G. R. Beasley-Murray, *Baptism in the New Testament* (Michigan: Eerdmans, 1981), 358.

리 간단한 문제가 아니다. 다만 기원의 문제는 이 논문에서 다루고자 하는 주제와 직접적으로 관련이 없기 때문에, 여기서는 논쟁의 성격과 의미를 살펴보는 데 집중하고자 한다. 기독교역사 속에서 대표적 유아세례 논쟁은 크게 세 차례에 걸쳐서 일어났다.[4]

첫 번째 유아세례 문제는 3-4세기 테르툴리아누스(Tertullianus)와 나지안주스의 그레고리(Gregory of Nazianzus)에 의해 제기되었다. 켈리(J. N. D. Kelly)에 따르면 대체로 4-5세기 희랍과 라틴교부들은 세 가지 차원에서 침례의 효과를 긍정적으로 받아들였다고 한다. 첫째, "세례[침례] 받은 사람은 세례[침례] 받기 이전에 지은 죄를 사함 받는다." 둘째, "세례[침례]는 성화의 적극적인 축복을 가져온다." 셋째, "세례[침례]는 신자의 영혼에다 인장을 찍는다."[5] 이런 침례 개념을 염두에 두고 최초로 유아세례를 명시적으로 언급한 사람은 테르툴리아누스였다. 그는 「침례론」(De Baptismo)에서 유아는 무죄하다는 것과, 침례는 구원의 필수불가결한 의식이 아니라는 것과, 그리고 침례 받은 뒤에 짓는 죄는 위험하다는 생각 때문에 성급하게 침례 받는 것을 반대했다. 왜냐하면 유아의 후견인, 즉 부모가 죽거나 위험에 빠지면 아이를 그리스도 안에서 키우겠다는 약속을 지키지 못하기 때문이다. 그래서 어린 아이들은 그리스도를 알 때까지 침례를 연기하고, 즉각적 침수례(immersion)보다 신앙교육을 먼저 받아야 한다고 생각했다.[6]

이런 유아세례 연기론은 나지안주스의 그레고리에 의해서 더욱 지지되었다. 콘스탄티누스 황제가 임종할 때 비로소 침례를 받은 것도 이와 무관하지 않다는 설도 있다.[7] 하지만 이들의 유아세례 연기론은 침례 이후에 죄를 지을 것을 염려했기 때문이지, 유아세례가 비성서적이기 때문에 반대한 것은 아니었다.

---

4) 최근 침례논쟁에 대한 정보를 정리해 놓은 자료를 보려면, Stanley E. Porter and Anthony R. Cross(ed.), "Introduction: Baptist in Recent Debate," 33-9 in *Baptism, the New Testament and the Church: Historical and Contemporary Studies in Honour of R. E. O. White* (Sheffield: Sheffield Academy Press, 1999)를 참조하라.
5) J. N. D. Kelly, 「고대기독교교리사」, 김광식 역 (서울: 맥밀란, 1987), 490-1.
6) Moody, *Baptism*, 96.
7) Williston Walker, 「기독교회사」, 뷰형기 역편, 증보판 (서울: 한국기독교문화원, 1983), 84.

유아세례의 문제를 신학적으로 정립한 사람은 아우구스티누스(Augustinus)였다. 세미펠라기안들과 논쟁하는 과정에서 아우구스티누스는 "교회의 성례전"을 통해 유아들까지도 "그리스도의 은혜에 의해서 마귀의 속박에서 구출된다"고 했고, 유아들이 "세례[침례]를 받음으로써 죄를 용서받는 것은 허황된 이야기가 아니라, 믿을 만한 참된 신비"라고 주장했다.8) 침례가 유전죄를 제거한다는 이 사상은 동방교회의 불충분한 침례 개념을 보충하게 되었고, 마침내 유아세례는 동서방교회의 예전으로 확립되었다는 평가를 받았다.9) 그리고 이 견해는 종교개혁 이후에도 여전히 남아있는 가톨릭의 주요 사상 가운데 하나가 되었다.10)

그러나 펠라기우스주의의 기초를 다졌다고 평가받는 루피누스(Rufinus)는 "유아들이 원죄 때문에 침례를 받는 것이 아니라 그리스도 안에서 창조되어 하늘의 왕국을 상속하게 하기 위해 받는다"고 하면서, "만일 유아들이 아담의 죄 때문에 침례를 받는다면, 그리스도인 부모에 의해 태어난 자녀들은 전혀 침례를 받을 필요가 없다"고 주장했다.11) 하지만 이 견해도 유아들에게 원죄가 없다는 전제 때문에 나온 것이지, 유아세례 자체가 비성서적이라거나 무의미하기 때문에 주장된 것은 아니다.

두 번째 유아세례 논쟁은 16세기 재침례교인들에 의해 제기되었다. 이들은 침례의 전제 조건이 오직 신앙고백뿐이라고 생각했는데, 유아들은 믿음의 응답을 할 수 없기 때문에 침례를 받을 수 없다고 믿었다. 그런 이유에서 이들은 유아세례를 받은 사람들이라도 성인이 되어 신앙고백을 하게 되면 다시 침례를 받아야 한다고 주장했다.

재침례교인 가운데 가장 대표적 신학자 휘브마이어(Balthasar Hübmaier)는 츠빙글리를 포함해서 유아세례를 지지하는 사람들을 방어하는 데 결정적 영향력을 발휘했을 뿐만 아니라, 신자침례와 신자들의 교회(believers' church) 개념을 처음으로

---

8) Augustine, 「아우구스티누스의 은혜론」, 김종흡 역 (서울: 생명의 말씀사, 1990), 162.
9) J. L. Neve, 「基督教教理史」, 徐南同 譯 (서울: 대한기독교서회, 1986), 247; 전성용, 「세례론」, 252.
10) 트랜트공의회(1545-1563)는 유아세례로 죄가 제거되지 않는다고 가르친 사람들을 저주했다. Moody, Baptism, 17.
11) B. R. Rees, *Pelagius: A Reluctant Heretic* (Woodbridge: Boydell Press, 1988), 10.

확립한 인물로 기억된다.12) 그는 마태복음 28장 19절의 지상명령을 근거로 참된 침례의 의미를 밝혔는데, 유아세례를 "술이 빠진 술병"에 비유했고, "하나님의 말씀 안에 어떠한 기초도 없는 행위"라고 폄하했다. 그는 성서본문을 연구한 결과, 그리스도인의 삶의 순서가 "말씀선포," "말씀 들음," "믿음, 혹은 삶의 변화," "물침례," "믿음의 행위"로 구성된다고 생각했다.13) 따라서 유아들은 이런 행동을 할 수 없을 뿐만 아니라, 침례는 자신의 신앙을 외적으로 고백하는 수단이라고 생각했기 때문에 결코 유아세례를 받아들일 수 없었다. 사실 재침례교인들이 자신들을 종교개혁자 범주에서 이해했음에도 주류 종교개혁자들과 스스로를 구분시킨 가장 큰 이유는 유아세례를 반대하고 신자침례를 확신했기 때문이었다.14) 이로 인해 이들은 종교개혁 시기 동안 이단으로 지목되어 박해를 받았으며,15) 1530년 아우구스부르크 신앙고백서, 1577년 콩코드 신조, 1560년 스코틀랜드 신앙고백서 등에서 명시적으로 비난받거나 정죄를 당했다.16)

세 번째 유아세례 논쟁은 20세기 칼 바르트(Karl Barth)에 의해 제기되었다. 바르트는 침례 문제를 당대 신학 토론의 주요 주제로 만든 장본인이다. 그는 1938년부터 유아세례를 비판하기 시작했는데, 1943년에 출판된 「침례에 관한 교회의 가르침」 (Die Kirchliche Lehre von der Taufe)에서 침례는 "원인적(causative)으로 구원을 가져오지 않으며 인식적(cognitive)으로 그리스도 안에서 그의 갱신의 상징적인 표현에

---

12) Samuel Byung-doo Nam, "A Comparative Study of the Baptismal Understanding of Augustine, Luther, Zwingli, and Hubmaier" (Ph.D. diss., Southwestern Baptist Theological Seminary, 2002), 268.
13) Ibid., 198, 199, 249.
14) Ibid., 202.
15) 휘브마이어는 유아세례의 부당성을 지적하다가 1528년 3월 10일 비엔나에서 이단자라는 불명예를 안고 화형 당했다. William Estep, 「재침례교도의 역사」, 정수영 역 (서울: 요단출판사, 1986), 117-8; Moody, *Baptism*, 51.
16) 스코틀랜드 신앙고백서 23조에서는 "우리는 세례가 선택의 자유와 성인에 이른 사람들과 마찬가지로 신실한 자의 자녀들에게도 적용되어야 한다고 생각한다. 그래서 신앙과 지식을 가지기 전에 아이들이 세례를 받는 것을 거부하는 재침례교인들의 오류를 저주한다"고 진술했다. 아우구스부르크 신앙고백서 9조에서는 "유아세례를 허용하지 않고, 세례 없이도 구원받을 수 있다는 재침례교인들"을 정죄했다. Moody, *Baptism*, 97, 113.

의해 그의 구원을 나타낸다"고 주장하면서 유아세례를 반대했다.17) 그 뒤 유아세례 논쟁은 1953년 스코틀랜드교회에서 특별위원회를 구성할 정도로 관심을 모았다. 이 위원회는 1958년에 "성서적 침례 교리"(The Biblical Doctrine of Baptism)라는 최종 보고서를 내놓았는데, 데일 무디는 이 보고서가 유아세례에 대한 균형 잡힌 견해를 제시하는 데 성공하지 못했다고 평가했다.18)

바르트에 따르면, 침례는 "그리스도와 연합하고, 그리스도 안에서 실현되는 은혜의 언약과 연합하고 그리스도의 교회 안에서 친교로 연합"하는 것으로써, 마땅히 "자원하지 않은 마음과 준비되지 않은 사람의 침례는 비록 효과가 있고 유효할 수는 있을지 모르지만 올바른 침례가 아니"라고 보았다. 왜냐하면 "순종함으로 수행되지 않고 적절한 질서에 따라 집행되지도 않았기 때문이다."19) 따라서 바르트는 유아세례를 인정할 수 없었다. "침례 후보자는 침례의 수동적 대상이 아니라 예수 그리스도의 자유로운 동반자로서, 다시 자유롭게 결정하고, 자유롭게 고백하고, 자발적으로 준비하여 선언해야" 하기 때문이다."20)

오스카 쿨만(Oscar Cullmann)은 바르트가 제기한 반유아세례론이 가장 심각한 도전이라고 평가하면서 유아세례의 근거로 "하나님의 능동적 행위," "가족의 연대성," "세례[침례] 이후에 요구되는 신앙," "옛 계약과 새 계약 사이의 연속성" 등을 내세웠다.21) 결국 20세기는 바르트가 유아세례의 문제점을 제기한 뒤로 오스카 쿨만, 요아킴 예레미아스, 비즐리-머레이, 쿠르트 알랜드, 데일 무디 등 많은 신학자들이 이 논쟁에 참여함으로써 침례문제와 교회일치 운동에 관한 주요한 토론장이 형성되었다.

---

17) 전성용, 「세례론」, 16.
18) Moody, *Baptism*, 102-10.
19) Karl Barth, *The Teaching of the Church Regarding Baptism*, tr. by E. A. Payne (London: SCM Press, 1948), 9, 11, 40.
20) Ibid., 54.
21) O. Cullmann, *Baptism in the New Testament*, tr. by J. K. S. Reid (London: SCM, 1950). 전성용, 「세례론」, 272-6 참조.

2. 신자침례 운동의 시작

기독교 교리사는 가톨릭과 개신교에서 침례의 필요성과 객관적 효력, 아우구스티누스의 원죄 교리에 대한 대안으로 제시된 여러 가지 재해석들 때문에 혼란을 거듭해왔다. 그 가운데 일부 루터교인들은 보수적 가톨릭만큼이나 유전된 죄책과 침례의 효력에 대한 아우구스티누스적 견해에 집착했고, 개혁신학자들은 그의 원죄 개념을 고수하지만 침례중생 개념에 대해서는 의문을 제기했다. 반면에 자유교회 전통에서는 "사효성의 원리"(ex opere operato)에 입각한 원죄제거와 침례중생 개념을 모두 거부했다.22) 그 일을 본격적으로 실행에 옮긴 사람들은 16세기 재침례교인들이었다.23) 트뢸치는 이런 유형의 교회운동을 일찍이 "분파형"(sect type) 교회로 분류했는데, 이런 교회는 "자유교회"(free church)와 "모인 교회"(gathered church)로서 자기 정체성을 가지고 있는 교회들이었다.24)

대체로 자유교회 전통에서는 세 가지 내용을 명백하게 거부한다. 그것은 성서에 기초하지 않은 모든 교회의 전통, 국가에 의한 교회 지배, 그리고 유아세례다. 그리고 그들은 "모인 교회"의 회원이 될 수 있는 권한을 신자침례를 받은 사람들에게 제한한다. 물론 유아세례를 유지하는 자유교회도 없는 것은 아니다.25) 무디에 따르면, 자유교회 전통은 근원적 재침례교인들, 중도적 침례교인들, 그리고 유아세례를 인정하는 사람들(Pedobaptists) 등으로 구분된다. 그 가운데 회중교인들과 감리교인들은 세 번째에 해당한다.26)

---

22) Moody, *Baptism*, 42-3.
23) 3-4세기의 유아세례 연기론은 신자침례 문제와는 본질적으로 직접 연관된 것이 아니었다.
24) Gunnar Westin, *The Free Church Through the Ages*, tr. by Virgil A. Olson (Broadman Press, 1958), 1 in Moody, *Baptism*, 217. 웨스틴은 "'자유교회'란 용어는 역사 속에서 특별한 집단을 지칭하는 데 사용되었으며, 그들은 설교를 통해 그리스도의 복음을 받아들이는 사람들로서 의로운 열매를 맺기 위해 이교도의 삶으로부터 분리한 사람들"이라고 정의했다.
25) 허드슨은 자유교회가 다섯 가지, 즉 "회중정책," "비예전적 교회," "비신조적 교회," "자유정신의 교회," "국가로부터 분리된 교회" 등의 특징을 가진 교회라고 설명했다. Winthrop S. Hudson, "Define Tour Terms," *Foundation* IV (1961): 99 in Donald F. Durnbaugh, *The Believers' Church: The History and Character of Radical Protestantism*, reprint (Scottdale: Herald Press, 1985), 5.
26) Moody, *Baptism*, 217-8. 무디는 첫째 그룹에 형제단(The Brethren)과 메노나이트(The

재침례교 운동을 주도적으로 이끌었던 콘라트 그레벨(Conrad Grebel), 펠릭스 만쯔(Felix Manz), 게오르게 블라우록(George Blaurock), 미카엘 자틀러(Michael Sattler), 발타자르 휘브마이어, 한스 뎅크(Hans Denck), 한스 후트(Hans Hut), 야곱 후터(Jacob Hutter) 등은 한결 같이 신자침례를 주장하다가 박해를 받거나 죽임을 당한 대표적 인물들이다. 유아세례에 대한 이들의 생각은 대단히 극단적이고 부정적이었다. 다음의 글은 후터파 사람들의 단적인 생각을 나타낸 것이다: "[유아세례]는 바보스럽고 맹목적인 일이다. 그것을 통하여 파렴치한 온갖 사람들이 자신을 그리스도인이라는 존귀한 이름을 갖는다. 이와 같이 유아세례는 다만 그들의 악한 행위를 덮는 가면이 될 뿐이다."27) 재침례교인들과 마찬가지로 17세기 자유교회 전통에 서 있는 침례교인들도 예외는 아니었다. 그들은 영국국교회를 적그리스도로 규정했고, 영국국교회에 의해 이루어진 입교식은 아무런 가치가 없는 것으로 단정했다. 그 때문에 침례교인들과 영국국교회의 관계는 단절되지 않을 수 없었다.

한편, 침례에 관해 구체적 조항을 최초로 제정한 사람들은 특수침례교인들(Particular Baptists)이었다. 그들은 1644년 "제1차 런던신앙고백서"(the First London Confession)에서 침례에 관해 세 가지 원칙을 마련했다. 첫째는 침례의 대상이다. 39조에 "침례는 그리스도에 의해 제정된 신약의 예전이다. 믿음을 고백한 사람들에게만 베풀어지거나, 믿음의 고백을 가르쳤던 제자들이 침례를 받아야 한다"고 규정했다. 둘째, 침례 방식이다. 40조에 "이 의식을 베푸는 성경적인 방식은 물 아래 온 몸이 묻히거나 잠기는 것"이라 했다. 셋째, 침례의 주체. 41조에 "그리스도에 의해 이 의식을 집행할 수 있도록 지명된 사람은 성경에 따르면 설교하는 제자"라고 한정했다.28) 침례교인들 가운데도 의견이 일치하지 않는 부분이 없는 것은 아니었지만, 대부분

Mennonite), 둘째 그룹에 침례교인들과 그리스도 제자들(The Disciples of Christ)을 들었다. 무디가 감리교인들을 자유교회 전통에 포함시킨 것은 웨슬리가 올더게이트 회심 이후에 영국국교회와 단절하였고 유아세례의 "부러진 갈대"(broken reed)에 의존하는 사람들을 꾸짖었다는 사실과, 많은 감리교 신학자들의 연구가 유아세례보다 신자침례를 옹호하는 쪽으로 기울고 있다는 생각에서 비롯된 것 같다.

27) Estep, 「재침례교도의 역사」, 159.
28) William L. Lumpkin, *Baptist Confession of Faith*, Revised Edition (Valley Forge: Judson Press, 1969), 167.

침례교인들이 동의하는 내용은 신앙 없는 침례는 상징도 아니고, 성례전도 아니기 때문에 유아세례는 거부되어야 한다는 사실이었다.

II. 유아세례 찬-반의 성서적, 신학적 근거

유아세례의 성서적, 신학적 문제는 검토하기 위해서는 다음과 같은 네 가지 관점에서 접근할 필요가 있다: 첫째, 유아와 언약의 관계; 둘째, 유아신앙의 가능성; 셋째, 세례와 구원의 상관성; 넷째, 유아세례와 교회회원권의 문제.[29]

1. 유아세례와 언약신학의 관계

유아세례의 정당성을 주장하는 사람들이 제시하는 주요한 신학 근거 가운데 하나는 언약신학(covenant theology)이다. 츠빙글리는 유아세례의 중요성을 "언약신학과 선택론"에 근거해 주장했던 대표적인 신학자로서,[30] 그의 사상은 불링거(Heinrich Bullinger)와 칼뱅(John Calvin)에 의해 "좀 더 정교화되고 개혁주의 유아세례의 교리에서 표준적인 모습들이 되었다."[31] 칼뱅은 개혁신학의 관점에서 구약의 할례와 신약의 침례는 외형적인 차이만 있을 뿐 하나님의 약속은 사실상 동일하다는 것을 근거로 유아세례를 지지했고,[32] 그 목적은 유아가 성장해서 침례를 받은 사실을 깨닫고 그 열매를 생산해내는 데 있다고 주장했다.[33] 이런 사상은 1536년에 나온 "제1헬베틱 신앙고백"(First Helvetic Confession) 22조에서 "하나님의 백성에게서

---

[29] 이 관점은 유아세례의 타당성으로 제시된 근거들을 토대로 형성된 것이다. 신학적 입장에 따라 이들 간에는 서로 일치하기도 하고 불일치하기도 한다.

[30] Glarus Zwingli, "Of Baptism," *Zwingli and Bullinger*, The Library of Christian Classics, ed. G. W. Bromiley, Ichthus Edition (Philadelphia: The Westminster Press, 1953), 119.

[31] Timothy George, 「개혁자들의 신학」, 이은선, 피영민 역 (서울: 요단출판사, 1994), 166.

[32] John Calvin, *Institutes of the Christian Religion*, IV. 16. 4-5; G. I. Williamson, 「웨스트민스터 신앙고백서 강해」, 나용화 옮김 (서울: 개혁주의신행협회, 1980), 327-32 참조.

[33] John Calvin, "Catechism of the Church of Geneva," *Calvin: Theological Treatises*, The Library of Christian Classics, Vol. XXII. ed. J. K. S. Reid, Ichthus Edition (London: SCM Press, 1954), 135.

태어난 유아들은 하나님의 말씀에 따라 하나님에 의해 하나님 백성의 교제에 예정되고 선택되었기" 때문에 유아세례를 베푼다고 진술되었고, 하이델베르크 교리문답(1563년)에서도 유아들은 부모들처럼 언약에 포함되어 있기 때문에 침례를 받는다고 천명되었다.[34]

언약신학의 관점에서 볼 때 유아들은 믿음을 갖기 전이라도 신자의 자녀로서 이미 거룩한 자로 간주된다. 이는 침례의 근거가 유아들의 신앙에 있는 것이 아니라 하나님의 언약에 있기 때문이다. 칼뱅은 이렇게 말했다: "따라서 유대인의 자녀들 역시 거룩한 자손이라 불렸는데, 그 이유는 그들이 하나님의 언약의 상속자가 되었고, 불경한 자들의 자손들로부터 구별되었기 때문이다(스 9:2; 사 6:13). 같은 이유로 그리스도인의 자녀들은 거룩한 자로 간주된다. 그리고 심지어 부모 가운데 한 사람만 믿어도 사도의 증거에 따르면 우상숭배자들의 부정한 자손들과 구별된다(고전 7:14)."[35] 그는 계속해서 "요한이 모태로부터 거룩함을 입었다면(눅1:15), 하나님이 다른 사람들도 얼마든지 그렇게 하실 수 있다"고 주장했다.[36] 따라서 신자 부모에게서 태어난 아이는 "자연적 출생"만으로 충분하다. "개인적인 믿음의 결단"이 필요한 것은 신자 부모를 가지지 못한 성인들이다.[37]

하지만 언약신학에 근거해서 할례와 침례를 동일시하는 것은 지지되기 어렵다. 성서는 회개에 합당한 열매를 맺는 것이 중요하지 육신의 조상인 아브라함의 자손이라는 것은 아무 의미가 없음을 강조하고 있다(눅 3:8). 결코 아브라함의 자손이 받는 할례와 신자의 자녀가 받는 침례를 같은 맥락에서 해석할 수는 없다. 만일 그렇다면 엘리 제사장의 아들들이 할례를 받았지만 그들은 하나님을 모르는 자(삼상 2:12)라고 규정된 것을 어떻게 설명할 것인가? 그리고 침례 받은 신자 부모의 자녀들도 엘리의 아들들과 같은 운명을 맞이할 수 있다는 말이 될 수 있는데, 그것은 언

---

34) Philip Schaff, *The Creeds of Christendom with A History and Critical Notes*, Vol. III (New York: Harper & Brothers, 1877), 224, 331; Karl Barth, 「그리스도교 교리의 주제와 내용: 하이델베르크 신앙고백에 관한 해설」, 백철현 옮김 (서울: 그리스도교 신학연구소, 1989), 225.

35) Calvin, *Institutes*, IV, 16, 6.

36) Calvin, *Institutes*, IV, 16, 17.

37) Cullmann, *Baptism in the New Testament*, 64.

약신학적 관점의 예정과 선택론에 스스로 모순을 초래하는 것이 아닌가? 할례는 '유대인 남성'이면 누구나 받아야 했고, 심지어 이방인에게서 돈으로 산 남자까지 받아야 하는 구약적인 육적 의식이었고(창 17:12), 침례는 모든 '신자'에게 베풀어진 신약적인 영적 예전이다(갈 3:28).

더군다나 초기 예루살렘 교회는 침례와 할례를 연결시킨 일이 없었고, 이 둘을 질적으로 다르게 이해했음이 틀림없다. 그래서 야고보와 예루살렘의 장로들은 바울이 할례가 더 이상 필요하지 않다고 가르친 것에 대해 문제를 삼았던 것이다(행 21:17-26). 그렇다면 그들은 여전히 자신들의 남자아이들에게 할례를 행했다는 말이 된다. 할례와 침례를 연결시키고자 하는 시도는 유대교와 기독교를 혼합시키는 것이라고 비판받을 수 있다.38) 영적인 것과 육적인 것을 동일시하는 것은 영적인 것을 무효화하고 파괴하는 행위다. 구원은 일차적으로 영적인 사건이고, 신약의 침례는 이런 영적인 구원 사건에 참여한 신자들이 받는 예전이다.

특히 개혁주의자들이 할례와 침례를 동일시하기 위해 내세우는 골로새서 2장 11-22절은 두 가지 점에서 재고되어야 한다.39) 첫째는 "그리스도의 할례"라는 말이 "십자가 위의 그리스도"라는 뜻이지 침례에 대한 동의어가 아니라는 점이다. 그리고 침례로 출발한다는 "육체의 몸"은 로마서 6장 6절에서 말하는 "죄의 몸," 로마서 7장 24절의 "이 사망의 몸"과 같은 뜻이다. 둘째는 "믿음으로 말미암아" 침례를 받는다는 말은 유아기에 받은 그리스도인의 할례와 조화되지 않는다. 바울이 이 단어들을 침례받은 사람의 개인적인 신앙보다 회중의 신앙을 염두에 두었다고 보기는 어렵다. 성인들에 요구되는 개인적인 신앙을 대신하는 유아들을 위한 회중 신앙이란 개념은 건전한 성서주석에서 나온 것으로 보기 어렵다. 두 가지 할례들, 즉 옛 언약의 외면적인 것과 새 언약(로마서 2장 29절, 마음의 할례)의 내면적인 것은 비교될 수 있는 것이라기보다는 대조되는 것이다.40) 그리스도인의 할례는 신자들의 육체

---

38) Anderson, *Your Baptism is Important*, 119.
39) "또 그 안에서 너희가 손으로 하지 아니한 할례를 받았으니 곧 육적 몸을 벗는 것이요 그리스도의 할례니라 너희가 세례로 그리스도와 함께 장사한 바 되고 또 죽은 자들 가운데서 그를 일으키신 하나님의 역사를 믿음으로 말미암아 그 안에서 함께 일으키심을 받았느니라"(골2:11-12).

가 아닌 마음에 받는 것이다(롬 2:28f). 믿음으로 물 속에 잠기는 것은 그리스도인이 그리스도와 한 몸이 되는 과정에서 유일한 행위며 중요한 행위다.[41]

또 고린도전서 7장 14절을 근거로 신자 부모의 자녀가 거룩하다고 해석하는 것은 신자 아내의 남편도 거룩하다는 주석상의 문제를 낳을 뿐이다. 게다가 이미 거룩한 아이에게 침례를 베푼다는 것은 초기의 유아세례가 정화(淨化) 개념과 관련되었다는 사실과 조화되기 어렵다. 또한 이런 문제는 유아세례가 무의식 가운데 역사하시는 하나님의 주권적 은혜가 수여되는 방편이라고 믿는다면, 왜 모든 아이들에게 수여되지 않고 신자 부모를 가진 아이들에게만 해당되는가 하는 의문을 낳게 한다. 이는 신자 부모의 모든 아이들은 다 선택된 백성인가 하는 질문으로 이어진다. 결국 이런 관점은 칼뱅의 예정론을 더욱 기계론적으로 몰고 갈 수밖에 없게 만든다. 만일 침례를 받은 유아들이 성인이 되어 복음을 받아들이지 않는다면 유아 때 받은 침례는 무슨 의미가 있는가? 그리고 그것은 침례를 너무 무분별하게 주는 것이 아닌가? 그런데도 모든 신자의 모든 자녀들이 유아세례를 받아야 하는가?[42]

신앙 없는 칭의 없고, 칭의 없는 침례 없다. 언약의 주체는 하나님이시지만, 언약의 조건은 믿음이다. 부모가 신자라서 자녀가 자연적으로 구원받을 수 있다고 믿는 것은 인격적인 언약관계를 오해한 것이다. 그래서 16세기 재침례교인들은 침례의 전제 조건으로 신앙고백을 내세웠던 것이다. 그들은 어떤 경우에도 회심과 신앙고백을 하지 않고는 침례를 받을 수 없다고 주장했다. 이것은 일종의 헌신 서약과도 같은 것이었다. 휘브마이어(Balthasar Hübmaier)가 마련한 침례예전에 따르면, 침례 받을 자는 다음과 같은 세 가지 질문에 답을 해야 했다: "마귀를 대적하겠는가?" "그리스도를 닮아가겠는가?" "교회의 권징에 순종하겠는가?" 이 질문에 답하는 것은 침례후보자의 "언약적 서원"(covenantal pledge)이었다.[43] 그런데 유아들은 이런 질문

---

40) Beasley-Murray, *Baptism in the New Testament*, 71.

41) Dale Moody, *The Word of Truth: A Summary of Christian Doctrine Based on Biblical Revelation* (Grand Rapids: William B. Eerdmans, 1981), 465.

42) 김용복, "신자침례와 유아세례의 차이점," 118 참조.

43) Charles W. Deweese, "Believer's Baptism Is Covenant," *Defining Baptist Convictions: Guidelines for the Twenty-First Century,* ed. Charles W. Deweese (Tennessee, Franklin: Providence House,

에 믿음으로 응답할 수 없기 때문에 침례를 받을 수 없었다. 따라서 그들은 유아세례를 받은 아이들이라도 성인이 되어 신앙고백을 하게 되면 다시 침례를 주었던 것이다.44)

하나님과 인간의 인격적 관계는 독백이 아니라 대화다. 신앙은 이런 대화를 가능하게 하는 통로다. 그 점에서 신앙을 갖기 이전이라도 하나님의 주권으로 중생이 가능하다는 개혁주의의 주장은 "하나님의 은혜와 인간의 자유" 문제를 지나치게 기계적이고 운명적으로 해석하는 결과를 낳게 된다. 하지만 신앙은 본질적으로 하나님의 은혜와 그에 대한 인간의 인격적인 반응으로 이루어진다. 그렇기 때문에 벌코프(Louis Berkhof)도 신앙을 정의할 때 그 인격적인 특성을 강조한 것이다. 그는 신앙의 언어적 의미를 두 종류로 구분하면서, 피스티스(pistis)는 "신뢰 대상과 인격적 관계를 전제로 하며," "하나님의 말씀에 대한 동의와 하나님을 확고하게 신뢰"하고, "그리스도에게 복종하고 영혼의 구원을 위해 그를 의지하는 것"이며, 피스튜에인(pisteuein)은 "신앙적 동의" 혹은 "확고한 신뢰적 의존" "하나님에게로 완전한 자아양도"(self-surrender)로 정의했다.45)

2. 유아세례와 유아신앙의 관계

유아세례와 밀접한 관계를 가지고 있는 또 하나의 주제는 유아신앙 문제다. 루터교 전통에서는 이미 거룩한 하나님의 자녀이기 때문에 침례를 준다는 칼뱅주의 견해를 비판하고, 신앙과 유아세례의 관계를 강조한다.46) 특히 루터는 유아세례의

1996), 106-7.

44) 이런 재침례교인들의 사상은 아우구스부르크 신앙고백서 9조에서 "유아세례를 허용하지 않고, 세례 없이도 구원 받을 수 있다는 재침례교인들을 정죄"되었고, 스코틀랜드 신앙고백서 23조에서 "우리는 세례가 선택의 자유와 성인에 이른 사람들과 마찬가지로 신실한 자의 자녀들에게도 적용되어야 한다고 생각한다. 그래서 신앙과 지식을 가지기 전에 아이들이 세례를 받는 것을 부인하는 재침례교인들의 오류를 저주한다"고 진술되었다. Schaff, *Creeds of Christendom,* Vol. III, 13, 474.

45) Louis Berkhof, 「벌코프 조직신학」, 하, 권수경, 이상원 옮김 (서울: 크리스챤다이제스트, 1991), 744-5.

46) Moody, *Baptism*, 113-4.

근거로 유아신앙을 인정한다. 루터는 한 때 부모의 신앙으로 유아의 신앙이 도움을 받을 수 있다고 생각했으며,[47] 로마 가톨릭의 사효성(ex opere operato) 원리를 거부하고 칭의의 교리를 주장하는 과정에서 "유아신앙"(fides infantium)이라는 교리를 확고히 했다.[48] 이는 신앙의 잠재력이 유아세례 전에 존재한다는 주장인 셈이다. 그는 유아가 교회의 신앙으로 침례를 받는다거나 혹은 장래의 신앙으로 침례를 받는다는 사상을 거부했다.[49]

하지만 루터는 "유아가 침례를 통해 신앙을 주입받고 깨끗하게 변화된다"는 주장을 펴기도 했다. 왜냐하면 그에게 유아세례는 어떤 점에서 "유아세례의 정당성 때문이지 유아신앙 그 자체 때문은 아니기 때문이다.[50] 결국 이런 주장은 "오직 믿음으로"라는 종교개혁의 근본원리를 포기한 것이라는 비판을 받기도 했다.[51] 사실 루터가 말하는 유아세례와 신앙의 관계는 다소 혼란스럽다. 유아에게 신앙이 있기 때문에 침례를 주는 것인지, 아니면 침례를 통해 유아에게 신앙이 주입되는 것인지, 일관되지 않은 듯하다.

유아신앙과 관련해서 또 하나의 문제는 유아의 미래신앙 문제다. 제네바대학의 신학교수인 프란즈 린하르트(Franz J. Leenhardt)는 유아세례가 현존하는 구원의 확증이 아니라 어린이의 미래신앙을 위한 하나의 소망이라고 주장했다. 유아들의 경우 이 소망은 그리스도의 몸에 참여하거나 죄용서의 현재적 보증에 기초해 있는 것이 아니라 하나님의 약속에 근거해 있다.[52] 유아의 미래신앙은 칼뱅도 인정한 것이

---

47) "유아는 ... 세례를 받게 하려고 데리고 오는 사람들의 신앙의 도움을 받는다는 것이다. 왜냐하면 하나님의 말씀은 그것이 말해질 때 어린아이처럼 무감각하고 무력한, 또 불경건한 마음까지도 변화시킬 수 있을 만큼 강력하기 때문이다." Martin Luther, "교회의 바벨론 감금," 「말틴 루터의 종교개혁 3大 논문」, 지원용 옮김 (서울: 컨콜디아사, 1993), 247; Roland H. Bainton, 「마틴루터의 생애」, 이종태 역 (서울: 생명의말씀사, 1982), 150.

48) Moody, *The Word of Truth*, 464.

49) Paul Althaus, *The Theology of Martin Luther,* tr. Robert C. Schultz (Philadelphia: Fortress Press, 1966), 365.

50) Ibid.

51) 이문균, "幼兒洗禮의 神學的 正當性," 「崇田大學校 論文集」 제12집 (1982): 45-65.

52) Moody, *Baptism*, 78.

었다. 그는 "유아들이 미래의 회개와 믿음을 향해 침례를 받는다"고 말했다. 왜냐하면 "비록 [침례 받을 당시에는] 유아들 안에 회개와 믿음이 형성되지 않았다 하더라도, 성령의 비밀스런 사역에 의해 그 씨가 그들 안에 내재"되어 있기 때문이다.[53] 성령의 사역은 시간에 제한을 받는 것이 아니다. 유아세례를 받는 아이는 노년에 이르기까지 한번은 중생 체험을 하게 될 것이라는 것이 개혁주의의 입장이다.[54]

과연 루터의 주장처럼 유아에게 신앙이 가능한가? 혹은 또는 린하르트의 주장처럼 유아세례는 미래의 신앙을 위한 하나의 소망이기 때문에 정당성을 인정해야 하는가? 성서는 기본적으로 중생한 뒤에 침례를 받을 것을 요청한다(마 28:19; 행 8:37; 10:47; 18:8). 이는 침례의식이 신앙고백과 헌신의 의미로 실행되었다는 점을 의미하는 것이다. 바울은 "너희가 그리스도와 함께 장사한 바 되고 또 죽은 자들 가운데서 그를 일으키신 하나님의 역사를 믿음으로 말미암아 그 안에서 함께 일으키심을 받았느니라"(골 2:12)라고 말함으로써, 침례의 의미를 믿는 자에게 제한적으로 적용시켰다. 성례전을 의미하는 사크라멘툼(sacramentum)이란 용어 자체도 본래 충성 선서를 의미한다는 것은 침례의식이 일차적으로 우리의 믿음을 고백하는 수단이어야 한다는 사실을 뒷받침해준다.[55]

성서는 어떠한 신앙의 후견인도, 대부(代父)나 대모(代母)도 인정한 적이 없다. 철저하게 신앙과 구원의 사건은 하나님과 개인의 1:1 관계에서 일어나는 것이다. 아무도 그 사이에 개입될 수 없다. 이 사상은 일찍이 20세기 초반 미국 남침례교 사상을 주도했던 멀린스(Edgar Y. Mullins)에 의해 "신앙 안에서 영혼의 역량"(the competency of soul in religion)이라는 개념으로 설명된 바 있다.[56] 그의 설명에 비

---

53) Calvin, *Institutes*, IV, 16, 20.
54) Wilhelm Niesel, 「비교교회론」, 이종성, 김항안 옮김 (서울: 대한기독교출판사, 1988), 328.
55) Stanley Grenz, 「조직신학: 하나님의 공동체를 위한 신학」, 신옥수 옮김 (서울: 크리스챤다이제스트, 2003), 735.
56) 그는 이 개념으로부터 신학의 공리, 신앙의 공리, 교회의 공리, 도덕의 공리, 종교-국가의 공리, 사회의 공리가 나온다고 말한다. Herschel H. Hobbs and E. Y. Mullins, *The Axioms of Religion* (Nashville: Broadman Press, 1978), 54; H. Leon McBeth, "God Gives Soul Competency and Priesthood to All Believers," *Defining Baptist Convictions: Guideline for the Twenty-First Century*, 62-70 참조.

추어볼 때 유아세례는 전신자 제사장직 개념(the priesthood of all believers)에도 상충한다. 유아는 제사장직을 수행할 능력이 없기 때문이다. 또한 유아세례를 미래신앙 운운하는 것도 궁색한 논리이기는 마찬가지다. 만일 유아세례의 목적이 미래 신앙을 위해 필요한 것이라면 굳이 침례를 줄 것이 아니라, 헌아식(child dedication)으로도 족하다. 이 문제와 관련해 휘브마이어는 유아들의 미래 신앙 위에서 아이들에게 침례를 베푸는 것은 마치 장차 포도 수확을 희망하면서 부활절에 포도넝쿨을 심는 것과 마찬가지인데, 그 포도나무는 죽을 수도 있다고 경고했다. 또한 그는 신자의 자녀라도 하나님의 말씀을 듣지 않았다면 사실상 신자가 아니라고 단정했다. 그렇지 않으면 침례는 두 종류가 있어야 할 것이라고 주장했다.57)

3. 유아세례와 구원의 수단

역사적으로 볼 때 유아세례가 '침례중생'(Baptismal Regeneration)과 무관하지 않다는 사실은 부인하기 어렵다. 2세기의 에비온파(Ebionites)가 이 사상을 가르쳤고, 3세기 중엽에는 이 교리가 어느 정도 보편적이 되었다.58) 데일 무디(Dale Moody)의 설명에 따르면 2세기까지 어린이들은 죄 없이 순결한 것으로 간주되었는데, 231년에 이르러 비로소 원죄란 개념이 전제된 유아세례가 인정되었다.59) 아우구스티누스도 세미펠라기우스주의자들과 논쟁하는 과정에서 "교회의 성례전"을 통해 유아들까지도 "그리스도의 은혜에 의해서 마귀의 속박에서 구출된다"고 했고, 유아들이 "세례를 받음으로써 죄를 용서받는 것은 허황된 이야기가 아니라, 믿을 만한 참된 신비"라고 주장했다.60) 그는 "경건한 어머니 밑에서라도 침례를 받지 않은 유아는 정죄되는 반면, 분별없는 그리스도의 적 아래서라도 침례를 받은 유아는 구원받는다"고까지 말했다(Contra Julianum, II. 11).61) 침례가 유전죄를 제거한다는 아우구스

---

57) *The Mennonite Encyclopedia*, Vol. III, 36 in Moody, *Baptism*, 225.
58) Anderson, *Your Baptism is Important*, 105.
59) Moody, *The Word of Truth*, 462.
60) Augustine, 「아우구스티누스의 은혜론」, 김종흡 역 (서울: 생명의 말씀사, 1990), 162.
61) Moody, *The Word of Truth*, 462.

티누스의 이런 사상은 마침내 유아세례를 동서방교회의 예전으로 확립하기에 이른다.62) 이 견해는 종교개혁 이후에도 여전히 가톨릭의 주요 사상 가운데 하나가 되었다. 트랜트공의회(1545-1563)는 유아세례로 죄가 제거되지 않는다고 가르친 사람들을 저주했다.63)

루터는 기본적으로 로마 가톨릭의 성례전적 의미에 대해 반대했지만, 침례의 성례전적 의미를 완전히 포기하지는 못했던 것으로 보인다. 그 이유는 아마도 루터가 침례예전에서 하나님이 실재로 임재하신다는 확신을 가졌기 때문일 것이다. 비록 루터가 침례 자체보다는 그것에 첨부된 약속의 말씀인 "신앙으로" 의롭게 된다고 말했다 하더라도,64) 루터는 침례 자체의 객관적 유효성에 대해서도 의심하지 않았던 것 같다: "우리가 일단 세례를 받으면 구원을 얻는다는 것을 의심해서는 안 된다. 왜냐하면 만일 신앙이 세례 속에서 주어지지 않거나 없다면 그 세례는 우리에게 아무 유익도 주지 않을 것이기 때문이다."65) 그래서 루터교회에 지대한 영향을 끼쳤던 아우구스부르크 신앙고백(1530년) 9조에서도 "침례는 구원에 필수적"이며, "침례에 의해 하나님의 은혜가 주어지고" "어린아이들도 침례를 받아야 한다"고 진술했다.66) 특히 쉴리에르(Heinrich Schlier)는 로마서 6장 1-11절을 같은 시각에서 해석했고, 요한복음 3장 5절을 근거로 침례는 하나님 나라에 들어갈 수 있는 능력을 부여해 주며, 사도행전에 나타난 현상을 통해 침례는 성령을 전달하는 능력도 가진다고 주장했다. 그러므로 그는 침례 없이는 구원도 없다고 선언했다.67) 하지만 침례교인들은 일반적으로 침례가 구원의 조건처럼 해석되는 것은 근본적으로 신약성서를 구원의 교리에서 볼 때 스스로 모순된 책으로 만들 뿐이며, 구원을 외적 의식이나 행위에 의존하게 만드는 것은 영적 종교로서 기독교의 본질을 파괴하는 것이

---

62) J. L. Neve, 「基督敎敎理史」, 徐南同 譯 (서울: 대한기독교서회, 1986), 247; 전성용, 「세례론」, 252.
63) Moody, *Baptism*, 17.
64) Luther, "교회의 바벨론 감금," 236.
65) Ibid., 226.
66) Schaff, *The Creeds of Christendom*, Vol III, 13.
67) Moody, *Baptism*, 117.

라고 믿는다.68)

칼 바르트가 문제를 제기한 이유도 바로 이와 같은 성례전적 구원관 때문이었다. 그는 "구속은 침례에 의해서가 아니라 믿음에 의해 이루어진다"고 하면서, "원인(causa)과 인식(cognitio)을 혼동하면 … 침례의 목적이 갖는 독특성을 간과하거나 오해하게 된다"고 주장하면서 유아세례를 반대했다.69) 바르트의 견해에 따르면, 성례전은 하나님의 행위인 성령침례를 의미한다. 물침례는 그런 점에서 신비한 성례전(sacrament)이 아니다. 그것은 "하나님의 행위와 말씀에 대한 반응으로서 인간의 행위일 뿐이다."70) 슐라이에르마허(F. E. D. Schleiermacher)도 유아세례가 신앙을 불러일으킬 수 있다고 하는 주장에 이의를 제기한 신학자 가운데 하나다. 그는 침례가 신앙을 발생시킨다는 견해를, 침례는 단지 교회 안으로 영입하는 의식이라는 입장으로 바꾸었다. 그는 "믿음이 없이 침례를 주거나 받는 것은 잘못된 것"이라고 믿었다.71) 그리고 그는 또 다음과 같이 진술함으로써 타협의 가능성을 제시했다:

> 그러한 주술적 능력(magical powers)을 믿지 않는 사람은 침례를 받고서 그 침례언약을 새롭게[재헌신] 하기 전에 죽은 아이들과 전혀 침례를 받지 않은 아이들 사이에 아무런 차이도 발견할 수 없다. 그러므로 유아세례를 전통의식대로 할 것인지 혹은 성인이 된 후 믿음의 고백을 할 때 비로소 침례를 줄 것인지는 각 복음주의교단에 일임하는 것이 자연스러운 것이다. 그리고 이러한 관점에서 재침례파에 내려진 정죄의 선언은 취소되어져야하며 현재의 침례교단과의 교제도 그들이 유아세례를 절대적으로 틀렸다고 말하지만 않는다면 회복해야 할 것이다.72)

---

68) Walter Thomas Conner, *Christian Doctrine* (Nashville: Broadman Press, 1937), 276.

69) K. Barth, *The Teaching of the Church Regarding Baptism*, tr. Ernest A. Payne (London: SCM, 1959), 27.

70) Karl Barth, *Church Dogmatics*, IV/4, tr. G. W. Bromiley (Edinburgh: T & T Clark, 1969), 128. 전성용은 바르트의 세례론 신학을 세 단계로 구분하면서, 변증법적 신학시대(「로마서강해」)에는 유아세례를 지지했다가, 기독론적 신학시대(「교회의 세례론」)에는 유아세례를 거부했으며, 성령론적 신학시대(「교회교의학」 4권)에는 성령세례만이 성례전이라는 입장을 보였다고 분석했다(「세례론」, 56-80 참조).

71) Friedrich Ernst Daniel Schleiermacher, *The Christian Faith*, tr. H. R. Mackintosh and J. S. Stewart (Edinburgh: T. & T. Clark, 1928), 630.

72) Ibid., 637-8.

만일 침례를 통해 구원을 받을 수 있다면, 성서는 다시 쓰여야 할 것이다. 사도행전에서 나타난 침례는 언제나 복음을 듣고 믿은 사람들에게 적용됐다. 빌립이 침례를 행할 때도 회심 이후였고(행 8:5, 12), 에디오피아 내시의 경우에도 그러했다. 그는 회심하고 고백한 뒤 침례를 받았다(행 8:26-40). 바울도 침례 받기 전에 먼저 회심을 경험했다(행 9:17-19). 그는 침례 전에 예수를 "주"라 불렀고(행 9:7; 고전 12:3), 기도하고 있었으며, 아나니아가 그를 "형제"라 불렀다. 또한 루디아(행 16:12-15), 빌립보 감옥의 간수(행 16:25-34)의 경우에도 회심-침례의 순으로 기록되어 있다.

바울은 고린도교회에 보낸 편지에서도 "그리스도께서 나를 보내심은 침례를 주게 하려 하심이 아니요 오직 복음을 전하게 하려 하심"(고전1:17)이라고 말함으로써, 복음과 침례의 인과적 관계를 인정하지 않았다. 베드로전서 3장 21절도 침례가 구원을 가져온다는 것으로 해석될 수 없다. 여기서 베드로는 선한 양심을 강조하고 있다. "육체의 더러움을 제하여 버림이 아니요" 라고 한 것은 침례의 외형적인 행위가 구원을 줄 수 있다는 오해를 막기 위함이다.[73] 따라서 앤더슨은 세례중생이 하나님의 은혜와 그리스도의 십자가를 무력하게 할 뿐 아니라, 비성서적인 성례전주의로 흘러가 믿음의 중요성을 파괴한다고 지적했다.[74]

지금까지 논의된 내용을 정리해보면, 유아에게 침례를 주어야 한다는 논리는 크게 네 가지로 볼 수 있다. 첫 번째는 유아도 죄인이기에 침례를 통해 원죄를 씻어야 한다는 것이고, 두 번째는 신자 부모의 유아는 거룩하므로 구원받은 표인 침례를 주어야 한다는 주장이며, 세 번째는 유아에게도 신앙이 있을 수 있으므로 침례를 주어야 한다는 것이다. 마지막으로는 유아의 미래 신앙을 기약하며 침례를 준다는 입장이다. 그런데 이 근거들은 서로 간에도 일관성이 결여되기 때문에 유아세례를 지지하는 쪽에서조차도 의견일치를 볼 수 없다는 문제점을 안고 있다. 그렇다면 침례를 받는 유아는 죄인이기에 받는 것인가, 아니면 깨끗하기에 받는 것인가? 신앙이 있기 때문에 받는 것인가, 아니면 신앙과 관계없이 중생했기 때문에 받는 것인가? 비록 유아들이 중생했다고 주장하는 사람들의 견해를 받아들인다 하더라도,

---

73) Anderson, *Your Baptism is Important*, 144-5.
74) Ibid., 107-9.

그 유아들이 회심한 것으로 받아들이기는 어렵다. 침례교인들은 성서가 유아를 회심한 신자로 증언하지 않을 뿐더러, 침례는 회개하고 믿은 신자들의 행위라고 분명히 증거한다고 믿기 때문이다(마 3:6; 막 16:16; 행 2:38; 8:12-12; 18:8; 19:5; 22:16).

4. 유아세례와 교회회원권의 문제

유아세례가 안고 있는 결정적인 마지막 문제는 교회회원권(church membership)과 국가교회(state church)와의 관계에 있다. 콘스탄티누스의 기독교세계(corpus christianum) 이후로 종교개혁자들과 현대신학자들은 유아세례가 국가교회의 형성과 불가불 연관되어 왔다고 논증해왔다. 이것은 마치 "자유교회(free church)와 신자침례(believer's baptism)의 관계처럼 결정적인 관련"이 있다.75) 국가교회는 국가의 백성이면 누구나 교회의 회원이 되어야 하기 때문에 유아세례를 필요로 한다. 물론 콘스탄티누스의 기독교세계가 형성되기 전에도 유아세례가 시행되었다는 근거로 유아세례와 국가교회의 인과적 관계를 인정하지 않으려는 견해가 없는 것은 아니다.76) 하지만 비록 유아세례가 국가교회의 직접적인 원인이라고 볼 수 없다 하더라도, 재침례교인들이 콘스탄티누스 시대에 국가와 교회가 통합된 것은 유아세례를 더욱 보편화시켰고, 동시에 교회의 타락을 초래했다고 비판한 것은 주목할 필요가 있다.77)

루터교 신학자 하인리히 포겔(Heinrich Vogel)은 유아세례를 통해 어린이들이 새로운 생명으로 초대되고 하나님의 자녀로 받아들여지며, 하나님의 소유가 된다고 했다. 그리고 침례는 그리스도의 몸인 교회로 들어가는 문이고, 하나님 편에서 볼 때 구원의 미래가 현실 속으로 이미 들어온 것을 의미한다고 했다. 그래서 유아세례가 원죄의 결과를 제거하여 구원하게 하는 하나님의 명령이라고 생각하지 않는

---

75) James Gray, ed., *Studies on Baptism* (Birmingham: Berean Press, 1959), 36 in Moody, *Baptism*, 264.
76) 그로스만(Grossmann)은 유아세례와 국가교회의 관계를 인정하지 않았다. 유아세례는 콘스탄틴 제국 훨씬 이전부터 시행되었기 때문이라는 이유에서다. 참고로 폴 알트하우스와 예레미아스는 유아세례가 60년경에 실시되었다고 본다(Moody, *Baptism*, 73, 120).
77) William Estep, 「재침례교도의 역사」, 정수영 역 (서울: 요단출판사, 1986), 275.

사람은 하나님의 영예를 받아들이지 않는 것이고, 국가교회의 연합을 위협하는 것이라고 주장했다.78)

국가교회의 교회회원권과 관련해서 본다면, 모든 신자의 자녀들까지 침례를 주어 교회의 회원으로 만들어야 할 필요가 있다. 그리고 이런 이유 때문에 신정국을 지향했던 이스라엘 자손들에게 행해졌던 할례가 신약시대의 침례로 쉽게 대체될 수 있었던 것이 아닌가 생각한다. 또한 모든 신자의 모든 자녀가 다 침례를 받았다는 것을 증명하기 위해 이른바 "가족공식"(household formula)이라는 것을 근거로 내세울 수밖에 없었던 정황도 이해하지 못하는 바는 아니다. 그러나 유아들이 침례를 받았을 것이라고 추측하게 하는 일부 성서구절에서 그 반대 논거를 확인하는 것은 그리 어려운 일이 아니다.79) 빌립보 간수 집안의 경우, 침례의 대상에서 유아가 배제되었다고 보는 것이 오히려 자연스럽다. 왜냐하면 침례를 받은 사람들이 다 주의 말씀을 듣고 하나님을 믿었다고 했기 때문이다(행 16:32-34). 혹 유아들이 포함된다 하더라도 "네 집이 구원을 얻으리라"는 말은 그 유아들이 침례를 받았다는 뜻이 아니라, 앞으로 믿음을 갖게 되어 구원을 받게 될 것이라는 약속으로 보는 것이 더 설득력이 있다. 그리스보 집안도 "온 집으로 더불어 주를 믿으며"(행 18:8)라고 한 것으로 보아 모두 믿을 만한 나이가 된 사람들이었음을 알 수 있다. 스데바나의 집안 사람들도 아가야에서 제일 먼저 회심한 사람들이라는 말을 들을 만큼 나이가 차 있었다(고전 1:16; 16:15, 16).80) 그래서 마르쿠스 바르트(Markus Barth)는 오스카 쿨만이 유아세례의 근거로 삼는 가족공식은 유아세례를 증거하지도 반대하지도 않는다는 사실을 지적하면서, 사도행전의 침례에서는 언제나 침례의식 전에 신앙에 대해 언급한다는 점을 상기시켰던 것이다. 그는 고대 교회의 성례전주의가 유아세례를 성공시켰다고 진단하면서, 유아세례는 국가교회와 더불어 왕관을 쓰게 되었다고

---

78) Heinrich Vogel, *Das Wort und die Sakramente* (Munich: Christian Kaiser Verlag, 1936), 17-22, 김용복, "신자침례와 유아세례의 차이점," 121 참조.
79) 초대교회 때 유아세례가 실시되었는지 여부는 유아세례의 기원과도 관련된 문제인데, 이 연구에서는 지면의 한계 때문에 더 깊이 다루지 않으려 한다. 예레미아스(J. Jeremias)와 알랜드(K. Aland)의 기원논쟁에 대해서는 Moody, *Baptism*, 127-60 참조.
80) Anderson, *Your Baptism is Important*, 110-1.

주장했다.[81]

또한 예수께서 어린이들을 향해 "하나님의 나라가 이런 자의 것"이라고 선언하셨을 때에도(마 10:13-16), 그 아이들이 유아세례를 받았다는 근거는 전혀 없고, 또 침례를 주기 위해 사람들이 아이들을 예수에게 데리고 온 것도 아니다. 더군다나 이 구절은 유아보다는 어린이를 지시하는 것으로 보는 것이 타당하기 때문에, 유아세례의 근거본문으로 사용되는 것은 적절하지 않다. 그러므로 유아세례의 근거는 성서보다 교회의 전통이라고 하는 편이 더 정직할 것이다. 그래서 스투키(Laurence Hull Stookey)는 "유아세례에 대한 신약성서적 보증을 발견하고자 하는 욕구가 주석학적 폭력을 낳았다"고 지적했던 것이다.[82]

나아가 유아세례가 국가교회와 관련이 있다면, 유아세례의 문제는 단순히 신앙상의 문제만이 아니라는 것을 지적하지 않을 수 없다. 사실 "유아세례는 교회와 국가를 결합시킨 것이기 때문에 신자침례를 주장하는 것은 종교적이면서 동시에 사회적인 혁명적 행동"이었다는 지적은 그런 점에서 정당하다.[83] 그리고 "유아세례를 고집하는 근본적인 이유"는 "유아세례가 없다면 … 모든 국가교회의 개념은 무너지게 될 것"이기 때문이라며 강도 있게 비판했던 칼 바르트나,[84] 유아세례의 정치적 의미를 국가교회의 관계에서 설명하면서, 사회구조가 유아세례를 강요할 수는 있을지라도 그것을 정당화할 수는 없다고 주장한 몰트만도 같은 맥락에서 이해할 수 있다.[85] 또한 츠빙글리가 휘브마이어와 논쟁하는 과정에서, "재침례교도는 분파주의자들이며 만일 그들이 저지당하지 않고 계속 존속하도록 허락한다면 스위스를 유지하고 있는 질서도 결국 파괴되어 버릴 것"이라고 걱정했던 것도 그런 연유에서

---

81) Moody, *Baptism,* 64-7 passim.
82) Laurence Hull Stookey, *Baptism: Christ's Act in the Church* (Nashville: Abingdon, 1982), 47, Grenz, 「조직신학」, 752에서 재인용.
83) Samuel Byung-doo Nam, "A Comparative Study of the Baptismal Understanding of Augustine, Luther, Zwingli, and Hubmaier" (Ph.D. diss., Southwestern Baptist Theological Seminary, 2002), 263.
84) Barth, 「그리스도교 교리의 주제와 내용: 하이델베르크 신앙고백에 관한 해설」, 227.
85) J. Moltmann, 「聖靈의 能力 안에 있는 敎會」, 朴鳳琅 외 4인 역 (서울: 한국신학연구소, 1980), 251-4.

라고 볼 수 있다.86) 실제로 유아세례는 "교회의 통일과 도시 질서의 건전함을 유지해주는 받침대 역할"을 했다. 그래서 츠빙글리는 취리히 모든 교구에 침례 등록대장을 만들고, 자녀들의 침례를 거부하는 시민들을 추방한다는 결정을 내렸다.87) 따라서 성인이 되어 비로소 교회의 회원이 될 수 있다고 주장하는 (재)침례교인들의 주장은 국가체제를 반대하는 과격한 주장이 아닐 수 없었다.

그렇다면 유아들은 교회회원이 될 수 없다는 말인가? 베일리(D. M. Baillie)는 침례교인들이 유아세례를 거부함으로써 어린아이들을 "아웃사이더"뿐 아니라 "어린 이교도"로 만든다고 주장했다.88) 이에 대해 침례교인들은 유아들이 교회의 정식 회원이 아니라는 점에 일반적으로 동의한다. 에반스(P. W. Evans)는 침례에 복합적으로 담겨 있는 개념, 즉 믿음, 회개, 중생, 성령의 은사, 교회 입문, 그리스도와 연합 등을 수행할 수 없는 유아들에게 유아세례와 교회회원권은 불가능하다는 것을 인정하고 있다.89) 왜냐하면 침례교인들에게 교회는 중생한 신자들의 공동체이기 때문이다. 교회에 대한 대표적인 침례교 신앙고백서들의 공통된 특징은 "신앙과 죄의 고백" 그리고 "자발적인 모임"에서 찾을 수 있다.90) 하지만 침례교인들은 어린이들

---

86) Estep, 「재침례교도의 역사」, 109.
87) George, 「개혁자들의 신학」, 169.
88) D. M. Baillie, *The Theology of the Sacrament* (New York: Charles Scribner's Sons, 1957), 80-1.
89) Percy W. Evans, *In Infant Baptism To-day* (Birmingham: Berean Press, 1948), 26-36 in Moody, *Baptism*, 246.
90) 1611년 토마스 헬위스 신앙고백 "10조": "그리스도의 교회는 하나님의 말씀과 성령으로 말미암아 이 세상으로부터 갈라놓은 신앙있는 사람들의 모임이며, 신앙과 죄의 고백에 근거하여 베풀어지는 침례에 의하여 주님과 결합하며, 서로 연결되는 모임이다." 1644년 제1차 런던신앙고백 "33조": "가시적 교회는 세상으로부터 하나님의 영과 말씀에 의해 부름을 받고 구별되어 나온, 가시적인 성도들의 모임이다. 이들은 복음에 대해 가시적으로 믿음을 고백하고, 침례를 받음으로써 그 믿음에 들어가고, 주님과 결합하고, 서로서로 동의함으로써 그들의 머리와 임금이신 그리스도가 명령하신 의식에 실제로 즐겁게 참여한다." 1963년 침례교의 신앙과 메시지 "6조": "주 예수 그리스도의 신약적 교회는 복음에 대한 믿음과 교제로 언약에 의해 그리스도께서 명하신 두 가지 의식을 지키며, 그의 가르침을 이행하고, 하나님의 말씀에 의해 그들에게 부여된 은사와 권리와 특권을 실천하면서 지구 끝까지 복음을 전파하려고 노력하는 신자들이 모인 [자발적인] 하나의 지역적인 몸이다." William L. Lumpkin, *Baptist Confessions of Faith*, Revised Edition (Valley Forge: Judson Press, 1969), 119, 165, 396.

이 예수를 영접하지 않았다 하더라도 악한 세상의 통치를 받고 있다고 볼 수 없으며(요일 5:19), 믿는 가정과 교회를 통해 하나님의 특별한 돌보심 아래 있다고 믿는다. 따라서 가정과 교회는 어린이들에게 하나님의 은혜를 알 수 있는 기회를 제공해줄 책임이 있고, 어린이는 예배에 참석할 권리가 있다. 에베소서 6장 4절의 말씀처럼, 믿는 부모와 교회는 어린이들을 "오직 주의 교양과 훈계로 양육"할 책임이 있는 것이다.91)

무디는 "신자 부모에게서 태어난 어린아이는 자신들이 책임감을 가지고 스스로 문밖으로 나갈 수 있을 때까지는 결코 문밖에 있는 것이 아니"라고 주장했다. 그리고 그는 유아들이 상속된 죄를 가지고 태어났기 때문에 깨끗하고 거룩하게 씻겨야 한다는 가정은 유아세례에 대한 아우구스티누스의 견해일 뿐이라고 일축했다.92) 이런 주장이 나온 근거는 유아세례와 원죄의 전가에 대한 해석에서 비롯된다. 유아세례를 통해 교회의 회원이 되어야 한다는 주장은 모든 유아들이 원죄의 직접 전가로 인한 죄책(guilt)을 제거해야 한다는 견해에서 나온 것이고,93) 반대로 유아세례를 통하지 않아도 교회 안에서 내몰리지 않는다고 보는 견해는 원죄의 간접 전가로 인해 모든 유아들은 죄책을 지지 않는다는 신학적 입장에서 나온 것이다.94) 1859년 미국 서든침례신학대학원의 "원리강령"(Abstract of Principles)에서 죄된 본성을 유전받은 사람들은 "그들이 도덕적 행위를 할 수 있게 되는 순간" 실제 죄책을 지게 된다(VII)고 선언한 것은 후자의 입장을 지지한 것으로 보인다. 그리고 그 선언문은

---

91) G. R. Beasley-Murray, "Children and Church," *Children and Conversion*, ed. Clifford Ingle (Nashville: Broadman Press, 1970), 133, 135; William B. Coble, "Problems Related to New Testament Teachings," *Children and Conversion*, 68.

92) Moody, *Baptism*, 99; 그는 유아들에게 죄책이 없다는 것을 인간의 악한 생각은 젊어서부터 (from his youth) 시작된다는 창세기 8장 21절을 그 근거로 제시한다(*The Word of Truth*, 287).

93) Beasley-Murray, "Children and Church," 59; 직접 전가와 간접 전가에 대한 기초적인 설명은 Louis Berkhof, 「벌코프 조직신학」, 상, 권수경, 이상원 옮김 (서울: 크리스챤다이제스트, 1991), 454-6 참조.

94) 이 원죄의 직접 전가는 로마서 5장 12절에 대한 잘못 번역된 라틴 벌게이트에서 유래된 것인데, 이 번역이 로마 가톨릭의 공식적인 교의가 되었고, 칼뱅의 전적 타락이라는 개념에 의해 개신교 신학의 지배적인 견해가 되었다. R. Wayne Stacy, "Baptism," *A Baptist's Theology*, ed. R. Wayne Stacy (Macon: Smyth & Helweys, 1999), 161-2.

비록 성서보다 우월하지 않지만, 유아죄책과 유아세례의 필연성으로부터 벗어난 것이라는 평가를 받았다.95)

마치는 글

지금까지 네 가지 관점에서 유아세례의 근거들을 비판적으로 검토했다. 언약신학에 근거해 신자 자녀들은 무조건 거룩하다고 주장하는 것이나, 유아세례를 정당화하기 위해 공동체의 믿음이나 부모의 대리적 믿음을 내세우는 것은 구원이 하나님의 은혜에 대한 인간의 믿음을 통해 이루어진다는 복음과 조화되기 어렵다. 신앙은 하나님과의 인격적인 체험에서 비롯된 것이다. 또 유아세례가 원죄를 씻는 마술적 힘이 있다고 생각하는 것은 침례가 "우리의 내적인 믿음을 최초로 공적으로 선언하는, 하나님께서 주신 수단"이라는 것을 망각한 것이다. 침례교인의 관점에서 보면 '유아'세례는 "내적인 믿음의 외적인 표현일 수 없기 때문에, 기억할 날로서의 세례의 가치도 상실한다." 그러나 반대로 신자침례는 "인격적인 믿음을 고백할 수단을 제공"한다. 그런 의미에서 신자침례는 "교회의 표준적인 의식으로서의 가치를 지닌다."96)

침례교인들은 하나님의 주권적 은혜와 인간의 신앙적 자유가 상호 인격적으로 긴장과 조화 관계에 있다고 믿는다. 그러므로 책임적인 결단을 할 수 없는 유아들에게는 회심이 요구되지 않는다. 비록 원죄의 영향력 아래 태어났다 하더라도 그 죄책이 직접 전가된다고 믿지 않기 때문이다. 그러므로 침례교인들에게는 유아들이 언제 죽을지 모르니 서둘러서 침례를 주어야 한다는 강박관념이 없다. 또한 침례라는 예전을 통해 하나님의 은혜가 부여되고, 구원을 위한 원죄제거가 가능하다고 믿지 않기 때문에 유아세례는 의미 없는 하나의 의식에 불과할 뿐이다.

침례교인들은 성서에서 말하는 침례의 목적이 성례전적인 구원에 있다고 보지 않는다. 그보다 침례교인들은 침례를 하나님과 인격적인 체험(회심)을 통해 구원의

---

95) Moody, *The Word of Truth*, 290.
96) Grenz, 「조직신학」, 754.

확신을 가진 신자가 그리스도의 명령에 따라 우리의 신앙과 헌신을 하나님과 사람들에게 드러내 보이는 신앙고백의 한 행위라고 믿는다. 그렇다고 해서 침례식의 의미를 과소평가하는 것은 아니다. 그런 의미에서 프랭크 스태그(Frank Stagg)의 말을 인용하면서 결론을 대신하고자 한다: "침례와 그리스도와의 연합은 혼인식과 혼인생활의 관계와 같다.... 따라서 예수 그리스도에 대한 선행하는 인격적 헌신이 없는 물 침례는 공허한 제스처에 불과하다.... 혼인식이 없어도 혼인은 이루어진다. 그러나 혼인식은 혼인의 아름다움과 신성함을 한없이 더해준다. 마찬가지로 그리스도와의 연합도 물 침례 없이 가능하다. 그러나 침례는 그 연합의 아름다움과 신성함을 더해준다."97)

---

97) Frank Stagg, *New Testament Theology* (Nashville: Broadman Press, 1962), 234.

제2부
침례교회의 조직신학 전통과 정체성

카파도키아 동굴교회 내부에 있는 십자가상

07

침례교회의 조직신학 전통과 특성*

이 글은 조직신학적인 관점에서 침례교의 신학전통과 정체성을 규명하는 데 목적이 있다. 이를 위해 침례교 안에서 형성되어왔던 주요 신학패러다임들을 역사적으로, 신학적으로 검토하고자 한다. 연구의 터전으로 삼은 대상은 세 영역이다. 첫째는 침례교회의 정체성을 가장 잘 반영하는 침례교회의 기원과 신학적 특성 부분이다. 둘째는 침례교인들의 일치된 신앙과 신학을 표현한 침례교신앙고백서들의 내용이다. 셋째는 침례교인들에게 지속적으로 영향을 끼쳤던 주요 (조직)신학자들의 사상이다. 그리고 이 세 영역을 분석하는 기준은 주요 신학패러다임, 즉 칼뱅주의(Calvinism), 아르미니우스주의(Arminianism), 신학적 중도주의(theological centrism)다.[1] 따라서 이 연구의 목표는 세 가지 연구터전을 날줄로 삼고, 세 가지 주요 신학패러다임을 씨줄로 삼아 침례교회의 신학전통을 새롭게 직조하는 데 있다.

과연 "침례교회는 어떤 신학전통을 가지고 있는가?" 이 질문에 답을 내는 작업은 결코 간단하지 않다. 역사적으로 침례교인들은 규범이 될 만한 하나의 교단신학을

---

* 김용복, "침례교회의 조직신학 전통: 칼뱅주의, 아르미니우스주의, 신학적 중도주의," 「침례교회 정체성」, 개교60주년기념 (대전: 침례신학대학교출판부, 2014), 393-421.

1) 여기서 "신학적 중도주의"는 "신학적 온건주의"(theological moderatism)이라고도 칭할 수 있는데, "[칼뱅주의]의 극단과 [아르미니우스주의]의 극단을 지양하고 그 둘을 포괄하는 성서적 입장을 견지하는 태도"를 말한다. 김용복, 「침례교신학: 침례교인의 신앙과 신학 유산」, 수정재판 (대전: 침례신학대학교출판부, 2009), 270. 이는 "정치적 중도주의"(political centrism)가 좌익과 우익의 양 극단을 배제하는 경향이 있고, 중도주의자는 보수와 자유의 견해를 융합한다는 의미에서 "온건주의자"(moderate)로 분류되는 것과 유사하다. "What is Centrism," [온라인자료] http://www.wisegeek.com/what-is-centrism.htm, 2014년 2월 9일 접속.

용납하지 않았기 때문이다. 침례교인들이 특정 교리를 주장하지 않은 까닭은 교리 전통보다는 신약성서적 교회를 회복하는 것이 무엇보다도 중요한 일이라는 것을 깨달았기 때문이다. 그런 까닭에 침례교인들은 양 극단의 신학성향을 가진 사람들도 서로 침례교인으로 인정하는 일을 마다하지 않았다. 그 점에서 빌 레너드(Bill J. Leonerd)가 침례교신학은 칼뱅주의자, 아르미니우스주의자, 근본주의자, 자유주의자 등 상반된 신학적 주장을 전개하는 사람들에 의해 매우 폭넓은 스펙트럼을 형성해왔다고 서술하면서 "신학적 다양성," "회중의 자율성," "양심의 자유" 등이 그런 환경을 만들 수밖에 없었다고 진단한 것은[2] 타당한 견해다. 이는 침례교인이 되는 일이 특정한 하나의 신학패러다임을 지지하느냐 아니 하느냐로 결정되는 것이 아니라는 것을 의미한다. 그래서 어떤 사람은 칼뱅주의사상을 가지고 침례교인이 되었고, 또 어떤 사람은 아르미니우스주의 사상을 견지하면서 침례교인이 될 수 있었다.

그렇다면 누군가가 침례교인의 정체성을 가지게 되는 토대, 즉 공통분모는 무엇인가? 그것은 바로 교회에 대한 일치된 이해에서 나온다. 17세기 초에 영국에서 처음으로 침례교회가 형성되어가는 과정에서, 침례교인으로 커밍아웃한 사람들은 거의 예외 없이 교회에 대한 남다른 독특한 확신을 가지고 있었다. 그 가운데 가장 표면화된 이슈는 '침례 문제'(the question of baptism)였다. 당시 침례교인들은 자유교회 전통에 속해 있던 아나뱁티스트들(Anabaptists)과 마찬가지로 신앙의 자유를 주장하면서, 국가교회(state church)의 시스템을 거부했던 사람들이었다. 그런데 이런 행위는 단순히 신앙의 문제에 그치지 않고 국가 이데올로기를 반대하는 결과를 낳게 되었고, 그로 인해 침례교인들은 국가법을 어기는 "범법자"가 되지 않을 수 없었다.[3] 이런 상황은 침례교인들의 출현이 본질적으로 신앙의 자유에 대한 일관된 신념과 투쟁에서 비롯되었다는 것을 의미한다. 이 맥락에서 조지 트루에트(George W. Truett)는 침례교인들이 "종교와 국가적 차원에서... 일관된 기록을 가지고 있는... 자유에 관한 영원히 흔들리지 않는 투사들"이었다고 평가했다.[4] 그리고 신앙

---

2) Bill J. Leonard, *Baptist Ways: A History* (Valley Forge: Judson Press, 2003), 9.
3) Walter B. Shurden, 「침례교 신학논쟁: 침묵하지 않는 사람들의 이야기」, 김용복, 김태식 옮김 (서울: 침례회출판사, 2000), 19.

의 자유에 대한 이런 침례교인들의 열정은 신약성서적 교회를 향한 개혁을 관철시키는 동인(動因)으로 작용했다.

따라서 생명의 위험을 무릅쓰면서까지 신약성서적 교회를 구현하려했던 사람들이 "침례교회"라는 이름을 사용하는 데 칼뱅주의나 아르미니우스주의 문제는 본질적 걸림돌이 아니었다. 이 말은 적어도 침례교회라는 교회론적 공통분모를 공유하는 일과 어느 특정 신학패러다임이나 신조를 따르는 것은 별개의 문제라는 것을 의미한다. 침례교 신학전통을 제대로 접근하려면 먼저 이런 사실에 대한 인식이 선행되어야 한다. 침례교회의 역사적 배경에 대한 윌리엄 럼킨(William L. Lumpkin)의 다음과 같은 주장은 결코 과장된 것이 아니다: "침례교 운동은 구성체의 공식적인 기본원리와 정통의 기준이 되는 권위적인 신앙고백서를 만들지 않았다는 점에서 전통적으로 신조의 채택을 하지 않았다."5) 칼뱅주의와 아르미니우스주의의 갈등이 이단정죄로까지 치닫고, 결국엔 같은 그리스도인의 가슴에 비수를 꽂는 일까지 벌어진 시대상황에서, 침례교인들의 이런 태도는 대단히 이례적이고 남다른 것이었다.

침례교인들의 이런 신학적 정서는 신학논쟁을 활발하게 할 수 있는 터전을 마련해주었지만, 그 반대로 분열과 갈등도 불가피하게 만들었다. 그렇지만 그런 논쟁과 대화는 다양성을 품을 수 있는 여지와 새로운 신학적 담론을 전개할 수 있는 창의성을 침례교인들에게 안겨주었다. 월터 셔든(Walter Shurden)의 다음과 같은 말은 그 점에서 인상적이다: "당신은 침례교 역사를 연구할 때, '두 사람의 침례교인들이 만나는 곳에는 언제나 세 가지의 사상들을 발견하게 될 것이다'고 말한 옛 속담을 이해할 수 있을 것이다. 침례교의 정신은 획일성에 의한 통일성이 아니라, 다양성에서 나온 통일성에 의해 성장해 왔다."6)

---

4) George W. Truett, "Religious Liberty From the First, the Trophy of Baptists," *Report from the Capital,* 41:5, May, 1986, *Has Our Theology Changed?: Southern Baptist Thought Since 1845,* ed. Basden, Paul (Nashville: Broadman & Holman Publishers, 1994), 306에서 재인용.

5) William L. Lumpkin, 「침례교신앙고백서」, 김용복, 김용국, 남병두 옮김 (대전: 침례신학대학교출판부, 2008), 19.

6) Shurden, 「침례교 신학논쟁」, 190.

I. 침례교회의 기원과 신학적 특성

침례교회의 특징을 이해하기 위해서는 그 출현 배경을 아는 것이 중요하다. 왜냐하면 영국에서 시작된 최초의 침례교회들은 일반 침례교인들(the General Baptists)과 특수 침례교인들(the Particular Baptists)로 각각 독자적으로 출발했기 때문이다. 이는 침례교회의 신학적 다양성을 이해하는 데 결정적으로 중요한 근거가 된다.

1. 일반침례교회와 아르미니우스주의

역사상 최초의 침례교회는 1611/1612년 런던 근교의 스피탈필드(Spitalfield)에 세워진 일반침례교회였다. 이 교회를 '일반'(general) 침례교회라고 부른 것은 그들이 받아들인 신학패러다임이 아르미니우스주의였기 때문이다. 아르미니우스주의는 구원관과 관련해서 예수의 속죄사역 대상을 특정한 사람들에게 제한하지 않고 모든 사람에게 적용하는 입장을 가지고 있었는데, 그것을 보편속죄(universal atonement) 또는 일반속죄(general atonement)라 불렀다.

야코부스 아르미니우스(Jacobus Arminius)를 지지하는 사람들은 칼뱅주의의 극단적 선택설에 반발하여 항의했다 해서 항론파(Remonstrants)라고 불렸는데, 이들은 하나님의 구원 사역에서 인간의 반응과 자유의지를 강조했기 때문에 칼뱅주의의 5대 강령과는 전혀 다른 해석을 내놓았다. 그것을 간단히 정리하면 다음과 같다: (1) 인간은 타락 이후 스스로 구원에 이를 수 없을 정도로 무능력해졌지만 하나님의 은혜가 있으면 그것에 대해 반응할 수 있다(자연적 무능력, Natural Inability). (2) 하나님은 무조건적으로 선택하시는 것이 아니라 복음을 믿을지 믿지 않을지 미리 아시고 그 예지를 근거로 해서 조건적으로 선택하신다(조건적 선택, Conditional Election). (3) 그리스도의 속죄범위는 택자만을 위한 것이 아니라 모든 사람을 위한 것이다. 그리스도는 모든 사람을 위해 돌아가셨지만, 그 복음을 믿는 사람만 구원을 받는다 (보편속죄, Universal Atonement). (4) 인간은 그리스도께서 미리 부여하신 은혜로 인해 복음에 대해 반응할 수 있다(선행은혜, Prevenient Grace). (5) 따라서 최종적 상태에서 신자들은 반드시 견인되는 것이 아니라 신앙의 상태에 따라 조건적으로 견인된다(조건적 견인, Conditional Perseverance).[7]

2. 특수침례교회와 칼뱅주의

영국에서 시작된 두 번째 형태의 침례교회는 1638년에 성공회에서 분리되어 나온 사람들로부터 다시 분리된 특수침례교회였다. 교회이름이 '특수'(particular) 침례교회라 불린 것은 이 교회가 칼뱅주의 사상을 채택했기 때문이다. 칼뱅주의는 속죄사역의 대상을 모든 사람들에게 열어두지 않고 이중예정에 근거한 선택된 사람들에게만 제한했는데, 이를 제한속죄(limited atonement) 혹은 특별속죄(particular atonement)라 불렀다.

장 칼뱅(Jean Calvin)을 따르는 개혁주의자들은 구원론과 예정론 부분에서 "칼뱅주의 5대 강령"이라는 신념체계를 형성했다. 이 칼뱅주의 5대 강령은 하나님의 구원 역사를 인간의 전적 타락과 하나님의 절대 주권을 중심에 두고 해석하는 신학이다. 이른바 '튤립'(TULIP)이라고도 불리는 이 칼뱅주의의 신학패러다임은 다음과 같은 교리적 특성을 가지고 있다: (1) 인간은 타락 이후 전적으로 부패했다(전적 부패, Total Depravity). 따라서 구원을 위해 어떠한 선한 반응도 할 수 없다. (2) 하나님은 누구를 구원하고 누구를 버릴지를 창세전에 조건 없이 미리 선택했다(무조건적 선택, Unconditional Election). (3) 이미 구원받을 자와 받지 못할 자가 정해져 있으므로 그리스도의 속죄사역은 모든 사람을 위해서가 아니라 택자만을 위한 것이다(제한속죄, Limited Atonement). (4) 이런 구도 속에서 하나님은 미리 정한 사람들에게 구원으로 초대하시고 그들을 중생시키실 때 어느 누구도 그 은혜를 거부할 수 없다(불가항력적 은혜, Irresistible Grace). (5) 결과적으로 하나님이 택하고 예정하신 사람은 아무도 구원의 상태에서 타락할 수 없다(최종적 견인, Final Perseverance).[8]

그런데 이 두 유형의 침례교회들은 18세기에 각각 소시니즘(Socinianism)과 극단

---

7) 김용복, 「신앙과 신학의 만남: 간추린 조직신학」 (서울: 요단, 2004), 120.
8) Ibid., 119-20.

적(hyper) 칼뱅주의라는 신학적 일탈을 경험했고, 19세기 말에 영국침례교연맹(British Baptist Union)으로 통합되었다. 이는 신학패러다임의 차이와 갈등을 극복한 보기 드문 사례가 되었다. 리언 맥베스(Leon H. McBeth)의 설명에 따르면, 일반침례교회와 특수침례교회는 일방적이 아니라 상호영향을 끼치는 관계였다. 특히 미국에서 일반침례교회는 분리침례교회(Separate Baptists)에 끼친 영향이 지대했고, 침례교의 칼뱅주의가 "인간의 자유와 책임감을 더욱 더 강조"하는 방향으로 "완화"(moderation)되는 데 일조했다.9)

3. 미국 침례교회와 신학적 중도주의

미국의 초기 침례교회들은 영국의 상황에 비해 지역과 상황에 따라 좀 더 복잡하고 다양한 신학적 배경을 가지고 있다. 1639년에 로드 아일랜드 주의 프로비던스(Providence)에서 처음 침례교회를 시작한 로저 윌리엄스(Roger Williams)는 칼뱅주의신학을 가지고 있었던 것으로 보인다. 하지만 그는 이내 침례교회를 떠나 구도자가 되었고, 이 교회는 1650년대 중반부터 아르미니우스주의신학이 "대세를 장악"하게 되었다가 나중에 다시 칼뱅주의 전통으로 돌아가는 변화를 겪었다.10) 이런 현상은 미국 침례교회가 시작할 때 영국 침례교회와는 달리 한 지역교회의 구성원들이 어느 특정 신학체계를 일관되게 지지하지 않았다는 것을 시사한다.

그밖에 지역의 침례교회들을 살펴보면 이런 현상은 더 분명해진다. 초기 뉴잉글랜드 지역의 침례교회들은 대체로 아르미니우스주의의 입장을 취했던 것 같다.11) 버지니아 주에서 최초로 침례교회를 시작한 사람들은 영국의 일반침례교인들이었지만, 나중에 몇몇 지역에서는 칼뱅주의 침례교인들이 지배적 세력이 되었다. 캐롤라이나 주에 정착한 침례교인들도 처음에는 아르미니우스주의를 따랐다가 나중에

---

9) H. Leon McBeth, *The Baptist Heritage: Four Centuries of Baptist Witness* (Nashville: Broadman Press, 1987), 40.

10) Ibid., 136. 로버트 톨베트는 이 교회가 1652년 아르미니우스주의를 따르는 사람들과 칼뱅주의를 따르는 사람들로 분열되었다고 기록했다. Robert G. Torbet, 「침례교회사」, 허긴 역 (대전: 침례신학대학출판부, 1984), 233.

11) Edward B. Cole, 「침례교의 유래」, 임성택 역 (서울: 생명의말씀사, 1986), 36-7.

점차 칼뱅주의를 지지하게 되었던 것으로 보인다.12) 물론 칼뱅주의에 동화되지 않은 교회들은 여전히 독자적인 교회로 남았다. 특히 자유의지침례교회들(Free Will Baptist churches)은 1685년 캐롤라이나 주에 이주한 벤자민 레이커(Benjamin Laker)에 의해 시작되었는데, 그는 일반침례교회의 표준신앙고백서(1663년판)에 서명한 토마스 그랜담(Thomas Grantham)과 긴밀하게 연결되어 있었다.13) 필라델피아 지역은 18세기 초에 채택한 필라델피아지방회의 신앙고백서에 나타났던 것과 같이 전형적인 칼뱅주의를 띠고 있었다. 이 신앙고백서는 그 후 미국 침례교회에 강한 영향력을 행사하게 되었다. 이처럼 미국 침례교회들은 영국의 특수침례교회와 일반침례교회보다는 덜 양극화되었고, 심지어 한 지역교회에 특수침례교인들과 일반침례교인들이 공존하는 교회도 있었다.14)

그 뒤 미국 침례교회들은 다양한 원인으로 분열을 거듭해왔다. 현재 미국 내에 있는 침례교단의 수는 대략 80개 이상 존재하는 것으로 확인된다.15) 따라서 미국 침례교회를 연구하면서 남침례교(Southern Baptist Convention)와 같은 특정 교단에 집중하는 것은 분명히 연구의 한계를 드러내는 것이다. 그러나 남침례교는 칼뱅주의, 아르미니우스주의, 그리고 신학적 중도주의가 혼재되어 있는 양상을 보이기 때문에, 전체 침례교의 신학 특성을 파악하는 데는 오히려 좋은 모델이 되는 측면도 있다. 여기서 신학적 중도주의라고 하는 것은 구조적으로나 신학적으로 칼뱅주의와 아르미니우스주의의 두 견해를 지양하고 제3의 신학적 대안을 모색하는 견해를 의미한다.16)

---

12) Torbet, 「침례교회사」, 248-53.
13) "Free Will Baptist," [온라인자료] http://en.wikipedia.org/wiki/Free_Will_Baptist, 2013년 12월 6일 접속.
14) McBeth, *The Baptist Heritage*, 141. 147 참조.
15) "List of Baptist Denominations," *Wikipedia, the Free Encyclopedia*, [온라인자료] http://en.wikipedia.org/wiki/List_of_Baptist_denominations, 2013년 12월 6일 접속.
16) 흔히 이런 입장을 "수정된 칼뱅주의"(modified Calvinism) 혹은 "온건한 칼뱅주의"(moderate Calvinism)라고 부른다. 하지만 그것은 적절한 이름이라고 보기 어렵다. 왜냐하면 전통적인 칼뱅주의 5대 강령 가운데 하나만 지지하는 사람(one point Calvinist)을 "수정된 칼뱅주의자"라고 부르는 것은 공정하지 않기 때문이다. 반대로 어떤 사람은 그런 신학을 아르미니우스주의 관점에서 "수정된 아르미니우스주의" 혹은 "온건한 아르미니우스주의"라고 부르기를

II. 침례교신앙고백서에 나타난 신학특성 분석

공시적인 침례교의 신학특성을 파악하기 위해서는 침례교회의 신앙고백서들에 나타난 신학성향을 분석하는 것이 유용하다. 데니얼 아킨(Daniel L. Akin)의 말처럼 신앙고백은 "크거나 작든 간에 특별한 단체의 일반적인 합의"일 뿐만 아니라, "특별한 신학자들의 신념에 종속되지 않기" 때문이다.17) 특별히 이 글에서는 연구주제에 맞추어 신학적 입장을 달리하는 세 유형의 대표적 신앙고백서들을 분석하고자 한다.

1. 신앙고백서들과 신학 성향

영국에서 시작한 두 형태의 침례교회들이 최초로 발표한 신앙고백서는 일반침례교회의 "화란 암스테르담에 남아있는 영국인들의 신앙선언서"(A Declaration of Faith of English People Remaining at Amsterdam in Holland, 1611년)와 특수침례교회의 "런던신앙고백서"(The London Confession, 1644년)다. 전자는 "토마스 헬위스 신앙고백" 혹은 "27개조 신앙고백"이라고도 불렸는데, 이는 토마스 헬위스(Thomas Helwys)가 존 스마이스(John Smyth)와 결별한 뒤 작성한 신앙고백서로 아르미니우스주의신학을 표방했다. 후자는 런던에서 일곱 개의 특수침례교회가 당시 확산되던 일반침례교회와 아나뱁티스트로부터 자신들을 구별하기 위해 발표한 것이다. 이 고백서는 기본적으로 선택교리와 모든 사람에게 복음이 전파되어야 한다는 진술이 균형을 이루고 있고, 유기(reprobation)에 대한 가르침이 없다는 이유로, 온건한 칼뱅주의 신학을 표방한다고 평가받는다.18)

원하는 경우도 있다는 점에서 더욱 그러하다. 그러므로 칼뱅주의나 아르미니우스주의 앞에 "수정된"이란 수식어를 붙이는 것은 신학체계를 칼뱅주의와 아르미니우스주의에 지나치게 의존한 것이어서 적절한 분류라고 보기 어렵다.

17) Daniel L. Akin, "Southern Baptists & American Evangelicals: A Common Salvation?" *Southern Baptists & American Evangelicals: The Conversation Continues*, ed. David S. Dockery (Nashville: Broadman & Holman Publishers, 1993), 176.
18) Lumpkin, 「침례교신앙백서」, 179.

미국 남침례교 신앙고백서의 배경이 된 최초의 공식 문건은 1742년 "필라델피아 신앙고백서"(The Philadelphia Confession)다. 이 신앙고백서는 1833년 "뉴햄프셔신앙고백서"(The New Hampshire Confession)를 거쳐 1925년 남침례교의 "침례교인의 신앙과 메시지"(The Baptist Faith and Message)로 발전되었다. 이 과정에서 신학의 특성에 적지 않은 변화가 일어났다. 처음 "필라델피아신앙고백서"는 "2차 런던신앙고백서"(1677년)를 채택하여 칼뱅주의를 반영했지만, 두 번째 "뉴햄프셔신앙고백서"는 칼뱅주의와 아르미니우스주의가 혼재되어 있는 양상을 보였다. 그리고 "침례교인의 신앙과 메시지"는 두 신학패러다임의 중도를 표방하는 신앙고백으로 바뀌게 되었다. 이런 변화는 남침례교인들이 교리적 칼뱅주의에서 벗어나 좀 더 선교지향적이면서 온건하고 관용적 성향의 신학입장을 선호하게 되었다는 것을 의미한다.[19] 데이비드 다커리(David Dockery)는 이 상황을 다음과 같이 설명했다:

> 19세기 동안 필라델피아 신앙고백(Philadelphia Confession)의 일관된 칼뱅주의는 뉴햄프셔신앙고백(New Hampshire Confession, 1833)의 좀 더 완화된 칼뱅주의의 영향력이 커짐에 따라 수정되었다. 그리고 뉴햄프셔신앙고백서는 1925년과 1963년 침례교신앙과 메시지(Baptist Faith and Message)의 토대가 되었다. 이러한 수정과 반작용, 지속되는 다양성은 20세기 침례교신학의 특성이 되었다.[20]

1925년에 남침례교 총회에서 채택된 "침례교인의 신앙과 메시지"는 당시 진화론과 현대주의 신학에 대한 전통적인 신조와 교리적 입장을 강화하기 위한 목적을 가지고 있었다. 이 고백서는 그 뒤에 세 차례(1963년, 1998년, 2000년) 더 수정되었다. 이 연구에서 사용한 신앙고백서는 1963년 판이다.

---

19) 이는 남침례교 문화가 1차 대각성 이후에 나타났던 정규침례교 문화와 분리침례교 문화를 하나로 통합된 양상이라는 점과 무관하지 않다. 제임스 가렛은 찰스턴 침례교(정규침례교)의 "질서"(order)전통과 샌디 크릭 침례교(분리침례교)의 "정열"(ardor)전통이 남부 지역에서 연합해서 남침례교의 "제3의 어떤 것"(a tertium quid)이 되었다고 진단했다. James Leo Garrett,, Jr. "The Distinctive Identity of Southern Baptists vis-à-vis Other Baptists," *Baptist History and Heritage* vol. 31, no. 4 (Oct. 1996): 7.

20) David S. Dockery, "Baptist Theology and Theologians," *Baptist Theologians*, ed. Timothy George and David S. Dockery (Nashville: Broadman Press, 1990), 689.

2. 신앙고백서 분석과 그 결과

영국과 미국의 신앙고백서들에 나타난 중요한 특징은 그 신학 배경이 크게 세 패러다임으로 나뉘었다는 점에서 찾을 수 있다. 이런 성향은 각 패러다임을 대표하는 1611년 "토마스 헬위스신앙고백서," 1644년 "런던신앙고백서," 1963년 "침례교인의 신앙과 메시지"를 다섯 가지 주제로 분석하면 분명하게 드러난다.

첫째, 원죄와 죄책의 전가(imputation) 측면에서 보면, 1611년 신앙고백서는 아담의 불순종으로 인해 죽음이 모든 인류를 지배하게 되었다(2조)고 전제하고, "사람은 죄 안에서 잉태되어 불의한 데서 태어"나고 "선을 행할 지식이 결핍"되어 있으며, "타락하여 온갖 죄악에 물들어 선한 성품과 의지를 함께 지니지 못하게 되었다"(4조)고 고백했다. 1644년 신앙고백에서는 "그 타락 이후 모든 것은 죄 가운데서 잉태되고 불법 안에서 태어났으며, 본성상 진노의 자녀"가 되었으며, "죄의 노예가 되어 죽음에 예속되었고 그 밖의 모든 재난이 죄로 인해 이 세상에 영원토록 임하게" 되었고, "본성 안에서 그리스도와 무관한 존재가 되고 말았다"(4조)고 진술했다. 1963년 신앙고백서는 아담의 죄가 인류에게 전가되었다고 전제하고, "그로 인해서 인간의 후손은 죄를 향한 본성과 환경을 물려받음으로써, 인간은 도덕적인 행동을 할 수 있었지만 이내 범법자가 되고 정죄 아래 놓이게 되었다"(3조)고 선언했다.21)

둘째, 선택과 예정 측면에서 보면, 1611년 신앙고백서는 창세전에 하나님이 "믿을 모든 자를 구원하시고, 믿는 자는 누구나 저주를 받지 않을 것으로 예정"하셨는데, 하나님은 이 "모든 것을 미리 아신다"고 말함으로써(5조) 예지예정의 입장을 보여주었다. 계속해서 이 고백서는 "하나님은 사람이 심판을 받을 악인이 되도록 예정하신 것이 아니라, 악인이 된 자가 심판 받도록 예정하신 것"(5조)이라고 진술했다. 1644년 신앙고백서는 하나님이 영원 전에 작정하셨는데, 그 작정은 "그분의 선하고 즐거운 뜻에 따라, 어떤 사람은 예수 그리스도를 통해 영생을 주기로 예정하심으로 그분의 은혜에 찬양과 영광을 돌리게 하셨고, 나머지 사람들은 그들 자신의 죄 가운데서 정당한 저주를 받게 하심으로 하나님의 정의로움을 찬양하게 하셨

---

21) 김용복, "신앙고백서를 통해 본 침례교신앙의 패러다임," 「복음과 실천」 35집 (2005 봄): 140-3.

다"(3조)는 구원의 예정을 제한적으로 적용했다. 1963년 신앙고백서는 하나님의 선택이 "인간의 자유로운 행위와 모순되지 않고 그 목적과 연결되는 모든 수단을 내포"하며, "그것은 하나님의 주권적인 선함이 영광스럽게 나타난 것이고, 무한토록 지혜롭고 거룩하고 변함이 없는 것"이며, "자랑을 배제하고 겸손을 조장한다"고 진술했다.22)

셋째, 속죄 범위의 측면에서 보면, 1611년 신앙고백서는 예수 그리스도의 순종으로 "모든 사람이 의로 여기심을 받았다"(3조)고 진술함으로써 마치 보편구원론과 같은 입장을 보여주었다. 하지만 신앙고백서 전체에서 보면 만인이 구원을 받는다거나 지옥을 부정하는 견해가 들어갈 자리는 없는 까닭에 이 주제는 보편속죄설로 해석하는 것이 타당하다. 1644년 신앙고백서는 예수 그리스도의 죽음을 통해 "택자, 즉 하나님 아버지가 그에게 주신 자들만을 위해 구원과 화해를 베푸셨다"(21조)고 선언하며 제한속죄설을 표방했다. 1963년 신앙고백서는 구원이 "신자들을 위해 영원한 구속을 획득하신 예수 그리스도를 주님과 구세주로 받아들이는 모든 사람에게 공로없이 주어지는 것"(4조)이라고 함으로써 전형적인 보편속죄설을 반영했다.23)

넷째, 하나님의 은혜라는 측면에서 보면, 1611년 신앙고백서는 하나님이 은혜를 베풀어 주시고 "너와 네 자손이 살기 위하여 생명을 택하라(신 30:19)고 하신 것과 같이, 사람이 그 은혜를 받을 수도, 거절할 수도 있도록 되어 있다"(4조)고 함으로써, 은혜를 선택할 수 있다는 사상을 보여주었다. 1644년 신앙고백서는 "우리는 죄와 범법으로 죽었기 때문"에 "믿는 행위는 전적으로 수동적"이라고 전제하고 "죽은 자로부터 부활하신 그리스도의 능력 이외에는 그 어떤 힘으로도 우리는 회심할 수 없다"(24조)고 말함으로써 인간 편에서 선택의 여지를 제거했다. 1963년 신앙고백서는 중생이 하나님의 은혜에 의한 사역이라는 점을 전제하고, 그것은 "성령에 의해서 죄의 확신을 통해 갖게 되는 일종의 마음의 변화"이며, "죄인은 그것에 대해 하나님을 향한 회개와 주님 예수 그리스도 안에서의 믿음으로 응답한다"(4조)고 말함

---

22) Ibid., 143-5.
23) Ibid., 145-7.

으로써 인간 편의 반응을 강조했다.[24]

다섯 째, 신자의 견인과 배교 측면에서 보면, 1611년 신앙고백서는 히브리서 6장의 말씀을 근거로 "사람이 하늘로부터 오는 은사를 받고 성령을 힘입어, 하나님의 선하신 말씀과 장차 세상에 임할 권능을 맛본 후에도 저희가 받아들이고 인식한 하나님의 은혜와 진리로부터 탈락할 가능성"(7조)을 가지고 있다고 선언했다. 계속해서 "어떤 사람이든지 한번 은혜를 힘입으면 언제나 그 은혜를 보유한다고 생각할 수는 없"으며, "최후까지 신앙을 지속하면 사람은 구원받는다고 믿을 것"(7조)이라고 함으로써 신앙을 지켜야 할 인간의 책임을 강조했다. 1644년 신앙고백서는 믿는 자들이 "최종적으로나 전체적으로 그 믿음에서 결코 떨어져 나갈 수 없다"(23조)고 선언했다. "하나님의 능력이 그들을 구원에서 지키실 것이며, 이전에 하나님의 손바닥에 새겨짐으로써 그들은 이미 소유한 구원을 즐"(23조)기게 될 것을 주장했다. 1963년 신앙고백서는 "모든 참된 신자는 끝까지 인내"한다고 전제하고, "하나님이 그리스도 안에서 받아들이고 성령에 의해 성화된 사람은 은혜의 상태에서 결코 떨어져 나가지 않고 마지막까지 보존될 것"(5조)임을 확인했다.[25]

이상에서 분석한 내용에 따르면, 1611년 "토마스 헬위스신앙고백서"는 전형적인 아르미니우스주의를 반영했고, 1644년 "제1차 런던신앙고백서"는 칼뱅주의를 표방했다. 그러나 미국 남침례교의 "침례교인의 신앙과 메시지"는 칼뱅주의도, 아르미니우스주의도 아니었다. 이런 성향의 신학은 앞에서 "신학적 중도주의"라고 불렀던 것과 동일한 것이었다. 레너드는 "침례교인의 신앙과 메시지"가 수정된 칼뱅주의와 아르미니우스주의의 영향을 반영한다고 진단했다. 그는 이 남침례교의 신앙고백서가 "교리적 모호성을 견지"하게 된 것은 "교리적 입장이 선교적 사명을 수행하는 데 가능한 한 많은 남침례교인들이 충분히 일치할 수 있도록 일반적인 용어로 표현된 것"이라고 해석했고, 그것은 "스스로를 침례교인이라고 여기는 개인이나 교회에 다양한 해석과 전통을 위한 여지를 허락"했다고 주장했다.[26] 또한 대니얼 아킨스는

---

24) Ibid., 147-9.

25) Ibid., 149-50.

26) Leonard, "Southern Baptist Confessions: Dogmatic Ambiguity," 167.

"침례교인의 신앙과 메시지" 5조 "하나님 은혜의 목적"을 해설하면서 이런 진술은 너무 일반적이기 때문에 "극단적 칼뱅주의자, 수정된 칼뱅주의자, 심지어 아르미니우스주의나 세미펠라기우스주의는 아니라 하더라도 그것에 가까운 사람들도 주장할 수 있는 것"이라고까지 평가했다.27)

남침례교가 채택한 이 신앙고백서는 1925년에 처음으로 작성된 이래 지금까지 기본 구조와 내용이 크게 달라지지 않았다. 물론 점점 더 신조화되고 있는 교단의 분위기를 보면, 언젠가 크게 수정될 가능성도 없지는 않다. 하지만 남침례교 안에서 성서해석 문제로 인해 근본주의자들과 온건주의자들 사이에 갈등이 극대화되어도 이와 같은 중도주의신학에 기초한 신앙고백서는 당분간 쉽게 포기되지 않을 것으로 보인다. 대부분의 남침례교인들은 특정 교리 문제 때문에 일치된 신앙고백을 하지 못하는 지경까지 분열되는 것을 바라지 않을 것이기 때문이다. 이는 이 신앙고백서가 남침례교인들에게 현실적으로 유용할 뿐 아니라 신학적으로 큰 불만이 없다는 것을 입증하는 것이기도 하다.

III. 세 신학패러다임과 주요 신학자들

그렇다면 침례교의 신학자들은 어떤 신학 패러다임을 지지하고 있는가? 물론 그들의 신학사상을 일반화하는 것은 가능하지 않다. 「침례교 신학자들」에 소개된 33명의 신학자들만 보더라도 그 신학적 스펙트럼이 얼마나 다양한지 어렵지 않게 확인할 수 있다. 여기서는 앞에서 제시했던 세 신학패러다임의 관점에서 신학자들을 선별하여 그 신학적 주장들을 핵심적으로 살펴보고자 한다.

1. 아르미니우스주의와 침례교 신학자들

영국 침례교회에서 아르미니우스주의를 주장한 최초의 인물은 존 스마이스(John Smyth)였다. 이는 그가 세계에서 가장 먼저 시작된 "침례교회의 개척자"(Baptist

---

27) Akin, "Southern Baptists & American Evangelicals: A Common Salvation?" 179.

Pathfinder)28)라는 점에서 중요한 역사적 의의가 있다. 초기 저작들에서 볼 때 스마이스는 처음에 "확고한 칼뱅주의자"(confirmed Calvinist)였지만, 나중에 그는 네덜란드의 메노나이트들을 만나면서 일반속죄를 믿는 아르미니우스주의자가 되었다.29)

18-19세기 영국의 대표적 아르미니우스주의 신학자는 1814년 뉴커넥션(New Connection)을 결성했던 댄 테일러(Dan Taylor)를 들 수 있다. 테일러는 일반침례교회에 합리주의가 잠식해 들어가 유니테리안 사상과 만인구원론으로 확산되는 것을 대응하기 위해 "뉴커넥션 신앙조항"(Articles of Religion of the New Connexion, 1770)을 작성했다. 그는 인간의 본성이 비참하게 파괴되었지만, 하나님의 은혜를 받아들일 만한 믿음은 행사할 수 있다고 보았으며, 믿음은 중생에 선행한다고 주장했다. 또한 그는 하나님의 주권보다는 인간의 반응을 강조함으로써 불가항력적 은혜를 받아들이지 않았고, 성도의 견인을 주장하였지만 하나님의 사역과 인간의 사역을 동시에 강조했다. 그리고 그리스도의 속죄는 그리스도를 믿는 자들에게만 적용된다고 제한함으로써30) 만인구원론으로 가는 것을 차단했다.

19세기 중반 탁월한 아르미니우스주의 신학자는 1891년 영국침례교연맹을 주도했던 존 클리포드(John Clifford)였다. 클리포드는 신조나 교리보다는 양심의 자유와 성서해석의 자유를 더 중요하게 생각했다. 그는 속죄론에서 형벌대속설(penal substitution)을 거부했고, 전통적인 죄의 전가설(imputation)을 받아들이지 않음으로써 원죄의 결과들과 인간의 타락 문제를 최소화했다.31)

미국 남침례교에서 아르미니우스주의신학을 주장한 데일 무디(Dale Moody)는 조직신학자 가운데 칼뱅주의 5대 강령을 모두 완벽하게 거부했던 대표적 신학자였다. 그리고 그의 이런 신학입장은 성서연구를 근거로 도출되었다는 점에서 파급효과가

---

28) James E. Tull, *Shapers of Baptist Thought* (Valley Forge: Judson Press, 1972), 9.
29) Ibid., 27; James M. Hill, "John Smyth: Root of the Baptists," [온라인자료] http://www.christiansforchrist.org/articles/church-history/john-smyth-root-of-the-baptists, 2014년 2월 4일 접속.
30) Jared Moore, "Dan Taylor vs. John Gill," [온라인자료] http://jaredmoore.exaltchrist.com/discernment-christian/polemics-a-healthy-debate/dan-taylor-vs-john-gill, 2014년 2월 4일 접속.
31) Thomas Nettles, "John Clifford (1836-1923): Irrepressible Liberal," 75-6, [온라인자료] http://www.sbts.edu/resources/files/2010/07/sbjt-064_win02-nettles.pdf, 2014년 2월 4일 접속. (58-81)

적지 않았다. 무디의 신학 초점은 결과적으로 "성서의 역사적 해석에 신학의 뿌리를 내리는 것일 뿐 아니라 성서에 근거해서 전통을 재평가"하는32) 일에 있었다. 무디는 아우구스티누스 - 칼뱅의 전통이 "인간의 전적 타락"에서 출발함으로써 은혜와 믿음 사이의 관계를 왜곡해 왔으며, 믿음을 단지 "인간을 향한 저항할 수 없는 하나님의 선물"로 이해함에 따라 절대예정 교리로 급격히 빠져들 수밖에 없었다고 전제했다.33) 그는 바울과 베드로가 말한 예정에는 "인간의 조건"이 전제되어있으며, 그 조건은 "믿음의 자유로운 반응, 즉 하나님의 은혜와 인간의 믿음"이라고 간파했다. 그리고 이 "조건적 예정"(conditional predestination)은 "신약의 가르침"이지만, "절대적 예정"(absolute predestination)은 "인간의 전통이요 성서 언어의 불행한 왜곡"이라고 주장했다.34)

특히 무디는 신자의 견인 교리, 즉 신자의 영원한 안전교리를 반박하는 데 그의 신학을 집중했다. 그는 1941년, 1961년, 1981년 이렇게 세 차례에 걸쳐 배교(apostasy)에 관한 큰 논쟁을 겪었다. 특히 그의 교수경력 후반기에 다룬 배교(apostasy) 문제는 그가 가르친 수업마다 "지속된 주제"였는데, 무디는 영원한 안전(eternal security) 교리가 어떤 사람이 구원받은 뒤에 "마귀처럼 살아도 된다"는 것을 의미하는 것에 대해 특별히 주목했다.35) 실례로 영원한 안전교리를 주장하던 찰스 스탠리(Charles F. Stanley)는 "백성을 향한 하나님의 사랑은 믿음에서 떠난 사람들까지 하나님의 손에서 빠져나갈 가능성을 전혀 허용하지 않는 위대한 것"이라고 주장했다.36) 이런 견해는 "구원받은 불신자"라는 개념이 가능하다는 것인데, 이런 개념은 칼뱅주의자와 아르미니우스주의자 모두로부터 비판받을 수밖에 없다.37)

---

32) Danny R. Stiver, "Dale Moody," *Baptist Theologians*, 547.
33) Paul Basden, "Predestination," *Has Our Theology Changed?*, 66.
34) Dale Moody, *The Word of Truth: A Summary of Christian Doctrine Based on Biblical Revelation* (Grand Rapids: Eerdmans, 1981), 347.
35) Stiver, "Dale Moody," 551.
36) Charles Stanley, *Eternal Security: Can You Be Sure?* (Nashville: Thomas Nelson, 1990), 91, 「한번 받은 구원 영원한가」, 이한상 역 (서울: 부흥과개혁사, 2011), 158에서 재인용.
37) Stephen M. Ashby, "개혁주의적 아르미니우스주의 관점에서의 논평," 「한번 받은 구원 영원한가」, 183.

클라크 피노크(Clark Pinnock)는 칼뱅주의자에서 웨슬리-아르미니우스주의자로 신학적 입장을 바꾼 경우다. 그는 영원한 안전 문제를 다룬 하워드 마샬(I. H. Marshall)의 히브리서 강해, 「하나님의 능력으로 보존」(Kept by the Power of God, 1969)을 통해 칼뱅주의 신학의 심각한 문제점을 발견하고 신학적 회심을 감행했다.38) 피노크는 모든 사람을 구원하고자 하시는 하나님의 열망을 거부하는 모든 형태의 신학을 반대했다.39) 피노크는 인간의 전적 타락 교리를 의심했고, 칼뱅의 "끔직한 작정" 교리를 받아들이지 않았다. 그러나 피노크는 철두철미한 아르미니우스주의자는 아니다. 그는 하나님의 예지하심에 대해 아르미니우스주의자들과는 다른 견해를 제시했기 때문이다. 그것은 하나님이 미래에 인간들이 어떤 결정을 하게 될지 알지 못하신다는 것이다. "열린 신론"(open theism)으로 알려진 이런 견해는 하나님을 이 세상에 의존적 존재로 만들고 말았다.

2. 칼뱅주의와 침례교 신학자들

영국에서 두 번째로 시작된 특수침례교회의 조직신학자 존 길(John Gill, 1696-1771)은 칼뱅주의 신학패러다임 안에서 철저하게 신학을 했던 인물이다. 길은 하나님의 절대 주권을 강조하면서 유기된 사람들에 대해 다음과 같이 표현했다: "나는 어떤 사람들이 선택받았을 때, 어떤 사람의 아들들은 선택받지 못했거나 거절당한다는 것을 증명할 것이다.... 상식적으로 보더라도 사람이나 사물의 경우에, 선택된 것이 있으면 버려진 것이 있는 것이다."40) 그리고 그는 "[이러한 행동의] 유효한 원인은 하나님이다. 주님이 모든 일들을 당신의 영광을 위해서 행하신다.... [따라서] 하나님이 아담 이후 인류의 일부를 그의 호의로부터 거절하려고 작정하게 된 동기는 죄 때문이 아니라 하나님의 선하고 기쁘신 뜻" 때문이라고 주장했다.41)

---

38) Robert V. Rakestraw, "Clark H. Pinnock," *Baptist Theologians*, 553.
39) Clark H. Pinnock, "Introduction," *Grace Unlimited*, ed. Clark H. Pinnock (Minneapolis: Bethany Fellowship, 1975), 11.
40) John Gill, *A Body of Doctrinal Divinity, A Complete Body of Doctrinal and Practical Divinity or A System of Evangelical Truths*, Reprinted (Paris: The Baptist Standard Bearer, 1987), 193.
41) Ibid., 196, 197.

이처럼 길이 하나님의 주도권(God's initiative) 교리를 지나치게 강조한 배경에는 기독교의 근본진리가 "이신론, 합리주의, 아르미니우스주의의 잘못된 성향에 의해 침해당하고 훼손된다"고 믿었기 때문이다.42) 하지만 길이 주장한 타락전 선택설(supralapsarianism)은 선교의 당위성을 약화시키는 결과를 초래했다는 지적을 받는가 하면,43) 그의 신학은 특수침례교인들을 "죽음의 키스"(the kiss of death)로 인도했다는 혹평을 받았다.44)

칼뱅주의의 주요 주장을 받아들이면서도 그 신학의 선교적 한계를 인식하고 새롭게 해석을 시도했던 인물은 앤드류 풀러(Andrew Fuller, 1754-1815)였다. 맥베스의 설명에 따르면, 풀러는 그 동안 「군림」했던 길의 사상에 "도전"했고, 길의 "극단적" 칼뱅주의를 "수정"했다.45) 풀러는 구원관에서 칼뱅주의의 견해를 지지했지만, 복음의 가치와 그 중요성과 관련해서 구원의 대상을 제한하지 않았다는 점에서 전통적 칼뱅주의와 달랐다. 이런 그의 신학입장은 「만인이 받을 만한 가치가 있는 복음」(The Gospel Worthy of all Acception, 1801)이라는 제목으로 출판되었다. 이 책은 죄인들이 그리스도를 믿는 것은 하나님의 선물이 아니라 의무라는 것을 강조했다.46)

영국 침례교의 목회자를 대표할 만한 명성을 얻었던 찰스 스펄전(Charles H. Spurgeon, 1834-1892)은 인간이 전적으로 타락했으며 믿음은 성령의 선물이라고 이해한 점에서 칼뱅주의 신학을 지지했던 인물이다. 하지만 그는 칼뱅주의의 한계에 갇히지 않고 복음전도의 필요성을 역설했다는 점에서 이론적 칼뱅주의자는 아니었다. 그는 "만일 내가 당신들의 영혼을 회심시킬 수 있다면 머리를 땅에 대고라도 설교를 하겠다"47)고 말할 정도로 복음전도와 회심을 강조했다. 그래서 그의 칼뱅주의는 "복음전도적 칼뱅주의"(evangelical Calvinism) 또는 "역동적 칼뱅주의"(dynamic

---

42) Timothy George, "John Gill," *Baptist Theologians*, 95.
43) L. Russ Bush and Tom J. Nettles, 「침례교인과 성경」, 노창우 역 (서울: 요단출판사, 1986), 147-8.
44) McBeth, *The Baptist Heritage*, 178.
45) Ibid., 237, 245.
46) Phil Roberts, "Andrew Fuller," *Baptist Theologians*, 125-6.
47) Lewis A. Drummond, "Charles Haddon Spurgeon," *Baptist Theologians*, 276.

Calvinism)라 불렸다.48) 루이스 드루먼드(Lewis A. Drummond)는 스펄전이 하나님의 선택과 예정을 굳게 믿었고, 동시에 인간의 응답과 그에 대한 인간의 책임을 집요하게 강조한 점에서 "면도칼의 모서리"(the razor's edge)를 걸었다고 말하면서 "스펄전 자신의 극적인 '아르미니우스적 방식'(Arminian-style)의 회심이 그를 회개와 믿음으로의 성서적 소명에 헌신하게 했고, 그런 주장을 하게 한 것 같다"고 평가했다.49)

미국 침례교인 가운데 최초로 조직신학을 체계화한 인물로 평가받는 존 대그(John L. Dagg, 1794-1884)는 인간 본성의 문제에서 전형적인 칼뱅주의 신학패러다임을 벗어나지 않았다: "우리는 본성에서 볼 때 전적으로 타락한 상태에 있다. 육적 마음에는 거룩함을 향한 성향이 존재하지 않는다. 그리고 그 마음이 변화될 때까지는 어떤 거룩한 행위도 할 수 없고, 하나님을 섬길 수도 없다. 이 변화를 일으키는 것은 성령의 역할이다."50) 또한 선택의 교리를 설명할 때도 그는 소제목을 "최종적으로 구원을 받게 될 모든 사람들은 하나님 아버지에 의해 창세전에 구원으로 선택되었고, 은혜 언약 안에서 예수 그리스도에게 주신 자들"51)이라며 견인론과 연결시켰다. 대그가 노예제도를 성경에서 허용한 제도라고 옹호하고, 그 제도를 통해 하나님의 "통치적 섭리"(overruling providence)가 나타났다고 주장한 것도52) 어쩌면 그가 얼마나 하나님의 절대적 주권이라는 사상에 깊이 빠져있었는지를 보여주는 하나의 사례라고 할 수 있다. 대그의 신학은 칼뱅주의를 남부 침례교회의 정통으로 분명하게 유지했으며, 개척 지역에서 침례교회의 정통으로 자리잡으려하는 지계석주의(Landmarkism)를 명확하게 반박한 것이었다.53)

서든침례신학대학원(Southern Baptist Theological Seminary)을 설립하고 30년간 조직신학을 가르친 제임스 보이스(James P. Boyce, 1827-1888) 역시 잘 알려진 "엄격한"(strict) 칼뱅주의자였다.54) 그는 "젊은이들이 신학교에 들어올 때는 일반적으로

---

48) Lewis A. Drummond, *Spurgeon: Prince of Preachers* (Grand Rapids: Kregel, 1992), 611.
49) Drummond, "Charles Haddon Spurgeon," 273, 274.
50) John L. Dagg, *A Manual of Theology,* New Edition (Harrisonburg: Gano Books, 1982), 277.
51) Ibid., 309.
52) Mark E. Dever, "John L. Dagg," *Baptist Theologians,* 180-1.
53) Ibid., 181.

아르미니우스주의자다 하더라도, 그의 [조직신학] 강의를 통해 강력한(strong) 칼뱅주의 견해로 바뀌지 않는 사람은 거의 없었다"고 말할 정도였다.55) 보이스는 인간의 "전적 무능력"과 영원 전에 특정한 사람들이 하나님의 기쁘신 뜻에 따라 구원으로 예정되었다고 하는 사상을 분명하게 가르쳤다.56) 하지만 보이스는 인간의 책임을 무력화하고 선교의 필요성을 반대하는 극단적 칼뱅주의자는 아니었다. 사실 그는 하나님의 주권과 인간의 자유의지에 대해 균형을 이루려고 누구보다도 더 많이 노력한 신학자로 평가를 받기도 했다. 험프리스(Fisher Humphreys)는 보이스가 "신인협력설"(synergism)이라는 사상을 끌어안은 것은 그가 성서에 진실하려는 의도가 있었기 때문이라고 분석했다.57) 이런 보이스의 신학적 성향은 어쩌면 침례교인들이 가지고 있는 복음전도의 열정과 무관하지 않은 것 같다. 보이스는 하나님의 주권과 인간의 자유에 대해 그것은 "모순될 수 없다. 그것들은 반드시 조화될 수 있어야 한다"고 말했고, 오직 인간의 "제한된 지식" 때문에 하나님의 작정이 인간의 자유 행위를 거슬리지 않는다는 진리를 보지 못한다고 주장했다.58) 그러므로 보이스는 "폐쇄된 체계에 갇힌 완고한 이론가"가 아니었다는 평가와, 보이스가 서든침례신학대학원 교직원에게 서명하게 했던 "원리강령"(Abstract of Principles)이 필라델피아 신앙고백에서 명백하게 표현된 칼뱅주의의 몇 가지 요소, 속죄의 범위와 유기의 교리에 침묵을 지킨 것은59) 보이스의 칼뱅주의를 이해하는 데 주목할 만한 대목이다.

이상에서 살펴본 바에 따르면, 침례교회 안에 있는 칼뱅주의는 하나의 고정된 틀 안에 갇혀 있었다기보다는 여러 가지 새로운 해석들을 통해 폭넓은 스펙트럼을 보여주었다는 것을 알 수 있다. 그 가운데 어떤 신학자들은 극단적 칼뱅주의를 주

---

54) Timothy George, "James Petigru Boyce," *Baptist Theologians*, 260.

55) Ibid., 255.

56) James P. Boyce, *Abstract of Systematic Theology* (Philadelphia: American Baptist Publication Society, 1887), 246.

57) Fisher Humphreys, "The Christian Life," *Has Our Theology Changed?* 140.

58) Boyce, *Abstract of Systematic Theology*, 118; Paul Basden, "Theologies of Predestination in the Southern Baptist Tradition: A Critical Evaluation" (Ph.D. Dissertation, Southwestern Baptist Theological Seminary, 1986), 53.

59) George, "James Petigru Boyce," 261.

장했고, 또 다른 신학자들은 그보다 완화된 칼뱅주의를 받아들였다.

3. 중도주의와 침례교 신학자들

미국 남침례교에서 중도신학을 전개한 대표적 신학자는 에드가 멀린스(Edgar Y. Mullins)였다. 그는 1920년대 진화론 등 현대주의 사상의 침투로 근본주의 논쟁이 극심하던 때 중도적 신학과 태도로 갈등을 봉합하기 위해 온건한 입장을 견지하면서, "기독교신앙을 자연주의로 환원하는 것에 저항했고, 역사나 과학의 합리적 주장들을 거부하는 반계몽주의자를 거부"했다.60) 또한 멀린스는 진화론 논쟁에서와 마찬가지로 칼뱅주의와 아르미니우스주의를 대할 때도 중도적 입장을 내세웠다. 그가 이 두 견해의 극단을 지양 극복하기 위해 집필한 조직신학 저서는 「기독교신앙의 교리적 표현」(The Christian Religion in Its Doctrinal Expression)이다.61) 멀린스는 이 책 서문에서 중도적 신학을 전개하게 된 배경을 다음과 같이 서술했다:

> 아르미니우스주의는 인간의 자유를 너무 강하게 주장한 나머지 하나님에 관한 어떤 본질적인 진리를 무시했다. 그것에 반대해서 칼뱅주의는 아르미니우스주의에 맞서서 하나님의 주권에 관한 진리를 열렬하게 수호하려다가 결과적으로 극단적으로 나아갔다. 그러므로 우리는 위의 두 체계에 있는 진리를 보존하면서도, 두 주의(主義)를 버리고, 성경으로 더 가까이 나아가는 것을 배우고자 한다.62)

멀린스가 행한 가장 커다란 신학적 업적은 남침례교인들로 하여금 칼뱅주의와 지계석주의의 극단적 표현들로부터 멀어지게 했다는 데 있다.63) 피셔 험프리스는 멀린스가 극단적인 칼뱅주의와 아르미니우스주의에 대해 하나의 중도적 입장(a moderate position)을 취했고, 그의 이런 성향이 남침례교의 신앙생활에 지배적이 되

---

60) Fisher Humphreys, "E. Y. Mullins," *Baptist Theologians*, 334.
61) Edgar Y. Mullins, *The Christian Religion in Its Doctrinal Expression* (Philadelphia: Roger Williams Press, 1917).
62) Ibid., vii.
63) Humphreys, "E. Y. Mullins," 345.

었다고 평가했다.64) 하지만 중도주의 신학은 일목요연하게 논리적으로 설명되기가 쉽지 않아서, 즉 그 모호함 때문에 양쪽으로부터 비판을 받는 것도 사실이다.

1920년대 근본주의 논쟁에서 멀린스가 양쪽 진영을 중재하는 일을 했다면 허셀 홉스(Herschel H. Hobbs)는 1960-1970년대에 그와 같은 역할을 했던 인물이다. 홉스는 칼뱅주의의 전적 타락, 선택의 무조건성, 이중예정, 제한속죄, 불가항력적 은혜 등 어느 것도 받아들이지 않았다는 점에서 일견 아르미니우스주의자로 분류될 수 있다. 특히 그는 1925년판 "침례교인의 신앙과 메시지"에서 "그의 후손은 타락하고 죄에 속박된 본성을 물려받는다"라고 언급된 부분을 1963년판에서 "그의 후손은 죄에 치우친 본성과 환경을 물려받는다"고 진술하도록 영향력을 행사함으로써, 전적 타락에 대한 칼뱅주의의 해석을 완화시켰다는 평가를 받았다.65) 하지만 그는 마지막 성도의 견인교리를 받아들임으로써 철저한 아르미니우스주의자가 되는 것을 포기했다. 그 점에서 그는 '4교리 아르미니우스주의자'(Four Point Arminian)라 부를 만하다. 큰 틀에서 보면 이런 홉스의 견해는 일반적으로 남침례교인들의 신학적 중도 노선과 맥을 같이 하는 것이었다. 이는 홉스가 한 인터뷰에서 남침례교인들이 중도를 선호하고 있다며 다음과 같이 주장한 것과도 무관하지 않다: "우리는 어떤 면에서도 극단주의자가 된 적이 없었다.... 남침례교인들은 5% 정도의 극우파와 5%의 정도의 극좌파가 있다.... 그러나 90%의 남침례교인들은 중도 노선을 취하고 있다."66) 사실 많은 부분에서 홉스의 신학은 멀린스의 그것과 무척 닮았다. 그가 멀린스의 책을 새롭게 펴내면서 자신의 이름과 멀린스의 이름을 공저로 했다는 점도 이 사실을 입증해준다.67)

밀라드 에릭슨(Millard J. Erickson)도 중도적 신학을 전개한 신학자로 분류될 수 있다. 그는 침례교인들이 어느 특정 신학자의 "후광"에 의존하지 않는다고 말한 점에서 볼 때 충분히 "침례교적"이다. 그가 특정한 신학패러다임 안에서 신학을 하지

---

64) Ibid., 333.

65) Mark Coppenger, "Herschel Hobbs," *Baptist Theologians*, 445.

66) Ibid., 441.

67) Herschel Hobbs and E. Y. Mullins, *The Axioms of Religion* (Nashville: Broadman Press, 1978). 이것은 같은 제목의 멀린스 책(1908년)을 허셀 홉스가 재출판한 것이다.

않은 것도 같은 맥락에서 이해된다. 그러다보니 에릭슨은 어떤 주제에서는 전형적인 칼뱅주의 해석을 내리는가 하면 또 다른 주제에서는 반(反)칼뱅주의 해석을 선택하는 이중적 모습을 보이기도 했다. 예를 들어 그는 구원론에서 온건한 칼뱅주의의 구원순서(ordo salutis)를 수용하는 것 같으면서도, 회심을 중생 이전에 일어나는 사건으로 주장함으로써 칼뱅주의 구원관에 반기를 들었던 것이다.68) 이런 에릭슨의 신학은 결과적으로 칼뱅주의자들과 아르미니우스주의자들 모두에게서 비판받을 수 있는 것이었다.

　남침례교 안에는 이 세 가지 유형의 신학적 입장들에 관한 끊임없는 갈등과 대화가 현재까지 계속되고 있다. 2006년 알버트 몰러 2세(Albert Mohler, Jr.)는 남침례교목회자협의회(SBC Pastoral Conference)에서 남침례교인들은 모두 칼뱅주의자라고 주장한 바 있다. 이는 "한번 구원은 영원한 구원"이라는 교리를 받아들이는 사람은 어떤 의미에서든 모두 칼뱅주의로 간주하기 때문이다.69) 하지만 이런 태도는 칼뱅주의라는 이름을 지나치게 폭넓게 적용한 부적절한 사례로 비판받지 않을 수 없다. 몰러의 이런 메시지는 아르미니우스주의자들이 남침례교 안에 설 자리가 없다는 것을 경고한 것이 아니냐는 냉소적 비판이 나온 것도 그 때문이라 할 수 있다.70) 다른 한편, 프랭크 페이지(Frank Paige)는 다소 색다른 아이디어를 내기도 했다. 그는 칼뱅주의를 "인간이 만든"(man-made)는 교리라고 전제하고, 칼뱅주의의 "튤립"(TULIP) 교리를 "은혜"(GRACE) 교리로 대처할 것을 제안했다. 그가 말하는 은혜 교리는 "그리스도에 의해 주어진"(Given through Christ) 것이지만, "불순종에 의해 거부되거나"(Rejected through rebellion), "믿음에 의해 받아들여지는데"(Accepted through faith), "모두를 위해 죽으신 그리스도"(Christ died for all)에 의해 "신자의 영원한 생명/안전"(Everlasting life/security of the believer)이 보장된다는 것이다. 표면적

---

68) Millard J. Erickson, *Christian Theology*, vol. 3 (Rapids: Baker Book House, 1985), 932.

69) "Albert Mohler: Why All Southern Baptists are Calvinists," [온라인자료]http://sbcvoices.com/albert-mohler-why-all-southern-baptists-are-calvinists, 2013년 12월 2일 접속.

70) William Birch, "Calvinistic Southern Baptist Al Mohler Excludes Arminians from Gospel Cooperation," [온라인자료] http://classicalarminian.blogspot.kr/2013/11/calvinistic-southern-baptist-al-mohler.html, 2014년 2월 4일 접속.

으로 보면 여기서 앞의 네 교리는 아르미니우스주의에서 나온 것이고 마지막 하나는 칼뱅주의 교리로 비칠 수 있다. 그는 자신이 칼뱅주의자도 아니고 아르미니우스주의자도 아니지만 이 두 진영 사이에 정직한 대화가 필요하다고 주장했다.71)

2012년 6월 14일 라이프 웨이 리서치(Life Way Research)에서 발표한 자료는 프랭크 페이지의 견해를 뒷받침할 만하다. 이 자료에 따르면, 남침례교의 담임목사 1066명 가운데 자신의 교회가 신학적으로 칼뱅주의/개혁주의라고 생각하지 않는 비율이 66%로 나타났고, 그렇다고 생각하는 비율은 30%로 그쳤다. 같은 조사에서 자신의 교회가 신학적으로 아르미니우스주의/웨슬리주의라고 생각하지 않는 비율은 64%(강하게 동의하지 않는다 49%, 어느 정도 동의하지 않는다 15%), 그렇게 생각한다는 비율은 30%(강하게 동의한다 9%, 어느 정도 동의한다 21%)로 나타났다. 그런데 세부 주제로 들어가 보면, 신자가 배교할 수 있다는 견해에 대해서는 94%가 강하게든(89%) 약하게든(5%) 동의하지 않은 것으로 조사되었다.72) 이런 현상은 남침례교 목회자들의 60% 이상이 자신의 교회가 신학적으로 칼뱅주의도 아르미니우스주의도 동의하지 않는다는 것을 의미하지만, 신자의 견인 문제에서만은 양쪽 모두 압도적으로 그 교리를 지지한다는 것을 반영한다.

마치는 글

지금까지 살펴본 바에 따르면, 침례교인들은 17세기 영국과 미국에서 처음 교회를 시작할 때부터 지금까지 다른 교단과는 달리 하나의 신학체계를 교단의 신학으로 받아들인 적이 없다. 그 대신 침례교인들은 신약성서적 교회를 회복하려는 신념과 신앙의 자유를 구현하려는 자유교회(free church) 전통 안에서 교회론적 통일성을 견지해온 사람들이다. 그 때문에 각종 신앙고백서들은 그 나름대로 서로 다른 신학

---

71) Bob Allen, "SBC Leaders Says Calvinism Steadily Dividing Church," *Christian Century*, [온라인자료] Oct. 19, 2011, http://www.christiancentury.org/article/2011-10/sbc-leader-cites-calvinism-top-challenge, 2013년 12월 21일 접속.

72) Life Way Research, "SBC Pastor Views on Calvinism," [온라인자료] http://www.lifewayresearch.com/2012/06/19/sbc-pastors-polled-on-calvinism-and-its-effect, 2013년 11월 30일 접속.

적 특성을 담아 침례교회들의 신학적 다양성을 반영해왔고, 주요한 신학자들과 목회자들의 신학도 다양한 스펙트럼을 보여주었다. 침례교회 안에는 획일화된 하나의 교리체계가 전체 침례교인들의 신앙과 신학을 규제한 적이 없었다.

하지만 역사적으로 볼 때 침례교회 안에는 적어도 두 신학체계, 즉 칼뱅주의와 아르미니우스주의라는 거대한 두 강이 공존하며 흘러왔다는 사실만은 부인할 수 없다. 그 때문에 침례교회 안에서는 두 패러다임이 가지고 있는 신학적 강점들과 약점들이 비교적 자유롭게 연구될 수 있었고, 그에 따른 논쟁과 대화도 불가피했다. 그러는 사이에 두 신학패러다임에 갇히지 않고 그 한계를 넘어서려는 중도적 신학패러다임도 무시할 수 없을 정도로 지지를 받아왔다. 앞으로 침례교신학은 지금까지처럼 이 세 신학패러다임이 여전히 공존해갈 것이다. 그러므로 침례교회 안에 칼뱅주의자가 있고, 아르미니우스주의자가 있고, 신학적 중도주의자가 있는 것은 특이하면서도 자연스런 현상이다. 그러나 그렇다 하더라도 침례교신학은 칼뱅주의도 아니고, 아르미니우스주의도 아니고, 신학적 중도주의도 아니다. 그 어느 범주로도 침례교신학이나 침례교인들의 신앙과 신학을 일반화하거나 규정할 수 없다.

이런 신학적 다양화 현상은 침례교인들이 특정 신조나 교리보다는 성서적 진리에 더욱 헌신되어 있다는 증거이기도 하지만, 침례교 안에는 다양한 신학 주제에 대한 토론과 대화가 가능할 수 있다는 긍정적 의미도 있다. 하지만 하나의 통일된 교리체계를 교단의 보편적 기준으로 받아들이지 않는 것에 대한 대가도 없진 않다. 왜냐하면 그런 다양화 현상은 침례교인들의 신학정체성을 오히려 모호하게 만들거나, 교단 안에 불필요한 갈등과 논쟁을 초래할 수도 있기 때문이다. 게다가 그것이 정쟁(政爭)의 도구로 사용되면 급기야 침례교단 전체에 감당하기 어려운 파국이 초래될 수도 있기 때문이다. 그러므로 침례교인들은 무엇보다도 신학논쟁이 정치의 이해관계에 따라 악용되는 일이 일어나지 않도록 각별한 주의를 기울여야 한다. 나아가 침례교인들은 이런 양쪽의 장단점을 진지하게 고려하는 큰 신학적 틀과 그를 바탕으로 세워진 침례교의 교회론적 정체성이 파괴되지 않도록 노력해야 한다.

08
John Leadley Dagg의 신학과 칼뱅주의*

이 글은 미국 남침례교 조직신학의 초기 전통을 대표하는 존 대그(John L. Dagg, 1794-1884)의 신학을 칼뱅주의 5대 교리를 중심으로 분석하고 그 신학적 의미를 평가하는 데 일차적 목적이 있다. 나아가 이 연구는 미국 남침례교의 조직신학의 전통을 파악하고 이해하는 데 중요한 근거를 제공하는 데 활용될 것이다. 미국 남침례교의 신학적 입장에 관해서는 아직 더 논의가 필요한 부분이 남아 있다. 어떤 사람은 그것을 칼뱅주의라고 말하고, 다른 사람은 아르미니우스주의라고 말한다. 또 한편에서는 초기에는 칼뱅주의였다가 중기에 수정된 칼뱅주의로, 후기에는 아르미니우스주의로 변해갔다고 주장하기도 한다.[1]

그동안 연구자는 몇 가지 연구들을 통해 미국 남침례교의 신학 입장을 밝히는 작업을 해오면서, 남침례교의 신학이 칼뱅주의나 아르미니우스주의로 평가되는 것은 바람직하지 않다는 확신을 갖게 되었다. 그래서 지난 「복음과 실천」 제25집 (1999년)에서는 멀린스의 은혜 개념이 칼뱅주의와 아르미니우스주의의 양극단을 지양하면서 그 절충안으로 제시될 수 있다는 것을 소개했다. 그리고 멀린스의 이런 신학 입장을 미국 남침례교의 신학을 대변하는 것으로 받아들이는 것이 바람직하

---

* 출처: 김용복, "John Leadley Dagg의 신학과 패러다임 분석: 칼빈주의의 5대 교리를 중심으로," 「복음과 실천」 27집 (2001 봄): 193-235.

1) Paul A. Basden, "Theologies of Predestination in the Southern Baptist Tradition: A Critical Evaluation" (Ph.D. dissertation. Southwestern Baptist Theological Seminary, 1986); Paul Basden(ed.), 「침례교 신학의 흐름」, 침례교신학연구소 역 (대전: 침례신학대학교 출판부, 1999) 참조.

다는 견해를 피력했다.

이제 연구자는 남침례교를 대표하는 조직신학자들의 신학을 칼뱅주의의 5대 교리를 중심으로 살펴보고자 한다.2) 이 작업은 남침례교의 조직신학이 칼뱅주의와 아르미니우스주의라는 두 지평에서 어떤 신학 입장을 보여주었는가를 시대별로 확인하는 효과가 있으며, 그런 이해를 바탕으로 전체적인 남침례교의 신학을 정립하게 되리라 기대한다. 특히 5대 교리를 중심으로 연구한 이유는 이 교리가 칼뱅주의의 다양한 입장들에 대한 공통분모일 뿐 아니라, 남침례교의 신학 패러다임을 분석하는 데 좋은 수단이 될 수 있기 때문이다.

에드윈 팔머(Edwin H. Palmar)는 칼뱅주의를 5대 교리로 제한시키는 것이 "잘못된 판단이요 칼빈이란 이름을 가졌던 사람과 그의 노력에 모욕을 가하는 것"이라고 말했지만,3) 팔머의 문제점은 그가 칼뱅주의라는 말을 너무 포괄적으로 사용한다는데 있다. 그는 칼뱅주의를 곧 바로 성경주의와 동의어로 사용하고 있다. 그래서 그는 칼뱅주의가 "모든 성경과 오직 성경만"을 나타낸다고 말했으며, 심지어 루터조차도 "훌륭한" 칼뱅주의자로 간주했다.4) 토마스 네틀스(Thomas Nettles)도 침례교를 웨슬리안, 아르미니안, 루터란 등과 같은 복음주의 교단이라고 전제하면서도, "복음주의의 가장 순수하고 분명한 표현은 칼뱅주의의 틀 안에 있다"고 주장한 바 있다.5)

역사적으로 칼뱅주의의 5대 교리는 제임스 아르미니우스(James Arminius)가 세상을 떠나고 1년이 지난 뒤, 그를 따르는 사람들이 네덜란드 정부에 다섯 개의 신앙 조항을 공식 입장으로 받아들여 줄 것을 요구한 사건에서 비롯되었다. 이들이 요구한 이른바 "5대 항론"은 네덜란드 교회들의 교리를 공식적으로 표명했던 벨직 신앙고백(Belgic Confession of Faith)과 하이델베르크 신조를 수정해야 한다는 요구를 담고

---

2) 남침례교의 대표적인 조직신학자로는 John L. Dagg, James P. Boyce, Edgar Y. Mullins, Water Thomas Conner, Dale Moody, Millard J. Erickson 등을 들 수 있다. H. Leon McBeth는 에릭슨을 제외하고 남침례교의 조직신학자로 나머지 다섯 사람을 꼽았다(*The Baptist Heritage* [Nashville: Broadman Press, 1987], 676).

3) Edwin H. Palmer, 「칼빈주의 5대 교리」, 박일민 옮김 (서울: 성광문화사, 1982), 8.

4) Ibid., 8, 27.

5) Thomas Nettles, *By His Grace and for His Glory: A Historical, Theological and Practical Study of the Doctrine of Grace in Baptist Life* (Grand Rapids: Baker Book House, 1986), 20.

있었다.6)

그러나 1618년 소집된 도르트(Dort) 종교회의는 아르미니우스주의자들의 강령을 거부하고 그와 상반되는 다섯 개의 조항, 즉 "고전적" 칼뱅주의의 5대 교리(각각 첫 번째 알파벳을 따서 TULIP 교리라고도 불린다)를 채택했다(1619년): "전적 타락(total depravity)," "무조건적 선택(unconditional election)," "제한 속죄(limited atonement)," "불가항력적 은혜(irresistible grace)," "성도의 견인(perseverance of the saints)." 그리고 이 교리는 1648년 웨스트민스터 총회를 통해 확고한 지지를 받았다.7) 대부분의 신학자들은 이 5대 교리를 논리체계로 이해하기 때문에, 어느 하나를 받아들인다면 나머지 다른 것도 수용할 수밖에 없다고 생각한다. 그래서 지금까지 기독교 신학은 칼뱅주의냐 아니면 아르미니우스주의냐 하는 양자 택일의 배타주의로 치달았던 것이다.

I. 역사적-신학적 배경

1. 성장 과정

존 대그는 버지니아주 라우든 카운티(Loudon County)에서 1794년 2월 13일에 태어났다. 대그의 집안은 낮은 신분계층의 사람들이었다. 대그의 증조부와 조부는 배 만드는 일을 했고, 아버지 로버트 대그(Robert Dagg)는 마구(馬具)를 만드는 일과 우체국을 관리하는 사람이었으며, 어머니 사라 데이비스 대그(Sarah Davis Dagg)는 벽돌공의 딸이었다. 신앙 측면에서 볼 때, 대그는 어머니의 영향을 많이 받았다. 대그의 외가는 신앙의 가정으로서 자녀들을 장로교 교리문답으로 철저하게 교육하는 집안이었다. 대그의 부모가 침례를 받고 침례교회의 회원이 된 것은 대그의 나이 여덟 살 때였다. 그들은 미들버그에서 4마일 떨어진 곳에 있는 롱브랜치침례교회

---

6) David N. Steele and Curtis C. Thomas, 「칼빈주의의 5대 강령」 (서울: 생명의 말씀사, 1982), 15.

7) Philip F. Congdon, "Soteriological Implications of Five Point Calvinism," *Journal of the Grace Evangelical Society* 8, 15 (Autumn 1995): 57.

(the Baptist Church at Long Branch)에 출석했다.8)

대그가 정식으로 교육을 받은 것은 아홉 살이 되던 해(1803년), 장로교 목사인 윌리엄 윌리암슨(William Williamson)이 세운 작은 학교에서였다. 하지만 2년 뒤, 어머니가 세상을 떠나면서부터 대그의 순탄하지 못한 인생역경은 시작되었다. 당시 대그의 형제들은 모두 여덟 명이었다. 맏형인 대그는 동생들을 부양하고 교육시키기 위해서 결국 학교를 그만 두고 아버지를 도와 마구상에서 일할 수밖에 없었다.9)

13세가 되자 대그는 아버지의 곁을 떠나 고학하면서 수학, 라틴어, 의학 등을 배웠다. 그는 아버지가 구독하던 장로교의 잡지, 「버지니아 종교매거진」(Virginia Religious Magazine)을 읽는 도중 유아세례의 오류를 깨달았으며, 그의 나이 18세가 되는 해(1812년)에 윌리엄 프리스토(William Fristoe) 목사에 의해 에베네저침례교회(the Baptist Church at Ebenezer)에서 침례를 받았다. 프리스토는 강한 칼뱅주의 신앙고백을 채택했던 필라델피아 침례교 지방회에서 파송된 사람에게 교육과 훈련을 받았던 사람으로서, 대그의 생애 전반부에서 지대한 영향을 끼친 것으로 알려졌다.10)

2. 목회사역

대그가 목회로 소명을 받고 안수를 받은 때는 그의 나이 23세(1817년)였다. 그 뒤 8년 동안 대그는 북부 버지니아주 일대의 작은 교회들에서 목회를 했다. 그러다가 1825년에 필라델피아 제5침례교회(Fifth Baptist Church of Philadelphia)로 부임하게 되면서 제2의 목회시대를 맞이했다. 이 교회는 그 당시 필라델피아에서 가장 큰 침례교회였다.11)

---

8) John Leadley Dagg, Autobiography of Rev. John L. Dagg, D.D. (Harrisonburg, Va.: Gano Books, 1982): 3, 4; Robert G. Gardner, "John Leadley Dagg," *Review and Expositor* 54, 2 (April 1957): 247.
9) Dagg, *Autobiography of Rev. John L. Dagg, D.D.*, 5; Gardner, "John Leadley Dagg," 247.
10) Gardner, "John Leadley Dagg," 247, 50.
11) Mark E. Dever, "John L. Dagg," *Baptist Theologians*, Ed. by Timothy George and David S. Dockery (Nashville: Broadmann Press, 1990), 165, 66.

하지만 대그는 불행히도 1819년에 덤프리스(Dumphries)에서 불의의 사고로 다리를 크게 다쳐 평생을 장애인으로 살아야 했고, 1823년에는 갑작스레 부인이 세상을 떠나는 슬픔도 겪었다. 게다가 지나친 공부로 시력까지 크게 떨어져 거의 반 맹인이나 다름이 없는 상태가 되고 말았다. 필라델피아 제5교회를 사임하게 된 것도 그의 건강 때문이었다. 그는 그 시기에 거의 말을 구사할 수 없을 정도로 건강이 악화되어 있었다. 그렇지만 설교자로서 대그의 명성은 널리 퍼졌고, 당시 남침례교의 정신을 대변하는 대표적 신학자로 성장했다.[12]

펜들턴(J. M. Pendleton)은 대그를 "심오한 미국 신학자"라 불렀고, 멀린스는 그의 「신학입문」(A Manual of Theology)을 "구속에 대한 교리를 확고하고 포괄적으로 파악한," "가장 중요한 작품"이라고 극찬했다: "그의 스타일은 분명하고 강하며, 신학에 대한 그의 작품은 남부뿐 아니라 그밖에 모든 곳에 폭넓게 강력한 영향을 끼쳤다."[13] 또 그는 "미국 최초의 침례교 신학자" 혹은 "1845년 이후 조직신학서를 출간한, 미국 남부 최초의 침례교 신학자"라는 별칭을 가지게 되었다.[14] 대그는 버지니아, 펜실베이니아, 앨라배마, 조지아 등에서 두드러진 봉사를 했고, 그 시대의 종교 지도자들과 밀접한 관계를 맺었다. 특히 머써대학교(Mercer University)에서 활동은 크게 찬사를 받았다.

3. 신학적 공헌

남침례교단에서 조직신학의 공식적 전통이 시작된 것은 대그로부터였다고 할 수 있다. 그만큼 그의 신학적 영향력은 대단했다. 그는 최초의 신학교가 남침례교단에 설립되기 전부터 머써대학교에서 신학을 가르쳤고, 많은 책을 저술했으며, 후배들을 배출했다.[15]

---

12) Gardner, "John Leadley Dagg," 250; Dever, "John L. Dagg," 166.
13) Gardner, "John Leadley Dagg," 262, 63.
14) Tom Nettles, "The Rise & Demise of Calvinism among Southern Baptists," *The Founders Journal* 19/20 (Winter Spring 1995): 14; Mark E. Dever, "John Dagg: First Writing Southern Baptist Theologian," *The Founders Journal* 19/20 (Winter Spring 1995): 32.
15) Dwight A. Moody, "성경," 「침례교 신학의 흐름」, 32-3.

대그가 신학교수로서 활동을 시작한 것은 1834년 필라델피아 지방회에서 해딩톤 대학을 설립하고 그를 교장 겸 신학교수로 초빙하면서부터였다(1834-1836년). 이 학교에서 대그는 히브리어, 성서해석학, 험증학(Evidences of Christianity), 조직신학, 목회신학, 교회사 등을 가르쳤다. 그 뒤에도 대그는 앨라배마여자학교(Alabama Female Athenaeum)의 교장으로(1836-1844년), 머써대학교의 총장(1844-1854년)과 교수(1844-1856년) 등으로 교육계에 공헌했다.16)

신학자로서 대그의 출발은 "침례"에 관한 논문을 발표하면서부터다.17) 그는 계속해서 중요한 저서들을 내 놓았고, 그의 글들은 많은 신학자들과 목회자들에게 영향을 끼쳤다. 그의 첫 번째 주요 저작인 「신학입문」은 그가 머써대학교를 은퇴한 해(1856년)에 나왔다. 이 책이 발간되자 그의 명성은 "침례교단의 탁월하고 신망있는 신학적인 지도자"로 떠올랐다. 나머지 주요 저서들도 이후에 연이어 쓰여졌다: 「교회의식 입문」(Manual on Church Order, 1858년), 「윤리학의 원리」(The Elements of Moral Science, 1859년), 「기독교 험증학」(The Evidences of Christianity, 1868년).

1870년에 대그는 그의 딸 헨리 러즐리(Henry Rugeley)와 함께 로운데스보로우(Lowndesboro)로 옮겨 그곳에서 몇 달을 지냈고, 그 다음에는 앨라배마 주 헤인빌(Hayneville)에서 인생을 마감할 때까지 살았다. 특히 85세가 되는 해(1879년), 대그는 애틀랜타에서 열린 남침례교 총회로부터 어린이와 노예들의 교육을 위한 교리문답서를 작성하도록 요청을 받기도 했다. 이 총회에서 휫시트(W. H. Whitsitt)는 "기독교신앙의 실체를 담은 … 교리문답"이 "존경받는" J. L. 대그에 의해 작성되어야 할 것을 동의했고, 그 동의안이 만장일치로 결의되었다.18) 이 사건은 대그에 대한 당시 남침례교인들의 존경과 그의 신학적 영향력이 얼마나 컸는가 하는 것을 잘 말해 준다.

대그는 자신의 유언에 따라서 1884년 헤인빌에 비석도 없는 무덤에 묻혔다. 그리고 조지아주 침례교총회의 침례교역사위원회는 1957년에 대그의 무덤으로 추정되는 곳에 동으로 만든 이름판을 세워주었다.19)

---

16) Gardner, "John Leadley Dagg," 252-3.
17) Ibid., 260.
18) Nettles, *By His Grace and for His Glory*, 168; Dever, "John L. Dagg," 166.

4. 신학의 특성과 일반적 평가

대그에 관한 초기의 본격적 연구는 침례교단의 신학교에서보다는 오히려 교단 밖에서 더 활발했던 것으로 보인다. 듀크대학에서 나온 로버트 가드너의 박사학위 논문을 비롯해서,[20] 샌디에고(San Diago)대학교의 가톨릭 신학교수인 레이 라일랜드(Ray Ryland)는 마퀴트(Marquett)대학교에서, 스트라톤(Hillyer H. Stratton)은 머써대학교에서(1923년), 리처드 랜드(Richard Dale Land)는 프린스턴에서(1969년) 각각 대그에 관한 박사학위 논문을 발표했다.[21] 그리고 침례교의 패터슨(Leighton Paige Patterson)도 뉴올리언스침례신학대학원(New Orleans Baptist Theological Seminary)에 대그에 관한 박사학위 논문을 제출했다.[22]

대그의 신학은 독창적이거나 새로운 것이 아니었지만, 대체로 "성경적인 조직신학"이라는 평가를 받고 있다. 토마스 네틀스는 「신학입문」이 "필라델피아 신앙고백"의 내용과 순서에 따라 구성된 것으로, 그 안에 나타난 "경험적 칼뱅주의의 영적 따스함과 능력으로 19세기 남침례교 사상의 이상을 구체화했다"고 평가했다.[23] 마크 마테슨도 대그가 "웨스트민스터 신앙고백"을 기초로 한 "필라델피아 신앙고백"과, 칼뱅주의 견해를 가지고 있던 윌리암슨(William Williamson)과, 그에게 침례를 주었던 칼뱅주의자 프리스토 등으로부터 크게 영향을 받았다고 주장했다.[24] 폴 바스든은 대그의 기념비적 저서에 두 가지 관점에서 중요성을 부여했다. 하나는 "최

---

19) Gardner, "John Leadley Dagg," 255.
20) Robert G. Gardner, "John Leadley Dagg: Pioneer American Baptist Theologian" (Ph.D. dissertation, Duke University, 1957).
21) William A. Mueller, "Southern Baptists and Theology," *The Theological Educator* 1, 3 (October 1970): 54.
22) Leighton Paige Patterson, "An Evaluation of the Soteriological Thought of John Leadley Dagg: Baptist Theologian of Nineteenth Century America" (Th.D. dissertation, New Orleans Baptist Theological Seminary, 1974).
23) Nettles, "The Rise & Demise of Calvinism," 14.
24) Mark E. Matheson, "Religious Knowledge in the Thought of John Leadley Dagg and James Petigru Boyce, With Special Reference to the Influence of Scottish Common Sense Philosophy" (Ph. D. dissertation, The Southwestern Baptist Theological Seminary, 1984), 87, 90; Basden, "Theologies of Predestination in the Southern Baptist Tradition: A Critical Evaluation," 137-8.

초로 남침례교인에 의해 기독교교리의 조직화가 이루어진 책"이라는 점과, 다른 하나는 이 책이 서든침례신학대학원이 개교할 때 사용된 최초의 조직신학 교재란 점이다.25) 이 교재는 그 뒤 1868년까지 사용되었다. 또 대그는 머써대학교에서 조직신학을 가르칠 때, 스코틀랜드 장로교 목사인 존 딕(John Dick)의 「신학 강화」(Lectures on Theology, 1884년)를 교재로 사용했는데, 이 책은 근본적으로 웨스트민스터 고백의 내용과 순서에 따라 쓰여진 것이었다.26) 뮐러(William A. Mueller) 역시 대그를 온건한 칼뱅주의자로 묘사하면서, 19세기 자유주의가 그의 사상에 영향을 끼치지 못했고, 그레이브스(J. R. Graves)의 지계석주의도 대그의 교회론을 바꾸지 못했다고 평가했다.27) 따라서 대그의 신학 배경이 칼뱅주의였다는 것은 이론의 여지가 없는 듯하다.

5. 문제제기

연구자는 여기서 남침례교 신학의 기초를 마련했던 대그의 신학이 과연 얼마나 "칼뱅주의적인가" 하는 질문을 던지고자 한다. 신학 훈련을 쌓은 풍토가 칼뱅주의였다고 해서 그의 신학 특성도 곧바로 칼뱅주의라고 결론짓는 것은 다소 성급한 추론이 될 수 있기 때문이다. 대그는 자신의 저작들 안에서 다른 사람들을 인용하지 않았다. 가장 중요한 저서라고 할 수 있는 「신학입문」에서도 그는 아무도 인용하지 않았다. 왜 그랬을까? 대그는 신학할 때 성경 이외에 어떠한 다른 권위도 인정하지 않으려고 했기 때문이다. 그는 자신의 신학이 무슨 주의(主義)를 지향하기보다는 성경적이기를 원했고, 하나님의 말씀에만 의지하기를 바랐다. 대그는 그 이유를 이렇게 말했다: "독자를 종교적 지식의 원천으로 직접 인도하기 위함이며, 인간의 권위에 의존하지 않고 스스로 그 원천들을 탐구하도록 격려하기 위함이다…. 만일 독자가 인간의 권위에 그의 신앙을 집중하기를 원했더라면, 나의 견해를 뒷받침하기 위해 명성있는 저자로부터 인용하여 제시했을 것이다."28) 그가 칼뱅마저도

---

25) Paul Basden, "예정," 「침례교 신학의 흐름」, 83.
26) Basden, "Theologies of Predestination in the Southern Baptist Tradition," 139-40.
27) Mueller, "Southern Baptists and Theology," 55.

전혀 인용하지 않았다는 사실은 예사로운 일이 아니다. 남침례교단 안에서 가장 칼뱅주의적이라고 불리는 조직신학자 가운데 대표적 인물에게서 이런 특성을 발견하게 되는 것은 자못 흥미로운 일이다. 디버(Mark E. Dever)는 "궁극적으로 성경에만 의존하는 대그의 신학은 칭찬할 만한 것"이라고 평가하면서, 이것은 모든 성경적 신학자들의 목표가 되어야 한다고 말했다.29) 여기서 우리는 침례교회의 신학 태도, 즉 특정 신학이나 신조를 성서해석의 틀로 삼지 않으려는 정신을 읽을 수 있다. 이제 연구자는 좀 더 구체적으로 칼뱅주의의 5대 교리라는 틀을 통해 대그신학의 신학 패러다임과 특징의 한 단면을 규명하고자 한다.30)

II. 신학의 내용과 패러다임 분석

1. 원죄론: 전적 타락(Total Depravity)에 대한 반응

칼뱅주의는 인간이 죄를 범함으로 인해서 구원을 위한 영적 선을 선택할 수 있는 의지의 능력을 전적으로 상실했다고 믿는다. 그래서 인간은 본질적으로 하나님을 기쁘시게 할 수 없는, 죄로 인해 죽은 존재다.31) 그렇기 때문에 타락한 인간이 믿음을 가지려면 반드시 성령에 의해 먼저 거듭나야 한다고 주장한다. 비록 칼뱅주의자들 가운데 "전적인"(total) 타락과 "절대적"(absolute) 타락을 구분하여, 인간은 "전적으로" 타락한 것일 뿐 "절대적으로" 혹은 "완전하게" 타락한 것은 아니라고 주장하는 사람도 있지만,32) 그것은 그다지 설득력 있는 설명이라고 보기 어렵다.

---

28) Dagg, *A Manual of Theology*, v.
29) Dever, "John L. Dagg," 179. 여섯 명의 남침례교 조직신학자 가운데 성경구절 이외에는 전혀 각주를 달지 않은 유일한 신학자가 존 대그다.
30) 여기서 "한 단면"이라고 한 것은 대그가 어떤 주의나 신학 틀에 매여 있지 않았기 때문에 칼뱅주의의 5대 교리만을 가지고 대그의 사상을 종합적으로 평가하는 데 한계가 있기 때문이다.
31) Kenneth G. Talbot and W. Gray Crampton, *Calvinism, Hyper Calvinism, and Arminianism* (Edmonton: Still Waters Revival Books, 1990), 17.
32) Ibid., 18; Palmer, 「칼빈주의 5대 교리」, 11.

1) 전적 타락의 의미와 그 결과

대그는 하나님의 형상으로 창조된 최초의 인간이 죄를 짓기 전까지 "창조자와 자유로운 교제"가 가능한 존재였고, 지성과 의로움과 거룩성을 지녔을 뿐 아니라 모든 피조물을 지배할 수 있는 존재였다고 생각했다.33) 그런데 최초의 인간은 하나님과 맺은 행위의 언약을 깨고 말았다. 그 결과, 자기 자신뿐 아니라 그 자손에게까지 형벌을 물려주게 되었다. 최초의 인간은 하나님의 형상을 잃어버린 뒤로 자신들의 형상을 닮은 자식을 낳게 되었다. 그래서 모든 후손들은 "땅의 타락한 선조의 형상"으로 태어났기에, 성격뿐 아니라 신분에 있어서도 그 조상을 닮게 되었다.34)

그리고 인간은 그 형벌로 죽음에 이르게 되었다. 그 죽음은 일차적으로 육체적 죽음이 아니라 생명나무에 가까이 갈 수 없도록 조치되어 영생을 얻지 못하게 된 것이고, 동시에 하나님과 교제가 단절된 것으로 이해된다.35) 결과적으로 모든 인간들은 실제로 하나님의 법을 어기는 존재가 되고 말았다. 대그는 이것을 가리켜 아무도 예외가 없는 "보편적 부패"(universal corruption)라고 말했다.36)

대그의 설명에 따르면, 모든 사람들은 본질상 "전적으로 타락한" 존재가 되고 말았다. 도덕적으로나 이성적으로, 겉으로 드러난 행동이나 내적 마음으로 모든 인간의 행동은 그 근원에서부터 타락되었다. 이 타락은 단지 그의 행동이 나쁘다거나 아니면 그 마음에 따뜻한 애정이 없는 정도를 의미하는 것이 아니라 전적 타락이다.37) 이 전적 타락을 가져온 인간의 죄는 결국 자기 자신을 사랑함으로써 하나님의 사랑을 대체한 것이다.38) 그래서 인간은 하나님의 존재를 부인하거나 무시한다. 이런 현상이야말로 인간 부패의 "통탄할 만한 증거"다.39)

---

33) Dagg, *A Manual of Theology*, 141-2.
34) Ibid., 144-150.
35) Ibid., 148-9.
36) Ibid., 151.
37) Ibid., 152. 전적으로 타락한 인간의 상태에 대한 성경의 근거를 대그는 다음과 같이 들었다. 창 6:5; 8:21; 시 14:2 3; 롬 1:21 25; 3:9 23; 6:17; 8:5 8; 엡 2:1; 요일 5:19.
38) Dever, "John L. Dagg," 170.
39) John Dagg, "The Value of Proofs for God's Existence," *Nineteenth Century Evangelical Theology*, ed. Fisher Humphreys (Nashville, Tenn.: Broadman Press, 1983), 93.

대그가 말하는 전적 타락에는 네 가지의 의미가 함축되어 있다. 첫째, 말 그대로 "전적으로" 타락했다: "그 마음의 모든 계획이 항상 악할 뿐임을 보시고"(창 6:5). 둘째, 인간의 타락은 "보편적"이다: "내 속 곧 내 육신에 선한 것이 거하지 아니하는 줄을 아노니 원함은 내게 있으나 선을 행하는 것은 없노라"(롬 7:18). 셋째, 타락은 인간에게 "자연적"이다. 인간이 성장하면서 부패해지는 것이 아니라, 날 때부터 부패했다는 말이다: "내가 죄악 중에 출생하였음이여, 모친이 죄 중에 나를 잉태하였나이다"(시 51:5). 넷째, 이 인간의 타락은 부모로부터 자녀에게 전가된다: "아담이 … 자기 모양 곧 자기 형상과 같은 아들을 낳아"(창 5:3).[40]

결과적으로 인간의 보편적 타락으로 인해서 이방인들은 하나님을 알지 못하고, 선택된 백성은 빛보다 어두움을 더 사랑한다. 부자나 가난한 자나 배운 자나 배우지 못한 자나 젊은 자나 늙은 자나, 어느 누구라도 하나님의 은혜로 회심하지 않는 한 하나님을 기쁘시게 하거나 예배할 수 없다. 오직 회심한 일부 사람만이 하나님께 순종하는 것을 기쁨으로 여긴다. 왜냐하면 이 전적 타락은 인간에게 타고난 것이기 때문이다. 삶의 과정을 통해 죄를 습득하는 것이 아니라 타락한 존재로 태어나는 것이다.[41]

타락한 인류는 마땅히 하나님의 저주 아래 놓이게 되었고, 결코 스스로 구원에 이를 수 없는 지경에 빠지고 말았다. 인간은 타락으로 인해 전적으로 무능력한 존재가 되었기 때문이다. 대그는 이렇게 말했다: "본질상 우리는 빛보다 어두움을 더 사랑하고 거룩함보다는 죄를 더 사랑하게 되었다. 타락으로부터 해방된다는 것은 거룩하게 된다는 것이다. 그러나 인간은 어느 누구도 거룩함을 원할 수 없고, 하나님의 법을 기뻐하지 않는 인간이기에 그 법을 완전하게 따를 수 없는 존재가 되고 말았다."[42] 대그는 이런 인간의 본성을 정죄된 상태로, 무기력한 상태로, 그리고 성령의 중재로부터 분리된, 영적으로 죽은 상태로,[43] 또는 "낮은 성향의 지배 아래 있

---

40) Dagg, *A Manual of Theology*, 152-4.
41) Ibid., 153.
42) Ibid., 169.
43) Ibid., 277; Dever, "John L. Dagg," 170.

는 인간"이란 부정적 말로 규정했다.44)

같은 맥락에서 대그는 인간의 의지가 타락으로 인해서 부패한 본성을 따르기 때문에 결국 죄를 짓는 의지가 된다고 보았다. 이것은 칼뱅주의자의 설명처럼 인간이 자유 능력(free agency)은 있으나 자유의지(free will)는 없다는 말을 연상시킨다.45) 칼뱅주의자들은 중생하지 못한 사람을 엠파이어스테이트 빌딩 꼭대기에서 뛰어내려 길바닥에 내동댕이쳐진 사람에 비유하면서 그 상태를 이렇게 말한다: "땅바닥에 떨어졌을 때에는 제 아무리 해도 자기가 도움이 필요하다는 것을 깨달을 수가 없고 도움을 청할 수도 없다. 그 사람은 죽었다. -생명이 없다- 그래서 온전해지기를 바랄 수조차도 없다."46)

대그는 오직 전적 타락에 대한 철저한 확신만이 하나님 앞에서 우리를 겸손하게 만들 수 있다고 주장하면서, "전적 타락이 느껴지거나 작용하지 않는 곳에서는 결단코 진정한 그리스도인의 체험이 존재할 수 없다"고 단언했다.47) 가드너는 전적 타락의 교리가 대그의 모든 자료에 의해 가르쳐졌다고 평가했다.48)

하지만 대그의 타락론은 철저하게 인간의 부패 교리에 근거한 것이지만, 여기에 극단적 칼뱅주의의 이중예정에서 나타나는 것처럼, 타락이 예정된 것이라거나, 타락 전에 하나님의 예정이 있었다는 견해는 명시되지 않았다. 대그는 죄를 예정된 것으로 이해하지 않고, 하나님이 허용하셨다는 차원에서 문제를 풀고자 했다. 그래서 그는 "모든 선한 것은 하나님으로부터 오지만, 모든 악한 것은 인간으로부터 온다"는 이원론적 명제를 하나의 격언처럼 받아들였던 것이다.49) 또한 대그는 전적

---

44) John L. Dagg, *The Elements of Moral Science* (New York: Sheldon and Co., 1859), 128; Gardner, "John Leadley Dagg: Pioneer American Baptist Theologian," 95.

45) Palmer, 「칼빈주의 5대 교리」, 57. 팔머는 자유능력이 "인간이 자기가 원하는 바를 행할 수 있도록 자유함"을 가리키며, 자유의지는 "인간이 가지고 있지 않은 자유의 종류 즉 선이나 악 또는 그리스도를 믿거나 대적하는 것을 선택하는 능력 또는 자유"를 가리키는 것으로 설명한다. 심지어 그는 하나님도 자유의지가 없다고 말한다. 왜냐하면 하나님은 오직 선하실 뿐이므로 악행을 선택하실 수 없기 때문이다. 여기서 우리는 칼뱅주의자의 지나친 논리주의를 만나게 된다.

46) Palmer, 「칼빈주의 5대 교리」, 25-6.

47) Ibid., 157.

48) Gardner, "John Leadley Dagg: Pioneer American Baptist Theologian," 116.

타락의 교리를 우리 마음 속에 받아들이지 않는다면 그것을 아무리 우리의 신조에 포함시킨다 해도 소용이 없을 것이라고 말함으로써 신조주의의 문제점을 경계했고, 그리스도인의 체험을 강조했다.

2) 원죄의 전가 문제

칼뱅주의는 대체로 원죄의 전가를 '직접적 전가'로 이해한다. 부모로부터 유전을 통해 원죄가 후손에게 전가되는 것이 아니라, 아담은 인류의 대표자이므로 아담의 죄는 곧 인류의 죄로 인정되는 것이다. 티모시 조지는 칼뱅이 타락한 영혼의 유전설을 거부했다고 평가했다.50) 또한 로레인 뵈트너는 비록 우리가 아담의 죄를 짓지 않았다 하더라도 우리는 아담의 형벌을 받아야 한다고 말하면서, 다음과 같이 찰스 핫지(Charles Hodge)의 글을 인용했다: "하나님은 아담의 죄를 그 후손에게 담당케 하셨으니 이는 아담 한 사람 안에서 만인이 범죄하게 된 공동담보의 죄이다."51)

대그는 원죄가 인류에게 전가된다는 사실을 인정했다. 하지만 그는 그것을 설명하는 과정에서 세 가지 연합, 즉 연방적(federal), 도덕적(moral), 자연적(natural) 연합으로 인한 아담과 인류의 관계에 주목했다. 대그의 설명에 따르면, 연방적 연합으로 아담은 모든 후손의 대표이며; 도덕적 연합으로 모든 인류는 실제적 죄를 기꺼이 범하게 되며; 자연적 연합으로 모든 인류는 아담의 육체적 후손으로서 부모로부터 부패된 본성을 물려받는다.52) 그리고 대그는 다음과 같이 결론을 내렸다:

> 아담과 그의 후손들 사이의 이와 같은 연합으로, 부패와 정죄가 그를 통해 후손들에게 전달되었다. 이것은 분리되어 있는 것이 아니라, 유전된 것이다. 후손들이 고통받는 아담의 죄는 아담의 것일 뿐만 아니라, 그들 자신의 것이기도 하다. 그 죄가 후손에게 전가된 것은 그 죄가 그들에게 속해 있는 것이기 때문이다. 그것이 그들의 것이라는 사실은 정당한 것이다.53)

---

49) Dagg, *A Manual of Theology*, 133.
50) Timothy George, 「개혁자들의 신학」, 이은선, 피영민 역 (서울: 요단출판사, 1994), 255.
51) Loraine Boettner, 「칼빈주의 예정론」, 개역판, 홍의표, 김남식 옮김 (서울: 보문출판사, 1990), 97.
52) Dagg, *A Manual of Theology*, 165-7; Dever, "John L. Dagg," 170.

그런데 문제는 "자연적 연합"을 말함으로써 대그가 유전적 전가를 인정하고 있다는 점이다. 이 유전적 전가는 칼뱅주의자들이 대체로 인정하지 않았던 설명방식이다. 핫지는 "아담의 후손이 생식이라는 자연적 법칙에 따라 죄인이 된다고 하는 것은 한 사람 아담의 범죄로 모든 사람이 죄인이 되었다는 성경의 지적을 반대하는 잘못"된 이론이라고 평가했다.54)

이상에서 볼 때 우리는 대그의 원죄론이 칼뱅주의에서 주장하는 "전적 타락"의 교리와 기본적으로는 일치하고 있음을 확인할 수 있다. 하지만 대그의 전적 타락론은 이중예정과 필연적으로 연결되는 것이 아니었다. 또한 원죄의 전가 문제에서도 칼뱅주의의 입장을 그대로 수용한 것이 아니었다. 이런 현상은 대그가 원죄론을 칼뱅주의에서 채택한 것이라기보다는 성경에서 도출한 것임을 입증하는 것으로 이해될 수 있다.

2. 선택론: 무조건적 선택(Unconditional Election)에 대한 반응

전적으로 타락한 인간을 구원하기 위해 어떤 일이 일어나야 하는가? 인간이 스스로 자신들을 구원할 수 없으니 하나님의 은혜가 필요한 것이다. 칼뱅주의에서는 이 하나님의 은혜를 일반적으로 예정(predestination)이란 말로 설명한다. 그리고 이 예정은 다른 말로 "하나님의 선택"이라고도 불린다. 이 문제에서 칼뱅주의의 입장은 분명하다. 하나님은 모든 것을 작정하시고 또한 예정하신다. 그리고 어떤 사람이 영원한 생명을 얻느냐 얻지 못하느냐 하는 문제는 오직 하나님의 뜻에 달려있고, 하나님은 그 뜻에 따라 "무조건적으로" 구원받을 자와 유기될 자를 선택하신다.55) 심지어 칼뱅은 창세 전부터 하나님이 영생을 얻도록 어떤 사람들을 택하셨다고 믿었다.56)

---

53) Dagg, *A Manual of Theology*, 167.
54) 성기호, 「교회와 신학논쟁」(서울: 성광문화사, 1995), 136-7.
55) Palmer, 「칼빈주의 5대 교리」, 38 40. "작정"과 "예정"을 구분하는 사람에 따르면, 작정은 이 세상에서 일어나는 모든 것의 배후에는 하나님의 미리 결정하심이 있음을 가리키는 용어요, 예정은 그 작정이 인간의 영원한 운명을 결정하는 것으로 제한하여 지칭할 때 사용된다.
56) Clark R. Youngblood, "견인과 배교,"「침례교 신학의 흐름」, 180.

1) 선택의 근거

대그는 궁극적으로 구원을 받을 모든 사람들이 은혜의 언약 안에서 그리스도로 인해 창세 전에 하나님으로부터 선택된 사람이라고 확신했다.[57] 은혜의 선택은 "영원으로부터" 존재하는 것이고, "하나님의 영원한 목적 가운데 일부"인 것이다.

대그의 설명에 따르면, 이 선택은 하나님의 은혜로 인한 것이지 결코 인간의 행위에 근거한 것이 아니다: "만일 그것이 인간의 행위에 의한 것이라면 은혜는 더 이상 은혜일 수 없다." 하나님이 야곱과 에서 가운데 야곱을 선택하신 것은 그들의 행위에 기초한 것이 아니라 하나님의 뜻에 의한 것이다. 그렇다면 이 차별적 선택의 근거는 무엇인가? 그것은 "하나님의 선하고 기쁘신 뜻"에 달려있다(빌 2:13). 이 뜻은 하나님이 그의 백성을 어두움에서 빛으로 부르심으로써 실현된다. 이 부르심은 인간의 행위에 따른 것이 아니라 전적으로 하나님의 선하시고 기뻐하시는 뜻에 의한 것이다. 대그는 만일 우리가 하나님의 선택의 행위를 반대한다면, 그것은 우리가 하나님보다 더 지혜롭다고 주장하는 것이라고 말했다.[58]

또한 선택은 우리의 믿음이나 순종에 근거해서 이루어지는 것도 아니다. 우리의 거룩함이나 순종 때문에 선택되는 것이 아니라 우리는 선택됨으로 인해서 거룩하게 되고 순종하게 되는 것이다. 오직 그것은 하나님 자신에게만 알려진 이유에 근거해서 이루어지는 것이다. 대그는 이 이유를 "감추어진 이유"라고 불렀다.[59]

그리고 이 선택은 하나님의 예지(foreknowledge of God)에 따라 이루어진다. 물론 인간의 믿음이나 선행이 은혜의 결과로 이루어지는 선택보다 앞설 수는 없다. 하나님은 미리 아신 자들을 뜻에 따라 선택하신다. 그런데 이 선택은 어디까지나 "그리스도 안에서 선택"된 것이다.[60] 다시 말해서 하나님의 선택은 아르미니우스주의자들의 주장처럼, 어떤 사람들의 믿음과 순종에 대한 하나님의 예지에 근거해서 이루어지는 것은 아닌 것이다.[61] 그런 의미에서 대그는 결단코 '조건적 선택'을 말

---

57) Dagg, *A Manual of Theology*, 309. 성경의 근거로는 엡 1:4 5; 살후 2:13; 벧전 1:2; 2:9; 요 6:37; 롬 8:33; 요 10:27 29 등을 제시했다.
58) Dagg, *A Manual of Theology*, 311-2.
59) Ibid., 312.
60) Ibid., 312-3.

하지 않았다.

다음은 대그가 말하는 선택의 네 가지 차원이다.[62] 첫째, 선택은 영원하다: "선택은 하나님의 영원한 목저의 한 부분이다."[63] 둘째, 이 선택은 순수하게 은혜에 의한 것이지, 예지된 믿음이나 공로에 의한 것이 아니다: "만일 그것이 공로에 의한 것이라면, 은혜는 더 이상 은혜가 아니다."[64] "선택은 예지된 믿음이나 복종에 근거한 것이 아니다." 디버는 이 부분에서 대그가 하나님의 선택이 인간의 믿음과 복종을 미리 보시는 하나님의 예지에 기초해 있다는 아르미니우스주의적 해석을 거부한 것이라고 평가했다.[65] 하지만 이 말이 하나님은 인간의 믿음을 미리 보고 아신다는 사실을 부인하는 것은 아니다. 셋째, 삼위일체적이다. 성부는 선택하시고, 성자는 구속하시고, 성령은 성화하신다.[66] 넷째, 선택은 "그리스도 안에서"의 택함이다.[67] 요약하면, 선택은 영원한 하나님의 목적에 따라, 그리스도 안에서, 삼위 하나님의 협력하시는 은혜로 이루어지는 것이라고 말할 수 있다.

2) 타협하지 않는 영원한 선택

선택론에서 필연적으로 대두되는 것은 선택받지 못한 사람들에 대한 문제다. 대그는 이런 부류의 사람들을 성경이 "남은 자들"(롬 11:7) 또는 "진노의 그릇"이라고 부른다고 말했다. 왜 그들은 구원으로 선택받지 못했을까? 대그는 그것을 설명할 수 없다고 전제하고 하나님의 주권 문제로 돌리지 않을 수 없었다. 비록 하나님은

---

61) Dever, "John L. Dagg," 173.

62) Dagg, *A Manual of Theology*, 310-3.

63) "주의 사랑하시는 형제들아 우리가 항상 너희를 위하여 마땅히 하나님께 감사할 것은 하나님이 처음부터 너희를 택하사 성령의 거룩하게 하심과 진리를 믿음으로 구원을 얻게 하심이니"(살후 2:13).

64) "만일 은혜로 된 것이면 행위로 말미암지 않음이니 그렇지 않으면 은혜가 은혜되지 못하느니라"(롬 11: 6).

65) Dever, "John L. Dagg," 173.

66) "곧 하나님 아버지의 미리 아심을 따라 성령의 거룩하게 하심으로 순종함과 예수 그리스도의 피 뿌림을 얻기 위하여 택하심을 입은 자들에게 편지하노니"(벧전 1: 2).

67) "곧 창세 전에 그리스도 안에서 우리를 택하사 우리로 사랑 안에서 그 앞에 거룩하고 흠이 없게 하시려고"(엡 1: 4).

우리에게 그 이유를 설명하지 않으시지만, 하나님은 의심의 여지없이 가장 지혜로우시고 의로우신 분이시다.

그런데 대그는 신학자들이 "비택자"를 "유기된"(reprobate)이란 단어로 설명하는 것을 못마땅하게 여긴 듯하다. "유기된"이란 단어는 성경적 용어가 아니기 때문이다. 바울이 고린도후서 13장 5절에서 말한 "버리운 자"라는 것은 "그리스도 안에 믿음으로 거하지 않는 자"를 의미하는 것이라고 보았다.[68] 그러므로 대그에 따르면, "하나님의 적극적 행위로서 유기는 모든 불신자들에게 주어지는 하나의 선고일 뿐이다. 선택에서 하나님의 목적에 따라 하나님은 새롭게 하시는 은혜로 일부 사람들을 구원하시는 것이지만, 선고로 인해서 그 나머지 사람들에게 어떠한 손해나 불이익이 가해지는 것은 아니다."[69] 죄인들은 하나님의 은혜로운 선택에 의해서 버림받는 것이 아니라, 하나님의 정의에 의해서 버림받는 것이다.[70]

그러나 대그의 선택론에는 칼뱅주의자들의 '무조건적 선택'이란 용어가 사용되지 않았다. 칼뱅주의자들이 이 용어를 전적으로 선호하고 있는 것과 비교할 때 이런 현상은 대단히 이례적인 일이 아닐 수 없다. 대그가 전반적으로 하나님의 선택의 주권을 강조한 것은 사실이다. 하지만 그것이 무조건적 선택을 의미하지는 않는 것으로 보인다. 그렇기에 대그는 하나님의 신실하심을 변호하는 자리에서 다음과 같이 진술했다:

> 하나님은 모든 사람에게 그리스도를 믿으라고 요구하신다; 그리고 믿는 것은 사람들이 해야 할 몫이다. 그러나 그들은 믿으려고 하지 않았다. 그들이 원하지 않았다는 사실과, 하나님은 그들이 원하지 않을 것을 아셨다는 사실은 하나님이 그들의 마음을 변화시키지 않았다 하더라도 하나님의 신실성을 무효화할 수 없는 것이다…. 하나님은 그리스도를 믿는 모든 사람에게 구원을 약속하셨다; 그리고 그는 모든 경우에서 그의 약속을 지키심으로써 그 신실성을 증명하신다.[71]

---

[68] "우리가 하나님께서 너희로 악을 조금도 행하지 않게 하시기를 구하노니 이는 우리가 옳은 자임을 나타내고자 함이 아니라 오직 우리는 버리운 자 같을지라도 너희로 선을 행하게 하고자 함이라"(고후 13:5).

[69] Dagg, *A Manual of Theology*, 314-5.

[70] Ibid., 320.

대그가 선택의 교리를 강조한 것은 사실이지만, 그렇다고 해서 그를 이중예정론자처럼 취급하는 것은 잘못이다. 그는 선택교리를 반대하는 자는 "새로워지지 않은 사람"이라고 단정했지만, 결국 은혜의 방법은 복음에 대한 인간의 믿음에 달려 있다고 말함으로써 구원에서 하나님과 인간의 상호 관계를 부인하지 않았다.72)

물론 대그는 아르미니우스주의자들의 말처럼, 하나님의 선택을 '조건적 선택'으로 이해하지 않았다. 그래서 무조건적인 것도 아니고, 조건적인 것도 아닌 대그의 선택론을 디버는 하나님에 의한 "타협되지 않는 영원한 선택"(uncompromising eternal election)이라는 용어를 붙여주었다.73) 이것은 대그의 선택론적 논리는 칼뱅주의도 아르미니우스주의도 아닌, 성경에 근거한 것임을 암시하는 것이다.

여기서 우리는 "그러나 죄인들의 유기에서 구원의 복음이 그들의 귀에 들리는 동안은 결코 절망적인 것이 아니다"고 말한 대그의 진술에 한 번 더 주목할 필요가 있다.74) 이는 이미 유기와 선택이 인간에게 숙명적인 것이 아니라는 것을 뜻한다. 같은 맥락에서 대그가 중생과 믿음의 관계를 논할 때, "믿음은 그리스도인에게 필수적인 것이다. 그러므로 믿음은 넓은 의미에서 볼 때 중생보다 선행한다"고 말한 대목도 놓칠 수 없다.75) 대그의 신학을 단순하게 전형적 칼뱅주의로만 분류하기 어려운 이유가 여기에 있다. 비록 믿음이나 그리스도인의 의무조차 그리스도인 안에서 내재하시는 성령의 사역 결과라고 말하고는 있지만, 대그의 신학을 평가하는 데 인간의 반응이라는 문제는 결코 간과될 수 없는 부분이다. 우리는 대그의 이런 독자적인 신학 입장을 그의 속죄론에서 더욱 분명하게 발견하게 된다.

---

71) Ibid., 319.

72) Ibid., 315-23.

73) Dever, "John L. Dagg," 172. 필자는 이것을 "절대적 선택"(absolute election)이라고 부르고 싶다.

74) Dagg, A Manual of Theology, 320.

75) Ibid., 279. 물론 대그는 이 믿음이 하나님의 사랑보다 앞서는 것이 아님을 말함으로써, 구원에서 하나님의 사랑과 주권을 손상시키지 않았다.

3. 속죄론: 제한 속죄(Limited Atonement)에 대한 반응

칼뱅주의는 그리스도의 죽음이 모든 사람을 구원하기에 충분한 것이지만, 오직 하나님이 영원 전부터 선택한 사람들, 즉 택자를 구속하는 데만 유효하다고 주장한다.[76] 칼뱅주의자들은 이것을 "제한 속죄"라고 부른다. 칼뱅주의를 지나치게 포괄적으로 해석하는 팔머는 "그리스도는 믿는 자만을 위해 죽으셨다"고 말함으로써 "택자"와 "믿는 자"를 동일시하고 본래 칼뱅주의의 입장을 완화시키고 있지만,[77] 그것은 고전적 칼뱅주의를 수정한 것이라고 보아야 한다.

1) 대속자 그리스도

대그는 그리스도를 하나님과 인간 사이의 중보자로 이해하면서, 그 의미를 각각 세 가지 차원에서 설명했다. 첫째는 하나님의 계시를 인간에게 전하는 선지자로서 그리스도요; 둘째는 인간의 죄를 대신해서 하나님께 나아가는 제사장으로서 그리스도요; 셋째는 모든 피조물을 다스릴 권위를 부여받은 왕으로서 그리스도다.[78] 그리고 그리스도의 이런 세 가지 직무가 필요한 이유를 대그는 다음과 같이 말했다: "우리는 무지하기 때문에 우리를 가르칠 선지자로서 그리스도가 필요하고; 우리는 죄인이기 때문에 우리를 구속하실 제사장으로서 그리스도가 필요하며; 우리는 부패했기 때문에 우리를 다스리시고 우리의 반항적인 정열을 하나님께 복종시키실 왕으로서 그리스도가 필요한 것이다."[79]

특히 대그는 제물을 "감사"(thanksgiving)의 제물과 "화해"(propitiation)의 제물로 구분하면서, 화해의 제물은 "죄를 속죄"하는 것을 의미한다고 보았다. 그리고 모든 화해의 제물은 대속(substitution)의 개념을 포함한다고 주장했다. 그런 의미에서 그리스도는 우리의 죄를 대신 짊어지신 것이다(벧전 2:24; 롬 5:8). 이것이 가능할 수 있는 이론적 담보는 그리스도의 신성이다. "그리스도의 신성을 부인하는 사람은 또

---

76) Talbot, *Calvinism, Hyper Calvinism, and Arminianism*, 29.
77) Palmer, 「칼빈주의 5대 교리」, 67, 69.
78) Dagg, *A Manual of Theology*, 207-33.
79) Ibid., 231.

한 대속적인 희생 교리도 부인하게 된다"고 대그는 단언했다. 그리고 이런 그리스도의 화해적 희생 제사는 정의의 하나님과 조화를 이루며 죄인들의 칭의를 설명하는 데 필수적이다.80) 이 점에서 대그는 갈케논의 정통 기독론을 따랐고, 예수 그리스도 안에서 신성과 인성이 혼돈되지 않고 분리되지 않은 채 연합한다는 교리를 가르쳤다.81)

2) 구속과 하나님의 뜻

속죄(atonement) 대신 구속(redemption)이란 단어를 의도적으로 사용한 대그는 "특별 구속"이란 관점에서 그 범위와 대상을 설명했다. 대그의 설명에 따르면, 예수는 "자기 백성"을 구원하기 위해서 이 땅에 오신 분(마 1:21)이기 때문에, 그의 구원 사역은 "특별한 백성"을 대상으로 한 것이다. 또한 성부 하나님이 구원하기로 한 사람은 아무도 예외 없이 구원될 것이기 때문에(요 6:37, 39), 구속자가 기대한 것은 완전하게 실현될 것이다. 그러므로 대그는 구속이 그 완성의 측면에서나 그 목적의 측면에서 볼 때 보편적인 것이 아니라고 주장했다. 결과적으로 모든 사람이 구원을 받는 것은 아니기 때문이다. 그래서 그는 "하나님의 아들이 은혜의 언약 안에서 성부에 의해 주어진 사람들을 구원하기 위해 자기 생명을 제공했다"고 분명하게 언급했다.82)

여기서 대그가 성부 하나님에 의해 주어진 사람들을 "택자"라는 말로 성급하게 구속의 대상을 제한하지 않았다는 점에 주목할 필요가 있다. 대그는 이 문제를 설명하기 위해서 먼저 하나님의 뜻을 끌어들였다. 그의 설명에 따르면, 하나님의 뜻에는 "목적적 뜻" 혹은 "숨겨진 뜻"(will of purpose, or God's secret will)과 "명령적 뜻" 혹은 "계시된 뜻"(will of precept, or his revealed will)이 있다. 다음의 글은 구속과 하나님의 뜻에 대한 대그의 입장을 잘 보여준다:

---

80) Ibid., 211-8.
81) Dever, "John L. Dagg," 170.
82) Dagg, A Manual of Theology, 324. 대그가 제시한 성경의 근거는 엡 5:25 27; 딛 2:14; 요 10:11; 계 1:5, 6; 행 20:28; 히 10:14; 사 53:5, 11 등이다.

후자[계시된 뜻]에 따르면, 하나님은 만방의 모든 사람에게 회개할 것을 명령하신다; 모든 사람에게 예수 그리스도에 대한 믿음을 요구하신다; 모든 사람이 아들을 경외하는 것은 하나님의 뜻이다. 특별히 하나님의 뜻에 순종하는 모든 사람에게, 하나님은 영생을 약속하신다. 이 하나님의 명령과 약속은 그분의 계시된 뜻 안에 모두 포함되어 있다. 복음이 모든 피조물에게 전파되는 것은 하나님의 계시된 뜻이다. 그리고 [복음을] 듣는 모든 피조물은 믿어야 하고, 믿는 모든 자는 영원한 생명을 얻게 될 것이다.[83]

모든 죄인들은 "예외 없이" 초대되었고, 그리스도를 믿도록 명령을 받았다. "하나님의 계시된 뜻은 오직 순종하는 자에게만 축복을 보장해준다." 그러므로 이것은 하나님의 목적적 뜻과 비교할 때, 계시된 뜻은 그 적용 범위가 훨씬 넓은 것이다. 그리고 "복음에 대한 인간의 거절만이 복음의 축복 범위가 그것을 듣는 모든 사람에게 적용되는 것을 막을 뿐이다."[84] 따라서 대그의 이런 입장을 어떻게 칼뱅주의 제한속죄론과 단순히 동일시 할 수 있겠는가? 비록 "보편적"(universal)이라는 말을 받아들이지 않고, "특별한"(particular)이란 말을 사용한다 하더라도, 그에게 구원의 대상과 속죄의 범위는 "무조건적으로" 제한된 것이 아니다. 그렇기 때문에 폴 바스든은 "그리스도의 특별 구속"과 "하나님의 보편적 초대" 사이의 역설을 해결하기 위해 대그가 "하나님의 숨겨진 뜻"과 "계시된 뜻"을 구분했다고 평가했다. 그는 계속해서 대그가 구원이 인간의 믿음에 의존하는 "조건적"이라는 아르미니우스주의적인 입장에 매우 "위험하게" 접근해 있다고 지적했다.[85]

물론 대그는 "특별한 사람에게 구원의 혜택이 제한되어 있다"거나, "목적적인 뜻이 순종하는 자에게 은혜를 제공할 뿐 아니라 모든 택자들에게 순종하도록 하는 은혜를 주신다"는 표현을 사용했다.[86] 하지만 그것은 구속의 대상을 제한하는 원인으로 설명되지 않는다. 그것은 어디까지나 모든 사람이 구원을 받는 것은 아니라는 결과적 의미에서 사용된 것일 뿐이다. 예수의 죽음은 특정한 사람들, 즉 택자에게만 실제로 적용된다 하더라도 비택자가 복음의 초대에서 제외되는 것은 아니다. 따

---

83) Dagg, *A Manual of Theology*, 325.
84) Ibid.
85) Basden, "Theologies of Predestination in the Southern Baptist Tradition," 132-5.
86) Dagg, *A Manual of Theology*, 325.

라서 대그의 견해는 제한속죄를 결과적 측면이 아닌 원인적 혹은 객관적 차원에서 설명하는 칼뱅주의와 구별해야 한다. 팔머는 제한속죄를 다음과 같은 예화로 설명했다: "죄수가 [대통령의] 사면을 거절할 수 있는 것은 사면의 객관적 근거가 없었기 때문이다. 만일 다른 사람이 그 사람 대신에 교수형을 당했다면 -다른 사람이 그 빚을 탕감했다면- 국가는 동일한 행위에 대해서 두 번씩 형을 집행할 수 없었을 것이다. 그러나 그 죄수에겐 그를 대신해줄 만한 사람이 없었다."[87] 팔머의 견해에서 볼 때, 그리스도의 속죄와 우리의 구원 사이에는 믿음이 들어갈 자리가 없다. 칼뱅주의는 그리스도의 속죄를 지나치게 객관화시킨 것이 문제다. 인간의 의지와 관계없이 하나님이 택한 자라면 모두 구속을 받는다는 견해, 이것이 엄밀히 말해서 고전적 칼뱅주의의 속죄론인 것이다.

하지만 대그는 자신의 입장을 이렇게 정리했다: "구속은 어떤 견해에서 보더라도 보편적인 것이 아니다. 그것은 그 완성적 의미에서나 그 목적적 의미에서 볼 때 특별한 것이다.... 하나님의 숨겨진 뜻이나 목적적 뜻에 따르면, 구속은 모든 택자에게 그리스도의 죽음으로 확실히 보장된다; 그리고 그의 계시된 뜻에 따르면, 구속은 믿는 모든 자에게 보장된다."[88]

대그는 택자의 구원 교리를 결코 부인할 생각이 없는 사람이었다. 하지만 그의 택자론은 칼뱅주의자들과 같은 방식으로 무조건적 택자의 구원만을 말하고 있지 않다. 그가 하나님의 목적적 뜻과 계시된 뜻을 나눈 것은 구속과 택자의 문제를 좀 더 폭넓게 이해하려고 했기 때문이며, 하나님의 절대 주권과 인간의 자유로운 반응을 조화시키려는 의도가 있었기 때문이다.

3) 보편적 소명과 유효한 소명

앞에서 언급했듯이 대그는 '구속'과 '속죄'를 구분했다. 속죄란 용어는 로마서 5장 11절 한 군데만 나오는데,[89] 이것은 그리스도의 죽음으로 하나님과 인간이 화목하

---

[87] Palmer, 「칼빈주의 5대 교리」, 79-80.
[88] Dagg, *A Manual of Theology*, 326.
[89] 롬 5:11, "이뿐 아니라 이제 우리로 화목을 얻게 하신 우리 주 예수 그리스도로 말미암아

게 되었다는 것을 의미한다. 대그는 일차적으로 바울의 견해에 따라 그리스도의 죽음으로 화목을 얻게 된 모든 사람은 확실히 구원을 얻게 될 것이고; 구원이 보편적인 것이 아니라면 속죄도 보편적일 수 없는 것이라고 확신했다.[90]

하지만 대그는 "복음의 보편적 소명"과 "그리스도의 대속적 죽음"을 조화하는 일이 쉬운 일이 아님을 의식하고 있었다. 우선 그는 복음의 무제약적 초대가 겉으로 보기에는 보편적 구원제공을 함축하고 있는 듯 하지만, 그런 일은 사실상 가능하지 않은 일이라고 보았다. 왜냐하면 그리스도가 대속의 죽음을 죽으시기 전에 죄 가운데 죽은 수많은 사람들은 이미 다른 세상에서 자신들의 죄로 인해 고통을 받고 있었기 때문이다.[91]

대그는 보편적 소명이 곧 보편적 구원을 의미하지 않는다는 의미에서만 보편적 소명을 인정했다. 대그는 사도행전 7장 51 52절과 데살로니가후서 1장 7 8절을 제시하면서 "사람들은 성령의 이러한 소명을 거부하고 불순종하여 저주 아래 머문다"고 선언했다.[92] 하지만 대그는 유효하지 않은 외적 소명말고도, 내적이고 유효한 소명이 따로 있음을 밝혔다. 이 내적 소명은 "언제나 회개와 믿음을 낳게 하며 구원을 보장한다." 그리고 계속해서 그는 외적 소명을 받은 사람이 항상 예정되어 칭의와 구원을 받는 것은 아니라고 주장했다.[93] 외적 소명은 거절될 수 있는 것이지만, 내적 소명은 거절되는 일이 없다. 왜냐하면 내적 소명은 그 자체가 사람 안에서 작

하나님 안에서 또한 즐거워하느니라." 한글개역판 성경에는 "화목"이라 번역했는데, 영어성경 KJV은 "atonement"로 NIV는 "reconciliation"으로 번역했다. 본래 헬라어로는 Katallage로서, 이 뜻은 "화목"으로 번역하는 것이 타당하다.

90) Dagg, *A Manual of Theology*, 326.
91) Ibid., 327.
92) Ibid., 331, 32. 행 7:51, 52, "목이 곧고 마음과 귀에 할례를 받지 못한 사람들아 너희가 항상 성령을 거스려 너희 조상과 같이 너희도 하는도다 너희 조상들은 선지자 중에 누구를 핍박지 아니하였느냐 의인이 오시리라 예고한 자들을 저희가 죽였고 이제 너희는 그 의인을 잡아준 자요 살인한 자가 되나니." 살후 1:7 8, "환난 받는 너희에게는 우리와 함께 안식으로 갚으시는 것이 하나님의 공의시니 주 예수께서 저의 능력의 천사들과 함께 하늘로부터 불꽃 중에 나타나실 때에 하나님을 모르는 자들과 우리 주 예수의 복음을 복종치 않는 자들에게 형벌을 주시리니."
93) Dagg, *A Manual of Theology*, 332.

동함으로써 하나님의 백성들이 받아들이도록 역사하기 때문이다. 여기서 주목할 만한 것은 "의지적으로 받아들이도록 한다는 것"(to will and to do)이다. 따라서 내적 소명을 가능하게 하는 하나님의 은혜는 "불가항력적 은혜"라기보다는 "강권적 은혜"(constraining grace)로서 의미가 강하다고 할 수 있다.94)

회심의 과정에서도 성령은 외적 수단으로서 거부될 수 있지만, 내적 은혜가 사람들의 마음을 부드럽게 하여 그리스도의 복음에 편안하게 순종하게 만든다. 그러므로 "외적 소명을 유효하게 만드는 내적 은혜는 중생의 은혜"라고 할 수 있다.95)

결론적으로 소명을 외적 소명과 내적 소명으로 구분한 점에서 보면, 대그는 분명히 칼뱅주의의 입장과 같은 맥락에 서 있음을 알 수 있다. 그러나 대그는 어느 누구라도 예수 그리스도를 통하지 않고는 구원을 받을 수 없다고 믿었다. "구원을 위해 그리스도를 믿는 모든 사람은 하나님의 주권적인 자비에 기꺼이 자신을 맡길 수밖에 없다." 복음은 "모든 죄인을 위대한 주권자 발 앞에 엎드리게" 하는 능력이 있다. 따라서 대그는 "특별구속의 교리는 정확하게 하나님의 주권에 절대적이고 무조건적인 복종으로 부르는 보편적 소명과 조화를 이루게 된다"고 믿었다.96) 결코 대그는 하나님의 주권과 구원으로의 보편적 초대를 배타적 관계로 이해하려고 하지 않았다.

4. 주권-자유의지론: 불가항력적 은혜(Irresistible Grace)에 대한 반응

칼뱅주의는 하나님의 주권과 인간의 자유의지를 말할 때 하나님의 "불가항력적 은혜"를 강조한다. 이 불가항력적이란 말은 "하나님께서 어떤 사람을 구원하기로 택하실 때 그리고 성령을 보내시사 그들을 사랑받기 싫어하는 자리에서부터 변화시키실 때 아무도 하나님을 대적할 수 없음을 의미한다."97) 때로는 이 불가항력적

---

94) 강권적 은혜에 관해서는 김용복, "E. Y. Mullins의 강권적 은혜: 견인의 확실성과 배교의 가능성을 포괄하는 이론적 근거," 「복음과 실천」, 25 (2000): 271-311 참조.
95) Dagg, *A Manual of Theology*, 332.
96) Ibid., 331.
97) Palmer, 「칼빈주의 5대 교리」, 97.

은혜를 "성령의 유효적 소명," 혹은 "특별한 내적 부르심"이라고 부르기도 한다.[98] 칼뱅주의자 탈봇(Kenneth G. Talbot)과 크렘톤(W. Gray Crampton)이 신학의 세 흐름을 칼뱅주의, 고등 칼뱅주의, 아르미니우스주의로 구분하고, 불가항력적 은혜를 강조하는 것은 고등 칼뱅주의일 뿐, 성경적 칼뱅주의는 하나님의 주권과 인간의 책임을 배제하지 않는다고 말한 것은[99] 역사적 칼뱅주의에 대해 오해한 것이요, 주관적 해석이라 아니할 수 없다. 역사적 칼뱅주의는 명백하게 불가항력적 은혜를 강조했고, 인간의 의지를 전적으로 무능한 것으로 간주했기 때문이다.

1) 은혜: 구원의 기초

대그는 「신학입문」에서 구원과 관련하여 은혜의 개념을 세 가지로 구분했다. 첫째는 "은혜의 언약"(Covenant of Grace)이고, 둘째는 "은혜의 축복"(Blessings of Grace)이고, 셋째는 "은혜의 주권"(Sovereignty of Grace)이다. "은혜의 언약"에서 하나님이 인간을 구원해 주시겠다는 언약을 말했고, "은혜의 축복"에서 하나님의 구원 과정으로 용서, 칭의, 양자, 중생, 성화, 최종 견인, 완전을 언급했으며, "은혜의 주권"에서 선택, 특별 구속, 유효한 소명을 설명했다.[100] 결국 인간의 구원은 전적으로 하나님의 은혜인 셈이다.

그러므로 구원의 기초는 하나님의 은혜에 있다. 은혜와 율법은 서로 조화될 수 없는 개념이다. 우리의 행위는 구원을 이루는 데 전적으로 배제된다. 우리는 하나님의 진노를 받는 것 외에는 아무 것도 할 수 없는 죄인들이기 때문이다.[101] 모든 사람은 하나님의 은혜에 감사할 의무가 있다. "감사하지 못하는 사람은 악한 사람이며 하나님의 적이다."[102] 하나님의 은혜를 강조한다는 점에서 볼 때, 대그의 신학은 존 번연(John Bunyan), 벤자민 키츠(Benjamin Keach), 존 길(John Gill), 앤드류 풀러(Andrew Fuller), 아이작 벡커스(Isaac Backus)처럼 개혁주의 전통에 서 있다는 평

---

98) Steele, 「칼빈주의 5대 강령」, 72-3.
99) Talbot, *Calvinism, Hyper Calvinism, and Arminianism*, 76.
100) Dagg, *A Manual of Theology*, 253, 335.
101) Ibid., 258-9.
102) Ibid., 244.

가는 타당하다.103)

그런 의미에서 "모든 것은 하나님의 영광을 위해 존재한다"는 명제는 대그의 신학을 가능하게 하는 기본 전제였음이 분명하다. 하지만 대그가 노예제도의 타당성을 변호하는 치명적 오류를 범한 것은 이 명제와 무관하지 않은 듯하다. 「윤리학의 원리들」에서 대그는 성경에서 노예제도를 정죄하지 않고 묵인했음을 주목했다. 결론적으로 대그는 노예제도가 많은 통탄할 만한 악을 가지고 있음에도 하나님은 당신의 섭리 속에서 노예제도를 통해 실제로 아프리카인들을 번영하게 했다는 주장을 폈다.104)

2) 삼위일체 하나님의 협력하는 은혜

대그는 인간의 구원을 말할 때 삼위일체 하나님의 은혜와 협력을 강조했다. "삼위일체 하나님은 인간을 구원하실 때 영원한 언약에 따라 서로 협력하신다." 특히 대그는 에베소서 1장 11절의 "그 마음의 원대로 역사하시는 자"(who worketh all things after the counsel of his will)에서 "counsel"이라는 단어에 주목했다. 삼위일체 하나님은 인간을 창조하실 때나 그 밖의 모든 일을 하실 때, 서로 "협의한다"는 것이다: "하나님은 모든 일을 하실 때, 반드시 삼위일체 하나님의 동의나 거부를 통해서 하신다." 그러나 하나님에게서 의견일치를 보지 못하는 일은 없다. 영원한 언약은 언제나 삼위일체 하나님의 의견일치를 통해서 이루어진다. 그래서 "은혜는 그리스도 안에서 세상이 시작되기 전에 주어진 것"이다. 이 과정에서 성부 하나님은 신성을 대표하고, 성자 하나님은 하나님의 백성을 대표하고, 성령 하나님은 이 둘의 화해를 조화롭게 완성하기 위해 참여한다.105)

대그가 이처럼 삼위일체 하나님의 협력과 일치를 강조하는 이유는 어디에 있을까? 구원과 예정의 문제에서 하나님의 주권적 은혜가 지나치게 성부 하나님께 돌아가는 것을 견제하려는 것이 아닐까? 이런 태도는 그동안 칼뱅주의의 예정론이 성자

---

103) Dever, "John L. Dagg," 171.
104) Ibid., 181.
105) Dagg, *A Manual of Theology*, 253-5.

그리스도의 역할과 위치를 약화시켰다는 비판을 고려한 것이라고 볼 수 있다. 그리스도의 역할을 약화시켜서는 안 된다고 주장한 사례를 우리는 아르미니우스가 데오도르 베자(Theodore Beza)와 고마루스(Gomarus)의 타락전 예정설을 거부한 사건에서 확인할 수 있다. 아르미니우스는 타락전 예정설이 예정을 기독론으로부터 분리시켰고, 그리스도를 선험적이고 추상적 작정을 수행하는 단순한 수단이나 도구로 전락시켰다고 판단했다. 그래서 그는 예정이 기독론과 성서의 빛 안에서 이해되어야 한다고 주장했다.[106] 아르미니우스가 제시한 예정론의 제한적인 원리들은 다음과 같다: 첫째, 예정교리는 일차적으로 논리적이거나 철학적이 아니라 반드시 성경적이어야 한다. 둘째, 예정은 반드시 기독론적으로 이해되어야 한다. 신적 작정이 아니라 그리스도가 구원의 근원이며 원인이다. 셋째, 구원은 반드시 복음적이어야 한다. 즉 그리스도를 개인적으로 믿는 믿음에 의해 구원을 받는 것이다. 넷째, 한편으로는 하나님을 죄의 창시자로 만드는 어떤 이론도 비성경적이고, 다른 한편으로는 인간을 자기 스스로 구원의 창시자라고 말하는 것도 논리적으로 불가능하다. 다섯째, 교회의 역사적 가르침으로부터 출발해서는 안된다.[107] 물론 그렇다고 해서 대그가 아르미니우스의 예정론을 받아들인 것은 아니다. 다만 그는 칼뱅주의의 예정론이 가질 수 있는 성부 하나님 중심 구도를 삼위일체 하나님 구도로 완화시키고자 했다는 점에서 구별될 뿐이다.

3) 거절할 수 있는 은혜

대그는 "선택에 대한 교리를 진심으로 수용한다면 죄인이 하나님을 거부하는 것은 그치게 될 것"이라는 기본 입장을 가지고 있었지만, 하나님의 은혜를 "불가항력적 은혜"로 간주하지는 않았다. 오히려 그는 "자기의 죄를 회개하는 자는 모두 그리스도의 피의 공로로 용서를 받게 된다"거나 "용서의 은혜는 진실로 자신들의 죄를 회개하는 사람 모두에게 주어진다"고 주장했다. 그는 성경의 예들을 열거하며 회개

---

106) Carl Bangs, "Arminius: An Anniversary Report," *Christianity Today* 5, 1 (October 1960): 18.
107) Milard B. Wynkoop, 「칼빈주의와 웨슬레 신학」, 한영태 역 (서울: 생명의말씀사, 1987), 50; Carl Bangs, *Arminius: A Study in the Dutch Reformation*, 2nd ed. (Grand Rapids, Michigan: Zondervan Publishing House, 1985), 350.

의 중요성을 강조했다(행 3:19; 요일 1:9; 눅 25:47; 행 5:31; 눅 13:3). 특히 대그는 사도행전 17장 30절을 근거로 "종말론적 심판의 관점에서 볼 때, 복음 안에서 하나님은 모든 장소의 모두 사람에게 회개할 깃을 명령하신다"고 말했다.108) 또한 용서는 그리스도를 믿음으로 얻게 되는 것이다. 따라서 "회개와 믿음은 동시에 주어지는 은혜다." "용서는 회개 위에 주어지며, 회개는 복음 안에서 부과된 첫 번째 의무다." "용서의 은혜와 회개의 삶은 그리스도인의 삶을 시작할 때부터 서로 관련되어 있는데, 그 관계는 인생의 과정을 통해서 그대로 유지된다." 그러므로 대그는 "한번 회심으로 모든 죄를 다 용서받았다고 믿는 사람은 … 그리스도론의 첫 번째 원리를 다시 배워야 할 필요가 있다"고 충고했다.109)

대그가 "전적 은혜"로 인한 구원을 설명하면서, "그리스도의 선물"과 "성령의 선물"을 함께 말한 것도 같은 맥락에서 이해될 수 있다. 그리스도가 우리를 위해 죽으시고 영원한 구원의 주체가 된 것도 전적 은혜요, 하나님의 사랑의 선물인 성령을 받게 된 것도 전적 은혜인 것이다.110) 하지만 하나님의 선물인 복음이 진리의 권위를 통해 선포되었지만, 사람들은 그것을 거절했다. "거룩한 말씀에 계시된 하나님의 은혜의 방법에 따르면, 사람의 구원은 복음에 대한 그들의 믿음에 의존하게 된다."111) 이것이 대그가 보았던 은혜의 방법이었던 것이다.

5. 견인-배교론: 성도의 최종 견인(Final Perseverance of the Saints)에 대한 반응

팔머는 성도의 최종 견인을 다음과 같이 일종의 논리적 필연성으로 설명했다: "칼빈주의의 5대 교리는 모두 상호연관성을 가지고 있다. 성도의 견인교리는 무조건적 선택의 교리에서 자연적으로 따라 나온다. 선택교리가 잘못이라면 이 교리 역

---

108) Dagg, *A Manual of Theology*, 262-3. "알지 못하던 시대에는 하나님이 허물치 아니하셨거니와 이제는 어디든지 사람을 다 명하사 회개하라 하셨으니"(행 27:30).

109) Dagg, *A Manual of Theology*, 264-5.

110) Ibid., 260-1.

111) Ibid., 323.

시 잘못일 것이나, 선택교리가 진리라면 필히 이 교리를 나오게 한다."112) 그러므로 칼뱅주의의 견인론에서는 성도의 삶을 고려하지 않더라도 논리적으로 견인은 필연적이다. "한번 구원은 영원한 구원"이기 때문이다. 영블러드는 칼뱅이 견인을 주장하게 된 이유를 다음과 같이 두 가지로 들었다:

> 첫째, 구원을 얻은 택자들은 여전히 부패되어 있고 그리고 만약 하나님이 택자들을 믿음 안에 지속하도록 하지 않으신다면 그들은 믿음 안에 머무르지 않게 될 것이기 때문이다. 둘째, 만약 택자들이 떨어져 나가 구원을 상실한다면, 칼빈이 생각한 것처럼 하나님의 주권은 손상될 것이기 때문이다.113)

이런 견인론은 신자의 입장이나 능동적 믿음보다는 하나님의 입장과 주권만을 고려한 철저한 하나님 중심 신학의 전형을 보여주는 것이다.

1) 견인의 성경적, 신학적 근거

견인은 성화와 밀접한 관련이 있다. 대그는 성도가 전적이고 최종적 배교로부터 은혜롭게 보존되는 것은 성령이 중생한 성도들을 계속해서 성화시키기 때문이요, 그 결과로 성도들은 거룩한 순종을 통해 견인된다고 주장했다.114) 성도가 최종적으로 견인될 수밖에 없는 성경적 근거를 대그는 네 가지로 들었다.115) 첫째, 성경에 나타난 하나님의 뜻에 따르면 중생으로 얻은 것은 불멸한다. 신자들은 은혜로 얻게 된 새 생명을 현재 소유하고 있으며 영원히 소유하게 될 것이기 때문이다(벧전 3:4; 1:23; 요일 3:9; 요 5:24; 롬 6:9, 11). 둘째, 신자와 그리스도의 연합은 분리되지 않고 영속적이다. 아무도 그리스도의 사랑에서 신자들을 빼앗을 수 없으며(롬 8:35 39), 그리스도도 신자들을 끝까지 사랑하신다(요 13:1). 그리스도의 죽음으로 우리는 하나님과 화해하게 되었고, 그가 죽은 자 가운데서 살아나심으로써 우리의 생명의 근

---

112) Palmer, 「칼빈주의 5대 교리」, 120.
113) Clark R. Youngblood, "견인과 배교," 「침례교 신학의 흐름」, 181.
114) Dagg, *A Manual of Theology*, 287.
115) Ibid., 287-9.

거가 되셨으며, 우리의 최종적이고 완전한 구원을 보장하신다. 셋째, 그리스도 안에서 우리의 보존을 보장한다는 것은 하나님의 약속이다. 이것은 하나님의 새로운 언약이다. 옛 언약대로 한다면 우리가 하나님을 떠날 때 하나님도 우리를 거부하시지만(히 8:9), 새 언약에서는 그리스도의 중재를 통해서 신앙을 보존하게 된다(벧전 1:5; 눅 22:32; 히 7:25). 넷째, 성경에 나타나는 배교 현상은 본래 참된 신앙이 없었기 때문에 발생하는 것이다. 본래 신앙이 없었던 사람들이 떨어져 나간 것이다(요일 2:19). 이것은 예수의 씨뿌리는 비유와도 일맥상통하는 내용이다. 바위에 떨어진 씨는 뿌리가 없어서 잠깐 믿다가 시험을 받을 때 배반한다고 했다(눅 8:13). 대그는 배교를 지지하는 대표적 성경말씀인 히브리서 6장 4 6절에서,116) 이 말씀이 지칭하는 배교자는 참된 그리스도인이 아니라고 주장했다. 왜냐하면 참된 그리스도인은 사랑으로, 참된 순종으로 살아가기 때문이다.117)

또한 대그는 견인되지 못하는 사람들과 견인되는 사람들의 차이를 이렇게 설명했다. 다윗과 베드로는 죄를 범했지만 회개함으로써 새로워질 수 있었다. 하지만 배교자들은 마음의 완악함으로 인해서 다시는 회개하여 새로워질 수 없는 사람들이다. 이것은 그리스도의 보혈이 충분한 능력이 없어서가 아니라 하나님이 그들에게 회개의 은혜를 주시지 않기 때문이다. 하나님으로부터 난 사람들은 결코 회개하여 새로워지지 않은 채 죄에 빠질 수 없는 것이다.118) 결국 대그는 배교를 인정하는 것이 구원의 희망을 "인간의 노력에 맞추려는 경향"이 있음을 지적하면서, "최종 견인의 교리가 신자들이 영적 전투에서 무기력해질 때 큰 위로를 준다"고 진술함으로써 견인교리의 중요성을 강조했다.119)

결과적으로 보면 대그의 견인론은 분명히 칼뱅주의의 입장과 일치한다. 그는 믿는 자의 "최종 견인"을 인정하고, "배교"를 부인했다. "중생한 자는 성령에 의해 성

---

116) "한번 비침을 얻고 하늘의 은사를 맛보고 성령에 참예한 바 되고 하나님의 선한 말씀과 내세의 능력을 맛보고 타락한 자들은 다시 새롭게 하여 회개케 할 수 없나니 이는 자기가 하나님의 아들을 다시 십자가에 못 박아 현저히 욕을 보임이라."
117) Dagg, *A Manual of Theology*, 290.
118) Ibid., 291.
119) Ibid., 299-300.

화되고, 최종적으로 거룩한 순종의 삶이 보존된다"고 말함으로써, 신자의 최종 견인을 믿었다.[120]

2) 배교의 위험성 경고

하지만 성도가 하나님에 의해 견인된다고 해서 구원이 자동으로 이루어지는가? 구원을 완성하기 위해서 인간이 해야 할 일은 없는가? 이 문제는 인간의 자유의지와 하나님의 주권적 은혜를 이해하는 데 중요한 단서를 제공해 준다.

이 문제에 관한 대그의 입장은 그렇게 단순하지 않다. 대그는 성도의 견인을 논리적 결과로 보지 않을 뿐더러, 신자의 삶이 뒷받침되지 않은 견인은 존재하지 않는다는 입장을 취했다는 점에서 주목할 필요가 있다. 다음에 인용된 말은 대그의 이런 입장을 잘 반영해주고 있다:

> 견인교리에 대해 하나님의 사람이면 아무런 투쟁 없이도 면류관을 얻을 것이라고 생각하는 사람은 완전히 문제를 오해한 것이다.... 만일 사람들이 한때 회심했기 때문에 그들이 어떤 삶을 살지라도 구원받을 것이라는 결론을 내린다면 그것은 견인교리를 형편 없이 치명적으로 왜곡하는 것이다. 하나님의 말씀은 명백하게 선언하고 있다: "육체로 심는 사람은 부패한 육체로 거둘 것이다."[121]

> 최종 견인의 교리는, 그것이 제대로 이해된다면, 하나님의 백성들에게는 결코 최종적 배교의 위험이 존재하지 않는다는 것을 가르치지 않는다. 바울도 그가 종종 풍랑의 위험 속에 빠졌다고 말한다.... 성경에 하나님의 백성들에게 주어지는 경고들은 하나님이 그들을 영생으로 보존하기 위해서 정하신 중요한 수단 가운데 하나다.... 바울에 의해 히브리서에서 제시된 무시무시한 경고들은 하나님의 백성들을 최종적 견인에서 보호하기 위해서다. 그러므로 그 경고들은 그런 배교의 위험이 존재함을 의미한다.[122]

---

120) Ibid., 287.
121) Ibid., 295-6.
122) Ibid., 296-7.

대그가 전통적 칼뱅주의의 견인교리와 일견 논리적으로 모순되는 것 같은 주장을 한 이유는 무엇일까? 그것은 대그가 성경의 가르침에 충실하고자 했기 때문이다. 대그는 논리적이거나 신학적인 것보다도 성경적인 데에 관심이 있었다. 성경은 성도의 견인과 배교의 위험성을 동시에 강조하고 있다. 그래서 대그는 실제 배교를 부인하면서도 배교의 위험성에 대해서는 경고했던 것이다. 그리고 대그는 하나님의 약속 위에서 신자는 배교의 위험을 이긴다고 믿었다. 대그가 신자의 배교는 불가능하다는 입장에 기본적으로 서 있다는 것은 사실이지만, 그것은 칼뱅주의의 택자와 예정교리의 논리적 결과로서가 아니라 하나님이 신자를 언약하신 대로 끝까지 지켜 주실 것을 믿는 확신에 근거한 것이다. 그러나 신자는 언제든지 잘못될 위험 속에 살고 있으므로 한 시라도 자신의 신분을 망각해서는 안될 것이다. 대그는 배교의 위험이 있다는 것을 결코 부정하지 않았다. 신자는 그 믿음을 지키기 위해서 "영적인 전투"를 해야 하며, 하나님은 그런 신자의 삶을 은혜로 보호하고 지켜주신다는 역동적 관계에서 대그는 최종 견인을 확신한 것이다. 그러므로 그가 최종 견인을 주장한다는 것만을 가지고, 그의 신학적 내용까지 고전적 칼뱅주의와 동일하다고 단정하는 것은 성급한 일이다. 다만 그는 칼뱅주의자들처럼 하나님의 보존하시는 은혜를 강하게 신뢰했을 뿐이다.

마치는 글

어떤 신학자는 칼뱅의 5대 교리(튤립 교리)에 대해서 이렇게 말했다: "튤립은 아름다운 꽃임에 분명하다. 그러나 튤립 교리는 나쁜 신학이다. 꽃의 결실은 매력적이지만, 신학의 결과는 소름끼치는 것이다."[123] 그는 다음과 같이 체험담을 전해주었다: 오하이오 주의 어느 교회 앞을 지날 때, 선교교회라는 간판을 보고 들어갔다. 하지만 그들은 어느 선교사도 지원하지 않았고, 선교사를 보내지도 않았다. 왜? 그들은 충실한 칼뱅주의자들이었기 때문이다. 그들은 하나님이 선택한 사람들은 누구나 구원을 받기 때문에, 그들이 할 일이라고는 기도하는 것뿐이라고 믿었다. 그

---

123) Congdon, "Soteriological Implications of Five Point Calvinsm," 58.

들은 증거하는 데 시간을 투자하지 않는다. 다만 기도할 뿐이다. 그들은 고전적 칼뱅주의에는 철저했지만, 성경에는 충실하지 못했다. 마태복음(18:19 20)은 단지 기도하라는 것이 아니라 가서 제자로 삼고 침례를 주고 가르치라는 것이기 때문이다.124) 이런 시각은 이른바 고등 칼뱅주의를 반대하는 중요한 목소리 가운데 하나임에 분명하다. 이 점에서 대그의 신학은 반-고등칼뱅주의였다.

대그의 신학을 반-고등칼뱅주의(혹은 "온건한 칼뱅주의"라고도 말한다)125)로 평가하는 기준은 대체로 다음과 같은 두 가지였다. 첫째는 대그가 예정론을 말할 때, 의도적으로 칼뱅의 이중예정을 피하고, "저주"보다는 "간과"를 가르쳤고, 작정의 순서에서도 "창조 타락전 선택설"을 지지하지 않았으며; 둘째는 그가 복음 전파와 선교에 열심을 냄으로써, "옛 고등 갈빈주의의 반-선교주의"를 거부했기 때문이다.126) 가드너도 대그의 신학을 "고등 칼뱅주의에 대해 조용하면서도 웅변적 거부를 보여주었다"고 말하면서, "온건한 개혁 전통"이라고 평가했다.127)

샘포드대학교의 험프리스(Fisher Humphreys)는 대그가 "칼빈신학의 유산을 물려받았지만, 그는 그리스도인의 체험, 특히 회심의 체험을 강조"했다고 평가했다. 이 평가는 대그의 신학을 이해하는 데 매우 중요한 시사점을 제공한다. 대그는 비록 성화가 중생과 죄용서처럼, "전적으로 하나님의 은혜의 결과"라고 믿었지만, 그리스도인의 "의무"를 모든 신학 주제에 "적극적으로 언급"했다. 그리고 그는 성령께서 그리스도인에게 내재하여 그 의무를 수행할 수 있도록 돕는다고 믿었다. 험프리스는 이와 관련해서 대그의 입장을 "그리스도인으로서 당신의 의무를 알아라. 그리고 행하라; 성령께서 당신 안에서 역사하고 계시기 때문에, 이것은 가능하다"는 말로 정리했다.128)

칼뱅주의의 5대 교리라는 패러다임 안에서 분석한 대그의 신학 특징은 다음과 같이 평가될 수 있다. 첫째, 전적 타락의 문제에서 대그는 이중예정을 명시하지는

---

124) Ibid., 67.
125) Patterson, "An Evalution of the Soteriological Thought of John Leadley Dagg," 15, 39.
126) Basden, "Theologies of Predestination in the Southern Baptist Tradition," 141-2.
127) Gardner, "John Leadley Dagg," 263.
128) Fisher Humphreys, "구원: 그리스도인의 삶," 「침례교 신학의 흐름」, 208-11.

않았지만 칼뱅주의와 같은 입장에서 있었다. 하지만 그는 어느 특정 신학자나 특정 주의(主義)에 의존하지 않았다. 이 교리를 신조화하지 않으려 했고, 성경에서 도출하려고 했다는 점에서 성경을 중시하는 침례교 신학자로서 기본자세를 지켰다. 둘째, 대그가 하나님의 절대적 선택을 강조한 것은 사실이지만, 명시적으로 "무조건적 선택"을 언급하지는 않았다. 그는 인간의 믿음이나 반응이 결코 하나님의 선택보다 앞설 수는 없다고 보았다. 하지만 이 문제를 해결하는 과정에서 하나님의 주권적 선택과 인간의 반응을 배타적 관계로 보지 않았다. 그래서 대그의 선택론은 "무조건적 선택"이라기보다 "타협하지 않는 영원한 선택"이라는 말로 표현되기도 했다. 셋째, 속죄론에서 대그는 하나님의 계시된 뜻과 숨겨진 뜻을 구분함으로써 일방적 제한속죄론을 극복하려고 했다. 이것은 결국 하나님의 주권과 인간의 믿음을 동시에 붙잡으려는 시도라고 할 수 있다. 넷째, 하나님의 은혜, 즉 하나님의 주권과 인간의 자유의지 문제에서 대그는 철저하게 하나님의 주권을 강조했다. 하지만 삼위일체 하나님의 협력하시는 은혜, 인간이 주체가 되는 회개와 믿음을 강조함으로써, 고전적 칼뱅주의의 "불가항력적 은혜" 개념을 완화시키고 있다. 선물로 주어진 하나님의 은혜는 인간에 의해 거절되었으며, 회개는 그리스도 안에서 주어진 그리스도인의 첫 번째 의무라는 말은 대그의 신학 특징을 잘 반영한다. 다섯째, 견인 교리에서 대그는 일차적으로 칼뱅주의의 견인론과 맥락을 같이 했다. 하지만 대그는 배교의 위험성에 대한 성경의 경고에 귀를 기울일 것을 촉구했다. 한번 거듭난 사람이라고 하더라도 아무렇게나 살아도 된다고 생각하는 것은 매우 위험한 것이며, 견인은 그리스도인의 투쟁 위에서 이루어진다고 믿었다. 여기서 우리는 견인의 확실성과 배교의 위험성 사이에서 긴장과 갈등의 관계를 의식하고 있는 대그의 신학적 모호함(이것은 종종 성숙함이라고도 표현될 수 있지만)을 발견하게 된다.

결론적으로 칼뱅주의의 5대 교리에서 살펴 본 대그의 신학은 인간의 반응을 배제하지 않고 '하나님의 절대적 주권'을 강조한 신학이었다고 평가할 수 있다. 이런 대그의 신학 패러다임은 분명 칼뱅주의의 입장과 같은 맥락에 서 있는 것이었다. 하지만 내용 면에서는 맹목적으로 칼뱅주의를 추종하지 않고, 그 문제점들을 극복하려는 모습을 보여주었다. 이번 연구의 범위 안에서 볼 때, 대그는 침례교신학이 칼뱅주의여야 한다고 주장하지 않았으며, 그럴 생각도 없었던 신학자였음이 분명하다. 그는 어느 특정인의 신학적 권위에 의존하지 않고, 오직 성경의 권위만을 인정하려고 했다. 침례교의 신학전통은 특정한 신학과 그 패러다임에 얽매이지 않고 성경적 신학이기를 추구하는 데 있다는 점에서 볼 때, 미국 남침례교의 첫 번째 조직신학자로서 대그의 신학적 공헌과 명성은 길이 빛날 것이다.

09

Edgar Y. Mullins의 강권적 은혜와 중도신학*

이 글은 미국 남침례교의 중기 조직신학전통을 대표하는 에드가 영 멀린스(Edgar Y. Mullins)의 중도 신학을 '강권적 은혜'(constraining grace) 개념을 중심으로 분석하고 그 신학적 의미를 살펴보는 데 일차 목적이 있다. 특히 이 연구의 초점은 견인과 배교가능성이라는 전통적 주제를 통해 중도신학의 근거를 확인하는 데 있다.

하나님의 은혜와 인간의 자유라는 관점에서 볼 때, 우리는 기독교사상사 안에서 세 가지 유형의 신학을 만나게 된다. 첫째는 아우구스티누스-칼뱅의 하나님 중심 신학이고, 둘째는 펠라기우스-유니테리안의 인간 중심 신학이며, 셋째는 세미펠라기안-아르미니우스의 그리스도 중심(혹은 하나님-인간 중심) 신학이다. 첫째와 둘째는 하나님의 은혜와 인간의 자유를 갈등적 구도로 파악하면서 하나의 구심점(하나님 중심 혹은 인간 중심)을 가지고 있지만, 셋째는 그것을 상호보완적 구도로 파악하면서 두 개의 구심점(하나님과 인간)을 가지고 있다.[1] 이 논문에서는 성도의 견인(perseverance of the saints)과 배교(apostasy) 문제를 첫째와 셋째 유형에 속하는 칼뱅주의와 아르미니우스주의의 터전에서 다루고자 한다. 이 두 체계는 사실상 종교개혁 이후 기독교사상사를 갈등관계 속에서 주도해 왔던 대표적 신학체계라고

---

* 김용복, "E. Y. Mullins의 강권적 은혜: 견인의 확실성과 배교의 가능성을 포괄하는 이론적 근거," 「복음과 실천」 25집 (2000 봄): 271-311.

1) 김용복, "남침례교 신학전통에서의 인간론: '자유와 은혜' 개념을 중심으로"(박사학위논문, 침례신학대학교 대학원, 1997) 참조. 하나님의 은혜와 인간의 자유는 좁은 의미에서 보면 하나님의 주권과 인간의 자유의지 문제를 다룬다.

할 수 있기 때문이다.[2]

신학체계를 칼뱅주의와 아르미니우스주의로 나눌 때 가장 첨예하게 대립하는 주제 가운데 하나는 견인과 배교의 문제다. 이 문제는 구원론뿐 아니라 양측의 신학 입장을 최종적으로 혹은 결정적으로 대변하는 주제이기 때문에 그 교리적 중요성이 무엇보다 크다고 할 수 있다. 또한 이 주제는 하나님의 주권과 인간의 자유, 이중 예정과 조건 예정의 문제를 함축하면서 그 논리적 결론이라는 양상을 띠고 있어서, 조직신학의 중심 주제로 이미 관심의 대상이 되어 왔다. 미국 서든침례신학 대학원(Southern Baptist Theological Seminary)의 조직신학 교수였던 데일 무디(Dale Moody)가 신학논쟁에 휘말려 교수직에서 물러나게 된 것도 바로 이 견인과 배교 문제로 인해서였다.[3]

견인과 배교의 문제에 관한 두 신학체계의 대립적 입장이 서로 양보 없이 갈등과 대립으로 일관해 온 까닭은 그것이 단순한 하나의 주제에 대한 차이가 아니라, 신학의 전체 체계를 포괄하는 문제였기 때문이다. 비단 견인과 배교 문제뿐 아니라 신학 전반에 걸쳐 나타난 이 갈등과 대립은 역사적으로 아르미니우스주의가 칼뱅주의에 의해 이단으로 규정된 도르트종교회의 이후 더욱 극단의 양상을 보였다. 그 때문에 아르미니우스주의자들은 대단히 위협적 분위기 속에서 신학할 수밖에 없었다. 존 웨슬리는 "'이 사람은 아르미니우스주의자다' 하고 말하는 것은 '이 사람은 미친개다' 하고 말하는 것과 같은 효과를 일으켜서, 사람들을 그 사람으로부터 재빠르게 달아나게 한다"고 말함으로써 아르미니우스주의에 대한 몰이해와 비난의 정도가 얼마나 심각했는가를 잘 말해주었다.[4] 또한 아르미니우스 연구의 권위자인

---

2) 칼뱅주의와 칼뱅 사상, 아르미니우스주의와 아르미니우스 사상은 엄밀히 말해서 구분되어야 하지만, 이 논문에서는 넓은 의미에서 칼뱅이나 아르미니우스의 사상을 포함한 역사적 칼뱅주의와 아르미니우스주의를 연구 대상으로 삼는다.
3) 무디는 신자도 배교할 수 있다고 주장했던 철저한 반(反)칼뱅주의자였다. 그는 1941년 학생 신분으로 목회할 때, 신약성서가 배교의 가능성을 가르친다고 설교함으로써 문제를 야기했고, 1981년 「진리의 말씀」(The Word of Truth)이 출판된 뒤 이 문제의 갈등은 더욱 심화되었다. Danny R. Stiver, "Dale Moody," *Baptist Theologians*, ed. Timothy George and David S. Dockery (Nashville: Broadman Press, 1990), 542.
4) John Wesley, "What Is An Arminius?" *Great Voices of the Reformation*, ed., Harry Emerson Fosdick (New York: Random House, 1952), 514.

칼 뱅스(Carl Bangs)는 아르미니우스 탄생 400주년을 회고하는 글에서, "아르미니우스는 아르미니우스주의자가 아니다"는 말에서 아르미니우스에 대한 오해와 점철된 편견이 얼마나 깊은가를 역설적으로 지적했다.5)

"한번 구원은 영원한 구원인가" 아니면 "현재의 구원은 미래의 구원을 보장할 수 없는가?" 견인과 배교 문제의 핵심을 단적으로 드러내는 이런 질문에 대한 신학적 견해 차이는 그리스도인의 삶을 형성하는 데 중요한 영향을 끼치지 않을 수 없다. 칼뱅주의는 어떠한 경우라도 한번 "구원하는 믿음"(saving faith)을 소유한 신자는 그 영원한 구원이 100% 보장된다고 주장한다. 이 구원의 보장은 인간 측의 공로나 믿음이 "원인"으로 작용된 것이 아니라, 전적으로 하나님의 주권에 의해 이루어지기 때문이다. 하나님이 구원하시기로 작정한 사람은 반드시 구원된다. 사실 이 "신자의 무조건적, 영원한 구원 보장", 즉 궁극적 견인은 철저한 칼뱅주의자뿐 아니라, 다소 수정된 입장을 가진 칼뱅주의자나 심지어 아르미니우스주의적인 입장에 있는 신자들까지도 "강한 애착"을 보이고 있을 정도로 널리 지지되고 있는 신학 견해이기도 하다.6)

반면에 아르미니우스주의는 비록 현재는 구원의 믿음을 가지고 있는 사람이라도, 신앙생활을 방치하고 믿음을 상실하면 구원을 잃을 수 있다고 경고한다. 그러니 한번 구원을 받았다고 안심할 수 없다는 것이다. 왜냐하면 구원이란 것은 일방적으로 하나님의 전적 주권에만 달려 있는 것이 아니라, 구원으로의 초대에 대한 인간의 반응도 중요하게 반영되기 때문이다. 그래서 이런 입장에 있는 데일 무디는 구원의 요소로 "하나님의 은혜"와 "인간의 믿음"이라는 두 가지 측면을 동시에 강조했던 것이다.7)

그런데 여기서 몇 가지 질문을 던지지 않을 수 없다. 과연 견인과 배교에 대한 칼뱅주의와 아르미니우스주의의 설명방식은 성서의 입장을 얼마나 제대로 대변하

---

5) Carl Bangs, "Arminius: An Anniversary Report," *Christianity Today* 5, 1 (October 10, 1960), 15.
6) Dale M. Yocum, 「기독교신조대조: 칼빈신학과 알미니우스신학의 비교연구, 성결교리의 신학과 성서적 바른 이해」, 손택구 역 (서울: 예수교대한성결교회(연합)출판부, 1988), 173.
7) Dale Moody, *The Word of Truth: A Summary of Christian Doctrine Based on Biblical Revelation* (Grand Rapids, Mich.: Wm. B. Eerdmans, 1981), 309.

고 있는가? 그들의 방법이 하나님의 주권적 은혜와 인간의 자유로운 응답의 문제를 충분하게 설명할 수 있는가? 진정 견인과 배교의 문제는 칼뱅주의와 아르미니우스 주의처럼 양자택일의 해결방법으로 밖에는 풀 수 없는가? 이들 방식 이외에 다른 대안은 없는가?

이와 같은 질문들은 침례교신학의 본질을 칼뱅주의나 아르미니우스주의에서 찾지 않는 사람들에게 침례교신학의 정체성을 파악하기 위한 중요한 실마리를 제공한다. 이 논문에서 에드가 영 멀린스(Edgar Y. Mullins)를 연구 대상으로 택한 것도 바로 이런 질문에 대한 하나의 대안적 해결책을 찾기 위함이다. 멀린스의 신학은 칼뱅주의와 아르미니우스주의의 극단적 대립을 절충하려는 시도 속에서 견인과 배교에 대한 새로운 시각을 제시하고 있기 때문이다. 그래서 이 논문은 기존의 신학적 두 체계에서 말하는 견인과 배교의 배타적 관점을 이론적으로 포괄하는 멀린스의 강권적 은혜(Constraining Grace) 개념에 대해서 소개하고 그 신학적 의미를 평가했다.

I. 견인과 배교의 신학적 근거에 대한 전통적 두 입장

전통적 두 신학적 체계 안에서 신자의 견인과 배교의 문제에 대한 신학적 근거는 무엇인가? 우리는 칼뱅주의의 불가항력적 은혜(irresistible grace)에서 견인의 신학적 근거를, 그리고 아르미니우스주의의 조건적 은혜(conditional grace)에서 배교의 신학적 근거를 발견한다.

1. 견인의 근거: 칼뱅주의의 불가항력적 은혜

1) 칼뱅주의신학의 특징

칼뱅주의신학의 강조점은 하나님의 주권과 예정 개념에 있다고 할 수 있다. 비록 칼뱅의 신학체계에서 예정론이 기본적인 교리는 아니라 하더라도, 하나님의 주권 교리에서 파생된 중심교리인 것만은 분명하다.[8] 프린스턴신학대학원(Princeton

Theologcal Seminery)의 교수인 커어(Hugh T. Kerr)는 칼뱅의 「기독교강요」 요약판 서문에서, 칼뱅이 성서와 그의 경험으로부터 확신한 것은 구원의 과정에서 하나님이 "주권적"(sovereign)이라는 사실과, 인간을 구속할 때 그리스도 안에 있는 하나님이 "주도권"(the initiative)을 가지셨다는 사실이라고 주장했다. 또 그는 칼뱅이 인간의 무능력과 전적 부패를 강조한 것은 본래 그가 인간을 혐오하는 염세주의자였기 때문이 아니라, 그의 관심이 하나님께 영광을 돌리는 데 있었기 때문이라고 긍정적으로 평가했다.9) 반면에, 그랜드 캐년(Grand Canyon)대학교의 기독교학부 교수인 영블러드(Clark R. Youngblood)는 칼뱅의 신학 특성을 평가하는 자리에서, 칼뱅은 아우구스티누스의 선택과 견인 교리를 받아들여 그것들을 체계화하고 대중화시켰으며, 모든 중요한 교리들을 "하나님의 주권"이라는 개념 속에 포함시키게 되었고, 이 주권을 "절대적이고 기계론적인 유형"으로 생각했다고 다소 부정적으로 평가했다.10)

하나님의 주권을 강조하면 상대적으로 인간의 자유의지가 약화되고, 인간의 자유의지를 내세우면 하나님의 주권이 손상을 입기 쉽다. 칼뱅은 일반적 은혜로 주어진 인간의 자유를 무시하지는 않았지만, 기본적으로 구원과 관련해서 선을 행할 수 있는 인간의 자유의지는 없다고 생각했다.11) 그는 「기독교강요」에서 의지의 자유 자체가 완전히 파괴되어 없어진 것은 아니라고 말했지만, 그 자유는 죄에 속박된 노예의 의지일 뿐이라고 단언했다: "그러므로 자유는 죄의 노예가 되었기 때문에 의지 자체로는 무엇을 일으킬 수 없고, 게다가 선한 일을 할 수는 더욱 없다. 이런 종류의 운동[선한 일은 하나님에 대한 회심의 시작이라고 할 수 있는데, 성서에서는 그것을 전적으로 하나님의 은혜에 돌리고 있다."12) 또 칼뱅은 "인간은 은혜의 도

---

8) Alan Sell, 「칼빈주의와 알미니우스주의와 구원」, 김경진 역 (서울: 생명의말씀사, 1989), 12-3.
9) Hugh T. Kerr ed., *A Compend of the Institutes of the Christian Religion by John Calvin* (Philadelphia: Westminster Press, 1964), iv, v.
10) Clark R. Youngblood, "견인과 배교," 「침례교신학의 흐름」, Paul Basden 편, 침례교신학연구소 옮김(대전: 침례신학대학교출판부, 1999), 180.
11) Geoffrey W. Bromiley, *Historical Theology: An Introduction* (Edinburgh: T. & T. Clark, 1978), 250.
12) John Calvin, *Institutes of the Christian Religion*, Vol. I. Ed. John T. McNeill (Philadelphia:

움 없이는 선한 일을 할 수 있는 자유가 없다. 이 특별한 은혜는 오직 택자(擇者)를 중생하게 하는 데 부여된다"고 주장했다.13) 물론 이 문제에 관해서 칼뱅의 입장이 언제나 명료한 것만은 아니었다. 때때로 칼뱅은 이성이 완전히 부패되지 않았고, 여전히 진리를 찾고 있다는 말을 함으로써 불일치하는 면을 스스로 보이기도 했다: "선과 악을 구별하는 이성은 … 전적으로 파괴된 것이 아니다. 그것은 부분적으로 쇠약해졌고, 부분적으로 손상되었다."14) 그래서 토렌스(T. F. Torrance)는 타락한 인간 안에도 여전히 무엇인가 남아 있다고 말하는 칼뱅의 비논리적인 언급 때문에 칼뱅의 제자들이 어려움에 부딪힌다고 말하고, 칼뱅의 전적 타락 교리는 인간과 하나님의 역동적 관계에서 해석돼야 한다고 주장하기도 했다.15)

2) 절대예정과 선택의 관계

구원에서 하나님의 절대 주권을 강조하고 인간의 자유의지를 인정하지 않는 칼뱅주의는 구원받을 사람을 하나님이 미리 예정하고 선택하신다는 택자(擇者) 교리를 일찍부터 발전시켰다. 오직 택자만을 중생하게 한다는 칼뱅주의의 특별은혜 교리는 예정 문제와 관련하여 다음과 같은 이중의 측면을 가지고 있다. 하나는 "끔찍한" 측면으로서, 소수의 택자와 많은 유기자(遺棄者)가 있다는 것이고, 다른 하나는 "합리적이고 위안적인" 측면으로서, 하나님이 구속자(救贖者) 예수 그리스도 안에 자신을 계시하셔서 택자로 하여금 구속의 자리에 참여하도록 하셨다는 것이다.16) 우리는 첫 번째 측면의 예정론을 "이중 예정" 혹은 "절대 예정"이라고 부른다. 이 이중 예정은 하나님의 은혜에 대한 인간의 자유 의지적인 반응을 고려하지 않는다는 점에서 일방적 작정이라고 할 수 있으며, 하나님의 뜻대로 이미 작정된다는

Westminster Press, 1960), 294.

13) Ibid., 262.

14) Ibid., 270.

15) T. F. Torrance, *Calvin's Doctrine of Man* (Grand Rapids, Mich.: Wm. B. Eerdmans, 1957), 88, 106.

16) E. Choisy, "Calvin's Conception of Grace," Edmund J. Fortman, S.J. ed. *The Theology of Man and Grace: Commentary Readings in the Ideology of Grace* (Milwaukee: Bruce Publishing, 1966), 229.

점에서 일종의 결정론적 특성을 가지고 있다고 말하지 않을 수 없다. 칼뱅은 이 예정을 다음과 같이 설명했다:

> 신의 영원한 작정을 예정이라고 부른다. 신은 그것으로써 각 사람이 어떠한 사람이 되어야 할 것을 스스로 결정하셨다. 왜냐하면 모든 사람이 동일한 조건으로 창조된 것은 아니기 때문이다; 그것보다 어떤 사람에게는 영생이 미리 정해졌고, 다른 어떤 사람에게는 영원한 저주가 미리 정해졌다. 그러므로 어떤 사람이 이 두 가지 결말 가운데 어느 하나로 창조되었을 때, 우리는 그가 생명으로 또는 죽음으로 예정되었다고 말한다.[17]

이런 예정론은 하나님이 구원받을 사람을 언제 선택하셨는가 하는 문제에 그대로 반영되었다. 찰스 혼(Charles M. Horne)은 선택론을 아르미니우스주의적 관점, 바르트주의적 관점, 칼뱅주의적 관점에서 소개하면서, 칼뱅주의의 선택은 하나님의 예지나 인간의 공로에 근거한 것이 아니라 "하나님의 기뻐하시는 주권적인 뜻"에 따라 "무조건적"으로 이루어진다고 보았다.[18]

무조건적으로 이루어지는 선택 개념을 가장 극단적으로 끌어 올린 것이 이른 바 타락전 선택설(supralapsrianism)이다. 이 견해는 하나님의 선택이 논리적으로 창조와 타락보다 앞선다는 입장이다. 여기서 타락은 영원한 "선택의 작정을 수행하는 수단으로" 간주된다. 그 다음으로는 다소 완화된 타락후 선택설(infralapsarianism)을 들 수 있다. 이것은 선택이 창조와 타락 이후에 일어난다는 입장이다. 이 입장에서는 하나님이 인간을 구원으로 선택하실 때 인간은 이미 타락한 "멸망의 무리"로 간주되지만, 그리스도의 구속사건과는 실제적으로 무관하게 일어나는 선택이라고 할 수 있다. 이것들보다는 더욱 완화된 견해가 구속작정 후 선택설(sublapsarianism/postredemtionism/amyraldianism)이다. 이는 선택이 타락뿐 아니라 타락한 인간을 구원할 작정 이후에 일어난다는 입장이다. 이 견해에 따르면, 하나님은 타락 전이나 타락 후에 인간을 선택하신 것이 아니라, 그리스도를 통해 인간을 구원하시기로 작정하신 후에 선택하셨다는 것이다. 즉, 하나님은 인간을 타락한 존재뿐 아니라 이미 구원받은 존재로서 간주한

---

17) Calvin, *Institute*, Vol. II, 926.
18) Charles M. Horne, *The Doctrine of Salvation* (Chicago: Moody Press, 1984), 7-10.

다는 것이다.19) 벤자민 워필드(Benjamin B. Warfield)는 위의 세 가지 선택설 모두를 복음주의적 견해로 분류하면서도, 앞의 두 입장을 "철저한 특별선택"으로, 마지막 것을 "불철저한 특별선택"이라고 규정했고,20) 웨인 하우스(Wayne House)는 워필드의 분류를 소개하면서 전자를 "제한 속죄"로, 후자를 "보편 속죄"로 구분했다.21) 또한 밀러드 에릭슨(Millard J. Erickson)은 세 가지 견해를 칼뱅주의 입장으로 분류하면서 마지막 견해는 "무제한적 속죄이론과 제한적 적용을 합친 입장"이라고 설명했다.22) 따라서 앞의 두 견해가 엄밀한 의미에서 칼뱅주의의 선택론이고 마지막 것은 그것의 변형된 형태라고 할 수 있다. 칼뱅이 하나님의 은혜를 절대 예정으로 이해할 수밖에 없었던 것도 이런 신학구도에 충실했기 때문이다. 여기서 그의 불가항력적 은혜 개념이 나온다.

3) 불가항력적 은혜의 논리적 결과: 택자의 견인

칼뱅의 불가항력적 은혜는 하나님의 전적 주권을 나타내는 독특한 개념이다. 인간을 구원하는 방법에서, 하나님의 주권이 강조될수록 상대적으로 인간의 인격적 반응과 책임성이 약화되는 것은 어쩌면 당연한 일이다. 아르미니우스주의를 "적수"로 삼고 칼뱅주의의 개혁주의 신앙을 옹호하고자 했던 로레인 뵈트너(Loraine Boettner)가 "영혼의 중생"을 설명하면서, "우리가 이러한 변화가 일어나는 순간을 의식조차 못하는 것을 볼 때 이것은 우리의 의식작용이 미치지 않는 보다 깊은 곳에서 이루어지는 일임에 틀림없다"고 말한 대목은 하나님의 초대에 대한 인간의 인격적 반응을 인정하지 않는 대표적 설명 가운데 하나라고 할 수 있다.23)

---

19) Benjamin B. Warfield, *Calvin and Augustine,* ed. by Samuel G. Craig (Philadelphia: Presbyterian and Reformed Publishing, 1956), 297-8.
20) Benjamin B. Warfield, *The Plan of Salvation,* Reprint (Grand Rapids, Mich.: Wm. B. Eerdmans, 1977), 31.
21) H. Wayne House, *Charts of Christian Theology and Doctrine* (Grand Rapids, Mich.: Zondervan Publishing House, 1992), 98.
22) Millard J. Erickson, 「구원론」, 김광렬 역 (서울: 기독교문서선교회, 1992), 134.
23) Loraine Boettner, 「칼빈주의 예정론」, 홍의표, 김남식 옮김, 개역판 (서울: 보문출판사, 1990), 21, 194.

물론 칼뱅주의의 견인론이 단지 논리적 일관성 위에서만 형성된 것이라고 단정할 수는 없을지 모른다. 그래서 에릭슨은 칼뱅주의자들이 성도의 견인교리를 고수하는 것은 논리적 일관성뿐 아니라, 이 교리를 지지해주는 많은 가르침이 성경에 있기 때문이라고 설명했다.24) 하지만 칼뱅주의자 뵈트너는 정작 택자의 견인이 불가항력적 은혜의 논리적 결과라는 사실을 인정했다. 그는 이렇게 주장했다: "선택 및 유효적 은혜교리는 논리적으로 그와 같은 축복을 받은 자들의 확실한 구원을 뜻하고 있다. 만일 하나님이 인간을 절대적, 무조건적으로 영생하도록 선택해서 그들에게 성령이 구원의 은혜를 유효적으로 적용시킨다면 그들이 구원 얻는다는 것은 자명한 사실이다."25)

이처럼 칼뱅주의에서는 대체로 택자의 견인이 인간의 어떤 조건에 의해 좌우되는 것이 아니라, 하나님의 불가항력적 은혜의 논리적 결과라고 믿는다. 다시 말해서 견인의 이론적 근거는 하나님의 불가항력적 은혜에 있다는 말이다. 따라서 견인이 되기 위해서 인간이 어떠한 노력과 공로를 첨가할 필요가 없다. 칼뱅은 이렇게 주장했다: "하나님은 우리 안에서 선한 일을 시작하신다.... 더욱이 하나님은 우리를 견인으로까지 확실하게 지킴으로써 그의 사역을 완성하신다.... 견인은 전적으로 하나님의 사역이다. 결코 우리의 개인적인 행동으로 보상하거나 보완할 수 없다."26) 영블러드는 칼뱅이 성도의 견인을 주장하는 두 가지 이유를 다음과 같이 소개했다:

> 첫째, 구원을 얻은 택자들은 여전히 부패되어 있고 그리고 만약 하나님이 택자들을 믿음 안에 지속하도록 하지 않으신다면 그들은 믿음 안에 머무르지 않게 될 것이기 때문이다. 둘째, 만약 택자들이 떨어져나가 구원을 상실한다면, 칼빈이 생각한 것처럼 하나님의 주권은 손상될 것이기 때문이다.27)

---

24) Erickson, 「구원론」, 250. 그가 제시한 성경구절들은 다음과 같다. 벧전 1:3-5; 롬 8:31-39; 빌 1:6; 히 7:25; 요 11:42; 롬 8:26; 고전 10:13; 요 10:27-30; 요 15:1-11; 요일 3:9; 요일 5:13 등.
25) Ibid., 212-3.
26) Calvin, *Institute*, Vol. I, 297, 304.
27) Youngblood, "견인과 배교," 181.

이런 관점에서 볼 때, 칼뱅주의에서 성도의 견인 문제는 어쩌면 본래부터 그리 중요한 관심사가 아니었을지 모른다. 왜냐하면 견인은 때가 되면 "필연적으로" 이루어지는 것이기 때문이다. 뵈드니는 루터의 말을 다음과 같이 인용하면서 견인의 필연성을 확신했다: "하나님의 예정은 견고하고 확실하므로 그 예정의 필연적 결과도 변동될 수 없는 것으로 반드시 일어날 수밖에 없다. 왜냐하면 우리 자신은 너무 연약하여 만일 구원이 우리 손에 맡겨진다면 거의 아무도, 아니 전혀 아무도 구원얻지 못하고 오히려 사탄에게 사로잡힐 것이기 때문이다."28)

여기서 우리는 견인 교리의 논리적 근거가 하나님의 불가항력적 은혜에 있다는 사실을 확인하게 된다. 이 불가항력적 은혜는 단독적 선택설과 절대 예정에서 나온 또 하나의 필연적 결론이기도 하다. 그리고 이 모든 교리의 바탕에는 하나님의 절대 주권이라는 요동하지 않는 거대한 토대가 있음을 간과할 수 없다.

2. 배교의 근거: 아르미니우스주의의 조건적 은혜

1) 아르미니우스주의 신학의 특징

아르미니우스주의 신학의 일차 특징은 인간이 구원을 얻는 과정에서 "하나님의 주권과 인간의 자유의지의 양극적인 긴장"을 유지하려고 한다는 점에서 찾을 수 있다. 이것은 아르미니우스의 첫 번째 신학 전제이기도 하다. 이런 긴장 관계 속에서 그의 예정론은 하나님이 구원의 주도권을 상실하지 않으면서도 인간의 의지적 반응을 존중한다는 관점에서 설명되고 있다. 그에게 무엇보다도 중요했던 문제는 하나님을 "죄의 창시자"로 만들 수 없다는 것과 예수 그리스도의 구속 사역을 단순히 예정에 의한 하나의 "도구 역할"로 전락시키지 않아야 한다는 것이었다.29)

두 번째 신학 전제는 아르미니우스주의 신학의 중요한 관점인 성결론과 견인론에 있다. 그의 기본 입장은 교리 그 자체보다는 신앙의 실천적 면을 강조하는 것이었다. 웨스터민스터의 교회사 교수인 고프레이(W. R. Godfrey)는 아르미니우스가

---

28) Boettner, 「칼빈주의 예정론」, 217.
29) Carl Bangs, *Arminius: A Study in the Dutch Reformation* (Grand Rapids, Mich.: Zondervan Publishing House, 1985), 350-5.

강조하고 싶었던 것이 "신자의 삶 속에서 믿음과 성결의 중요성"이었으며, 아르미니우스가 염려했던 것 가운데 하나는 칼뱅 신학의 일부가 "인간의 도덕성을 약화"시켰다는 점이라고 설명했다.30) 따라서 아르미니우스주의 신학의 또 다른 특징은 이신칭의 교리가 소홀히 하기 쉬운 성화과정을 강조하는 데 있다고 할 수 있다. 그렇지만 이 때문에 아르미니우스주의자들이 이신칭의 교리를 부인했다고 칼뱅주의자들에 의해 비난받는 것은 정당하지 않다. 웨슬리는 칼뱅주의자들이 원죄 부인, 이신칭의 부인, 절대예정 부인, 불가항력적 은혜 부인, 최종적 견인 부인 등의 죄를 아르미니우스주의자들에게 뒤집어 씌웠지만, 처음 두 가지(원죄 부인과 이신칭의 부인)에 대한 평가는 잘못된 것이라고 주장했다. 그는 오히려 칼뱅조차도 아르미니우스처럼 이 두 가지를 분명한 용어로 강렬하게 주장하지는 못했다고 평가했다.31)

그렇다고 해서 아르미니우스주의의 성화 교리가 개혁신학의 성화론과 전적으로 다른 것은 아니다. 아르미니우스주의는 기본적으로 개혁신학과 그 맥을 같이 하지만 그것보다 성화에 더 큰 비중과 강조점을 둔다는 점에서 구별될 뿐이다. 아르미니우스의 설명에 따르면, 성화란 하나님의 은혜로운 행동이다. 죄인을 순결하게 하고, 무지의 어두움으로부터, 반복적으로 내재하는 죄로부터, 욕망과 오용으로부터 신자를 깨끗하게 하는 하나님의 행동이다. 그래서 신자로 하여금 세상으로부터 분리된, 지식의 영과 의의 영과 거룩으로 하나님의 삶을 살게 한다. 이런 성화는 죄에 대해 죽고, 새 삶에 대해 일어나는 하나의 과정으로서 설명된다: "이 성화는 어느 한 순간에 완성되는 것이 아니다. 그리스도의 죽음과 십자가를 통해서 우리가 그 세력으로부터 해방된 죄가 날마다 점점 더 약화되는 것이고, 내적인 사람은 날마다 더욱 더 새로워지는 것이다."32)

또한 아르미니우스를 펠라기우스주의자로 간주하는 것도 잘못이다. 펠라기우스

---

30) W. R. Godfrey, "Calvin and Calvinism in the Netherlands," ed. W. Stanford Reid, *John Calvin: His Influence in the Western World* (Grand Rapids, Mich.: Zondervan Publishing House, 1982), 105.

31) Wesley, "What Is An Arminianism?," 515.

32) James Arminius, *The Works of James Arminius*, Vol. II, tr. by James Nichols, rpt. (Grand Rapids, Mich.: Baker Book House, 1991), 121.

주의자들은 하나님의 은혜 없이도 인간이 스스로 의로워질 수 있다고 본 것에 반하여, 아르미니우스는 그리스도의 은혜 없이는 성화가 불가능하다고 믿기 때문이다. 펠라기우스의 친구이자 제자인 쾰레스티우스(Caelestius)는 "인간의 의지가 하나님의 도움을 필요로 한다면 그것은 자유로운 것이 아니고," "우리의 승리는 하나님의 도움으로부터 오는 것이 아니라 우리의 자유의지로부터 온다"고 선언하기도 했다.33)

2) 예지예정과 선택의 관계

'하나님의 주권과 인간의 자유의지의 조화된 양극성'을 기초로 삼는 아르미니우스주의의 신학에서 우리는 예지예정과 조건예정을 발견하게 된다. 칼 뱅스는 일반적으로 아르미니우스가 예정론을 부인한 것으로 잘못 알려진 것은, 아르미니우스가 베자(Theodore Beza)와 고마루스(Franciscus Gomarus)의 타락전 선택설을 반대하는 과정에서 비롯된 것이라고 진단했다. 그들이 예정을 기독론으로부터 분리시켜 그리스도를 선험적이고 추상적 작정을 수행하는 단순한 수단이나 도구로 전락시켰기 때문에, 아르미니우스는 타락전 선택설을 배격하고 예정을 기독론과 성서의 빛 안에서 이해하려고 했다는 것이다.34) 아르미니우스는 1608년 10월 30일 네덜란드 정부 귀족들에게 행한 선언("A Declaration of the Sentiments of Arminius")에서 타락전 선택설이 복음을 명백하게 배척하고 있으며, 기독교를 철저하게 파괴하기 때문에 반대한다고 밝힌 바 있다.35)

아르미니우스가 타락전 선택설의 문제점을 지적하고 내세운 예정설은 다음과 같은 몇 가지 제한적 원리들을 가지고 있다. 첫째, 예정교리는 일차적으로 논리적이거나 철학적이 아니라 반드시 성경적이어야 한다. 둘째, 예정은 반드시 기독론적으로 이해되어야 한다. 신적 작정이 아니라 그리스도가 구원의 근원이며 원인이다.

---

33) 펠라기우스의 은혜와 자유 개념은 拙稿, "후기 교부시대 인간론: 펠라기우스," 「뱁티스트」, 제26호(1996. 7/8): 46-52 참조.
34) Bangs, "Arminius: An Anniversary Report," 18.
35) Sell, 「칼빈주의와 알미니안주의와 구원」, 22-4.

셋째, 구원은 반드시 복음적이어야 한다. 즉 그리스도를 개인적으로 믿는 믿음에 의해 구원을 받는 것이다. 넷째, 한편으로는 하나님을 죄의 창시자로 만드는 어떤 이론도 비성경적이고, 다른 한편으로는 인간을 자기 스스로 구원의 창시자라고 말하는 것도 논리적으로 불가능하다. 다섯째, 교회의 역사적 가르침으로부터 출발해서는 안 된다.[36]

이와 같은 관점에서 나온 것이 아르미니우스의 예지예정론이다. 예지예정은 하나님이 구원받을 자와 받지 못할 자를 미리 아시고 그들을 예정하신다는 것이다. 여기서 하나님이 예지하신다는 것은 "어떠한 일이 있을 것인지에 대한 단순한 지식이 아니라, 만일 그의 자유로운 피조물들이 달리 선택했으면, 달리 발생할 수도 있는 그 모든 가능성에 대해서까지 완전무결(完全無缺)하게 아시는 지식"을 말한다.[37] 하나님의 예지는 "미래의 불확정한 사건에 대한 하나님의 절대적 예지"며, "인간의 자유로운 결정에 대한 예지"다.[38]

아르미니우스는 퍼킨즈(William Perkins)의 예정론을 비판하는 글에서, 예정에 대해 이렇게 말했다: "절대적 예정으로 말하면, 하나님은 믿는 자를 구원하시고 끝까지 불복종하는 자를 저주하신다. 조건적 예정으로 말하면, 하나님은 믿는 자를 미리 아셔서 구원하시고, 믿지 않는 자를 미리 아시고 저주하신다."[39] 그래서 그의 예지예정론은 그리스도 중심적 예정론이요, "조건적 예정론"(conditional predestination)이다. 이 조건적 예정론은 그 속에 하나님의 은혜론과 인간의 죄론, 그리고 신인협동설의 논리가 담겨 있는 아르미니우스의 예정론을 대변할 수 있는 용어라고 할 수 있다. 그 점에서 웨슬리는 아르미니우스주의와 칼뱅주의의 차이를 전자는 "조건적"이고 후자는 "절대적"이라는 말로 구별했던 것이다.[40]

그리스도 중심의 예정론은 하나님의 작정을 설명할 때도 그대로 적용된다. 아르

---

36) M. B. Wynkoop, 「칼빈주의와 웨슬레 신학」, 한영태 역 (서울: 생명의말씀사, 1987), 50; Bangs, *Arminius*, 350.
37) Yocum, 「기독교신조대조」, 78.
38) Bangs, *Arminius*, 354.
39) Ibid., 221에서 재인용.
40) Wesley, "What Is An Arminianism?" 516.

미니우스의 설명에 따르면, 하나님의 작정은 네 단계로 전개된다. 첫 번째 작정은 "그리스도를 선택"하는 것이다. 죄인을 구원하시기 위해서 그리스도가 죽기로 작정된 것이다. 따라서 그리스도는 작정의 기초요, 모든 선택은 "그리스도 안에서" 이루어지는 것이다. 아르미니우스의 신학이 그리스도 중심이라고 하는 것은 이를 두고 하는 말이다. 그리고 하나님은 그리스도를 통해서, 믿는 자를 구원하시기로 작정하신 것이다. 이것을 둘째 작정, "교회의 선택"이라고 한다. 아르미니우스는 "하나님의 두 번째 정확하고도 절대적 작정은 그 작정 안에서 하나님께서 회개하고 믿는 자들에게 은총을 베푸시며, 그리스도 안에서 그리스도를 위하여 그리고 그리스도로 말미암아 끝까지 인내한 그러한 회개한 자들과 믿는 자들의 구원을 성취시키시되, 그러나 회개하지 아니하며 믿지 아니하는 모든 사람들은 죄와 진노 아래 방치하며, 그리스도에게서 버림받은 자들을 파멸로 떨어뜨리기로 결정하신 것"이라고 진술했다. 이는 로마서 9장에서 아르미니우스가 강조했던 신자에 대한 예정을 의미한다. 세 번째 작정은 인간이 구원을 받을 수 있도록 "회개와 믿음을 위해 필요한 수단들"을 하나님이 은혜로 제공하시기로 한 것이다. 그리고 마지막으로 "개인의 선택"이다. 이 작정은 어떤 특별한 사람들을 선택하거나 저주하기로 결정하는 것으로써, 하나님의 예지에 기초를 두고 있다.[41]

3) 조건적 은혜의 결과: 신자의 배교 실제성

하나님의 주권과 인간의 자유로운 반응을 동시에 중요하게 간주했던 아르미니우스가 하나님의 은혜를 조건적 은혜로 파악한 것은 자연스런 일이었다. 아르미니우스는 신자가 현재적 구원에 대한 현재적 보증을 가질 수 있어야 한다고 믿었다. 그래서 그는 "신자 모두에게 영생이 약속되어 있기 때문에, 신자가 하나님의 의도를 의심하지 않는 한, 신자가 그의 구원을 의심하는 것은 불가능하다"고 주장했다.[42] 아르미니우스에게 하나님의 은혜는 인간의 믿음 상태에 따라서 조건적인 것이었다. 따라서 아르미니우스의 논리는 이렇게 말할 수 있을 것이다: "나는 그리스도를

---

41) Sell, 「칼빈주의와 알미니우스주의와 구원」, 25-6; Bangs, *Arminius*, 350-2.
42) Arminius, *Works*, II, 67.

믿는다. 고로 나는 구원될 것이다."

그러나 은혜가 조건적이라는 점에서 볼 때, 최종적 구원에 대한 현재적 보증은 존재하지 않는다. 왜냐하면 어느 누구라도 하나님의 은혜로부터 떨어져 나갈 가능성이 있기 때문이다. 웨슬리도 아르미니우스와 칼뱅의 차이점을 설명하면서, "아르미니우스는 진실한 신자라도 선한 양심과 신앙의 파선을 일으킬 수 있다고 주장한다"고 했다.[43] 물론 아르미니우스의 이러한 주장은 인간에게 주어진 하나의 가능성일 뿐이다. 만일 그가 신자로 남아 있는 한, 그는 결코 구원으로부터 유기될 수 없다. 하지만 비록 아르미니우스가 결론적으로 "참된 신자는 전적으로 혹은 최종적으로 믿음에서 떨어져 나가 멸망할 수 있다고 확언하지 않는다"고 말했다 하더라도,[44] 그가 신자의 배교 실제성을 인정한 것은 부인될 수 없는 일이다. 아르미니우스의 구원보장은 양보할 수 없는 "조건부의 구원보장"이기 때문이다.[45]

에릭슨은 아르미니우스주의자들이 자신들의 견해를 성립시키기 위해서 두 가지 기본적 방법을 사용한다고 설명했다. 첫째는 배교가 가능하다고 가르치는 성경구절에 초점을 맞추는 것이고, 다른 하나는 분명히 배교한 사람들의 구체적 사례로 성경의 이야기나 역사상의 현상들을 지적하는 것이다. 에릭슨이 소개한 성경상의 배교한 사람은 사울 왕, 가룟 유다, 아나니아와 삽비라(행 5:1-11), 후메내오와 알렉산더(딤전 1:19-20), 후메내오와 빌레도(딤후 2:16-18), 데마(딤후 4:10), 거짓 선지자들과 그들을 따르던 사람들(벧후 2:1-2) 등이다.[46]

그런데 아르미니우스의 조건적 은혜가 하나님의 주권과 사랑을 충분하게 담아낼 수 없다는 것은 하나의 문제점이 아닐 수 없다. 인간이 선택하는 반응에 따라 하나님의 은혜가 영향을 받지 않을 수 없기 때문이다. 조건적 은혜란 개념에서 보면, 인간의 견인과 배교는 으레 인간의 반응과 결정에 좌우될 수밖에 없기에, 하나님의 주권은 명목상의 주권일 수밖에 없다는 비판을 받지 않을 수 없는 것이다. 그 점에

---

43) Wesley, "What Is An Arminianism?" 516.
44) Bangs, *Arminius*, 348-9.
45) Yocum, 「기독교신조대조」, 211.
46) Erickson, 「구원론」, 256-7.

서 멀린스가 아르미니우스의 은혜론이 이신론(deism)으로 빠질 위험이 있다고 지적한 것은 정당한 것이었다.[47]

II. Edgar Y. Mullins의 강권적 은혜

1. 멀린스 신학의 특성

기독교 체험을 신앙의 교리 해석에서 "조직화된 원리"로 제시한 "최초의 남침례교 신학자"라고[48] 평가받는 멀린스는 자신의 주요 저서인 「기독교의 교리적 표현」의 서문에서, "아르미니우스주의와 칼뱅주의에 나타난 진리를 지지하면서, 두 주의의 방법을 떨쳐버리고 성서에 더욱 가까이 나가기를 원한다"고 밝혔다.[49] 이것은 그가 아르미니우스주의는 인간의 자유에 지나치게 가치를 부여했고, 칼뱅주의는 하나님의 주권을 옹호하는 데 극단으로 달려가는 경향이 있다는 사실을 인식했기 때문이다. 특별히 그는 자신이 배웠던 "칼빈주의 체계의 경직성(bluntness)과 공격성(offensiveness)을 반대"했고 "선택, 불가항력적 은혜 그리고 성도들의 견인의 교리들을 위해 새로운 설명"을 시도했다.[50] 여기서 우리는 그의 신학방법론이 가지고 있는 하나의 중요한 특징을 발견하게 된다. 그는 이 작업을 위해 "그리스도, 성서, 성령, 체험을 합일적으로 연구"함으로써, 교리의 모든 요소를 그리스도 안에서 하나님의 구속적 은혜와 관련하여 "신자의 영혼 안에서" 구현하는 것을 목표로 삼는다고 말했다.[51] 하지만 멀린스 신학은 하나님의 구속적 은혜와 그것에 대한 인간의 반응을 강조한다는 점에서 칼뱅주의보다는 아르미니우스주의에 더 가까운 그리스도 중심의 신학이라고 평가할 수 있다.

---

47) Edgar Y. Mullins, *The Christian Religion in Its Doctrinal Expression* (Philadelphia: Roger Williams Press, 1917), 434.
48) Timothy George, "Systematic Theology at Southern Seminary," *Review and Expositor* 82, 1 (Winter 1985): 36.
49) Mullins, *The Christian Religion*, vii.
50) Youngblood, "견인과 배교," 185.
51) Mullins, *The Christian Religion*, 4, 29.

2. 예정과 선택의 관계

멀린스가 예정론과 관련해서 하나님의 주권을 모든 신학체계에서 근본적 진리로 인식한 것은 사실이다. 하지만 그는 하나님의 주권을 단순히 "하나님의 의지"나 "하나님의 선한 뜻"으로 해석하는 것에는 반대했다. 그는 "하나님이 의지 이상"의 분이라고 말하면서, 옛 칼뱅주의가 어떤 사람은 구원으로 어떤 사람은 멸망으로 예정되었다고 주장한 것도 하나님의 주권을 의지에 적용시킨 결과였다고 비판했다.[52] 멀린스는 여기서 분명히 칼뱅주의의 절대예정을 거부했다. 그 대신 멀린스는 유효한 것으로서가 아니라, 허용적 의미에서 하나님의 예정을 말했다. 멀린스에 따르면, 하나님의 예정은 인간의 자유를 배제하지 않는다. 만일 하나님의 절대 주권과 예정이 인간의 자유를 폐기한다면, 사람은 물리적 수준으로 떨어지거나 적어도 짐승의 수준으로 격하될 것이다.[53]

멀린스는 하나님의 절대 주권과 불가항력적 은혜를 말하는 칼뱅주의가 결국 택자만을 위한 제한속죄 개념으로 나갈 수밖에 없다고 보았다. 하지만 그는 제한속죄를 인정하지 않았다. 멀린스가 말하는 속죄의 범위는 보편적이다. 그는 이렇게 말했다: "그리스도의 속죄는 모든 사람을 위한 것이다. 이제까지 언급한 인류와 그리스도와의 관계는 그리스도께서 모든 사람을 위해 돌아가셨다는 결론을 내포하고 있다."[54]

구원의 보편성 문제는 소명(calling)과도 밀접한 관계를 맺고 있다. 하나님은 누구를 부르시는가? 멀린스는 소명을 "믿음으로 그리스도 안에서 구원을 받아들이도록 사람들에게 보내시는 하나님의 초대"라고 정의했다. 그러므로 이 초대는 "우주적"이다. 하나님은 "듣고 회개하여 믿는 모든 사람에게 구원을 주신다." 멀린스는 하나님이 모든 사람의 구원을 원하신다는 것을 이렇게 표현했다: "하나님이 모든 사람의 구원을 유효하게 작정하지 않으셨다 하더라도, 모든 사람이 구원받기를 원하셨다는 것은 분명하다."[55]

---

52) Ibid., 339.
53) Ibid., 266, 268.
54) Ibid., 336. 그는 "그리스도의 보편적 속죄"를 강조하기 위해서 다음과 같은 성경구절들을 제시했다. 요 3:16; 히 2:9; 벧후 2:1; 요일 2:2; 딤전 2:6; 딛 2:11, 4:10.

따라서 멀린스는 선택의 교리에서 하나님의 독단적 선택보다는 인간의 경험 안에서 일어나는 결과에 더 초점을 맞추었다. 그는 선택이 주권교리의 극단적 형태인 "독단적이고 변덕스러운" 작정이 아니라, 사람의 마음을 움직이는 "하나님의 무한한 지혜, 은혜, 기술"로부터 나온 것이라고 말했다.56) 여기서 멀린스의 "강권적 은혜" 개념이 등장한다. 피셔 험프리스(Fisher H. Humphreys)가 멀린스의 선택론에서 하나님의 선택은 "인간의 자유를 제거하는 것이 아니라, 초대하고 설득하고 호소함으로써" 이루어지는 것이라고 해석한 것은 타당한 것이다.57)

선택의 은혜에서 하나님의 주권과 인간의 자유를 조화시키려고 했기에 멀린스는 주권과 자유를 양 극단으로 몰고 가는 것을 "유해하고 위험한 생각"이라고 경고했다. 그렇다면 이 주권과 자유 문제를 어떻게 해결할 수 있는가? 멀린스는 인간의 자유를 진지하게 고려하지 않는 고등-칼뱅주의로는 이 문제가 해결되지 않는다고 보았다. 또한 그는 하나님의 주권과 인간의 자유가 모두 "경험과 사고의 궁극적 형태"이기 때문에, 이들은 서로 모순이 아니라 역설적으로 함께 주장되어야 한다고 생각했다.58) 멀린스는 문제해결의 열쇠를 인간의 숙명적이면서도 자유로운 존재 양식에서 찾았다. 이 숙명적이고도 자유로운 인간은 그 때문에 언제나 긴장 관계 속에서 살아간다. 멀린스는 이런 말을 한 적이 있다: "이러한 긴장들은 살아 있는 믿음에 대한 명백한 증거다. 만일 근육이 긴장을 잃어버린다면 그 근육은 쓸모가 없는 것이다. 긴장관계가 없는 믿음은 살아있는 것이 아니라 판에 박힌 신조적 믿음(a stereotyped creedal faith)일 뿐이다."59) 멀린스는 결론적으로 이렇게 주장했다: "인간의 자유의지를 무시하는 것은, 하나님을 어떤 사람은 구원으로 선택하고 그 나머지 사람은 모두 무시하는 독단적인 분으로 간주하는 것이다. 성경에서 볼 때

---

55) Mullins, *The Christian Religion*, 366.
56) Edgar Y. Mullins and Herschel H. Hobbs, *The Axioms of Religion*, Revised Edition (Nashville, Tenn.: Broadman Press, 1978), 70.
57) Fisher H. Humphreys, "E. Y. Mullins," *Baptist Theologians*, 342.
58) Paul A. Basden, "Theologies of Predestination in the Southern Baptist Tradition: A Critical Evaluation" (Ph.D. dissertation, Southwestern Baptist Theological Seminary, 1986), 193-4.
59) Mullins, *The Axioms of Religion*, 89.

선택은 인간의 자유의지와 갈등을 일으키지 않는다. 선택하시는 하나님의 목적은 가능한 한 많은 사람을 구원하려는 것이다."60)

선택에서도 마찬가지다. 하나님은 인간의 자유를 인정하면서 당신의 주권을 행사하시는 관계로, 선택하실 때 스스로 제한을 받으신다고 말하지 않을 수 없다. 다시 말해서, 하나님은 "자기-제한"(self-limitation)을 통해 인간을 선택하시고 인간의 구원을 완성하신다는 것이다. 멀린스의 설명에 따르면, 하나님이 자기-제한을 받는 이유는 두 가지다. 하나는 인간의 자유 때문이고, 다른 하나는 인간의 죄 때문이다. 하나님이 안고 있는 문제는 인간을 구원하고자 하되, 동시에 그들을 자유롭게 남겨 두어야 하는 것이다.61) 멀린스는 구원의 시작인 '소명'을 말하는 자리에서도 같은 말을 했다: "인간의 죄와 자유는 인간과 관계하시는 하나님의 문제다. 하나님은 아무리 전능하다 하더라도 인간을 도덕적으로 불가능한 상태에 두고 [선을] 행하도록 할 수는 없다."62)

따라서 멀린스에게 하나님의 선택과 주권은 강제적이거나 불가항력적인 것이 아니라, 인격적이고 강권적이다. 그것은 은혜를 외면하는 사람에게까지 불가항력적으로 주어지는 것이 아니라, "은혜를 받아들이는 사람에게만 유효하게 제공되고 작용하는 것"이다. 하나님의 선택이 어느 특정 사람에게 제한되지 않는 것은 하나님께서 가능한 한 많은 사람을 구원하시기를 원하기 때문이다. 그러므로 하나님은 선택의 대상을 미리 제한하시지 않고 언제나 열어두신다. 멀린스는 하나님의 선택의 기준을 다음과 같이 설명했다:

> 하나님의 선택은 인간의 공로에 기초한 것도 아니고, 편파적이고 독단적인 선택의 원리에 기초한 것도 아닌, 하나님의 특별 은혜를 통해 유효하게 된다. 하나님은 인류를 위해 모든 것을 포괄하는 그의 목적을 가능한 한 빨리 움직이게 하는 하나의 원리 위에서 선택하는 것이다.63)

---

60) Ibid., 71.
61) Mullins, *The Christian Religion*, 348.
62) Ibid., 366.
63) Ibid., 350.

이런 원리는 멀린스가 강조한, 하나님이 그의 아들을 "전-세계 선교"를 위해 보내셨다는 사실과 서로 통하는 바가 있다. 복음 전파 명령은 "우주적 초대"를 기초로 주어진 것이기 때문이다.[64] "하나님은 아부도 멸망 받기를 원하지 않으신다는 것이 성서의 한결 같은 가르침"이라는 진술은 멀린스의 입장을 정확하게 대변해 주고 있다.[65]

3. 강권적 은혜의 결과: 견인의 확실성과 배교의 비실제성

1) 구원의 초대 방식과 강권적 은혜

멀린스는 하나님의 은혜를 불가항력적인 것으로 받아들이지 않았다. 멀린스에 따르면, 하나님의 은혜는 "도덕적이고 영적이고 인격적 능력이기 때문에, 결코 물리적인 힘처럼 작용하지 않는다." 그러므로 "인간의 의지는 강요된 것이 아니고 자유로우며; 그리스도를 받아들일 때, 구원을 받아들일 때, 자유로운 행동에서 자기 결정적이다."[66]

인간의 자유의지를 존중하면서 하나님의 은혜를 인격적으로 이해한 멀린스는 인간을 구원의 길로 인도하는 하나님의 방식을 "강권적 은혜"라는 말로 표현했다.[67] 여기서 강권적 은혜는 하나님이 인간의 자유를 존중하시면서 인간을 구원으로 초대하시고자 하는 하나님의 인격적 은혜의 수여 방식을 의미한다. 하나님의 은혜는 마치 하나님이 복음을 사람들에게 전달하기 위해서 인간의 도덕적, 영적, 인격적 기능에 "호소"하는 것과 같다.[68] 다음의 두 문단은 복음에 대한 하나님의 강권적 은혜를 잘 반영한 대표적 진술이다:

---

64) Ibid., 356.
65) Ibid., 357.
66) Ibid., 344.
67) Ibid., 437.
68) Ibid., 344, 345.

복음을 통한 사람들에 대한 하나님의 호소는 인간을 도덕적, 영적, 인격적 존재로 구분하는 인간의 기능과 능력에 요청되는 것이다. 사람은 지성을 가지고 있다. 복음은 이 지성에 호소한다. 바울은 이것을 "우리가 주의 두려우심을 알므로 사람을 권하노니"라고 말했다(고후 5:11). 복음은 논증과 설득의 복음이다. 또 사람은 양심을 가지고 있다. 복음은 사람의 가장 깊은 도덕의식에 직접적이고 강력한 도덕적 호소다…. 그러므로 하나님의 은혜의 복음은 하나의 물리적 힘이 아니라 도덕적, 영적, 인격적 힘으로 작용한다.[69]

천사들을 동원해서 강제로 택자를 인도하는 것은 하나님의 은혜와 일치하는 방법이 아니다…. 하나님이 보시기에 인간의 영적 생활에서 가장 특수한 요소는 하나님을 택해서 그에게 돌아가는 인간 자신의 자유로운 행동이다. 복음 초대는 이런 선택을 가능하게 한다. 이런 방법보다 더 좋은 다른 방법은 생각할 수 없다.[70]

같은 맥락에서 멀린스는 인간의 "자유롭고 도덕적인 선택의 필연성"을 강조했다. 이것은 구원의 초대 방식과 관련된 또 하나의 중요한 측면으로써, 인간이 하나님을 수용할 수 있는 능력을 말한다. 그래서 그는 "도덕적 공리"에서 "책임적이 되기 위해서는 영혼이 자유로워야 한다"고 선언했던 것이다.[71] 하나님은 회개하지 않는 자에게 용서를 부여할 수 없다. 회개는 "하나님과 인간 사이의 도덕적 영적 교제에서 절대적으로 필요한 본질적인 요소"요, 칭의는 "인간의 깨우친 양심에 대한 하나님의 응답"이다.[72]

자유로운 존재란 자기 결정을 스스로 할 수 있는 존재란 뜻이다. 이 자유자는 "외부로부터의 충동이나 변덕과 독단을 배제한 존재자"다. 멀린스는 이 자유자의 표지로 "도덕 의식과 종교 의식"을 들었다: "우리의 자유로운 선택을 통해 그리스도 안에서 우리가 직접 하나님을 체험함으로 생기게 된 도덕의식과 종교 의식이 우리의 자유를 제거할 수 없게 하는 표다."[73]

---

69) Ibid., 345.
70) Ibid., 354.
71) Mullins, *The Axioms of Religion*, 111.
72) Mullins, *The Christian Religion*, 54.
73) Ibid., 259.

멀린스가 하나님의 예정조차도 인간의 자유를 제거하지 않는 범위에서 일어난다고 주장한 것도 따지고 보면 그의 자유 개념에서 나온 것이었다. 멀린스의 설명에 따르면, 만일 인간의 자유가 제거된다면, 하나님은 인간의 죄된 행위를 책임져야 한다. 그러므로 인간의 자유는 제거될 수 없다. 하지만 인간의 죄된 행위는 하나님이 허용하신다는 차원에서 볼 때 예정된 것이라고 할 수 있다. 결국 하나님의 주권적 섭리 행위는 그분의 영원한 목적을 위해 예정된 것이지만, 인간의 자유를 존중하는 방식으로 이루어진다는 것이다. 그래서 그는 "주권과 예정은 인간의 자유를 무효화하지 않는다"고 천명했다.74) 또한 그는 우리의 가장 이상적 모델이신 그리스도도 자유의 방법을 사용하셨고, 항상 인간의 인격성을 존중하셨다고 주장했다.75) 결론적으로 멀린스는 하나님의 은혜와 인간의 반응 사이의 관계에 대해, "은혜는 사람이 그것에 자유롭게 반응할 때까지는 유효한 것이 아니[다]"라는 말로 정리했다."76)

그렇다면 하나님은 어떻게 인간에게 당신의 뜻과 섭리를 행사하시는가? 멀린스의 설명에 따르면, 하나님이 인간의 반응을 유도하기 위해 사용하시는 수단은 교회, 교회의 예전, 그리스도인의 삶, 목회, 그리고 성서 등이다. 이것들은 영적 도덕적 수단들이다. 그리고 성령의 사역은 "복음의 진리에 대한 도덕적 표현"(moral demonstration)으로 이해될 수 있다.77) 따라서 멀린스의 신학체계 안에서는 인간의 자유를 배제한 하나님의 절대적이고 독단적인 주권이 존재하지 않는다. 다음의 진술은 선택에 관한 멀린스의 입장을 정확하게 대변해준다: "[하나님의] 선택은 인간의 자유 선택과 인간의 수단들과 무관하게 하나님의 행동에 의해 단순히 수많은 인간 개체들이 선택되는 것이라고 생각되어서는 안 된다. 하나님은 인간들이 자유롭게 반응하도록 선택하신다."78)

---

74) Ibid., 268.

75) Edgar Y. Mullins, *Talks on Soul Winning* (Nashville, Tenn.: Sunday School Board of the Southern Baptist Convention, 1920), 28.

76) Mullins, *The Christian Religion*, 345.

77) Ibid., 346.

78) Ibid., 347.

2) 구원의 보존 방식과 강권적 은혜

강권적 은혜라는 말로 대변되는 멀린스의 사상은 이미 살펴본 대로 구원의 주도권을 인간이 아니라 하나님이 쥐고 있다는 것을 전제하고 있다: "하나님의 주권적 의지가 그의 구원하는 은혜의 기초가 된다."79) 그리고 그는 이것을 선택과 예정의 문제와도 관련시켰다. 궁극적으로 인간의 구원을 가능하게 하는 하나님의 주권은 무한한 하나님의 사랑과 은혜의 본성에서 나온 것이다. 비록 멀린스가 인간의 자유나 자율성을 높이기는 했지만, 그렇다고 해서 하나님의 주권을 손상시킨 것은 아니었다. 오히려 그는 창조, 섭리, 구원에서 하나님의 주권을 강조했고, 재빠르게 주권의 궁극적 행동이 성육신으로 나타났다는 사실과 하나님의 주권과 인간의 인격성 및 자유를 창조적 긴장 속에서 항상 보존했다.80)

견인과 배교의 문제는 구원의 보존과 관련된 것이다. 멀린스는 극단적 칼뱅주의가 "구원의 계획"을 논리적으로 지나치게 강조한 결과, 구원을 "도덕적 영적 과정"으로 이해하지 못하고 "물리적 과정"으로 만들었으며, 인간의 반응과 노력을 무시하고 범신론적으로 하나님의 절대성만을 강조했다고 비판했다. 반대로 인간의 자유만을 강조한 아르미니우스주의는 인간의 노력으로 모든 것이 된다는 일종의 도덕주의로 흘렀고, "이신론"으로 빠졌다고 지적했다.81) 여기서 멀린스는 극단적 칼뱅주의와 극단적 아르미니우스주의가 모두 비성서적임을 지적하고, 신약의 교훈은 하나님의 측면과 인간의 측면을 서로 관련시켜 유지하는 것이라고 강변했다.82)

결국 멀린스는 "성도의 최종 견인"과 "성도의 보존"이란 용어가 누구를 주체로 삼느냐 하는 문제를 제기한 셈이다. 앞의 것은 인간에게, 뒤의 것은 하나님에게 무게 중심이 가 있다는 것이다. 그러면서 그는 이 둘 가운데 어느 하나만을 수용하지 않고, 그것을 역동적 관계로 이해했다. 영블러드는 멀린스의 이런 양비론적 태도를

---

79) Edgar Y. Mullins, *Studies in Ephesians* (Nashville: Sunday School Board of the Southern Baptist Convention, 1935), 36.
80) Walter T. Conner, "Review of The Christian Religion in Its Doctrinal Expression by E. Y. Mullins," *Review and Expositor* 14, 4 (October 1917), 497.
81) Mullins, *The Christian Religion*, 433-34.
82) Ibid., 434.

다음과 같이 평가했다: "멀린스는 '모든 문제들을 인간의 손에서 전적으로 빼앗는' 견인에 대한 칼뱅주의적인 견해를 비판했다. 동시에 멀린스가 극단적인 반대견해를 비판한 것도 옳았다. 왜냐하면 '반대견해는 하나님의 충만함과 충분성을 인정하지 않으며... 인간의 노력이 전부인 단순한 도덕주의(bare moralism)로 향하기 때문' 이었다."83) 멀린스는 바울 역시 "한편으로 마음 속에 하나님의 은혜의 역사하심과, 다른 한편으로 인간의 자유로운 반응과 능동적인 협동 사이에 아무런 모순도 느끼지 않았다"고 진술했다.84)

나아가서 멀린스는 신약의 저자들이 신자들도 방치된다면 실제로 믿음에서 떨어져 나갈 위험이 있다는 것을 경고했다는 사실을 환기시켰다. 그가 사용한 대표적 성경구절은 고린도전서 9장 17절과 히브리서 6장 4-6절이다.85) 멀린스는 이 성경구절들을 다음과 같이 해석했다: "이 구절들은 인간 편에 실재하는 위험을 방지하고자 하는 간곡한 권고다. 위험을 지적하고 경고하는 것은 위험을 방지하는 하나님의 방법이다. 또한 이것은 성경에 나타난 명백한 배교의 예를 보여준다."86)

또 멀린스는 하나님의 강권적 은혜를 위험한 절벽에서 놀고 있는 아이에 대한 부모의 교육 형태에 비유했다. 아이의 위험을 방지하는 방법은 두 가지가 있다. 하나는 위험을 제거하기 위해서 담을 쌓아두는 것이고, 다른 하나는 아이의 의지와 자제력을 증진시켜 위험을 피하게 하는 것이다. 하나님의 강권적 은혜는 두 번째 방법과 같다.87) 멀린스는 바로 이런 강권적 은혜를 통해서 하나님이 믿는 자를 끝

---

83) Youngblood, "견인과 배교," 187. 일부 수정.

84) Mullins, *The Christian Religion*, 436. 멀린스는 그 증거 본문으로 빌립보서 2장 12-13절을 인용한다: "그러므로 나의 사랑하는 자들아 너희가 나 있을 때 뿐만 아니라 더욱 지금 나 없을 때에도 항상 복종하여 두렵고 떨림으로 너희 구원을 이루라. 너희 안에서 행하시는 이는 하나님이시니 자기의 기쁘신 뜻을 위하여 너희로 소원을 두고 행하게 하시나니."

85) 고린도전서 9:27, "내가 내 몸을 쳐 복종하게 함은 내가 남에게 전파한 후에 자기가 도리어 버림이 될까 두려워함이로라." 히브리서 6:4-6, "한번 비췸을 얻고 하늘의 은사를 맛보고 성령에 참예한 바 되고 하나님의 선한 말씀과 내세의 능력을 맛보고 타락한 자들은 다시 새롭게 하여 회개하게 할 수 없나니 이는 자기가 하나님의 아들을 다시 십자가에 못 박아 현저히 욕을 보임이라."

86) Mullins, *The Christian Religion*, 438.

87) Ibid., 437.

까지 보존하신다고 믿었다. 다시 말해서 성도의 견인은 "불가항력적 은혜"에 의한 것이 아니라, 하나님의 "강권적 은혜"에 의한 것임을 확신했던 것이다. 멀린스는 이 것을 다음과 같이 묘사했다:

> 하나님은 우리의 의지를 짓밟는 무엇인가를 통해 불가항력적 은혜로 우리를 보존하시는 것이 아니라; 우리의 의지를 협력하게 하는 강권적 은혜로 보존하신다. 하나님은 범죄와 타락에도 불구하고 우리를 보존하시는 것이 아니라, 우리를 죄와 타락에서 회개하고 돌아서서 새롭게 하심으로 보존하신다.[88]

강권적 은혜란 용어를 사용하지는 않았지만, 에릭슨이 성도의 견인을 설명하는 방식도 멀린스의 것과 동일하다. 에릭슨은 칼뱅주의와 아르미니우스주의의 두 입장을 소개한 뒤, 결론적으로 자신의 견해를 다음과 같이 정리했다:

> 히브리서 6장은 참 신자도 타락할 수 있다고 지적하지만 요한복음 10장은 그들이 믿음에서 떨어지게 되지 않을 것이라고 가르친다. 배교라는 사실은 하나의 논리적인 가능성을 띠고 있으나 실제로는 신자에게 발생하는 현상은 되지 않는다. 물론 그들이 그들의 믿음을 저버리고 그래서 히브리서 6장에서 언급된 그 운명으로 떨어질 수는 있으나 하나님의 은혜는 그렇게 타락하지 못하도록 보호해 주신다. 하나님께서는 그렇게 보호하시되 신자들이 타락하는 것이 불가능하도록 만드심으로써가 아니라 그들이 그렇게 하지 않을 것을 확고히 하심으로서이다. 할 수는 있으나 하려하지는 않을 것이라는 우리의 논리는 비논리적인 것이 아니다. 이것은 인간의 자유를 파괴하지 않는다. 신자들은 그들의 믿음을 포기할 수는 있다. 그러나 포기하려고 하지 않을 것이다.[89]

다소 길게 인용한 에릭슨의 진술에서 등장하는 하나님의 은혜는 바로 멀린스의 강권적 은혜와 동일한 개념이라고 할 수 있다. 이 개념을 설명하기 위해서 에릭슨은 멀린스의 "위험한 절벽" 비유 대신, "찻길" 비유를 들고 있다. 어린 아이가 찻길로 뛰어들지 못하도록 하는 방법에는 두 가지가 있다. 하나는 집 마당에 담을 쌓아서 아이가 마당에서 나가는 것을 방지하는 것인데, 이것은 아이의 자유를 빼앗는

---
88) Ibid.
89) Erickson, 「구원론」, 261-2.

것이다. 다른 하나는 부모가 아이에게 길가로 나가는 것이 위험하다는 것을 가르쳐 주는 것이다. 에릭슨은 두 번째가 성도의 견인을 완성하는 하나님의 방법이라고 생각했다. 그리고 그는 이렇게 말했다: "하나님께서는 그러한 선택의 가능성을 제거함으로써 배교를 불가능하게 만드시는 분은 아니다."[90]

우리는 여기서 멀린스나 에릭슨이 말하는 하나님의 강권적 은혜는 배교의 가능성을 배제하지 않지만, 최종적으로는 성도의 견인을 확신할 수 있는 이론적 근거가 된다고 말할 수 있다. 특히 멀린스는 이 방법이 그리스도 안에서 어느 누구도 결코 잃어버림을 당하지 않을 것이라는 성경 구절과, 어떤 사람은 잃어버림을 당할 위험에 처해 있다고 암시하는 구절들을 모두 설명해준다고 확신했던 것으로 보인다. 견인과 배교에 관해서 멀린스는 다음과 같이 최종 결론을 내렸다:

> 위에서 말한 바에 따라 우리는 다음과 같이 결론을 내릴 수 있다: 첫째, 신약성서의 저자들은 모든 신자들이 자신들을 방치한다면 실제로 [은혜에서] 떨어져 나갈 수 있다고 간곡한 권고와 경고를 통해서 말하고 있는 듯하다; 둘째, 하나님은 사람들이 구원받도록 의도하고 보존하신다. 하지만 그것은 인간의 행동과 무관하게 일어나는 하나의 과정이 아니라, 하나님의 은혜로운 사역에 대한 인간의 능동적인 반응을 포함하는 과정이다; 셋째, 한편으로 하나님의 목적과 은혜와 능력을 무시하거나, 혹은 다른 한 편으로 인간의 반응과 협동을 무시하는 것은 비성서적이며 잘못된 것이다. 물론 궁극적으로 결정적인 요소는 하나님의 은혜와 능력이지 인간의 약함이 아니다. 그 은혜와 능력을 통하여 인간은 약함을 극복할 수 있다.[91]

4. 성경의 사례 분석

칼뱅주의의 불가항력적 은혜와 아르미니우스주의의 조건적 은혜를 절충할 수 있는 멀린스의 강권적 은혜에 대한 성경적 근거는 무엇일까? 이것을 입증하기 위해 "강권적"(强勸的)이란 수식어에 대한 성경적 근거를 찾아보았다. '강권적'이란 말에는 불가항력적인 것은 아니되, 끝까지 그 뜻을 굽히지 않고 관철시키고자 하는

---

90) Ibid., 262.
91) Mullins, *The Christian Religion*, 436-7.

의지가 담겨 있다. 강하게 요구하기는 하지만, 상대의 의지와 자유를 무시하지는 않는다. 그런 까닭에 상대가 끝내 받아들이지 않으면 포기될 수밖에 없는 것이 강권적이란 말이 함축하고 있는 뜻이다. 그러나 동시에 실제로는 그 뜻이 너무나 간곡하고 설득적이어서 아무도 그 청을 거절할 수 없는 것이 또한 강권적 은혜다. 신.구약 성경에서 이런 뜻으로 사용된 대표적 사례는 대략 다음의 [표]에서 보는 바와 같다.92)

[표] 개역성경과 번역본의 "강권" 단어 비교

역본 성구	개역성경	KJV	NKJV	ASV	RSV	NIV	LXX
창33:11	강권하다	urge	urge	urge	urge	insist	ἐβιάσατο
삼상28:23	강권하다	compel	urge	constrain	urge	urge	παρεβιάζοντο
왕하4:8	간권하다	constrain	persuade	constrain	urge	urge	ἐκράτησεν
왕하5:16	강권하다	urge	urge	urge	urge	urge	παρεβιάσατο
마14:22	재촉하다	constrain	make	constrain	make	make	ἠνάγκασεν
눅14:23	강권하다	compel	compel	constrain	compel	make	ἀνάγκασον
눅24:29	강권하다	constrain	constrain	constrain	constrain	urge	παρεβιάσαντο
행16:15	강권하다	constrain	persuade	constrain	prevail	persuade	παρεβιάσατο
행18:5	붙잡혀	press	compel	constrain	occupy	devote	συνείχετο
행28:18	마지못하여	constrain	compel	constrain	compel	compel	ἠναγκάσθην
고후5:14	강권하다	constrain	compel	constrain	control	compel	συνέχε
갈6:12	억지로	constrain	compel	compel	compel	compel	ἀναγκάζουσιν
벧전5:2	부득이	constrain	compel	constrain	constrain	must	ἀναγκαστῶς

이 [표]에 따르면, "강권하다"의 의미로 번역된 대표적 헬라어 단어는 세 가지다.93) 첫째는 συνέχω로서, "함께 잡다," "유지하다," "비유적으로 강요하다," "억제하다," "설득하다," "완전히 붙잡다" 등의 의미로 사용된다. 고린도후서 5장 14절과 사도행전 18장 5절에서 그 예를 찾을 수 있다. 앞의 경우는 "그리스도의 사랑이 강권하는" 것을 말하고 있으며, 뒤의 경우는 바울이 유대인들에게 "예수는 그리스도"라

---

92) [표]에서 제시된 성경의 번역본들은 Mission Bible 96 (CD, Mission Soft 제작)에서 인용한 것이다.
93) 헬라어 단어의 의미를 확인하기 위해서 사용된 사전은 Walter Bauer의 다섯 번째 판(1958)을 William F. Arndt와 F. Wilbur Gingrich가 번역한 *A Greek-English Lexicon of New Testament and Other Early Christian Literature* (Chicago: University of Chicago Press, 1979)이다.

고 선언할 수 있었던 것은 그가 "하나님의 말씀에 붙잡혀" 있었기 때문이었음을 표현한 것이다.

둘째는 ἀναγκάζω로서, "내적이거나 외적인 충동으로 강제로 ...하게 하다," "강하게 요구하다"는 의미로 사용된다. 대표적 사례는 다음과 같다: "사람을 강권하여 데려다가 내 집을 채우라"(눅 14:23); "무릇 육체의 모양을 내려 하는 자들이 억지로 너희로 할례 받게 함은..."(갈 6:12); "너희 중에 있는 하나님의 양 무리를 치되 부득이함으로 하지 말고..."(벧전 5:2).94)

셋째는 παραβιάζομαι로서, "강하게 요구하다," "간청으로 설복하다"는 의미로 사용된다. 다음의 구절이 이를 가장 잘 반영하고 있다: "저희가 강권하여 ... 우리와 함께 유하사이다.... 이에 저희와 함께 유하러 들어가시니라"(눅 24:29); "... 만일 나를 주 믿는 자로 알거든 내 집에 들어와 유하라 하고 강권하여 있게 하니라"(행 16:15).

위의 세 가지 용례 중에서 συνέχω와 παραβιάζομαι가 "강권하다"의 본래적 의미에 가장 가깝다. 영어 성경에서 이 말을 번역할 때 주로 사용한 단어는 urge, constrain, persuade, prevail, press, compel 등이다. 이 단어들 안에는 대체로 상대방을 설득하여 무엇인가를 하도록 강하게 권면한다는 뜻이 들어 있다.

멀린스가 하나님의 은혜를 강권적 은혜라고 말한 것은 하나님의 은혜가 인간의 자유와 인격을 배제하지 않고, 설득적으로, 인격적으로, 강권적으로 임한다는 것을 강조하기 위함이었다. com과 stringere가 합성된 라틴어 constringere에서 유래한 constrain은 어원적으로 "함께 단단히 끌다" 혹은 "함께 단단히 부탁하다, 요구하다"는 의미를 내포하고 있다.95) 그러므로 하나님이 인간에게 은혜를 주시는 방식은 강압적이거나 폭력적인 것이 아니라, 하나님과 인간이 "함께" 하는 가운데, 하나님의 은혜를 인간이 거부할 수 없도록 "단단히 요구하고 설득하는" 것이라고 이해될 수 있다.

---

94) [표]에서 제시된 구절 이외에도 행 26:11; 28:19; 갈 2:14; 고후 12:11; 막 6:45 등을 더 들 수 있다.

95) "constrain," *Webster's New Twentieth Century Dictionary*, 1979 th.

마치는 글: 견인의 확실성과 배교의 가능성에 대한 포괄적 근거

지금까지 견인과 배교의 가능성과 실제성의 문제를 풀기 위해 칼뱅주의의 불가항력적 은혜와 아르미니우스주의의 조건적 은혜 그리고 멀린스의 강권적 은혜를 살펴보았다. 이 가운데 칼뱅주의의 불가항력적 은혜는 견인의 근거로, 아르미니우스주의의 조건적 은혜는 배교의 근거로 작용하는 것을 확인했다. 이 두 입장은 견인과 배교의 실제성이라는 양극단의 결과를 대변한다. 그런데 불가항력적 은혜에서는 배교의 가능성에 대한 성경의 경고를 무시하는 경향이 크고, 조건적 은혜에서는 배교의 실제성을 말함으로써 하나님의 은혜가 인간의 결정에 의해 좌우됨으로써 은혜의 의미가 극도로 약화되는 약점을 드러낸다. 그에 비해, 멀린스의 강권적 은혜는 견인의 실제성을 견지함으로써 하나님의 은혜를 강화했고, 배교의 가능성을 말함으로써 성경의 경고를 무시하지 않았다.

또 불가항력적 은혜는 하나님의 주권을 강조하다가 인간의 반응과 자유를 약화시켰고, 조건적 은혜는 인간의 반응과 자유를 강조하다가 하나님의 주권을 약화시키는 한계점을 노출시켰다. 그러나 멀린스의 강권적 은혜는 하나님의 주권과 인간의 반응을 동시에 강조했다는 점에서 하나님과 인간의 상호 협력적 관계를 분명하게 포착했다고 할 수 있다.

결론적으로 멀린스의 강권적 은혜는 견인의 확실성과 배교의 가능성을 포괄하는 이론적 근거로서 주목을 받을 만한 개념이라고 평가될 수 있다. 멀린스는 견인 교리를 결코 부정하지 않았다. 그러나 그는 극단적 칼뱅주의처럼 논리적 필연성으로 견인을 믿는 것이 아니라, 인격적 방법으로 인간을 사랑하시고 보존하시는 하나님에 대한 신뢰 속에서 견인 교리를 지지했던 것이다. 멀린스가 말하는 견인의 확실성은 "인격적 방법 안에서 발휘된 도덕적 권고와 영적 영향력에 의한 것"이다.[96] 이제 우리는 배교의 가능성을 열어 두면서도, 참 신자가 배교하도록 하나님이 방치하지 않는다는 확신을 멀린스가 가지고 있었다고 결론내릴 수 있다. 그러므로 멀린스의 강권적 은혜 개념은 칼뱅주의의 불가항력적 은혜와 아르미니우스주의의 조건적

---

96) Mullins, *The Christian Religion*, 437.

은혜의 대립적 구도에서 벗어나, 그 둘의 갈등 관계를 조화하고 조정할 수 있는 침례교의 신학체계를 마련하는 하나의 대안으로 사용되리라 기대한다.

10

Dale Moody의 신학과 아르미니우스주의*

이 글은 미국의 후기 남침례교를 대표하는 조직신학자 데일 무디(Dale Moody, 1915-1992)의 사상을 칼뱅주의의 5대 교리를 중심으로 분석하여 그의 신학과 그 패러다임의 의미를 살펴보는 데 목적이 있다.[1] 특별히 이 작업은 남침례교단의 조직신학을 시대별로 대표하는 세 사람의 신학 성향을 분석하는 마지막 단계에 해당한다. 연구자는 이미 남침례교의 초기 대표적인 조직신학자 존 대그(John L. Dagg)의 신학과 중기를 대표하는 에드가 멀린스(Edgar Y. Mullins)의 신학 특징을 연구한 바 있다.[2]

이번 연구에서 기대하는 목표는 두 가지다. 첫째는 무디의 신학을 통해서 독자에게 남침례교 조직신학의 한 단면과 침례교신학의 다양성을 이해하는 데 도움을 주는 것이다. 이는 통념적으로 침례교의 신학을 칼뱅주의 신학으로 이해하는 사람

---

* 김용복, "Dale Moody의 신학과 패러다임 분석: 칼뱅주의 5대 교리를 중심으로," 「복음과 실천」 37집 (2006 봄): 161-90.

1) 미국 남침례교의 조직신학 전통은 티모시 조지가 서든침례신학대학원의 조직신학을 시대별로 구분한 것과도 크게 다르지 않다고 생각한다. 조지는 세 시기를 대표하는 신학자로 각각 James P. Boyce(칼뱅주의 시대), Edgar Y. Mullins(경험의 신학 시대), Dale Moody(성서신학과 구원사의 시대)를 들었다. Timothy George, "Systematic Theology at Southern Seminary," Review and Expositor 82, 1 (Winter 1985): 31-45. 이 연구의 기본 구상은 김용복, "남침례교 신학전통 안에서의 인간론: '자유와 은혜' 개념을 중심으로" (박사학위논문, 침례신학대학교 대학원, 1996)에서 이어받았지만, 여기서는 그 구성과 내용을 대폭 수정 보완했음을 밝힌다.

2) 김용복, "John Leadley Dagg의 신학과 패러다임 분석: 칼빈주의 5대 교리를 중심으로," 「복음과 실천」 27집 (2000 가을): 193-235; 김용복, "E. Y. Mullins의 '강권적 은혜: 견인의 확실성과 배교의 가능성을 포괄하는 이론적 근거," 「복음과 실천」 25집 (2000 봄): 271-311 참조.

들에게 그 반대의 신학 논지를 폈던 신학자를 소개함으로써 침례교 신학전통 안에 있는 신학의 다양성을 경험하게 하는 것이다. 둘째는 무디가 어떤 근거에서 칼뱅주의 신학을 비판했는지, 그리고 그것을 통해 그가 말하고자 하는 기독교신앙의 본질은 무엇인지 살펴보고, 그의 신학과 그 의미를 통해 우리 자신의 신학 작업에 하나의 도전과 반성을 제공하기 위함이다.

기독교신학을 하면서 칼뱅주의와 아르미니우스주의의 갈등 구조를 검토하는 일은 우리의 신학 반성을 위해 언제나 유익하고 흥미롭다. 이 연구가 우리에게 무디의 관점에서 신학과 성서와 전통의 관계를 다시 한 번 생각할 수 있게 하고, 동시에 고전적 주제인 하나님의 은혜와 인간의 자유에 대한 이해를 좀 더 새롭게 하는 기회가 되기를 기대한다.

I. 역사적-신학적 배경

데일 무디의 신학을 분석하기에 앞서, 먼저 그의 성장과정과 신학 배경을 간략하게 살펴보고자 한다. 신학 태도와 특성은 성장과 교육 배경에서 크게 영향을 받기 마련이다.

1. 간추린 생애

데일 무디의 생애는 크게 성장-교육기간(1915-1944년), 교수-활동기간(1945-1982년), 은퇴이후 기간(1983-1992년)으로 구분된다. 무디는 1915년 텍사스주 존스 카운티(Jones County)에서 태어나 침례교의 풍부한 유산을 지닌 가족과 함께 성장했다.[3] 그는 1927년(12세)에 회심하여 침례를 받았고, 그 즈음 목회자로서 소명을 받았다.[4]

---

3) 증조부 John Simmons는 the Lonesome Dove Baptist Church를 창설한 주요 인물 가운데 하나로서, 무디에게 강렬한 영향을 끼쳤던 것 같다. E. Glenn Hinson, "Dale Moody: Bible Teacher Extraordinaire," *Perspectives in Religious Studies* 14, 4 (Winter 1987): 6.

4) Danny R. Stiver, "Dale Moody," *Baptist Theologians*, ed. Timothy George and David S. Dockery (Nashville: Broadman Press, 1990), 539.

무디는 베일러대학교(1933-1936년), 달라스신학대학원(1936-1937년), 서든침례신학대학원(1937-1947년) 등에서 목회자와 학자로서 소양을 키워나갔다. 특히 그는 베일러에서 로빈슨(H. Wheeler Robinson)과 로버트슨(A. T. Robertson)의 저서들을 정독하며 성서비평과 헬라어 신약성서에 열정을 갖게 되었다.[5] 그리고 무디는 1947년 서든침례신학대학원에서 "에밀 부르너의 저작에 나타난 계시와 이성의 문제"(The Problem of Revelation and Reason in the Writings of Emil Brunner)라는 논문으로 신학박사 학위를 취득했다. 또한 그는 유니온신학대학원과 컬럼비아대학교(1944-45년), 취리히와 바젤대학교(1948년), 하이델베르크대학교(1957-58년), 옥스퍼드대학교(1961-63년) 등에서 연구했다.[6]

무디의 서든침례신학대학원 강의는 1945년부터 시작됐다. 그러나 성서에 최고 우선권을 두고 신학을 전개했던 무디는 결국 신학논쟁에 빠지고 말았다. 이는 무디가 전통적 침례교의 구원관,[7] 즉 "한번 구원은 영원한 구원"(once saved, always saved)이라는 사상을 성서가 가르치지 않는다고 믿었기 때문이다.[8] 사실 무디는 신자도 배교할 수 있다는 주장을 1941년 재학시절부터 가르쳤고,[9] 1955년에 한 잡지에 같

---

[5] Walter D. Draughon III, "The Atonement," *Has Our Theology Changed?: Southern Baptist Thought Since 1845*, ed. Paul A. Basden (Nashville: Broadman & Holman Publishers, 1994), 104.

[6] Paul Basden, "Theologies of Predestination in the Southern Baptist Tradition: A Critical Evaluation" (Ph.D. Dissertation, Southwestern Baptist Theological Seminary, 1986), 287-8; Hinson, "Dale Moody," 7-11.

[7] "한번 구원은 영원한 구원"이라는 사상이 전통적인 침례교의 구원관이라 한 것은 적어도 남침례교의 역사 속에서 이 주장이 한 번도 공식적으로 거부된 적이 없고, 오히려 공식적인 신앙고백서 "침례교인의 신앙과 메시지"에서 천명하고 있기 때문이다. 피셔 험프리스는 이런 칼뱅주의적 구원관을 침례교인들이 공유하고 있다고 평가한다. 그러나 험프리스는 그렇다고 칼뱅주의 사상을 침례교의 주류 전통으로 보는 것은 아니다. 그의 말에 따르면, 남침례교인들은 칼뱅주의의 5대 신념 가운데 성도의 견인을 제외한 나머지 네 가지 신념들은 소수의 사람들에 의해 신봉된다고 보았다. Fisher Humphreys, *The Way We Were: How Southern Baptist Theological Has Changed and What It Means to Us All*, Revised Edition (Macon: Smyth & Helwys, 2002), 32, 67.

[8] Curtis W. Freeman, James Wm. McClendon Jr., and C. Rosalee Velloso Ewell, *Baptist Roots: A Reader in the Theology of a Christian People* (Valley Forge: Judson Press, 1999), 369.

[9] 1941년에 무디는 로버트슨의 히브리서 주석을 읽고 처음으로 배교에 대한 견해가 형성되었다고 말한다(Clark R. Youngblood, "Perseverance and Apostasy," *Has Our Theology Changed?*,

은 주제로 글을 싣기도 했다.10) 그러자 그 일로 인해 1961년 오클라호마 지방회(Oklahoma County Association)는 무디의 주장이 "침례교의 가르침"으로부터 "이탈"되었다는 결의안을 통과시켰다.11) 무디는 즉각 반박했지만, 사태는 가라앉기보다 더욱 커지고 말았다.12) 그 후 10년 동안 이 문제는 수면 아래 가라앉았다가, 무디가 『진리의 말씀』(The Word of Truth, 1981년)이라는 628쪽에 달하는 성서적 조직신학 저서를 출판하면서13) 갈등은 다시 점화되었다. 결국 무디는 1983년에 서든침례신학대학원 교수직의 재계약에서 탈락되었다. 이후 신학대학원 쪽에서 신학 입장을 변경함으로써 무디는 명예교수로 얼마간 강의를 할 수 있었지만, 무디는 죽는 순간까지도 자신의 신념을 굽히지 않았다.14)

2. 신학의 태도와 관심

무디의 저술과 논쟁에서 나타나듯이, 그의 신학은 이론적이거나 관념적이라기보

---

125). 무디는 자신이 쓴 히브리서 주해서,「배교」라는 책에서 히브리서의 저자에 대한 문제 외에는 모든 점에서 로버트슨의 견해와 일치했다고 서술한다. Dale Moody, *Apostasy: A Study in the Epistle to the Hebrews and in Baptist History* (Greenville: Smyth & Helwys Publishing, 1991), 1.

10) Dale Moody, "What We Believe About Eternal Security," *Baptist Adult Union Quarterly*, 18 December 1955, 36-8.

11) 침례교 안에서 이와 같은 논쟁으로 제명된 또 하나의 사람은 로버트 섕크(Robert Shank)다. 섕크는 신자의 안전 교리를 반대하는 입장에서 두 권의 책(*Life in the Son*, 1960; *Elect in the Son*, 1970)을 썼는데, 그것 때문에 결국 그는 침례교단에서 축출되고 말았다. Yocum, 「기독교신조 대조」, 181-2; Youngblood, "Perseverance and Apostasy," 124-5.

12) 오클라호마지방회에서 지적한 문제점은 모두 네 가지다: 신자의 배교 인정, 재침례없이 타교단에서 세례받은 사람 수용, 열린 성찬 실행, 에큐메니칼 운동 확립(*Western Recorder*, 10 August 1961, 5). 이 일을 계기로 무디는 2년 동안 옥스퍼드대학교에서 연구할 수 있는 기회를 얻게 되었다(Hinson, "Dale Moody," 13, 14 참조).

13) Dale Moody, *The Word of Truth: A Summary of Christian Doctrine Based on Biblical Revelation* (Grand Rapids: Eerdmans, 1981). 이 책은 1973년부터 시작해서 1977년에 완성됐지만 1981년에서야 출판됐다. 1974-1976년은 무디가 예루살렘의 에큐메니칼 진보신학연구소(The Ecumenical Institute for Advanced Theological Research)에서 초청받아 연구하던 기간이었다.

14) Stiver, "Dale Moody," 542. 하지만 무디는 배교 논쟁의 결과로 1984년 이후로는 더 이상 신약성서의 내용을 설교하고 실천하는 자유가 사라졌다고 회고했다(Moody, *Apostasy*, 2).

다 성서적이라는 데 그 특징이 있다. 그의 주요 저술들은 대부분 성서적 관점에서 접근된 신학이었다.15) 특히 그의 「진리의 말씀」은 단순한 "조직신학"(a systematic theology)이라기보다 오히려 "성서교리"(Bible doctrines)를 조직화한 것이라는 평가를 받는다.16) 조직신학자로서 논문을 쓸 때도 무디가 사용하는 중요한 잣대는 그것이 성서와 일치하는가 하는 것이었다.17) 이는 무디가 이론적이고 사변적인 조직신학이 아니라, 성서에 근거한 조직신학을 했다는 것을 의미한다. 무디가 많은 사람들에게 "탁월한 교사요 설교가"로 기억되는 것도 이런 학문태도와 무관하지 않다. 그래서 누구든지 무디의 설교를 들으면, 히브리서 4장 12절의 진리를 알게 될 것이라는 평가를 받기도 했다.18)

무디가 학문적으로 교류하고 배웠던 여정은 침례교 안에만 머물러 있지 않았다. 무디는 틸리히(Paul Tillich)와 함께 그의 조교 자격으로 뉴욕에 있는 유니온신학대학원에서 공부했고, 안식년 연구기간에 브루너(Emil Brunner)와 바르트(Karl Barth)와 함께 연구하면서 신학 발전의 분수령을 맞이했다. 이 시기에 무디는 신정통주의의 영향을 깊이 받았으며, 특히 바르트로부터 "적극적인 변증론의 가치"를 배웠다. 그

---

15) *Christ and Church: An Exposition of Ephesians with Special Application to Some Present Issues* (1963), *The Hope of Glory* (1964), *Baptism: Foundation for Christian Unity* (1967), *Spirit of the Living God: The Biblical Concepts Interpreted in Context* (1968), *Scripture, Baptism, and Ecumenical Movement: Two Lectures* (1970), *The Word of truth: A Summary of Christian Doctrine Based on Biblical Revelation* (1981), *Apostasy: A Study in the Epistle to the Hebrews and in Baptist History* (1991).

16) Hinson, "Dale Moody," 4. 이 책 안에는 성서의 근거를 제시한 사례가 약 3000번이나 될 정도로 성서적 연구에 강조점을 두었다. Fisher Humphreys, "Book Review of *The Word of Truth: A Summary of Christian Doctrine Based on Biblical Revelation*, by Dale Moody, *Review and Expositor*, 79, 3 (Summer 1982): 515. 이 「진리의 말씀」은 "역사적 주석에 기초해서 신학의 부흥과 개혁"을 이루기 위해 쓰인 책이라는 평가를 받았다. 그는 성서신학, 역사신학, 교리사, 성서비평, 자연과학 등을 통해, 성서학과 조직신학의 "건설적 조화"를 추구하려 했다(Moody, *The Word of Truth*, xi). 이런 점에서 클락 피노크(Clark Pinnock)는 무디를 "명백한 열정과 기쁨으로 글을 썼던, 성서를 믿고 사랑하는 [남침례교] 복음주의자"라고 평가했다(Stiver, "Dale Moody," 550에서 재인용).

17) Hinson, "Dale Moody," 5.

18) Ibid., 3. [표준새번역] "하나님의 말씀은 살아 있고, 힘이 있으며, 어떤 양날 칼보다도 날카로워서, 사람 속을 꿰뚫어 혼과 영을 갈라내고, 관절과 골수를 갈라놓기까지 하며, 마음에 품은 생각과 의향을 가려냅니다"(히 4:12).

러나 그를 성서신학으로 무장하게 했던 것은 무엇보다도 "성서신학의 르네상스"를 주도했던 아이흐롯(Walter Eichrodt)과 쿨만(Oscar Cullmann)의 신학 영향이었다.19) 학문적 외유를 마치고 남침례교로 돌아온 무디는 신학계에 신선한 관점을 제공했고, 남침례교에서 "20세기 후반기의 가장 중요한 신학자"로 평가받았다.20)

무디의 활동은 신학 저술뿐 아니라 에큐메니칼 운동에서도 활발했다. 아마도 서든침례신학대학원에서 무디만큼 개방적이고 폭넓게 에큐메니칼 운동에 참여한 교수는 없었을 것이다. 무디의 이런 에큐메니칼 정신은 청소년 시절 코펠(Coppell)에서부터 싹트기 시작했는데, 그는 학창시절, 교수시절 내내 에큐메니칼 단체에 가입하거나 교류하는 일을 계속해왔다.21) 이런 무디의 성향과 시각은 옥스퍼드대학교에서 철학박사 학위취득을 위해 쓴 "침례: 기독교 일치를 위한 기초"라는 논문의 기조를 이룬 것으로 보인다.22)

II. 신학의 패러다임 분석: 은혜와 자유의 조화

칼뱅주의를 신학적으로 검토하는 일은 은혜와 자유의 큰 틀에서 기독교신학을 재편하는 일과 크게 다르지 않다. 이 신학적 재편은 신학의 가장 중요한 부분이라고 할 수 있는 구원론을 신과 인간의 상관관계를 통해 이중적 관점에서 통찰하는 것을 의미한다. 무디가 구원은 은혜와 믿음을 포함한다고 말한 것은23) 바로 이런 관점을

---

19) George, "Systematic Theology at Southern Seminary," 40.
20) Dwight A. Moody, "Doctrines of Inspiration in the Southern Baptist Theological Tradition" (Ph.D. dissertation, The Southern Baptist Theological Seminary, 1982), 153.
21) Hinson, "Dale Moody," 11-2. 그는 WCC의 신앙-직제위원회(faith and Order Commission)에서 8년 동안 회원으로 일했고, 로마의 그레고리안대학교에서 교수(1969-70년), 예루살렘의 에큐메니칼 진보신학연구소에서 연구교수(1973-74년, 1976년)로 활동했다. 로마의 그레고리란대학교에서 초청을 받게 된 계기는 옥스퍼드에서 "침례: 기독교 일치의 기초"라는 철학박사 학위를 취득한 결과였다. 그는 개신교인으로서는 두 번째, 침례교인으로서는 첫 번째로 이 대학교에서 강의했다.
22) 이 논문은 1967년 단행본으로 출판되었다. Dale Moody, *Baptism: Foundation for Christian Unity* (Philadelphia: The Westminster Press, 1967).
23) Moody, *The Word of Truth,* 309-11; Paul D. Simmons, "The Ethics of Dale Moody," *Perspectives*

의식한 것이다. 은혜는 하나님 편에서 적극적 활동이요, 믿음은 인간 편에서 능동적 반응이다. 여기서 인간의 믿음은 인간의 자유라는 범주 안에서 설명되는데, 이 자유는 1차적인 하나님의 은혜에 대한 2차적인 인간의 능동적 반응을 가능하게 하는 근거다. 따라서 인간의 자유와 책임을 믿음과 분리시키는 것은 불가능하다.

1. 죄책과 전가: 전적 타락(Total Depravity) 교리를 넘어서서

칼뱅주의의 전적 타락 교리는 보통 두 가지 의미를 내포한다. 하나는 인간이 스스로 자신을 구원할 수 없다는 것이고, 다른 하나는 거듭나기 전에는 인간이 하나님께 아무런 반응을 할 수 없다는 것이다.[24] 전통적으로 칼뱅주의는 이런 인간의 전적 타락 교리를 토대로 신학체계를 세워왔다. 칼뱅주의에 따르면, 아담의 불순종과 범죄는 그 자신뿐 아니라 모든 인간에게 죄의 굴레를 씌웠고, 아무도 그 죄책(guilt)에서 벗어날 수 없다. 모든 사람은 자신의 의지와 관계없이 아담 아래 죄인이요 그 죄의 책임을 피할 길이 없는 존재로 운명적으로 태어난다. 이는 아담의 죄가 '직접 전가'(direct imputation) 되었기 때문이다.

하지만 죄의 기원과 전가와 관련해서 무디는 "죄가 한 사람을 통해 들어 왔지만, 죽음의 선고는 모든 사람이 지은 죄 때문"이라는 입장을 견지했다.[25] 무디는 "인간이 하나님 앞에서 죄인인 것은 그가 최초의 남녀에게까지 소급되는 죄를 물려받았기 때문이 아니라, 자신의 인격적인 죄 때문"이라고 말하면서,[26] 원죄의 직접 전가를 받아들이지 않았다.

무디가 칼뱅주의의 직접 전가를 반대하는 이유는 그것이 잘못된 성서번역에서 비롯되었다고 믿었기 때문이다. 그가 잘못 해석되었다고 제시한 성서구절은 로마서 5장 12절과 에베소서 2장 1절이다.[27] 무디의 설명에 따르면, 로마서 5장 12절은

---

in *Religious Studies* 14, 4 (Winter 1987): 130.
24) Humphreys, *The Way We Were*, 70. 험프리스는 남침례교인들을 포함한 모든 그리스도인은 첫 번째 해석에 동의하지만, 대부분의 남침례교인들은 두 번째 해석에는 동의하지 않는다고 말한다.
25) Moody, *The Word of Truth*, 194.
26) Ibid., 289.

"all have sinned"에서 "have"를 빠뜨림으로써 오역되었다. 그래서 죄는 각 개인을 떠나 모든 인간을 대신해서 "죄를 범했던"(sinned) 아담으로부터 전가되었다. 그 결과, 죄의 공동성은 강조되었지만 죄에 대한 개인 책임과 죄의식은 약화되었다.[28] 또 "헬라어 eph'hoi(왜냐하면)를 라틴어「벌게이트 성경」(Latin Vulgate)에서 in quo(그 안에서)라고 번역한 제롬(Jerome)의 견해를 따라, 아우구스티누스는 모방(imitation)이 아닌 유전(propagation)을 통해 우리가 모두 죄인이라는 신학을 발전시켰다. 이로부터 림보(limbo) 전통이 생겨났고, 침례 받지 않은 모든 유아들은 저주받는다고 선언되었다."[29] 또한 무디는 에베소서 2장 1절이 "범죄와 죄 안에서 죽었던"(dead in trespasses and sins, AV)이 아니라 "너희의 불순종과 죄로 인해"(because of your disobedience and sins, TEV)로 번역되어야 한다고 주장했다. 여기서 무디는 "성서에 대해 전통이 승리하는 것은 가장 잘된 번역이 무시될 때 가능하다"는 의미심장한 말을 남기면서 다음과 같이 비판했다:

> 이 두 가지 사례는 아우구스티누스의 잘못된 신학이 어떻게 그 낙원 이야기를 읽는 사람들의 눈을 멀게 하고 그들이 성서를 배신했다는 느낌 없이 아우구스티누스의 올무를 벗어날 길을 보지 못하게 하는가를 예증하기 위해 선택된 것이다. 로마서 5장 12절과 에베소서 2장 1절은 항상 모든 반대자들을 펠라기우스주의자라는 잘못을 씌워 억압하기 위해 그들의 병기고에 저장되어 있다![30]

무디가 인간의 죄와 죄책이 아담의 죄 때문에 무조건 모든 인간에게 전가된다고 생각하지 않는 이유는 죄의 본질에 대한 그의 견해와 무관하지 않다. 무디는 하나님과의 관계를 파괴한 인간의 죄를 설명하는 단어, "범죄"(transgression)는 무지나 연약함에서 오는 실수나 실패가 아니라, "의지적 불순종"을 의미한다고 주장했다.

---

27) [표준새번역] "그러므로 한 사람을 통하여 죄가 세상에 들어오고, 또 그 죄를 통하여 죽음이 들어온 것과 같이, 모든 사람이 죄를 지었으므로, 죽음이 모든 사람에게 이르게 되었습니다"(롬5:12); "여러분도 전에는 범죄와 죄로 죽었던 사람들입니다"(엡 2:1).

28) Moody, *The Word of Truth*, 282.

29) Ibid., 197.

30) Ibid., 198.

이는 "생각, 말, 행위에서 하나님께 반항하는 것"이다.31) 따라서 의지적 불순종을 죄의 근본으로 생각한다는 것은 인간의 의지가 작용하지 않는 죄는 하나님 앞에 본질적 범죄가 아니라는 의미를 내포한다. 이것이 무디가 칼뱅주의의 전적 타락을 문자적으로 받아들이지 않는 근본 이유다.

2. 하나님의 섭리방식: 무조건적 선택(Unconditional Election) 교리를 넘어서서

무조건적 선택 교리는 이중예정 교리와 불가분의 관계에 있다.32) 칼뱅주의에 따르면, 모든 사람의 운명은 태어나는 순간 이미 구원으로 혹은 멸망으로 결정되어 있다. 칼뱅주의자들이 로마서 9장 22-24절에서 "진노의 그릇"과 "긍휼의 그릇"을 이중예정의 근거로 해석하는 것도 그런 맥락에서 나온 것이다. 하지만 무디는 이 구절을 저주받을 자와 구원받을 자에게 적용하는 것은 잘못이라고 단정했다.33) 로마서 9-11장의 토기장이 비유는 특정 개인에 적용되어, 누구는 구원으로 예정되고 누구는 멸망으로 예정되었다는 것을 말하기 위해 사용된 것이 아니기 때문이다. 이 본문은 칼뱅주의자들이 자신들의 주장을 뒷받침하기 위해 애용하는 대표적 구절이지만, 그들이 비판을 받는 논거도 이 구절에서 나온다는 점에서 매우 흥미롭다.34)

---

31) Ibid., 275. 무디는 인간이 허약하거나 무지해서 지은 죄는 용서받을 수 있지만, 의도적으로 여호와를 멸시하는 뻔뻔스러운(presumptuous) 죄는 용서받을 수 없다고 말한다. 그는 제임스 드래퍼(James T. Draper)가 *Hebrews* (Tyndale, 1976)에서 묘사한 다음과 같은 문장에서 그 표현의 탁월함을 읽었다: "본문은 자신의 행동이 하나님의 의지와 자신의 목적에 반대되는 행동이라는 것을 알면서도 그렇게 행동하는 그리스도인의 모습을 그려준다. 그는 자신의 주먹을 하나님 앞에서 휘두르며 '날 내버려두세요. 내 하고 싶은 대로 할거예요.' 라고 말한다. 이것이 바로 의도적인 반역이다"(Moody, *Apostasy*, 53).

32) Humphreys, *The Way We Were*, 68. 험프리스는 이런 사상은 대부분의 남침례교인들에 의해 지지되는 것이 아니라고 주장했다.

33) Moody, *The Word of Truth*, 344-5. [표준새번역] "하나님께서 하신 일도 마찬가지입니다. 하나님께서 진노를 보이시고 권능을 알게 하시기를 원하시면서도, 멸망 받게 되어 있는 진노의 그릇들에 대하여 꾸준히 참으시면서 너그럽게 대해 주시고, 영광을 받도록 미리 준비하신 자비의 그릇들에 대하여 자기의 풍성하신 영광을 알게 하시고자 하셨더라도 어떻다는 말입니까? 하나님께서는 우리를 부르시되, 유대 사람 가운데서만이 아니라, 이방 사람 가운데서도 부르셨습니다"(롬 9:22-24).

따라서 무디는 아우구스티누스·칼뱅의 전통이 "인간의 전적 타락"에서 출발함으로써 은혜와 믿음 사이의 관계를 왜곡해 왔으며, 믿음을 단지 "인간을 향한 저항할 수 없는 하나님의 선물"로 이해함으로써 절대예정 교리로 급격히 빠져들 수밖에 없었다고 주장했다.35) 그는 신약성서가 아우구스티누스-칼뱅의 전통에서 발전한 절대적이고 결정론적 예정론을 가르치지 않는다고 확신했다. 무디의 설명에 따르면, 오히려 바울과 베드로는 "예정에 인간의 조건이 전제되어있다고 가르쳤으며, 그 조건은 믿음의 자유로운 반응, 즉 하나님의 은혜와 인간의 믿음이다. 이 조건적 예정(conditional predestination)은 바로 신약의 가르침이지만, 절대적 예정(absolute predestination)은 인간적 전통이요 성서 언어의 불행한 왜곡이다."36)

예정의 문제는 하나님의 섭리방식과 밀접한 관계가 있다. 하나님의 섭리방식은 하나님의 속성에서 나온다. 하나님은 속성상 인격적 방법으로 구원할 사람을 선택하시는 분이시다. 무조건적 선택에 의해 구원의 대상을 미리 결정한 분이 아니라, 인간의 인격적 반응을 통해 하나님의 은혜로 구원하겠다는 것이 하나님의 섭리방식이다. 무디가 하나님 존재의 신비를 "역동적이고 초월적 인격성을 가진 하나님이 구체적인 역사 속에서 인격적 방법으로 섭리적 돌봄을 통해 창조세계에 관여하는 신비로움"으로 이해하는 것은 바로 이와 같은 맥락에서다.37)

---

34) 칼뱅주의의 주장을 반대하는 사람들의 설명에 따르면, 바울은 로마서 9장에서 하나님의 주권이 이방인에게까지 긍휼을 베푸신다는 것을 말했고, 10장에서 구원은 오직 믿음을 통해 가능하다는 것을 천명했으며, 11장에서 이방인과 이스라엘 모두는 결국 하나님의 은혜로 구원을 받게 될 것이라는 것을 주장했다. 이와 관련해 좀 더 자세한 내용을 보려면, Dale Yocam, "제8장 로마서 9장에서 11장까지의 분석," 「기독교신조 대조: 칼빈신학과 알미니안 신학의 비교연구, 성결교리의 신학과 성서적 바른 이해」, 손택구 역 (서울: 예수교대한성결교회(엽합) 출판부, 1988), 217-41 참조.

35) Paul Basden, "Predestination," *Has Our Theology Changed?*, 66.

36) Moody, *The Word of Truth*, 347.

37) 김용복, "하나님의 존재와 섭리의 상관성: Dale Moody를 중심으로," 「복음과 실천」 33집 (2004 봄): 118.

3. 속죄와 그 적용범위: 제한 속죄(Limited Atonement) 교리를 넘어서서

제한속죄의 교리는 불가불 소명의 문제로 소급된다. 칼뱅주의는 하나님의 부르심, 즉 소명을 둘로 구분한다. 하나는 일반 소명(general calling)이고 다른 하나는 특별 소명(particular calling), 혹은 유효 소명(effectual calling)이다. 일반 소명은 모든 사람에게 적용되는 하나님의 부르심이지만, 특별 소명은 하나님이 창세 전에 택한 사람에게 적용되는 하나님의 특별한 부르심이다. 이 특별 소명을 받지 않은 사람은 결과적으로 구원의 초대에 응할 수 없다는 것이 칼뱅주의 신학의 핵심이다. 물론 이런 소명관은 이중예정 교리와 밀접한 관련이 있다. 따라서 이미 구원받을 사람이 특별 소명에 의해 구별되었다면, 그리스도가 그밖에 다른 사람을 위해 죽으실 필요는 전혀 없다. 그 점에서 그리스도는 오직 택자의 죄만을 위해 형벌을 받았다고 주장하는 이른바 '제한 속죄' 교리는38) 칼뱅주의에서 자연스런 논리적 결론이 될 수밖에 없다.

그런데 무디는 일반 소명과 특별 소명을 구분하지 않았다. 이는 그리스도의 속죄가 택자만을 위한 것이 아니라 모든 사람을 위한 것이라는 의미를 가진다. 사실 무디는 속죄(atonement)라는 말 자체를 성서적 용어로 생각하지 않았다. 그의 주장에 따르면, 속죄라는 용어는 신약성서에 등장하지 않는다. 그런데도 바울이 주로 사용했던 헬라어 katallage가 "화해"(reconciliation)를 의미한다는 사실이 근대 성서신학에 대한 역사적 연구가 등장할 때까지 무시되어 왔다.39) 그래서 무디는 기독교신학의 핵심 개념인 화해라는 주제에 주목했다. 무디는 화해라는 주제에서 두 가지 사실을 확인했다. 하나는 하나님이 화해의 주체요 인간과 세상은 화해의 객체라는 점이다.40) 다른 하나는 그리스도의 사역을 통한 화해는 화해를 받아들인 모든 사람

---

38) Humphreys, *The Way We Were*, 70. 험프리스는 많은 남침례교인들이 그리스도의 속죄를 형벌대속설(the penal substitutionary)로 받아들이기는 하지만, 그리스도는 세상의 모든 죄를 위해 죽으셨다고 생각한다고 말했다.

39) Dale Moody, "The Crux of Christian Theology," *Review and Expositor*, 46, 2 (April 1949): 170. 로마서 5장 11절에서 속죄라는 단어가 사용된 것은 킹제임스 버전에서 잘못 번역되었기 때문이다. 참고로 「표준새번역」에서는 이 단어(katallage)를 "화해"로 「개역」성서에서는 "화목"으로, KJV에서는 "atonement"로, NIV에서는 "reconciliation"으로 번역되었다.

들을 향한 하나님의 선물이라는 점이다(고후 5:18, 20). 다시 말해, 파괴된 관계를 회복하기 위해 화해의 주체이신 하나님이 구원의 손길을 펴셨고, 화해의 객체인 인간은 그 손길을 받아들임으로써 관계가 회복된다는 것이다.[41] 여기서 인간 편에서 믿음의 지속 여부는 화해를 이루는 데 중요한 조건으로 작용한다(골 1:23-24 참조).[42]

무디는 하나님이 모든 사람을 구원하기를 원하신다고 믿었다. 따라서 베드로후서 3장 9절을 오직 택자에게 한정하려고 노력하는 것은 주석을 모호하게 만드는 일이라고 생각했다.[43] 그런 제한된 해석대로라면, 하나님은 택자만을 참으시고 어떤 택자도 멸망하는 것을 원치 않지만, 구원으로 택지 않은 사람은 참지 않고 멸망하는 것을 원하신다는 뜻이 된다. 하지만 이런 해석은 하나님의 기본 속성에도 어울리지 않을 뿐 아니라 성서가 말하는 복음의 정신과도 조화되기 어렵다. 하나님은 누구를 막론하고 회개로 부르시는 동안 모든 사람에 대해 참고 인내하신다. 사실 "신약성서 어느 곳에서도 하나님이 단 하나의 영혼이라도 저주받기를 원하시거나 의도하신다는 내용은 찾아 볼 수 없다."[44]

그래서 무디는 속죄의 범위를 논할 때 두 가지 측면이 고려되어야 한다고 생각했다. "하나는 하나님의 사랑과 공급이고 다른 하나는 인간의 자유로운 반응이다. 하나가 다른 하나를 무시하지 않는다. 구원에서 이 두 가지는 모두 필요하다." 그러므로 "속죄의 범위는 보편적이다. 모든 사람은 믿음으로 그리스도에게 반응할 수

---

40) 무디는 화해의 객체를 우주적, 개인적, 보편적, 사회적인 영역으로 확대했다(Moody, *The Word of Truth*, 331-2).
41) 물론 무디의 이런 화해론을 비판하는 목소리가 없는 것은 아니다. 제임스 데니(James Denney)는 무디가 화해론에서 하나님의 개입을 지나치게 수동적으로 취급했으며, 화해는 양자 모두가 변화를 경험하는 것이므로 하나님과 인간 모두에게서 일어나는 것이라고 주장했다(Draughon III, "The Atonement," *Has Our Theology Changed?*, 107, 각주 128번).
42) Moody, *The Word of Truth*, 330-1. [표준새번역] "그러므로 여러분은 믿음에 튼튼히 터를 잡아서, 굳건히 서 있어야 하고, 여러분이 들은 복음의 소망에서 떠나지 말아야 합니다. 이 복음은 하늘 아래에 있는 모든 피조물에게 전파되었으며, 나 바울은 이 복음의 일꾼이 되었습니다. 이제 나는 여러분을 위하여 고난 받는 것을 즐겁게 여기고 있으며 그의 몸 곧 교회를 위하여 내 육신으로 그리스도의 남은 고난을 채워 가고 있습니다"(골 1:23-24).
43) [표준새번역] "어떤 이들이 생각하는 것과 같이 주께서는 약속을 더디 지키시는 것이 아닙니다. 그분은 아무도 멸망하지 않고, 모두 회개하는 데에 이르기를 바라십니다"(벧후 3:9).
44) Frank Stagg, *New Testament Theology*, 87, Basden, "Predestination," 64에서 재인용.

있다. 그리스도의 죽음이라는 복음은 모든 사람에게 좋은 소식이기 때문이다."[45]

무디는 로마 총독이 전장으로부터 승리의 귀환을 하는 행렬 속에서 제사장의 향이 의미하는 바를 다음과 같이 유비적으로 제시하면서 하나님의 소명과 예정을 이중적으로 해석하는 것을 경계했다: "패배한 자들에게 그것[제사장의 향]은 죽음을 의미하고, 승리자들에게는 생명을 의미한다. 그리스도인에게 그리스도는 승리의 소식이 향기와 같이 모든 곳에 퍼져야 할 승리의 정복자다. 그 향기는 그것을 거절하는 자들에게는 죽음이고 받아들이는 자들에게는 생명이다."[46] 두 가지의 서로 다른 소명이나 예정이 있는 것이 아니라, 하나의 사건, 하나의 소명, 하나의 예정이 있다. 다만 그 부르심을 받아들이느냐 거절하느냐 하는 것이 우리의 운명을 좌우한다.

드라우곤 3세는 무디의 속죄론을 마무리하면서 그 영향력을 이렇게 평가했다:

> 무디는 남침례교인들이 제한속죄설을 실제로 거부할 수 있게 만들었다. 그리스도는 모든 인간을 위해 죽으셨고, 모든 인간은 그리스도 안에서 믿음으로 구원을 체험할 수 있다. 화해 메시지에 대한 칼뱅주의의 지배적 해석을 부정하는 것은 남침례교인들에게 세계의 구원을 향한 희망의 요소를 담은 선교신학을 제공하는 것이다.[47]

4. 하나님의 은혜와 인간의 자유: 불가항력적 은혜(Irresistible Grace) 교리를 넘어서서

칼뱅주의 입장에서 보면, 하나님의 은혜는 구원받기로 예정된 죄인들에 의해 결코 거절될 수 없다. 이런 하나님의 은혜를 불가항력적 은혜라 부른다. 하지만 하나님에 대한 이런 관점은 하나님의 구원사역에서 인간의 역할을 완전히 배제하는 결과를 낳게 된다. 그런데 무디는 구원의 문제를 하나님의 은혜와 인간의 자유 혹은 믿음이라는 두 구심점을 통해 풀어나갔다. 무디는 순진한 "은혜 지상주의자"가 아니다. 이 말은 무디가 하나님의 은혜나 주권을 인정하지 않고, 인간의 원죄를 부인하는 펠라기우스주의자라는 의미가 아니다. 다만 무디는 인간의 상태가 스스로 구

---
45) Moody, *The Word of Truth*, 348-58; Draughon III, "The Atonement," 110.
46) Moody, *The Word of Truth*, 341.
47) Draughon III, "The Atonement," 113.

원에 이를 수 없을 정도로 타락하고 부패했을지라도 죄에 대한 각자 인간의 책임을 의식할 수 있다는 것이다. 그렇다고 해서 인간의 책임성을 인정하는 것이 하나님의 구속하는 은혜의 필요성을 감소시키는 것은 결코 아니다.[48]

무디는 하나님의 주권과 인간의 개인적 책임을 동시에 강조하기 위해 오순절 베드로의 설교를 예로 들었다. 무디의 설명에 따르면, 사도행전 2장 22절 이하에는 하나님이 "정하신 계획에 따라 미리 아신 대로"와 "무법자의 손을 빌어서 십자가에 못 박아 죽였"던 사람들의 죄 사이에는 어떠한 모순도 없다. 하나님의 계획이었기 때문에 예수를 십자가에 못 박은 사람들에게 아무런 책임이 없는 것이 아니다. "하나님은 역사의 마지막 결과 위에 통치하실 때 주권적이지만, 인간이 그 자신의 멸망에 이르도록 그 자신이 결정할 자유를 부정하지 않으신다."[49] 따라서 예수를 못 박은 것은 그들의 선택이고 그들이 감당해야 할 죄다.

또한 무디는 바울이야말로 누구보다도 하나님의 인내가 사람들을 회개로 인도하는 데 인간의 책임성을 강조한 사람이라고 생각했다.[50] 바울은 로마서 2장 4-10절에서 하나님의 진노가 임하는 것은 인간의 고집과 회개하지 않는 마음 때문이고, 하나님은 각 사람에게 그 행한 대로 갚아주신다고 경고했다. 특히 무디는 로마서 8장 28절의 "협력하다"(synergei)에 대한 해석에 주목했다.[51] 무디에게는 성서의 번역본에 따라 서로 다르게 해석되는 이 구절이 하나님과 인간의 협력을 증거하는 중요한 본문이다. 무디의 설명에 따르면, 사람들은 "오랜 세기 동안 1611년판 킹 제임스 번역(KJV)이 마치 인간의 협력이 하나님의 뜻으로부터 배제된 것처럼, '모든 것이 합력하여 선을 이룬다'(all things work together for good)로 해석한 것을 받아들여 왔다. 믿음, 소망, 사랑에 대한 인간의 협력은 신인협력설(synergism)이라는 말로 비난

---

48) Moody, *The Word of Truth*, 291.
49) Ibid., 338.
50) Ibid., 314-5.
51) [표준새번역] "우리는 하나님을 사랑하는 사람들, 곧 하나님의 뜻대로 부르심을 받은 사람들에게는, 모든 일이 서로 협력해서 선을 이룬다는 것을 압니다"(롬 8:28); "And we know that all things work together for good to those who love God, to those who are the called according to His purpose"(KJV); "God co-operates for good with those who love God, and are called according to his purpose"(NEB).

받아왔다. 그러나 바울은 헬라어 동사 synergei를 사용한다!"[52] 무디는 "신인협력설"을 주장하는 사람들을 비난했던 신학자들을 향해 "어떻게 성서의 문자적 영감을 믿는다고 선언하는 사람들이 동시에 이 단어를 비난하는지 정말로 이상한 일"이라고 일침을 가했다.[53]

하나님과 인간의 관계회복 차원에서 볼 때 어느 한편이 전면적으로 배제되는 일은 없다. 하나님이 인내하시는 것도, 인간이 하나님께 돌아가는 것도, 모두 상호작용 속에서 이루어지는 것이다. 결코 이 세상의 모든 일들은, 그 가운데 특히 구원의 길은, 하나님의 일방적 뜻에 의해 "불가항력적으로" 일어나지 않는다. 그것을 바울은 구원이 "은혜로 인해 믿음으로 말미암아"(by grace through faith) 이루어진다고 표현한 것이다. 그 점에서 세상의 역사는 하나님의 주권과 인간의 자유 사이의 갈등일 수밖에 없다. 그러므로 세상에서 일어나는 모든 일이 하나님의 뜻은 아니라는 사실을 기억하는 것이 좋다. 무디는 라게오니아의 원주민들에게 설교한 바울의 말을 인용하면서,[54] 그들의 길은 분명 하나님의 길이 아니었지만, 하나님은 그들이 살아계신 하나님보다 자연의 헛된 것을 섬기도록 허락하셨다고 해석했다.[55]

5. 중생의 점진성과 배교: 성도의 견인(perseverance of the saints) 교리를 넘어서서

배교에 대한 무디의 견해는 구원을 하나의 과정으로 생각하는 구원론에서 비롯된 것이다. 무디는 신약성서에서 말하는 구원을 "과거에 구원 받았다"는 것으로 제한하는 것은 바람직하지 않다고 주장했다. "과거 시제만으로 구원을 말하는 것은 신약성서의 구원 개념을 왜곡하는 것"이기 때문이다.[56] 여기서 무디가 강조하는 덕

---

52) Moody, *The Word of Truth*, 314.
53) Ibid., 342.
54) "하나님이 지나간 세대에는 모든 족속으로 자기의 길들을 다니게 묵인하셨으나"(행 14:16).
55) Moody, *The Word of Truth*, 340.
56) Moody, *Apostasy*, 17. 무디에 따르면, 구원은 과거, 현재, 미래의 세 단계의 과정이다. 과거의 단계는 신자가 영적 죽음에서 영적 생명으로, 어둠에서 빛으로, 죄의 세력에서 하나님의 능력으로 옮겨졌다는, 즉 "죄의 형벌로부터 구원"을 말하는 개인적 경험이고, 현재의

목은 '믿음의 현재성'이다. 그는 배교의 가능성을 무시하는 사람들이 보호막으로 사용하는 요한복음 10장 28-29절에서 오히려 배교하지 않으려면 계속해서 예수를 따라야 한다는 믿음의 현재성을 이끌어냈다. 그는 이 구절을 문자적으로 이렇게 해석했다: "내 양은 내 음성 듣기를 계속하며(keep on hearing) 나는 그들 알기를 계속하며(keep on knowing) 그들은 나 따르기를 계속한다(keep on following). 내가 그들에게 영생 주기를 계속하니(keep on giving) 영원히 멸망하지 아니할 것이요 또 그들을 내 손에서 빼앗을 자가 없을 것이다."[57]

따라서 중생(regeneration)은 그것으로 구원의 끝이 아니라, 계속 성장되어야 할 과정의 일부다. 무디는 중생 개념과 "미숙한 신생아에서 그리스도의 장성한 제자로 정상적으로 성장"하는 것을 결코 분리시키지 않았다. 구원의 완성은 미래에 이루어지는 것이다. "미숙한 신자는 진리에서 떨어져 나갈 가능성이 언제나 있다." 신자는 출생 이후 최종적으로 구원을 받을 때까지 "과정 속에서 성장"해야 한다.[58] 그렇기에 그는 "점진적 중생"(progressive regeneration)이라는 개념을 사용했다.[59] "썩어 없어지지 않을 씨는 바로 항상 살아있는 하나님의 말씀이다. 이 썩어 없어지지 않을 씨로 출생하게 되는 새로운 생명은 잉태와 출산 후에 영적인 성장을 필요로 한다(벧전 2:2). 영적인 출생을 유지하기 위한 신령한 젖이 없으면 영적인 출생은 죽음으로 끝이 나고 만다."[60] 따라서 그는 구원이 한 시제의 사건으로 설명되는 것은 신약성서에서 볼 때 불가능하다고 주장했다. 베드로전서와 히브리서는 미래의 구원을 강조했고, 바울서신은 과거, 현재, 미래의 구원을 동시에 언급했기 때문이다.[61]

단계는 "하나님은 안에서 행하시고 우리는 밖에서 행한다"는, 즉 "죄의 실제로부터의 구원"으로서 구원의 과정이며, 미래의 단계는 구원에 있어서 하나님의 "V-day"인데, 그것은 "우리에게 가까이 와 있는 구원," 즉 "죄의 현존으로부터 구원"을 의미한다. Moody, *The Word of Truth*, 311; Dale Moody, "Tabletalk on Theology Tomorrow," *Review and Expositor* 63 (Summer 1967): 354; Dale Moody, "The Way of Salvation: The Great Essentials-Basic Doctrines of Our Faith," *The Baptist Student*, March 1954, 33.

57) Moody, *The Word of Truth*, 356-7.
58) Ibid., 319.
59) Ibid., 322.
60) Ibid., 320.

특히 칭의(justification)에 대한 무디의 관점은 다소 도전적이다. 그는 "만일 하나의 잘못된 번역이 신학을 왜곡시킨 사례가 있다면, 그것은 바로 히브리어 sedeq에서 나온 헬라어 dikaiosis의 번역이다. 성서적 주해로 돌아가려면 이 번역은 하나의 법정적(legalistic) 선언보다는 관계(relationship)를 지시하는 것으로 번역되어야 한다"고 주장했다.62) 무디는 로마서 1장 16절 이하를 근거로 믿음의 두 가지 특징을 말했다. 첫 번째, 믿음은 순종이라는 점이다. 바울의 표현처럼, 믿음은 "믿음의 순종"(the obedience of faith, 롬 1:5)이 필요하다. 이는 "믿음이 언약 관계에 대한 순종이고, 언약에 대한 불순종은 불신앙"이라는 뜻이다. 두 번째, 믿음은 "삶의 길"이다. 이것은 로마서 1장 17절에 대한 개선된 번역에서 명백하게 드러난다. 이 번역은 "하나님과의 올바른 관계가 의롭다고 선언된 사람에 의해 법적으로 한 순간에 모든 것이(a once for all) 처리되는 것이라기보다는 지속적인 신뢰(continuous trust)라는 가르침을 지지해 준다. 하나님에 대한 올바른 관계는 신실성이며, 언약 관계에 대한 순종이다."63) 따라서 무디에 따르면, "믿음 안에서 순종함이 없는 곳에는 은혜에 의한 칭의도 없다."64)

따라서 구원에서는 언제나 진행형 믿음이 무엇보다 중요하다. 무디는 신자의 배교 가능성과 실제성을 주장하는 것이 하나님의 주권을 약화시키거나 혹은 신자의 안전에 대해 의심하는 것이 아니라고 믿었다. 오히려 그는 누가복음 8장 4-15절의 씨뿌리는 비유를 통해 신자의 영원한 안전은 참된 신자의 결실로 증명한다는 사실을 강조했다.65) 다만 무디는 인간의 구원이 단지 하나님의 일방적 사랑이나 주권의 결과가 아니라, 인격적 인간의 믿음을 통한 성령의 사역이라는 것을 강조하려 했다. 이 대목에서 무디가 말하고자 하는 것은 '진행형 믿음'이다. 그리스도 안에 있으

---

61) Moody, "Tabletalk on Theology Tomorrow," 354.
62) Moody, *The Word of Truth*, 326. dikaiosis는 justification보다 righteousness가 더 나은 번역이다. 하지만 이 번역도 rightwise와 같은 동사의 의미가 없기 때문에, 그보다는 "set right"로 번역한 TEV 성경번역이 더 본래 의미에 가깝다. 여기서 의로운 관계라는 것은 언약관계에 대한 복종을 의미한다.
63) Ibid., 327.
64) Ibid., 328.
65) Moody, "What We Believe About Eternal Security," 36-8.

면, 신자는 영원히 안전하다. 왜냐하면 하나님은 능력이고 사랑이기 때문이다. 그래서 어느 누구도 우리를 하나님의 손에서 빼앗을 수 없다(롬 8:31-39).[66] 하지만 약속은 여기까지다. 과거에 예수를 믿었다고 해서 그 안전이 자동으로 미래에도 보장된다는 약속은 없다. 영원한 안전은 시험하는 시간도 없이 주어지는 것이 아니다. 그것은 "없어질 금보다 더 귀한" 진정한 믿음이 있을 때 가능한 것이다.[67] 그러므로 무디에게 영원한 안전은 "조건적 안전"이다. 우리가 안전하다는 말 앞에는 "우리가 확실한 것을 끝까지 견고히 잡으면"이라는 조건이 있다는 것이다.[68]

무디는 신구약성서에서 배교에 대한 다양한 예를 이끌어 냈는데, 그 가운데 대표 구절들은 누가복음의 씨뿌리는 비유, 요한복음 15장의 포도나무 비유, 갈라디아 교인들을 향한 강력한 경고들, 히브리서의 다섯 가지 경고들이다.[69] 히브리서는, 무디의 설명에 따르면, 완전한 확신과 성숙의 가능성, 신자의 배교 가능성, 그리고 치유될 수 없는 배교의 죄 등을 치밀하게 잘 보여준 서신서다. 그래서 마르틴 루터와 같은 많은 사람들은 교의적 편견 때문에 히브리서를 정경에서 빼고 싶어 했다는 것이 무디의 생각이다.[70] 무디는 아우구스티누스와 칼뱅의 다섯 가지 개념, 즉 전적 타락, 무조건적 선택, 제한 속죄, 불가항력적 은혜, 견인의 선물 등이 성서주석적 접근에서 나온 것이라고 믿는 신약성서 학자는 아무도 없다고 지적했다. 그리고 로버트슨(A. T. Robertson)과 브루스(F. F. Bruce) 같은 보수주의 주석가들도 히브리서의 핵심은 배교 개념이라고 말하기를 주저하지 않았다고 주장했다.[71]

---

[66] 무디는 로마서 8장 39절에 안주하려는 사람들에게 우리가 "우리 주 예수 그리스도 안에" 있다면 무엇도 우리를 하나님의 사랑에서 끊을 수 없다고 조건적으로 해석해야 한다고 주장했다. 여기서 약속은 그리스도에게서 끊어진 자들에게는 해당되지 않는다. 그 근거로 무디는 이 귀중한 약속 이전에 다음과 같은 8장 12-13절의 경고와 약속이 있다는 것을 상기시킨다(Moody, *The Word of Truth,* 351): [표준새번역] "그러므로 형제자매 여러분, 우리는 육신을 따라 살도록, 육신에 빚을 진 사람이 아닙니다. 여러분이 육신을 따라 살면, 죽을 것입니다. 그러나 여러분이 성령으로 몸의 행실을 죽이면, 살 것입니다."

[67] Moody, "What We Believe About Eternal Security," 38.

[68] Moody, *Apostasy,* 28.

[69] Youngblood, "Perseverance and Apostasy," 127.

[70] Moody, *The Word of Truth,* 355-6; Moody, *Apostasy,* 67.

[71] Moody, "Tabletalk on Theology Tomorrow," 354.

하지만 무디의 신학에 대해 성서의 관점을 지나치게 단순화하는 것이 문제라는 지적도 있다. 이런 주장은 서든침례신학대학원의 신약학 교수인 제럴드 보처트(Gerald L. Borchert)에 의해 제기된 것이다. 보처트는 "경고의 긴장을 무시하고 보증을 말하는 것은 하나님의 은혜를 맹목적으로 믿는 것이고, 보증도 없이 경고를 말하는 것은 하나님의 은혜를 무시하는 것이다"라고 주장했다. 보처트는 참된 신자들이 견인되는 것은 "그들이 견인의 교리에 의존하기 때문이 아니라 하나님의 은혜, 인간의 약함, 경고들을 진지하게 받아들이기 때문"이라고 보았다.72) 무디의 배교론은 바로 이 지점에서 비판을 받을 수 있다. 그는 신자들에 대해 하나님의 은혜가 가지는 역동성과 확실성을 결과적으로 약화시킨 것처럼 보인다. 무디의 주장대로라면, 신자들이 은혜에서 떨어져 나갈 때 하나님은 아무 것도 하지 않는 분으로 비칠 수도 있다. 이 점은 일찍이 멀린스가 지적했던 것처럼,73) 아르미니우스주의가 극단화되면 이신론(deism)으로 흐른다는 비판을 무디가 받게 될지 모른다는 것을 의미한다. 하지만 무디의 강조점이 '계속적인 믿음'에 있다는 것을 이해한다면, 이런 의구심은 어느 정도 불식될 수 있을 것이다.

피셔 험프리스(Fisher Humphreys)는 다른 차원에서 무디의 배교론에 대해 우려를 표했다. 그는 그리스도인들이 하나님께서 최종적으로 사람들을 저주하도록 허락하신다는 두려움 때문에 순종적이 되고, 나쁜 습관을 피하고, 하나님께 복종할 수 있지만, 그러나 그렇게 되면 진정으로 그리스도인이 하나님을 사랑하게 할 수 없다고 단언했다. 왜냐하면 인간이 두려움을 느끼는 존재에 대해 사랑한다는 것은 심리적으로 불가능하기 때문이라는 것이다.74) 하지만 험프리스는 루돌프 오토의 "누미노제"(das Numinöse) 개념을 무디가 깊이 통찰하고 있다는 사실을 간과한 것 같다.75) 오토의 사상에 따르면, 우리가 거룩하다고 말하는 하나님은 "두려움과 매혹의 신

---

72) Youngblood, "Perseverance and Apostasy," 132.
73) Edgar Y. Mullins, *The Christian Religion in Its Doctrinal Expression* (Philadelphia: Roger Williams Press, 1917), 433-4.
74) Fisher Humphreys, "The Christian Life," *Has Our Theology Changed?*, 155-6.
75) Moody, *The Word of Truth*, 58, 84, 94, 96, 129, 255, 563 등에서 루돌프 오토의 성스러움의 문제를 다루고 있다.

비"(mysterium tremendum et fascinans)로서 경험되는 분이기 때문이다.

우리가 그리스도 안에서 예정된 방식은 무디가 '애틀랜타행 비행기' 비유에서 말한 것처럼, 운명적 예정이 아니다. 비행기 안에 머물러 있다면 목적지에 무사히 갈 수 있지만, 비상구에서 뛰어내린다면 우리는 다른 목적지에 도달하게 될 것이다. "그리스도는 나를 불가항력적 은혜로가 아니라 믿음으로 받는 은혜의 경험 안에서, 그리고 사랑의 매임 안에서 자유인으로 나를 붙든다."[76] 무디는 결코 하나님의 은혜를 무력화하거나 신자의 견인을 부정하지 않았다. 그는 성서가 실제 배교한 사람들이 있다고 경고하고 있으니, 그리스도 안에 머물러 있도록 깨어있어야 한다는 것을 요청한 것이다.

마치는 글

앞에서 살펴본 바와 같이, 데일 무디의 신학 패러다임은 전형적 아르미니우스주의와 구조적으로 다를 바가 없다. 그리고 그는 어느 누구보다도 전통적 칼뱅주의 5대 교리를 하나도 예외 없이 전면적으로 거부했다. 무디는 성서에 대한 잘못된 해석을 바로 잡는 작업을 통해, 칼뱅주의의 전적 타락과 직접 전가 교리와 절대 예정을 거부하고 죄의 간접 전가와 개인적 책임성을 바탕으로 조건적 예정과 선택을 주장했다. 특히 무디는 칼뱅주의의 제한속죄와 이중소명을 반대하고 단일소명과 보편속죄를 강조했으며, 하나님의 은혜와 인간의 자유 사이에 '협력'이라는 개념을 도입하여 상호 긴장 관계를 유지시켰다. 그 결과, 무디의 구원론에서는 믿음의 현재성을 토대로 점진적 중생, 점진적 구원 개념이 중요하게 부각되었다. 이런 신학적 기초 위에서 결과적으로 무디는 신자의 배교가 가능함을 역설했는데, 이 부분에서 무디는 신자의 배교가 하나님의 무능이나 무관심에서 비롯된 것이 아니라 신자의 믿음이 계속되지 못한 결과 때문이라는 점을 강조했다. 따라서 무디에게 칼뱅주의 신학의 기초가 되는 절대 예정론은 새 헝겊조각으로 수선될 수 없는 헌 부대와 같았다. 헌 부대는 수선될 대상이 아니라 교체되어야 할 대상이다.[77]

---

76) Ibid., 346.

무디는 남침례교단에서 자신의 신학적 주장으로 인해 강력한 반대와 비판을 받았다. 하지만 결과적으로 이런 무디의 신학은 칼뱅주의를 전적으로 받아들이지 않거나 혹은 부분적으로 거부하는 침례교인들에게 하나의 중요한 신학 근거와 배경으로 작용했다. 반대로 칼뱅주의가 가장 완벽한 신학 해석이라고 믿는 사람들에게는 신학적 도전과 자기성찰의 기회를 제공했다. 그리고 무디의 이런 신학은 결과적으로 후기 남침례교의 신학을 아르미니우스주의로 이끄는 데 크게 영향을 끼쳤던 것으로 보인다. 이는 무디가 침례교인들에게 새로운 어떤 사상을 불어넣은 것은 아니지만, 그들의 생각을 성서를 토대로 재정립해 준 것이라는 점에서 중요한 의미를 가진다.[78]

무디는 성서의 권위에 신학적으로도 실제적으로도 철저하게 순종하려 했던 신학자였다. 물론 무디의 신학 가운데는 세련되지 않은 부분이나 지나치게 거친 해석도 없진 않지만, 철학 이론이나 신학전통보다도 성서의 목소리에 최우선 순위를 두려 했던 그의 신학 태도는 자칭 '성서의 사람'이라 말하는 침례교인들에게 좋은 귀감이라 하지 않을 수 없다. 그는 전통과 성서 사이에서 어떤 태도를 취해야 할 것인지 예언자적으로 외친 신학자였다. 그리고 그는 오직 성서의 본문에 귀를 기울이고 그 뜻을 바르게 해석하는 길만이 잘못된 전통의 굴레에서 벗어날 수 있다는 것을 웅변적으로 보여주었다. 또한 그는 조직신학 주제에서 성서와 성서신학의 역할이 얼마나 중요한지 우리에게 확인시켜주었다.

무디는 많은 부분에서 아르미니우스주의와 같은 노선에 서 있었지만, 그는 우리들이 반드시 자신과 같은 전형적 아르미니우스주의자가 되는 것을 바라지는 않을 것 같다. 그는 아마도 우리가 다음과 같은 필립 샤프(Philip Schaff)의 고전적 명제를 기억하기를 무엇보다 원할 것이다: "성서는 칼뱅주의보다 인간적이고 아르미니우스주의보다 신성하며 그 둘보다 더 기독교신학을 제공한다."[79] 그러므로 우리는 침례

---

77) Ibid., 346.

78) 남침례교는 결코 "고전적인 칼뱅주의자"가 된 적이 없다고 단언하는 윌리엄 에스텝(William Estep)의 말은 이런 점에서 시사하는 바가 있다. Rob James, Gary Leazer, and James Shoopman, 「미국 남침례교 현대사: 근본주의자들의 남침례교단 장악 약사」, 정양숙 옮김 (대전: 침례신학대학교출판부, 2004), 97.

교신학이 칼뱅주의에 더 가까운가 아니면 아르미니우스주의에 서 있는가 하는 것을 따지기보다, 우리의 신앙이 역사적 혹은 신학적 편견에서 벗어나 얼마나 성서적이고 진실할 수 있는가 하는 문제에 실제적 관심을 기져야 한다. 이것이 무디의 신학이 우리에게 주는 가장 중요한 의미요 교훈이다.

---

79) Philip Schaff, *History of the Christian Church* (Grand Rapids: Wm. B. Eerdmans, 1882-1910), VIII, 816, Moody, *The Word of Truth*, 348에서 재인용.

11
침례교신앙고백서 분석과 새로운 패러다임*

21세기는 다양성이 존중받는 시대다. 이 시대는 하나보다는 둘을, 둘보다는 셋을 통전적으로 끌어안을 수 있는 열린 사고를 요구한다. 하나의 교리나 신학이 구성원 모두의 신앙과 신학을 대변하던 시대는 이미 빠른 속도로 지나가고 있다. 더군다나 그 하나의 교리적 신념이 구성원의 신앙을 획일화하거나 통제하는 것은 21세기의 시대정신에 역행하는 신학적 폭력으로 인식될 수도 있다.

이 연구는 이와 같은 21세기의 시대정신 속에서 침례교의 신학정체성을 재고하는 데 목적이 있다. 이 일을 위해서 먼저 침례교의 대표 신앙고백서들을 분석하여, 침례교신앙의 독특성과 그 의의를 검토하고자 한다. 침례교신앙의 패러다임을 파악하기 위해 신앙고백서를 연구대상으로 삼은 이유는, 그것이 특정한 시기에 침례교인들의 교리적 일치를 보여주고 있으며, 침례교의 역사를 예시하고 있기 때문이다.[1]

다양성을 포용하는 침례교신앙의 패러다임에 대한 신학 특성과 배경을 성찰하는 것은 21세기를 대비하는 일종의 신학적 반성이자 동시에 침례교 신앙의 장점을 확인하는 일이기도 하다. 짧은 지면 관계로 다수의 신앙고백서들을 모든 주제에 따라 비교하고 분석할 수는 없기 때문에, 이 연구에서는 세 개의 대표 신앙고백서를 하

---

* 출처: 김용복, "신앙고백서를 통해 본 침례교신앙의 패러다임," 「복음과 실천」 35집 (2005 봄): 131-66.
1) William L. Lumpkin, *Baptist Confessions of Faith*, Revised Edition (Valley Forge: Judson Press, 1969), 17.

나님의 은혜와 인간의 자유라는 관점에서 접근하고자 한다.

I. 신앙고백서 선정기준과 배경

침례교신앙의 특성을 파악하기 위해 선택한 세 개의 신앙고백서 가운데, 두 개는 17세기 영국 침례교회에서 나온 초기의 신앙고백서들이고, 나머지 하나는 20세기 미국의 남침례교회에서 내놓은 신앙고백서다.

1. 영국 침례교회의 신앙고백서

영국 침례교회는 처음부터 신학 성향이 다른 일반침례교회와 특수침례교회에 의해 시작되었다. 두 성향을 대표하는 최초의 신앙고백서에는 일반침례교회의 "화란 암스테르담에 남아 있는 영국인들의 신앙선언서"(A Declaration of Faith of English People Remaining at Amsterdam in Holland, 1611)와 특수침례교회의 "런던신앙고백"(The London Confession, 1644)이 있다.

첫 번째 신앙고백서는 일명 "토마스 헬위스 신앙고백" 혹은 "27개조 신앙고백"이라고도 불린다. 이는 토마스 헬위스(Thomas Helwys)가 존 스마이스(John Smyth)와 결별한 뒤 작성한 신앙고백서로서, 영국 일반침례교회의 공식적인 최초 신앙고백서라는 역사적 의미가 있다. 헬위스는 이 신앙고백서를 통해서 스마이스가 가입하려 했던 워터랜드 멘노파(Waterlanders)와 신앙의 차이가 있음을 보여주고자 했다.[2] 두 번째 신앙고백서는 1644년 런던에서 일곱 개의 특수침례교회가 당시 확산되던 일반침례교회와 근원적 아나뱁티스트로부터 자신들을 구별하기 위해 발표한 것이다. 이 고백서는 기본적으로 선택교리와 모든 사람에게 복음이 전파되어야 한다는 진술이 균형을 이루고 있고, 유기(reprobation)에 대한 가르침이 없다는 이유로 온건한 칼뱅주의 신학을 표방했다고 평가받는다. 또 이 신앙고백은 침수례(immersion)를 최초로 언급한 침례교의 공식 신앙고백이다. 이 고백서는 "일반적으로 아나뱁티

---

2) Ibid., 114.

스트라고 잘못 불려진 교회들의 신앙고백"이라는 제목으로 출판되었다.[3)]

물론 이 두 신앙고백서말고도 여러 개의 신앙고백서들이 영국 침례교회에서 발표되었다. 하지만 일반침례교회와 특수침례교회가 시작될 때 최초로 발표된 신앙고백이라는 점에서 단연 "토마스 헬위스 신앙고백"과 "런던신앙고백"이 영국의 양대 침례교회를 대표할 만하다. 그밖에 일반침례교회에서 그 뒤에 나온 "30개 회중의 신앙과 실천"(The Faith and Practice of Thirty Congregations, 1651년)은 최초로 결성된 일반침례교회의 지방회에서 나온 고백서라는 장점이 있기는 하지만, 그 내용이 1611년 신앙고백과 본질적으로 일치할 뿐 아니라,[4)] 일반침례교회가 설립된 지 40년이 지난 뒤에 나온 것이라는 약점도 있다. 그리고 "표준신앙고백"(The Standard Confession, 1660)은 침례교인들이 반역의 무리요 무정부주의자들이라는 오해를 벗기 위한 목적에서 쓰여진 것이어서,[5)] 순수한 일반침례교회의 입장을 대변하는 것으로 보기에는 무리가 따른다. "정통신조"(The Orthodox Creed, 1678) 역시 매튜 카핀(Matthew Caffyn)이 설교했던 호프만 기독론(Hoffmanite Christology)에 대한 방어와 칼뱅주의와 아르미니우스주의의 타협을 시도한 신앙고백이라는 점에서[6)] 일반침례교회의 신앙 본질을 보여주는 데 다소 문제가 있다고 판단된다. 한편, 특수침례교회에서 나온 "제2차 런던신앙고백"(The Assembly or Second London Confession, 1677)은 "런던신앙고백"보다 더 체계화되고 구체적이기는 하지만, 본질 내용에서는 1차 런던고백과 다를 것이 없고, 배열과 구조 및 표현 방식을 "웨스트민스터신앙고백"(The Westminster Confession, 1646)을 대체로 따르고 있다는 점에서[7)] 그 독자적

---

3) Ibid., 145-53.

4) Ibid., 173.

5) Ibid., 220.

6) Ibid., 295-6. 호프만 기독론은 북유럽의 급진적인 평신도 설교가이면서 아나뱁티스트였던 멜키오르 호프만(1495?-1543)이 주장한 단성 기독론(monophysite Christology)을 말한다. 그가 주장했던 신념들은 단성 기독론, 하나님 은혜의 보편적 유효성, 계몽 이후 인간의지의 자유, 유아세례 반대, 회심 이후에 지은 치명적인 죄의 용서 불가능성 등이다. 그는 성찬론에서 그리스도의 실제적 임재를 거부했으며, 특히 종말론에서는 자신을 엘리야라 칭하며, 그리스도의 재림이 1533년 아나뱁티스트의 중심지인 슈트라스버그(Strassburg)에서 일어날 것이라고 단정했던 인물이다. "Hoffman, Melchior," *The Oxford Encyclopedia of the Reformation*. Vol. 2. (New York: Oxford University Press, 1996), 240-43.

가치가 떨어진다.

2. 미국의 침례교 신앙고백서

1845년 남침례교 총회가 분립한 뒤에 공식적으로 총회에서 발표한 "침례교인의 신앙과 메시지"(Baptist Faith and Message, 1925)는 어떤 점에서 미국의 침례교회를 대표하는 신앙고백서라고 할 수 있다.[8] 이 고백서는 "필라델피아신앙고백"(The Philadelphia Confession, 1742)이나 "뉴햄프셔신앙고백"(The New Hampshire Confession, 1833)을 거쳐서 오늘날 남침례교 신앙고백의 전형이 되었다. 미국 침례교에서 처음으로 결성된 필라델피아지방회에서 작성한 "필라델피아신앙고백"은 웨스트민스터신앙고백을 모방한 제2차 런던신앙고백을 거의 그대로 답습했고,[9] 이 고백서는 18세기 미국 침례교회들의 신학을 칼뱅주의로 기울게 하는 데 중요한 영향을 끼쳤던 것으로 보인다.[10] 한편, "뉴햄프셔신앙고백"은 자유의지침례교회의 영향력으로 인해 칼뱅주의 신앙을 새롭게 진술해야 할 필요성 때문에 제정되었다. 이 두 고백서는 미국 침례교의 신앙을 형성하는 데 결정적인 공헌을 했고, 특히 뉴햄프셔신앙고백서는 1925년 남침례교 총회에서 신앙고백을 채택하는 데 기초자료가 되었다.[11]

필라델피아신앙고백과 뉴햄프셔신앙고백의 신학적 공통점은 그 신앙고백의 배

---

7) Lumpkin, *Baptist Confessions of Faith*, 236-7.
8) 미국 침례교의 신앙고백서를 해설한 논문으로는 김승진, "미국의 대표적인 침례교 신앙고백들," 「복음과 실천」, 22집 (1998 여름): 121-58; 남침례교의 신앙고백에 대해서는 Herschel H. Hobbs, "Southern Baptists and Confessionalism: A Comparison of the Origins and Contents of the 1925 and 1963 Confessions." *Review and Expositor* 76 (Winter 1979): 55-68을 참조.
9) 제2차 런던신앙고백은 모두 32조로 되어 있고, 필라델피아신앙고백은 34조로 구성되었는데, 32개 조항은 양쪽이 글자까지 모두 같고, 두 조항만 필라델피아신앙고백에서 23조(찬송에 관한 내용)와 31조(침례받은 사람에게 안수하는 문제)에 추가해놓았다. Lumpkin, *Baptist Confessions of Faith*, 241-95; Timothy and Denise George(eds), *Baptist Confessions, Covenants, and Catechisms* (Nashville: Broadman & Holman Publishers, 1996), 56-93.
10) Clifton E. Olmstead, *History of Religion in the United States* (Englewood Cliffs: Prentice Hall, 1960), 109. 김승진, "미국의 대표적인 침례교 신앙고백들," 134에서 참조.
11) Lumpkin, *Baptist Confesions of Faith*, 360-1; Doyle L. Young, "Salvation by Grace: Foundations of Baptist Heritage," Pamphlet. (Nashville, Tenn.: The Historical Commission of the Southern Baptist Convention, 1989), 1-2.

경에 칼뱅주의 신학이 자리잡고 있다는 데 있다. 하지만 차이점이 있다면, 전자는 전형적 칼뱅주의 신학에 기초해 있는 반면, 후자는 그 칼뱅주의적 성향이 크게 약화되었다는 점이다. 반스(William W. Barnes)는 뉴햄프셔신앙고백서가 너무 지나치게 약화되어서 칼뱅주의와 아르미니우스주의를 구분하는 5대 강령조차 무시된 신앙고백이라고 평가한 바 있다.12) 사실 뉴햄프셔신앙고백은 어떤 점에서 필라델피아신앙고백의 칼뱅주의적 성향에 대한 불만족 때문에 나온 것이라고도 볼 수 있다.13)

그에 비해 1925년에 남침례교 총회에서 채택된 "침례교인의 신앙과 메시지"는 당시 진화론과 현대주의 신학에 대한 전통적 신조와 교리적 입장을 강화하기 위한 목적을 가지고 있다. 제1조에서 15조까지는 뉴햄프셔 신앙고백과 크게 다를 바가 없다. 다만 좀 더 교리적 설명이 필요할 때는 표현을 고치거나 새로 삽입했고, 특히 인간의 노력 부분을 강조했던 뉴햄프셔 신앙고백의 일부분을 삭제했다. 그리고 12조(율법과 복음의 조화), 18조(내세)가 삭제되고 16조에서 25조까지 열 개가 첨가되었다(부활, 주의 재림, 종교적 자유, 평화와 전쟁, 교육, 사회봉사, 협력, 전도와 선교, 청지기 의식, 하나님의 왕국). 그런데 이 신앙고백은 1963년에 개정됨으로써 좀 더 체계적으로 간결하게 17개의 조항으로 재진술되었다.14) 그리고 1998년에 18조 "가족"이 첨가되었고, 2000년에 부분적으로 약간의 문장들이 첨삭되었다.15)

---

12) William W. Barnes, "The New Hampshire Confession of Faith, Its Origin and Use," *Review and Expositor* 39 (Jan. 1942): 5. 김승진, "미국의 대표적인 침례교 신앙고백들," 137에서 재인용.

13) W. R. Estep, "Baptists and Authority: The Bible, Confessions, and Conscience in the Development of Baptist Identity," *Review and Expositor* 84 (Fall 1987): 611.

14) 예컨대, 1925년에서 구원에 관한 8개 조항("구원의 길," "칭의," "구원의 자유함," "중생," "회개와 믿음," "성화")을 1963년에서는 "구원"이라는 하나의 조항으로 통합했다: 1. 성서, 2. 하나님, 3. 인간, 4. 구원, 5. 은혜에 대한 하나님의 목적, 6. 교회, 7. 침례와 주의 만찬, 8. 주의 날, 9. 하나님의 왕국, 10. 마지막 일들, 11. 복음전도와 선교, 12. 교육, 13. 청지기의식, 14. 협동, 15. 기독교인의 사회질서, 16. 평화와 전쟁, 17. 종교적 자유.

15) 1925년, 1963년, 2000년판을 모두 비교해 놓은 자료를 보려면, 다음의 인터넷 자료를 참조하라. http://sbc.net/bfm/bfmcomparison.asp; 2004년 12월 30일 접속.

II. 신앙고백서 비교: 하나님의 은혜와 인간의 자유를 중심으로

1. 전체 구조 비교

17세기의 신앙고백과 20세기의 신앙고백을 단편적으로 비교하는 것은 적지 않은 무리가 따를 수밖에 없다. 이미 역사적 환경과 신앙고백의 필요성이 서로 크게 달라졌기 때문이다. 실제로 "침례교인의 신앙과 메시지"에는 17세기에 만들어진 신앙고백서에는 없던 조항들이 많이 추가되어 있다. 하지만 이것은 시대적 차이를 반영하는 것일 뿐, 대체적으로 침례교가 가지고 있는 신앙의 정체성은 3세기가 지난 뒤에도 근본적으로 달라지지는 않았다. 예컨대, 성서의 우월성, 전통적 삼위일체와 기독론 고수, 인간의 상태와 구원의 주체에 대한 이해, 신자의 침례, 지역교회의 자율성 등에서 세 개의 신앙고백서는 사실상 대동소이하다는 것이다. 다만 크게 차이점이 드러난 주제는 하나님의 은혜와 인간의 자유에 관련된 내용이다. 특히 전통적으로 신학적인 논쟁주제가 되었던 칼뱅주의와 아르미니우스주의에 대한 신앙고백의 차이는 더욱 두드러지게 나타났다. 주제별로 그 특징의 공통점과 차이점을 간략히 살펴보면 〈표1〉과 같다.[16] 이 표에서 주제분류의 기준은 "침례교인의 신앙과 메시지"의 조항을 따른 것이다.

---

16) 이 도표에서는 편의상 "화란 암스테르담에 남아 있는 영국인들의 신앙선언서"는 1611년, "제1차 런던신앙고백"은 1644년, "침례교의 신앙과 메시지"는 1963년으로 표기했다.

〈표1〉 신앙고백서 비교분석

주제	공통점	차이점
1. 성경	성경의 최상 권위 인정	1611년: 전도와 교육 1644년: 그리스도 본성 이해와 하나님의 영광 1963년: 구원을 강조
2. 하나님	유일한 분, 삼위일체	1611년: 단순 1644년: 하나님의 속성 강조, Filioque (성령발출설) 명시 1963년: 하나님의 속성 강조
성부 하나님	창조, 섭리, 보존	1611년, 1963년: 보존과 섭리를 강조 1644년: 영원한 작정, 이중예정 강조
성자 하나님	전통적인 기독론반영 중재자, 화해자 역할 강조	1611년, 1644년: 예언자, 제사장, 왕의 3중 직분에 대해 명시 1963년: 신자 안에 현존하시는 그리스도
성령 하나님		1611년, 1644년: 성령에 대한 독립적인 신앙고백 결여 1963년: 성령의 역할(영감, 조명, 중생, 성령충만 등)
3. 인간	원죄 인정	1611년: 은혜를 거부할 수 있다는 내용을 명시 1963년: 존엄성 개념 강조. 1611년, 1644년에서는 누락
4. 구원	구원 주체는 하나님/ 그리스도	1611년: 행함과 믿음을 동시에 강조 1644년: 믿음의 수동성과 택자의 개념 강조 1963년: 믿음의 응답 강조
5. 하나님의 은혜와 목적		1611년: 보편속죄, 배교 인정 1644년: 제한속죄, 견인 1963년: 인격적인 선택, 보편속죄와 견인
6. 교회	자발적 모임, 지역교회 자율성	2직분: 1611년, 1963년 4직분: 1644년(목사들, 교사들, 장로들, 집사들)
7. 침례와 주의만찬	침례와 주의만찬	1611년: 유아세례 반대를 명시 1644년: 침례방식 제시, 주의만찬에 대한 설명 결여 1963년: 침수례 명시. 침례는 교회회원과 주의만찬의 선행조건

주제	공통점	차이점
8. 주의 날		1644년: 누락(제2런던신앙고백에 첨가) 1611년: 안식일과 구분, 영적 교제 1963년: 안식일과 구분, 그리스도의 죽음부활 상징
9. 하나님의 왕국		1611년: 누락 1644년: 교회에 대한 영적 통치, 그리스도의 재림 때 완성 1963년: 하나님의 우주적 통치, 그리스도의 재림 때 완성
10. 마지막 일들		1611년: 부활과 휴거, 심판, 영생 1644년: 누락(제2 런던신앙고백에 첨가) 1963년: 지상천년왕국 개념 없다. 인격적 가시적 재림, 심판, 영생
11. 복음전도와 선교		1611년: 복음 선교, 침례, 신자화 1644년: 누락 1963년: 제자화, 미복음지역 전도(명령)
12. 교육		1611년, 1644년: 누락 1963년: 선교와 자선의 근거와 동일. 학문적인 자유와 책임 균형
13. 청지기직 (교회생활)		1611년: 회중 권한으로 징계, 출교 명시, 서원 가능 1644년: 회중 권한으로 징계, 출교 명시 1963년: 거룩한 관리직. 봉사할 의무
14. 협력		1611년: 누락 1644년: 자치 단체 강조 1963년: 개교회의 자율성 보장
15. 사회질서		1611년, 1644년: 누락 1963년: 중생을 기초로, 정의 확립, 사회개선, 사회악 반대
16. 전쟁과 평화		1611년, 1644년: 누락 1963년: 평화 추구는 그리스도인의 의무, 복음으로 전쟁 치료
17. 종교적 자유		1611년, 1644년: 그리스도 안에서 국가에 복종 1963년: 교회와 국가 분리, 그리스도 안에서 정부에 충성. 자유로운 국가 안에 자유로운 교회

2. 침례교의 신앙고백서에 대한 주제별 분석

하나님의 은혜와 인간의 자유라는 주제는 기독교 역사에서 신학의 정체성을 이해하는 데 중요한 시금석으로 사용되어 왔다. 특히 이 주제는 침례교신앙의 패러다임을 파악하기 위해 다른 어떤 것보다 유용하다. 여기서는 이 주제를 가장 잘 반영하고 있는 칼뱅주의의 5대 강령을 분석 틀로 삼았다.

1) 원죄와 죄책의 전가

세 신앙고백서는 인간이 아담의 타락 이후 죄 가운데 태어나 선을 행할 능력을 상실했고, 정죄 아래 놓이게 되었다는 이른바 "원죄"(original sin) 개념을 충실히 반영했다(〈표2〉 참조).[17] 하지만, "전적 타락"(total depravity)이라는 용어는 사용되지 않았다. 그리고 아담의 원죄와 그 죄가 전가되었다는 사실에 대해서는 인정하지만, 그것이 어떤 방식으로 전가되었는지, 즉 직접 전가(immediate imputation)인지 혹은 간접 전가(mediate imputation)인지 분명하게 언급되지 않았다. 그런데 1644년 신앙고백서는 "타락 이후 모든 것이 죄 가운데 잉태되고… 본성상 진노의 자녀가 되었다"는 표현을 사용함으로써 직접 전가에 가까운 인상을 준다. 반대로 1611년 신앙고백서는 "사람이 타락하여 온갖 죄악에 물들어"라는 표현을 사용함으로써 간접 전가에 가깝고, 1963년 신앙고백서는 "인간의 후손은 죄를 향한 본성과 환경을 물려받음으로써"란 표현을 통해 셋 가운데 가장 분명하게 간접 전가를 지지했다.[18]

따라서 인간론에서 비교한 세 신앙고백서의 내용은 아담의 원죄를 포함해서 타락 이전 이후의 상태를 전통적인 인간론과 맥을 같이 한다는 공통점이 있다. 한편,

---

17) Lumpkin, *Baptist Confessions of Faith*, 117, 157, 394-5.
18) 직접 전가는 웨스트민스터 신앙고백을 포함한 개혁주의 사상가들에서 찾아볼 수 있는 견해인데, 이를 "연합적 수장설"(the federal headship model)이라고도 한다. 스탠리 그렌즈는 직접 전가를 이렇게 요약한다: "아담은 범죄했다; 고로 모든 사람은 죄책이 있다." 이에 비해 간접 전가의 삼단논법은 두 가지로 구분된다. 첫째는 "아담은 범죄했다; 고로 모든 사람은 부패했다; 고로 모든 사람은 죄책이 있다." 둘째는 "아담은 범죄했다; 고로 모든 사람은 부패했다; 고로 모든 사람은 죄를 짓는다; 고로 모든 사람은 죄책이 있다." Stanly J. Grenz, *Theology for the Community of God* (Nashville, Tenn.: Broadman & Holman Publishers, 1994), 260-1.

마이클 코그딜(Michael G. Cogdill)은 침례교의 신앙고백서의 흐름을 진단하면서, 최초의 침례교신앙고백서는 원죄를 부인했고, 그 후 1644년 런던신앙고백에서 확실하게 원죄를 인정했다가 1963년 신앙고백시에서는 중간 입장을 취했다고 분석했다. 이 대목에서 문제는 그가 최초의 침례교신앙고백서로 제시한 1609년과 1610년의 신앙고백서를 공식적인 침례교신앙고백서로 인정할 수 있는가 하는 것이다. 만일 그렇다면 그의 말대로 침례교는 원죄를 부인하는 신앙고백에서부터 원죄를 강조하는 신앙고백에 이르기까지 아주 다양한 인간 이해가 공존한다고 해야 할 것이다.

〈표2〉 인간죄에 관한 신앙고백 비교표

	1611년	1644년	1963년
인간 · 죄	2조: 인류는 시조의 불순종으로 인하여 죄를 범하는 자가 되었다. 따라서 시조의 죄과가 인류에게 미치고 죽음은 모든 사람을 지배하게 되었다. 4조: 사람은 죄 안에서 잉태되어 불의한 데서 태어난다....선을 행할 지식이 결핍해 있다....(고전 2:14).... 이제는 사람이 타락하여 온갖 죄악에 물들어 선한 성품과 의지를 함께 지니지 못하게 되었다….	4조: 그 타락 이후 모든 것은 죄 가운데서 잉태되고 불법 안에서 태어났으며, 본성상 진노의 자녀가 되었다. 그리고 죄의 노예가 되어 죽음에 예속되었고 그 밖의 모든 재난이 죄로 인해 이 세상에 영원토록 임하게 되었다. 본성 안에서 그리스도와 무관한 존재가 되고 말았다.	3조: 인간은 자신의 자유로운 선택으로 하나님을 대적하는 죄를 지었고, 인류에게 그 죄를 전가시켰다. 사탄의 유혹 때문에 인간은 하나님의 명령을 어기고 그의 본래의 무죄함으로부터 타락하고 말았다; 그로 인해서 인간의 후손은 죄를 향한 본성과 환경을 물려받음으로써, 인간은 도덕적인 행동을 할 수 있었지만 이내 범법자가 되고 정죄 아래 놓이게 되었다.

어떤 입장을 취하든, 침례교인들에게 죄라는 것은 인간의 생물학적 특성이 아니라 하나님을 대적하는 자기중심적 본성으로 이해된다는 점에서는 서로 다르지 않다.[19] 그러나 1611년 신앙고백을 반(反)아르미니우스주의적 견해(anti-Arminian views of sin and the will)를 표방한 것이라고 해석한 럼킨의 주장은[20] 받아들이기 어렵다. 왜냐하면 1611년 신앙고백은 존 스마이스가 제시한 "20개조의 짧은 신앙고백" 5조에서 "인간은 원죄가 없다"고 하는 펠라기우스적 인간론에 대한 반대에서 나온 것이기 때문이다.[21]

2) 선택과 예정

세 개의 신앙고백서 가운데 선택(election)과 예정(predestination)이란 단어가 동시에 사용된 것은 1611년과 1644년의 신앙고백이다. 이 두 고백서는 세계가 창조되기 전에 하나님이 믿을 자와 믿지 않을 자를 예정하셨다는 입장을 보였다. 하지만 1611년 신앙고백서는 그 예정을 예지예정(foreknowledge predestination)으로 해석했고, 1644년 신앙고백서에서는 하나님이 선하고 즐거운 뜻에 따라 예정하셨다고 함으로써 그것을 절대예정(absolute predestination)으로 해석했다. 한편, 1963년 신앙고백서에서는 예정이라는 단어를 사용하지 않았다. 그 대신 선택이라는 단어만을 통해 이 주제를 언급했다. 제5조에 보면, 선택은 인간의 자유로운 행위와 모순되지 않는다고 말함으로써, 하나님의 선택과 인간의 반응을 조화시키려는 흔적을 보였다(⟨표3⟩ 참조).[22]

---

19) Michael G. Cogdill, "Sin," *A Baptist's Theology*, ed. R. Wayne Stacy (Macon, Georgia: Smyth & Helwys Publishing, 1999), 65-6.
20) Lumpkin, *Baptist Confessions of Faith*, 114-5.
21) Ibid., 100.
22) Ibid., 118, 157, 395-6.

〈표3〉 선택예정에 관한 신앙고백 비교표

	1611년	1644년	1963년
선택 · 예정	5조 하나님은 세계의 터를 정하시기 전부터 하나님을 믿을 모든 자를 구원하시고, 믿는 자는 누구나 저주를 받지 않을 것으로 예정하셨다. 하나님은 모든 것을 미리 아신다. 이는 성경에 기록된 선택과 유기로서, 구원과 저주에 관한 것이다. 하나님은 사람이 심판을 받을 악인이 되도록 예정하신 것이 아니라, 악인이 된 자가 심판 받도록 예정하신 것이다.	3조 하나님은 영원 전부터 모든 일들을 다룸에 있어서 자신의 뜻과 그분 이름의 영광에 따라, 효과적으로 작업하고 배치하시기로 작정하셨다; … 그리고 그가 창조한 사람을 다룸에 있어서, 하나님은 그리스도 안에서 세상의 기초가 세워지기 전에, 그분의 선하고 즐거운 뜻에 따라, 어떤 사람은 예수 그리스도를 통해 영생을 주기로 예정하심으로 그분의 은혜에 찬양과 영광을 돌리게 하셨고, 나머지 사람들은 그들 자신의 죄 가운데서 정당한 저주를 받게 하심으로 하나님의 정의로움을 찬양하게 하셨다.	5조 선택은 그것에 따라 하나님이 죄인들을 중생케 하고 성화케 하고 영화롭게 하는 하나님의 은혜로운 목적이다. 선택은 인간의 자유로운 행위와 모순되지 않고 그 목적과 연결되는 모든 수단을 내포한다. 그것은 하나님의 주권적인 선함이 영광스럽게 나타난 것이고, 무한토록 지혜롭고 거룩하고 변함이 없는 것이다. 그것은 자랑을 배제하고 겸손을 조장한다.

따라서 1611년과 1644년의 신앙고백서는 각각 칼뱅주의와 아르미니우스주의의 예정론을 명시적으로 지지하는 신앙고백을 한 셈이다. 그에 비해 1963년 신앙고백은 칼뱅주의와 아르미니우스주의의 입장을 완화시킴으로써 중도 입장을 표방했다. 중도 입장에서 보면, 하나님의 예정과 인간의 선택은 서로 모순되는 개념이 아니다. 허셀 홉스(Herschel Hobbs)는 「침례교인들은 무엇을 믿는가?」에서 다음과 같은 논리를 전개했다: 하나님의 예지하심은 그 일의 발생을 미리 결정하는 것이 아니

다. 자동차 사고가 날 것을 예지한다고 해서 그 사고가 일어나도록 한 것은 아니다. 그렇지 않으면 하나님은 악의 창조자가 되실 수밖에 없다. 또한 인간의 자유 선택도 하나님의 예지를 배제하는가? 그렇지 않다. 하나님의 전지(omniscience)는 선행하는 동기들로부터 방해를 받지 않고 즉각적으로 직접적으로 아신다. 그렇지 않으면 하나님은 이 세상을 다스리고 인도할 수 없다. 따라서 하나님의 예지에도 불구하고 인간은 그의 선택에서 자유로우면서 책임적이다.[23]

3) 그리스도의 속죄

1611년 신앙고백서는 비록 그리스도의 죽으심과 그 속죄의 범위를 명시적으로 진술하지 않았지만, "그리스도의 순종으로 모든 사람은 의로 여기심을 받았다"고 함으로써, 다소 만인구원론(universalism)이라는 오해를 받을 소지를 보인다. 하지만 같은 신앙고백서 5조에서 "믿지 않을 자를 심판하신다"거나 "하나님은 모든 사람이 구원받고, 진리의 지식에 이르기를 원하시며, 한 사람도 멸망하지 않고 모든 사람이 다 회개하여 사망에 이르지 않기를 원하신다"고 한 것을 보면, 심판과 구원의 회개가 전제되어 있고, 4조에서 "사람이 하나님의 은혜를 받을 수도 있고 거절할 수도 있다"는 표현에서 볼 때,[24] 암묵적으로는 보편속죄(universal atonement)를 주장한 것이라고 보아야 할 것이다. 반대로 1644년 신앙고백은 그리스도의 죽음이 "택자"(the elect)에게만 구원을 베풀었다고 진술했다. 이것만을 가지고 단정하기는 어렵지만, 앞에서 절대예정을 언급한 사실을 고려한다면, 이 신앙고백서는 제한속죄(limited atonement)를 반영했다고 보아도 무리가 없다. 한편, 1963년 신앙고백서는 이 문제에 대해서 다소 명료하지 않다. 하지만 "예수 그리스도를 주님과 구세주로 받아들이는 모든 사람에게 아낌없이 주어지는 것"이라는 대목을 통해 보편속죄로 이해하는 것은 별 문제가 없다(〈표4〉 참조).[25]

---

23) Herschel H. Hobbs, *What Baptists Believe* (Nashville, Tenn.: Broadman Press, 1964), 25-6.
24) Lumpkin, *Baptist Confessions of Faith*, 117-8.
25) Ibid., 118, 162, 395. 특히 1925년판 「침례교인의 신앙과 메시지」에서는 모든 사람이 능동적으로 복음을 받아들여야 한다는 내용이 좀 더 명시적으로 진술되었다: "구원의 축복은 복음에 의해 모든 사람에게 아낌없이 주어진다. 구원의 축복을 참회하며 순종하는 믿음으로

〈표4〉 속죄에 관한 신앙고백 비교표

	1611년	1644년	1963년
속죄	3조 여자에게서 나신 약속된 아들 예수 그리스도의 순종으로 말미암아 모든 사람은 의로 여기심을 받았다. 따라서 모든 사람은 살아나고 그의 의로우심은 모든 사람에게 미쳤다.	21조 그리스도 예수는 그의 죽음을 통해 택자, 즉 하나님 아버지가 그에게 주신 자들만을 위해 구원과 화해를 베푸셨다.... 구원은 그의 이름을 믿는 믿음을 통해서만 이루어진다.	4조 구원은 전 인격의 구속을 포함하지만, 그 자신의 피로 신자들을 위해 영원한 구속을 획득하신 예수 그리스도를 주님과 구세주로 받아들이는 모든 사람에게 공로없이 주어지는 것이다.

따라서 속죄론에서는 세 신앙고백서가 그 나름대로 분명한 차이점을 드러내고 있음을 알 수 있다. 특히 1644년 신앙고백서에서 사용한 단어는 "택자"(the elect)이고, 1963년 신앙고백에서 사용한 단어는 "신자"(the believer)라는 점이 좋은 대조를 이룬다. 대개 침례교인들은 택자와 신자를 서로 혼용하는 경우가 많다. 엄밀하게 신학적으로 구분한다면, 택자와 신자의 관계는 절대예정과 예지예정의 관계와 관련이 있다. 그런데 인간의 인격적 반응을 중요하게 생각하는 침례교인들의 전반적 정서는 택자보다 신자를 더 강조하는 편이다.

4) 하나님의 은혜

불가항력적 은혜(irresistible grace)와 선행적 은혜(prevenient grace)라는 개념은 칼뱅주의와 아르미니우스주의의 신학논쟁에서 중요한 갈등 요인 가운데 하나다. 1611년 신앙고백서는 선행적 은혜라는 표현을 사용하지 않지만, "하나님이 은혜를 인간에게 베풀어" "그 은혜를 받을 수도, 거절할 수도 있다"는 이른바 '조건적 은혜'(conditional grace)를 진술했다. 반대로 1644년 신앙고백서는 믿는 행위가 "전적으로 수동적"임을 밝히고 있어서, 불가항력적 은혜라는 표현은 나오지 않지만 그와 크게 다르지

받아들이는 것은 모든 사람의 의무다." "Baptist Faith and Message"(1925), VI. The Freeness of Salvation, [인터넷자료] http://sbc. net/bfm/ bfmcomparison.asp; 2004년 12월 30일 접속.

않은 신앙고백이라고 볼 수 있다. 한편, 1963년 신앙고백서에서는 불가항력적 은혜라든지 선행적 은혜라는 개념을 찾아볼 수 없다. 다만 하나님의 은혜만으로 우리의 구원이 가능하다는 원론적인 언급이 있을 뿐이다(〈표5〉 참조).26)

〈표5〉 은혜에 관한 신앙고백 비교표

	1611년	1644년	1963년
은혜	4조: 그래도 오히려 하나님은 은혜를 인간에게 베풀어 "내가 오늘날 천지를 불러서 너희에게 증거를 삼노라. 내가 생명과 사망과 복과 저주를 네 앞에 두었은 즉 너와 네 자손이 살기 위하여 생명을 택하라"(신 30:19)고 하신 것과 같이, 사람이 그 은혜를 받을 수도, 거절할 수도 있도록 되어 있다.	24조: 믿음은 피조물 안에 있는 어떤 힘이나 능력에서 나온 것이 아니다. 왜냐하면 우리는 죄와 범법으로 죽었기 때문이다. 따라서 믿는 행위는 전적으로 수동적이다. 죽은 자로부터 부활하신 그리스도의 능력 이외에는 그 어떤 힘으로도 우리는 회심할 수 없다.	3조: 오직 하나님의 은혜만이 인간을 하나님과 거룩한 교제를 할 수 있도록 하고 하나님의 창조 목적을 이루도록 할 수 있다. 4조-A: 중생 혹은 신생은 하나님의 은혜의 사역으로서, 신자들이 그리스도 예수 안에서 새로운 피조물이 되는 것이다. 이것은 성령에 의해서 죄의 확신을 통해 갖게 되는 일종의 마음의 변화이며, 죄인은 그것에 대해 하나님을 향한 회개와 주님 예수 그리스도 안에서의 믿음으로 응답한다.

---

26) Lumpkin, *Baptist Confessions of Faith*, 117, 163, 395.

따라서 하나님의 은혜라는 주제에서도 세 신앙고백서의 차이는 대체로 확실하다. 1611년 신앙고백은 아르미니우스주의 신학을, 1644년 신앙고백은 칼뱅주의 신학을, 그리고 1963년 신앙고백은 중도 신학을 반영했다고 평가할 수 있다. 이는 1611년 신앙고백의 무게 중심이 하나님과 인간 모두에 걸려 있고, 1644년 신앙고백은 하나님께 전적으로 치우쳐 있지만, 1963년 신앙고백은 1611년 신앙고백의 구도 속에서 1644년 신앙고백의 특성을 결합한 형태라 할 수 있다. 특별히 하나님의 은혜는 "성령에 의해서" 이루어지는 것이면서도 동시에 "죄인이 하나님을 향한 회개와 예수 그리스도 안에서의 믿음으로 응답할 때" 가능해진다고 표현함으로써, 1963년 신앙고백서는 1611년과 1644년의 신앙고백을 절묘하게 포용한 셈이다. 윌리암 브래크니(William Brackney)가 침례교인들은 인간의 죄성을 인정하면서도 하나님의 은혜와 목적을 통해 "인간의 진보"(human progress)를 지지하는 하나의 신학 입장을 창출했다고 진단한 것은[27] 1963년 신앙고백의 특징을 제대로 통찰한 것이다. 그의 설명에 따르면, 침례교인들은 하나님의 주권을 존중하는 개혁신학 전통 안에서도, "자원주의"(voluntarism)를 하나님 은혜의 선물이요 신자의 특권으로서 조심스레 표현해 왔던 사람들이다.[28]

5) 성도의 견인

한번 믿음을 가진 사람은 끝까지 믿음 안에 거하게 되느냐, 아니면 그 은혜로부터 떨어질 수도 있느냐 하는 문제는 칼뱅주의와 아르미니우스주의의 가장 중요한 신학의 갈림길이다. 1611년 신앙고백은 아르미니우스주의 신학을 따른 결과대로, "하늘로부터 오는 은사를 받고 성령을 힘입"은 사람도 "하나님의 은혜와 진리로부터 탈락할 가능성"을 가지고 있다는 구절을 명시했다. 반대로 1644년 신앙고백은 "믿음을 가진 자들은 최종적으로나 전체적으로 그 믿음에서 결코 떨어져 나갈 수

---

27) William H. Brackney, "Voluntarism Is a Flagship of the Baptist Tradition," *Defining Baptist Convictions: Guidelines for the Twenty-First Century*, Charles W. Deweese, ed. (Franklin, Tenn.: Providence House Publishers, 1996), 86-7; Idem, *The Baptists* (Westport, CT.: Praeger Publishers, 1994), 71.

28) Brackney, "Voluntarism Is a Flagship of the Baptist Tradition," 92.

없다"고 함으로써 칼뱅주의 신학을 충실히 반영했고, 1963년 신앙고백도 "모든 참된 신자는 끝까지 인내한다"고 함으로써 신자의 견인을 고백했다(〈표6〉 참조).29)

〈표6〉 견인배교 가능성에 관한 신앙고백 비교표

	1611년	1644년	1963년
견인 · 배교 가능성	7조 사람이 하늘로부터 오는 은사를 받고 성령을 힘입어, 하나님의 선하신 말씀과 장차 세상에 임할 권능을 맛본 후에도 저희가 받아들이고 인식한 하나님의 은혜와 진리로부터 탈락할 가능성을 사람은 지니고 있다.... 그러므로 어떤 사람이든지 한번 은혜를 힘입으면 언제나 그 은혜를 보유한다고 생각할 수는 없다. 최후까지 신앙을 지속하면 사람은 구원받는다고 믿을 것이다. 그릇된 생각을 버리고 두려움과 조심성을 가지고 구원을 이루기 위해 노력해야 할 것이다.	23조 성령에 의해서 그들 가운데 형성된 이 귀중한 믿음을 가진 자들은 최종적으나 전체적으로 그 믿음에서 결코 떨어져 나갈 수 없다.... 도리어 하나님의 능력이 그들을 구원에서 지키실 것이며, 이전에 하나님의 손바닥에 새겨짐으로써 그들은 이미 소유한 구원을 즐길 것이다.	5조 모든 참된 신자는 끝까지 인내한다. 하나님이 그리스도 안에서 받아들이고 성령에 의해 성화된 사람은 은혜의 상태에서 결코 떨어져 나가지 않고 마지막까지 보존될 것이다. 신자들도 태만과 유혹으로 죄에 빠짐으로써 성령을 근심케 하고 그들의 은혜와 평안을 해치며, 그리스도의 큰 뜻에 손상을 입히고, 그들 자신들에게 일시적인 심판을 가져다주지만, 그러나 구원에 대한 믿음을 통하여 하나님의 능력에 의해 보존될 것이다.

따라서 이 주제에서는 1611년의 신앙고백과 1644년과 1963년의 신앙고백이 의미심장한 대조를 이룬다. 1611년 신앙고백은 전형적 아르미니우스주의를 따랐고, 나머지 둘은 전통적 칼뱅주의의 신학과 일치했다.

이상 다섯 가지 주제를 비교해 본 결과, 침례교의 대표적 신앙고백서들이 구원

---

29) Lumpkin, *Baptist Confessions of Faith*, 118-9, 163, 396.

론에서 서로 일치하지 않는다는 사실을 확인할 수 있다. 특히 하나님의 은혜와 인간의 자유라는 주제에서 볼 때, 1611년 신앙고백은 대체로 아르미니우스주의 신학을, 1644년 신앙고백은 칼뱅주의 신학을 반영한 것이 틀림없다. 그러나 1963년 신앙고백은 사정이 간단하지 않다. 주제에 따라 어떤 것은 칼뱅주의 신학과 같고(견인론), 어떤 부분은 아르미니우스주의 신학과 일치한다(인간론, 속죄론). 하지만 선택론과 은혜론에서는 그 어떤 신학도 따르지 않고 독자적 성향을 보여주었다. 선택예정론에서는 명시적으로 이중예정이나 예지예정을 지지하지 않았고, 은혜론에서는 불가항력적 은혜나 선행적 은혜 가운데 어느 것도 반영하지 않았다(〈표7〉 참조). 그러므로 1963년 신앙고백은 칼뱅주의도 아니고 아르미니우스주의도 아닌, 다른 유형의 신학적 근거에서 이해하지 않을 수 없게 되었다. 특히 속죄와 견인 문제를 떼어놓고 본다면, 1611년 신앙고백은 보편속죄와 배교가능성을, 1644년 신앙고백은 제한속죄와 견인을, 1963년 신앙고백은 보편속죄와 견인을 표방한 것이다. 어떤 의미에서 1963년 신앙고백은 1611년과 1644년의 고백내용을 교차 수용함으로써 중도입장을 반영한 것이라 평가할 수 있다.

〈표7〉 5대 강령으로 비교한 세 신앙고백서

	1611년	1644년	1963년
죄전가	원죄간접 전가	원죄직접 전가	원죄간접 전가
선택예정	예지예정	이중예정	(인격적) 선택
속죄	보편속죄	제한속죄	보편속죄
은혜	선행적 은혜	불가항력적 은혜	(강권적) 은혜
견인	배교가능성	견인	견인
신학 경향	아르미니우스주의	칼뱅주의	중도주의

그렇다면 1963년 신앙고백의 신학 특성은 무엇이라 할 수 있는가? 흔히 말하듯이 1963년 남침례교의 신앙고백서에 나타난 신학 입장을 이른바 "수정된 칼뱅주

의"(modified Calvinism)로 부르는 것이 타당한가?30) 본래 이 신앙고백의 모태가 되는 "뉴햄프셔신앙고백"은 그 자체가 칼뱅주의와 아르미니우스주의를 구분하는 5대 강령의 특징마저 무시된 신앙고백이라고 평가받는 점을 고려할 때, 1925년 신앙고백이나 1963년 신앙고백은 칼뱅주의와 아르미니우스주의의 이원화된 시각을 넘어서서 접근해야 할 필요가 있다. 그 점에서 1963년 신앙고백은 하나의 "신학적 중도주의"(theological centrism)라 칭할 만하다. 여기서 중도주의는 단순히 칼뱅주의와 아르미니우스주의를 적당히 섞어놓은 절충주의가 아니라, 그 둘을 포괄하고 포용하는 것을 의미한다.31) 그런 의미에서 신학적 중도주의는 칼뱅주의의 극단과 아르미니우스주의의 극단을 지양하고 그 둘을 포괄하는 성서적 입장을 견지하는 태도라고 할 수 있다.32)

---

30) Paul Basden, 「침례교신학의 흐름」, 침례신학연구소 역 (대전: 침례신학대학교출판부, 1999)에서는 남침례교의 신학적 흐름을 칼뱅주의, 수정된 칼뱅주의, 아르미니우스주의로 파악하고 있다.
31) 서울대 국제학 교수인 박세일은 "중도란 무엇인가"라는 글에서 21세기는 중도의 세기라 규정하면서 중도의 의미를 이렇게 설명했다: "중도는 첫째, 좌와 우, 진보와 보수를 모두 아울러야 한다. 모두 포용하여야 한다. 환언하면 그들의 주장을 진지하고 정확하게 이해하고 각각의 주장의 '상대적 가치'를 공정하고 공평하게 포용하여야 한다. 둘째, 국민의 이념분열과 사회의 이념갈등을 극복하여 사회와 국민을 하나로 통합하고 단결시켜야 한다. 그리하여 셋째, 우리 국민과 국가를 질적으로 한 차원 발전되고 진화된 단계(높은 문화와 문명의 단계)로 모두가 함께 만들어 가야 한다. 이러한 입장을 우리는 중도라고 생각한다." [인터넷자료] http://blog.naver.com/hp0114938984.do?Redirect=Log&logNo=4927516; 2005년 1월 13일 접속.
32) 피셔 험프리스는 멀린스가 극단적인 칼뱅주의와 아르미니우스주의에 대해 하나의 중도적 입장(a moderate position)을 취했고, 그의 이런 성향이 남침례교의 신앙생활에 지배적이었다고 평가했다. Fisher Humpreys, "E. Y. Mullins," *Baptist Theologians*, Timothy George and David S. Dockery ed. (Nashville, Tenn.: Broadman Press, 1990), 333; 멀린스의 중도적 입장에 대해서는, 김용복, "E. Y. Mullins의 강권적 은혜: 견인의 확실성과 배교의 가능성을 포괄하는 이론적 근거," 「복음과 실천」 25집 (2000 봄): 271-311 참조.

III. 침례교 신앙의 새로운 패러다임

1. 전통적 세 가지 패러다임

침례교의 정체성과 관련해서 침례교를 대표하는 신앙고백들이 서로 다른 유형의 신학체계를 공유할 수 있었다는 것은 대단히 중요한 의미가 있다. 그 일이 가능할 수 있었던 에너지는 어디에서 나온 것일까? 아마도 그것은 침례교신앙의 개방된 패러다임 때문이 아닌가 생각한다.

패러다임(paradigm)이란 일종의 세계관이라고 할 수 있는데, 토마스 쿤(Thomas S. Kuhn)의 표현에 따르면, 패러다임은 "(하나의) 모형을 제공함으로써 과학 연구의 특정한 일관성 있는 전통을 발생하게 한다는 특성을 제시하려는 의도"를 가진다. 그리고 패러다임의 변화는 과학자들이 자신들이 종사하는 연구 세계를 다르게 보도록 만든다. 또한 새로운 패러다임은 이전의 패러다임을 위기로 이끌고 간 문제를 해결할 수 있다는 확신을 갖게 한다.[33] 따라서 하나의 패러다임이 형성되었다는 말은 하나의 인정받은 전통이 고착되었다는 뜻이고, 새로운 패러다임이 형성된다는 것은 기존의 전통을 넘어서는 새로운 전통을 만든다는 것을 의미한다. 그것은 과학뿐 아니라 종교와 신학의 영역에서도 크게 다르지 않다.

하나님의 은혜와 인간의 자유라는 측면에서 볼 때, 기독교신학은 대체로 세 가지 패러다임으로 이해되어 왔다.[34] 첫째 패러다임은 '하나님 중심형'(God-centered type)이다. 이 신학체계는 하나님의 주권과 은혜를 일차적으로 강조하면서, 상대적으로 인간의 자유를 약화시키는 구조를 가지고 있다. 이 관점에서 보면, 최초 인간의 원죄로 인해서 모든 인간은 하나님의 형상을 상실했고, 그 결과 인간의 자유의지는 전적으로 무력하게 되었다. 따라서 인간이 하나님의 형상을 회복하기 위해서

---

33) Thomas S. Kuhn, 「과학혁명의 구조」, 조형 옮김 (서울: 이화여자대학교 출판부, 1995), 11, 118, 161.

34) 이 주제는 인간론과 구원론을 포괄하는 신학 문제로써, 전통적으로 기독교의 신학을 가늠하는 시금석과 같은 역할을 해 왔다. 침례교신학연구소에서 펴낸 「하나님의 주권과 인간의 자유」 (대전: 침례신학대학교출판부, 2003)는 이 주제를 통해 침례교의 신학정체성을 세우려는 노력의 일환으로 나온 것이다.

는 절대적으로 하나님의 은혜가 요구된다. 이 하나님의 은혜는 불가항력적 은혜요, 결코 인간의 자유의지에 의해서 거절될 수 없는 은혜다. 이런 관점에서 하나님 중심의 유형은 이중예정과 밀접한 관계를 맺게 된다. 아우구스티누스(Augustinus)나 칼뱅(John Calvin)의 신학이 대표적이라 할 수 있고, 1644년 신앙고백은 여기에 속한다.

둘째 패러다임은 '인간 중심형'(Man-centered type)이다. 이 신학체계는 인간의 이성과 자유의지를 무엇보다도 중요하게 취급한다. 이 구조 속에서는 하나님의 주권과 은혜가 전혀 간과되지는 않았다 하더라도, 절대적 원인으로 작용하지 않는다. 오히려 하나님의 은혜는 하나의 보조적인 것으로 취급되고, 나아가서 이미 인간 안에 부여된 어떤 자질로 간주된다. 그렇기 때문에 최초 인간의 원죄가 모든 인간에게 전가되는 것을 인정하지 않고, 인간 스스로의 능력으로도 하나님을 향해 나아갈 수 있다고 믿는다. 또한 어떤 형태의 예정론도 이 구조 안에서는 사실상 설자리를 잃고 만다. 펠라기우스(Pelagius)나 소시누스(Socinus)의 신학이 여기에 속한다.

셋째 패러다임은 '그리스도 중심형'(Christ-centered type)이다. 앞에서 말한 두 유형이 '단독설적 패러다임'(monergic paradigm)이라면, 이것은 '협력적 패러다임'(synergic paradigm)이다. 이 유형은 하나님의 은혜와 인간의 자유를 서로 보완적 관계로 이해한다. 인간의 자유의지를 존중하면서, 하나님의 은혜를 받아들인다. 따라서 하나님의 은혜는 절대적이고 불가항력적인 것이 아니라, 상대적이고 조건적인 것으로 나타난다. 반펠라기우스주의자들(Semi-Pelagians)이나 아르미니우스(J. Arminius)의 신학이 여기에 속하며, 1611년 신앙고백이 이에 해당한다.[35]

그런데 1963년 신앙고백은 위에서 말한 세 가지 패러다임 가운데 어디에도 속하지 않는다. 구조적으로 보면, 1963년 신앙고백은 그리스도 중심형에 속한다고 할 수 있지만, 그리스도 중심형인 1611년 신앙고백과 적지 않은 부분에서 다른 내용을 담고 있다. 따라서 1963년 신앙고백은 하나님 중심형과 그리스도 중심형의 중간 형태인 새로운 패러다임으로 이해하지 않을 수 없다.

---

35) 이 세 가지 유형에 대한 교리사적인 고찰을 위해서, 김용복, "남침례교 신학전통 안에서의 인간론: '자유와 은혜' 개념을 중심으로" (박사학위논문, 침례신학대학교 대학원, 1996), 16-57을 참조하라.

2. 침례교신앙: 제4의 패러다임

과연 구조적으로 새로운 패러다임이 가능한가? 앞에서 분석한 주제는 인간론과 구원론에 해당하는 하나님의 은혜와 인간의 자유 문제였다. 이 문제는 침례교 안에서 처음부터 첨예하게 대립되어 왔던 신학 주제였다. 대부분의 교단신학은 일차적으로 구원론에서 일치를 보기 마련인데, 침례교는 오히려 구원론이 제 각각이다. 이 점이 침례교가 가지고 있는 독특한 현상 가운데 하나다. 어떻게 이런 현상이 가능한가?

브래드 크리드(Brad Creed)는 침례교인들이 무엇을 동의해 왔고, 또 어떤 문제에 대해 견해를 달리해 왔는가에 대해 다음과 같이 설명했다:

> 침례교인들은 구원이 하나님의 은혜에 의해서 그리고 그리스도를 하나님이 구원을 위해 예비하셨다는 사실에 대한 순종적인 믿음을 통해서만 가능하다는 데 동의해 왔다. 또한 더 나아가 침례교인들은 인간의 노력이나 성취로는 구원을 얻을 수 없다는 데에도 동의해 왔다. 그런데 침례교인들이 일치하지 않는 것은 인간의지의 역할과 구원을 향한 인간의 반응 부분이다.36)

따라서 구원에서 인간의지와 반응이 어떻게 작용할 수 있는가 하는 문제에 대한 해답 여부에 따라 신학의 입장이 달라지게 되고, 다양한 신학이 대두하게 된 것이다. 그리고 특기할 사실은 이 논문에서 다룬 세 개의 신앙고백서에 나타난 차이점은 이러한 침례교의 다양한 구원론을 적절히 대변한다는 점이다.

1963년 신앙고백서에 나타난 중도 신학은 바로 침례교 안에서 오랜 역사를 거치는 동안 하나님 중심의 신학과 그리스도 중심의 신학이 갈등하면서 새롭게 창출해 낸 '제4의 패러다임'이라 할 수 있다. 제1의 패러다임은 하나님 중심 신학이고, 제2의 패러다임은 인간 중심의 신학이고, 제3의 패러다임은 그리스도 중심의 신학이라면, 제4의 패러다임은 하나님 중심과 그리스도 중심 신학의 중도 신학이다. 그리스도 중심 신학이 하나님 중심 신학과 인간 중심 신학의 중도라고 할 때, 제4의 패러

---

36) Brad Creed, "Salvation," *A Baptist's Theology*, 107.

다임은 중도의 중도를 지향하는 신학체계인 셈이다. 그 점에서 제4 패러다임은 칼뱅주의와 아르미니우스주의를 포괄하는 신학체계라고 할 수 있다.

실제로 침례교 신학자들 가운데 칼뱅주의와 아르미니우스주의 사이의 조화를 시도한 인물은 적지 않다. 그런데 사람들은 이들을 "수정된 칼뱅주의자들"(modified Calvinists)이라 부른다. 하지만 칼뱅주의 5대 강령 가운데 세 개는 버리고 두 개만 따르는 사람(two point Calvinist)을, 혹은 네 개가 다르고 하나만 일치하는 사람(one point Calvinist)을 어떻게 칼뱅주의자라 말할 수 있는가? 그 반대도 마찬가지다. 이들을 단순히 "수정된 아르미니우스주의자들"이라고 부르는 것도 타당하지 않다. 관례적으로 그런 이름으로 불려왔던 현상은 어쩌면 종교개혁 이후 기독교신학에서 칼뱅주의와 아르미니우스주의의 그림자가 얼마나 크게 영향을 미치고 있었는가를 보여주는 하나의 사례일지 모른다.

그렇다면 여러 가지 차이점이 있음에도 침례교회라는 이름 아래 서로 다른 구원론적 입장을 가지고 있는 사람들이 어떻게 하나가 될 수 있었을까 하는 의문이 제기될 법하다. 어쩌면 침례교인의 신앙에서는 신학 틀이 그리 중요하지 않았는지도 모른다. 비록 그것이 칼뱅주의의 틀을 가졌든, 아르미니우스주의 구도 속에 있든, 침례교인들에게 중요한 것은 복음에 대한 믿음이고, 그 믿음을 통해 하나님의 은혜로 주어지는 중생(regeneration)이기 때문이다. 따라서 '중생한 교회회원권'(regenerate church membership)은 침례교신앙을 세우는 데 중요한 초석 가운데 하나가 된다. 믿음(faith)은 기본적으로 신뢰(trust)하는 것이다. 신뢰라는 말은 단순히 하나님으로부터 주어진 하나의 수동적 선물만이 아니라, 인간 편에서의 순종을 아울러 포함하는 어떤 것이다. 그렇다고 해서 인간의 능동적 반응이 하나님의 선물이라는 측면보다 더 강조되는 것은 물론 아니다.[37] 침례교인들은 1611년, 1644년, 1963년 모두의 신앙고백에서 이런 견해에 뜻을 같이 했다. 토마스 할부르크스(G. Thomas Halbrooks)는 신뢰를 기독교신앙의 기초로 보면서, 침례교인들은 신앙고백을 통해 이를 적절히 표현해 왔다고 지적했다.[38]

---

37) C. Brownlow Hastings, *Introducing Southern Baptists: Their Faith & Their Life* (Ramsey, N.Y.: Paulist Press, 1981), 27-8.

침례교의 정체성은 구원론에서 어떤 신학 입장을 취하느냐에 달린 것이 아니라, 어떤 사람이 신자인가, 교회회원은 누가 되어야 하는가 하는 교회론에 있었다. 럼킨이 제시한 다음과 같은 침례교 신앙고백들의 네 가지 특성도 이런 현상을 반영한 것이다: 신자들의 지역 공동체를 강조하는 교회론, 침례교의 정체성으로서 침례와 주의만찬 예전, 복음전도와 선교에 대한 특별한 강조, 양심의 자유와 국가와 교회의 분리.39) 교회론의 일치는 강조되면서 구원론의 다양성은 허용하는 교회, 이것이 바로 침례교회의 중요한 특성이다.

여기서 침례교신앙의 새로운 패러다임이 언급될 수 있다. 새로운 패러다임은 다양성을 포용할 수 있는 유연성을 가지고 있다. 새 패러다임은 과거의 하나님 중심형, 인간 중심형, 그리스도 중심형으로 구분되는 신학체계를 포괄할 수 있는 개방성이 있다. 이런 유연성과 개방성은 개인의 인격적 결단에 따라 신앙을 선택할 수 있는 자유를 보장해준다. 그렇다면 양극단을 지양·포괄할 수 있는 이와 같은 신앙의 기본 정신은 어디에서 나온 것일까? 1963년 신앙고백의 가장 중요한 특징은 당시 이 신앙고백서를 작성했던 위원회의 위원장인 허셀 홉스의 글에서 발견된다. 그는 신앙고백을 진술하는 목적을 말하면서, "하나님 앞에서 영혼의 역량"(the soul's competency before God), "신앙의 자유"(freedom in religion), "신자의 제사장직"(the priesthood of the believer)을 침례교인들이 강조하는 정신으로 언급했다.40) 그러므로 이 침례교신앙의 세 가지 기본 정신이 1963년 신앙고백서의 기본 원리로 작용한

---

38) 그가 제시한 신앙고백들은 런던신앙고백, 제2차 런던신앙고백, 필라델피아신앙고백, 뉴햄프셔신앙고백, 서든침례신학대학원의 원리강령, 침례교인의 신앙과 메시지 등이다. 이 신앙고백들의 공통점은 믿음이 "복음의 진리를 수용하는 능력"이며, "복음의 진리를 향해 자신의 영혼을 던지는" 신뢰로서, "주님과 구세주로서 그분에게 전 인격을 의탁하는 것"으로 이해되고 있다는 점이다. G. Thomas Halbrooks, "Trust Is Foundational to the Baptist Spirit," *Defining Baptist Convictions*, 97-9.

39) William L. Lumpkin, "The Nature and Authority of Baptist Confessions of Faith," Review and Expositor 76 (Winter 1979): 24, Bill J. Leonard, "Southern Baptist Confessions: Dogmatic Ambiguity," *Southern Baptists & American Evangelicals: The Conversation Continues*, David S. Dockery ed. (Nashville, Tenn.: Broadman & Holman Publishers, 1993), 171에서 재인용.

40) Herschel H. Hobbs, *The Baptist Faith and Message*, reprinted (Nashville, Tenn.: Convention Press, 1983), 4.

것은 자연스런 일이라 할 수 있다. 이 가운데 특히 1925년 신앙고백서의 기초를 다진 에드가 멀린스(Edgar Y. Mullins)에 의해 강조되었던 "영혼의 역량" 개념은 침례교인들에게 역사적으로 특징적 중요성을 가진다.[41] 침례교인들에게 이 신념은 다른 모든 교리들, 즉 믿음, 회개, 칭의 등과 같은 개념들을 포괄하며 각 개인의 영혼이 예수 그리스도 안에서 하나님께 반응할 수 있는 자유와 능력이 있음을 암시한다.[42] 참고로 러셀 딜데이(Russell Dilday)는 멀린스를 21세기 침례교신학으로 제시될 수 있는 하나의 대안으로 생각했다. 그는 멀린스가 양 "극단 사이에서 중도를 지향한 사람"이라고 전제하면서, 멀린스의 이런 방법론은 "21세기 침례교신학을 형성하는 데 좀 더 긍정적이고 생산적인 모델"이 될 것이라고 평가한 바 있다.[43]

윌리암 턱(William Tuck)은 침례교인들이 신앙의 획일성과 해석의 자유 문제를 어떻게 생각하는지 적절하게 말해주었다:

> 우리는 침례교인이 되는 데 언제나 일치해야 할 필요는 없다. 침례교인들은 불일치에 동의할 수 있고, 교리들을 다르게 해석할 수 있는 권리를 가지고 있다. 침례교인들의 강점은 침례교인들로서 다양성에 있지 획일성에 있는 것이 아니다. 침례교인들은 모든 사람들이 모든 일에 대해서 의견이 일치하거나 동일하게 믿어야 한다고 요구하는 사람들에 대해 저항할 필요가 있다. 그런 일은 일어나지도 않을 뿐 아니라 일어나서도 안된다. 어떤 한 사람의 침례교인이 자신을 제외한 다른 모든 사람들을 위한 대답이나 진리를 가지고 있지 않다.[44]

---

41) 영혼의 역량 개념에 대해서는 Edgar Y. Mullins, *Axioms of Religion: A New Interpretation of the Baptist Faith* (Philadelphia: American Baptist Publication Society, 1908); Herschel H. Hobbs and E. Y. Mullins, *The Axioms of Religion* (Nashville: Broadman Press, 1978)을 참고하라. 허셀 홉스는 이 책에서 영혼의 역량은 "신앙 문제에서 그리고 신앙과 하나님과의 관계에서 개인의 양심을 지키기 위한 화염 검과 같다"고 말했다(48). 또한 달라스 제일침례교회에서 47년 동안 목회했던 조지 트루엣은 "영혼의 역량이라는 원리는 침례교인들에게 진리의 근본원리"라며 그 중요성을 강조했다. Walter B. Shurden, "In Defense of the SBC: the Moderate Response to Fundamentalism," *The Theological Educator*, Fisher Humphreys ed. (New Orleans: the Faculty of New Orleans Baptist Theological Seminary, 1985), 13.

42) H. Leon McBeth, "God Gives Soul Competency and Priesthood of All Believers," *Defining Baptist Convictions*, 63-4.

43) Russell Dilday, "Mullins the Theologian: Between the Extremes," *Review and Expositor* 96 (1999): 75, 79.

바로 이것이 침례교인들의 자유정신이다. 침례교인들은 성서에서 가르친 대로, 믿는 자만이 하나님의 은혜로 구원을 얻을 수 있다고 생각했고, 교회는 믿는 자들로만 구성되어야 한다고 확신했다. 그런 맥락에서 유아세례는 성서적 침례가 될 수 없었고, 국가와 교회의 분리는 필수적 요청이었다. 이런 주장과 요청은 결국 신자 침례와 신앙의 자유를 외치게 만들었고, 그 결과 침례교인들은 비국교도들이요 분리주의자들이라는 비난과 그로 인한 박해를 받지 않을 수 없었다. 이처럼 침례교인들이 어느 특정 교리를 앞세우지 않고 신학 다양성을 허용하면서 신조주의를 반대했던 전통을 만들었던 것은 교리 강요가 다른 사람의 신앙의 자유를 어떻게 침해하고 억압하는지 역사 속에 경험해 왔기 때문이다. 그래서 영국 침례교연맹(the British Baptist Union)은 하강논쟁(the downgrade controversy)에서 문서화된 신조를 채택하자는 찰스 스펄전(Charles Spurgeon)보다는 성서를 재해석하는 자유를 억압하지 말자는 존 클리포드(John Clifford)의 손을 들어주었던 것이다.[45]

침례교인들은 자유정신을 무엇보다 소중하게 여겼던 사람들이다. 이 자유정신은 침례교인들이 다양성을 인정하고 서로 다른 신학체계를 받아들일 수 있는 힘이었다. 17세기에서 20세기에 이르기까지 침례교인 가운데 참으로 다양한 성향을 가진 사람들이 함께 공존할 수 있었던 것도 바로 자유정신의 결과였다.[46]

---

44) William P. Tuck, *Our Baptist Tradition* (Macon: Smyth & Helwys Publication, 1993), 26.
45) Walter B. Shurden, 「침례교 신학논쟁」, 김용복, 김태식 옮김 (서울: 침례회출판사, 2000), 97-8.
46) 침례교인 가운데는 칼뱅주의자와 아르미니우스주의자가 있고, 프랭크 노리스(Frank Norris)와 같은 근본주의자, 헤리 포스딕(Herry E. Fosdick)과 같은 자유주의자, 월터 라우센부쉬(Walter Rauschenbush)와 같은 사회복음주의자, 빌리 그레함(Billy Graham)과 같은 뛰어난 복음전도자, 시민 운동의 지도자 마틴 루터 킹 2세(Martin Luther King Jr.), 자신의 식당에서 흑인들을 내쫓았던 주지사 레스터 매독스(Lester Maddox) 등 매우 다양하나. Walter B. Shurden, *The Baptist Identity: Four Fragile Freedom* (Macon, Georgia: Smyth & Helwys Publishing, 1993), 2.

마치는 글

신앙고백은 특정한 공동체가 가지고 있는 일치된 신앙이 최소한도의 규범을 통해 공포되는 것이므로, 획일성보다는 다양성이 숨쉴 수 있는 공간이 필요하다. 그래서 아주 민감한 신학 주제에 대해서는 다소 모호한 듯한 표현마저도 때에 따라 유용할 수 있다. 하지만 그렇다고 해서 신앙고백이 일관성과 통일성이 결여되어도 좋다는 것은 아니다. 신앙고백 안에는 최소한의 신학적 합일이 불가피한 일이다. 그렇더라도 그 신앙고백이 우리의 신앙을 속박하고 획일화하는 폐쇄된 신학체계를 구축하는 것이라면, 침례교인들은 그것을 분명히 반대할 것이다: "침례교인들은 신앙고백에 궁극적 권위를 부여해본 적이 없다.… 때때로 신앙고백들은 기독교신앙을 가변적이고 불완전하게 표현한 것일 뿐이다."[47]

그런데 최근 침례교회들이 점점 신조화되고, 중앙집권화되어 간다는 비판을 받고 있다.[48] 세실 셔먼(Cecil E. Sherman)도 오늘날 침례교 공동체 안에는 성경 그 자체보다는 그것에 관한 말이나 혹은 거룩한 성경을 넘어서는 진술들이 개입되는 위험에 대해 경고했다. 그는 특히 많은 남침례교인들이 "성경을 수호한다"는 명분을 잘못 사용해서 점점 신조적 성향을 띠고 있다는 사실을 지적했다.[49] 찰스 드위즈(Charles W. Deweese)도 남침례교 총회가 자유롭고 민주적이던 모임에서 점차 통제와 배타주의와 신조주의로 변해간다고 강도 높게 비판했다.[50] 신앙고백의 역할과 한계에 대해 자성하게 하는 말이다.

신앙고백에 나타난 침례교신앙은 어느 하나의 신학체계에 갇혀 있는 것이 아니라, 구원론에서 다양한 신학을 포괄하고 수용하는 자유와 개방성을 가지고 있었다.

---

47) Estep, "Baptists and Authority: The Bible, Confessions and Conscience in the Development of Baptist Identity," 601.
48) Shurden, 「침례교 신학논쟁」, 137-82.
49) Cecil E. Sherman, "The Bible Is the Sole Written Authority for Baptist Faith and Practice," *Defining Baptist Convictions: Guidelines for the Twenty-First Century*, Charles W. Deweese, ed. (Franklin, Tenn.: Providence House Publishers, 1996), 60.
50) Charles W. Deweese, "Introduction," *Defining Baptist Convictions*, 20.

이런 자유와 개방성은 침례교회가 시작된 그 때부터 지금까지 침례교회를 지배하는 기본 정신이다. 이런 개방성이 있었기에 침례교인들은 제4의 패러다임이라 할 수 있는 중도주의 신학을 전개할 수 있었나. 21세기를 지배하는 시대정신은 다양성과 포용성이다. 침례교신앙의 개방된 패러다임은 이런 시대정신과 잘 조화될 수 있는 장점을 가지고 있다. 따라서 침례교신앙의 개방적 패러다임이 과거의 폐쇄된 신학체계나 고착화된 신조주의 망령에 함몰되지 않도록 지키는 일은 우리 모두에게 주어진 과제가 아닐 수 없다.

12

침례와 주의 만찬의 교회론적 의미*

이 글은 교회예전(church ordinances)의 문제를 침례교인의 관점에서 그 교회론적 의미를 재성찰하는 데 목적이 있다. 전통적으로 침례교회가 인정하는 교회예전은 침례(baptism)와 주의 만찬(Lord's Supper)이다.[1] 신약성서교회에서 행해졌던 침례와 주의 만찬은 당시 그리스도인들에게 무엇보다도 중요한 의미가 있었고, 실제로 이 예전들을 통해 그리스도인들은 신앙의 정체성을 확인하고 그리스도를 기억하면서 그 안에서 하나 된 공동체적 경험을 할 수 있었다. 그런데 오늘날 한국 침례교회 안에서는 침례와 주의 만찬이 차지하는 비중과 그 의미가 지나치게 단순화되거나 약화 혹은 왜곡되는 경향이 있다. 침례는 단순히 입교의례처럼 간주되고, 주의 만찬은 형식적인 행사처럼 그 의미를 잃어 간다. 게다가 일부 침례교회에서는 개교회 이기주의에 빠져서 교회의 연합이나 협력에 큰 관심을 보이지 못하는 현상도 만연되어 있다. 이런 문제들은 한국 침례교회 안에서 교회예전의 진정한 의미가 퇴화되고 있다는 것을 보여주는 하나의 증거일 수 있다.

---

* 출처: 김용복, "침례교인의 관점에서 본 교회예전의 교회론적 의미," 「침례교회예전」, 침례신학연구소 편 (대전: 침례신학대학교출판부, 2008), 159-96.
[1] 물론 침례교회 가운데 이 두 가지 예전 외에도 세족례를 포함하거나(자유의지침례교회), 심지어는 아홉 가지 예전을 거행하는 교회도 있다. 전자의 사례는 김용복, 「침례교신학: 침례교인의 신앙과 신학 유산」 (대전: 침례신학대학교출판부, 2006), 424를 참조. 후자의 근거는 Charles W. Deweese, "신자의 침례는 언약이다," 「21세기 속의 1세기 신앙: 침례교신앙 정의하기」, 김승진 옮김 (대전: 침례신학대학교출판부, 2005), 176 참조. 드위즈의 설명에 따르면, 1700년대의 분리 침례교인들은 침례, 주의 만찬, 애찬, 안수, 세족례, 병자에게 기름 바르기, 교제의 악수, 사랑의 입맞춤, 헌아례 등을 교회예전으로 행했다.

교회예전에 대한 신학적 반성을 위해서 먼저 전제되어야 할 문제는 이 논의가 침례교회의 신앙적, 신학적 원리에 입각해서 진행되어야 한다는 것이다. 따라서 침례교회의 자유교회 전통이 교회예전을 해석하는 기본 원리가 되어야 한다. 여기서 말하는 자유교회 전통이란 침례교회가 역사적으로 강조해왔던 침례교회의 중요한 특성 가운데 하나인 '신자들의 교회'(believers' church) 전통을 의미한다. 신자들의 교회는 중생한 신자의 교회회원권 문제와 관련되고, 지역교회의 자율권과 맞물리면서 국가교회를 반대하는 자유교회(free church)의 주요 특성 가운데 하나가 된다.[2] 신자들의 교회는 궁극적으로 예수 그리스도의 길을 따라가는 언약의 공동체요 제자된 공동체다.[3] "신자의 교회"가 아니라 "신자들의 교회"라는 표현은 의도적으로 신앙의 공동체성과 집합성을 강조한다는 의미가 있다.[4]

I. 침례

침례교회의 침례예전을 바르게 이해하려면 역사적으로 주요 논쟁대상이 되어왔던 세 가지 질문에 주목해야 한다. 첫째, 침례의 의미는 무엇인가? 둘째, 침례를 받기에 합당한 주체는 누구인가? 셋째, 적합한 침례의 형식은 무엇인가?[5] 로버트슨(A. T. Robertson)은 "교회예전의 영적 해석"이라는 강연에서 침례에 대한 침례교신학의 진수를 세 가지 차원에서 설명하면서 앞의 질문에 대한 답을 제시한 바 있다. 첫째

---

[2] 허드슨은 자유교회의 특징을 회중정체, 비성례전적 교회, 비신조적 교회, 자유정신, 비국교도 등 다섯 가지로 규정했다. Winthrop S. Hudson, "Define Your Terms," *Foundation*, IV (1961), 99, Donald F. Durnbaugh, *The Believers' Church: The History and Character of Radical Protestantism*, reprint (Scottdale: Herald Press, 1985), 5에서 재인용. 자유교회는 "'정교분리'(separation of church and state)와 이른바 '신자들의 교회'(believers' church)의 개념을 제기하면서 4세기 이후의 교회를 총체적으로 반성하고 신약성서교회(New Testament church)로의 복귀를 주장하였던 '근원적 종교개혁'(radical reformation)" 전통으로 정의되기도 한다. 남병두, "침례교의 특성," 「21세기를 위한 교회론: 교회의 일치와 성숙을 위하여」, 국제신학연구원 편 (서울: 서울말씀사, 2004), 163-4.

[3] Durnbaugh, *The Believers' Church*, 33.

[4] Ibid., 7.

[5] Millard J. Erickson, *Christian Theology*, vol. 3 (Grand Rapids: Baker Book House, 1985), 1090.

는 "오직 신자만의 침례"(baptism of believers only)고, 둘째는 "물에 잠기는 침수례"(immersion)며, 셋째는 "성례전이 아니라, 그리스도의 죽음, 장사, 부활에 참여하는 상징"(a symbol, not a sacrament)이다.6)

1. 침례의 의미

신약성서에서 볼 때, 침례는 초기 기독교공동체가 그리스도를 믿고 거듭난 신자들에게 베풀던 일종의 입교의례와 같은 것이었다(행 2:38, 41; 8:12, 36-39; 10:48; 16:15, 33; 18:8). 이는 어떤 점에서 그리스도인의 삶을 시작하는 일과 관련이 있고, 가시적이든 비가시적이든 교회의 일원으로 입문하는 것을 뜻한다.7) 초기 기독교공동체가 관행적으로 침례를 베푼 까닭은 일차적으로 예수 그리스도께서 침례를 제정하시고 명령하셨기 때문이기도 하지만(요 4:1-2; 마 28:19-20),8) 그것이 하나님에 대한 신자의 인격적 반응인 믿음을 고백하는 수단이라고 보았기 때문이다. 교회의 입문이라는 외형적 기능으로서 침례가 가지고 있는 함축적 의미는 교회 공동체에 따라 서로 차이가 있지만, 이 글에서는 그 의미를 신앙고백, 헌신, 그리스도와 연합이라는 세 가지 차원에서 해석하려고 한다.9)

---

6) R. Wayne Stacy, "Baptism," *A Baptist's Theology,* ed. R. Wayne Stacy (Macon: Smyth & Helwys, 1999), 153에서 재인용. 침례교회는 이 예전들을 지칭할 때 성례전(sacrament)보다는 교회예전(ordinance)이라는 용어를 더 선호해왔다. 왜냐하면 침례교인들은 성례전이라는 말이 "은혜의 전이"(transfer-of-grace)라는 원리에서 유래한 주술적이고 신비적인 의미를 함축하고 있다고 보았기 때문이다. William W. Stevens, *Doctrines of the Christian Religion* (Grand Rapids: William B. Eerdmans Publishing Company, 1967), 323.

7) Erickson, *Christian Theology,* 1090.

8) 침례교회의 대표적인 신앙고백서 가운데 하나인 제1차 런던신앙고백서(1644년)는 침례를 "그리스도에 의해 제정된 신약의 예전"이라고 진술했다. William L. Lumpkin, *Baptist Confessions of Faith,* Revised Edition (Valley Forge: Judson Press, 1969), 167.

9) 신약성서에서 본 침례의 용례는 그 형식상의 유형과 의미상의 유형이 다양하게 나타난다. 형식상으로는 물로 주는 침례요 성령이 주는 침례로 구분되고, 의미상으로는 회개의 침례, 고난의 침례, 장사와 부활의 침례 등으로 나눌 수 있다. 이 글에서는 물로 주는 침례와 그리스도의 장사와 부활에 참여하는 침례에 제한하여 논의하기로 한다.

1) 신앙고백

침례교인들은 오직 신자만이 침례를 받을 수 있다는 성서적, 역사적 확신을 가지고 있는 사람들이다. 초기 침례교인들은 교회가 "신자들의 공동체"요 "모인 공동체"라는 것을 확실하게 믿었으며, 신자의 침례(believer's baptism)는 모인 공동체라는 사상에 필수적이라는 것을 주장했다.10) 침례는 침례를 받는 사람의 인격적이고 도덕적인 신앙고백이다. 그런 점에서 침례는 하나님이 구원의 은혜를 베푸는 행위가 아니라 인간이 믿음으로 반응하는 행위다. 따라서 침례교인들은 침례행위에서 대리 신앙(surrogate faith)을 인정하지 않는다. 구원과 중생을 위해서는 하나님과 만나는 것이 필수적인데, 이것은 개인적인 만남이어야 한다.11) 그러므로 침례를 받는 행위는 하나님과 개인적인 만남이 있는 거듭난 신자가 자신의 신앙을 최초로 공동체 앞에 공개적으로 고백한다는 의미가 있다.

신앙고백으로서 침례는 무엇보다도 믿음의 우선성을 강조한다. 베드로전서 3장 21절에서 "구원하는 표"로 표현된 침례는 의례적으로 씻는 행위가 아니라, "예수 그리스도의 부활하심으로 오직 하나님을 향한 선한 양심의 서약"을 의미한다. 이 때 서약이라 함은 침례예전의 일부로서 믿음을 고백하는 것을 반영한다. 서약과 고백은 믿음의 우선성을 전제한다. 믿음 없이는 어떤 행위들도 구원을 위해 실제적이지도 않고 유력하지도 않다.12) 침례교인에게 믿음은 침례를 받기 위한 필수 요소요, 동시에 구원을 얻기 위한 필수 조건이다. 결코 침례가 구원의 조건이 될 수 없다. 그런 점에서 침례교인들은 침례가 구원의 수단으로 간주되어 성례전주의(sacramentalism)로 흐르는 것을 철저히 반대한다.13) 성서는 우리에게 침례를 받는

---

10) Bill J. Leonerd, "교회,"「침례교신학의 흐름: 1845년부터 최근까지」, Paul Basden 편, 침례교신학연구소 옮김 (대전: 침례신학대학교출판부, 1999), 240-2.

11) Stacy, "Baptism," 164.

12) Moody, *The Word of Truth: Summary of Christian Doctrine Based on Biblical Revelation* (Grand Rapids: William B. Eerdmans Publishing Company, 1981), 466. 참고로 그루뎀은 이것을 "죄사함과 새로운 마음을 위한 간구"로 해석했다. Wayne Grudem,「조직신학」(하), 노진준 옮김 (서울: 은성, 1997), 205.

13) 일반적으로 성례전주의는 하나님의 구원하는 은혜가 침례라는 수단을 통해 사람들에게 주입된다고 믿는 사상을 말한다. 따라서 이런 관점에서는 침례가 죄를 용서해주는 효과를 가

것을 회개하는 행위(행 2:38)와 관련시키고 있으며, "믿음으로 말미암아" 침례를 통해 죽은 자들 가운데서 함께 일으키심을 받는다고 함으로써(골 2:12), 침례 자체에 영적 변화를 가능하게 하는 마술적 능력이 있는 것이 아님을 분명히 한다. 그러므로 믿음과 상관없이 하나님의 은혜가 임한다고 말하는 로마 가톨릭의 가르침은 거부되어야 마땅하다.14) 또한 침례교인들은 다른 개신교인들처럼 개인 영혼의 자율성과 전신자의 제사장 개념을 주장하지만, 비성례전적 의미로 침수례에 의한 신자의 침례를 주장한다는 점에서, 다른 개신교인들과는 다르게 좀 더 적극적인 자율성을 강조하는 특성이 있다.15)

2) 헌신

그리스도를 구세주로 고백하는 신자의 공적 행위인 침례는 동시에 그리스도를 따라 순종하며 살겠다는 신자의 헌신을 함축한다. 드위즈는 침례교인들이 신자의 침례 교리에서 침례의 언약신학(covenant theology of baptism)을 충분히 강조하지 않고, 오히려 무시해왔다고 주장했다. 그는 침례를 신자가 하나님과 교회 양자와 언약을 맺는 것으로 이해했다. 그리고 침례는 단순히 상징 그 이상의 의미가 있다고 말했다. 이는 침례가 "하나님의 뜻에 대한 개인적인 헌신," 혹은 "서원"을 포함한다는 것을 의미한다. 그의 설명에 따르면, 침례는 침례후보자가 행하는 일종의 "언약적인 서원(covenantal pledge)"인 셈이다.16)

침례는 신자가 십자가의 길에 동참하는 것을 약속하는 헌신 행위다. 이 침례행위는 "인간적 차원에서 예수를 주님으로 믿고 고백하는 것이고, 그의 죽음과 부활에 동참하기 위해 그리스도에게 자신을 기쁜 마음으로 헌신하는 것이며, 주님이 구

져 온다는 신앙과 연결된다. 또한 이 사상은 침례를 받아야 구원을 받을 수 있다는 이른바 "침례중생"(baptismal regeneration)과도 관련이 된다. 이는 침례를 통해 영적 죽음의 상태에서 생명으로 옮기는 변화가 일어나며, 침례 그 자체에 구원하는 능력이 있고, 침례 그 자체가 스스로 역사한다(ex opere operato)는 주장이다. Erickson, *Christian Theology* 3, 1090.

14) Grudem, 「조직신학」 (하), 175.
15) Stacy, "Baptism," 154.
16) Deweese, "신자의 침례는 언약이다," 177-82 참조.

속하심으로 제공한 한없는 은혜를 믿음으로 소유하는 것이다."17) 이는 우리가 믿기 이전에 충성했던 대상을 그리스도로 대체한다는 의미가 있다. 이런 대상의 변경은 우리로 하여금 새로운 교제, 즉 주 예수를 고백하는 공동체에 속하게 만든다.18) 이 신자들의 공동체는 무엇보다도 동일한 신앙고백을 통해 자신의 삶을 하나님께 드리기로 다짐하는 사람들에게 의미가 있다. 침례교인들은 바로 이 자발적으로 헌신된 사람들만으로 구성된 교회공동체를 강조해왔다. 따라서 침례예전은 외형적으로 볼 때 교회회원이 되는 통과의례 가운데 하나지만, 그 행위의 내면적 의미는 일종의 서약이고 헌신이다.

3) 그리스도와 연합

침례를 받는 행위는 신자로서 그리스도와 영적으로 연합하는 것을 상징한다. 이 영적 연합은 그리스도의 죽음과 부활에 참여하는 것을 수반한다(롬 6:1-11). 특히 로마서 6장 5절에서 "연합된"으로 번역된 헬라어는 희랍문학에서 등장하는 센토(Centaur)가 사람과 말이 결합되어 있는 것을 나타내는 데 사용된 단어이기도 하다. 이 연합은 침수례라는 행위가 신자와 그리스도 모두의 죽음과 부활을 묘사한다는 사실에서 나타난다.19) 따라서 그리스도의 죽음과 부활처럼, 그리스도와 연합한 신자는 자신의 죄에 대해 죽고, 새 삶으로 부활하는 경험을 침례라는 예전을 통해 선포하는 것이다. 그리스도와 연합된다는 것은 신자가 과거의 죄악된 생활을 죽이고 새 생명으로 다시 태어나는 것을 의미한다. 그리스도의 죽음에 참여한다는 것은 그리스도께서 죽음을 통해 속죄하신 죄 사함과 연결된다(행 2:38; 벧전 3:21).20)

하지만 물로 주는 침례는 그 이면에 성령침례라는 종교적 경험을 전제한다. 그리스도와 합하여 침례를 받은 자는 그리스도로 옷 입었다(갈 3:27)는 표현도 침수례에 의한 물 침례를 지시한다기보다 성령침례를 의미한다고 보는 것이 좋다. 왜냐하

---

17) G. R. Beasley-Murray, *Baptism in the New Testament*, Reprinted (Grand Rapids: William B. Eerdmans Publishing Company, 1994), 272.
18) Grenz, 「조직신학」, 744.
19) Stevens, *Doctrines of the Christian Religion*, 336.
20) Grenz, 「조직신학」, 743.

면 침례를 받는 사람은 이미 믿음으로 그리스도 예수 안에서 하나님의 아들이 된 사람들이기 때문이다(갈 3:26). 믿음으로 성령침례를 받는 내적 행위는 곧바로 외적 표시인 물 침례로 형상화된다. 그러므로 물 침례와 성령침례는 그리스도와 연합한 경험을 동시에 지시한다. 물 침례는 성령침례 없이 무의미하고, 성령침례는 물 침례를 통해 선포된다. 따라서 침례예전은 단순히 신자 편에서 행하는 신앙고백이나 헌신뿐 아니라, 하나님 편에서 행하시는 그리스도와 연합을 상징한다. 그러나 여기서 한 가지 주의해야 할 점이 있다. 침례가 우리를 그리스도와 연합하게 만드는 것이 아니라, 이미 내적으로 그리스도와 연합한 사실을 외적으로 나타내는 표시(sign)라는 사실이다.

2. 침례의 대상

침례는 누가 받을 수 있는가? 이 문제는 누가 교회의 회원이 될 수 있는가 하는 문제와 직결된다. 침례교인들은 믿고 거듭난 사람, 즉 신자에게만 침례를 베풀었다. 침례를 받는 데 다른 제한은 필요가 없다. 그가 남자든 여자든, 유대인이든 헬라인이든, 노예든 자유인이든 혹은 어떤 질병을 가지고 있든 차별을 둘 수 없다. 오직 한 가지 조건이 있다면, 그것은 그리스도에 대해 신앙을 고백했는가 하는 데 있다.

1) 신자침례와 교회회원권

신자의 침례를 주장하는 침례교인들의 견해는 신약성서의 증언에서 대체로 풍부하고 분명하게 확인될 수 있다. 사도행전의 내용을 중심으로 살펴보면 다음과 같다: 오순절 날 베드로의 설교 뒤에 행해진 침례는 "그 말을 받는 사람들"(행 2:41)에게 행해졌고, 빌립이 사마리아에서 복음을 전할 때도 그 내용을 "저희가 믿고"(행 8:12) 침례를 받았다. 베드로가 고넬료의 집에서 침례를 주었을 때도, "성령이 말씀 듣는 모든 사람에게" 임한 다음에(행 10:44) 이루어졌고, 루디아와 그의 가족이 침례를 받은 것도 "주께서 그 마음을 열어"(행 16:14-15) 믿게 한 후에 행해진 것이다. 또한 빌립보 간수와 그 가족도 바울로부터 주의 말씀을 전해들은 뒤에 믿고 침례를 받았다(행 16:32-34). 바울이 스데바나의 가족에게 침례를 베푼 것도 그들이 회심했기 때문이라는 것을 확인할 수 있다(고전 1:16; 16:15).

이런 사실들은 중생한 신자의 교회회원권 사상과 매우 밀접한 관련이 있다. 침례는 교회의 예전이며, 마땅히 개인의 차원을 넘어서는 교회의 사건이다. 자유교회 전통에서는 어떤 사람을 교회의 회원으로 받아들이는가 하는 문제가 교회의 정체성을 위해서 대단히 중요하다는 사실을 인식해 왔다. 침례교인들은 교회의 회원이 되려면 믿고 중생한 사람이 침례를 받아야 한다고 주장한다. 사실 침례교회는 회중정치를 교회행정체제로 받아들였기 때문에, 회중정치를 하기 위해서는 교회 회원의 자격을 좀 더 엄격하게 관리할 필요가 있다. 그렇기 때문에 신자의 침례를 받은 사람들에게만 교회 회원권을 부여하는 것은 당연한 것이다.[21]

그런데 여기서 침례를 받을 만한 나이가 되지 않은 어린아이들은 어떻게 하는가 하는 문제가 제기될 수 있다. 어린아이의 회원권 문제는 침례교 안에서도 이미 신학의 부재라는 비판을 받은 바가 있다.[22] 어린아이들을 위한 침례교회의 입장은 무엇인가? 그들을 교회회원으로 받아들이기 위해 유아세례를 줄 수는 없는 일이다. 그렇다면 성인이 되어 신자의 침례를 받기 이전의 어린아이들은 교회 밖에 버려진 존재들인가? 그건 아니다. 그들도 교회의 울타리 안에서 하나님의 은혜 가운데 보호를 받고 "오직 주의 교양과 훈계로 양육"을 받는 존재들이다.[23] 다만 교회의 정식 회원이 되는 것은 그리스도의 제자라는 자기 결단과 의식이 있기까지 잠정적으로 유보되는 것이다. 비록 교회의 울타리 안에 있다 하더라도, 어린아이들은 침례의

---

[21] 물론 침례를 어떤 방식으로 받았느냐 하는 것은 교회회원권의 문제와 관련이 있다. 침례교회는 침수례를 주장하기 때문에 어떤 점에서 패쇄 회원권(closed membership) 전통을 가지고 있다고 볼 수 있다. 그런데 스코틀랜드의 침례교회는 19세기 이후 믿음과 실천의 다양성을 가지고 있다는 이유로 열린 회원권(open membership)을 주장하기도 한다. Kenneth Roxburgh, "Open and Closed Membership among Scottish Baptists," *Baptism, the New Testament and the Church: Historical and Contemporary Studies in Honour of R. E. O. White*, ed. Stanley E. Porter and Anthony R. Cross (Sheffield: Sheffield Academic Press, 1999), 446.

[22] Stacy, "Baptism," 170.

[23] G. R. Beasley-Murray, "Children and Church," *Children and Conversion*, ed. Clifford Ingle (Nashville: Broadman Press, 1970), 133, 135. 김용복, "유아세례에 대한 성서적·신학적 재고: 침례교의 입장에서," 「유아세례 다시보기」, 성결교회와 역사연구소 편 (서울: 바울서신, 2004), 172-3 참조.

대상이 될 수 없다. 왜냐하면 성서적으로 볼 때, 침례는 우리가 믿음의 응답을 통해 그리스도를 영접했다는 표시인데, 그들은 그런 믿음을 소유하지 못했기 때문이다.

또한 정신지체장애인과 같은 사람들은 어떻게 할 것인가 하는 문제도 제기될 수 있다. 어떤 형태로든 자신의 의사를 표현할 수 있는 정도의 장애인들은 그림이나 다른 수단을 통해서 그들의 신앙여부를 확인한 후 침례를 베풀 수 있다. 하지만 전혀 의사표시를 할 수 없거나 자의식이 없는 수준의 정신지체장애인들은 유아의 경우처럼 교회가 그대로 받아주면 될 것이다. 그들에게 굳이 침례를 베풀 필요는 없다.

2) 유아세례의 문제점

침례교인들은 성서적으로나 신학적으로 볼 때 유아세례가 성서적 신앙과 조화될 수 없으며, 신약성서 어느 곳에서도 유아세례를 뒷받침할 수 있는 근거가 없다고 주장한다.24) 성서에서 증언하는 침례와 복음의 본질을 생각할 때, 유아에게 침례를 베푼다는 것은 무의미하다. 유아세례론자들이 제시하는 성서적 근거들은 자세히 살펴보면 오히려 침례받은 사람들이 모두 믿음을 가지고 있었다는 것을 입증할 뿐이다.25)

신학적 논리를 살펴보더라도 마찬가지다. 침례교인들은 유아세례론자들의 다음과 같은 네 가지 논리를 거부한다. 첫째는 유아세례를 구원의 수단으로 간주하는 것, 둘째는 부모의 대리 신앙을 인정하는 것, 셋째는 유아의 미래 신앙을 담보하는 것, 넷째는 유아의 신앙을 인정하는 것이다.26) 이 가운데 첫 번째는 로마 가톨릭의 입장이고, 나머지는 개신교 유아세례론자들의 견해다. 개인의 인격 체험을 통한 구원이라는 성서의 기본원리를 무시한다는 점에서 첫 번째와 두 번째 논리는 침례교

---

24) 데일 무디는 침례교인이 유아세례를 거부하는 이유를 다섯 가지로 설명했다: "문제를 넘어서는 성서적 기초의 결핍, 원죄에 대한 거짓 관념, 개인적 신앙의 배제, 교회론적 의식(ecclesiastical rite)으로 의한 신앙의 불명료성, 그리고 개종하지 않은 회원의 위험들." Dale Moody, *Baptism: Foundation for Christian Unity* (Philadelphia: the Westminster Press, 1967), 36.
25) Grudem, 「조직신학」 (하), 210.
26) 이 문제와 관련해서 김용복, "유아세례에 대한 성서적-신학적 재고: 침례교의 입장에서," 155-68 참조.

인의 신앙과 조화될 수 없다. 침례교인들은 개인의 회심체험을 무엇보다 중요시하고 침례의 전제조건으로 강조하기 때문이다. 세 번째 유아의 미래신앙도 마찬가지다. 성서는 결코 미래의 신앙을 담보로 침례를 주라고 말하지 않는다. 성서는 현재의 신앙을 통해 중생한 사람들에게 침례를 요구한다. 유아세례를 받은 아이가 미래에 신앙을 가지게 될지 여부는 어느 누구도 장담할 수 없다. 신자의 자녀가 나중에 신앙을 갖지 않는 경우나, 혹은 반대로 불신자의 자녀가 나중에 신앙을 갖는 예는 얼마든지 가능하다. 네 번째 논리, 즉 유아가 신앙을 가질 수 있는가 하는 문제는 좀 더 논의해야 할 신학적 문제지만, 적어도 유아들이 자신의 신앙고백을 직접 할 수 없을 뿐 아니라, 그리스도에 대한 헌신을 다짐할 수 없다는 점에서 침례의 본질에서 벗어난다.

3. 침례의 형식

침례교인들은 어떠한 권위적 전통보다도 성서로부터 침례에 대한 근거를 확보한다. 만일 성서로부터 증명되지 않는다면 그것이 비록 관례나 전통 혹은 현대 교회들의 실천이 있다 하더라도 침례교인들은 그 권위를 인정하지 않는다.27) 침례교인들은 성서의 사례를 근거로 침례의 형식이 침수례라는 것을 주장하고 실천해왔다. 게다가 대부분 신약성서학자들도 침수례가 1세기 침례의 형태라는 것을 인정한다.28)

1) 침수례의 성서적 근거

신약성서에서 침수례를 뒷받침할 수 있는 성서적 근거는 세 가지다. 첫째는 침례를 표현하는 헬라어 단어다. 어원적으로 볼 때, 침례를 준다는 의미로 사용된 헬라어 baptizo는 baph(영어 bath와 같은 어원)라는 어근에서 유래한 것인데, 이는 "잠

---

27) Stacy, "Baptism," 154.
28) A. T. Robertson's "Baptism," *The International Standard Bible Encyclopaedia* 1 (Grand Rapids: William B. Eerdmans Publishing Company, 1949), 385-8, Herschel H. Hobbs and E. Y. Mullins, 「기독교신앙의 6대 공리」, 김용복 옮김 (대전: 침례신학대학교출판부, 2005), 41에서 재인용.

그다"(to dip)를 뜻한다. 이 단어는 같은 의미의 히브리어 tabhal을 번역한 것이다.[29] 만일 침례가 침수례가 아니라 관수례나 살수례로 행해졌다면 성서는 baptizo가 아니라 rantizo(뿌리다)나 epicheo(붓다) 혹은 luo(씻다)로 쓰여야 할 것이다. 둘째는 침례를 행하는 장면을 묘사한 대목이다. 신약성서는 침례를 받는 사람들이 한 결 같이 많은 물을 필요로 했고(요 3:23), 침례를 받은 다음 물에서 올라온다는 표현을 사용한다(마 3:1; 막 1:9-10; 행 8:39). 따라서 휴대하고 있던 물을 이용해 침례를 준 것은 분명 아니었다. 그러나 이런 사례는 침례를 받는 사람이 물 속에 들어갔다가 다시 올라왔다는 것은 지시할 뿐, 그가 물 속에 잠겼는지를 직접 지시하지 않는다는 한계가 있다. 셋째는 침례의 의미를 설명한 대목이다. 신약성서는 침례가 그리스도의 죽음과 장사와 부활을 상징한다고 말한다. 대표적 근거는 로마서 6장 1-11절과 골로새서 2장 11-12절이다. 이 성서구절에서 보는 바와 같이, 그리스도와 함께 장사되고 죽은 자 가운데서 살아나는 모습을 상징적으로 보여주기 위한 최적의 방법은 신자가 물속에 잠기는 침수례다. 디도서 3장 5절에 나오는 "중생의 씻음"을 침례가 죄를 씻어주는 것을 상징하는 근거로 제시하는 경우도 있지만,[30] 그것은 물침례를 의미한다기보다 성령침례를 지시하는 것으로 보는 것이 좋다. 단순히 물을 뿌리거나 붓는 방식은 정화나 회개의 의미는 보여줄 수 있지만 그리스도의 구속 사역을 상징적으로 표현할 수 없다.

2) 침수례의 역사적 증거

침수례가 초대교회의 침례방식이었다는 것을 증거하는 역사적 근거는 대체로 풍부하다. 초기 기독교문헌 가운데 하나인 12사도의 교훈, 「디다케」(Didache)에는 침수례와 관수례의 관계를 다음과 같이 묘사했다: "흐르는 물에서 성부와 성자와 성령의 이름으로 침례를 주노라 하고 먼저 말을 하라. 그러나 만일 흐르는 물이 없으면 다른 물에서 침례를 주되 그 물이 차든 덥든 상관없다. 만일 이런 물도 없으면 성부와 성자와 성령의 이름으로 물을 머리에 세 번 부어라." 또한 「바나바 서신」에

---

29) Stacy, "Baptism," 155.
30) Grudem, 「조직신학」 (하), 197.

서도 침례와 관련해서 "우리는 진정 죄와 허물로 충만해서 물 속에 들어가지만, 열매를 맺으며 다시 올라온다"고 기록되어 있다.31)

중세시대에는, 로마 가톨릭의 추기경 기본스(Gibbons)에 따르면, 원칙적으로 기독교가 세워진 이후 수 세기 동안 침수례를 행했지만 12세기 이후부터 편의에 따라 관수례(affusion)가 로마 가톨릭에서 우세하게 되었다.32) 그리고 13세기에 와서 유아에게 침례를 주는 방법으로 관수례 혹은 살수례(sprinkling)의 행습이 서방세계에 널리 퍼졌다. 그 이전에 열렸던 각종 종교회의에서는 관수례를 조건부로 허용했다.33) 교회역사에서 살수례가 종교회의를 통해 공식화된 것은 1311년 라벤나 종교회의(Council of Ravenna)에서였다.34)

종교개혁 시대에도 침수례가 성서적 침례방식이라는 것은 일반적으로 인정되었다. 마틴 루터는 "침례에 관하여"(1519)라는 글에서 "누구든지 침례를 받는 사람은 물 속에 완전히 가라앉았다가 다시 올라와야 한다.... 침례란 옛 사람과 죄 많은 혈육을 하나님의 은혜로 완전히 장사되어야 한다는 뜻이 있기 때문에 이런 침례의 관례는 더욱 의미가 깊다"고 서술했다.35) 또 루터는 「교회의 바벨론」에서 침례가 죄를 씻는다는 표현은 침례의 충분한 의의(意義)를 드러낼 수 없다고 말하고 침례는 오히려 죽음과 부활의 한 표상이라고 주장했다. 그리고 루터는 침례를 받으려고 하는 사람들을 완전히 물 속에 잠기게 하고 싶다고 고백했다.36) 또한 존 칼뱅은 「기독교강요」에서 침례의 형식은 중요하지 않다는 입장을 보였지만, 그것이 물속에 완전히 잠기는 것이며 고대 교회에서는 이런 침수례를 행했다는 사실은 인정했

---

31) William L. Lumpkin, *A History of Immersion* (Nashville: Broadman Press, 1962), 7-8; 김용복, 「침례교신학」, 391.
32) Gibbons, *Faith of Our Fathers,* 275, Stevens, *Doctrines of the Christian Religion,* 330에서 재인용.
33) Lumpkin, *A History of Immersion,* 19-20; 김용복, 「침례교신학」, 392.
34) William Clapper, "A Short History of Immersion," http://charlesdailey.net/baptism.html, 2007년 9월 5일 접속, 김승진, 「침례교 신앙의 관점에서 본 요한 칼빈: 그의 교회론은 신약성서적인가?」(대전: 침례신학대학교출판부, 2007), 159에서 재인용.
35) Lumpkin, *A History of Immersion,* 21-2; 김용복, 「침례교신학」, 392-3.
36) Martin Luther, 「종교개혁 3大 논문」, 지원용 옮김 (서울: 컨콜디아사, 1993), 239; 김용복, 「침례교신학」, 393.

다.37) 마찬가지로 감리교의 창시자 존 웨슬리도 「신약성서주석」(Notes on the New Testament)에서 "침수례가 침례의 고대양식이라고 암시된 것처럼, 우리는 그와 함께 장사된다"고 진술했다.38)

오늘날 침수례가 성서적이라고 하는 사실을 부인하는 사람들은 아마도 없을 것이다. 대개 침례의 방식에 중요성을 부여하지 않거나, 전통적으로 행해왔던 관수례를 습관적으로 거행할 뿐이다. 침수례는 성서에서 말하는 복음의 내용을 상징적으로 가장 적합하게 표현하는 예전이다. 이보다 더 그리스도의 죽음과 장사와 부활을 예전적으로 재현하고, 그리스도의 복음에 대한 우리의 믿음과 순종과 헌신을 효과적으로 표현하는 방식은 없다.

II. 주의 만찬

초기 기독교공동체에서 행해지던 주의 만찬은 대체로 두 가지 요소가 결합된 것으로 간주된다. 하나는 초기 기독교공동체에서 행해지던 애찬(愛餐)이고, 다른 하나는 최후의 만찬이다. 애찬은 "사랑의 축제"(love feast)로서 헬라어로 아가페(agape)라 불렸다(유 12). 대체로 5천명을 먹이신 사건(막 6:30-44; 마 14:13-21; 눅 9:10-17; 요 6:1-13), 부활 후 예수께서 엠마오로 가는 제자와 함께 한 사건(눅 24:30), 특별한 떡과 생선이야기(요 21:9-14), 함께 모여 "떡을 떼는 것"(행 2:42) 등이 애찬의 사례라 할 수 있다. 그리고 예수께서 제자들과 함께 예루살렘의 다락방에서 가졌던 최후의 만찬(고전 11:23-25; 막 14:22-24; 마 26:26-28; 눅 22:19f)은 유월절의 전통과 연결되면서 주의 만찬의 핵심 요소로 자리 잡았다.39)

---

37) John Calvin, 「기독교강요」, 하 (서울: 크리스챤다이제스트, 2003), 386.
38) Stevens, *Doctrines of Christian Religion*, 331.
39) Moody, *The Word of Truth*, 469. 최후의 만찬이 유월절 전에 행해진 것이냐 유월절 의식으로 행해진 것이냐 하는 논쟁이 있지만, 무디는 유월절 음식으로 이해했다. 그는 Joachim Jeremias, *The Eucharistic Words of Jesus* (Oxford, 1955)와 A. J. Higgins, *The Lord's Supper in the New Testament* (S.C.M., 1952)를 참고자료로 제시했다. A. J. B. Higgins, 「신약성서에 나타난 주의 만찬」, 김세광 옮김 (서울: 한국장로교출판사, 2001), 15-27 참조.

1. 주의 만찬의 의미

주의 만찬은 신자가 침례를 통해 공개적으로 그리스도인의 삶을 시작하는 순간부터 주님이 이 땅에 다시 오실 때까지 반복적으로 행해진다는 점에서 세 가지 시제적 의미를 함축한다. 그리스도 안에서 행하신 하나님의 놀라운 역사라는 측면에서 과거적이고, 신자들이 그리스도와 함께 그리고 신자끼리 서로 교제한다는 점에서 현재적이며, 그리스도의 재림 때까지 주의 죽으심을 선포한다는 의미에서 미래적이다.[40]

1) 과거적 의미: 언약과 회상

주의 만찬은 하나님께서 그리스도를 통해 우리를 구속하셨다는 사실을 기억하는 예전이다. 이는 하나님의 구원하시는 언약(covenant)을 상징하는 것이요, 우리의 죄를 위해 죽으신 예수의 희생과 죽음을 회상(recollection)하는 것이다.

언약으로서 주의 만찬에 대한 성서적 근거는 예수의 직접적인 말씀에서 유래한다(마 26:28; 막 14:24; 눅 22:20; 고전 11:25). 예수께서는 포도주를 제자들에게 주면서 "언약의 피" 혹은 "새 언약"이라고 말씀하셨다. 여기서 언약의 피는 모세가 하나님과 언약을 체결할 때 말했던 것(출 24:8)과 연결되고, 새 언약은 예레미야 31장 27-34절에서 선포된 새 언약을 그리스도의 죽음을 통해 완성한다는 것을 보여주는 것이라 할 수 있다.[41] 따라서 주의 만찬을 그리스도의 주권과 그의 뜻을 행하려는 우리의 헌신을 반복하여 회중에게 선포하는 언약의 음식으로 생각하는 것은 매우 중요하다.[42]

회상도 주의 만찬의 주요 부분이다. 고린도전서 11장 24절 이하와 누가복음 22장 19절은 "회상"으로 번역되는 아남네시스(anamnesis)를 사용한다. 신구약성서에서 사

---

40) G. Thomas Halbrooks, "Communion," *A Baptist's Theology*, 177.

41) Moody, "The New Testament Significance of the Lord's Supper," *What Is the Church? A Symposium of Baptist Thought*, Com. and ed. by Duke K. McCall (Nashville: Broadman Press, 1958), 88-9.

42) Moody, *The Word of Truth*, 470.

용된 아남네시스는 "기념적 떡"(레 24:8), "기념적 희생"(민 10:10), "죄의 회상"(히 10:3)이라는 의미를 가진다. 아남네시스는 "한 생명에서 다른 생명으로, 무의식에서 의식으로, 과거에서 현재로 회상하는 의미를 지닌 강력한 단어"로써, 현재의 축복을 가져오는 그런 힘으로 회상되는 과거의 사건을 의미한다.[43]

침례교인들은 주의 만찬에 하나님께서 우리를 구원하신 것을 기억하고 기념한다는 맥락에서 상징적 의미를 부여한다. 주의 만찬도 침례와 마찬가지로 그 자체에 마술적 의미의 은혜가 자동적으로 임하는 의식은 아니다. 그것은 분명 그리스도와 교제가 이루어지는 은혜의 자리이기는 하지만, 무엇보다도 신자들의 신앙고백이며 그리스도의 사역에 참여하는(고전 10:16) 교회예전이다. 주의 만찬은 일차적으로 함께 모여 식사함으로써, 구원의 사건을 계속해서 재현하여 그 은혜를 기억하고 기념하는 데 목적이 있다. 주님은 "이것을 행하여 나를 기념하라"(고전 11:24-25)고 말씀하셨다. 이 말은 단순히 기념한다는 의미를 넘어서, 과거의 사건과 그 능력을 현재 여기에 다시 드러낼 수 있도록 회상하고 재현하라는 뜻이다.[44] 이런 일을 통해 신자들은 하나님의 화해하는 사랑을 새롭게 반복적으로 경험하게 된다.

2) 현재적 의미: 감사와 교제

주의 만찬의 현재적 중요성은 두 개의 헬라어 단어, 즉 '감사'(eucharistia)와 '교제'(koinonia)에 나타난다. 주의 만찬은 신자들이 하나님의 구속 사역에 감사하고, 동시에 그리스도와 함께 교제하며 신자들끼리 서로 교제한다는 의미에서 현재적이다. 주님의 희생은 반복되는 것이 아니지만, 감사와 교제는 반복된다.

유카리스트라는 단어가 사용된 곳은 고린도전서 11장 24절과 누가복음 22장 19절, 마가복음 14장 23절과 마태복음 26장 27절이다. 전자는 떡을 떼면서, 후자는 잔을 나누면서 예수께서 "축사" 혹은 "감사기도"를 드렸다고 전한다. 이러한 근거로 많은 그리스도인들은 주의 만찬을 "유카리스트"(the Eucharist)라고 칭해왔다.[45] 유

---

[43] Moody, "The New Testament Significance of the Lord's Supper," 92; Moody, *The Word of Truth*, 471.

[44] Halbrooks, "Communion," 186-7.

카리스트는 헬라세계에서 주의 만찬예전을 표현하는 데 사용된 가장 오래된 용어 가운데 하나였다. 이 유카리스트로서 주의 만찬은 "창조와 구속의 선물을 주신 하나님께 감사하는 시간"으로서 중요한 의미가 있다.[46]

"코이노니아"라는 단어는 현재적으로 그리스도와 그리스도의 몸의 지체인 모든 신자들이 교제하는 것을 의미한다.[47] 특별히 초대교회에서 주의 만찬은 공동식사, 즉 교제의 식사라는 특징이 강하다. 그런 점에서 주의 만찬에서 그리스도의 임재방식에 대해 관심을 모으는 것은 핵심을 놓치는 일이며, 주의 만찬의 의미를 흐리게 할 위험이 있다.[48] 주의 만찬이 성도 간의 교제라는 현재적 의미를 잘 설명하고 있는 사례는 고린도전서 11장 21-22절에서 찾을 수 있다. 고린도교회는 바울로부터 주의 만찬을 제대로 하지 못했다는 책망을 들었다. 왜냐하면 주의 만찬을 할 때, 어떤 사람들은 자신이 가져온 음식을 먼저 먹고 취하는데, 다른 사람들은 아무 것도 먹지 못하는 일이 발생했기 때문이다. 바울은 그런 행위를 두고 "너희가 하나님의 교회를 업신여기고 빈궁한 자들을 부끄럽게 한다"(11:22)고 꾸짖었다. 이는 그리스도 안에서 서로 하나가 되고 함께 떡과 포도주를 나누며 교제해야 할 성도들이 자기만을 위한 이기적인 행태를 보였기 때문이다. 바람직한 주의 만찬은 다른 성도들과 함께 나누는 것이다(11:33). 그러므로 주의 만찬은 과거적 의미로서 예수 그리스도의 죽음에 대한 상징임과 동시에, 현재적 의미에서 신자와 주님 사이, 그리고 신자와 신자 사이에서 이루어지는 생명력 있는 교제를 나타내는 상징인 것이다.[49] 또한 주의 만찬의 식사 교제는 누구든지 주님의 음성을 듣고 문을 열면 주님과 더불어 먹을 것이라는 요한계시록 3장 20절의 말씀과 상관이 있다.[50]

---

45) Moody, *The Word of Truth*, 470.
46) Horton Davies, *Bread of Life & Cup of Joy: Newer Ecumenical Perspectives on the Eucharist* (Grand Rapids: William B. Eerdmans Publishing Company, 1993), 17, 28-9.
47) Moody, *The Word of Truth*, 470.
48) Michael Welker, 「성찬식에서 무엇이 일어나는가?」, 임걸 옮김 (서울: 한들출판사, 2000), 65-7.
49) Erickson, *Christian Theology*, 3, 1111.
50) I. Howard Marshall, 「마지막 만찬과 주의 만찬」, 배용덕 옮김 (서울: 솔로몬, 1993), 223-4.

코이노니아로서 주의 만찬은 신자들의 연합으로 표현되기도 했다: "우리가 축복하는 바 축복의 잔은 그리스도의 피에 참여함이 아니며 우리가 떼는 떡은 그리스도의 몸에 참여함이 아니냐 떡이 하나요 많은 우리가 한 몸이니 이는 우리가 다 한 떡에 참여함이라"(고전 10:16-17). 여기서 "하나의 떡, 하나의 몸"이라는 어구는 주의 만찬을 교제 혹은 참여로 이해할 뿐 아니라 교회를 그리스도의 몸으로 이해하는 근거가 된다.51)

3) 미래적 의미: 하나님 나라의 도래와 복음의 선포

주의 만찬의 미래적 중요성은 하나님 나라의 도래와 그리스도의 재림과 연결된다. 하나님 나라는 그리스도가 재림하실 때 완성된다. 신약성서의 기자들은 그리스도의 재림과 하나님 나라의 도래를 분리시켜 생각할 수 없었다. 이는 다니엘 7장에서 왕국과 메시아의 개념이 서로 얽혀 있는 것과 마찬가지다.52)

예수께서는 하나님 나라를 큰 잔치라 말씀하셨다(마 8:11; 22:1; 눅 13:29; 22:30). 이는 예수께서 다락방에서 다음과 같이 말할 때에도 역시 해당된다: "... 이것을 갖다가 너희끼리 나누라 내가 너희에게 이르노니 내가 이제부터 하나님의 나라가 임할 때까지 포도나무에서 난 것을 다시 마시지 아니하리라"(눅 22:17-18). 여기서 포도나무에서 난 것을 마시지 않겠다는 말은 축제를 하지 않겠다는 것을 의미한다. 포도주는 잔치의 음료였고(욥 1:13), 혼인식의 음료였다(요 2:13). 그러므로 주의 만찬에서 포도주를 사용한다는 것은 이 식사가 축제적 성격을 띠고 있음을 강조하는 것이다.53) 주의 만찬은 미래의 메시아 축제로서 종말론적 기쁨을 미리 맛보는 것이다. 이런 소망을 통해 우리는 그리스도의 죽음에 대한 이별의 슬픔을 기대의 기쁨으로 바꾼다. 주의 만찬이 초대교회의 축제 속에서 기쁨으로 가득 찰 수 있었던 것

---

51) Moody, *The Word of Truth*, 470; Moody, "The New Testament Significance of the Lord's Supper," 80-5.
52) Moody, "The New Testament Significance of the Lord's Supper," 95.
53) 고재수, 「세례와 성찬」, 개혁신앙 강좌 4 (서울: 성약출판사, 2005), 81-2. 물론 주의 만찬에서 포도주가 사용된 것은 그것이 유월절 의식과 관련된 것이기도 하고, 붉은 색이 그리스도의 보혈을 상기시키기 때문이기도 하다.

은 하나님 나라에 대한 기대 때문이었다.54) 이는 또한 제자들이 예수의 부활을 경험한 뒤라 예수의 죽음에 대한 아픈 기억을 극복하고 예수의 영적 임재에 대한 기쁨을 느낄 수 있었을 것이다.55) 그러므로 주의 만찬의 종말론적 축제 의미가 다시 강조될 필요가 있다.

또한 주의 만찬은 "주의 죽으심을 오실 때까지 전하는 것"이다(고전 11:26). 그 점에서 주의 만찬은 일종의 선포다. 이 예전은 주의 만찬을 통해 주의 희생과 죽으심이 반복되는 것이 아니라, 십자가 위에서 죽은 예수의 희생이 죄인들에게 선포되는 것을 의미한다.56) 따라서 만찬 안에는 죄와 고통의 상황이 있다. 그 안에는 "배반의 밤"도 있고, 그리스도의 십자가와 죽음도 있다. 주의 만찬을 통해 주님의 죽으심을 선포한다는 것은 예수 그리스도의 십자가를 현재화시키는 것이다.57) 십자가를 현재화한다는 것은 그리스도가 다시 오실 때까지 십자가에서 죽으신 예수 그리스도를 우리의 삶 가운데 재현하는 것을 의미한다. 날마다 십자가 위에 죽으신 그리스도처럼, 우리도 날마다 죽는 신앙의 삶을 다짐하는 것이다. 주의 만찬을 통해 반복적으로 그리스도의 십자가와 죽으심을 성찰하는 것은 성도들로 하여금 십자가의 삶을 살도록 촉구하며 헌신하게 만든다는 점에서 대단히 중요한 의미가 있다. 그런데 이 주의 만찬이 단순히 죽음과 고통에 그치는 것이 아니라 희망과 기쁨을 촉발하는 것은 그의 부활과 재림 때문이다. 그렇기 때문에 십자가는 세상의 질서와 권력을 죄라고 고발하고, 십자가의 수난은 궁극적으로 이 세상을 초월하는 하나님 나라를 바라보게 하는 힘을 가질 수 있는 것이다.

과거와 현재와 미래는 서로 분리되지 않고 연결되어 있다. "주의 만찬은 우리의 구원을 위한 예수의 죽음을 뒤돌아보며, 현재적 구원의 선물을 즐거워하며, 아울러 그의 오심과 천상적인 잔치의 시작을 기대하고 있다."58) 과거의 기억을 되살리는

---

54) Moody, "The New Testament Significance of the Lord's Supper," 93-5.
55) Higgins, 「신약성서에 나타난 주의 만찬」, 77. 그런데 그리스도의 재림이 연기되자 주의 만찬의 기억 측면이 우세해지고 종말론적 축제 요소는 약화되었다. 종말론에 다시 관심을 갖기 시작한 것은 바이스(J. Weiss)와 슈바이처(A. Schweitzer)의 연구로부터다.
56) Marshall, 「마지막 만찬과 주의 만찬」, 238.
57) Welker, 「성찬식에서 무엇이 일어났는가?」, 147.

것은 현재에 그리스도의 임재를 함축하는 것이고, 종말론적 축제는 단순히 미래의 잔치만이 아니라 현재에 그 완성과 기쁨을 맛보는 것이다.59)

2. 주의 만찬의 대상

누가 주의 만찬에 참여할 수 있는가 하는 문제는 주의 만찬의 의미에서 그 답을 찾을 수 있다. 역사적으로 볼 때, 침례교인들은 주의 만찬에 누가 참여할 수 있는가 하는 문제로 많은 논쟁을 벌여왔다. 이 문제는 크게 두 가지 논의를 필요로 한다. 하나는 침례를 받았느냐, 어디서 받았느냐 하는 문제와 관련이 있고, 다른 하나는 믿음을 가질 수 없는 나이의 어린아이들을 어떻게 할 것인가 하는 문제와 연관된다.

1) 침례 여부에 따른 구분

대체로 침례교인들은 침례 문제와 관련해서 세 가지 견해, 즉 개방만찬, 폐쇄만찬, 극단적 폐쇄만찬 가운데 하나를 선택해왔다. 개방만찬은 유아세례를 받았든, 침수례가 아닌 성인침례를 받았든, 신자라면 누구나 주의 만찬에 참여할 수 있다는 입장이다. 폐쇄만찬은 어느 교회에서 받았든 상관없이 침례교인으로서 침수례에 의한 침례를 받은 신자라면 누구나 주의 만찬에 참여할 수 있다는 입장이다. 극단적 폐쇄만찬은 침례교인으로서 그 지역교회에서 침수례에 의한 침례를 받은 신자만 주의 만찬에 참여할 수 있다는 입장이다.60)

특별히 극단적 폐쇄만찬을 주장했던 역사적 사례는 19세기 중반에 등장했던 지계석주의자들에게서 찾을 수 있다. 그들은 침례교회만이 유일하고 참된 기독교회

---

58) Marshall, 「마지막 만찬과 주의 만찬」, 251.

59) Davies, *Bread of Life & Cup of Joy*, 80.

60) John M. Finley, "주의 만찬은 예배의 절정을 이룬다," 「21세기 속의 1세기 신앙」, 196. 핀리의 설명에 따르면, 개방만찬은 오늘날 영국 침례교회의 대다수와 미국 침례교회의 꽤 많은 수가 실천하고 있고, 폐쇄만찬은 미국 대다수 침례교회의 공식 견해이고, 극단적 폐쇄만찬은 19세기 지계석주의자들의 견해였다. 참고로 이 견해를 좀 더 확장시키면, 극단적 개방만찬을 주장하는 경우도 고려할 수 있다. 이 경우는 신자든 아니든 그 공동체에 참여한 모든 사람을 주의 만찬에 초대하는 것이다. 하지만 이 경우는 성서적 상황에서 그 근거를 발견할 수 없기 때문에 받아들이기 어렵다.

라고 주장하는 고교회주의(high churchism)를 표방했다. 이들은 오직 그 지역의 침례교회에서 침수례를 받은 사람들만 주의 만찬에 참여할 수 있다는 입장을 견지했다. 특히 이 운동을 대중화시키는 데 크게 기여했던 그레이브스(J. R. Graves)는 코튼 그로브결의안으로 알려진 다섯 가지 질문서를 통해 공식적으로 침례교회의 배타성을 강조했다. 이 결의안은 침례교회가 아닌 교회들의 목회자들과 교회예전들의 권위를 거부하는 내용을 담고 있다. 이 결의안에 따르면, 오직 침례교회만이 복음적인 교회고, 다른 교회들은 "종교적 집단들"에 불과했다.[61]

하지만 침례교회의 교회론적 특성이 이처럼 배타적이고 극단적인 폐쇄만찬을 통해 보존된다고 생각할 수는 없다. 침례교회의 특성은 폐쇄성에서가 아니라 오히려 개방성에서 찾아야 한다. 침례교회의 교회론적 특성은 신자의 침례, 신자들의 교회를 강조하는 데 있다. 그러므로 가시적인 지역교회로서 침례교회의 우월성이나 침례교회의 역사적 계승이론을 주장함으로써 침례교회의 특성을 강조하는 것은 기독교 신앙의 본질을 호도할 우려가 있다. 사실 침례교회는 신자들의 교회 전통을 손상시키지 않는 문제에 대해서는 대체로 관대했던 것 같다. 그래서 역사적으로 볼 때 침례교인들은 신학의 다양함을 수용했을 뿐 아니라, 신앙의 자유를 존중하는 차원에서 성서해석의 자유도 인정했으며, 신앙의 획일성과 폭력성을 우려하여 신조(creed) 대신 신앙고백(confession)을 강조했던 전통을 가지고 있다.[62] 따라서 이 문제는 각 지역교회의 관점에 따라 개방만찬이나 폐쇄만찬 가운데 어느 하나를 적용해도 큰 문제는 없으리라 생각하지만, 폐쇄만찬보다는 개방만찬이 향후 침례교회의 전반적인 추세가 될 것으로 보인다.[63]

---

61) Walter B. Shurden, 「침례교 신학논쟁: 침묵하지 않은 사람들의 이야기」, 김용복, 김태식 옮김 (서울: 침례회출판사, 2000), 83-4.
62) 이 문제에 대해서는 김용복, 「침례교신학」, 69-75, 259-96 참조.
63) Finley, "주의 만찬은 예배의 절정을 이룬다," 200. 핀리는 주의 만찬을 시행하는 문제에서 침례교회가 과거의 전통에만 얽매이지 않고 좀 더 창의적인 접근을 시도할 필요가 있다고 주장했다. 그는 침례교회가 출현하는 과정에서 가톨릭과 영국 국교회에 대해 격심한 반감을 가지고 있었고, 미국의 지계석주의의 영향으로 에큐메니칼 정신을 경멸했다고 지적했다. 그 결과, 많은 침례교인들은 신학교 채플예배나 중고등부 캠프 혹은 교단적 집회 때 주의 만찬을 나누는 것에 대해 환영하지 않게 되었다고 비판했다. 만일 우리가 성서의 뿌리로 돌아간다면 이런 장벽은 극복될 수 있을 것이며 주의 만찬을 공동체 예배에서 최고 절

2) 어린아이의 참여 문제

주의 만찬에 성인침례를 받지 않은 어린아이들을 참여시킬 것인가 하는 문제는 원칙적으로 볼 때 그리 어려운 주제가 아닐 수 있다. 주의 만찬에 참여하는 사람은 신자여야 한다는 대원칙이 있기 때문이다. 그러나 신약성서의 사례에서 예배가 가정에서 이루어질 때, 과연 부모와 함께 예배에 참여했던 어린아이들에게 주의 만찬이 허용되지 않았을까 하는 의문이 제기되기도 한다. 초기에 행해진 주의 만찬은 전체 공동식사 가운데 한 부분이었던 것 같다. 그러다가 2세기가 시작되면서 공동식사는 사라지게 되었다. 그 까닭은 아마도 박해에 대한 공포나 혹은 사랑의 축제에 대한 난잡한 소문들을 무마시키기 위해서였을 것이다.[64] 그렇다면 초기 공동체에서 특별히 어린아이들을 배제하고 주의 만찬을 했을 것 같지 않다. 다만 한 가지 문제는 과연 어린아이들이 공적 예배에 참석했을까 하는 것이다. 초기 기독교공동체는 일차적으로 성인신자들의 공동체였다. 왜냐하면 신자들의 교회는 신앙고백을 통해 침례를 받은 신자들로만 구성되었기 때문이다. 이것은 자유교회 전통에서 강력하게 주장하는 핵심적인 교회관이다.

따라서 자유교회의 전통에서 볼 때, 주의 만찬의 과거, 현재, 미래의 의미는 믿음이 없는 어린아이에게는 해당되지 않는다고 볼 수 있다. 그렇다면 침례를 받지 않은 어린아이는 주의 만찬에 참여할 수 없다고 보는 것이 마땅하다. 고린도전서 10장 15-17절에서 바울이 우리가 그리스도의 몸인 한 떡을 먹었기 때문에 서로 하나라는 사실을 강조한 대상도 사리분별이 있는 신자들이라는 사실을 기억할 필요가 있다. 비록 어린아이가 참여했다 하더라도 그 아이에게 주의 만찬은 사실상 아무런 의미가 없었다. 어린아이는 그리스도에 대한 신앙고백도, 그리스도에 대한 헌신도 하지 않기 때문이다. 주의 만찬은 하나님의 구원사건을 기억하고 감사하며 다가올 하나님 나라를 소망하는 예전이며, 어떤 점에서 신자 개인과 주님 사이의 관계에서

정으로 축제처럼 나눌 수 있다고 제안했다.

64) Justo L. Gonzalez, *The Early Church to Dawn of the Reformation, The Story of Christianity*, vol. 1. (New York: HarperCollins Publishers, 1984), 94. 하워드 마샬도 주의 만찬과 애찬을 동일한 예전에 대한 두 명칭일 가능성이 높다고 주장했다. 그런데 2세기에 교회의 식사와 주의 만찬이 분리되어 별개의 예전이 되었다고 보았다. Marshall, 「마지막 만찬과 주의 만찬」, 177.

포함되어 있는 제자도를 상징하는 예전이다.[65] 따라서 주의 만찬은 주님의 제자로서 자기 헌신이 있는 신자들에게 시행되어야 한다.[66]

3. 주의 만찬의 형식

주의 만찬은 그 형식과 관련해서 두 가지 주제를 다룰 필요가 있다. 하나는 구성요소의 문제요, 다른 하나는 방법의 문제다. 전자는 주의 만찬에 사용되는 떡과 포도주의 성격과 그 의미를 밝히는 것이고, 후자는 주의 만찬에 참여하는 교회공동체가 가져야 할 태도와 관련된 것이다.

1) 떡과 포도주의 문제

주의 만찬이 그리스도의 구속 사건에 대한 상징이라면 그것을 적절하게 표현할 수 있는 물적 요소가 필요하다. 기독교공동체는 최후의 만찬에서 배운 대로 예수의 몸과 피를 상징하기 위해 떡과 포도주를 사용해왔다. 여기서 우리는 두 가지 질문에 봉착한다. 하나는 떡과 포도주가 예수 그리스도와 어떤 상관관계가 있는가 하는 것이고, 다른 하나는 오늘날에도 모든 교회들이 반드시 떡과 포도주를 사용해야 하는가 하는 문제다.

떡과 포도주와 예수 그리스도의 상관관계 문제는 그리스도의 임재방법과 관련하여 격렬하게 논쟁되었던 주제다. 침례교인들은 일반적으로 주의 만찬 때 떡과 포도주가 로마 가톨릭의 주장처럼 그리스도의 살과 피로 그 실체가 바뀐다거나(화체설, transubstantiation theory), 루터의 주장처럼 그리스도의 몸이 실제로 떡과 포도주에 임재한다고(공재설, consubstantiation theory) 생각하지 않았다. 초기 칼뱅주의적 침례교인들은 공재설과 상징설의 타협을 시도하면서 그리스도께서 영적으로 임재한다고 주장하는 칼뱅의 영재설(spiritual presence theory)을 수용하기도 했다. 하지만

---

65) Erickson, *Christian Theology*, 3, 1112.
66) 현실적으로 교회 안에 있는 사람들 가운데 믿는 부모를 둔 어린아이와 정신지체장애인들은 주의 만찬과 아무런 관계가 없다는 말인가? 이 문제는 점차 오늘날 한국 교회가 목회적 차원에서 그 대책을 세워야 할 현실적인 사안으로 떠오르고 있다. 이에 대해서는 별도의 논의가 필요하다.

대체로 침례교인들은 그리스도가 신자의 마음에 임재한다는 츠빙글리의 상징설이나 주의 만찬은 단순한 기념에 불과하다는 아나뱁티스트들의 견해를 따랐다.67)

그런데 지나치게 기념설을 강조하는 것은 오히려 주의 만찬에서 그리스도는 어디에도 임재하지 않는다고 말하는 이른바 "부정주의"(negativism)에 빠질 위험이 있다는 지적도 있다. 어느 침례주의자가 극단으로 치우쳐서 "예수를 발견할 수 없는 가장 확실한 장소는 주의 만찬이다"라고 주장하기까지 했다는 사실은 이런 위험을 단적으로 보여준 것이다.68) 따라서 침례교회들이 주의 만찬을 단순히 기념이나 상징만으로 취급한다는 명분 때문에 예전 자체를 약화시키거나 그것을 예배의 한 부록처럼 취급하는 것은 바람직한 일이 아니다. 초기 기독교공동체부터 교회 역사 전체를 통해서 주의 만찬은 예배의 부록이 아니라 예배의 최고 절정으로 간주되었다는 사실을 기억할 필요가 있다.69) 따라서 성례전적 의미에서가 아니라, 자유교회 전통에서 주의 만찬의 중요성과 의미를 강조하고 회복할 필요가 있다.

주의 만찬에서 사용되는 떡과 포도주가 그리스도의 구속적 죽음과 교회공동체의 교제를 위한 상징적 물질이라면, 굳이 유월절에 사용했던 것과 똑같은 조건을 반드시 갖출 필요는 없다고 생각한다. 그러므로 포도주나 포도주스 가운데 하나를 사용해도 좋고, 무교병이나 유교병 가운데 하나를 사용해도 무방하다. 만일 떡과 포도주를 구할 수 없다면, 다른 대체물로 사용해도 좋을 것이다. 다만 그리스도의 몸과 피를 상징할 수 있는 어느 정도의 유사성은 필요하리라 본다. 중요한 것은 떡과 포도주의 재료가 최초에 사용된 것과 얼마나 유사한가 하는 것이 아니라, 그 의미를 얼마나 정확하게 전달할 수 있느냐 하는 데 있기 때문이다.70)

---

67) Halbrooks, "Communion," 183. 하지만 일부 침례교인들은 칼뱅의 영재설을 더 심오한 의미로 받아들이기도 한다. John M. Finley, "주의 만찬은 예배의 절정을 이룬다," 「21세기 속의 1세기 신앙: 침례교신앙 정의하기」, 194.
68) Erickson, *Christian Theology*, 3, 1122-3.
69) Gonzalez, *The Early Church to Dawn of the Reformation*, 94.
70) Erickson, *Christian Theology*, 3, 1125.

2) 방법

주의 만찬은 어떻게 그리고 얼마나 자주 행해야 하는가? 고린도전서 11장 27-29절은 주의 만찬에 우리가 어떤 대도로 임해야 하는지를 말해준다. 성서는 "합당하지 않게 먹고 마시는 자" "주의 몸을 분별하지 못하고 먹고 마시는 자"에 대해 준엄하게 경고한다. 이를 뒤집어보면, 주의 만찬에 참여하는 사람은 "합당하게" "주의 몸을 분별"해야 한다는 말이다. 여기서 합당하다는 말은 무엇을 의미하는 것인가? 그것은 그리스도의 몸과 피를 상징하는 떡과 포도주를 받기에 합당한 자격을 갖춘 사람이 주의 만찬에 참여할 수 있다는 것을 의미한다. 그러려면 먼저 그 사람은 신자여야 할 것이고, 또한 신자로서 그리스도의 뜻에 따라 살아가는 사람이어야 할 것이다. 그렇다면 주의 몸을 분별한다는 말은 무엇을 말하는가? 그루뎀은 이것을 한 몸으로서 교회의 참 본질을 분별하는 문제로 해석했다. 그는 본문의 의미를 사도 바울이 고린도교회가 그리스도의 몸인 교회가 하나 됨과 상호 의존함을 이해하지 못했다는 것을 지적한 것으로 이해했다.[71] 고린도 교인들은 주의 만찬을 하면서 어떤 사람은 자기 음식을 배불리 먹고 어떤 사람은 시장했으며, 어떤 사람은 취함으로써(고전 11:20-21 참조), 교회의 하나 됨을 파괴했기 때문이다. 그것은 엄밀히 말해서 주의 만찬이 될 수 없었다. 형제의 교제가 빠졌기 때문이다. 고린도교회에서 주의 만찬이 무질서해진 근본적 원인은 당시 사회의 불평등 때문이었을지 모른다.[72] 따라서 주의 만찬은 교회가 마땅히 함께 나누어야 할 나눔의 공동체요, 차별과 불평등이 없는 하나 된 공동체라는 것을 강력하게 요청하는 예전이 되어야 마땅하다.

신자들의 공동체인 교회는 주의 만찬에서 그리스도의 임재 문제에 관심을 가지는 것보다 오히려 공동체의 하나 됨을 확인하고 주님이 다시 오실 때까지 주의 죽으심(복음)을 선포하는 데 초점을 맞추어야 한다. 주의 만찬을 함께 나누는 성도들은 서로 한 몸이라는 사실을 재차 반복적으로 확인하는 것이 중요하다. 그 점에서 주의 만찬은 형식적 예전으로 전락하지 않는 범위에서 자주 시행하여 그 의미를 교

---

71) Grudem, 「조직신학」 (하), 242.
72) Higgins, 「신약성서에 나타난 주의 만찬」, 87; Marshall, 「마지막 만찬과 주의 만찬」, 173.

회공동체 안에서 재현하는 것이 좋다.73)

마치는 글

침례와 주의 만찬은 그리스도인이 신앙의 삶을 살아가는 데 매우 중요한 의미가 있는 교회예전이다. 침례가 그리스도인으로서 자기정체성을 공개적으로 처음 고백하는 것이라면, 주의 만찬은 그 정체성을 주기적으로 재현하는 것이다. 침례가 그리스도에 대한 개인의 믿음을 고백하는 것이라면, 주의 만찬은 그리스도에 대한 신자들의 신앙을 공동으로 고백하는 것이다.

따라서 침례가 신앙고백과 헌신과 영적 연합이라는 의미를 함축하는 만큼, 교회는 좀 더 신중하게 침례후보자를 선정하고 침례를 거행할 필요가 있다. 그리고 주의 만찬은 침례를 통해 자신의 신앙을 공개적으로 고백한 헌신자로 구성된 교회공동체에서 행해지는 예전이어야 한다. 또한 지나치게 개인주의의 신앙형태가 팽배해지고 있는 현대 사회에서 교회공동체의 하나 됨과 교제를 위한 것이라는 주의 만찬의 본질적 의미를 회복하는 것은 무엇보다 중요한 일이다. 교회예전의 중요한 모토가 되는 개념은 결국 "한 성령으로 침례를 받아 한 몸이 되고"(고전 12:13), "한 몸으로 한 떡"(고전 10:17)에 참여하는 것이기 때문이다.

종교적 상징은 새로운 삶의 방식에 헌신함으로써 개인과 사회의 변혁을 초래하는 기능을 가진다. 침례나 주의 만찬은 신실한 신자들이 믿음 안에서 순종하면서 복음에 걸맞게 살 것을 다짐하면서 동시에 요구받는 상징행위다. 상징행위로서 교회예전은 "우리의 생각을 위한 모델일 뿐 아니라 우리의 행동을 위한 모델"이 되어야 한다.74) 그 점에서 오늘날 한국 침례교회는 침례의 의미를 재정립하고 좀 더 신앙공동체의 자기 정체성, 즉 신자들의 교회 전통을 확고히 할 필요가 있다. 또한 주

---

73) 참고로 세계교회협의회(WCC)에서 발행한 「침례, 유카리스트 그리고 직제」(1982) 문서에서는 적어도 매주일 주의 만찬이 행하는 것을 권하고 있다. 허정갑, "성만찬적 교회론: '성도의 교제'를 중심으로," 「한국기독교 신학논총」, 52 (2007): 220.

74) Davies, *Bread of life & cup of Joy*, 233-4 참조.

의 만찬을 통해서 한국 침례교회는 개교회의 이기적인 자기중심성에서 벗어나, 하나 된 교회공동체로서 교회연합과 협력에 관심을 기울이고, 대내외적으로 죽어가는 사람들에게 생명의 떡을 함께 나누이아 할 그리스도인의 본분을 반복적으로 가르치고 선포해야 한다.

제3부
한국 침례교회의 신학전통과 정체성

우리집침례교회의 십자가 종탑

13

Malcolm C. Fenwick의 신앙과 신학체계*

한국 침례교회와 교인들의 삶에 적지 않은 영향을 끼친 말콤 펜윅(Malcolm C. Fenwick, 1863-1935) 선교사에 대한 연구는 그 동안 여러 측면에서 진행되어 왔다. 하지만 아직도 그의 신앙과 신학의 면모는 만족할 만한 정도로 밝혀지지 못한 것 같다. 그것은 아마도 펜윅의 일차자료에 대한 연구가 부족했기 때문으로 사료된다. 이런 상황에서 펜윅의 일차자료 가운데 하나인 「사경공부」(查經工夫)를 조직신학 관점에서 체계적으로 연구하는 일은 중요하고 필요한 작업이라 생각한다. 이전에도 「사경공부」라는 사료가 일부 중요한 연구들에 부분적으로 인용되기는 했지만,[1] 아직까지 그 전체를 분석하여 체계적으로 연구한 결과는 나오지 않은 것으로 보인다.

펜윅의 신앙과 신학은 일반적으로 나이아가라사경회(Niagara Conference)의 "근본주의 신앙"을 이어받아, "축자영감설의 영성신앙," "전천년왕국의 세대주의 신앙," "임박한 주님의 재림 및 섭리주의신앙," "세상에 대한 부정적 태도"를 보여주었다고 이해되었는데,[2] 이는 주로 성경관과 종말관을 중심으로 평가된 것이었다. 구원관

---

* 출처: 김용복, "「사경공부」에 나타난 Malcolm C. Fenwick의 신앙과 신학," 「복음과 실천」 47 (2011 봄): 109-38.
1) 김용복, "「사경공부」에 나타난 펜윅의 종말신앙," 「한국 침례교와 신앙의 특성」, 침례교신학연구소 편 (대전: 침례신학대학교출판부, 2000), 75-119; 이상배, "한국 침례교신학의 흐름," 「한국 침례교와 신앙의 특성」, 219-42; Yong-Gook Kim, "An Analysis of the Theological Development and Controversies of the Korea Baptist Convention, 1889-1997" (Ph.D. dissertation, Southern Baptist Theological Seminary, 2001); Heui-Yeol Ahn, "The Influence of the Niagara Bible Conference and Adoniram Judson on Malcolm Fenwick and Korean Baptist Missions" (Ph.D. dissertation, Southwestern Baptist Theological Seminary, 2002).

분야의 연구에서는 그의 사상이 변경된 칼뱅주의 혹은 아르미니우스주의적 성향으로 평가되면서 다소 일치하지 않는 양상을 보여준 바가 있다.[3]

이 연구는 「사경공부」 전체를 분석하여 그 신학 특징을 서술함으로써 미진했던 펜윅의 신학사상 연구에 도움을 주려는 데 목적이 있다. 이 일을 위해 먼저 「사경공부」의 구조와 서지(書誌)사항을 정리한 뒤, 그 교리적 특성을 조직신학 관점에서 주제별로 분석했다. 이 연구에서는 특별히 다음과 같은 네 가지 주제영역에서 펜윅의 신앙과 신학을 살펴보았다: (1) 하나님의 은혜와 주권, (2) 인간의 자유권(自由權)과 그리스도의 대속(代贖)사역, (3) 중생(重生)의 조건, (4) 신자(信者)의 성화(聖化)와 종말신앙. 이는 펜윅의 신앙과 신학을 큰 틀에서 구원관과 성화관을 중심으로 접근한 것이다. 그러므로 펜윅의 인물됨이나 그의 선교정책과 그 결과에 대한 평가는 이 자리에서 논의하지 않았다. 이 연구에서 연구자가 제기한 질문은 세 가지다: 첫째, 펜윅이 「사경공부」를 통해 강조했던 신앙의 핵심은 무엇인가? 둘째, 펜윅의 신앙과 신학을 우리는 어떻게 평가할 수 있는가? 셋째, 「사경공부」는 펜윅의 신학사상을 파악하는 데 얼마나 유용한가? 이 연구는 이 질문들에 대한 답을 조직신학 관점에서 찾는 것이다.

지금까지 펜윅과 대한기독교회(혹은 동아기독교회)에 관해 공개된 주요 자료는 다음과 같다:[4] (1) 「신약젼셔」와 그 전에 번역된 쪽복음들 (2) 여러 판의 「복음찬미」 (3) 「만민죠은긔별」 (4) 달편지 (5) 펜윅의 자서전 「대한기독교회사」[5] (6) 펜윅의 자전소설 「잔속의 생명」[6] (7) 펜윅의 농사에 관한 한 편의 글과 잡지기고문들

---

2) 허긴, "대한기독교회와 펜윅 선교사: 펜윅 선교사역의 功過," 「한국침례교회와 역사: 회고와 성찰」, 해송 허긴 박사 은퇴기념논문집 (대전: 침례신학대학교출판부, 2010), 224-5; 이상배, "한국 침례교신학의 흐름," 223-9.

3) 김용국, 「한국침례교사상사 1889-1997」 (대전: 침례신학대학교출판부, 2005), 77-94; 이상배, "한국 침례교신학의 흐름," 228; 김용복, 「침례교신학: 침례교인의 신앙과 신학」, 수정재판 (대전: 침례신학대학교출판부, 2009), 461-2.

4) 김용복, "「사경공부」에 나타난 펜윅의 종말신앙," 78-80에 소개된 것을 수정·보완했다.

5) M. C. Fenwick, 「대한기독교회사: 펜윅선교사의 자전적 이야기」, 허긴 역 (대전: 침례신학대학출판부, 1989).

6) M. C. Fenwick, Life in the Cup (Mesa Grande, California: Church of Christ in Corea Extension, 1917). 번역서: Malcolm C. Fenwick, 「찌그러진 통에 불과할지라도」, 한

(8) 대화회 설교노트「편공부 연설: 제사와 재림」(9) 펜윅의 영문편지 모음 (10)「사경공부」(11) 펜윅의「설교집」(12) 복음문답 등이다.[7] 이 가운데 펜윅의 신앙과 신학을 조직신학 관점에서 가장 폭넓게 반영하고 있는 것은「사경공부」와「편공부 연설」이다.

「사경공부」의 서지사항은 대체로 다음과 같이 정리될 수 있다: (1) 제목: 사경공부 (2) 전체 면수: 260쪽 (3) 원저자: 말콤 C. 펜윅 (4) 집필자: 미상(未詳). 글씨체가 두 가지 이상인 것으로 볼 때, 적어도 두 사람 이상의 합작으로 추정된다. (5) 사경한 때: 본문에서 확인이 가능한 해는 1909년이다.[8] 펜윅은 1908년 10월에 도미(渡美)했다가, 이듬해 3월 다시 돌아와서 남한지역을 중심으로 대대적인 사경회와 순회전도를 실시했다는 기록이 있다.[9] 이「사경공부」는 그 당시 행해진 사경 내용이 대체로 반영된 것으로 보인다. 이 책은 그 이후에도 펜윅이 사경한 내용을 모아서 편집한 흔적이 있다. 초기의 기록으로 추정되는 부분은 한자(漢字)가 많이 사용되었고 필체도 상당히 좋았으며,[10] 그보다 후기에 기록된 것으로 보이는 부분은 한글이 더 많이 사용되었고 필체는 다소 안정감이 없었다.[11] (6) 편집·제본한 때: 표지에 쓰인 내용으로 볼 때 1949년 12월 21일에 1차 편집했고, 1955년에 보완하여 최종 제본한 것으로 추정된다.

내용면에서 볼 때「사경공부」는 모두 세 가지 영역으로 구분된다. 첫째, 조직신

국고등신학연구원 번역팀 (서울: KIATS, 2016).

[7] 펜윅의「사경공부」,「설교집」, "복음문답"을 묶어서 현대어로 재구성한 자료집 출간: Malcolm C. Fenwick,「복음과 은혜」, 김용복 편역·해설, 침례교신학연구소 편 (대전: 침례신학대학교출판부, 2011).

[8] M. C. Fenwick,「사경공부」(필사본), 109, 184. 이하「사경공부」로 표기한다.

[9] 허긴, "한국의 침례교회사(10)," 「뱁티스트」제22호 (1995. 11/12), 31-2 참조.

[10] 초기 필사자(筆寫者)는 전치규 목사로 추정된다. 그는 한학자로서 1907년부터 펜윅의 성경 번역을 도왔던 인물이다(허긴, 「한국침례교회사」[대전: 침례신학대학교출판부, 1999], 208).

[11] 「사경공부」의 표기상 특징은 다음과 같다: (1) 한글 고어와 한자를 흘림체로 혼용했으며, 띄어쓰기 없이 세로로 작성되었다. (2) 하나님에 대한 표기는 "하ᄂ님," "상제," "天主," "上帝," "耶和華" 등을 혼용했다. (3) 예수님에 대한 표기는 예수씨, 야소씨(耶蘇氏), 긔독, 基督 등을 혼용했다. (5) 성령님은 대부분 셩신님(성신님), 聖神님이 주로 쓰였고, 숨님은 한 두 번밖에 사용되지 않았다. (6) 지명이나 인명은 한자로 표기하거나 그것을 음역(音譯)했다.

학 분야는 신론, 창조, 성령, 복음, 중생, 마귀, 율법과 은혜, 예수 그리스도, 침례, 종말, 세대주의, 숫자로 푼 교리 등으로 이루어져있다. 특히 숫자로 푼 교리는 펜윅의 기발한 창의성이 돋보이는 부분이나. 보누 63개의 주제를 3에서 7까지 숫자를 이용해 풀어냈다.12) 둘째, 성경신학 분야는 주로 성경 분류와 강해로 구성되었다. 「사경공부」에서 강해로 다룬 본문들은 창세기, 레위기, 룻기, 로마서 6장, 누가복음 5장, 베드로후서 1장 19-20절, 베드로전서 2장 1-19절, 에베소서 6장 10절 등이다. 셋째, 종합적 성경문답 분야는 모두 7편 186문항으로 구성되었다. 이 성경문답은 창조이야기로부터 족장들과 역대 왕들의 역사를 거쳐 예수 그리스도의 강림을 통한 천년왕국까지 연결되면서 하나님의 구원역사를 설명하고 있다.13)

I. 하나님의 은혜와 주권

펜윅이 사경(査經)했던 대부분의 주제는 하나님께서 만드신 세상을 그리스도를 통해 다시 회복한다는 구속의 논리가 관통한다. 그는 이것을 설명하는 과정에서 하나님의 역할과 인간의 한계, 그리고 그 둘의 관계를 화해하고 회복하시는 예수 그리스도의 사역을 '율법과 은혜'라는 대립된 개념을 통해 풀어나갔다.

1. 하나님의 구원사역: 찾으시는 은혜

「사경공부」에 나타난 교리의 초점은 죄인들을 구원하시는 하나님의 구원사역에 있다. 「사경공부」의 "성경문답"이라는 항목에서 펜윅은 성부 하나님의 구원사역을 질문과 대답 형식으로 설명했는데, 그 전개순서를 정리하면 다음과 같다: 제1편, 하나님이 지으신 아담은 "마귀의 속임"에 넘어가 하나님께 죄를 지었다. 이 죄는 "자기 욕심대로" 행한 죄인데, 지금도 사람들은 이 죄를 범하고 있다. 제2편, 인간이 죄에 빠졌을 때 하나님은 그때나 지금이나 죄인을 "찾으신다." 그리고 구주를 "허락"

---

12) 숫자 3은 31개, 4는 12개, 5는 8개, 6은 2개, 7은 10개(「사경공부」, 46-64).
13) Ibid, 222-44. 실제로는 244쪽부터 222쪽까지 역순으로 기록되었다.

하셨다. 제3편, 하나님께서는 세상을 "악하게" 하셔서 사람이 부지런히 일하지 않으면 안 되게 하셨다. 왜? 일하지 않고 노는 자에게는 "불의한 생각"과 "불의한 행실"이 나오기 때문이다. 그래서 일하게 하신 것도 다 "은혜"다. 제4편, 하나님께서는 "어린양"의 가죽으로 "의복"을 만들어주셨다. 물론 어린양은 "예수를 가리키는 표"다. 제5편, 하나님께서는 아담이 생명나무를 먹지 못하도록 동산에서 쫓으셨다. 이는 죄 가운데서 영생하지 못하게 하기 위함이니 이것 또한 하나님의 은혜다. 제6편, 아벨의 어린양 제사를 받은 것처럼, 하나님께서는 십자가에서 자기 몸으로 드린 예수의 "제사"를 받으셨다. 제7편, 가인을 찾으신 것처럼, 하나님께서는 죄인들을 찾으신다. 노아의 방주와 같이 예수는 "구원하는 방주"다. 그러므로 생명의 그리스도 안에 들어가야 "영생"할 수 있다. 오직 그 사실을 "믿기만 하면" 구원을 받는다.14)

그렇다면 하나님께서 믿음을 통해 죄인들을 구원하시기 위해 택하신 방법은 무엇인가? 펜윅은 그것을 "장가"가는 일에 비유했다. 구원사역은 곧 하나님께서 아들의 "아내를 구하는 일"[娶妻]인 것이다. 이는 범죄한 아담을 찾으시고 가인을 찾으시는 바로 그 하나님의 마음을 반영한다. 하나님께서는 어느 한 인간이라도 멸망하기를 원하시는 분이 아니다. 하나님의 은혜는 그렇기 때문에 '찾으시는 은혜'라고 할 수 있다. 이 찾으시는 하나님의 은혜가 죄인된 우리를 위해 그리스도를 통한 "한량없는 부요"를 베푸시는 것이다. 그리고 이런 하나님의 은혜는 지금뿐 아니라, 나중에 적그리스도가 왕노릇할 때나 그 후세대까지도 길게 나타날 것이다.15) 또한 이 찾으시는 하나님의 은혜는 '그럼에도'의 은혜다. 하나님의 은혜는 아들을 죽게 한 죄를 사람이 지었더라도 하나님께서는 아들의 죽음을 통해 인간의 죄악을 담당하시고 인간에게는 은혜만을 드러내셨기 때문이다.16) 그런데도 하나님께서 은혜를 통해 성경의 도(道)를 깨닫게 하시는 것을 받아들이지 않는 사람은 "상제의 은혜를 멸시(蔑視)하는" 것이다.17)

---

14) Ibid.
15) Ibid., 200.
16) Ibid., 105.
17) Ibid., 92.

2. 묵시의 목적과 성령의 역할

하나님께서 죄인을 찾으시기 위해 사용하신 특단의 방법은 묵시(默示)였다. 펜윅은 이 묵시를 "예언"이라고도 하고, "선지 글"이라고도 했는데, 이는 인간의 뜻으로 나온 것이 아니라 오직 성령의 감동을 입은 사람들이 하나님께 받아서 말한 것이다(벧후 1:19-21). 따라서 하나님의 묵시에는 "사람의 뜻"이나 "사람의 정신"이나 "사람의 마음"이 "하나도 없다." 왜 하나님께서는 성령을 통해서만 묵시의 말씀을 하셨는가? 그것은 하나님께서 "갈라놓으신 사람"을 오직 성령을 통해서만 데려갈 수 있기 때문이다. 그리고 성령께서는 이 말씀을 모든 사람이 알기를 원하셨다.[18] 따라서 펜윅은 하나님의 은혜가 단지 이스라엘에 국한되지 않고 이방나라에까지 확대된 것이 하나님의 은혜라고 생각했고, 성령께서 말씀으로 거듭나게 하시고 새 피조물이 되게 하시면 "독생자의 피로 지고하신 상제의 일가[一家]가 될 수 있다"고 믿었다.[19]

그런데 펜윅이 생각할 때 이런 사역을 하는 성령은 결코 "무서운 신"이 아니다. 펜윅이 이해했던 성령은 "오직 사랑하시는 신"이고 "권능 있으신 신"이며 "생생하신 신"이다: "아무 때나 무서우면 이는 성신님이 아닙니다. 천부(天父)께서 저희에게 주신 신(神)은 무서운 신이 아니요 도무지 무서운 일이 없습니다. 생생하신 신이시니 미칠 일도 없습니다. 평안하고 기쁘고 기쁩니다."[20] 따라서 성령의 사역은 강압적이거나 독재적이지 않고 인격적이다.[21] 성령이 함께 하시지 않으면 하나님의 구

---

18) Ibid., 65.

19) Ibid., 73-4.

20) Ibid., 67.

21) 펜윅은 하나님께서 인간을 구원하는 과정을 다음과 같이 구속사적 관점에서 요약적으로 설명했다: (1) 사람이 자기 이름을 세우는 것은 장자의 아내를 구하는 것(娶妻)입니다. (2) 누구든지 자기 이름을 위하여 장자를 장가보내고자 작정하면 중매를 보냅니다. 중매가 오기 전에 신부를 얻을 수 없습니다. (3) 중매는 신부를 얻으려 할 때 이방 집에 갑니다. (4) 중매는 이방 집에 와서 신랑의 아름다움을 연설합니다. (5) 처녀는 중매를 영접합니다. (6) 영접하니 상급을 받습니다. (7) 처녀는 중매의 증거를 믿습니다. (8) 이런 일이 다 지나매 처녀가 시집갈 것인지 아니 갈 것인지 허락함이 있어야 합니다. (9) 약소(約條)하심이 있습니다. 중매께서는 수인의 아들과 약조합니다. (10) 중매는 신부에게 허락받을 때 약조표(約條表)를 줍니다. 그 표는 든든하여 신부의 마음을 얻게 합니다(ibid., 102-4).

원사역이 가능하지 않지만, 성령은 어디까지나 그 일을 중재하는 역할을 할 뿐이다. 여기서 펜윅은 하나님의 은혜가 불가항력적이지 않다는 것을 확신한 것 같다. 그런 까닭에 펜윅은 하나님께서 아들의 신부(新婦)를 찾으실 때 성령이 "중매"(中媒) 역할을 하신다고 믿었다. 중매는 신랑과 신부의 관계를 맺어주는 역할을 할 뿐이다. 펜윅은 신자의 중생이나 성화과정에서 성령의 역할이 절대적이라는 것을 인정했지만, 그렇다고 해서 그것을 비인격적이거나 일방적인 것으로 이해하지는 않았다.22)

II. 인간의 자유권과 그리스도의 대속사역

하나님께서 우리를 구원하시려는 계획을 세우시고 그 길을 예비하게 된 배경에는 인간의 범죄라는 사건이 자리하고 있었다. 과연 펜윅은 하나님 앞에서 인간을 어떤 존재로 이해하고 있었는가?

1. 원죄와 선택의 자유

펜윅은 본래 인간의 존재를 높이 평가했다. 그는 만물보다 "영성"이 "근본"이라고 주장하면서, 인간은 만물 가운데 본래 "무형한 영성과 유형한 체질로 합성"된 존재요 "홀로 능히 다른 물질을 해석하는 자"라고 정의했다. 그리고 이런 인간은 "뇌력(腦力)이 만물 위에 뛰어내[造出] 만물의 전권을 장악"하여, "만물 위에 나와서 만물을 다스리고 만물은 다스림을 받는다 하여도 과언이 아니"라고 했다.23)

하지만 펜윅이 볼 때 인간은 하나님 앞에서 자기의 "욕심"을 이기지 못하고 마귀의 유혹에 빠진 존재가 되었다. "처음"이나 "지금"이나 죄를 짓는다는 것은 "하나님의 명"을 어기는 것이다.24) 아담의 죄는 아담 한 사람에 머물지 않고 "가지치기"를

---

22) 펜윅은 자서전에서도 "여러분은 하나님의 사랑을 깨닫지 못할 수도 있습니다. 여러분은 그 선물을 거절할 수도 있습니다"라고 상기시켰다(Fenwick, 「대한기독교회사」, 41).
23) 「사경공부」, 156, 159, 149, 164.
24) Ibid., 80.

하였고, 그 바람에 세상에 멸망이 찾아왔다. "죄는 욕심이고, 욕심은 죽는 것"이다.25) 이런 범죄는 인간이 스스로 구원을 이룰 수 없게 할 만큼 인간 자신과 이 세상을 파괴시켰다. 펜윅은 이 사실을 다음과 같이 설명했다:

> 로마서 3장 9-19절의 대지는 모든 사람이 죄 아래 들어 왔다는 것입니다. 이와 같이 사람은 어떠합니까? 말할 수 없이 너무 악합니다. 그러므로 모든 입은 막힐 것입니다. 또한 전 세계는 상제 앞에 죄인입니다. 사람이 본래 몹쓸 죄인인줄 모르면 거듭나지 못합니다. 본래 죄인된 줄 깨닫고, 나는 할 수 없이 죽을 수밖에 없는 죄인이라고 깨달을 때, 예수님께서 허락하심이 [나와] 상관있게 됩니다.26)

그러므로 죄인된 인간에게 하나님의 특별한 은혜와 구속사역의 섭리는 절대로 필요한 것이다. 하지만 그렇다고 해서 인간은 하나님 앞에 죄를 범함으로 완전히 부패해서 어떠한 선한 의지나 행위도 할 수 없는 존재가 되었는가? 하나님의 은혜를 받거나 거부할 수 있는 역량이 전혀 없는 존재가 되었는가? 그건 아니다. 펜윅은 그렇게 생각하지 않았다. 펜윅은 하나님께서 중매인 성령을 통해 신부를 찾으러 오실 때 신부에게 선택의 "자유권"(自由權)이 있다며 다음과 같이 강변했다:

> 중매가 이방 집에 증거할 때 신부는 무슨 일을 하겠습니까? 신부는 가겠다 아니 가겠다 하든지 대답합니다. 그 대답에는 자유권(自由權)이 있습니다.... 상제께서 은혜를 베풀어[施恩], 누구든지 아들을 믿으면 신부될 권세(權勢)가 있습니다. 그런 고로 신부는 중매께서 하신 증거를 믿지 아니하면 불가불 아니 가겠다고 할 수 있습니다. 신부가 믿고 허락하면 곧 신부될 권세가 있고, 중매는 신랑을 대신하여 신부와 작정(作定)할 것입니다.27)

이는 일반적으로 알려진 칼뱅주의의 전적 타락(total depravity) 교리를 펜윅의 인간관에서 발견하는 것이 가능하지 않다는 것을 말해준다. 물론 펜윅도 예수 그리스

---

25) Ibid., 82-3.
26) Ibid., 142.
27) Ibid., 93-4.

도의 공로 없이 어느 누구도 구원을 얻을 수 없다는 사실을 당연하게 받아들였지만, 그는 원죄의 전적 타락이라는 의미를 크게 완화시켰다.

2. 그리스도의 대속공로

인간은 스스로 자신을 구원할 수 없으니 누군가의 공로가 필요하다. 펜윅의 설명에 따르면, 예수 그리스도는 우리의 구원을 위해 십자가에서 "보혈"을 흘리신 분이다. 그 보혈을 누가 성소의 하나님 앞으로 가져 갈 수 있는가? 아무도 없다. 오직 예수께서 "대제사장"이 되셔서 그 보혈을 하나님 앞으로 가져가실 수 있다. 그래서 예수께서는 우리에게 "영원한 대제사장"이다. 예수의 공로 때문에, 우리는 하나님과 서로 친하게 되고 하나님 앞에서 견딜 수 있다. 만일 예수의 피로 "속죄함"이 없으면 우리 죄인들은 조금이라도 견딜 수 없다.[28] 예수께서 하신 사역 가운데 가장 중요한 것은 우리 죄를 "대속"(代贖)하신 것이다. 펜윅은 이것을 일러 독생자께서 자기 몸을 하나님께 "제사 드렸다"고 표현했다. 그러므로 아벨이 어린양의 피로 제사한 것은 바로 예수의 피를 가리키는 "표"가 된다: "육신의 생명은 피에 있으니 [그 피를] 단에 드린 것은 우리의 영혼(靈魂)을 대속하여 돌려주신" 사건이다.[29] 그래서 부활하신 그리스도께서 우리 믿는 자들을 어떻게 먹이셨는지 어떻게 섬기셨는지를 공부해야 한다. 펜윅은 "그리스도의 몸이 상하심으로 죄사함을 받고, 부활하신 그리스도께서 계심으로 우리도 살고 죽을 일이 없다"고 주장했다. 그리고 예수께서 우리 죄를 사하실 때 "생명"이 있었는데, 그 생명은 바로 그리스도라고 했다. 그러므로 생명이 그리스도면 그리스도는 내게 생명이고, 그리스도의 부활은 나의 부활이 되는 것이다.[30]

펜윅에게 오직 그리스도를 통해서만 구원이 이루어진다는 신앙은 절대적이다. 그는 신자들이 "자유"(自由)를 말하면서도 그 뜻을 잘 깨닫지 못해서 "내가 이것을 하겠다, 저것을 하겠다 하며… 어떤 사람은 벌써 온전하였다고까지" 말하는 경우가

---

28) Ibid., 144-5.
29) Ibid., 82-3.
30) Ibid., 168-9.

있다고 지적하면서, 그런 사람들은 불쌍하다며 안타까워했다. 그래서 펜윅은 다음과 같이 단호한 목소리로 권면했다:

> 여러분은 그리하지 말기 바랍니다. 우리 주님 그리스도께서 이런 일을 하시겠다, 저런 일을 하시겠다고 하십시오. 거룩하다는 소리하든지 온전하다는 소리하든지 스스로 하지 마십시오. 여러분이 할 말은 상제 앞으로 내 향기로움이 그리스도뿐이라 하고, 내 거룩한 것은 상제의 아들 예수님입니다. 이와 같은 것으로 다 말할 수 있는데, 조심하여 스스로 자유하다는 소리는 한 마디라도 하지 마십시오. 이는 상제 앞에서 냄새일 뿐입니다.[31]

이처럼 펜윅은 구원사역의 모든 공로를 오직 그리스도께만 돌렸다. 그리스도만이 하나님 앞에서 "향기"요, 인간의 행실과 노력은 하나님 앞에서 오직 "냄새"일 뿐이다.

III. 중생의 조건: 믿음

하나님께서 예수 그리스도를 통해 우리의 구원을 가능하게 하셨다는 것이 바로 복음(福音)이다. 펜윅은 하나님의 전체 구원역사를 복음으로 나누어 설명할 정도로 복음의 중요성을 인지하고 있었다.[32]

---

31) Ibid., 169-70.
32) 이는 세대주의적 역사관이 반영된 것이기도 한데, 그는 복음의 세 가지 이치(理致)를 "나라복음," "은혜복음," "영원복음"으로 설명했다. 첫째, 나라복음은 이스라엘 백성에게 해당하는 것으로, 복음의 내용은 "회개하라"는 것이며, 전파하는 기간은 예수께서 십자가에 못 박히실 때까지 해당된다. 둘째, 은혜복음은 거듭난 성도들이 온 세상 만 백성에게 "주 예수를 믿어라"고 외치는 것으로, 전파기간은 주님이 재림하실 때까지다. 셋째, 영원복음은 천사가 "상제께 경배하라"고 "남아 있는 세상 사람들에게" 선포하는 것이다. 순종하는 사람은 천년왕국에 들어갈 수 있는 복을 그렇지 않은 사람에게는 재앙이 임한다(ibid., 5); 김장배, 「침례교회의 산 증인들」(서울: 침례회출판사, 1981), 125-30 참조.

1. 복음의 핵심

펜윅에게 복음은 "생명의 말씀"이고, 다시 살게 하는 "기쁜 소식"이다. 그는 복음을 설명하는 대목에서 공맹(孔孟)을 인용하며 비교했다. 펜윅의 설명에 따르면, 공맹은 백성에게 "행실사랑"을 가르친다. 그리고 "이 법대로 마땅히 행하라"고 요구한다. 하지만 펜윅이 볼 때 이런 요구는 결코 "기쁜 소식"이 아니다. 함정에 빠져서 죽게 된 사람에게 직접 내려가 건져내지 않고 "스스로 나오기"[自出來]를 고대하면서 지나치면 결국 함정에 빠진 사람은 죽게 될 것이 아닌가? 펜윅에게 기쁜 소식은 다음과 같은 것이었다:

> 그러나 예수님께서는 할 수 없이 멸망할 자라도 살려주시오 소리치면 곧 내려가서 자기 힘으로 붙잡아 올려서 구하십니다. 그런 고로 예수님께서는 [자력으로] 내가 할 수 없어서 멸망할 죄인을 살려주시고, 내가 행치 못할 것을 대신 행하여 주십니다. 나를 항상 어린아이와 같이 업고 다니시니 아름다운 주님을 믿기만 하면 곧 멸망케 되지 아니하고 구함을 얻게 되는 것입니다. 이는 곧 내게 기쁜 소식입니다.[33]

펜윅에 따르면, 신자는 "상제로부터 두 번[거듭] 나서 상제의 아들"이 된 사람이다. 신자는 비록 "둔하고 미련하고 버러지만 못한 놈이라도 예수 그리스도의 일가(一家)"가 되었고 "한 피와 한 집[안]"이 되었다. 이런 사람은 처음부터 마지막까지 "곳간"에 쌀이 가득한 사람이다. 곳간은 신자요, 쌀은 그리스도다. 쌀을 곳간에 쌓아두는 일은 유익하지 않다. "먹는 대로 기운 있게 사는 것"이 중요하다. 크게 믿는 사람은 그리스도를 많이 먹음으로 크고, 약한 사람은 그리스도를 덜 먹음으로 약한 것이다.[34]

그렇다면 거듭나는[重生] 방법은 무엇인가? 첫째는 도(道), 즉 말씀으로 거듭나고, 둘째는 성령으로 거듭난다: "예수님의 보배피 공로로 성신님의 권능으로 거듭납니다. 이는 하나님의 도를 거듭난 사람의 입을 통해 내 귀에 넣음으로 거듭납니다."[35] 그러므로 펜윅은 누구든지 인사할 때 "김서방" 혹은 "이서방"이라고 대답하

---

33) 「사경공부」, 100-1.
34) Ibid., 171-2.

면 "아담자손"이고, "상제의 자손"이라 대답하면 신자라고 하면서, 중생으로 인사할 것을 요구했다.36)

펜윅이 중생하는 방법으로 말씀과 성령을 제시한 것은 복음의 핵심을 관통한 것이었다. 그러나 이것은 어디까지나 중생의 기초요 원인일 뿐, 중생의 조건은 아니다. 성경에서 강조하는 중생의 조건은 믿음이기 때문이다.37) 중생의 기초와 중생의 조건을 구분하는 것은 구원사역에서 하나님과 인간의 관계를 이해하는 데 대단히 중요한 단서를 제공한다. 펜윅도 이 사실을 간파하고 있었다. 그는 사도 바울을 포함해서 유대인이 신부, 즉 신자가 되기 위해 필요한 단 한 가지 조건으로 "믿음"을 들었다. 그는 이 세상에 세 부류의 인간이 있다고 보았다. 첫째는 유대인이요, 둘째는 희랍인이요, 셋째는 신자[교회인]다. 그런데 어떤 부류의 인간이라도 "믿으면 천국인(天國人)"이 된다고 주장했다.38)

2. 율법과 은혜의 차이

복음의 본질을 이해하는 데 율법과 은혜를 구별하는 것은 대단히 중요한 일이다. 이는 펜윅의 「사경공부」 전반을 하나로 관통하는 중요한 맥(脈)이기도 하다. 그래서인지 율법과 은혜의 문제는 「사경공부」에서 여러 차례 반복하여 강조되었다.39)

우선 펜윅은 율법과 은혜를 분간해야 할 근거로 다음과 같은 차이점을 제시했다: (1) 율법은 "구약의 주의"[主義]요, 은혜는 "신약의 주의"[主義]다. (2) 구약에도 은혜가 없는 것이 아니요, 신약에도 율법이 없는 것은 아니다. (3) 율법은 "죄를 정하는 것"이요, 은혜는 "죄를 사하여 주는 것"이다. (4) 율법은 "죄를 깨닫게 하는 것"이요, 은혜는 "죄에서 벗어나게 하는 것"이다. (5) 율법은 "모든 입"을 막지만, 은혜는 "모든 입"을 연다. (6) 율법은 죄인을 "하나님으로부터 떠나게" 하지만, 은혜는 죄인

---

35) Ibid., 6.
36) Ibid., 172.
37) 김용복, 「신학과 신앙의 만남: 갖추린 조직신학」 (서울: 요단, 2004), 138.
38) 「사경공부」, 119-20.
39) Ibid., 29-37; 182-201; 209-11.

을 "하나님 앞에 오게" 한다. (7) 율법은 너희 "원수를 미워하라" 하지만, 은혜는 "원수를 사랑하라" 한다. (8) 율법은 "행함으로" 살지만, 은혜는 "믿음으로" 산다. (9) 율법은 "제일 좋은 사람을 정죄"하지만, 은혜는 "제일 악한 사람을 의롭다" 하신다. (10) 율법으로는 "양이 목자를 위하여" 죽는 것이지만, 은혜는 "목자가 양을 위하여" 죽는 것이다.[40]

펜윅이 생각할 때 율법의 가장 큰 한계는 그것이 주어진 목적 자체에 있다. 율법은 하나님의 요구, 즉 "공평된 삶"을 사람이 "참으로 살 수 없다는 것을 깨닫도록" 주어진 것이다.[41] 스스로 율법을 지킴으로 구원을 얻겠다고 하는 사람보다 더 미련하고 둔한 사람은 없다. 그런 까닭에 율법과 은혜가 결코 섞여서는 안 된다. 신자를 다스리는 이치는 "생명 길을 다니는 행실"을 가르치는 것이다. 그러므로 중생한 후에는 율법이 아니라 "그리스도의 법"을 따라야 한다. 그리스도의 법은 "서로 사랑하는 것"[相愛]이다.[42] 펜윅은 율법과 은혜의 관계를 다음과 같은 말로 정리했다:

> 신자가 율법을 지켜야 한다고 말하는 것은 불쌍한 일입니다. 상제께서 [율법을] 법궤 안에 넣으시고 자비하신 뚜껑으로 덮으시니 지금은 믿는 사람이 예를 행하는 것은 자기 힘으로 하는 것이 아니라 그리스도에게서 나온 기운으로 하는 것입니다. 율법을 지키라 하는 말과 같은 소리는 다 상제의 은혜를 덮는 것입니다. 천하 인간에게 [이보다] 더 불쌍한 일은 없습니다.[43]

이처럼 율법과 은혜를 펜윅이 확연하게 구분했기 때문인지, 그의 신앙이 율법폐기론적(antinomian)이냐 아니냐 하는 논쟁도 종종 일어났다.[44] 하지만 그는 분명한 어조로 율법폐기론적 신앙이 잘못되었음을 지적했다: "안티노미아니즘(antinomianism)

---

40) Ibid., 29-30; 182-3; 190-2. 세 군데에서 설명된 내용을 선별하여 재구성하고 번호를 새롭게 부여했다.
41) Ibid., 195.
42) Ibid., 184.
43) Ibid., 197.
44) Timothy Hyo-Hoon Cho, "A History of the Korea Baptist Convention," 1889-1969 (Ph.D. Southern Baptist Theological Seminary, 1970), 79-80; 허긴, 「한국침례교회사」, 291-2; 김용국, 「한국침례교사상사 1889-1997」, 162-78; 김용복, 「침례교신학」, 485-6 참조.

은 잘못된 것입니다. 믿는 사람을 다스릴 예도가 없다고 말하기 때문입니다(딛 1:16; 유 4).",45) 그는 계속해서 이렇게 말했다: "이 도는 혹 어떠한 사람이 괴악한 안티노미아니즘의 틀린 도로 히지 못하도록 [하기 위하여] 성신님께서 즉시 그러면 어떻게 하느냐? 물으십니다. 우리는 율법 아래 있지 않고 은혜 아래 있으니 죄 지으면 옳으냐? 결코 그렇지 않습니다. 로마서 6장 15절처럼, 각각 새 마음을 받은 사람은 감사하다고 할 수밖에 없습니다."46) 따라서 펜윅의 신앙을 율법폐기론적으로 해석하는 것은 바람직하지 않다.

3. 하나님-인간의 협력

하나님과 인간이 구원을 위해 서로 협력한다는 사상은 펜윅에게 분명한 것 같다. 펜윅은 두 가지 비유를 통해 이 신앙을 펴나갔다. 하나는 앞에서 언급했던 것과 같이 신부의 "선택권"이라는 개념이다. 성령께서 중매쟁이가 되어 신랑을 신부될 사람에게 증거하면, 신부될 사람은 따라갈지 안 갈지를 결정한다. 다른 하나는 "화륜차"(火輪車) 개념이다. 펜윅은 그리스도와 신자의 관계를 화륜차의 기관차와 수레 곳간으로 비유했다:

> 그[화륜차의] 기관은 무엇입니까? 그것은 그리스도입니다. 그 뒤에 수레곳간은 무엇입니까? 신자(信者)입니다. 그 길[路]은 무엇입니까? 천당(天堂)가는 길입니다. 그런즉 그 기관차에 고리가 있어서 고리가 합하여야 끌고 갑니다. 그 고리는 무엇입니까? 기관차의 고리는 그리스도의 할 뜻이고, 수레의 고리는 신자의 할 뜻입니다. 이 둘의 할 뜻이 합하여 그때부터 천당 길로 다니는 것입니다.47)

펜윅은 계속해서 하나님께서 "당초에" 우리에게 "할 뜻과 하지 않을 뜻의 권세"를 주셨다고 말하면서, 우리가 먼저 할 것은 처음에 할 뜻을 먹고 그 후에 그리스도

---

45) 「사경공부」, 34. 원문에는 "안틔놈"으로 표기되어 있다. 이 문제는 이미 다른 지면에서 논한 바 있으므로 여기서는 생략한다. 김용복, 「침례교신학」, 485-6 참조.
46) 「사경공부」, 196.
47) Ibid., 176.

앞에 가서 그리스도의 할 뜻과 우리의 할 뜻을 합해야 한다고 강조했다. 그는 그리스도가 우리를 섬기려 하지만 우리가 싫다하며 달아나면, 그리스도께서도 우리를 섬기지 못하고 우리를 천당 길로 가게 못한다고 경고했다.[48] 따라서 이중예정이나 불가항력적 은혜는 펜윅의 신학체계에 설 자리가 없다.

같은 맥락에서 펜윅은 구원의 역사가 단순히 하나님의 주권만으로 성사되는 것이 아니라고 생각했다. 하나님께서는 잃어버린 양을 찾는 목자의 심정으로 우리를 찾으시고, 성령께서는 중매쟁이와 같은 심정으로 우리에게 구원의 길을 증거하신다. 하지만 궁극적으로 그것을 성사시키는 것은 우리들의 결단이고 선택이라고 그는 이해했다.[49]

IV. 신자의 성화와 종말신앙

중생의 사건과 신자의 삶은 분리될 수 없다. 그 점에서 중생과 성화(聖化)는 결코 별개의 문제가 아니다. 그렇다면 과연 중생한 신자는 어떤 삶을 어떻게 살아야 하는가?

1. 고난의 의미와 세 종류 원수

신자가 이 세상을 살아가면서 가장 곤혹스러워 하는 일은 고난의 의미를 이해하는 일이다. 고난은 도대체 왜, 어디에서 오는가?[50] 펜윅은 고난도 우리를 구원하기

---

48) Ibid., 177, 181.
49) 물론 그렇다고 해서 펜윅이 하나님의 특별한 도움도 없이 인간이 스스로 자신을 이끌어갈 힘이 있다고 생각한 것은 아니다: "그리스도께서 잃은 양을 찾아 붙이시고 돌아오실 동안 99마리 양은 가던 길을 가지 못하였으니, 이것은 내가 그리스도께 붙이지 아니한 죄로 막혀 있는 것입니다. 대개 그리스도께서 붙이시고 이끌어 가시지 아니하시면 갈 힘이 스스로 없기 때문에 가지 못합니다"(ibid., 178-9).
50) 펜윅은 이 문제를 세 가지 측면에서 설명했다. 첫째, 고난은 하나님께로 온다. 우리가 하나님께 회개하기를 원하시기 때문에 고난이 임하는 것이다. 둘째, 고난은 세상으로부터 온다. 세상이 주는 고난은 예수를 위해 받는 고난이기 때문에, 그 고난으로 인해 오히려 복을 받게 된다. 셋째, 고난은 교회로부터 온다. 이는 교회 안에 다툼과 시기 등의 문제가 있어서

위한 하나님의 은혜라고 믿었다. 부모가 자녀에게 고난을 주는 것은 나중에 자녀가 더 큰 고난을 받지 않도록 하기 위함인 것처럼, 하나님께서도 나중에 더 큰 고난을 면하게 하기 위해서 신자에게 고난을 주신다는 것이다. 펜윅은 고난의 의미와 구속 사역의 관계를 이렇게 설명했다:

> 상제에게 죄 없는 아들은 한 사람 있는데 고난 없는 아들은 한 사람도 없다 하였습니다. 또한 상제께서 지금 하신 일은 무엇입니까? 상제께서 많은 아들을 영화(榮華) 가운데 데리고 가실 일입니다(히 2:10). 상제께서 사랑하는 아들[愛子]을 어떻게 온전하게 하십니까? 고난(苦難)을 주심으로 온전하게 하십니다…. 고난을 주실 때 고난을 받지 아니하고 제 마음대로 가는 사람은 예수님 재림 때 큰 고난이 돌아 올 것입니다. 이로써 깊이 생각할 일입니다.[51]

신자는 마땅히 고난을 극복하고 이 세상의 유혹을 이길 수 있어야 한다. 그것이 성화의 길이다. 그렇다면 신자는 어떻게 세상을 이길 수 있는가? 펜윅은 우리가 성화를 위해 싸워야 할 세 종류의 원수가 있다고 설명했다. 펜윅의 설명에 따르면, 첫 번째 원수는 "세상"이다. 그리고 세상을 이기는 것은 "믿음"이다. 무엇에 대한 믿음인가? 예수께서 하나님의 아들이심을 믿는 것이다. 예수께서는 먼저 "생명의 길"을 좁게 닦으셨고 그 길을 걸으셨다. 그분은 모든 사람을 대신하여 율법을 지키셨고, 핍박과 고난을 받으셨으며, 끝내 피를 흘리셨다. 따라서 이 세상이 아무리 우리를 유혹해도, "돈을 많이 벌게 해준다고 유혹"해도, "대통령과 같은 높은 직분을 준다고 유혹"해도, 예수를 믿는 사람은 넉넉히 이길 수 있다.[52] 둘째 원수는 "정욕"(情慾)이다. 펜윅은 이 정욕을 "괴악한 원수"라고 불렀다. 정욕은 다음과 같은 일곱 가지의 "자욕"(自慾)에서 나온다: "자기를 공변하는 자욕," "자기를 믿는 자욕," "자기를 생각하는 자욕," "자기가 원하는 뜻을 대접하는 자욕," "자기의 뜻대로 억지로 하는 자욕," "자기를 보호하는 자욕," "자기를 영화롭게 하는 자욕."[53] 그러므로 내 안

그럴 수 있고, 교회 안에서 진리를 배반하고 믿음의 낙오자가 생길 수 있어서 그럴 수 있다 (ibid., 84-5).
51) Ibid., 131-2.
52) Ibid., 8-9.

에 있는 정욕이 나를 유혹할 때 신자는 이렇게 말해야 한다: "내가 그리스도의 십자가와 함께 못 박혀 죽었고, 정욕까지 죽었다. 너와 나는 상관이 없다. 죽은 대로 가만히 있어라. 나는 죄 안에 죽은 사람이니 이제 너와 상관이 없고, 오직 생명 신께로 속량하심을 받았다. 매양 그분께 항복하고 의지함으로 로마서 8장 2절 말씀대로 그리스도 안에서 생명 신과 행할 사람이다."[54] 셋째 원수는 "마귀"다. 마귀는 우리를 넘어뜨리려고 하지만, 예수께서는 마귀를 이길 권세를 믿는 사람에게 맡기셨다(눅 10:19). 그 권세는 성령이나 아들이나 아버지에게 있는 것이 아니라, 바로 우리에게 있으니 우리가 마땅히 사용해야 한다. 마귀를 대적하면 마귀는 도망간다(약 4:7).[55]

2. 하나님의 법과 죄의 법

신자는 하나님 편에 해야 할 일이 있고, 마귀 편에 해야 할 일이 있다. 펜윅의 설명에 따르면, 신자는 먼저 하나님께 "항복"해야 한다. 이 항복은 "주님께 문을 열고 마귀에게 문을 닫는 것"이다. 이를 위해 반드시 해야 할 것 가운데 하나가 성경을 보고 전도하는 일이다. 성경을 보는 일은 "실과나무에 거름을 주는 것"과 같고, 전도하는 일은 "도랑에 강물을 흘리는 것"과 같다. 동시에 신자가 마귀 편에 해야 할 일은 "마귀를 대적하는 것"이다(약 4:7; 벧전 5:9). 믿지 않는 사람은 성령을 대적하고 마귀에게 문을 열어주는 것이다.[56] 이런 이중적 태도는 신자 앞에 두 종류의 법이 놓여 있다는 것을 시사한다. 하나는 하나님의 법이고 다른 하나는 죄의 법이다. 신자는 마땅히 하나님의 법을 따라야 한다. 신자가 죄의 법을 따르면 죽음에 이르게 된다. 죄의 법은 곧 세상의 법이기 때문이다. 펜윅은 하나님의 법과 죄의 법을 다음과 같이 대조적으로 설명했다:

---

53) Ibid., 12-8.
54) Ibid., 10.
55) Ibid., 11.
56) Ibid., 72.

상제의 법은 타인을 위하여 고난을 받는 것입니다. 죄의 법은 네 몸만 돌아보는 것입니다. 상제의 법은 욕심을 이기지만 죄의 법은 욕심을 먹습니다. 상제의 법은 타인을 돌아보나 마귀의 법은 네 몸이나 잘 되게 합니다. 비유하면 우리 일꾼이 있는데 내 말을 듣지 잃고 나인 말을 듣고 따르면 누구의 종(僕)입니까? 타인의 종입니다. 그런즉 세상을 따라가는 사람은 누구의 종입니까? 마귀의 종입니다.[57]

그러므로 펜윅은 우리가 하나님 앞에서 성화되기 위해서는 "육신의 일"을 예수께 드리고 "천국의 일"을 행해야 한다고 주장했다. 이를 위해서 신자는 성령의 권능과 마귀의 권능을 분별할 수 있어야 한다. 마귀는 "나는 성신님이다, 마귀 아니다, 사귀 아니다"라고 말하고, 때로는 "이상하게 그리스도를 전도"하기도 한다. 사경(查經)을 할 때도 성령의 권능과 마귀의 권능이 함께 나타날 수 있다. 펜윅은 마귀와 성령의 권능을 분별하는 중요한 관점을 다음과 같이 제시했다:

> 어떤 때 기쁨으로 웃고 슬픔으로 울기도 합니다. 죄인된 줄도 깨닫습니다. 그러니 성신님 권능을 한번만 만나보면 살 수 있습니다. 그러나 마귀 권능이 있을 때는 어떻습니까? 흔히 무서운 마음이 있고 의심이 제일 많이 납니다. 성신님 권능이 나타날 때는 믿음이 확실히 납니다. 마귀 권능이 있을 때는 항상 의심이 대단합니다. 성신님 권능이 있을 때 믿는 강물이 흘러드는 사람은 대단히 기쁩니다.[58]

그러므로 우리가 하나님의 일을 할 때는 의심이 아니라 기쁨이 있어야 한다. 하지만 마귀의 권능은 기쁨보다 의심과 두려움을 일으킨다.

또한 마귀는 우리가 "진리의 도"를 모르기를 원한다. 마귀는 어느 때 가장 활동을 많이 하는가? 펜윅의 설명에 따르면, "밤이 되면 밝기 전에 제일 캄캄"하다. 바로 이때 마귀는 자기 일을 위하여 힘을 쓴다. 세상이 아주 캄캄할 때 사람들은 세상이 마칠 때가 되었다는 것을 알지 못한다. 그 까닭은 마귀가 힘을 쓰기 때문이다.[59] 신자가 성화하려면 성령과 마귀의 권능을 분별하고 하나님의 법을 따르는 삶을 살

---

57) Ibid., 186.
58) Ibid., 27-8.
59) Ibid., 107-8.

아야 한다.

3. 말씀과 성령의 조화

펜윅은 또한 신자가 성화의 삶을 살기 위해서는 무엇보다 성경말씀을 공부해야 한다고 여러 차례 강조했다. 그의 설명에 따르면, 전기(電氣)도 있고 전신기계(電信機械)도 있지만 전신기계의 줄이 끊어지면 소식을 전할 수 없다. 그러므로 펜윅은 "그리스도의 기운"을 전기에, 성령을 기계에, 성경 말씀을 줄에 비유하면서 성경말씀을 공부해야 한다고 주장했다.60) 실제로 펜윅은 "세 가지 볼 일," 즉 "성경을 많이 볼 것," "성령께 순복할 것," "마귀를 대적할 것"을 강조했는데,61) 그 가운데 특별히 독경(讀經)은 대한기독교인들이 주력했던 운동이었다.62)

하지만 말씀만 보는 것으로는 충분하지 않다. 왜냐하면 말씀과 성령을 함께 의지해야 하기 때문이다. 그래서 펜윅은 말씀을 "신령 밥"이라고 불렀다: "성경말씀은 믿는 사람에게 양식이요 음식인데, 성신님은 성경말씀의 나물이요, 성경말씀의 밀가루요, 국도 되고 김치도 되고, 밀가루는 떡도 됩니다."63) 그런데 이 여러 가지 재료는 아직 음식이 아니다. 그리고 음식이 되기 전에 먹으면 체한다. 그래서 성경 글도 그대로 먹으면 안 된다. 왜냐하면 성경의 문자가 사람을 오히려 죽일 수 있기 때문이다(고후 3:6). 따라서 생명이신 성령을 함께 먹어야 한다. 펜윅은 그 사실을 다음과 같이 진술했다: "글은 죽는 것이라 했고, 성신님은 생명이시라 했습니다. 그러므로 글만 먹으면 해가 됩니다. 병나서 죽습니다."64)

반대로 성령만 많이 먹어도 병이 난다. 펜윅은 말씀 없이 성령을 먹으려 하면, 심지어 성령 대신 마귀가 거짓으로 사람을 미치게 할 수 있으므로 주님을 섬길 때

---

60) Ibid., 188-9.
61) 이정수, 「한국침례교회사」, 86.
62) 김용해 편저, 「대한기독교침례회사」, 대한기독교침례회총회 (출판지불명: 성청사, 1964), 38.
63) 「사경공부」, 22-3.
64) Ibid., 23.

는 성령으로도 섬기고 성경으로도 섬겨야 한다고 주장했다: "스스로 성경만 먹으려고 하면 해[害]되고 성신님만을 섬기고 연설하면 미칩니다. 성경으로 섬기고 성신님으로 연설하면 죽지 않습니다. 마땅히 이 둘을 힘하여 심셔야 합니다…. 거룩하신 성경과 거룩하신 성신님은 저울과 같이 꼭 같아야 합니다. 성신님은 검(劍)이요 홀로 있으면 독합니다. 사람이 상(傷)하기 쉽습니다."65) 따라서 주의 종은 신자들에게 말씀과 성령을 함께 먹여야 한다. 그렇지 않으면 신자들은 죽든지 "교만"해지거나, 아니면 "미친 모양과 같이 정신없는 사람"이 된다.66) 그래서 펜윅은 목사직분에 대해서 다음과 같이 설명했다:

> 도만 먹이는 종과 같으면 신자는 어떻게 됩니까? 죽을 것입니다. 성신 쥐[主]만 먹이는 종은 어떤 종입니까? 미련하고 어리석은 종입니다. 도만 먹이는 신약의 종은 글만 가르치고 나중에 죽게 합니다. 글만 먹이는 것은 교만한 자가 되게 합니다. 교만은 무엇입니까? 자긍(自矜)하는 것입니다. 상제께서 성경에 세 차례 [교만한 자를] 미워한대[憎]고 하였습니다. 목사 직분은 도와 성신을 함께 먹이는 것입니다.67)

펜윅은 성령과 말씀과 신자의 관계를 씨와 비료와 밭으로 비유하기도 했다. 그의 설명에 따르면, 성령께서 "도의 씨"를 가지고 "우리 밭"에 뿌리고, "성경 곧 비료(肥料)로 부양"하면 "성신의 강"(聖神 江)이 흘러가게 된다. 그러나 이 가운데 어느 것이라도 막히면 안 된다. 왜냐하면 그렇게 되면 밭이 다 상하기 때문이다. 그런데 "성신의 강이 길게" 흐르면 그 강물이 흐르는 대로 "밭과 언덕"된 우리도 길게 어느 곳까지든지 흐르게 될 것이다.68) 그러므로 신자가 다치지 않고 생명의 강이 흐르게 하려면, 우선 밭이 있어야 하고, 씨가 잘 뿌려져야 하고, 비료도 충분해야 한다. 이 셋의 관계가 원만할 때 성령의 강물은 마음껏 흘러갈 수 있다.

---

65) Ibid., 69, cf. 26. 특히 펜윅은 성령만을 먹어서 이상한 현상이 일어나는 것을 조선에서도 캐나다에서도 많이 보았다고 말했다(ibid., 23-4).
66) Ibid., 88.
67) Ibid., 87.
68) Ibid., 71.

4. 배교가능성

하나님의 은혜와 인간의 자유권 문제는 자연스레 신자의 배교 가능성 여부로 이어진다. 펜윅은 하나님의 능력으로 신자의 "행실"(行實)을 고치지 아니하든지, 권능으로 예비치 아니하든지, 권능을 원치 아니하면, 신랑이 오실 때 떨어져 나가기 쉽다며 다음과 같이 경고했다: "롯라득의 부인을 생각[思]하십시오. 아브라함의 조카 롯의 처가 소금기둥[柱]이 된 것을 생각하여 보십시오. 그 부요를 생각해서 그 모양이 되었으니 세상 자식이든지 물질이든지 분별치 아니하고 돌아보면[回顧] 곧 멸망할 것입니다. 이 인생(人生)을 생각하면 권능을 못 받습니다. 대개 내 생각은 멸망하는 것입니다."[69] 또한 그는 신자 가운데 하나가 예수께 순종하지 않고 떨어져 나가면 가장 먼저 섭섭해 할 분이 교회의 머리되신 그리스도라고 말함으로써[70] 신자의 배교가능성에 대한 근거를 뒷받침했다. 이런 신앙을 가지고 있는 펜윅이 성화를 위해 인간이 노력해야 한다는 것을 강조하는 것은 당연한 일이다. 펜윅은 신자의 성화를 위해 다음과 같이 인내할 것을 요구했다:

> 우리가 이 세상에서 거짓 그리스도 앞에서 죽임을 당할지라도 인내하고 세상과 분별하면 세상에서는 고생을 받으려니와 이후에 평안함을 받을 것입니다. 이 세상에서 거짓 그리스도에게 고생을 받지 않고 피한 사람은 그 후에 영원히 멸망하는 데 들어갑니다. 상제께서 롯의 가정을 구하시려고 힘을 썼지만[用力], 그 가운데 롯의 처는 세정(世情)을 생각한 까닭에 멸망함을 받은 것과 같이, 우리도 구하시려고 은혜로 힘을 쓰시는데 우리도 소심(小心)하지 아니하고 상관없이 세정을 돌아보면 멸망합니다. 고로 롯의 처로 후생(後生)에게 지시하는 표가 되었습니다.[71]

게다가 펜윅은 신자가 마땅히 해야 할 일을 하지 않고, 그저 믿기만 하면 된다고 생각하는 것도 엄하게 경계했다: "우리 신자 중에 누가 믿고 죄속함을 받은 후에는 고생이 없고 할 일도 없이 평안히 천당에 가는 줄 알고 가만히 평상에 누어서 불쌍

---

69) Ibid., 114.
70) Ibid., 179.
71) Ibid., 130-1. 여기서 "소심하다"는 말은 "주의 깊다"는 뜻이다.

한 노인과 부모 없는 아이와 무재[無子]한 외로운 과부를 보아도 상관없어 하면 이 세상 사람이라도 어떻게 하겠습니까? 아마 게으른 놈이라 욕하고 너는 무슨 쓸 때 있느냐 할 것입니다."72) 이는 펜윅이 행함과 실천의 중요성을 충분히 인식하고 있었다는 것을 의미한다.

또한 그는 회개의 행함도 강조했다. 예를 들면, 잘못한 일이 있으면 하나님께 회개하는 것이 당연한 일이지만, 반드시 잘못을 행한 사람에게 용서를 구해야 한다. 하나님은 공의로우신 분이기 때문이다. 만일 등(燈)을 도적질 한 뒤에 찾아와서 "눈물을 흘리며 아주 회개한 모양으로 말하여도 등을 가져오지 아니하면" 용서해줄 수 없는 것이다. 그렇게 용서해주면 그것은 결코 은혜가 아니기 때문이다.73) 펜윅은 참다운 용서에 대해 다음과 같이 말했다: "만일 그 물건을 받지 아니하고 용서해주면 참 사랑하는 친구가 아닙니다. 그 사람보다 더 악한 친구입니다. 사랑하는 친구는 그 물건을 받고 그 사람을 용서해 주는 것이 참 사랑하는 친구입니다." 물론 기본적으로 친구를 일곱 번씩 일흔 번이라도 용서해줄 마음이 항상 있어야 한다. 하지만 펜윅은 "누구에게 죄를 짓고 고하지 아니하면 사하여 줄 것이 없"다는 것이 죄를 진정으로 용서하는 방법이라고 확신했다.74) 펜윅에게 신앙의 지조 혹은 하나님의 법에 대한 순종은 무엇보다 중요한 것이었다. 그는 교회가 세상과 결코 타협해서는 안 된다고 가르쳤고, 자신도 죽는 그 순간에 유언으로까지 남기면서 그것을 실천했다.75)

---

72) Ibid., 182.

73) Ibid., 187.

74) Ibid., 147-8.

75) 펜윅의 유언: "먼저 내가 세상을 떠난 뒤에도 우리 교회는 세상에 있는 교회들과 갈라놓으라. 그들에게 물들지 말라. 그리고 내 무덤은 봉분(封墳)하지 말고 평장으로 하라"(이정수, 「한국침례교회사」, 기독교한국침례회총회 역사편찬위원회 편 [서울: 침례회출판사, 1990], 110). 무덤을 평장으로 하라고 유언한 까닭은 "백골도 우상화할 경향"이 있다고 보았기 때문이라고 한다(김갑수, 「한국침례교인물사」 [서울: 요단, 2007], 35).

5. 종말신앙의 현재적 의미

신앙의 본질은 언제나 그렇듯이 현재적이면서 동시에 종말론적이다. 그런데 하나님의 주권은 실제로 종말에 실현되고 현재의 주권은 미완성적이다.[76] 그 점에서 펜윅에게 종말신앙은 대단히 미래적이면서도 동시에 현재적이었다. 그는 극단적인 시한부 종말론자의 면모를 보인 적이 없었지만, 그리스도의 재림을 통해 긴박하게 구현될 하나님 나라에 대해 큰 기대를 가지고 있었다. 펜윅이 세대주의적 전천년설(dispensational premillennialism)에 입각해서 종말의 시나리오를 제시한 것도 이와 무관하지 않다.[77]

그런데「사경공부」는 종말사건을 연대기적으로 설명하는 과정에서 중요한 특징을 보여주었다. 그것은 펜윅이 앞에서 강조해왔던 신앙의 실천 내용들을 종말의 시나리오와 서로 엮어가며 설명했다는 점이다.[78] 그는 바벨론성의 파괴를 말하면서 성경공부의 중요성과 배교가능성에 대해 역설했고, 평안하다 할 때 멸망이 임한다는 예수의 말씀을 인용하면서 성령의 중매사역을 언급했다. 또 이스라엘의 복귀를 설명하면서 "오직 믿음"의 구원원리와 예수와 우리의 관계를 강조했다. 그리고 지진과 같은 천재지변을 설명하는 자리에서 세상과 분간해야 할 삶의 태도를 촉구했다.[79] 또한 그는 거짓 그리스도의 전략을 폭로하면서 고난의 의미를 풀어주었고, 세상이 점점 더 마귀가 좋아하는 일을 하게 될 것을 경고하면서[80] 오직 말씀만으

---

[76] 하나님의 최종적 주권과 현재적 주권에 관해서는 Stanley Grenz,「조직신학: 하나님의 공동체를 위한 신학」, 신옥수 옮김 (서울: 크리스챤다이제스트, 2003), 176-9 참조.

[77]「사경공부」, 215-21. 이 부분은 221쪽부터 215쪽으로 역순으로 기재된 것인데, 예수 그리스도의 일대기를 중심으로 창세 전부터 마지막 새 하늘과 새 땅이 이루어질 때까지 역사를 서술했다. 펜윅의 주제별 종말신앙에 대해서는 김용복, "「사경공부」에 나타난 펜윅의 종말신앙," 83-114 참조.

[78]「사경공부」, 109-40.

[79] 이 대목에서 그는 이렇게 진술했다: "깨끗한 신부는 신랑만 생각합니다. 감독 증참에 신부는 자기 복색(服色)을 보지 않고 묘하신 신랑만 보신다 하셨습니다. 내 모든 일은 생각지 않고 먼저 주님을 생각하면 이는 세상과 분간하는 일이 됩니다. 또한 그 생각(신랑생각)이 있을 때 세상 중에 빠지지 못할 것입니다"(ibid., 124).

[80] 펜윅은「복음찬미」 33장을 인용하면서 세상이 점점 악해지지만 어두운 가운데 빛이 있다고 말했다. 새벽에 아침별을 볼 수 있기 때문이다. 그래서 예수께서 속히 오실 것을 기대한

로 사람을 믿게 해야 한다는 복음의 본질을 항변했다. 끝으로 마귀는 형제가 서로 원수되어 등지는 것을 좋아한다고 말하면서, 그는 다음과 같은 말로 형제사랑을 강조했다:

> 참 성신님의 직분은 형제 사랑함을 지키게 하시는 것입니다. 이제 말 들으시오. 참소하는 자 마귀를 믿지 말고 참 신을 믿어야 합니다. 우리 신도는 서로 사랑하고 서로 긍휼을 베풀어야 합니다. 그리하여야 예수님의 제자입니다. 만일 한 사람이라도 서로 사랑함이 없이 미워하면 상제의 권능이 넉넉히 막힐 것입니다.[81]

펜윅의 종말신앙은 단순히 미래지향적이거나 세상도피적인 것이 아니다. 그는 종말의 사건들을 예견하면서 오늘 신자들이 어떻게 살아야 할 것인가를 가르치고자 했다. 어쩌면 펜윅에게 종말신앙의 의미는 신자의 성화를 위한 하나의 방편인지 모른다. 참된 종말신앙은 "현재를 통해 미래를 바라보는 신앙이고 미래를 통해 현재를 사는 신앙"이다.[82] 이런 펜윅의 종말신앙은 그 시대상황 속에서 제자들로 하여금 세속권력과 타협하는 것을 거부하게 했고, "순교도 두려워하지 않고 기쁜 마음으로 복음을 전하게 하여" "주님을 위해 자신들의 삶을 내려놓는 데 초연"하게 했다.[83]

마치는 글

지금까지 연구하고 언급한 내용을 통해서 몇 가지 결론을 도출하면 다음과 같다. 첫째, 펜윅이 「사경공부」에서 가장 강조했던 내용은 바로 '복음'이었다는 사실이다. 그는 복음의 본질을 율법과 은혜라는 두 패러다임을 통해서 이해했고, 율법이 인간

다. 그렇다면 교회는 언제 주님나라에 갈 것인가? 성령의 권능을 받고 "땅 끝까지"[地極] 복음을 전한 뒤에 실현될 것이다(ibid., 87).

81) Ibid., 139-40.
82) 김용복, 「신학과 신앙의 만남」, 208.
83) 펜윅의 종말론에 관한 진단과 평가는 안희열, 「말콤 펜윅: 시대를 앞서 간 선교사」, 개정증보판 (대전: 침례신학대학교출판부, 2010), 91-103 참조.

으로 하여금 하나님을 찾아가게 하는 것이라면 은혜는 하나님께서 인간을 찾아오시는 것이라고 설명했다.[84]

둘째, 「사경공부」에서 보여준 펜윅의 신앙과 신학은 대체로 다음과 같이 긍정적으로 평가될 수 있다. (1) 펜윅은 하나님의 구원사역을 설명하는 과정에서 인간이 스스로는 구원에 이르지 못할 정도로 부패한 존재라는 사실을 믿었고, 예수 그리스도의 보혈공로와 성령의 도움이 우리의 구원에 반드시 필요하다는 것을 강조했다는 점에서 그의 신앙은 복음적이고 성경적이었다. (2) 펜윅은 하나님의 은혜를 '찾으시는 은혜'로 이해했다. 그리고 인간을 찾아오시는 하나님의 구원사역이 일방적이지 않고 인간으로 하여금 선택하도록 인격적으로 배려한 것이었다는 점에서, 그리고 성경과 성령의 중요성을 모두 인정하고 어느 하나에만 지나치게 매료되는 것을 크게 경계했다는 점에서, 펜윅은 균형 잡힌 신학적 시각을 가지고 있었다. (3) 펜윅의 성화방법은 신자들의 3대 의무인 "말씀다독," "성령순복," "마귀대적"으로 압축된다. 결코 펜윅은 성령만 의지한 채 하나님의 섭리에만 의존하는 신앙인이 아니었다. 그의 성화론은 하나님 앞에서 마땅히 행해야 할 신자의 도리와 책임을 도외시 하지 않았다. 그는 이 점에서도 균형 잡힌 신앙을 가지고 있었다. (4) 펜윅의 종말신앙은 그 시대의 상황에서 볼 때 신자들의 삶을 견인(牽引)하는 하나의 동력으로 작용했다. 그것이 비록 세상문화를 부정적으로 보게 함으로써 교회의 발전이나 생존에 큰 장애요인이 되었다 하더라도,[85] 세상의 권력과 논리가 교회에 침투해오는 것을 거부하는 데는 결정적 영향을 끼쳤다. 오늘날 '교회 속에 세상이 있다'는 우려의 목소리를 생각한다면, 세상과 타협하지 않는 펜윅의 신앙은 부정적 측면이 있다 하더라도 새롭게 주목받을 가치가 있다.

셋째, 「사경공부」는 펜윅의 신학을 연구하는 데 역사적, 문헌적 가치가 있는 귀

---

[84] 펜윅이 편집한 「복음찬미」도 이런 특징을 반영하고 있다. 최봉기, "펜윅 선교사의 한국 전통문화 이해와 선교정책 재평가," 「말콤 C. 펜윅: 한국기독교 토착화의 거보(巨步)」 (서울: 요단: 1996), 238-45; 김남수, 「복음과 찬미: 침례교 찬송가」 (대전: 침례신학대학교출판부, 2005), 46-65 참조.

[85] 펜윅의 신앙과 문화의 관계에 대해서는 배국원, "한국 문화와 한국침례교회," 「한국 침례교와 신앙의 특징」, 245-66 참조.

중한 1차 사료라는 것을 알 수 있었다. 물론 「사경공부」를 면밀하게 분석하고 해석하는 과정에서 여러 가지 부족한 요소가 드러난 것은 사실이다. 우선 그 전반적인 내용이 체계적이지 못하고, 때로는 그 표현이 불분명하여 이해하기조차 어려운 대목이 많았다. 또 한 사람에 의해 작성된 것이 아니기 때문에 논리성도 부족하고 어떤 부분에서는 그 신뢰도마저 떨어지는 것이 있었다. 무엇보다도 펜윅의 신앙과 신학을 제대로 이해하기 어렵게 만드는 요인은 그 진술들이 지나치게 단편적인 것이 많다는 점에 있다. 따라서 「사경공부」만으로는 펜윅의 신학사상을 제대로 복원하는 데 한계가 있다는 것을 인정하지 않을 수 없다. 하지만 「사경공부」는 지금까지 소개된 그 어떤 자료보다도 펜윅의 신학사상을 파악하는 데 유용한 연구터전이라는 것은 부인하기 어렵다. 우리는 이 자료를 통해서 펜윅이 하나님-인간의 협력적 체계 안에서 복음의 본질을 바르게 이해했고, 그의 신앙과 신학은 그리스도와 성령 안에서 종말신앙을 통해 세상과 타협하지 않는 성화된 삶을 강조하는 데 있었다는 것을 확인할 수 있다.

14
대한기독교회의 신앙양태와 침례교 정체성*

한국 침례교회의 전반부 역사를 대변하는 대한기독교회(大韓基督教會; The Church of Christ in Corea)의 신앙형태를 제대로 이해하는 일은 결코 만만하지 않다.[1] 그러나 아직까지 한국 침례교회에 그 영향력이 긍정적이든 부정적이든 크게 남아있는 대한기독교회의 면모를 바르게 파악하는 일은 교단의 역사를 바로 세우는 일일 뿐 아니라 향후 한국 침례교회의 정체성을 회복하는 데 필요한 작업이다. 나아가 이는 한국의 초기 선교역사에서 충분히 조명을 받지 못한 대한기독교회의 존재의의를 밝히는 일이기도 하다.

대한기독교회의 신앙양태를 연구하는 일에 어려움이 많았던 까닭 가운데 하나는 충분한 역사적 사료가 부족하다는 데 있다. 그러나 그보다 더 문제가 되는 것은 연구자들이 자기 나름의 선입견으로 대한기독교회를 오해하거나 폄하하는 일이다. 아직까지도 대한기독교회와 침례교회의 상관관계에 대해 여러 가지 상충하는 의견들이 있는 것은 사실이다. 어떤 이는 이 둘의 관계를 지나치게 부정적으로 접근하는가 하면, 반대로 어떤 이는 맹목적일 만큼 대한기독교회를 이상화하는 경향이 있다. 또한 말콤 펜윅(Malcolm C. Fenwick, 1863-1935) 선교사와 대한기독교회의 '침례

---

* 출처: 김용복, "대한기독교회의 신앙양태와 침례교 정체성."「한국침례교회와 역사: 회고와 성찰」, 허긴박사 은퇴기념논문집발간위원회 편 (대전: 침례신학대학교출판부, 2010), 67-98.
1) 1906년 설립된 대한기독교회는 오늘날 기독교한국침례회의 전신으로서, "침례회"라는 단어가 들어간 교명을 사용하기까지 모두 네 차례에 걸쳐 교명을 변경했다(대한기독교회→동아기독교회→동아기독대→동아기독교). 여기서는 대한기독교회라는 이름으로 통칭한다.

교적' 정체성에 대한 의혹도 여전히 계속되고 있다.[2] 허긴은 펜윅 선교사가 대한기독교회를 조직한 목적이 "사도행전에 나타나고 있는 신약성서적 교회의 이상을 구현"하는 데 있었다고 서술하면서도 다른 한 편으로는 대한기독교회에서 "신약성서적 개교회주의(個敎會主義)와 자원주의(自願主義) 및 회중주의(會衆主義)의 원리나 정신"을 찾아볼 수 없었다고 지적한 바 있다.[3] 이 대목에서 한 가지 질문이 나올 수밖에 없다. 어떻게 신약성서적 교회의 이상을 추구했던 대한기독교회가 신약성서적 교회관의 주요 특징들을 받아들이지 못한 걸까?

이 연구는 대한기독교회가 침례교회로서 정체성이 정립되어 있었는가? 아니면 침례교회의 정체성을 세우는 데 관심이 없거나 오히려 훼손했는가 하는 것을 규명하는 데 목적이 있는 것이 아니다. 그것보다 더 중요한 목적은 대한기독교회가 어떤 교회였으며, 어떤 신앙과 교회관을 가지고 있는 교회였는가를 정확하게 아는 데 있다.

대한기독교회의 정체성을 파악하기 위한 전제는 두 가지다. 하나는 대한기독교회의 역사적 사료를 면밀히 재검토하는 일이고,[4] 다른 하나는 침례교회의 특성을

---

2) 조효훈 박사는 한국에 최초로 들어온 침례교인이 1895년에 내한한 파울링(E. C. Pauling) 선교사 부부였고, 펜윅 선교사는 "침례교 정체성에서 먼 사람"이었으며, "침례를 베푼 것 이외에는 침례교 고유의 정체성을 보여주지 못했다"고 평가했다(조효훈, "한국침례교회 약사와 정체성," 「다문화시대에 다시 보는 한국침례교회」, 침례교신학연구소 펴냄 [대전: 침례신학대학교출판부, 2009], 15-8); 하지만 사무엘 H. 마펫은 펜윅 선교사에 대해 이렇게 소개했다: "캐나다 침례교회의 펜윅(Malcolm C. Fenwick)은 한국을 복음화하겠다는 불타오르는 열정을 가진 대단히 독립적인 침례교도로 1889년에 도착하였다. 그의 첫 번째 시도는 실패하였으나 그는 미국에서 한국순회선교부를 만들었고, 1895년 한국으로 돌아와 외국선교부 체계보다는 새로운 한국인 회심자들에 대한 완전한 신뢰로 네비우스 자립 정책을 능가하겠다는 용감한 시도를 하였다. 이는 시기상조로 입증되었고, 1935년 그가 사망함에 따라 끝났다. [각주]보스턴에 있는 엘라 딩 기념 선교회(A. J. Gordon's Ella Thing Memorial Mission)에서 온 침례교회 사람들이 1895년 잠시 동안 펜윅의 선교회에 합류하였다." (Samuel H. Moffett, 「아시아기독교회사 II: 1500-1900」, 김인수 역 (서울: 장로회신학대학교출판부, 2008), 840-1. (밑줄은 연구자의 강조)

3) 허긴, 「한국침례교회사」 (대전: 침례신학대학교출판부, 1999), 94, 95.

4) 이번 연구에서 주로 의존한 일차자료는 펜윅 선교사의 자서전 「대한기독교회사」(the Church of Christ in Corea)와 자전적 소설 「잔속의 생명」(Life in the Cup), 대한기독교회가 1906년 교단설립 당시 내놓은 "46개조 교규," 침례지원자 문답용으로 사용되었던 "침례문답"과 "규례문답"(規例問答), 펜윅 선교사의 성경공부를 필사한 「사경공부」 등이다.

정확히 규정하는 일이다. 이 논의를 전개하기 위해서 연구자는 대한기독교회의 신앙양태를 세 가지 측면에서 접근했다. 그것은 일반적으로 침례교회의 정체성을 파악하기 위해 사용되는 분석의 기준, 즉 (1) 성경주의(Biblicism), (2) 지역교회의 자율성(Autonomy of the Local Church), (3) 신자침례(Believer's Baptism)다.[5]

'성경주의'는 개인 체험과 영혼의 역량 개념에 기초해 있다. 이는 특히 침례교회가 신자들에게 어느 특정한 신학이나 성경해석을 강요하지 않는다는 의미에서 성경해석의 자유와 같은 맥락으로 이해된다. 그 점에서 침례교인들에게 교육의 의미는 대단히 중요하다. 침례교회가 사도신경과 같은 신조나 특정 신앙고백서의 권위에 종속되지 않는 까닭이 바로 여기에 있다. 다른 신조나 특정 신학에 의존하지 않았다는 것은 침례교인들이 개인의 신앙체험을 중시했다는 뜻이고, 이 개인의 신앙체험은 오직 성경을 근거로 한 것이었다. 침례교인들은 오직 성경의 권위만을 인정했고, 그것으로 충분했다.

'지역교회의 자율성'은 회중정체와 함께 가는 개념이다. 이 두 개념은 침례교회가 어느 특정인이나 소수의 특권층에 의사결정의 권한이 집중되는 것을 차단해왔다는 것을 의미한다. 지역교회의 자율성은 바로 민주적 회중정치를 실현하기 위한 토대다. 이는 침례교회가 신약성서의 초대교회에서 보여준 민주적 방식의 의사결정을 존중하며, 모든 신자들은 하나님의 자녀로서 제사장과 같은 특권을 가진다고 믿었다는 것을 뜻한다. 따라서 이 원리는 전신자제사장직 개념을 포괄한다.

'신자침례'는 역사적으로 볼 때 침례교인으로 커밍아웃하는 관문이었다. 17세기 영국에서 처음으로 침례교인들이 등장할 때 필요충분조건 가운데 하나가 바로 유아세례를 거부하고 신자침례를 주장하는 일이었기 때문이다. 영국성공회에서 분리

---

[5] 이는 일찍이 연구자가 다른 곳에서 제시했던 침례교신앙의 8대 원리를 압축한 것이다. 이 침례교신앙의 8대 원리는 다음과 같이 BAPTISTS의 각 자모음을 첫 글자로 풀어낸 것이다: (1) 성경주의(Biblicism); (2) 지역 교회의 자율성(Autonomy of the local church); (3) 전신자제사장직(Priesthood of all believers); (4) 교회학교의 교육과 훈련(Teaching and training of Sunday school board); (5) 개인적 체험(Individual experience); (6) 영혼의 역량(Soul competence); (7) 복음전도와 선교(Testimony of gospel and missions); (8) 교회와 국가의 분리(Separation of church and state). 김용복, 「침례교신학」, 수정재판 (대전: 침례신학대학교출판부, 2009), 68-109 참조.

되었던 분리주의자와 침례교인이 다른 점도 바로 이 부분이다. 침례교인들이 단순히 영국 분리주의 후예가 아니라, 분리주의로부터 또 다시 분리한 배경에도 신자침례가 있다. 그만큼 신자침례 문제는 침례교회의 정체성을 드러내는 데 무엇보다 중요한 시금석이었다. 이 신자침례는 필연적으로 교회와 국가의 분리 문제와 밀접하게 관련된다. 이는 역사적으로 국가교회를 추구하는 사람들이 유아세례를 교회의 식으로 강요하는 것을 침례교인들이 반대한 데서 비롯되었다. 신자침례는 오로지 믿는 사람들에게만 침례를 주어 교회회원으로 인정한다는 점에서 중생한 신자의 교회회원권 개념과 같은 의미를 함축한다.

대한기독교회의 신앙형태를 이 세 가지 관점에서 재검토하는 것은 이 논문의 목적을 달성하기 위한 하나의 방편이다. 어느 교회나 단체가 이 세 가지 요소를 충분히 갖추었다고 해서 반드시 '침례교회'라고 단정할 수 없고, 반대로 침례교회라 해서 언제나 이 세 가지 요소에 충실한 것도 아니다. 한 가지 중요한 공통분모는 대한기독교회든 침례교회든 모두 다 신약성서적 교회를 회복하려고 노력했다는 점이다.

I. 성경주의: 성경해석과 신조사용 문제

침례교회의 성경주의는 성경만이 우리의 신앙과 삶의 유일한 근원이 된다고 믿는 것이다.[6] 그 점에서 펜윅 선교사와 대한기독교인들은 다분히 '침례교적'이다. 그들은 무엇보다 성경제일주의로 살아온 사람들이었다. 사무엘 마펫(Samuel A. Moffett)의 다음과 같은 진술은 펜윅 선교사의 이런 측면을 뒷받침해주는 중요한 자료가 된다:

> 복음을 폭넓게 전파하였던 또 다른 선교사는 펜윅이다. 나는 그의 협력을 얻어내지 못한 데 대하여 항상 아쉬워하였다. 원래 장로교인으로서 성경을 하나님의 말씀으로 받아들이는 남다른 재능을 가졌던 그는, 초기 기독교인들의 훈련에 많은 기여를 하였다.

---

6) 미남침례교의 신앙고백서(Baptist Faith and Message) 제1조는 "성경은 … 모든 인간의 행위, 교리, 그리고 종교적 견해들이 시험받아야 할 궁극적 기준"이라고 고백한다. William L. Lumpkin, 「침례교 신앙고백서」, 김용복 외 2인 역 (대전: 침례신학대학교출판부, 2008), 463.

이 가운데는 한국 목회자로서 맨 먼저 임직을 받은 일곱 사람 가운데 한 사람인 서경조, 베어드의 조사 및 어학선생으로서 부산 선교부를 개설하고 그곳의 개종자들을 가르치는 데 크게 기여하였던 고학윤 등이 있다. 40년이 넘도록 펜윅은 독립사역을 지속하였다. 성경에 대한 위대한 연구자이며 동시에 선생으로서, 장로교회의 많은 목회자들과 장로들에게 큰 축복이었다.[7]

펜윅 선교사는 1909년 사경회에서, "[조선]은 복 많이 받았습니다. 어떠한 까닭입니까? 다름이 아니라 진리인 성경만 번역하여 가르쳐 공부함으로 상제[하나님] 이치를 많이 깨달은 연고로 그러한 것입니다"라고 주장했다.[8] 펜윅 선교사가 세상교육이나 세상문화를 부정적으로 본 까닭 가운데 하나는 세상지식과 연구가 하나님의 이치에 어긋나게 만든다고 확신했기 때문이었다: "근년 3, 4년간 어떠했습니까? 다른 수많은 책이 번역되고 다른 세상 이치로 나는 책 많아졌습니다. 그러하니까 보기 좋고 듣기 좋으면 점점 상제 이치를 별로 좋아하지 아니합니다.... [그것은] 마귀가 제일로 힘쓰는 일입니다."[9]

펜윅 선교사는 오로지 성경만을 읽고 성경의 진리만으로 영혼을 구원하는 것으로 충분하다고 믿었다. 그는 다음과 같은 일화를 「사경공부」에 남겼다:

> 미국에 어느 진실한 신자가 있었습니다. 그는 성경 말씀만 가지고 사람을 믿게 합니다. 기차를 타고 어딘가를 가는 중에 마주 앉은 사람은 어떤 대사(大師)였습니다. 그 신자는 요한복음 3장 16절, 사도행전 4장 12절, 요한복음 1장 12절, 시편 9편 17절 등의 여러 오묘한 말씀을 자기 홀로 읽었습니다. 마주 앉은 대사는 듣기가 싫었던 모양입니다. [그게] 뭐라고 하였지만 이 그리스도의 종은 상관없이 [계속] 읽었습니다. 종착역에 도착하여 서로 헤어졌습니다. 그 후 10년 만에 그 대사가 사는 동네를 지나게 되었습니다. 누가 뒤에서 소리 질러 돌아보니 어떤 사람이 옵니다. 서로 인사하였지만 이 목사

---

7) Samuel A. Moffett, "Fifty Years," 38, Martha Huntley, 「새로운 시작을 위하여: 1884년부터 1919년 삼일운동까지 한국 초기 교회 역사」, 차종순 옮김 (서울: 쿰란출판사, 2009), 303-4에서 재인용. 마펫 선교사가 펜윅 선교사를 "원래" 장로교인이라고 말한 대목은 인상적이다. 그가 글을 쓸 당시는 장로교인이 아니라는 뜻이 담겨있다.
8) Fenwick, 「사경공부」, 59. 이 페이지는 「사경공부」 원본을 현대어로 풀이하여 가제본한 자료에 근거한 것임(이하 동일).
9) Fenwick, 「사경공부」, 59.

는 [누구인지] 생각이 나지 않습니다. 대사가 10 여 년 전 일을 세세히 설명하니 그제야 알아보고 반가워 인사하였습니다. 이 대사는 그 때 목사가 전도함을 듣고 돌아가서 밤에 잠을 이루지 못하고 마음이 아파서 울었답니다. 그 후부터 [예수를] 밑었으며, 자신을 선도한 선생을 만나기를 고대하던 차에 이렇게 만났다는 것입니다. 이는 성령님께서 칼로 마음을 찔렀던 것입니다.[10]

사실 펜윅 선교사의 가르침은 두 가지로 요약이 가능하다. 하나는 말씀을 읽고 성령께 순복하는 것이고, 다른 하나는 마귀를 대적하는 것이다.[11] 여기서 마귀를 대적한다는 것은 여러 가지 의미를 함축하고 있다. 그 가운데 하나는 사람이 인위적으로 노력하는 것까지 포함된다. 펜윅 선교사에게 사람이 인위적으로 노력하는 것은 곧 성령을 방해하는 일이다. 그는 1930년 9월 11일자 설교에서 이렇게 말했다:

> 성령께서 깨닫게 하시면 사람은 힘쓸 것 없습니다. 사람들이 힘쓰는 것은 성령을 막는 일 뿐입니다. 무슨 일이든지 성령을 기다릴 뿐입니다. 그럼 넉넉합니다. 물 가운데 빠진 사람을 건지는 것을 보았습니다. 물에 빠진 사람을 건지는 사람은 빠진 사람이 힘쓸 때 건지는 것이 옳습니까? 거듭난 사람은 우리 구주님께서 건지십니다. 사람들 죄를 깨닫기 전에 힘 많이 씁니다. 자기 힘을 의지할 때는 주님께서 그만 둘 수밖에 없습니다.[12]

성경과 성령만을 강조하는 펜윅 선교사는 평소 "우리 교회는 성경에 근원을 둔 신약성경의 교회"라고 강조했고, "교파운동이나 하고 세속화되어가는 교회들과는 교제를 끊으라"는 말을 자주 했다고 한다.[13] 펜윅 선교사가 1906년 교단을 설립할 때 "침례교회"(Baptist Church)라는 이름을 사용하지 않고 "대한기독교회"(Church of

---

10) Fenwick, 「사경공부」, 59-60.
11) Fenwick, 「펜공부님 설교집」(미간행자료), 5. 이 자료는 A4 용지 크기로 모두 102쪽의 분량으로 되어 있다. 매우 가지런한 붓글씨로 처음부터 끝까지 쓰인 것으로 보아, 한 사람이 정서하여 묶은 것으로 보인다. 정확하게 언제 책의 형태로 묶었는지는 알 수 없으나, 그 안에 기록된 설교날짜를 확인하면, 대체로 1928년부터 30년 사이에 원산에서 이루어진 설교를 기록한 것으로 추정된다. 이 글들 중에는 설교뿐 아니라 교리해설도 포함되어 있다. 김장배 목사는 이것을 "신자들의 3대의무(三大義務)"라는 말로 소개했다: "성경다독, 성령께 순복, 마귀를 대적"(김장배, 「침례교회의 산 증인들」 [서울: 침례회출판사, 1981], 144).
12) Fenwick, 「펜공부님 설교집」, 85.
13) 김갑수, 「한국침례교 인물사」 (서울: 요단, 2007), 34.

Christ in Corea)를 채택한 것도 이와 무관하지 않다. 그는 기본적으로 제도권 교회나 기존 선교사들에 대해 부정적이었던 것 같다.14) 윌리엄 스코트(William Scott)는 펜윅 선교사에 대해 이렇게 평가했다:

> 그[펜윅]는 강하게 기존의 선교와 교회가 방대한 조직을 지녔다고 비판하면서, 하나님은 노회, 총회, 혹은 선교회 연례회의도 아니고 다만 작은 무리들 가운데 계시면서, 특히 성령과 조용한 교제를 가지는 사람들 가운데 계시다고 주장하였다. 이러한 태도는 필연적으로 다른 선교사들과 부닥칠 수밖에 없었다. 수년 동안 그는 게일과 하디와 적대관계를 유지하였다.15)

펜윅 선교사는 오직 성령과 성경의 권위만을 크게 의존했다. 성경에 대한 참된 지식도 성령의 가르침을 통해서 가능하다고 믿었다. 사람이 인위적으로 공부하고 연구해서 될 문제가 아니라고 본 것이다.16)

펜윅 선교사는 교회가 '그리스도의 교회'면 충분하지, 특정 인물과 특정 시대의 환경에 의해 만들어진 특정 교파의 권위에 의존하거나 종속될 필요가 없다고 생각했던 것 같다. 그러므로 당연히 펜윅 선교사는 특정 교파의 신앙고백을 사용하거나 소개한 적이 한 번도 없었다. 그는 오직 성경에서 신앙의 규범을 발견했을 뿐이다. 이런 펜윅 선교사의 교회관은 자전적 소설인 「잔속의 생명」에서도 회심한 하퍼 목사를 통해 표현된 바 있다. 하퍼 목사는 교리나 신조의 중요성보다는 성경과 성령의 중요성을 강조했다. 그리고 하퍼 목사는 추종자들을 인도하여 "이름도 없고, 교회당도 없고, 신조도 없는," 오

---

14) 「잔속의 생명」 13장에는 서울로 온 허드슨 선교사가 하퍼 목사에게 보낸 편지에서 기존 선교사들이 매우 호화롭게 살고 있는 모습에 불만을 표현하는 대목이 등장한다. 최봉기, "펜윅의 신앙과 신학 및 선교적 배경," 「말콤 C. 펜윅: 한국기독교 토착화의 거보(巨步)」, 최봉기, 펜윅신학연구소 편 (서울: 요단출판사, 1996), 227.

15) William Scott, "Canadian in Korea: Brief Historical Sketch of Mission Work in Korea" (1975), 20-1, Huntley, 「새로운 시작을 위하여」, 303에서 재인용.

16) 펜윅 선교사는 「복음문답」이라는 소책자에서 이렇게 묻고 답한다: "1문/ 왜 사람정신으로 하나님의 말씀을 공부하면 깨달을 수 없습니까? 답/ 하나님의 말씀은 하나님 편에 있고 아담 편에 있는 것이 아닙니다. 그 때문에 숨님[성령] 밖에 누구도 모릅니다. 숨님 홀로 가르치실 수 있습니다. 근거 요 14:26; 요일 2:27." 「복음문답」은 "복음문답 편공부"라는 제목으로 1문에서 15문까지 문답으로 이루어진 것으로, 언제 누구에 의해 작성되었는지는 알 수 없다.

직 성경만을 가진 교회를 세우기로 했고, 나중에 그 이름을 "그리스도의 교회"(Church of Christ)로 부르기로 만장일치로 결정했다.17) 이는 펜윅 선교사의 교회관이 충분히 반영된 이야기라고 추정할 수 있다.

성경에 대한 권위가 그 어떤 신조보다 우위에 있다는 펜윅 선교사의 생각은 나이아가라사경회의 거장인 침례교회 목사 아도니람 고든(Adoniram J. Gordon)에게서 배운 바가 큰 것으로 보인다. 고든은 성경과 신조의 차이를 다음과 같이 설명한 바 있다:

> 성경은 신실한 말씀의 젖이고, 고백서는 응축된 말씀의 젖이라 할 수 있다; 복음은 인생나무의 열매이고, 신조는 통조림 속의 열매라고 할 수 있다. 왜 이러한 고백서나 신조가 신앙생활의 중심이 되지 못하는 이유는 무엇일까? 이러한 것을 거절하는 이유는 하나님께서 우리로 하여금 통조림 속의 열매를 위해 사는 것을 원치 않으시기 때문이다.18)

펜윅 선교사가 침례교 목사로서 사역을 하면서도 끝내 '침례교회'라는 이름을 사용하지 않은 것은 그가 침례교인으로서 정체성을 가지고 있지 않아서라기보다 오로지 '신약성서적' 교회를 실현하고자 하는 열망에서 나온 것이라고 보아야 한다. 그는 당시 다른 선교사들에게 침례교회 목사로 알려졌고, 대한기독교회는 침례교회로 인정되었다는 사실은 기억될 필요가 있다.19)

물론 성경제일주의 신앙을 가진다는 것이 곧바로 침례교신앙을 소유한 것으로 단정

---

17) Malcolm C. Fenwick, *Life in the Cup*, (Mesa Grande: Church of Christ in Corea Extension, 1917), 20-1, 55, 60; 펜윅 선교사는 "세대주의적 역사관과 교회론에 근거하여 진정한 교회는 조직이나 기관이 아니라 초교파적인 그리스도인의 모임이며, 신조나 교리보다는 오직 성경만을 믿는 교회"라고 생각했던 것으로 보인다(김용국, 「한국침례교사상사 1889-1997」 [대전: 침례신학대학교출판부, 2005], 110).

18) A. J. Gordon, *Great Pulpit Masters: A. J. Gordon* (New York: Fleming H. Revell Co., 1951), 131-2, 안희열, 「시대를 앞서 간 선교사 말콤 펜윅」 (대전: 침례신학대학교출판부, 2010), 120에서 재인용.

19) 펜윅 선교사는 이미 원산에서 대부흥운동을 주도했던 주요 세 교단(장·감·침) 가운데 한 사람이었다. 1928년에 기록된 차재명의 「朝鮮예수敎長老會史記 上」, 179에서는, 1903년 당시 펜윅 선교사의 소속 교단을 "浸禮會"로 표기했다(박용규, 「한국기독교회사 I: 1784-1910」 [서울: 생명의말씀사, 2004], 834 참조).

될 필요는 없다. 침례교의 배경을 가지지 않은 사람들도 얼마든지 성경제일주의로 살아갈 수 있기 때문이다. 하지만 '침례교적'이라고 말하면서 성경 이외의 권위를 주장하거나 특정 신조나 신학체계에 의존하는 것은 잘못이다. 그 점에서, 비록 그 영향이 직접적으로 침례교적 배경에서 나온 것은 아니라 하더라도, 결과적으로 펜윅 선교사와 대한기독교인들의 성경관은 침례교회의 성경관과 일맥상통하는 것이었다고 볼 수 있다.

II. 지역교회의 자율성과 회중정체: 교회행정과 직분 문제

신약성서는 교회를 그리스도의 몸에 비유한다(엡 4:12; 5:23; 골 1:24). 전통적인 침례교회의 교회관도 이와 다르지 않다: "교회는 예수 그리스도의 주되심 아래서 민주적인 절차를 통해 운영되는 자치적인 몸이다."[20] 몸은 각 지체들로 구성되어 있는 하나의 거대한 유기체다. 따라서 교회의 모든 회원은 성숙한 신자들로서, 상호협력 관계에서 교회를 구성한다. 결코 피라미드식의 1인 독재나 소수의 엘리트들에 의한 지배구조를 허용하지 않는다. 이는 초대교회의 이상적인 체제였다. 그런데 이 수평구도의 체제가 상하구도의 조직체제로 바뀌게 된 것은 교회가 세상문화에 동화되면서부터였다.[21]

1. 목회형태: 순회목회와 담임목회의 혼재

목회형태의 측면에서 보면 초대교회들은 혼합적 특성을 띠고 있었던 것 같다. 이 말은 전체교회를 '순회목회'하는 형태와 지역교회를 '담임목회'하는 형태가 혼재되어 있었다는 뜻이다. 순회목회를 하는 직분은 일반적으로 사도, 선지자, 복음전하는 자, 목사 및 교사(엡 4:11)였고, 담임목회를 하는 직분은 감독 혹은 장로와 집사였다.[22] 일반적으로 초대교회에서는 순회목회를 하는 사역자들이 어느 지역에

---

20) 미남침례교 신앙고백서(Baptist Faith and Message), 제6조. Lumpkin, 「침례교 신앙고백서」, 467.
21) 이 문제에 대해서는 김용복, "교회직분의 계급적 이원구조에 대한 신학적 재고," 「21세기 목회자」, 이정희 박사 은퇴기념 논문집 (대전: 침례신학대학교 출판부, 2002), 222-8 참조.

교회를 세우고, 그 교인들이 어느 수준으로 성숙해지면 교회회중에게 목회할 직분자들을 직접 선출하게 했던 것으로 보인다. 그리고 초대교회의 지역교회에서는 민주적 회중정치가 실현되었으며, 전체교회에서는 순회목회자들에 의해 각 교회들이 유기적으로 관리되었다. 순회목회자들이 지역교회의 의사결정을 독단적으로 감독하거나 통제하지 않았고, 지역교회의 사안은 지역교회가 자율적으로 결정할 수 있었다. 그러나 지역교회에 중대한 문제가 발생하면, 예컨대 안디옥교회에서 구원과 할례의 교리 문제(행 15:1)가 발생했을 때, 지역교회가 단독으로 처리하지 않고 예루살렘교회와 협력하여 문제를 해결했다. 이것은 전체교회로서 유기체성을 의식했기 때문에 가능한 일이었고, 이런 전체교회의 공통 문제를 다루는 일에는 순회목회자들의 권위와 역할이 크게 작용했을 것으로 보인다. 이는 실제로 사도 바울이 쓴 서신서들이 각 지역교회에 끼친 영향이 얼마나 절대적이었는가를 고려하면 쉽게 이해될 수 있는 문제다. 따라서 사도들의 영향력은 실제로 모든 지역교회들을 통합하고 "하나의 교회"를 이루어나가는 데 결정적이었다고 해도 과언이 아니다.23)

중요한 사실은 대한기독교회의 체제가 이와 매우 유사했다는 점이다. 대한기독교회의 목회는 전체교회를 순회목회하는 것과 지역교회를 담임하는 것으로 구분되었다. 직분과 관련해서는 대한기독교회의 "46개조 교규"(敎規)를 다시 한 번 면밀히 살펴보아야 한다.24) 특히 교회가 "본 교회"와 "지방교회"로 구분된 것에 주목할

---

22) 김용복, "한국 침례교회의 직제 문제: '호칭장로'를 중심으로," 「다문화시대에 다시 보는 한국침례교회」, 82-5 참조.

23) 전체교회를 관리하는 직분이 역사적으로 침례교회에도 있었다는 것은 의미하는 바가 크다. 실례로 영국의 일반침례교회에는 감독자(superintendent)라는 직분이 있었다. H. Leon McBeth, *A Sourcebook for Baptist Heritage* (Nashville: Broadman Press, 1990), 366-7. 또한 1654년 "참 복음신앙"에 등장하는 "메신저들"은 이런 역할을 하는 직분이었다(김용복, "한국 침례교회의 직제 문제," 110).

24) "46개조 교규"는 1906년 대한기독교회가 하나의 교단으로 설립될 때 제정된 교단의 규약이다. 이 교규는 모두 14장 46조항으로 구성되어있다. 기본 내용은 대체로 교회의 직분이나 행정 전반에 대한 규정으로 이루어져있다. 제1장 총칙: 교규를 제정하는 목적; 제2장에서 제4장까지는 직분의 종류와 그 역할; 제5장 침례법; 제6장에서 11장까지는 총회와 임원회 및 당회 등에 대한 규정; 제12장과 제13장은 교회의 경비와 벌칙; 제14장은 부칙으로 교규 개정 방법 등. 46개조 교규가 표방하고 있는 기본 교리는 교규를 제정한 목적을 제시한 제1장 제1조에 잘 나타나 있다. 이 조항에 따르면, 예수님의 가르침에 따른 기본 교리는 속죄,

필요가 있다. 여기서 "본 교회"와 "지방교회"는 어떤 차이가 있는가? "교규" 안에는 이에 대한 설명이 없다. 추측컨대, "본 교회"는 보편교회 혹은 전체교회를, "지방교회"는 지역교회 혹은 개교회를 지칭한 것으로 보인다.

그런데 대한기독교회의 임원(任員) 구성을 보면, 감목(1인) 체제에서 목사, 감로, 교사, 전도인, 당원으로 정함으로써 "본 교회"와 "지방교회," 즉 전체교회와 지역교회를 적절하게 혼합한 형태였음을 말해 준다("교규" 제2장 제2조 참조). 왜냐하면 제3조에서 원로교우, 감목, 안사를 "본 교회의 목사"로, 감로, 교사, 전도인, 당원을 지방교회 소속으로 규정했기 때문이다.[25] 대한기독교회의 교회조직은 (1) 하나의 전체교회→(2) 각 구역→(3) 각 교회로 확산되는 형국이다. 여기서 "본 교회"라 함은 앞의 (1), (2), (3)을 하나의 유기체로 간주한 것이고, "구역"은 여러 교회들로 구성되어 있는 현재의 지방회와 같은 것이며, "교회"는 오늘날 지역교회, 즉 개교회를 지칭한다. 대한기독교회가 지나치게 전체교회에 집중하고, 개교회의 독자성을 위한 노력을 하지 못한 것은 사실인 것 같다. 그러나 대한기독교회가 개교회의 기능과 역할을 전혀 하지 못했다고 보는 것은 편견일 수 있다. 실제로 대한기독교회는 당원, 즉 반장, 총장, 통장을 세워 지역교회를 돌보게 했다. "교규"에 따르면, 임원 가운데 감목, 안사, 목사, 감로, 교사, 전도사 등은 전체교회나 구역단위에서 순회목회 형태로 사역했고, 당원인 반장, 총장, 통장은 지역교회를 목양하는 담임목회 형태로 사역했다.[26] 그러므로 당원을 "평교인" 혹은 "정규회원" 등으로 이해하는 것은 잘못이며,[27] 대한기독교회의 조직을 "감목(안사), 목사, 감로, 교사, 총찰, 전도, 통장, 총장, 반장, 당원(교인)의 위계순"으로만 파악한 것도 착오다.[28]

성령으로 말미암은 중생, 부활의 역사적 사실, 신자의 부활, 재림, 심판 등이다. 이는 기본적으로 성경에 근거한 복음주의 신앙노선과 크게 다를 바가 없는 내용이라고 볼 수 있다.

25) 김용해 편, 「대한기독교침례회사」, 대한기독교침례회총회(n.p.: 성청사, 1964), 16. [추가] 지방교회는 다시 구역과 개교회로 나눌 수 있는 여지가 보인다.

26) "교규," 제2장 제2조-제11조 참조. 당원 가운데 1반은 10인을, 1총은 5반을, 1통은 2총을 관리하도록 조직되었다("교규," 제9장 제32조).

27) 안희열, 「시대를 앞서간 선교사 말콤 펜윅」, 108.

28) 기독교한국침례 총회 역사편찬위원회 편, 「한국침례교회사」, 이정수 집필 (서울: 침례회출판사, 1990), 64 참조.

2. 행정체제와 직분

일반적으로 교회의 행정체제는 감독정체(episcopal polity), 장로정체(presbyterian polity), 회중정체(congregational polity)로 구분된다. 침례교회는 전통적으로 회중정체를 신약성서적 교회정체로 이해해왔다. 그래서 침례교회는 지역교회의 자율성을 무엇보다도 강조했고, 민주적인 방식으로 의사를 결정했으며, 지역교회를 감독, 통제할 수 있는 상위 기관을 인정하지 않았다.

하지만 대한기독교회는 회중체제를 따르지 않고 외형적으로 볼 때 피라미드 구조의 직제를 가지고 있었다는 점에서 '침례교적'이지 못했다는 평가를 받고 있다.29) 위로는 감목(監牧)으로부터 아래로는 당원(堂員)에 이르기까지 다양한 직분이 존재했고, 그 주어진 역할 또한 체계적이었다. 그 가운데 "감목"이나 "원로교우회" 등은 교단의 모든 실권을 쥐고 있는 직분처럼 보인다. 실제로 감목이 "각종 직분을 임. 해임할 수 있는 권한"을 가진다는 점에서30) 대한기독교회의 체제는 회중정체와 배치된다. 감목은 안사와 함께 원로교우회에서 선택되지만,31) 목사, 감로, 교사, 전도사, 당원 등을 모두 선정할 수 있는 권한을 쥐고 있었다.32)

지역교회에서 회중정치가 실현되지 않았다는 또 다른 증거는 "규례문답"(規例問答)에서 확인된다. 대한기독교회는 침례를 1년에 한 번씩 8월 당회에서만 행했다. 특별히 침례지원자에게는 "침례문답"과 함께 25개조로 구성된 "규례문답"을 암송하도록 요구했던 것 같다.33) 그런데 "규례문답" 5조에서는 교회재정이 어떤 목적으로 쓰이든지

---

29) 대한기독교회의 직제에 관한 내용은 김용복, "대한기독교회의 감로(監老) 직분과 직제 재고(再考)," 「침례신학대학교 총동창회보」, 2010년 9월 6일자, 2면에 일부 소개되었음을 밝힌다.
30) 김갑수, 「원당교회100년사」 (서울: 삼영사, 2005), 31.
31) 제15조에 따르면, 안사는 원로교우회에서 감목의 경력이 있는 사람 중에서 선정하고, 각 임원의 동의를 받아 가결한다.
32) "교규," 제4조에 따르면, 원로교우회는 감목과 안사를 선정하고, 중요사항을 처리하고 토의하는 권한을 가지고 있었다. 허긴은 원로교우회가 "감목과 안사를 선출하고 교단의 중대사를 논의하는 자문기관"이었다고 설명했다(허긴, 「한국침례교회사」, 100).
33) 김장배, 「침례교회의 산 증인들」, 41. "규례문답"은 교회생활과 신앙생활을 어떻게 할 것인지에 대한 서약서와 같은 성격이어서 대한기독교인들의 신앙과 삶을 이해하는 데 매우 중요한 사료가 된다. 이 "규례문답"의 내용에는 대한기독교인들이 어떻게 신앙생활을 해왔고, 성화(聖化)를 위해 얼마나 철저히 구별되게 살려했는지를 엿보게 하는 구절들이 많다. 대

'목사'에게 맡기겠다고 다짐하는 내용이 나온다.34) 이는 교회재정을 사용하는 문제에서 회중의 의견이 반영될 수 있는 길을 처음부터 차단한 것이거나, 아니면 그만큼 목사에 대한 신뢰가 높다는 것을 반영한 것이라 볼 수 있다. 그러나 적어도 "규례문답"에서 보여주는 재정사용 문제는 '비회중주의적'이었다.

그러므로 대한기독교회가 교회행정과 관련해서 '침례교적'이지 못하다는 비판을 받는 것은35) 어쩌면 당연한 일이다. 침례교회는 전통적으로 민주적인 의사결정체제 안에서 목사와 집사라는 2직분제를 고수해왔기 때문이다. 그런 점에서 조효훈 박사가 펜윅 선교사는 "침례교회에서 침례를 도입하고 장로교에서 감로제도(장로제도)를, 감리교에서 감독정치를 도입했다"고 비판한 것은, 그것이 옳다면, 침례교 정체성과 관련해서 대한기독교회의 치명적 약점이 될 수 있다. 하지만 과연 대한기독교회의 직제가 감로제도(장로제도)와 감독정치의 혼합물이었는가 하는 문제는 좀 더 신중하게 짚어보아야 할 사안이다.

우선 대한기독교회는 '감로제도'라고 할 만한 체제가 존재하지 않았다. 감로(監老)라는 직분이 있었던 것은 사실이지만, 이 감로는 여러 직분 가운데 하나에 불과할 뿐, 그것이 어떤 시스템을 갖춘 제도는 아니었기 때문이다. 더군다나 그것을 장로교의 장로제도와 유비하는 것은 근거가 없는 억측에 가깝다.

더구나 '감로'라는 직분도 풀어야 할 숙제다. 감로라는 직분이 장로제도에서 온 것이 아니라면, 그 단어는 어떤 배경에서 나온 것일까? 펜윅 선교사는 자신의 자서전에서 분명히 "집사들"(deacons)라는 단어를 사용했는데,36) 어찌하여 대한기독교회에서는

략적으로 내용을 구분하면 다음과 같다: (1) 그리스도 안에서 형제 간에 서로 사랑하고 서로 도와주겠다(1조, 2조, 15조, 16조, 17조, 18조, 20조); (2) 예배, 기도, 말씀 공부, 가르치는 일에 힘쓰겠다(4조, 6조, 7조, 8조); (3) 전도하고 교회 세우는 일에 힘쓰겠다(3조, 5조, 9조, 19조, 21조); (4) 행실을 삼가고 세상과 구별되겠다(10조, 11조, 12조, 13조, 14조, 22조, 23조); (5) 주님과 교회에 순종하겠다(20조, 24조, 25조). 결국 "규례문답"은 예수님을 주님으로 영접한 신자들이 신앙고백의 차원에서 침례를 받는 자리에서 앞으로 어떻게 살아갈 것인가를 다짐하며 고백하는 내용을 담고 있는 서약의 의미가 짙다고 할 수 있다.

34) 허긴, 「한국침례교회사」, 108.
35) 조효훈, "한국침례교회 약사와 정체성," 20.
36) Malcolm C. Fenwick, *Church of Christ in Corea: A Pioneer Missionary's Own Story*, rep. (New York: George H. Doran, 1911; Seoul: Baptist Publications, 1967), 76, 106. 펜윅 선교사의 자전

집사라는 명칭을 사용하지 않은 것일까? 펜윅 선교사는 교회수가 31개가 되었을 때 교단조직의 필요성을 느꼈다고 했다. 그는 신약성서에서 보여주는 교회의 성격에 가장 가까운 형태로 교단을 조직하려고 했다. 그리고 교회회의를 소집했고, 모든 교인들의 "만장일치"로 교회의 직분을 정했다. 특별히 직분을 정할 때 "우리의 상황"(our situation)이라는 표현을 사용했다. 이는 펜윅 선교사가 20세기 초 대한민국이라는 나라에서 신약성서적 교회형태를 실천하기 위해서 어떤 직제를 사용해야 하는가를 심사숙고했다는 말이 된다. 그리고 그는 모든 교회들 안에 "십부장들"(captains of tens, 실제로는 반장들), "오십부장들"(captains of fifties, 실제로는 총장들), "백부장들"(captains of hundreds, 실제로는 통장들)의 직분이 필요하다고 판단했다. 그리고 더욱 중요한 것은 이 세 직분들은 "집사들"을 "보조"하는 역할을 했다는 점이다.37) 실제로 대한기독교회에서 반장, 총장, 통장은 "당원"으로서, 각 지역교회를 목회하는 사역자들이었으며, 이들이 보좌한 직분은 바로 '감로'였다. 이 대목에서 펜윅 선교사가 자서전에서 사용했던 "deacon"을 대한기독교회에서 "감로"로 번역한 것이 아닌가 하는 질문이 나온다.

감로는 "교규" 제8조에 보면, 목사의 지휘를 받아 월 1회 "해당 구역"에 있는 교우의 가정을 "순회"하여 "신앙을 향상"토록 권장하고, 교회의 헌금을 관리하며, 목사가 침례와 성찬을 베풀 때 보좌하며, 목사 부재시 혼례, 장례의 집례를 대행하는 역할을 하는 것으로 되어있다.38) 그런데 펜윅 선교사가 사용한 '집사'가 대한기독교회의 '감로'였다는 결정적 증거가 있다. 펜윅 선교사의 자서전에는 장석천의 혼인과 관련해서 양가 부친이 모두 "집사"(deacon)였다고 기록되었다.39) 그런데 실제로 장석천의 아버지는 장기영 '감로'였고, 장석천의 장인은 홍봉춘 '감로'였다. 이 두 사람은 1906년 대한기독교회 창립대화회에서 "초대 감로"로 안수를 받았다.40) 그러므로

　　적 소설,「잔속의 생명」에서도 펜윅 선교사 자신으로 추정되는 플루먼 씨는 한국에서 선교사역을 하면서, 함께 사역하는 사람들의 직분 가운데 "집사들"(deacons)을 언급한다 (Fenwick, Life in the Cup, 172).

37) Fenwick, Church of Christ in Corea, 76.
38) 김용해 편,「대한기독교침례회사」, 17.
39) Fenwick, Church of Christ in Corea, 85.
40) 김갑수,「한국침례교 인물사」, 49.

펜윅 선교사는 초대 감로들을 자신의 자서전에서는 "집사"로 표기한 것이다. 이는 서구의 독자들을 의식해서 생소한 '감로'직분을 '집사'라고 말했을 수도 있고, 아니면 대한기독교회의 '감로'는 신약성서적 직분인 '집사'라는 기능 위에 어떤 특성을 더한 개념일 수 있다. 어찌 되었든 펜윅 선교사에게 대한기독교회의 "감로"는 일차적으로 신약성서에 나오는 집사를 의미했다고 말할 수 있다. 그보다도 더 확실한 근거는 펜윅이 번역한 「신약젼셔」에서 확인된다. 1919년에 출판된 「신약젼셔」에는 빌립보서 1장 1절의 "집사들"이 "당원들"로, 디모데전서 3장 8절, 10절, 12절의 "집사들"은 "감로들"로 번역되어 있다. 이는 펜윅이 성경의 집사 직분을 '감로'로 이해했다는 것을 의미하며, 동시에 그 '감로'는 곧 '당원'에 해당한다는 것을 말해주는 것이다.[41]

자서전 제10장에서 설명한 직제와 일반적으로 알려진 대한기독교회의 직제를 비교하면 〈표1〉과 같다:

〈표 1〉 자서전에 나타난 직제와 실제 알려진 대한기독교회의 직제 비교[42]

자서전에 나타난 직제	실제 알려진 직제
감목(director) ↑ 목사들(pastors) ↑　　　　　↑ **집사들(deacons)** 목사의 보조자들 ↑ 집사의 보조자들 (십부장들, 오십부장들, 백부장들)	감목(監牧) 1인 ↑ 목사(牧師) 약간인 ↑ **감로(監老) 약간인** ↑ 교사(敎師) 약간인 ↑ 전도인(傳道人) 약간인 ↑ 당원(堂員) 약간인 (반장, 총장, 통장)

---

41) 성경번역에 관한 내용은 이 글에서 새롭게 추가된 것임.
42) 일반적으로는 대한기독교회의 직제가 "감목을 수반으로 한 9개의 위계직분으로 구분"되었고, "감목(안사), 목사, 감로, 교사, 총찰, 전도, 통장, 반장, 당원(교인)의 위계순"으로 알려졌다(기독교한국침례회 총회 역사편찬위원회 편, 「한국침례교회사」, 64). 그러나 이 비교표에서 자서전에 나타난 직제를 보면 "집사=감로," "목사의 보조자=교사," "집사의 보조자=당원" 등은 서로 같은 직분의 다른 이름이다.

대한기독교회의 직제는 단순히 일원화된 상하구조가 아니라 목회자 계열(교사→목사→감목)과 일반성도 계열(당원→감로/집사)로 이원화된 상하구조로 이루어졌다고 보는 것이 타당하다. 이런 추정이 맞는다면, 감로가 상로교의 장로 역할을 했다고 말하는 것은 적어도 펜윅 선교사의 생각과는 일치하지 않는 해석일 뿐 아니라, 그 당시 상황에도 맞지 않는다. 이런 해석이 나온 것은 해방 이후 일시적으로 타교단의 영향을 받아 감로를 장로로 호칭했기 때문일 것이다.[43]

연구자는 "감로들"이 "집사들"(deacons)과 "관리자들"(overseers)을 혼합한 토착적 용어가 아닌가 추측한다. 적어도 펜윅 선교사의 자서전에는 이 두 단어가 함께 사용되고 있다. 그런데 특별히 "관리자들"을 사용할 때는 그 역할이 함께 명시되어 있다. 그 역할 가운데 하나는 대한기독교회를 창설할 때 "여러 지역에서 주님께 돌아오는 영혼들이 많아짐에 따라," "관리자들"을 임명할 필요가 있다고 말한 대목이다. 여기서 "관리자들"은 어떤 점에서 모든 직분자들을 의미한다고 볼 수 있다. 그러므로 집사들 혹은 감로들은 목사들과 병행적으로 사역을 하는 평신도 직분이면서 동시에 목사들을 보조하는 직분이었다고 보아도 무방할 듯하다.[44] 그리고 특기할 만한 것은 이 가운데 안수를 받은 직분이 '목사들'과 '감로들'뿐이었다는 사실이다. 이는 대한기독교회의 직제가 '2직분제'였다는 추정을 더욱 뒷받침한다.[45] 그렇다면 대한기독교회도 어떤 점에서 다른 침례교회들처럼 큰 틀에서 보면 2직분제를 따랐다고 할 수 있다.

대한기독교회 안에 당회(堂會)와 당원(堂員)의 존재도 특별한 관심의 대상이 아닐 수 없다. 왜냐하면 당회는 일반적으로 장로교의 장로제도를 연상시키기 때문이다. 하지만 대한기독교회의 당회는 이와 성격이 판이하게 다르다. 우선 당회는

---

43) 1946년 제36차 대화회에서 안사를 목사로, 감로를 장로로, 통장을 권사로, 총장과 반장을 집사로 개칭했다(김용해 편, 「대한기독교침례회사」, 74-5). 김장배도 감로를 오늘날 장로에 해당한다고 잘못 적시했다(김장배, 「침례교회의 산 증인들」, 33).
44) 김장배는 통장 가운데 덕망있는 사람은 "예비 감로"로 세움을 받고, 봉사 결과에 따라 "정식 감로"로 안수를 받았다고 증언했다(김장배, 「침례교회의 산 증인들」, 33).
45) 실제로 혼란한 시대에는 대화회를 소집하지 않고 "각 지방의 목회자와 감로를 중심으로 교회를 보존하고 교인들을 보살피고 사무를 처리했다"고 한다(김갑수, 「한국 침례교인물사」, 61).

교회마다 설치되어 있고, 교회마다 당원이 조직된다("교규," 제9장 제31조). 그리고 당회는 구역별로 1년에 3회 소집된다. 따라서 당원은 일반적으로 구역 단위의 순회 목회보다는 지역교회를 담임하는 목회자 성격이 강한 직분이라고 볼 수 있다. 실례로 1905년에 설립된 원당침례교회의 경우, 1913년에 김치화 통장(당원)이 교역자로 부임했고, 1927년에는 윤효준 총장이 부임해서 통장 직분을 받고 10년간 지역 교회를 목회했다.46)

펜윅 선교사가 자서전에서 목사들을 감독하는 직분을 "감독"(bishop)이 아니라 "지도자" 혹은 "책임자"(director, 실제로는 "감목")라는 단어를 의도적으로 선택한 것은 특별한 의미가 있는 것 같다.47) 적어도 이는 감목에 대해 펜윅 선교사가 초대교회 이후 등장했던 제도권 교회의 계급화된 최고 권력직분이었던 "감독"과는 다른 어떤 역할을 기대하고 있었다는 것을 시사한다. 물론 감목은 목사들과 보조 목사들을 임명하는 권한을 가지고 있었다. 하지만 펜윅 선교사는 실제로는 감목, 목사들, 교인들이 그 임명원에 동의해주었다고 말함으로써, 직분자를 임명하는 일이 감목의 독단적인 권한만은 아니었음을 암시하고 있다.48) 김장배에 따르면, 직분을 임명할 때 당회에서 회중의 가부를 물어 "예비전도"를 세워서 감목에게 추천하고, 감목은 지체없이 임명한다고 했으며, 교사직은 대화회에서 회중의 결의로 감목이 임명한다고 증언했다.49)

그러므로 대한기독교회의 조직이 상하위계구도처럼 이루어져 있다고 해서, 그것을 독단적으로 군림하는 직제로 단정하는 것은 다소 성급한 일이다. 펜윅 선교사는 오직 교회의 머리되시는 그리스도만이 참 목자(牧者)요, 모든 성도들은 다 같은 양

---

46) 김갑수, 「원당교회100년사」, 32, 42.
47) Fenwick, *Church of Christ in Corea*, 76.
48) Ibid.
49) 김장배, 「침례교회의 산 증인」, 34. 펜윅 선교사도 자서전에서 손필환 목사를 임명할 때 전체 교인들의 동의를 구했다고 밝혔다: "우리는 교단의 다른 무리들을 보살필 한 명의 목사가 필요하였으므로 손씨를 교단 앞에 추천하게 되었다. 교단 전체가 이 제안을 이의(異議) 없이 좋게 받아들였으므로 우리는 성령께서 '내가 그를 불러 세워 다른 일을 위하여 손씨를 따로 세우라'라고 말씀하는 것으로 믿어 그렇게 했다"(Malcolm C. Fenwick, 「대한기독교회사: 펜윅 선교사의 자서전적 이야기」, 허긴 옮김 [대전: 침례신학대학출판부, 1989], 97).

(羊)이라는 신념을 확고히 가지고 있었고 또 그것을 정확하게 가르쳤던 인물이었다. 김장배가 전하는 펜윅 선교사의 말을 인용해보자: "우리 교단에 속한 성직자들 중에서도 교단 총사라고 할 수 있는 감목이나 여러 훌륭한 목사나 감노라 할지라도 그분이 목자는 아닌 것이다. [그분들은] 양의 주인이 되시는 목자님의 忠實한 개에 불과하다."50) "목회자는 목자가 아니라 충견(忠犬)"일 뿐이라고 믿는 펜윅 선교사와 대한기독교인들이 과연 얼마나 독단적 지배관계를 형성했겠는가 하는 것은 재고해볼 일이다. 그런 점에서 대한기독교인들은 "개교회 자치와 민주적인 교회정체를 실시하지는 않았지만, 만인제사장주의에 기초한 회중주의적인 교회의 본질을 완전히 무시하지는 않았다"고 평가되는 것은 타당성이 있다.51) 펜윅 선교사의 교회행정은 외형적으로는 상하조직체제로 보이지만, 실제로는 성령의 도우심으로 회중들의 만장일치를 통해 의사결정을 하는 체제였던 것으로 보인다.

펜윅 선교사의 이런 사상은 「잔속의 생명」에도 반영되었다. 펜윅 선교사는 고든(A. J. Gordon)의 방식을 소개하면서 그 사건을 통해 대단히 큰 인상을 받았다고 말했다. 고든은 회의에서 의견이 달라 감정이 서로 다쳐있을 때, 민주적 방식인 투표로 해결하지 않았다고 한다. 그는 사안을 결정을 해야 할 시점에서 "침례교의 진행 절차에 따라"(under Baptist procedure) 의장이 되어야 할 자신이 의장 자리에서 물러나고 성령께서 의장이 되실 것이라고 말했다. 그러자 회중은 서로 다른 사람을 더 낫게 여기고 결국 모든 사람이 한 마음으로 같은 생각을 하게 되어, 회의 결과가 대단히 만족할 만하게 결정되었다는 것이다. 펜윅 선교사는 이후에 선교현장에서도 이런 방식으로 회의를 했고, 같은 복된 결과를 얻게 되었다고 진술했다.52) 따라서 펜윅 선교사는 어떤 점에서 보면 고든 방식의 침례교 교회행정을 실천한 것이었다고 볼 수 있다.

결국 펜윅 선교사와 대한기독교회는 성령의 능력으로 모든 신자들의 마음이 하나로 모일 것이라고 믿었고, 실제로 목회현장에서 그렇게 실천했다. 이런 실천은

---

50) 김장배, 「침례교회의 산 증인」, 59.
51) 김용국, 「한국침례교사상사」, 148.
52) Fenwick, *Life in the Cup*, 211-2.

두 가지 신뢰가 전제 되어야 가능한 일이다. 하나는 성령의 능력이고, 다른 하나는 신자들의 역량이다. 의사결정을 해야 할 신자들이 성령의 간섭하심에 순복할 것이라는 확고한 믿음이 없다면, 결코 시도하기 어려운 의사결정 방식이다. 이것은 사도행전에서 초대교회가 보여주었던 방식의 의사결정과 같은 것이었다. 침례교인들이 민주적 회중주의를 표방하는 근거로 제시하는 사도행전 15장 22절을 보면, "사도와 장로와 온 교회"가 "그 중에서 사람들을 택하여 바울과 바나바와 함께 안디옥으로 보내기를 결정"했다고 했다. 어떤 방식으로 결정했을까? 모든 신자들이 한 마음이 되어 만장일치로 결정했을 것이다. 의견을 모으기 위해서 표 대결을 한 것 같지는 않다. 그런데 사도행전 13장 1-3절에서는 상황이 다소 다르게 설명되었다. "주를 섬겨 금식할 때에 성령이 이르시되 내가 불러 시키는 일을 위하여 바나바와 사울을 따로 세우라 하시니 이에 금식하며 기도하고 두 사람에게 안수하여 보내니라." 결정의 주체는 성령이시고 신자들은 순종의 주체였다. 따라서 초대교회에서 의사결정을 할 때 중요한 것은 성령의 음성과 신자들의 '하나됨'이었다. 이 점에서 보면 펜윅 선교사는 '성령 중심의 근본적 성경주의자'라고 볼 수 있다.

김장배는 펜윅 선교사가 침례교의 회중체제를 피하고 감독체제를 채택한 까닭을 다음과 같이 해명했다:

> 바울이나 편목사는 상대자의 처지 또는 그 현실에 적응되기 위하여 최대의 노력을 경주한 인물이다. 韓國人들은 數千年에 걸쳐 政治的으로나 軍事的으로나 독재體制의 支配를 벗어나 본 경험을 갖지 못한 民族이다. 이 民族들에게는 監督制가 도리어 안성마춤일 것 같으며 그리고 신령한 교회 또는 교단이 세워졌다 할지라도 이 民族들의 오랜 傳統과 習慣에 적응시킬 수 있는 制度는 감독정치가 좋을 것이며 또는 우리들이 巨團的으로 그리스도의 사랑 안에서만 단결이 된다면 行政體制 如何에 무슨 모순이나 不作用이 있겠는가 하는 信念으로 감독제를 채택한 것이다.[53]

펜윅 선교사는 평소에 자신보다 한국인 사역자들이 더 훌륭하게 복음을 전하고 교회를 세워나가는 것을 보고, 교회의 토착화에 대해 남다른 생각을 가지고 있었던

---

53) 김장배, 「침례교회의 산 증인들」, 30-1.

인물이었다.

III. 신자침례: 교회와 국가의 관계

신자침례의 문제는 초대교회의 본질 면에서 볼 때, 가장 근원적 신앙양태 가운데 하나였다고 해도 과언이 아니다. 흔히 침례교인들은 교리와 관련해서 해석의 차이나 전통의 차이로 인한 다양성을 인정해 왔다. 예컨대, 다양한 신학체계라든지, 교회의 제도적 구조나 직분의 다양성과 같은 것들이 이에 해당한다. 하지만 침례교인들이 결코 양보하지 않았던 것은 교회가 신자들로 구성되어야 하고, 그런 신자들에게만 침례가 베풀어야 한다는 초대교회의 행습이었다. 그 점에서 침례교회는 신자침례를 무엇보다 강조한 전통을 가지고 있다. 영국이나 미국의 초기 침례교인들이 유아세례가 비성경적이라는 인식을 통해, 침례교인으로서 정체성을 가지게 되었다는 사실은 이 점에서 시사하는 바가 크다.54) 대표적인 미남침례교의 신앙고백서(Baptist Faith and Message)에서도 침례를 다음과 같이 정의했다: "침례는 성부, 성자, 성령의 이름으로 <u>신자를</u> 물속으로 잠기게 하는 것이다. 이것은 ... 상징하는 순종의 행위이다. 교회 의식으로써 침례는 교회 회원으로서의 특권들 및 주의 만찬에 앞서 반드시 선행되어야 하는 조건이다."55)

이런 맥락에서 볼 때, 대한기독교회는 철저히 '침례교적'이었다. "교규"를 살펴보면, 교단을 설립하는 목적 가운데 하나가, 제1조에서 언급한 대로, "구령(救靈)을 받은 성도로 하여금 성지(聖旨)에 따른 생활을 영위하고 신도의 의무를 다하도록"

---

54) 초기 침례교회의 주요한 목회자나 신학자들도 침례교인으로서 자기정체성을 가지게 된 첫 번째 계기는 유아세례의 비성경성 때문이었다. 「침례교신학자들」에 따르면, 존 스마이스(John Smyth), 벤저민 키치(Benjamin Keach), 아이작 배커스(Issac Backus), 존 대그(John Dagg), 제임스 그레이브스(James Graves), 제임스 펜들턴(James M. Pendleton), 패트릭 멜(Patrick Hues Mell), 에드가 멀린스(Edgar Y. Mullins), 월터 카너(Walter T. Conner) 등은 유아세례의 문제를 침례교정체성과 관련해서 특별히 반대하거나 거부했던 대표적 신학자들이었다. Timothy George and David S. Dockery, ed. *Baptist Theologians* (Nashville: Broadman Press, 1990), passim.

55) Lumpkin, 「침례교 신앙고백서」, 467. 밑줄은 연구자의 강조.

하는 데 있다.56) 이 표현에서 우리는 교회의 회원자격이 "구령(救靈)을 받은 성도," 즉 '신자'라는 것을 확인할 수 있다. 이는 교회의 구성원이 구원받은 신자여야 한다는 선언이다. 신자침례의 문제는 교회구성원의 자격과 직접적인 관계가 있다.

따라서 침례를 받는 자격도 명확하게 규정되었다. "교규" 제5장 제21조와 제22조를 보면, "성령의 계시에 따라 성령을 체험한 자"가 침례를 받고자 청원할 수 있고, 교회는 "중생의 영험(靈驗)을 받은 자"에게 침례를 베풀도록 정했다.57) 대한기독교회는 처음부터 침수례(immersion)라는 침례형식을 중요하게 강조했던 것도 사실이지만, 침례의 형식(mode)이 어떠하든지, 더 중요한 것은 그 대상이 중생을 경험한 자라야 한다는 것을 천명했다는 점에서 본질적으로 '초대교회적'이며 '침례교적'이었다. 만일 펜윅 선교사가 장로교나 감리교의 영향을 깊이 받았다면, 그리고 그가 초대교회의 신앙양태를 철저하게 따르고자 하는 의지가 없었다면, 굳이 신자침례의 문제 때문에 다른 교단의 선교사들과 그토록 강경하게 대립하는 모습을 보이지는 않았을 것이다.58) 이는 마치 초기 영국과 미국의 침례교인들이 보여준 신자침례에 대한 열정을 20세기 후반에 한국 선교지에서 다시 보는 것 같다. 대한기독교회는 이 점에서 분명히 침례교신앙의 정수를 이어가고 있었다.59)

또한 신자침례 문제는 역사적으로 교회와 국가의 분리를 실천하는 신앙적 근거였다는 점에서 그 정치적 의미가 중요하다. 침례교회들은 신앙의 자유를 위해서 철저하게 교회가 국가로부터 분리되어야 한다고 믿었고, 그 신념 때문에 국가와 기존

---

56) 김용해 편, 「대한기독교침례회사」, 16.

57) Ibid., 18.

58) 펜윅 선교사는 언더우드 선교사가 회심하지도 않은 한국인들에게 물세례를 주었다고 고발하는 내용의 편지를 친구에게 보낸 적이 있었다. 그런데 이 글이 「진리」라는 잡지와 선교 관련 저서에 게재됨으로써 향후 10여년 동안 논란이 되었다 한다. 이 사건은 펜윅 선교사가 얼마나 신자침례를 중요하게 생각했는지를 엿볼 수 있게 한다. 이 일 때문에 펜윅 선교사는 "현지로부터 물러날 것을 종용"받기도 했지만, "지금까지 선교정책에 지대한 영향"을 끼쳐 선교사들로 하여금 침례[세례]대상자들을 선정하는 데 좀 더 세심한 주의를 기울이게 하는 역할도 했다(Huntley, 「새로운 시작을 위하여」, 300-2).

59) 대한기독교회에서 사용한 "침례문답"은 신자침례에 대한 엄격한 내용으로 이루어져있다. "침례문답"에는 침례를 받는 이유(주님의 명령), 받는 자격(물과 성령으로 거듭난 자), 물의 의미(하나님의 말씀), 침례의 두 가지 뜻(장사와 부활) 등으로 구성되었다(김장배, 「침례교회의 산 증인들」, 41).

교회들로부터 박해를 받았던 사람들이었다.[60]

이 시점에서 대한기독교회가 일제의 교회간섭과 탄압을 어떤 태도로 대처했는가를 살펴보는 일은 교회와 국가의 관계를 설명하기 위해 반드시 짚고 넘어가야 할 문제다. 대한기독교회와 일제의 충돌은 크게 두 차례에 걸쳐 일어났다. 첫 번째는 1916년 포교계(布敎屆) 사건이고, 두 번째는 1930년대 후반부터 강요된 일제의 황궁요배와 신사참배 사건이다. 이 두 사건의 공통점은 국가가 교회의 신앙을 강요하거나 통제, 관리할 수 있느냐 하는 문제와 관련된 것이었다. 포교계 사건은 1915년 조선총독부가 발표한 종교법령에 따른 것이었다. 이는 일제가 "내선일체(內鮮一體)를 통한 한국민의 황국신민화(皇國臣民化政策)"를 위해 "당시 민족 정기와 독립 정신을 고취하던 교회와 기독교인에게 먼저 탄압과 통제 방안을 강구"하는 차원에서 나온 것이었다. 당시 한국 교계는 일제의 요구를 들어주고 "내일을 대비하기 위한 내적인 힘을 비축하는 데 교회와 교단의 에너지를 결집"시키기 위해 주로 교육사업에 힘썼다.[61] 그러나 대한기독교회는 "하나님의 교회를 일정(日政)에 계출(신고)할 것 없다"는 이유로 거부했고, 그 덕분에 집회를 금지 당하고 총책임자인 이종덕 감목이 구금당하는 등 "가중(加重)"된 핍박을 받았다.[62]

이 사건은 대한기독교회에서 시금석과 같은 의미가 있다. 1914년 이른바 "교권파동"의 내막을 해석하는 하나의 단서를 제공하기 때문이다.[63] 펜윅 선교사가 이종덕을 2대 감목으로 세운 까닭도 대한기독교회를 일제의 압력이나 회유에 타협하지 않고 이끌어갈 인물로 보았기 때문일 것이다. 실제로 이종덕은 포교계를 제출하지 않았지만, 교권파동으로 교단을 떠났던 주요 인물들은 일제와 타협하려는 실용적 태도를 가지고 있었다.

대한기독교회가 포교계와 신사참배를 거부한 것은 새삼 거론할 필요도 없이 교회와 국가의 분리 정신을 실천한 명백한 사건이었다. 실제로 이종덕은 포교계 제출

---

60) 허긴, "침례교와 신앙의 자유," 「복음과 실천」, 제11집 (1988): 303-21 참조.
61) 허긴, 「한국침례교회사」, 160.
62) 김용해 편, 「대한기독교침례회사」, 30.
63) 교권파동과 포교계 사건의 상관관계에 대해서는 김용복, 「침례교신학」, 486-9 참조.

을 거부한 까닭을 달편지를 통해 다음과 같이 밝힌 바 있다:

> 내가(리종덕) 본 감목의 칙임을 밧으온 다음 회 곳 一쳔九빅十五년에 포교규측이 반포 된거슨 온 교회가 아는 바라. 이 규측이 반포되기 젼에 편공부셕[셔] 나라가 교회 다스 릴법 지엇다고 ㅎ시는 말슴들을ᄯ째 나의 ᄆᆞ음에 그레케될것 ᄀᆞᆺㅎ면 셩신님의 다스림을 밧으오는 교회가 엇지 나라법에 다스림을 밧을 수 잇슬가. 이는 못홀일이라 싱각잇셧 소이다.[64]

이 달편지는 대한기독교회가 포교계를 거부한 것이 교회가 국가의 통제가 아니 라 성령의 다스림을 받아야 하기 때문이라는 것을 명확하게 제시하고 있다. 허긴도 대한기독교회의 포교계 제출 거부사건을 침례교회의 정체성과 관련해서 높이 평가 한 바 있다:

> 동아기독대가 포교계 제출을 거부하고 신사참배 거부운동을 교단적으로 전개한 사실 은 이들이 침례교인(the baptists)임을 만방에 입증한 역사적인 사건이었다. 왜냐하면 "포교계" 제출 요구는 침례교인들이 주장하는 "정교분리"(政敎分離) 원리에 위배되며, 신사참배 요구는 침례교가 주장하는 "신앙 양심의 자유" 원리에 위배되기 때문이다.... 분연히 일어나 행동으로 항거하고 거부 운동을 전개함으로써 신앙과 순교의 피로 日 帝에 맞섰던 것이다.[65]

이런 교회와 국가의 분리정신은 펜윅 선교사나 대한기독교인들이 반국가적이거 나 반민족적 태도를 취했다는 것을 말하는 것이 아니다. 대한기독교회는 일제의 폭 정과 우상숭배적 종교정책을 거부했던 것이다. 오히려 펜윅 선교사는 한국 민중과 대한민국의 장래에 대해 대단히 희망적인 기대를 가지고 있었던 인물이었다. 박용 규는 펜윅 선교사를 "항상 한국 민중의 편에서 말없이 민족과 아픔을 같이했던" 인 물로 소개했다. 그는 펜윅 선교사가 "대한노릭"를 작사해서 한국인들에게 선물했는

---

64) 1922년 4월 20일 달편지 "광고"(포교계에 디흔 리유), 「말콤 C. 펜윅: 한국기독교 토착화의 거보(巨步)」, 최봉기・펜윅신학연구소 편 (서울: 요단출판사, 1996), 139. 이 광고는 포교계 를 거부한 결과 교회가 어떤 어려움을 당했는지 구체적으로 설명하고 있다.
65) 허긴, 「한국침례교회사」, 281-2.

데, 그 노래 가사 속에는 "국권의 상실이라는 가장 치욕적인 민족적 슬픔을 이길 수 있는 길"을 담았다고 평가했다.[66]

마치는 글

이 연구는 대한기독교회의 신앙양태를 신약성서적 혹은 침례교적 관점과 비교할 때 어떻게 이해되어야 하는가 하는 질문에서 시작하였다. 몇 가지 결론으로 도출된 것을 정리하면 다음과 같다.

첫째, 펜윅 선교사와 대한기독교회는 역사적 침례교회보다 신약성서적 교회를 모델로 삼았다. 이것은 대한기독교회와 침례교회의 차이를 만든 가장 중요한 원인으로 작용했다. 펜윅 선교사가 교단을 설립한 까닭은 점차 교인들이 많아지면서 그들을 관리할 필요가 생겼기 때문이었다. 펜윅 선교사는 처음부터 교단에 대한 관심이 없었으며, 교단에 속하지 않는 교회를 세우려고 했던 인물이었다. 그가 나이아가라사경회에서 접한 많은 강사들도 어느 교단에 속해있었는지 몰랐고, 교단적 특성의 중요성도 인식하지 않았다. 그를 사로잡았던 가장 중요한 관심은 하나님의 증인이 되는 것과 주의 재림이 임박했다는 사실이었다.[67] 그러므로 펜윅 선교사는 적어도 침례교회를 세울 의도와 목적을 가지고 있지 않았던 것이 분명한 것 같다.

둘째, 펜윅 선교사와 대한기독교회는 신약성서적 교회를 추구했지만, 역사적으로 침례교회의 정신과 일맥상통하는 점이 많았다. 특히 특정 신조나 신학체계보다 성경만을 신앙과 삶의 근원으로 삼았던 것이나, 신자침례를 토대로 신자들의 교회를 세우고, 오로지 복음을 들고 나가는 일에만 전력을 다한 점은 충분히 '신약성서적' 혹은 '침례교적'인 DNA가 여과없이 표출된 예라고 할 수 있다.

셋째, 펜윅 선교사와 대한기독교회는 외형적으로 보면 감목 1인 중심체제를 택한 것

---

66) 박용규, 「평양대부흥운동」(서울: 생명의말씀사, 2000), 110.

67) Fenwick, *Church of Christ in Corea*, 12-3. 펜윅 선교사가 1906년 8월 5-12일에 열린 초교파적인 원산사경회에서 "그리스도의 재림"이라는 주제로 강의를 한 것도 그의 최대 관심사를 잘 반영한다(박용규, 「평양대부흥운동」, 177).

으로 보이지만, 내용 면으로 보면 성령의 역사를 통해 회중들의 '만장일치'를 이끌어내는 방식으로 교회행정을 펴나갔다고 볼 수 있다. 대한기독교회가 감목체제를 표방한 것은 기독교 전래 초기의 한국이라는 문화적 여건과 토착인들의 역량을 고려해서 나온 하나의 방편이다.

넷째, 대한기독교회의 직제는 그 동안 알려진 것처럼 독재적이고 상하위계적인 일원체제가 아니었을 가능성이 있다. 큰 틀에서 보면, 대한기독교회의 목회는 목회자와 일반성도, 즉 목사와 감로(신약성서적으로 보면, 목사와 집사)라는 이원체제로 이루어졌다. 또한 순회목회에 치중하기는 했지만, 그 나름대로 지역교회의 목회도 병행할 수 있는 체제를 갖추었던 것으로 보인다. 특히 대한기독교회의 '감로'는 장로제도에서 파생된 의붓자식 정도로 간주되어서는 안 된다. 이는 신약성서적 직분인 '집사'를 한국 실정에 맞춘, '토착적'이고 독창적인 직분이었다고 볼 수 있다.

다섯째, 대한기독교회는 신앙의 양심과 자유를 위해 세상문화를 멀리하고 교회와 국가의 철저한 분리를 실천했다는 점에서 '신약성서적'이며 동시에 '침례교적'이었다. 일제라는 특수한 상황에서 교회와 국가의 분리를 온 몸으로 감내하며 타협하지 않는 것은 결코 쉬운 일이 아니다. 이 비타협정신으로 인해 대한기독교회는 여러 가지 문제점도 많이 노출시켰지만, 그로 인한 순교적 신앙은 오늘날 한국 교회와 특히 한국 침례교회가 깊이 반성하고 배워야 할 유산이다.

15
'호칭장로' 문제: 한국 침례교회의 직분과 정체성*

역사적으로 침례교회는 17세기 초반에 신자침례(believers' baptism)와 정교분리(separation of church and state)를 주장하며 영국 분리주의 후예들로부터 '이중분리'되어 나온 일단의 무리들에 그 기원을 두고 있다.1) 이 침례교회의 운동은 성서적 초대교회의 본질을 회복하려는 근원적 개혁운동이었고, 오로지 신앙의 자유를 구현하는 것을 실천목표로 삼았다.

 침례교인들이 신앙의 자유를 추구하게 되면서 보여준 모습 가운데 하나는 신앙의 다양성을 인정하는 것으로 나타났다. 특히 침례교회가 처음부터 구원관의 다양성을 인정했다는 사실은 특기할 만한 일이었다. 영국의 일반 침례교회는 아르미니우스주의 구원관을, 특수 침례교회는 칼뱅주의 구원관을 표방했다. 이런 사실에서 우리는 침례교회의 정체성, 다시 말해서 침례교회의 토대가 되는 공통분모를 구원관에서 찾을 수 없게 되었다. 이것이 침례교회가 남다른 특성을 가지고 있는 까닭이다. 그렇다면 침례교회의 정체성은 어디에서 찾아야 하는가? 그것은 바로 교회관에서다. 침례교인들은 통일된 교회관을 통해 정체성을 확보한 사람들이었다. 그래서 많은 신학자들은 교회관이 "침례교인의 삶에서 신학적으로, 역사적으로 가장 중

---

* 출처: 김용복, "한국침례교회의 직제 문제: '호칭장로'를 중심으로," 「다문화시대에 다시 보는 한국침례교회」, 침례교신학연구소 편 (대전: 침례신학대학교출판부, 2009), 79-118.
1) 침례교회의 기원은 일반적으로 네 가지 학설이 있다: 침례교회 계승설, 성서적 교훈 연속설, 성서적 아나뱁티스트 영향설, 영국 분리주의 결과설. H. Leon McBeth, *The Baptist Heritage* (Nashville: Broadman Press, 1987), 49-63 참조.

심적인 특성"이라고 주장해왔다. 침례교회가 다른 개신교와 구분되는 출발점은 바로 교회에 관한 이해에 있었던 것이다.2) 그 점에서 초기 침례교인들은 구원관의 다양성과 교회관적 통일성을 가지고 있는 특이한 형태를 보여주었다.3)

침례교인들의 교회관은 자유교회(free church) 전통에 기초한 것이었다. 이는 무엇보다도 세 가지 개념에서 그 현상이 두드러졌다. 첫째는 '신자들의 교회'(believers' church) 개념이다. 이 사상은 유아세례 반대와 신자침례 주장으로 표출되었고, 다시 중생한 교회회원권 사상으로 이어졌다. 따라서 침례교회들은 반드시 거듭난 신자들로 교회회원이 구성되어야 한다는 대전제를 가지고, 오직 신자들만 침례를 받을 수 있다고 주장했다. 당연히 그들은 자신의 신앙을 가질 수도 없고 그것을 고백할 수도 없는 유아들에게 침례를 줄 수 없다고 믿었다.

둘째는 교회와 국가의 분리(the separation of church and state) 사상이다. 침례교인들은 신앙의 자유를 위해서 국가교회를 거부했고, 정부로부터 교회의 자유를 주장했다. 교회가 국가와 하나가 되면 결과적으로 신앙의 자유가 제약을 받거나 박탈된다고 믿었기 때문이다. 침례교인들이 유아세례를 반대한 까닭도 그것이 단순히 신앙문제에 국한되지 않고 정치 문제와 관련해서 국가교회(national church)로 가는 길을 열어놓는 위험한 교회예전이라고 판단했기 때문이다.4) 결국 유아세례를 거부하고 신자침례를 주장한 침례교인들은 그 시대 상황에서 보면 반사회적, 혹은 반국가적 행동을 하는 정치적 반역자로 간주될 수밖에 없었다.5) 침례교인들이 가톨릭이나 개신교파들 양쪽으로부터 박해를 받았던 이유가 바로 여기에 있었다. 실제로 신자들의 교회와 교회와 국가의 분리 사상은 침례교회를 청교도와 구분하는 중요한 차이점이기도 했다.6)

---

2) Bill J. Leonard, "교회," 「침례교신학의 흐름: 1845년부터 최근까지」, Paul Basden 편, 침례교신학연구소 옮김 (대전: 침례신학대학교출판부, 1999), 239-40.
3) 김용복, 「침례교신학: 침례교인의 신앙과 신학적 유산」(대전: 침례신학대학교출판부, 2006), 287.
4) Stanley J. Grenz, *Theology for the Community of God* (Nashville: Broadman & Holman Publishers, 1994), 688.
5) Walter B. Shurden, 「침례교 신학논쟁」, 김용복, 김태식 옮김 (서울: 침례회출판사, 2000), 19-22.

셋째는 회중정체(congregational polity)와 지역교회의 자율성(the autonomy of the local church) 개념이다. 이 회중정체와 지역교회의 자율성은 신자들의 교회가 필연적으로 받아들일 수밖에 없는 행정체제였다. 왜냐하면 전신자 제사장 개념을 가장 철저하게 실천한 침례교회는 결코 교회 안에 특정인이나 소수에게 권한이 집중하는 것을 받아들일 수 없고, 교회 위에 군림하는 교회나 기관을 인정할 수 없기 때문이다. 하지만 지역교회의 자율성이 '개교회 이기주의'로 전락되어서는 안 된다는 점을 기억할 필요가 있다. 신약성서의 초대교회는 자율성과 독립성만이 아니라 하나가 되는 연합성도 중요하게 강조했다. 따라서 교회에 관한 신약성서의 두 원리는 "회중의 자율성과 연합적 욕구"(congregational autonomy and the associational impulse)에서 찾을 수 있다.[7]

이런 맥락에서 우리는 침례교회의 직제 문제를 정체성과 관련해서 질문하고자 한다. 과연 직제 문제는 침례교회의 정체성에서 얼마나 본질적 문제인가? 역사적으로 침례교회는 다양한 구원관을 수용했던 것처럼, 다양한 직제도 받아들였는가? 아니면 하나의 통일된 교회관을 표방해온 침례교회들이 직제 문제에서도 통일성을 고수해왔는가?

이 글은 최근 한국 침례교회에서 갈등의 요인이 되고 있는 이른바 '호칭장로' 문제의 해결방법을 모색하는 데 궁극적 목적이 있다. 이를 위해서는 적어도 세 가지 관점, 즉 성서적, 역사적, 현실적 측면에서 직제문제를 다룰 필요가 있다. 성서적 접근은 초대교회에서 직분의 형태와 의미를 살핀 것이고, 역사적 접근은 시대별로 직제가 어떻게 변천되어 왔으며 침례교회들은 역사적으로 어떤 직제를 사용해왔는지를 검토한 것이며, 현실적 접근은 한국 침례교회의 직제 상황을 이해하고 그 해결책을 모색한 것이다.

---

6) Leonard, "교회," 241-2.

7) Grenz, *Theology for the Community of God*, 718-9.

I. 신약성서에 나타난 직제

일반적으로 신약성서에 나타나는 교회의 지도자들은 두 부류로 구분된다. 하나는 말씀을 가르치고 목양하는 목회자들이고, 다른 하나는 목회자들이 그들의 일에 전념할 수 있도록 구제하고 과부를 돌보는 일, 즉 재정적인 일을 맡았던 집사들이다.

1. 목회자 직분의 구분

목회자 직분에는 대체로 사도들, 선지자들, 장로들, 감독들, 목사들 혹은 교사들이라는 호칭으로 불리는 사람들이 해당된다. 그런데 이 지도자들은 다시 두 부류로 나뉠 수 있다. 하나는 전체 교회들을 순회하며 사역했던 목회자들이고 다른 하나는 지역교회를 담임하던 목회자들이다. 진 게츠(Gene A. Getz)는 이를 다음과 같이 표현했다: "넓은 지역을 다니면서 사역을 한 '더욱 큰 은사'들을 가진 자들과 지역교회의 항구적인 리더들, 즉 장로/감독과 집사들."[8]

그래서 에베소서 4장 11절에 나오는 "사도들, 선지자들, 복음전하는 자들, 목사들과 교사들"에 대한 해석은 보통 두 가지로 가능하다. 한 견해는 이 직분들을 모두 지역교회보다 전체 교회의 연합적 사역자(순회 목회자)를 의미하는 것으로 보는 것이고,[9] 다른 견해는 앞의 세 가지 직분만 연합적 의미의 사역자로 간주하고 "목사들과 교사들"은 장로들(=감독들)과 같이 지역교회에서 가르치는 직분으로 이해하는 것이다.[10]

---

8) Gene A. Getz, 「직분론: 교회를 이끄시는 하나님의 계획」, 김형원 옮김 (서울: 국제제자훈련원, 2007), 474.

9) Grenz, *Theology for the Community of God*, 731-2; Moody, *The Word of Truth* (Grand Rapids: Eerdmans Publishing Company, 1981), 454.

10) "목사들과 교사들"(the pastors and teachers)이 원문에 관사가 하나뿐이라는 사실에서 목사와 교사는 두 개의 직분이 아니라 하나의 직분으로 밀접한 관계를 가지는 것으로 이해된다. 즉, 목사-교사는 "양떼를 치거나 감독하고, 또 가르치는 이중적인 기능을 수행하는" 직분이었다는 것이다. Mappes, "신약성경의 장로, 감독, 목사," 「미래목회 비전 리더십」, ed. Roy B. Zuck, 조계광 옮김 (서울: 생명의말씀사, 2000), 148-9; 웨인 그루뎀도 이 해석을 받아들인다. Wayne Grudem, 「조직신학 (하)」, 노진준 옮김 (서울: 은성, 1997), 111. 그래서 고린

침례교인들은 대체로 두 번째 입장에서 지역교회의 목회자 직분을 별다른 이견 없이 목사-감독-장로를 동일한 하나의 직분으로 간주해왔다.[11] 이런 견해는 두 가지 근거에 기초해있다. 첫째는 에베소서 4장 11절의 목사의 이미지가 장로-감독의 기능을 묘사하는 사도행전 20장 28절과 베드로전서 5장 1-3절에도 사용되었다는 점이다. 둘째는 장로-감독을 향해 가르칠 것을 명령하는 것(딤전 3:2; 딛 1:9)이 목사-교사의 책임과 유사하다는 데 있다.[12] 오늘날 이 목사라는 단어가 지역교회에서 목회자를 지칭하는 일반적 용어로 애용되는 까닭은 목사라는 용어가 감독과 장로라는 단어가 지시하는 역할을 포괄하면서 목자로서 목양의 본질을 가장 잘 표현할 수 있다고 보기 때문이다.[13]

2. 장로의 성격과 의미

"장로들"(elders)이란 용어는 초대교회에서 일반적으로 영적 지도자를 가리키는 명칭이었다. 장로들은 예루살렘교회(행 11:30, 15:2-6, 22, 16:4), 갈라디아교회(행 14:23), 에베소교회(행 20:17; 딤전 5:17), 그레데교회(딛 1:5), 소아시아교회(벧전 5:1)를 비롯해 유대 그리스도인들의 모임(약 5:14) 등에서 등장한다.[14] 기독교 공동체 밖에서는 산헤드린 회원을 지칭하는 용어로 사용되었고(눅 22:66; 행 4:5; 22:5 등), 멀리는 "이스라엘의 장로들"(출 3:16; 24:1; 민 11:16 등)로 거슬러 올라간다. 교회 공

도전서 12장 28절에서 "첫째는 사도요 둘째는 선지자요 셋째는 교사요..."라고 말했을 때, 여기서 목사가 빠진 것은 그것이 교사와 동일한 직분으로 이해되었기 때문일 것이다. 고린도전서 12장 28절에 나오는 직분/은사를 놓고도 이와 같은 해석의 차이가 있다. John Knox, "The Ministry in the Primitive Church," *The Ministry in Historical Perspectives*, ed. H. Richard Niebuhr and Daniel D. Williams (New York: Harper & Brothers, 1956), 17.

11) Mark Dever, "Baptists and Elders," Baptist Polity Conference, The Baptist Center for Theology and Ministry at New Orleans Baptist Theological Seminary, February 6, 2004, [온라인자료] http://9marks.org/CC/article/0,,PTID%20314526%7CCHID598016%7CCIID1744980,00.html, 2008년 12월 5일 접속.
12) Mappes, "신약성경의 장로, 감독, 목사," 149.
13) 김용복, 「침례교신학」, 377-8.
14) David A. Mappes, "성경에 나타난 '장로'의 의미," 130. 그런데 장로가 사도행전에서 등장한 시기는 오순절 이후 12년이 지난 뒤였다는 점이 흥미롭다(Getz, 「장로학」, 70).

동체의 장로 개념이 산헤드린으로부터 유래된 것이라는 사실은 의심의 여지가 없다. 이 장로들은 사도들과도 대등한 권위를 가지고 있었으며(행 15:2, 4, 6, 22f.; 16:4; 21:18), 병 고치는 은사까지 갖춘 교회의 공식적 지도자들이었다.[15]

그러나 빌립보서에서는 "장로들"이라는 용어 대신 "감독들"이 등장한다. 이런 사실은 장로라는 명칭이 유대 전통에서 주로 사용되었고, 헬라 전통에서는 감독이라는 이름이 선호되었음을 뒷받침해준다.[16] 이런 주장은 교회의 지도자인 장로들이 교회를 목회하는 감독들과 동의어로 사용되었다는 것을 의미한다. 바울이 에베소 교회의 장로들을 밀레도로 초청해서 그들을 감독자로 삼았다는 표현에서(행 20:17-28), 우리는 장로들이 곧 감독들이라는 사실을 확인할 수 있다. 로렌스 에이레스(Lawrence R. Eyres)는 성서적 직제에 관해 다음과 같이 진술했다: "두 직분론 즉 교회를 다스리는 직분에는 크게 장로와 집사가 있다는 것이 보다 성경적이라고 확신하고 있다.... 성경이 말하고 있는 감독(bishop) · 장로(elder) · 목사(pastor) 직분 사이에... 별다른 차이가 없다는 결론을 내릴 수 있었다."[17] 이런 점은 가톨릭 신학자 한스 큉(Hans Küng)에 의해서도 확인된다. 그는 감독 칭호와 장로 칭호가 동일한 의미로 사용되었기 때문에 서로 혼용되었다고 주장했다. 게다가 그는 감독과 장로의 기능을 구분하는 것이 불가능하다고 말했다. 왜냐하면 감독과 장로는 근원적으로 다른 것이 없을 뿐 아니라, "감독의 특수 기능"이 따로 주어질 것이 없기 때문이다.[18]

어떤 사람들은 디도서 1장 5절과 1장 7절에서 "장로들"(elders)과 "감독"(an overseer)이 함께 등장하고, "장로들"은 복수로, "감독"은 단수로 쓰인 것을 근거로 장로들과 감독은 서로 다른 직분이라고 주장하기도 한다. 하지만 5-6절과 7-9절 사이를 연결하는 헬라어 단어, gar("for")는 이 둘이 동일한 직분임을 증거한다. 그렇지 않으면

---

15) Moody, *The Word of Truth*, 456-7.
16) Ibid., 457. 감독이라는 칭호가 사용된 것은 그 지역이 로마식민지였고(행 16:12 참조), 이 용어는 식민지들의 감독자를 지칭하는 데 사용되었으므로 장로보다 더 친숙했기 때문이다(Getz, 「장로학」, 111). 이방인 지역으로 교회가 확장되면서 영적 리더들은 점차 감독이라는 이름으로 불렸고, 유대인과 이방인이 함께 있으면 두 용어가 모두 사용되었던 것으로 보인다(ibid., 240, 141).
17) Lawrence R. Eyres, 「하나님이 세우신 장로」, 홍치모 옮김 (서울: 총신대학출판부, 1985), 5.
18) Hans Küng, 「교회」, 정지련 역 (서울: 한들출판사, 2007), 583, 614.

"왜냐하면"이라는 이 접속사는 아무런 의미가 없기 때문이다.[19] 따라서 디도서 1장 5-9절은 "감독"이라는 직분을 수행하는 "장로들"에 대한 자격을 언급한 것으로 보는 것이 좋다. 이 둘은 서로 동일한 직분을 지시하는 것이고, "상호 교차적으로" 사용된 것이다.[20] 적어도 "목회서신에는 한 명의 감독이 프레스뷔테로이라고 불리는 다른 그룹을 감독해야 한다거나, 각 교회 공동체가 한 사람의 감독만을 가져야 한다는 것을 암시하는 증거가 전혀 없다."[21] 따라서 신약성서적 교회들은 서로 교환적으로 불렸던 목사-감독-장로를 하나의 목회자 그룹으로, 그리고 그들을 돕는 집사들을 또 하나의 지도자 그룹으로 이루어진 2중적 직분구조(twofold office structure)를 발전시켜왔다고 할 수 있다.[22]

II. 직제의 역사적 변천과 정치체제

교회의 직제와 정치체제의 문제는 의사결정과 관련해서 그 권위의 출처가 어디에 있는가를 묻는 것으로써, 교회의 본질을 실현하는 일과 밀접한 상관관계가 있다. 그런데 직제와 체제는 시대에 따라 많은 변화를 겪어왔다.

1. 초대교회의 의사결정: 회중체제

신약성서에 등장하는 교회들이 어떤 방법으로 의사결정을 했는지를 규명하는 일은 직제와 관련해서 중요한 의미가 있다. 신약성서는 예루살렘교회가 중요한 결정을 내릴 때 교회의 모든 구성원들이 의사결정에 참여했다는 것을 증언한다. 이는 교회의 최종 권위를 특정 개인이나 소수에게 둔 것이 아니라 회중 전체에 두었다는 것을 의미한다. 스탠리 그렌즈(Stanley J. Grenz)는 이것을 "민주적 회중주의"(democratic

---

19) Moody, *The Word of Truth*, 457.
20) 황성철, "한국 장로교 정치에 있어서 당회의 문제점과 그 해결을 위한 과제,"「신학지남」(1997 여름): 235.
21) Mappes, "신약 성경의 장로, 감독, 목사," 146.
22) Grenz, *Theology for the Community of God*, 728.

congregationalism)라고 불렀다. 그리고 그는 이 민주적 회중주의의 성서적 토대를 다음과 같이 세 가지로 제시했다: 첫째, 서로 섬길 것을 요구하셨던 예수의 가르침(막 10:42-43), 둘째, 신약성서에 나타난 교회의 관행들(행 1:23-26; 6:3-6; 15:22), 셋째, 전신자 제사장직 개념(벧전 2:5; 히 4:15-16; 10:19-20; 마 23:8-12; 딤전 2:5).23)

특히 사도행전 15장은 "사도들과 장로들이 온 교회와 함께"(22절) 안디옥교회로 보낼 대표를 선택했다는 것을 증언한다. 여기서 "온 교회"라 함은 교회의 모든 구성원을 의미한다. 그러므로 사도들과 장로들이 주도하기는 했지만, 그 결정은 모든 성도들이 함께 내린 것이었다. 또한 신약성서의 서신들이 대부분 교회의 특정 지도자에게 보내진 것이 아니라 교회의 회중에게 보내진 것이라는 사실도 교회구성원 전체가 의사결정의 주체였다는 주장을 뒷받침한다.24)

2. 직제의 계급화: 감독체제

1세기 말까지만 해도, 로마의 감독 클레멘트(Clement)는 고린도교회에 보낸 서신에서 감독(bishop)과 장로(presbyter)를 동일한 직분으로 묘사했고, 「디다케」(Didache)에서도 이 둘은 동일하게 취급되었다.25) 그런데 2세기 초 시리아 안디옥교회의 단일 감독이었던 이그나티우스(Ignatius)부터 장로와 감독이 처음으로 구분되기 시작했고,26) 교부시대에 들어서면서 교회의 장로들 가운데 한 사람이 감독이라는 이름을 독점하게 되었던 것으로 보인다. 이렇게 감독이 장로와 구분되면서부터 교회에는 감독과 함께 "감독의 영혼을 기쁘게 하기 위해서" 소임을 다한 장로들이 있었던 것 같다.27) 이로써 교회의 감독체제가 시작된 것이다. 하지만 이 때에도 장로는 평신도 지도자가 아니라 여전히 목회자[priest]였다는 사실을 기억할 필요가 있다.

---

23) Ibid., 721-3.
24) Ibid., 722
25) Schaff, *Apostolic Christianity A.D. 1-100*, 493; 김득룡, "장로교회 정치사상 연구," 「신학지남」 (1981 가을/겨울): 91.
26) 이 당시 단일 감독으로는 에베소의 오네시모(Onesimus), 서머나의 폴리캅(Polycarp) 등이 있다. Knox, "The Ministry in the Primitive Church," 23.
27) Eric G. Jay, 「교회론의 역사」, 주재용 역 (서울: 대한기독교출판사, 1986), 49.

그리고 대도시의 감독이 작은 교회들을 주관하는 교구감독이라는 직분이 생긴 것은 대략 250년 경이었다. 이처럼 감독의 권한이 강화되다가 590년에 로마 교황이 등장하게 되고, 그레고리 7세가 전 세계교회에서 최고의 권좌에 오른 것은 1073년, 그리고 최종적으로 세속적 권세까지 장악하게 된 때는 1302년이었다.[28] 로마 가톨릭의 이런 교황제도는 피라미드와 같은 계층구조로 이루어졌는데, 제일 상층부에 군림하는 교황을 꼭짓점으로 해서 추기경, 대주교, 주교, 사제, 부제, 차부제, 복사, 마귀 쫓아내는 자, 성경 읽는 자, 문지기, 평신도 순으로 되어있다.[29]

이 감독체제는 16세기 종교개혁자 마르틴 루터(Martin Luther)에 의해서도 유지되었다. 물론 처음에 루터는 "전신자 제사장직"을 주창하면서, 감독들과 장로들 혹은 목사들이 동일한 직분임을 반복적으로 강조했던 것이 사실이다.[30] 그 결과 로마 가톨릭의 계층구조는 무너지고, 평신도(여성 포함)까지도 말씀 선포와 교회예전을 행할 수 있는 이론적 근거가 마련되었다. 하지만 실제로는 교회의 질서를 세운다는 명분으로 특수 직분이 인정되었고, 당연히 여성들은 이 직분에서 제외되었다. 이는 루터가 가지고 있는 직제에 대한 한계인 셈이다. 그리고 이 직제는 농민전쟁 이후 1555년 아우구스부르크 평화협정부터는 국가교회의 감독체제로 발전되었다.[31]

감리교회도 외관상 중앙집권적 구조로 되어 있다. 최정상에 감독이 있고, 그 다음에는 감리사, 성직자, 그리고 평신도로 이루어진다. 감독은 전 교단의 공적 지위로서 총괄적 감리를 맡는다. 감리사는 감리교단과 개 교회의 가시적 연계 역할을 한다. 그런 의미에서 감리사는 "목사들의 목사"다.[32]

---

28) 김득룡, "장로교회 정치사상 연구," 93-4.
29) 이형기, "종교개혁과 평신도,"「교회직제와 평신도론」, 이형기 엮음 (서울: 장로회신학대학 교출판부, 2001), 12.
30) Dever, "Baptists and Elders," Baptist Polity Conference.
31) 이형기, "종교개혁과 평신도," 20-5, 36.
32) 이후정, "직제와 평신도론: 감리교회의 경우,"「교회직제와 평신도론」, 339, 342-5. 한국 감리교회는 1945년 직전 장로교와 합동하면서 장로교의 직제인 집사, 장로 제도를 채용했다. 동시에 이 때 장로교는 감리교로부터 권사제도를 받아들였다. 이런 현상은 "매우 비감리교회적 발상이지만 일면 한국 교회의 권위주의나 위계적 구조를 잘 반영하고 있다"는 평가를 받기도 한다(ibid., 337).

3. 개혁주의의 직제: 장로체제

감독체제와 회중체제의 중간 형태의 직제를 체계화한 인물은 존 칼뱅(John Calvin)이다. 그는 1543년부터 확정적으로 4직분제(목사, 교사, 장로, 집사)를 시행했다. 그리고 그는 제네바의 목사들과 시정장관에 의해 선출된 열 두 명의 장로들과 함께 제네바와 교회를 다스리는 협의체를 만들었다. 이는 일종의 "귀족주의적 민주주의"에 해당되는데, 알리스터 맥그래스(Alister McGrath)는 이 제도가 당시에 있었던 가정법원(matrimonial court)에서 비롯된 것으로 이해했다.33) 이것이 장로직제의 본격적 시작이었다. 칼뱅이 이런 방식으로 직제를 만든 것은 그가 제네바라는 도시를 개혁하려고 했던 것과 무관하지 않다. 하지만 이런 직제는 국가교회 체제에서 가능한 일이며, 교회가 여전히 국가로부터 통제를 받을 수밖에 없다는 문제점을 안고 있다. 일례로 이 체제는 목사가 실정법을 어기면 시의회에 의해 목사직을 박탈당하게 했고, 사소한 죄도 최종적으로 시의회에 의해 처리하게 했다.34)

직제에 대한 칼뱅의 생각은 점진적 과정을 거친 것으로 보인다. 「기독교강요」 초판(1536)에서는 교회의 치리와 권징과 출교를 교황과 주교에서 "교회"로 옮겨왔을 뿐, 구체적으로 누가 어떻게 그 권한을 행사할 수 있는지에 대해서는 언급하지 않았다. 다만 목사, 장로, 감독을 모두 동일하게 "복음을 전파하고 성례를 집례하는 것"으로 보고 "교회의 목회자들"(the ministers of the Church)이라고 불렀다. 이때까지는 아직 평신도 장로직제가 나타나지 않았다. 그러다가 1537년 "제1차 제네바 종교개혁 문서"에서 특정한 평신도들에게 직분을 맡겨야 한다는 제안을 하게 된다. 그리고 슈트라스부르(Strasbourg)에 머무는 동안 존 오이코람파디우스(John Oecorampadius)와 마르틴 부처(Martin Bucer)의 영향으로 1541년 "제2차 제네바 종교개혁"에서 평신도 장로직제를 채택했다.35) 그런데 그의 「기독교강요」 최종판1559)에 보면, "감독들, 장로들, 목사들, 목회자"을 구분하지 않고 그 용어들을 교환하여 사용하면서 동시

---

33) 이형기, "종교개혁과 평신도," 37; 김득룡, "장로교회 정치사상 연구," 96; 황성철, "한국 장로교 정치에 있어서 당회의 문제점과 그 해결을 위한 과제," 227.
34) 이형기, "개혁교회(장로교)에 있어서 직제와 평신도," 「교회의 직제와 평신도론」, 213.
35) Ibid., 184-91.

에 로마서 12장 7-8절과 고린도전서 12장 28절을 근거로 "다스리는 자들"(governors)을 감독들과 구별된 "장로들"로 해석했다: "다스리는 자들[고전 12:28]은 감독들과 함께 도덕적으로 책벌하고 훈련하는 책임을 맡은 사람들로부터 선택한 장로들이었다고 믿는다."36) 이는 칼뱅이 장로와 감독의 관계를 모호하게 이중적으로 해석했다는 것을 의미한다.

개혁교회의 장로직제는 바로 이와 같은 칼뱅의 장로 개념에 근거해서 교회직분을 장로와 집사로 나누고, 장로를 다시 가르치는 장로와 다스리는 장로로 나눈 것이다. 장로교회에서 장로를 구분하는 결정적 근거는 디모데전서 5장 17절이다. 이 구절을 서철원은 다음과 같이 해석했다: "장로가 목회자를 일차적으로 지목하고 대부분 목회자인 감독을 뜻하지만 목회자를 도와 치리하는 장로가 세워져 일하였음을 잘 알 수 있다."37) 이런 해석에 따르면, 어떤 장로는 감독과 동일한 직분이지만, 또 어떤 장로는 감독을 돕는 사역을 하는 지도자였다는 말이 된다. 하지만 성서는 감독이 아닌 장로가 감독을 도와 사역했다는 증거를 제시하지 않는다.

사실 디모데전서 5장 17절은 장로들의 사역이 설교하고 가르치는 일이지만, 그 가운데 다스리는 일까지 잘 한다면 더욱 더 존경해야 할 것이라는 뜻으로 이해하는 것이 더 자연스럽다. "특별히 말씀과 가르침에 수고하는 이들"에서 "특별히"(especially)라는 최상급 부사를 사용했다는 것은 "말씀과 교리를 가르치는 일을 수행하는 이들이 다스리는 장로들에 포함되어 있다"는 사실을 암시한다.38) "특별히"는 "즉" 혹은 "그 가운데 무엇보다도"로 해석될 수 있다.39) 그러므로 두 종류의 장로가 구분되어 있는 것이 아니라, 장로들의 사역이 두 종류의 기능과 임무가 있었다고 보는 것이 더 타당하다.40) 장로직을 수행하는 기능이 다르다고 해서 기능별로 다른 직분을 만

---

36) John T. McNeill, ed. *Calvin: Institutes of the Christian Religion*, 2, The Library of Christian Classics Vol. XX (Philadelphia: Westminster Press, 1960), 1060-1.
37) 서철원, "장로제도," 「신학지남」 (1992 봄): 76.
38) Mappes, "신약 성경의 장로, 감독, 목사," 157.
39) Robert A. Wring, "Elder Rule and Southern Baptist Church Polity," *Journal for Baptist Theology and Ministry* vol. 3, no. 1 (Spring 2005): 195, [온라인자료] http://baptistcenter.com/11%20Wring%20Revision.pdf, 2008년 12월 5일 접속.
40) Eyres, 「하나님이 세우신 장로」, 21.

들 이유는 없다. 바울도 사도직을 가지고 있으면서 자신을 설교자와 가르치는 자라고 불렀다(딤전 2:7; 딤후 1:11). "바울이 행하는 기능들이 다르다고 해서 두 종류의 서로 다른 사도직이 요구되는 것은 아니다."41)

따라서 에든버러대학교의 토랜스(T. F. Torrance)도 개혁교회의 장로직제가 신약성서의 직제와 동등시 될 수 없다고 주장했다. 그는 종교개혁자들이 장로직제를 4-5세기경 북아프리카의 알렉산드리아교구에서 도입한 뒤 그것을 정당화하기 위해 성서적 근거를 찾았다고 지적했다.42) 필립 샤프(Philip Schaff)는 가르치는 장로와 치리하는 장로를 목회자와 평신도로 구분하는 개혁교회의 해석은 신약성서적 근거가 뒷받침되기가 어렵다고 정확히 주장했다.43) 홍치모도 이 점은 분명히 밝혔다: "[초대교회에는] 오늘날 개혁교회나 장로교회가 가지고 있는 직분으로서 가르치는 장로(teaching elder)로서의 목사와 다스리는 장로로서의 치리장로(ruling elder)로 구분되어 있지 않다는 것을 알 수 있다."44) 그러므로 "교회에서 가르치지 않고 다스리기만 하는 평신도 장로들(lay-elders)이나, 중요한 결정을 하는 책임을 진 다스리는 장로들의 모임은 존재하지 않는다"고 할 수 있다.45) 이런 사실인식 위에서 침례교회의 직제문제는 검토되어야 한다.

III. 침례교회의 직제

회중정체에 기초한 역사적 침례교회들의 직제를 이해하기 위해서는 두 가지 측면에서 접근할 수 있다. 첫째는 침례교회들이 발표한 신앙고백서를 살피는 것이고, 둘째는 침례교회를 대표할 수 있는 신학자들의 견해를 확인하는 것이다.

---

41) Mappes, "신약 성경의 장로, 감독, 목사," 154.
42) T. F. Torrance, *The Eldership in the Reformed Church* (Edinburgh: the Handsel Press, 1984), 4. 홍치모, "장로제의 기원에 관한 역사적 고찰,"「신학지남」(1996 여름): 154에서 재인용.
43) Philip Schaff, *Apostolic Christianity A.D. 1-100, History of the Christian Church*, vol. 1, reprinted (Grand Rapids: Wm. B. Eerdmans, 1991), 496.
44) 홍치모, "장로제의 기원에 관한 역사적 고찰," 157.
45) Wring, "Elder Rule and Southern Baptist Church Polity," 195.

1. 신앙고백서들에 나타난 직제

역사적으로 침례교회들이 발표했던 대표적인 신앙고백서는 크게 세 종류로 구분이 가능하다. 첫째는 영국 침례교회들의 신앙고백서들, 둘째는 미국 침례교회들의 신앙고백서들, 셋째는 그밖에 국가들의 침례교 신앙고백서들이다.[46]

1) 영국 침례교회들의 신앙고백서들

영국 침례교회의 선구자 역할을 했던 존 스마이스(John Smyth)가 작성한 "20개 조항으로 된 짧은 신앙고백서"(1609)는 제16조에서 교회의 직분을 "감독들"과 "집사들"로 규정했다.[47] 그리고 그는 「분리자 교회들의 상이점」이란 소책자에서 교회의 장로들을 목사들로 간주했고, 평신도 장로직제는 "적그리스도의 제도"라고 비판했다.[48] 그리고 그 이듬해 메노파에 보낸 "짧은 신앙고백서"(1610)는 교회의 직분으로 "교사, 장로 혹은 집사"를 언급했다(24조).[49] 1612년 스마이스가 죽은 뒤 그 추종자들에 의해 작성된 "참된 기독교에 관한 명제들과 결론들"에서는 교회의 직분을 두 종류로 구분하고, "목사들, 교사들, 혹은 장로들"을 한 부류로, 그리고 "집사들"을 다른 한 부류로 나누었다.[50]

영국의 일반 침례교회는 토마스 헬위스(Thomas Helwys)로부터 시작됐다고 볼 수 있다. 그와 그 무리가 1611년 발표한 "네덜란드의 암스테르담에 남아있는 영국인들

---

46) 한국적 상황에서 침례교신앙고백서를 통해 직제 문제를 다룬 최초의 논문은 "피영민, "침례교 신앙고백서에 나타난 교회직분론"이다(「복음과 실천」, 19집 [1996]: 529-55). 여기서 도출된 결론은 세 가지 전제를 거쳐 하나로 압축될 수 있다. 첫째는 역사적으로 2직분제를 고수하는 교회들이 압도적으로 많았다. 둘째는 장로들이 평신도라는 개념은 찾아볼 수 없다. 셋째는 3직분제나 그 이상의 직분도 적지 않았다. 따라서 "교회직분론의 판단 차이는 교제의 장애물이 아니다."

47) William L. Lumpkin, *Baptist Confessions of Faith,* Revised Edition (Valley Forge: Hudson Press, 1969), 101. 이 책은 「침례교 신앙고백서」, 김용복 외 2인 역 (대전: 침례신학대학교출판부, 2008)로 번역되었다. 이 논문에서는 좀 더 세밀한 분석을 위해 원본을 사용했다.

48) H. Leon McBeth, *A Source Book for Baptist Heritage* (Nashville: Broadman Press, 1990), 15, 피영민, "침례교신앙고백서에 나타난 교회직분론," 537에서 재인용.

49) Lumpkin, *Baptist Confessions of Faith,* 109.

50) Ibid., 138.

의 신앙선언서"는 20조에서 "장로들"과 "집사들"을 직분자로 명시했다.51) 또 1651년 "30개 회중의 신앙과 실천"에는 "말씀을 위해 수고하는 하나님의 종들"(62조)과 "가난하고 불쌍한 처지에 있는 사람들이 일을 보살피고 지도하는 일을 위하여 충분히 자격 있는 사람들"(64조), 혹은 "영적 사역"과 "현세적 사역"(66조)을 구분하여 2직분제로 설명하고 있지만, 그 명칭은 언급되어 있지 않다.52) 1654년 "참 복음신앙"은 신자들이 "메신저들, 목사들, 그리고 교사들"(22조)을 사역자로 선출한다고 밝혔다. 집사에 대한 언급은 없지만, "신자들은 그들 가운데 아무도 궁핍에 처하지 않도록 가난한 사람을 구제해야 한다"고 말함으로써, 집사의 사명을 모든 신자에게 부과했다(19조).53) 1660년 "표준 신앙고백서"에서는 "장로들 혹은 목사들"(15조)과 "집사들"(19조)을 교회 직분으로 세웠다.54) 1678년 "정통신조"는 "감독들 혹은 메신저들" "장로들 혹은 목사들" "집사들 혹은 가난한 자의 관리자들"로 구분했다.55)

한편, 영국의 특수 침례교회들이 내놓은 신앙고백서에 나타난 직분은 다음과 같다. 1644년 "제1차 런던신앙고백서"는 직분을 "목사들," "교사들," "장로들," "집사들"로 구분했다.56) 1655년 "미들랜드지방회 신앙고백서"는 교회의 직분에 관한 조항을 포함시키지 않았다.57) 1656년 "서머세트 신앙고백서"는 "말씀과 교리를 위해 수고하는" 사역자(32조)와 "세상에 복음을 전파하도록 적절한 은사와 자격을 부여받은 형제"(34조)를 언급하고 있고, 집사에 관한 규정은 보이지 않는다.58) 1677년 "제2차

---

51) Ibid., 121.

52) Ibid., 185.

53) Ibid., 194. 여기서 메신저들은 지역교회를 사역하는 직분이 아니라 전체 교회들을 관리하는 사역자들(superintendent)로 보는 것이 좋다. 이 직분은 특수 침례교회에서는 나오지 않았고 일반 침례교회에서 일시적으로 세워졌던 것 같다. McBeth, *A Source Book for Baptist Heritage*, 366-7. 이는 마치 초대교회의 사도들과 같은 순회목회자와 같은 성격이다.

54) Lumpkin, *Baptist Confessions of Faith*, 229.

55) Ibid., 319. 여기서는 감독과 장로/감독을 다르게 분류한 점이 특이하다. 하지만 감독을 메신저로 이해한 것으로 볼 때, 이 직분은 지역교회보다는 전체 교회들을 순회하는 사역자들로 보는 것이 좋다.

56) Ibid., 166.

57) Ibid., 198-9.

58) Ibid., 212-3. "여기서 세상에 복음을 전파하도록 적절한 은사와 자격을 부여받은 형제들"은

런던신앙고백서"는 "감독들 혹은 장로들, 그리고 집사들"(26장 8조), "감독들 혹은 목사들"(26장 11조)로 규정함으로써 감독, 장로, 목사가 동일한 직분임을 명시했다.59)

1881년 일반 침례교회와 특수 침례교회가 합동하면서 내놓은 "대영제국과 아일랜드의 침례교연맹선언서"(1888년 채택)는 교회의 직분에 관한 조항을 포함하고 있지 않다. 가능한 한 복음의 진리들에 관한 최소한의 합의를 보여주기 위한 선언서였기 때문이다.60)

2) 미국 침례교회 신앙고백서들

미국 침례교회들이 1742년 최초로 발표한 "필라델피아신앙고백서"는 교회직분을 "감독들 혹은 장로들, 그리고 집사들"(26장 8조)로 규정했다.61) 1777년 "케후키지방회 신앙조항들"에서는 "목회자들"(13조)과 "노회"(the presbytery, 16조)이라는 호칭이 등장하는데, 노회에서 목회자들이 안수를 받았던 것으로 보인다.62) 1816년 "샌디크릭지방회 신앙원리들"에서는 교회의 직분에 관한 신앙고백이 누락되었고, 1801년에 나온 "엘크혼과 사우스캔터키 혹은 분리침례교 지방회들 간의 연합문서"에서도 직분에 관한 진술은 없었다.63) 1833년 뉴햄프셔신앙고백서는 직분을 "감독들 혹은 목사들과 집사들"(13조)로 선언했다.64) 또 1834년과 1848년에 공포된 "자유의지침례교회의 신앙 문서"는 "목회자"의 자격요건과 역할을 규정하고 있을 뿐(17장),65) 구체

"메신저들"로 보인다. 하지만 31조에 직분자들을 언급하면서 인용한 성경 구절을 근거로 "감독, 섬기는 자, 가르치는 자, 권위하는 자, 구제하는 자, 다스리는 자, 긍휼을 베푸는 자, 말씀 전하는 자, 공궤하는 자 등의 다양한 직분"을 인정하는 것은 직분과 은사를 구분하지 못한 해석에서 비롯된 것으로 보인다.

59) Lumpkin, *Baptist Confessions of Faith*, 287. 제1차 런던고백서는 4직분을 말했는데, 2차 수정안에서는 2직분제로 변경되었다. 제2차 런던신앙고백서가 웨스트민스터신앙고백을 거의 그대로 모방하면서 직제는 오히려 2직분제로 명시했다는 사실은 주목할 만하다.

60) Ibid., 345-6.

61) "The Philadelphia Confession of Faith," *The Way, The Truth, and The Life* (Grand Rapids: The Baptist Publishing House, 1954), 27-8.

62) Lumpkin, *Baptist Confessions of Faith*, 356.

63) Ibid., 357-9.

64) Ibid., 365-6.

적인 직분에 관한 조항은 없다. 1858년 4월 30일 남침례신학대학원에 의해 채택된 "원리강령"(Abstract of principles) 제14항에는 교회의 정규 직분자들을 "감독들 혹은 장로들과 집사들"로 규정하고 있다.[66] 그리고 1905년 "미국침례교연합"과 1950년 "북미침례교연합"에서 발표한 교리선언문은 기본적으로 뉴햄프셔신앙고백서를 계승하면서 필요한 부분들을 첨가한 것이므로,[67] 직분에서는 "감독들 혹은 목사들과 집사들"로 받아들인 것으로 추정된다.

또한 1921년 "근본주의협회의 신앙고백서"는 필라델피아신앙고백서와 뉴햄프셔 신앙고백서의 내용을 재확증하면서 근본교리에 관한 입장을 재천명하는 것이다. 이곳에는 직분에 관해 따로 언급하지 않았다.[68] 그러므로 이 신앙고백서도 감독과 집사라는 2직분제를 따랐던 것으로 보인다. 1923년에 나온 "침례교성서연맹의 신앙조항들"은 안수받은 직분으로 "목사들, 장로들 그리고 집사들"을 언급한다(13조). 1925년과 1963의 "남침례교 총회의 신앙고백서"는 "목사들"과 "집사들"로 성서적 직분을 명시했다.[69]

3) 그밖에 다른 지역의 침례교신앙고백서들

1944년 독일의 "복음-자유교회 회중 연맹의 신앙고백서"는 특별한 사역을 위해 "전도자들" "목사들" "교사들" "설교자들" "장로들" "집사들" 등 다양한 직분을 인정했다.[70] 또 1861년 "스웨덴 침례교의 신앙고백서"는 "목자들 혹은 감독자들과 집사들"을 세웠다.[71] 1879년과 1924년에 나온 "불어권 침례교회들의 복음주의 연합회의 신앙고백과 교회론적 원리들"에서는 "목사들 혹은 장로들"을 "감독"으로 이해했고, 목사들 혹은 장로들을 돕는 "집사들과 여집사들"을 두었다.[72]

---

65) Ibid., 375.
66) Moody, *The Word of Truth*, 441.
67) Lumpkin, *Baptist Confessions of Faith*, 378, 379.
68) Ibid., 383.
69) Ibid., 396.
70) Ibid., 405.
71) Ibid., 409.

1882년 "뉴질랜드 침례교연맹의 기초교리"는 직분에 관해 언급하지 않았고,[73] 1926년에형성된 호주의 빅토리아침례교연맹에서 매년 선언하는 "침례교신앙의 원리와 이상들"에서는 "교회의 직분자들"은 목회자와 교회회원들과 협력하여 사역하는 "영적 지도자들"이라고 표현했다. 그리고 "목회자들"은 "교회의 영적 감독"을 하는 남녀로 규정했다.[74] 1925년 "캐나다의 온타리오와 퀘벡침례교 총회의 신앙고백서"는 직분을 다루지 않았고, 1884년에 통합된 러시아침례교연맹이 발표한 "복음주의 기독교인의 신앙교리"는 "목사들, 감독들"이라고 불리는 "장로들"과 "집사들"을 직분자로 범주화했다.[75]

지금까지 침례교신앙고백서 31개에서 확인한 직제는 대체로 세 가지 유형으로 정리될 수 있다. 첫째 유형은 목사(=장로=감독)와 집사로 구성된 2직분제(17개),[76] 둘째 유형은 목사와 장로를 별도로 구분하거나 구분하지 않더라도 세 직분 혹은 그 이상의 직분을 인정한 다(多)직분제(5개),[77] 셋째 유형은 별도의 직분을 언급하지 않거나 구체적으로 명시하지 않은 경우(9개)다.[78] 따라서 역사적으로 중요한 위치

---

72) Ibid., 415.

73) Ibid., 416.

74) Ibid., 419.

75) Ibid., 427-8.

76) "20개 조항으로 된 짧은 신앙고백서"(1609); "네덜란드의 암스테르담에 남아있는 영국인들의 신앙선언서"(1611); "30개 회중의 신앙과 실천"(1651); "표준 신앙고백서"(1660); "제2 런던 신앙고백서"(1677); "필라델피아신앙고백서"(1742); "뉴햄프셔신앙고백서"(1833); "남침례신학대학원 원리강령"(1858); "미국침례교연합"(1905); "근본주의협회의 신앙고백서"(1921); "북미침례교연합"(1950); "남침례교 총회의 신앙고백서"(1925, 1963); "스웨덴 침례교의 신앙고백서"(1861); "불어권 침례교회들의 복음주의 연합회의 신앙고백과 교회론적 원리들"(1879, 1924); "복음주의 기독교인의 신앙교리"(1884, 러시아).

77) "짧은 신앙고백서"(1610); "참 복음신앙"(1654); "정통신조"(1678); "런던신앙고백서"(1644); "서머세트 신앙고백서"(1656); "침례교연맹의 신앙고백서"(1948); "침례교성서연맹의 신앙조항들"(1923); "복음-자유교회 회중 연맹의 신앙고백서"(1944, 독일).

78) "미들랜드지방회 신앙고백서"(1655); "케후키지방회 신앙조항들"(1777); "샌디크릭지방회 신앙원리들"(1816); "엘크혼과 사우스캔터키 흑은 분리침례교 지방들 간의 연합문서"(1801); "자유의지침례교회의 신앙 문서"(1834, 1848); "뉴질랜드 침례교연맹의 기초교리"(1882); "침례교신앙의 원리와 이상들"(1926, 호주); "캐나다의 온타리오와 퀘벡침례교 총회의 신앙고백서"(1925).

에 있는 침례교회들은 대체로 2직분제도를 선호하고 있음을 알 수 있으나, 그 이상의 직분을 인정하거나 혹은 직분을 언급하지 않거나 혹은 불명확한 경우도 적지 않다는 것을 확인할 수 있있나. 특히 직분을 명시하지 않거나 불명확한 고백서들은 그 신앙공동체의 정체성을 이해하는 데 직분이 차지하는 비중이 그리 크지 않거나, 아니면 별도로 언급하지 않아도 될 만큼 2직분제에 이견이 없었던 것이라 할 수 있다. 결론적으로 주요한 신앙고백서들은 대부분 2직분제를 채택했지만, 반드시 모든 신앙고백서들이 동일한 입장을 보여준 것은 아니었다고 평가할 수 있다.

2. 침례교 신학자들의 견해

침례교 신학자들은 대체로 신약성서적 직분이 목사들과 집사들로 구성된 2직분제라는 것을 주장해왔다. 영국의 침례교 신학자 존 길(John Gill)은 교회의 직분을 에베소서 4장 11절과 사도행전 20장 17, 28절을 근거로 목사들과 집사들로 구분했다. 그리고 목사들은 교사들, 감독들, 관리자들, 장로들과 동일한 직분으로 해석했다. 이 직분은 "교회들의 천사들"(계 1:20; 2:1), "그리스도의 목회자들"(고전 3:1), "선한 청지기들"(벧전 4:10; 딛 1:7)로 다양하게 불렸다고 주장했다.[79]

18세기 후반의 미국 침례교 신학자 리처드 펄먼(Richard Furman)은 교회의 직분자로 "목사들"과 "집사들"을 들었고,[80] 존 대그(John Dagg)도 교회의 직분은 목사(감독)와 집사를 지역교회의 유일한 직분으로 인정했으며,[81] 베나자 캐롤(Benajah H. Carroll)도 마찬가지로 목사와 집사만을 안수받은 직분으로 인정했다.[82]

브래드 크리드(Brad Creed)의 설명에 따르면, 1845년부터 19세기말까지 침례교 저술가들은 대부분 교회의 고유한 직분을 목사(감독과 장로를 상호 교환적으로 사

---

79) John Gill, "of the officers of a church, particularly pastors," *A Book of Practical Divinity* [온라인 단행본] www.pbministries.org/books/gill/practical_divinity/Book_2/ book2_o3.htm#[1], 2008년 10월 10일 접속.
80) Thomas J. Nettles, "리처드 펄먼," 「침례교신학자들」, 상, 침례교신학연구소 펴냄 (대전: 침례신학대학교출판부, 2008), 244.
81) Mark E. Dever, "존 대그," 「침례교신학자들」, 상, 277.
82) James Spivey, "베나자 하비 캐롤," 「침례교신학자들」, 상, 504.

용)와 집사로 인정했고, 20세기 초반의 남침례교의 대표적 신학자인 에드가 멀린스(Edgar Y. Mullins), 다나(H. E. Dana), 월터 카너(Walter T. Conner)도 감독과 장로라는 용어가 목사의 직분을 가리키는 것으로 상호 교환적으로 사용된다는 점에 의견을 같이 했다.[83] 사실 미국 남침례교단의 주요 저술자, 목회자, 지도자들은 침례교회가 오직 두 가지 성서적 직분만을 가지고있다는 사실을 일관되게 주장해왔다.[84]

윌리엄 스티븐스(William W. Stevens)는 지역교회의 영구적 직분을 장로와 집사로 구분하고, 장로, 감독, 목사는 동일한 직분으로 이해했다. 그런데 그는 에베소서 4장 11절에 한 번만 사용된 목사라는 칭호가 현대에는 가장 널리 사용되는 까닭은 장로와 감독이라는 용어를 둘러싼 "비성서적인 함축적 의미" 때문이라 설명했다.[85] 허셀 홉스(Herschel H. Hobbs)는 지역적인 신약성서교회에서 직분은 목사들과 집사들(빌 1:1)이라고 전제하고, 감독, 장로, 목사는 같은 직분이 다양하게 불리는 것이라고 밝혔다.[86]

하지만 모든 신학자들이 2직분제만을 주장한 것은 아니었다. 찰스 스펄전(Charles H. Spurgeon)은 "1859년 12월에 '교회의 영적인 임무들을 돌보기 위해서 어떤 형제들을 장로의 직분에 임명하기로' 결정"했다.[87] 그리고 그는 실제로 교회의 많은 업무를 집행하기 위해 행정과 재정 문제에 깊이 관여했던 장로들을 의존했다.[88]

밀러드 에릭슨(Millard J. Erickson)은 회중정치에서 감독, 장로, 목사를 동일한 직분으로 간주하고 집사 직분과 함께 2직분제를 주장한다는 사실을 명시했지만, 성서

---

83) Brad Creed, "교회의 지도자들,"「침례교신학의 흐름」, 267, 273.
84) Wring, "Elder Rule and Southern Baptist Church Polity," 201.
85) William W. Stevens, 「조직신학개론」, 허긴 역, 4판 (대전: 침례신학대학교출판부, 1977), 426-8.
86) Herschel H. Hobbs, *The Baptist Faith and Message,* revised (Nashville: Convention Press, 1996), 69.
87) 피영민, "침례교신앙고백서에 나타난 교회직분론," 545.
88) Larry J. Michael, *Spurgeon on Leadership: Key Insights for Christian Leaders from the Prince of Preachers* (Grand Rapids: Kregel Publications, 2003), 27, 「온라인 단행본」http://books.google.com/books?hl=ko&lr=&id=UidkYbpXNZIC&oi=fnd&pg=PA7&dq=spurgeon+and+leadership&ots=RsPFSy2_rQ&sig=BTHD5wN5M1JUOU1TcYGokElhG0A#PPA27,M1, 2008년 11월 28일 접속.

시대에 다스리는 장로(평신도)와 가르치는 장로(성직자)에 대한 구분이 디모데전서 5장 17절을 근거로 어느 정도 전문화가 이루어져있었다고 판단했다. 따라서 기본적으로 회중정치 형태가 신약성서적 원리를 가장 잘 대변한다고 생각하면서도, 그는 필요에 따라서 교회의 질서를 위해 대의정치 형태가 필요하다는 것을 인정했다.[89]

그렌즈는 신약성서에서 볼 때 교회의 직분은 감독들과 집사들로 구성된 2직분제로 발전되었다고 이해했다. 그러나 교회 역사 속에서 장로들과 감독의 구분이 생겼고, 결과적으로 감독-장로-집사라는 3직분체제로 바뀌게 되었다고 진단했다. 또한 그는 회중정치라는 것이 현실적으로 실천하기 어렵기 때문에 전통적 회중교회들에서도 "준-장로주의"(semi-presbyterianism)가 출현하기도 했다고 밝혔다.[90]

최근 일부 신학자나 목회자들이 대의민주주의 혹은 준장로주의에 대해 열린 태도를 보여주긴 하지만,[91] 대다수 침례교 신학자들과 목회자들이 시대와 지역을 불문하고 지역교회의 직제를 2직분제(목사들과 집사들)로 인정했다는 것은 틀림없는 사실이다. 목회사역 면에서 볼 때, 2직분제는 지역교회가 마치 두 개의 바퀴로 달리는 마차와 같은 형국의 직제를 채택한 것이다. 여기에 '평신도' 장로라는 개념과 역할은 원론적으로 들어설 자리가 없었다. 실제로 "다스리는 장로는 필요가 없으며, 성서적 지지를 받을 수 없고, 침례교회의 역사적 선례도 많지 않다."[92]

---

89) Millard J. Erickson, *Christian Theology*, vol. 3 (Grand Rapids: Baker Book House, 1985), 1077-86.

90) Grenz, *Theology for the Community of God*, 725-9.

91) 워싱턴 D.C.에 있는 캐피탈힐침례교회(Capital Hill Baptist Church)의 목사인 마크 데버는 "장로 주도의 회중주의"(an elder-led form congregationalism)가 성서적이며 침례교적이라고 주장했다. Gary D. Myers, "Elders in Baptist churches? Conference examines the idea," *BPNews*, Feb. 13, 2004, 1, [온라인신문] http://baptistcenter.com/Event%20Info/Gary%20Myers%20-%20Elders%20in%20Baptist%Churches.pdf, 2008년 12월 5일 접속. 실제로 데버의 교회는 다스리는 장로와 회중주의가 혼합된 교회다. 그 교회의 정치구조는 "장로회중정체"(a presby-gational polity)라고 볼 수 있다(Wring, "Elder Rule and Southern Baptist Church Polity," 208).

92) Wring, "Elder Rule and Southern Baptist Church Polity," 203.

IV. 한국 침례교회의 직제 문제

한국 침례교회는 정체성과 관련해서 매우 독특한 역사를 지니고 있는 교단이다. 특히 직제에서 크게 두 단계의 변화를 거쳐 왔다. 첫째 단계는 대한기독교회의 직제요, 둘째 단계는 기독교한국침례회의 직제다.

1. 대한기독교회의 직제

한국에 침례교회가 공식 교단(대한기독교회)으로 출범한 것은 1906년이었다. 이때 교단은 46개조의 교단규약을 채택하고, 교회정체는 감목(監牧)을 "최고의 수반으로 한 위계적 감독체제"를 따랐다. 그리하여 "교단의 모든 임원(직분)은 감목인 펜윅이 임명하고 파송했다." 이런 점에서 볼 때, 대한기독교회는 그 조직이나 교회행정 면에서 "비침례교적 요소"가 있다고 비판을 받아온 것이 사실이다. 특히 대한기독교회는 신약성서적 교회의 중요한 특징 가운데 하나인 개교회주의, 자원주의, 회중주의의 원리에서 볼 때 침례교적 정체성이 결여되었다고 평가되었다.[93]

물론 그렇다고 해서 대한기독교회가 침례교회가 아니었다는 것은 아니다. 말콤 펜윅(Malcolm C. Fenwick) 선교사의 신앙관과 그와 엘라씽선교회(The Ella Thing Memorial Mission)의 관계를 통해 볼 때, 대한기독교회를 분명 실질적인 한국 침례교회의 시작이었다고 평가하지 않을 수 없다. 어떤 면에서 침례교회의 정체성을 제대로 드러내지 못한 점은 있었지만, 46개조 규약에 신자의 침례와 신자들의 교회 개념이 확연히 드러나 있고,[94] 그들 스스로도 침례교인이라는 자의식을 분명하게 가지고 있었다는 점에서 대한기독교회는 한국 침례교회의 전신임에 분명하다. 단적인 예로, 부여 칠산교회에서 사역하던 스테드만(F. W. Steadman) 선교사가 일본으로 돌아가면서, 칠산교회를 장로교 부위렴 선교사에게 위임한 일이 있었다. 하지만 칠산교회 교인들은 "우리는 침례를 받은 침례교인이므로 장로교회로 갈 수 없다"며 부위렴

---

93) 허긴, 「한국침례교회사」 (대전: 침례신학대학교출판부, 1999), 94-7.
94) 김용해, 「대한기독교침례교회사」 (출판지불명: 성청사, 1964), 16, 18.

선교사를 거절했던 일이 있다.95) 이 사건은 칠산교회 교인들이 침례교인으로서 분명한 정체성을 가지고 있었다는 것을 확인해준다. 그리고 대한기독교회가 해방 후 미국 남침례교 총회와 제휴하는 과정에서도, 남침례교 외국선교부 동양총무였던 베이커 코든(Baker J. Cauthen)이 "한국에는 140개의 침례교회와 1만 7천 명의 침례교인이 있다"고 보고한 사실에서도 우리는 대한기독교회 교인들이 침례교인이었음을 의심하지 않는다.96)

그러나 직제 면에서 그들은 전통적인 침례교회들과 크게 다른 양상을 보여주었다. 대한기독교회의 규약에 나타난 공식 직분은 감목(監牧), 안사(按師), 목사(牧師), 감로(監老), 교사(敎師), 전도인(傳道人), 당원(堂員)으로 구성되고, 당원은 다시 통장(統長), 총장(總長), 반장(班長)으로 구분되었다.97) 물론 직제가 다양하다는 것이 정체성에 어긋난다는 뜻은 아니다. 대한기독교회의 문제점은 그 직제가 감목체제로 구축되었다는 데 있다.

2. 기독교한국침례회의 직제

대한기독교회의 체제는 1946년 총회에서 큰 폭으로 변경되었다. "안사"를 "목사"로, "감로"를 "장로"로, "통장"을 "권사"로, "총장"과 "반장"은 "집사"로 개칭한 것이다. 이런 현상은 그동안 대한기독교회의 감목체제가 회중체제로 바뀌게 됨으로써 새로운 체제에 적합한 명칭을 부여한 결과였다.98) 하지만 이때까지만 해도 아직 침례교회의 2직분제는 시행되지 못했다.99)

---

95) 허긴, 「한국침례교회사」, 47-8.
96) Ibid., 336.
97) 김용해, 「대한기독교침례교회사」, 16, 20; 기독교한국침례회 총회 역사편찬위원회, 「한국침례교회사」 (서울: 침례회출판사, 1990), 57. 대한기독교회의 직제는 신약성서의 초대교회에서 사용한 직제와 매우 유사하다는 점을 주목할 필요가 있다. 감목-안사-목사-감로-교사-전도인은 사도-선지자-말씀 전하는 자-목사-교사(엡 4:11)에 해당하는 순회사역자들이고, 통장-총장-반장은 장로-감독-집사에 해당하는 지역교회 사역자들이기 때문이다.
98) 김용해, 「대한기독교침례교회사」, 74; 기독교한국침례회 총회 역사편찬위원회, 「한국침례교회사」, 151-2.
99) [추가] 필자는 이후 2010년에 발표한 논문에서 대한기독교회의 직제가 2직분제였음을 주장

교단 이름에 "침례교"라는 명칭이 들어가게 된 것은 1949년 제39차 총회에서였다. 이 총회는 교단의 이름을 "대한기독교침례회"로 바꾸었고, 1951년 제41차 총회에서 "세계 침례교회 및 남침례회와 보조를 맞추고 유대를 강화"하기 위해 교회의 직분을 "목사와 집사" 이외의 이름은 쓰지 않기로 결정했다.100) 따라서 장로라는 직분은 불과 5년 정도 사용되다가 공식적으로는 사라진 셈이다. 그리고 후속조치로 총회 규약도 큰 폭으로 개정됐다. 이 규약은 일본 침례회연맹의 규약을 참조하여 마련됐는데, 이 규약을 토대로 1952년 제42차 총회에서 비로소 "침례교의 개교회주의 정체를 규약에 명시함으로 침례교의 개교회주의가 교단의 규약에 따라 제도화"되었다.101)

기독교한국침례회 총회가 "침례교회의 이상과 주장"이라는 신앙고백을 규약에 포함시키기로 결의한 것은 1981년 제71차 총회에서였다.102) 그리고 이 신앙고백 4조에서는 "교회의 직분은 목사와 집사"라고 명문화했다.103) 물론 신학교에서는 그보다 오래 전부터 교회의 2직분제(목사와 집사)를 공식적으로 가르치고 있었다.104)

3. 호칭장로 문제

한국 침례교회 안에서 직제 문제가 논란이 되기 시작한 것은 1970년대부터였던 것 같다.105) 이는 1950년대 침례교회로 이적한 타 교단의 목회자들로 인해 침례교회가 급격하게 발전한 상황과 무관하지 않다.106) 목회자들의 이적 현상은 긍정적

했다. 그 논문은 이 책 14장, "대한기독교회의 신앙양태와 침례교 정체성"에 실려있다.
100) 김용해, 「대한기독교침례교회사」, 85-6; 허긴, 「한국침례회사」, 362-3.
101) 허긴, 「한국침례교회사」, 366.
102) 「기독교한국침례회 제72차 연차총회」 (서울: 기독교한국침례회 총회, 1982), 10.
103) Ibid., 148.
104) W. W. Stevens, 「그리스도교 교리」(하권), 허긴 옮김 (대전: 침례신학교, 연도불명), 222-35. 이 책은 1960년대 후반에 등사판 인쇄로 사용되다가 동일한 옮긴이에 의해 1978년 「조직신학개론」으로 재출판되었다; A. Gammage, 「조직신학원강」 (대전: 침례신학대학출판부, 1993), 185 참조. 이 책은 1970년대 행해진 강의를 재정리한 것이다.
105) 도한호, "침례교회에서의 장로 문제," 「복음과 실천」 13집 (1990): 58. 이 논문에 따르면 침례교단 안에 소수의 교회가 장로를 세운 것은 1960년대 중반부터였다고 한다.

효과도 있었지만, 정체성의 혼란을 초래한 측면이 있었던 것도 사실이다: "침례교와는 전혀 무관한 온갖 배경의 사람들을 무분별하게 수용하게 되어 정체 면에 신앙 혼합주의(syncretism)를 유발히였다. 이것은 향후 교회 안에 침례교의 신앙원리나 정신을 정착시키는 데 가장 큰 암적 요인이 되었다."107) 그리고 실제로 "장로의 직분을 가졌던" 사람들이 침례교회로 이적하며 대두된 문제가 바로 "그들을 어떻게 대우하며 무슨 호칭을 주어야 할 것인가" 하는 것이었다.108) 그러므로 1970년대 장로직분 문제는 바로 침례교회의 목회자들에게 침례교회의 신앙과 정체성에 대한 분명한 의식이 부족한 데서 그 일차적 원인을 찾을 수 있다.

호칭장로 문제는 많은 논란과 논쟁과 감정대립 등으로 표출되었고,109) 한국 침례교회의 위기로 인식될 만큼 사태가 악화되었다. 그러다 마침내 제76차 총회(1986년)는 장로를 세운 교회의 담임목사가 교단 내에서 공직을 맡을 수 없다는 결의를 채택하기에 이르렀다.110) 아직까지 이 결의가 유효한 상태에서 총회는 거의 매년 직제문제로 난항을 거듭하고 있는 실정이다. 그리고 20년 넘게 이 문제로 논쟁과 갈등이 계속되다가 마침내 제98차 총회(2008년)는 직제연구위원회의 상정안을 부결했다. 하지만 이 문제는 또 다시 총회의 안건으로 올라올 가능성이 높고, 그로 인해 교단 안에서 논쟁의 불씨는 여전히 이어져갈 전망이다.111)

---

106) 1952년 11명이던 목사의 수가 1953년 57명으로, 1954년에는 96명으로 증가했다. 허긴, 「한국침례교회사」, 373.
107) 허긴, 「한국침례교회사」, 374-7, 371.
108) 도한호, "침례교회에서의 장로 문제," 58.
109) 원세호, "직제에 관한 논쟁연구: 기독교한국침례회 직제논쟁", I, II (서울: 국제신학연구소, 1992) 참조.
110) 「기독교한국침례회 제77차 연차총회」 (서울: 기독교한국침례회 총회, 1988), 14.
111) [추가] 호칭장로 건의안은 2009년 기독교한국침례회 제99차 총회에서 통과되었다. 하지만 호칭장로 문제는 그것이 지역교회에서 잘못 적용되는 사례(3직분제 형태)가 늘어나면서 비판과 우려의 목소리가 점점 더 커지고 있는 양상이다.

마치는 글: 문제해결을 위한 제언

지금까지 연구를 통해 도출된 몇 가지 결론은 다음과 같다. 첫째, 신약성서는 어느 하나의 단일한 직제를 명시하지 않지만, 목회자들과 집사들을 중심으로 민주적 방식의 사역이 이루어지는 2직분제를 지지하고 있다. 둘째, 세계 침례교회의 역사에서 볼 때 어느 하나의 직제가 획일적으로 강요된 바가 없고 침례교단마다 어느 정도 다양성이 허용되었지만, 그래도 대다수의 주요한 신앙고백서들과 침례교 신학자들은 2직분제를 받아들였다. 셋째, 한국 침례교회는 비록 일관되지는 않지만, 1951년 이후 줄곧 목사와 집사의 2직분제를 지켜왔다. 따라서 한국 침례교회가 지역교회에서 안수받은 직분을 목사와 집사로 이원화하고 있는 현재의 체제는 신약성서적으로나 침례교회의 역사에서 볼 때 충분히 지지를 받는 전통적 제도라고 할 수 있다.

그렇다면 오늘날 한국 침례교회는 '호칭장로' 문제를 어떻게 해결해야 하는가? 이제 연구자는 세 가지 제언을 하고자 한다. 첫째, 우리는 직제 문제가 침례교회의 정체성을 가늠할 수 있는 절대적 잣대는 아니라는 점을 인정해야 한다. 그러므로 직제에 대해 다른 견해를 가지고 있는 지체들을 향해 정죄하는 시각은 바람직하지 않다. 하지만 오늘날 한국 침례교회는 왜 그토록 호칭장로라도 세우려 하는지 그 근본적 동기에 대해 다시 한 번 심사숙고해야 한다. 동시에 한국 침례교회는 호칭장로 문제 못지않게, 아니 그보다 더 시급한 문제가 "민주적인 목사상"을 정립하는 일임을 깊이 인식하고 반성해야 한다.[112] 지나치게 독재적 방식으로 교회행정을 펼치는 교회들로 인해서 침례교회의 정체성이 오히려 파괴하는 현실을 직시할 필요가 있다.

둘째, 우리는 역사적으로 침례교회들이 끊임없이 신앙고백서들을 통해 신앙의 일치성을 추구해왔다는 사실에 주목해야 한다. 하나의 침례교단 안에서 두 가지 이상의 직제가 무분별하게 사용되지는 않았다는 것이다. 마치 침례교회가 다양한 구원관을 수용하는 전통이 있었다고 해서 일반 침례교회들 안에 칼뱅주의 구원관이

---

[112] 이상배, 「침례교신학」, 침례교신학강의안 (대전: 침례신학대학교, 연도불명), 51.

허용되고 특수 침례교회들 안에 아르미니우스주의 구원이 받아들여졌던 것은 아니다. 침례교회들은 혼란과 무질서의 모습을 보여주지 않고 같은 신앙고백에 같은 직제를 사용하면서 화합과 협력의 성숙한 모습을 보여주었다. 따라서 같은 시대에 한 교단 안에서 어느 교회는 2직분제를, 어느 교회는 3직분제를 사용하는 것은 결코 바람직한 현상이 아니다. 지역교회의 자율성을 강조하는 침례교회라도 교회가 개교회 이기주의로 전락되는 것을 방치하는 것은 옳지 않다. 그러므로 침례교회는 각 지역교회들이 알아서 직제를 결정하도록 하자는 주장은 무책임할 뿐 아니라 교회의 공동체성을 훼손하는 이기적 발상에서 나온 것이라고 할 수 있다.

셋째, 직제 문제는 반드시 총회를 통해 해결돼야 한다. 그리고 침례교회의 전통인 2직분제를 살리는 방향으로 현안을 풀어나가는 것이 좋다. 안수집사 위에 장로 직분을 두는 것은 결코 바람직한 방안이 될 수 없다. 그렇게 되면 그것은 장로교회의 "다스리는 장로" 개념이 되지 않을 수 없다. "사실 다스리는 장로는 회중정체와 어울리지 않는 관계"일 뿐 아니라 전신자의 제사장직 개념에도 어긋나는 개념이다.[113] 이것은 단순히 호칭장로 직분을 인정하느냐 안 하느냐의 차원에서 그치는 것이 아니라, 직제에 관한 침례교회의 기본 입장("목사=감독=장로"로 인식하는 전통)에 대한 신학적 정리 작업이 반드시 선행되어야 할 문제다.

따라서 모든 지역의 침례교회들은 침례교회의 정체성 정립을 위해 좀 더 구체적이고 연속성 있는 실질적인 준비를 마련해야 한다.[114] 충분한 합의가 이루어지기 전에 성급하게 총회의 의결을 이끌어내는 것은 바람직하지 않다. 총회의 결정이 다수에 의해 이루어지는 것은 불가피한 일이지만, 다수결에 의한 결정만이 문제를 푸는 능사는 아닌 듯하다. 최근까지 보여준 문제해결 방식은 표 대결의 양상을 보여

---

113) Wring, "Elder Rule and Southern Baptist Church Polity," 203, 205.
114) 기독교한국성결교회는 선교 100주년을 맞이하여 "성결교회신학연구 프로젝트 2002-2007"을 통해 5년 동안 총회와 신학교가 힘을 합쳐 성결교회의 정체성을 확립하기 위해 노력해 왔고, 그 결과로 4,000여 페이지가 넘는 연구업적을 내놓았다: 「성결교회신학 역사적 유산 자료연구집」 (1171쪽); 「성결교회신학」 (1224쪽); 「성결교회신학개요」 (226쪽); *Introduction to the Theology of the Korean Evangelical Holiness Church* (178쪽); 「성결교회목회: 21세기 목회 매뉴얼」 (820쪽); 「성결교회 신학용어사전」 (411쪽); 「온전한 구원의 신학: 영상으로 펼쳐지는 성결교회신학의 과거 현재 미래」(DVD).

준 면이 없지 않다. 충분한 논의와 진정한 합의가 선행되지 않은 채 이루어진 총회 결의는 또 다른 갈등과 분열의 요인이 될 수 있다는 점을 기억해야 한다. 따라서 이제라도 좀 더 활발한 토론과 논의가 폭넓게 그리고 체계적으로 이루어질 수 있도록 노력해야 한다. 그 결과, 우리도 오늘날 한국 침례교회가 직면한 현안들에 대한 합의를 우리의 손으로 만든 신앙고백을 통해 표현하고, 우리의 믿는 바를 체계적이고 구체적으로 선언할 필요가 있다.

16
한국 침례교회의 조직신학 전통*

하나님의 주권(divine sovereignty)과 인간의 자유의지(human free will) 문제는 신학의 패러다임을 결정하는 매우 민감하고 포괄적인 주제라 할 수 있다.1) 특히 이 주제는 하나님과 인간의 본성을 토대로, 하나님의 구원사역과 섭리, 그리스도의 속죄와 인간의 믿음 문제를 함께 다룸으로써 개신교신학의 두 축인 칼뱅주의와 아르미니우스주의를 구분하는 중요한 잣대가 되어왔다.2) 그리고 이 주제는 한국 침례교의 신학 유산을 살펴보는 데도 유용한 수단이 될 수 있다. 과연 한국 침례교는 어떤 신학 유산을 이어받았는가? 그리고 그것은 전체 기독교신학에서 어떤 유형에 속하는가? 이 질문에 답하는 것이 이 연구의 목적이다. 여기서 신학의 유형이라 함은 신학사상을 하나님 중심, 그리스도 중심, 인간 중심으로 재평가한 것을 의미한다.3) 따라서 이 연구는 한국 침례교의 신학전통이 '하나님의 주권과 인간의 자유의

---

* 출처: 김용복, "한국 침례교 신학전통에서 본 하나님의 주권과 인간의 자유의지: 조직신학적 관점에서." 「하나님의 주권과 인간의 자유」 (대전: 침례신학대학교출판부, 2003), 127-56.
1) 이 주제와 관련해서 좀 더 많은 정보를 얻으려면 Clark H. Pinnock, ed., *The Grace of God and the Will of Man* (Minneapolis: Bethany House Publishers, 1989)을 참조. 이 책에 실린 논문들은 하나님이 인간의 의지를 배려하시는 인격적인 분이라는 입장에서 연구된 것이다.
2) 데일 요캄은 칼뱅주의와 아르미니우스주의를 이런 관점에서 비교연구한 저서를 내놓았다. Dale M. Yocam, 「기독교 신조대조」 (Creeds in Contrast: A Study in Calvinism and Arminianism), 손석구 역 (서울: 예수교대한성결교회(연합) 출판부, 1988). 이 책은 칼뱅주의와 수정된 칼뱅주의를 웨슬레안-알미니안 입장에서 비판하면서 이 주제를 심도있게 다뤄나갔다.
3) 신학의 구조를 하나님 중심, 그리스도 중심, 인간 중심으로 나누는 것에 대해 김용복, "남침례교 신학전통 안에서의 인간론" (박사학위논문, 침례신학대학교 대학원, 1997), 1-9 참조. 이 논문에서 사용된 "하나님 중심"은 "불가항력적인 은혜"와 "이중 예정," 그리고 "인간의 전

지'라는 두 관점 사이에서 어떻게 자신의 신학 입장을 전개해 나갔는가를 파악하는 데 초점을 두었다.

과연 하나님의 주권과 인간의 자유의지는 어떤 관계로 이해되어야 하는가? 하나님의 선택과 예정은 인간의 의지를 손상시키는가? 칼뱅이 말한 것처럼 정말 하나님은 "끔찍한 작정"(horrible decree)을 하시는 분인가? 아니면 아르미니우스의 주장처럼 하나님은 단지 당신의 예지(foreknowledge)를 통해 믿을 자를 선택하시는가? 어떻게 선택하시든지 선택의 주체와 객체를 이원적으로 분리할 수 있는가? 즉, 구원에서 하나님은 주체만 되고 인간은 객체만 되는 것인가? 아니면 하나님과 인간이 어떤 형태로든 상호 참여하는 방식으로 이해되어야 하는가? 아울러 하나님의 구원 사역에서 인간의 죄와 하나님의 형상 문제는 어떻게 이해되어야 하는가? 또한 인간 편에서의 신앙과 자유의지는 어떤 관계가 있는가? 이런 질문들은 이 연구를 전개하는 데 대두될 수 있는 문제의식이라고 할 수 있다.4)

이 논문의 연구범위는 초창기로부터 현재에 이르기까지 한국 침례교의 신학사상 전체를 망라한다. 연구방법으로는 역사적이고 조직신학적 접근을 시도했다. 역사적 자료를 씨줄로 삼고 조직신학적 주제 분류를 날줄로 엮어서 한국 침례교의 신학사상을 분석했다. 씨줄에 해당하는 한국 침례교에 대한 시대 구분과 자료는 [표1]에서 보는 바와 같다. 주요 자료는 그 시대에 출판되었거나 크게 영향을 끼쳤던 대표적인 문헌들을 정리한 것이다. 또한 날줄에 해당하는 조직신학적 주제는 다섯 범주로 구분했다: 하나님의 은혜와 주권; 인간의 원죄와 하나님의 형상; 신앙의 의미와 자유의지; 구원의 시작과 끝; 그리스도 중심의 신학. 이 다섯 가지 범주는 하나님의

적 부패와 무능력"을 강조하면서, 구원에 있어서 하나님의 주권과 은혜만 인정되고, 인간의 자유와 의지의 반응은 인정되지 않는 경향이 강하고; "인간 중심"은 "하나님의 보조적 은혜"와 "이중 예정 반대," 그리고 "인간의 전적 부패와 무능력 거부"를 강조하면서, 구원의 문제에 있어서 하나님의 은혜보다는 이미 하나님에 의해 주어진 인간 본연의 능력을 더 드러내고; "그리스도 중심"은 "인간의 전적 부패"는 인정하지만, "이중 예정은 거부"하며, 하나님의 불가항력적인 은혜를 거부하면서 오히려 "하나님과 인간의 협동"을 내세운다.

4) 하나님의 주권에 대한 칼뱅주의의 견해들을 유형적으로 분석하고 성서적 대안을 제시한 한 논문으로 Jack W. Cottrell, "The Nature of the Divine Sovereignty," *The Grace of God and the Will of Man*, 97-119 참조.

주권과 인간의 자유의지 문제를 조직신학적 관점에서 접근하는 데 기본 논점을 제공해 준다.

[표1] 한국 침례교의 시대구분과 주요 자료5)

	기간	교단명칭	주요 자료
초기	1889년-1949년	대한기독교회 동아기독교회 동아기독대	「사경공부」 (M. C. Fenwick) 「편공부 연설」 (M. C. Fenwick) 「대한기독교회사」 (M. C. Fenwick) 「복음찬미」 (M. C. Fenwick) 「복음문답」 (M. C. Fenwick)
중기	1950년-1975년	대한기독교침례회 한국침례회연맹총회	「조직신학원강」 (1993) (A. Gammage)* 「기독교교리」 (1962) (W. T. Conner) 「침례교인의 신앙」 (1975) (H. L. Fickett) 「조직신학개론」 (1978) (W. W. Stevens)**
후기	1976년-현재	기독교한국침례회	「복음과 실천」 (1978-현재)*** 「조직신학원론」 (1982) (E. Y. Mullins) 「복음주의조직신학」 (1995) (M. J. Erickson)

[표1]에서 제시한 자료 가운데 초기 동아기독교회(1889-1949년)를 대표하는 신학으로는 말콤 C. 펜윅(Malcolm C. Fenwick)의 「사경공부」(査經工夫)를, 중기 미남침례교 선교사 시대(1950-1975년)를 대변하는 신학에는 알버트 게미지(Albert Gammage)의 「조직신학원강」(組織神學原講)」을, 그리고 후기 한국인 신학자시대(1976년부터 현재)를 반영하는 신학으로는 침례신학대학교 교수논문집 「복음과 실천」(福音과 實踐)을 그 근거 자료로 선택했다. 「사경공부」는 동아기독교에 절대적 영향을 끼친 펜윅의 유일한 교리 내용을 담은 일차 자료로서 가치가 있고; 게미지의 「조직신학원강」은 한국 침례교의 조직신학에 영향을 끼쳤던 에드가 멀린스(Edgar Y.

---

5) *Gammage의 책은 1960, 70년대 조직신학을 강의했던 강의안을 1993년에 정리 출판한 것이고; **Stevens의 책은 1950년대 후반부터 번역해서 사용하던 것을 1978년에 출판했고, 그 후 세 번에 걸쳐서 수정판이 나왔다. ***1978년부터 「浸神論集」으로 발간되다가 1987년부터 「福音과 實踐」으로 개칭되었다.

Mullins), 월터 카너(Walter T. Conner), 그리고 윌리엄 스티븐스(William W. Stevens)의 조직신학을 계승한 신학 특성을 가지고 있으며;「복음과 실천」은 한국인 침례교 신학자들의 신학 특성을 가장 잘 반영하고 있기 때문이다.

I.「사경공부」에 나타난 주권과 자유의지

초기 한국 침례교를 주도했던 펜윅의 신학사상을 종합적으로 이해하기 위해서는 아직도 좀 더 많은 자료발굴과 연구가 뒤따라야 하지만,「사경공부」가 현재까지 그의 신학 경향을 파악하는 데 가장 중요한 자료 가운데 하나임에는 틀림없다.6)

1. 하나님의 은혜와 주권

구원에서 하나님의 은혜와 주권은 펜윅의 예정과 선택에 대한 믿음에서 잘 나타난다. 펜윅은 로마서 8장 29절을 근거로 하나님께서 미리 아신 자들로 하나님의 아들과 같게 하기 위해서 미리 선택하셨다고 말했다. 이 대목에서 펜윅은 선택하시는 분은 하나님이시고, 선택을 받는 사람은 본래 의롭지 못하고 고약하고 더럽고 약한 존재라는 것을 강조했다. 또한 하나님께서는 그리스도 안에서 우리로 하여금 하나님을 사랑하게 하시려고 뽑아 갈라놓으셨으며, 세상을 지으시기 전부터 우리를 선택하셨다고 말함으로써 분명히 하나님의 예정하심을 언급했다.7)

그러나 펜윅의 예정론은 칼뱅주의의 이중예정이라기보다 아르미니우스주의의 예지예정에 더 가깝다. 펜윅은 예정설과 관련된 구절(벧전 1:2; 롬 8:8, 30; 살후 2:13)을 설명하는 과정에서 하나님의 미리 아심에 대해 이렇게 말했다: "우리 信者은 벌셔 上帝의 揀호신 者라호신 글이라. 우리 언제 나게 호시던지 아시는 上帝

---

6)「사경공부」에 관한 서지학적 정보에 대해서는 김용복의 "「사경공부」에 나타난 펜윅의 종말신앙: 조직신학적 관점에서,"「한국 침례교와 신앙의 특성」(대전: 침례신학대학교출판부, 2000), 79-80을 참조.

7)「사경공부」, 41-2. 그는 선택의 세 가지 이유를 이렇게 밝혔다: 첫째, 구원하고 영화롭게 하시려고(살후 2:13); 둘째, 천당기업을 잇고 거룩하게 하시려고(엡 1:4); 셋째, 성결하여 순종케 하시려고(벧전 1:2). (ibid., 50).

쎄셔 어느 時에 再次 나게 ᄒ실ᄂ지쪼 아셧ᄂ이라."[8] 하나님은 우리가 언제 거듭나게 될지를 아신다는 말이다. 그런데 「복음찬미」에 보면 무엇을 미리 아시는지 좀 더 구체적으로 언급되었다. 237장 2절에서 그는 "이 셰샹 지으시기젼/ 슌복ᄒ올 사ᄅᆷ일홈/ 그 칙에 긔록ᄒ신되/ 텬부님 미리 아샤니/ 아ᄃ님 영졉ᄒ올넌지/ 되뎍허올넌지 긔록ᄒ셧네"라고 노래했다. 아들을 영접할지 대적할지 미리 아시고 생명책에 기록하셨다는 것이다. 또한 「만민묘흔긔별」에서도 펜윅은 복음의 핵심으로 누구든지 믿는 자는 구원을 얻을 것이라는 말씀을 통해 보편속죄를 지지했다.[9] 따라서 펜윅이 생각한 하나님은 모든 것을 주관하시되 인간의 반응을 미리 아시고 그에 따라 선택하고 예정하시는 분이다.

2. 인간의 원죄와 하나님의 형상

펜윅의 「사경공부」가 체계적인 조직신학서가 아닌 까닭에 인간론에 대한 명쾌한 설명은 찾아보기가 쉽지 않다. 하지만 기본적으로 그가 인간의 원죄를 인정하고 있음을 확인하는 것은 그리 어려운 일이 아니다. "성경문답"이란 부분에서 펜윅은 조상의 죄를 "제 욕되로 ᄒ 죄"라고 함으로써 원죄의 근원을 욕심으로 이해했다. 그래서 우리가 하나님 앞에 가기 위해서는 "쳐음에 졔 ᄒ고 십흔 맘 이기고 예수씨 ᄆᆷ 되로" 해야 한다고 가르쳤다.[10] 본래 인간이 범죄한 존재요 타락한 존재이기에 어느 누구도 스스로 하나님께 갈 수 없다. 오직 예수께서 그 권세를 주셔야 갈 수

---

8) Ibid., 171.
9) 소제목으로 뽑아 놓은 표제어를 근거로 그 내용을 정리하면 다음과 같다: (1) 모든 사람은 죄를 범했다. 따라서 모든 사람은 죽는다. 그래서 주님이 필요하다. (2) 그래도 하나님은 죄인들을 사랑하신다. 예수 그리스도가 우리를 대신해서 죽으신 것은 하나님의 사랑을 확증한 것이다. (3) 그러므로 주님을 믿는 자는 구원을 받을 수 있다. 하지만 이 사실을 경솔히 여기면 망할 수밖에 없다. (4) 주님은 다시 오신다. 그 때에 주님을 반대했던 사람들은 주님의 권능으로 망하게 된다. (5) 그리고 예수님께서 부활하셨던 것처럼, 선한 사람과 악한 사람 모두 부활하게 된다. 믿는 사람의 부활이 믿지 아니하는 사람의 부활보다 먼저 일어난다. 왜냐하면, 믿는 사람들은 공중에서 주님과 만나 천년동안 다스려야 하기 때문이다. (6) 마지막으로 생명책에 기록되지 않은 사람들은 행위대로 심판을 받아, 지옥 불구덩이 속에 들어가게 된다.
10) Ibid., 242.

있는 것이다.11) 그러나 펜윅은 인간의 타락으로 인해 하나님의 은혜가 필요하다는 것을 인정하고 있지만, 그것이 전적 타락(total depravity)을 의미하는지 자연적 무능력(natural inability)을 뜻하는지는 분명하지 않다.

「사경공부」에서 하나님의 형상이란 용어는 쉽게 발견되지 않는다. 하지만 펜윅은 인간에게서 하나님의 형상이 완전히 파괴되었다는 견해보다는 어느 정도 접촉점이 있다는 것을 인정했다. 특히 자신의 욕심을 이기고 예수께 순종해야 한다는 주장이나 인간이 복음을 선택할 수 있다고 말한 것으로 볼 때 그러한 추론이 가능하다.

3. 신앙의 의미와 자유의지

신앙에 대한 펜윅의 생각은 상당히 주체적이다. 펜윅에게 신앙이란 하나님께 마음의 문을 열고 주님을 영접하는 것이다. 인간은 처음부터 하나님의 뜻에 순종할지 아니할지를 선택할 의지를 부여받은 존재다. 그는 이렇게 말했다:

> 上帝끠셔 당초에 人지으실 時에 ᄒᆞ겟다 안니하겟다ᄒᆞᄂᆞᆫ 뜻을 맛겨주셧ᄂᆞᆫ듸 그 뜻을 쓰고 基督끠 가셔 基督의 뜻에 붓치면 그 時부터 基督의 뜻과 우리 뜻이 합하야 基督의 뜻 솟 저희 中에 드러오고 基督 力도 드러와 쓸고 어딕던지 ᄃᆞ니게 ᄒᆞ시니 이거시 참 基督끠셔 멕이시고 셤기는 일이라.12)

그리스도의 뜻에 순종하는 순간부터 우리와 그리스도가 한 뜻이 되어 그리스도의 인도하심을 받게 된다는 말이다. 펜윅은 에베소서 6장 10절을 근거로, 신자들은 하나님 앞에 "항복"해야 한다고 말하는데, 여기서 항복이라 함은 "주님께 문열고 마귀에게 문닫는 것"이다.13)

또한 펜윅에게 하나님의 은혜는 불가항력적인 것이 아니라 인간의 자유를 존중하시는 은혜다. 펜윅은 하나님께서 인간을 구원하시는 과정을 신부를 선택하시는

---

11) Ibid.
12) Ibid., 181.
13) Ibid., 72.

문제로 설명했다. 한국 사람들은 집안을 위해서 아내를 취하고 자식을 얻는 일을 중요하게 생각한다. 이 일을 위해서 먼저 중매를 보낸다. 마찬가지로 하나님은 성령을 중매로 이방 가정에 보내서, 신랑의 아름다움을 증거하고 그 이름이 얼마나 큰지, 그 집이 얼마나 크고 영화로운지 증거한다. 그러면 신부는 따라갈지 안 따라갈지를 선택할 자유가 있다. 여기서 펜윅은 신부가 선택의 "자유권"(自由權)이 있다고 분명히 말했다.[14] 예수는 신랑이요 우리는 신부인데, 그 사이를 연결해주는 중매쟁이는 성령인 셈이다. 성령께서는 오직 신랑 자랑만 한다. 그리고 그 증언을 듣고 결정하는 것은 신부에게 남겨진 몫이다. 그런데 우리들은 불쌍하게도 신랑에게 가지 않겠다고 고집을 부리는 남루한 처녀와 같다고 펜윅은 한탄했다.[15]

펜윅은 누구든지 하나님이 베푸신 은혜에 순종하여 그 아들을 믿으면 신부가 될 "권세"(權勢)가 있다고 주장했다: "新婦는 中媒께서 하신 증거를 밋지 아니ᄒ면 不可不 아니 가겟다고 ᄒ겟소이다. 新婦[가] 밋고 許諾하면 곧 新婦될 權勢 있고 中媒는 新郞 代身ᄒ야 新婦와 作定ᄒ겟소이다."[16] 여기서 신부가 믿고 허락해야 한다는 조건은 인간의 역할에 큰 비중을 두고 있는 것이 아닐 수 없다. 결국 선택의 주체는 인간이고 그 책임도 인간이 지는 것이다. 물론 그렇다고 인간이 스스로 모든 것을 할 수 있는 존재라는 말은 아니다. 인간은 타락해서 스스로 구원을 받을 수 없는 존재이기 때문이다. 다만 성령의 중매로 그 다리가 놓여질 수 있다는 것을 강조했다. 이는 하나님의 주권과 인간의 자유의지를 양극적인 대립구도로 보는 것이 아니라, 상호보완적인 관계에서 이해하는 펜윅의 중도적 입장을 반영한다.

4. 구원의 시작과 끝

이런 중도적 입장은 하나님과 인간이 구원을 이루는 데 함께 협동한다는 이른바 '신인협동설'(synergism)로 이어진다. 펜윅은 이 개념을 기관차와 수레의 비유로 설

---

14) Ibid., 93.
15) Ibid.
16) Ibid., 94.

명했다. 펜윅의 설명을 현대어로 풀어 발췌하면 다음과 같다:

> 화륜차의 기관은 그리스도요, 수레 곳간은 신자요, 기관차가 가는 길은 천당가는 길입니다. 기관차의 고리는 그리스도의 할 뜻이요, 수레의 고리는 신자의 할 뜻입니다. 천당에 가기 위해서는 그리스도의 뜻과 신자의 뜻이 합해야 합니다. 그러므로 우리가 해야 할 일은 무엇입니까? 하나님께서 우리에게 할 뜻과 아니 할 뜻 권세를 주셨는데, 우리가 먼저 해야 할 것은 처음 할 뜻 먹고 그후 그리스도 앞으로 가서 그리스도의 할 뜻과 우리의 할 뜻을 합하면 그 때부터 우리를 이끌고 천당에도 가시고 우리를 일상 섬기십니다. 그리스도께서 우리를 섬기려 하는데 우리가 섬김을 받기 싫어하면 어떻게 섬길 수 있습니까? 우리 신자들이 그리스도의 섬김을 받지 않고 달아나면 [그리스도께서 우리를] 섬기지 못하시고 천당길도 행하게 못합니다…. 우리를 섬기실 마음 가득하신 고로 그리스도께서 우리를 일상 섬기시려고 하시는 뜻이 계시니 우리가 그리스도께 가서 우리 뜻과 그리스도의 뜻이 합하면 그때부터 그리스도의 열기와 그리스도의 힘이 우리에게 돌아와서 그 힘으로 저를 이끌고 어디든지 저희는 그 힘으로 행합니다. 이는 그리스도께서 저를 먹이시고 섬기심입니다.[17]

하지만 펜윅이 말하는 신인협동설은 하나님의 주권을 무시하고 인간의 공로를 내세우는 것이 아니다. 앞에서도 언급했듯이 인간은 분명 스스로 자신을 이끌어갈 힘이 없다. 펜윅의 말을 계속 들어보자:

> 大기 基督끠셔 붓치시고 잇끌어가시지 아니ᄒ시면 갈힘이 스스로 업기 디문에 가지 못함이라 假令 火輪車로 비스하건디 긔관車가 수레을 쓸고갈 힘잇고 熱氣가 잇ᄂ니 이 機關車가 一白 車를 쓸고 가다가 여러 車 中에 한 車은 써러져 나가 다른 곳에 잇스면 機關車가 붓치랴고 차즈로 가지 아니할수 업고 수레ᄂ 機關車가 차즈러오면 붓쳐가지 아니할 수 업ᄂ니라.[18]

신자의 배교 가능성에 대해서도 펜윅은 문을 열어놓고 있다. 그는 이렇게 말했다: "만약 우리가 上帝의 能으로 늬 行實 곳치지 아니ᄒ던지 權能으로 豫備치 아니ᄒ던지 權能을 願치 아니ᄒ면 新郞 오실 時 써러지기 쉽ᄉ외다. 라득의 부

---

17) Ibid., 175-8.
18) Ibid., 178-9.

인 思ᄒ시오."19) 또 계속해서 이렇게 이어갔다: "萬一 敎會 中 一人이 基督의 붓치지 안니한 뜻으로 써러져 어듸가면 그 中 누가 믄져 섭섭하리요. 首되신 基督의셔 믄져 아시고 섭섭ᄒ실거시오."20)

이런 사상을 가지고 있는 펜윅으로서는 마땅히 인간의 노력을 강조하지 않을 수 없다. 펜윅은 이렇게 주장했다: "우리가 이 世上에서 爲 基督 압헤 죽음을 당할지라도 忍耐[하고 世上과 分別ᄒ면 世上에셔는 苦生 밧으러니와 이 後에 平安홈을 밧을 거시오 이 世上에셔 爲 基督[에게] 苦生 밧지 안코 피혼 人은 그 후에 永滅ᄒ는듸 入ᄒ리라"21) 이는 죽음을 당할지라도 인내하면 죽은 뒤에 평안해진다고 강조한 것이다. "쏘한 우리 信者 中에 누가 信코 罪贖홈을 受한 後에는 苦生 업고 할 일 업시 平安히 天堂에 가는 줄 알고 ᄀ만히 편상에 누어셔 不祥한 老人과 父母업는 兒孩와 無子혼 외로운 과婦을 보아도 相關업시 잇게 되면 이 世上人이라도… 계으름게으름 놈이라 욕하고 너는 무슴 쓸 듸 잇는냐 ᄒ리라."22) 이는 죄를 용서받은 뒤에도 편안하게 천당갈 생각을 하지 말라는 말이다.23) 펜윅은 인간의 구원에서 그 주도권이 하나님께 있음을 강조하면서,24) 복음을 선택하는 것은 인간에게 주어진 자유의지를 통해서 일어나는 것이며, 마지막 구원의 완성을 위해서도 인간은 끊임없이 노력해야 한다는 것을 간과하지 않았다.

5. 그리스도 중심의 신학

위에서 살펴본 바에 따르면, 펜윅은 전형적인 그리스도 중심의 신학구조를 가지고 있다고 할 수 있다. 이런 그리스도 중심의 사상은 "세 가지 창세 전부터"라는 글에서도 잘 드러났다. 펜윅은 하나님이 창세 전에 선택하신 것은 택자와 비택자를

---

19) 「사경공부」, 114. 여기서 라득의 부인은 롯의 부인을 의미한다.
20) Ibid., 179.
21) Ibid., 130.
22) Ibid., 180.
23) 행실과 믿음의 관계에 대해서는 김용복, 「사경공부」에 나타난 펜윅의 종말신앙," 99-102 참조.
24) 이상배, "한국 침례교신학의 흐름," 228-9 참조. 이상배는 이런 점에서 펜윅의 구원관이 "매우 건전한 구원론"이라고 평가했다.

선택하신 것이 아니라, 성자께서 하나님으로부터 사랑을 받으시고(요 17:24), 죄인을 위해 죽으실 것을 미리 아시고, 교회를 선택하신 것(엡 1:4)이라고 주장했나.25) 즉, 하나님은 그리스도를 택하신 것이지, 택자와 비택자를 택한 것이 아니다.26) 특히 작정에 관한 펜윅의 사상은 "네 가지 근본적 사실"에서도 나타나는데, 이 글은 "상제께서 말씀하신 확실한 작정"이란 부제 아래 "아담 죄로 썩어짐(사 5:12-14)," "긔독 피로 贖罪함(히 9:11-13)," "숨님과 물로 重生함(요 3:5)," "믿음으로 得救함(행 16:31)"을 언급했다.27)

아담의 죄로 썩어질 것을 미리 작정하신 것으로 말하는 대목도 앞에서 보았던 타락전 예정설을 암시한다. 하지만 펜윅의 예정설에서 중요하게 강조되는 것은 중생하도록 작정되었다는 것과 그 일을 그리스도께서 친히 담당하신다는 구절이다. 그러므로 언제나 그 초점은 그리스도에 집중된다.

김용국은 박사학위 논문에서 펜윅의 신학을 "수정된" 칼뱅주의로 규정했는데, 이것은 펜윅의 중도적 신학을 그렇게 표현한 것으로 보인다.28) 그에게 '칼뱅주의자'란 말을 붙이는 것이 타당한가 하는 것은 별도의 논의가 필요하겠지만, 아무튼 펜윅이 칼뱅주의의 전통적 관점을 그대로 따르지 않은 것은 분명한 사실이다. 오히려 그는 아르미니우스적 전통인 예지예정, 보편속죄, 배교가능성을 지지했다. 또한 구원을 위해 그리스도를 개인적으로 영접하는 것을 강하게 강조했다는 것도 같은 맥락에서 해석할 수 있다. 왜냐하면 이것은 영접하는 자의 "의식적인 회심"이 무엇보다도 중요하기 때문이다.29)

---

25) 「사경공부」, 50.

26) 이 선택론은 아르미니우스의 그리스도 중심적인 신학사상과 크게 다르지 않다. Carl Bangs, *Arminius: A Study in the Dutch Reformation* (Grand Rapids: Francis Asbury Press, 1985), 350-5 참조.

27) 「사경공부」, 54-5.

28) Kim Yong Gook, "An Analysis of the Theological Development and Controversies of the Korea Baptist Convention, 1889-1997" (Ph. D. diss., The Southern Baptist Theological Seminary, 2001), 48-60.

29) 김용국은 펜윅의 이런 아르미니우스적 성향이 고든의 영향으로부터 온 것이라고 평가했다. 특히 고든이 요한복음 3장 16절과 요한복음 1장 12절을 해석하면서, 구원에는 두 가지 측면, 즉 신적 측면과 인간적 측면에 절대적으로 필요하다고 주장한 대목은 고든의 알미니

결론적으로 하나님의 주권과 인간의 자유의지에 관한 펜윅의 입장은 그리스도 중심의 중도적 신학 유형에 속하면서 아르미니우스주의에 가까운 신학적 성향을 보여주고 있다고 평가할 수 있다.30) 펜윅은 어느 특정 신학이나 주의를 논리적으로 추종한 인물이라고 보기 어렵다. 펜윅은 자신이 선교사로서 소명을 받았던 나이아가라사경회에서 침례교의 고든(Adoniram Gordon)과 장로교의 웨스트(Nathaniel West), 브룩스(James H. Brookes), 어드만(William J. Erdman), 파슨스(Henry M. Parsons) 등으로부터 영향을 받은 것으로 알려졌다. 그런데 이들은 칼뱅주의의 교리적 엄격성에 큰 매력을 느끼지 않았던 것 같다. 또한 당시 세대주의자들은 베이컨의 방법론을 선호하고 있었다. 그것은 일종의 상식철학으로서 "사실들"을 직접 알 수 있는 능력이 인간들에게 있다는 것을 믿는 사유체계였다. 그런 이유로 고든은 성경 영감에서 신적 요소와 인간적 요소를 묘사하기 위해 빛이 착색유리를 통과할 때 나타나는 현상에 비유했던 것으로 보인다.31) 그러므로 이런 체계의 신앙에서는 인간의 역할과 책임은 강조될 수밖에 없다.

II. 「조직신학원강」에 나타난 주권과 자유의지

중기의 한국 침례교에 조직신학적으로 영향을 끼친 책은 게미지의 「조직신학원강」을 비롯해서 카너의 「기독교 교리」, 스티븐스의 「조직신학개론」, 그리고 픽켈의 「침례교인의 신앙」 등이 있다. 이 책들의 공통점은 미국 남침례교의 멀린스 신학과 같은 중도적 신학을 한결같이 표방한다는 데 있다.32) 그 가운데 실질적으로 가

안적 성향을 말해주는 결정적인 증거가 된다(Ibid., 58, 59).
30) 본래 논문의 평가를 다소 수정했다.
31) George Marsden, 「근본주의와 미국문화」, 박용규 옮김 (서울: 생명의말씀사, 1997), 105, 128.
32) 20세기 미국 남침례교 신학의 주류를 형성한 멀린스 신학은 1925년에 만들어진 "침례교인의 신앙과 메시지"(Baptist Faith and Message)에 잘 반영되었다. 그리고 이 신앙고백서는 영국의 일반침례교와 특수침례교의 신앙고백서와 비교해 볼 때 중도적 신학을 띠고 있다는 것을 알 수 있다. 참고로 1611년 일반침례교회의 "화란 암스테르담에 남아있는 영국사람들의 신앙선언서"는 구원론에서 보편속죄와 배교가능성을, 1644년 특수침례교회의 "제1차 런던신앙고백서"는 제한속죄와 성도의 견인을 명시적으로 진술했던 것에 비해, 남침례교의

장 광범위하게 영향을 끼친 책은 게미지의 「조직신학원강」이다.33)

1. 하나님의 은혜와 주권

「조직신학원강」에서 가장 많은 분량을 차지하는 부분이 신론인데, 여기서 게미지는 하나님을 인간의 자유의지를 존중하면서 인간을 다루시는 분으로 설명했다.34) 그가 "성경은 하나님의 절대 주권성과 인간의 자유의지를 함께 가르치고 있다"고 말한 것도 같은 차원에서 이해할 수 있다.35) 또 그는 하나님의 예정과 관련해서도 하나님의 예지하심에 강조점을 두었다.36) 그는 이렇게 주장했다: "구원을 위한 하나님의 선택은 결코 독단적인 것은 아니다. 그것은 인간과 그들의 전체 환경에 대한 하나님의 예지에 기초하여 이루어진다."37) 따라서 게미지에게서 칼뱅의 이중예정은 별 의미를 갖지 못한다.

게미지는 칼뱅의 불가항력적 은혜를 당연히 거부했다. "인간이 하나님의 의도를 거스릴 수 없다는 것을 의미하는 것은 아니다"라는 말은 바로 이와 같은 뜻을 내포하는 것이다.38) 그가 비록 '강권적'(constraining)이란 용어는 사용하지 않지만, "하나님께서는 신자가 계속 자신의 신앙을 갖도록 강제적으로 역사하시는 분은 아니시다"라고 말함으로써, 하나님의 사역 방식을 멀린스가 '강권적 은혜'(constraining grace)라는 개념으로 이해하는 것과 같은 맥락에서 받아들인다.39) 특히 "성령은 인간의 의지와 협력해서" 역사하신다고 진술하는 부분은 하나님의 주권과 인간의 자

"침례교인의 신앙과 메시지"는 보편속죄와 성도의 견인을 지지한다. 한국 침례교에는 바로 이와 같은 남침례교의 중도적 신학이 전래된 것이다. 관련 신앙고백서는 William L. Lumpkin, *Baptist Confessions of Faith*, Revised Edition (Valley Forge: Judson Press, 1969), 117-23; 153-71; 393-400 참조.

33) Albert Gammage, 「조직신학 原講」(대전: 침례신학대학교출판부, 1993).
34) Ibid., 78.
35) Ibid., 124.
36) Ibid., 84, 125.
37) Ibid., 127.
38) Ibid., 124.
39) Ibid., 155.

유의지를 상호 협력적으로 이해하는 게미지의 중도적 신학을 대변한다.[40]

2. 인간의 원죄와 하나님의 형상

비록 「조직신학원강」에는 별도의 인간론이 구성되지 않았지만, 게미지는 하나님의 형상으로 지음을 받은 인간은 "영적 능력" 즉, "영혼을 가진 존재"라고 말하면서,[41] 이 하나님의 형상은 범죄 이후, 완전히 파괴된 것(칼 바르트)도 아니고, 전혀 영향을 받지 않은 것(펠라기우스)도 아니라는 중도적 입장에 섰다. 게미지는 하나님의 형상이 손상되기는 했지만, 완전히 파괴되지는 않았다고 보았다.[42]

이런 관점에서 볼 때, 전적 타락이라는 말의 의미는 게미지에 의해 다음과 같이 수정되었다. "전적 타락은 인간이 더 이상 악하게 될 수 없을 정도로 타락하였다는 의미는 아니다." 그것은 "죄에로의 경향성," "자신의 힘으로 죄의 권세에서 자신을 구해낼 수 없다"는 것을 의미한다.[43] 또한 그는 원죄론에서 유아의 타락을 인정하면서도, 펠라기우스 사상이나 아우구스티누스 사상, 그리고 개혁주의의 연대설을 비성경적 견해로 규정했다. 그가 믿는 바는 이렇다: "하나님은 정의로우시기 때문에, 후세의 인간에게 그가 태어나기도 전에 저질러진 아담의 죄에 대해서까지 책임을 지게 하시지는 않는다고 보는 것이 타당하다." 여기서 그는 사회적 영향설과 유전설을 정통으로 인정했다.[44]

따라서 게미지는 무조건적인 원죄 전가설을 부인한 셈이다. "옳은 것에 대한 지식이 없는 상태에서 범한 인간의 죄는 정죄될 수 없다"거나 "아무 것도 모르는 어린 아이를 하나님 앞에서 죄인이라고 하기는 어렵다"고 말한 대목이 이를 입증한다.[45] 이런 근거에서 그는 유아들의 구원을 인정했다: "도덕적 진리에 대한 지식이 없는

---

40) Ibid., 101.
41) Ibid., 26.
42) Ibid., 29-30.
43) Ibid., 115.
44) Ibid., 116-8.
45) Ibid., 111, 112.

한, 인간은 하나님 앞에서 죄책이 없다는 앞에서의 논의를 근거로 유아들은 구원을 받을 것이라고 추론할 수 있을 뿐이다."[46]

3. 신앙의 의미와 자유의지

게미지가 하나님의 계시를 알 수 있는 인간의 능력을 강조하는 것은 카너의 신학체계와 비슷하다.[47] 이런 구조는 계시에 대한 인간의 응답을 중요시하는 신학에서 선호하는 것이다. 그는 하나님에 대한 그리스도인의 체험을 매우 중요하게 생각했다. 심지어 구원을 "하나님을 아는 체험"이라고까지 주장했다.[48] 당연히 그에게 신앙은 계시를 수락하는 것이 된다. "하나님의 객관적 계시에 대하여 인간이 응답함으로써 주어지는 것"으로서 이 응답이 바로 신앙인 것이다.[49] 그렇기 때문에 "믿음의 열매들이 자신의 삶 속에서 나타날 때는 우리는 구원의 확신을 가질 수 있다"는 말로 체험 위주의 신앙을 강조했다.[50]

그러므로 게미지는 그리스도를 구세주로 시인하고 의탁하며, 자신의 주님으로 모시고 충성하는 것을 신앙의 두 가지 중요한 의미로 해석했다.[51] 여기서 게미지의 기본적인 신앙관이 나온다. 신앙은 하나님의 계시에 대한 인간의 반응인 것이다. 하나님의 절대 예정에 의한 구원이나 불가항력적인 은혜에 따른 구원은 그의 신학 체계에서 설자리가 없다.

이와 같은 맥락에서 자연스럽게 도출되는 것이 인간의 자유의지 문제다. "하나님께서는 그리스도를 믿는 사람만 구원하신다"거나, "하나님께서 인간을 선택하심은 인간의 믿음에 따른 것이다," 혹은 "믿느냐 믿지 않느냐 하는 것은 인간의 자유의지

---

46) Ibid., 119.
47) 60년대 초부터 한국 침례교 목회자들에게 읽혔던 카너의 「기독교교리」는 제1장을 "하나님께 대한 인간의 능력"이라는 제목으로 시작한다. Walter Thomas Conner, 「기독교교리」, 권오갑 역 (서울: 침례회출판부, 1962), 19.
48) Ibid., 43.
49) Ibid., 44.
50) Ibid., 155.
51) Ibid., 152.

에 달렸다"는 표현은 구원에서 인간의 자유의지가 얼마나 중요한 것인가를 잘 반영하고 있다.52) 그는 "불신앙은 그리스도가 하나님의 최종적이며 완전한 계시인 줄을 알면서도 그리스도를 자의적으로 거절하는 태도"라고 정의함으로써, 구원과 신앙에 있어서 인간의 능동적인 반응을 무엇보다 중요하게 취급했다.53)

4. 구원의 시작과 끝

게미지가 구원을 사건(과거), 과정(현재), 완성(미래)으로 이해하는 것도 하나님의 주권과 인간의 자유를 조화롭게 이해하기 때문이다. 그에게서 "믿음과 중생은 동일한 영적 체험의 두 개의 국면"일 뿐이다.54) 칼뱅주의나 아르미니우스주의가 말하는 구원의 순서는 그에게 별로 중요한 의미가 없었다. 화목도 인간에게만 적용되는 것이 아니라, 상호 적용된다: "인간은 자신의 죄를 회개하고 하나님을 믿는 신앙의 길로 들어서야 하고, 하나님께서는 인간에 대한 정죄의 태도에서 사죄의 태도로 바뀌는 것이 모두 필요하다."55) 특히 "신자가 구원을 받는 순간 성별될 뿐 아니라 성결케 된다는 사실을 추론할 수 있다"는 말은56) 그의 칭의론이 단순히 선언적 의미만 강조하는 것이 아니라 하나님의 적극적인 창조적 의미까지 포함한다.

하지만 게미지는 마지막 순간에 성도의 견인을 주장했다: "배교 가능성을 지지하는 것으로 제시한 성경 구절들은 사실 성경을 곡해한 것이다." 결론적으로 떨어져 나간 사람은 참된 신자가 배교했다는 의미가 아니라, 본래 처음부터 "우리에게 속하지 않았던" 사람들이고, 헛되이 믿은 사람들이다.57) 성도의 견인과 안전에 대한 확신은 일반적으로 침례교인들이 철저하게 믿어왔던 신념이었듯이, 게미지도 예외는 아닌 셈이다. 그러나 이미 칼뱅주의의 5대 교리 가운데 그 앞의 4개를 받아들이

---

52) Ibid., 129.
53) Ibid., 112.
54) Ibid., 150.
55) Ibid., 149.
56) Ibid., 151.
57) Ibid., 158-9.

지 않는 상황에서 견인설을 지지한다는 이유로 그를 '수정된 칼뱅주의자'로 이해하는 것은 의미가 없다.

5. 그리스도 중심의 신학

펜윅과 마찬가지로 게미지의 사상은 하나님 중심의 신학체계라기보다 하나님과 인간을 동시에 강조하는 그리스도 중심의 신학체계를 드러내고 있다고 할 수 있다. 그는 신학이 시대에 따라 변화되고 재진술되어야 한다는 개방적 태도를 가지고 있었는데, 그 변화의 방향은 언제나 그리스도를 향해야 한다고 주장했다.[58] 그리스도 중심의 신학 특성을 보여주는 좀 더 단적인 증거들은 다음과 같은 표현에서 확인할 수 있다: 그리스도는 "기독교 신학의 중심"이며, "우리가 옷감의 색깔을 감정하기 위하여 그것을 햇빛에 비추어보듯, 모든 신학은 예수 그리스도 안에 있는 하나님의 영광스럽고 충만한 계시의 빛으로 시험받지 않으면 안 된다."[59] 심지어 그는 성령충만한 사람은 성령께 영광을 돌리지 않고 그리스도께 영광을 돌린다고까지 말했다.[60]

결론적으로 게미지의 신학 안에서 하나님의 주권과 인간의 반응으로서 자유의지는 상호긴장 관계를 가지고 있다고 평가할 수 있다. 인간은 하나님의 은혜에 전적으로 의존해 있지만, 하나님은 인간의 자유의지를 제거하지 않으신다. 이런 특성은 그의 신학을 칼뱅주의와 아르미니우스주의의 중도를 지향하는 신학이 되게 했다. 이런 중도적 특성은 게미지가 자신의 신학을 형성하는 데 결정적으로 영향을 끼친 카너의 신학에서 배운 것이다.[61] 그리고 카너는 20세기 미국 남침례교 신학의 방향을 칼뱅주의에서 돌려놓았던 멀린스의 신학에서 영향을 받았다. 사실상 멀린스의 신학은 1925년부터 2000년에 이르는 동안 네 번 수정 작업을 거쳤던 남침례교의 신앙고백서에서도 크게 달라지지 않았다.[62] 이상배는 게미지의 업적을 이렇게 평가

---

58) Ibid., 20-1.

59) Ibid., 43, 63.

60) Ibid., 91.

61) 게미지의 신학적 배경은 Kim, "An Analysis of the Theological Development and Controversies of the Korea Baptist Convention, 1889-1997," 180-8을 참조.

했다: "게메이지는 멀린스와 카너로 이어지는 20세기 미국 남침례교의 정통신학이라고 할 수 있는 온건하고 중도적인 신학, 혹은 수정된 칼뱅주의 신학을 거의 변경하지 않고 그대로 한국침례교에 소개했다고 말할 수 있다."[63]

III. 「복음과 실천」에 나타난 주권과 자유의지

후기의 한국 침례교를 평가할 때 가장 어려운 부분은 어떤 사람의 사상이 한국 침례교를 대표한다고 말할 수 있는가를 결정하는 일이다. 출판된 책에 무조건 대표성을 부여할 수도 없고, 그렇다고 임의로 연구자의 기호에 맞는 사람들을 선택하는 것도 일반화의 오류를 범할 가능성이 크다. 초기와 중기에서는 그런 대로 대표성을 띨 수 있는 인물이 있었지만 한국인 신학자 시대로 들어온 후기는 상황이 다르다. 따라서 「복음과 실천」에 실린 논문 가운데 조직신학자들의 글에 연구범위를 제한하는 것은 불가피한 일이다. 그런 이유로 이 연구의 결론은 침례교 신학자들의 전체 견해가 아니라 「복음과 실천」에 이 주제로 기고한 조직신학자들의 입장만이 반영되었다는 점에서 부분적으로 한계가 있다.

1. 하나님의 은혜와 주권

하나님의 주권 문제는 이상배의 "침례교적 선택론"에서 잘 나타난다. 그는 멀린스와 에릭슨을 미국 침례교신학의 주류를 대표하는 신학자로 간주하고, 이들의 공통된 특징을 제한속죄설의 반대에서 찾았다.[64] 그는 두 신학자의 이런 입장이 "침

---

62) 신앙고백서(1925년, 1963년, 2000년)를 비교분석해 놓은 표를 보려면 다음의 자료를 참조하라. "1925, 1963 & 2000 Baptist Faith & Message Comparative Report," [온라인자료]; http://sbc.net/2000_comparative_report.html; 2001년 5월 7일 접속. 2000년판에서는 몇 가지 달라진 것이 있는데, 그 특징과 의의에 대한 설명을 보려면 다음의 자료를 참조하라. Adrian Rogers, "A Message from the Chairman of the Committee on the Baptist Faith and Message Study Committee," [온라인자료]; http://sbc.net/rogers_explains.html; 2001년 5월 7일 접속.
63) 이상배, "한국 침례교신학의 흐름," 234.
64) 이상배, "침례교적 선택론," 「복음과 실천」 20집 (1997 여름): 157. 멀린스는 "칼빈주의 5대

례교회가 인간 개인의 영혼의 존엄성과 자유를 강조하고 또한 하나님 앞에서의 책임 있는 존재로서 하나님 앞에 반응할 능력과 책임이 있음을 강조해 온 것과 상통하는 것"이라고 평가함으로써,65) 하나님의 주권을 인간의 반응과 관련지어서 설명했다.

권혁봉은 "儒佛道의 神觀과 基督敎의 神觀"에서 기독교의 신관을 다음과 같이 정의했다: "기독교의 신은 永遠히 未知의 威力이나 勢力이 아니다. 永遠히 不可思議한 原理나 理念은 아닌 親交의 人格神觀이 기독교신관의 핵이다."66) 여기서 하나님을 친교의 인격신관으로 정의하게 될 때, 그 친교를 가능하게 되는 논리적 근거는 하나님의 주권과 인간의 자유의지를 상호 인정하는 가운데 발견될 수 있다. 이런 사실은 그가 "침례교와 신학"에서 "계시론적 신관은 하나님과 인간 사이에 계시와 응답이란 관계에서 성립된다"고 말한 것에서 추론할 수 있다.67) 그리고 그는 논문을 마무리하면서, "침례교신학은 생활과 유리된 추상적 사색적인 논리가 아니라, 하나님과 인간의 만남, 곧 계시론적 신에 대한 인간의 반응으로 구성된 기독교 자체라는 체험을 분석하고 해석하며 종합정리하는 실천적 내용"을 다루는 것임을 강조했다.68)

김용복은 멀린스의 "강권적 은혜"를 통해 멀린스가 하나님의 주권과 인간의 자유의지 사이의 갈등을 해소하고자 노력했고, 칼뱅주의와 아르미니우스주의의 양 극단을 중재하려고 했다는 논지를 편다. 그의 설명에 따르면, 멀린스는 하나님의 주권을 단순히 "하나님의 의지"나 "하나님의 선한 뜻"으로 해석하는 것을 반대하고, 인간의 자유를 배제하지 않는 범위 안에서 하나님은 설득적이고 인격적 혹은 영적으로 은혜를 베푸시는 분이라고 주장했다. 불가항력적 은혜와 조건적 은혜와는 다르게, 멀린스의 "강권적 은혜"는 견인의 실제성을 견지함으로써 하나님의 "은혜"를

강령 중에서 무조건적 선택, 제한적 속죄 그리고 불가항력적 은혜 등 세 가지를 부정"했고 (150), 에릭슨은 "4 pointer Calvinist"라고 규정했다(153).

65) Ibid., 157.
66) 권혁봉, "儒佛道의 神觀과 基督敎의 神觀," 「浸神論集」 8집 (1985): 54.
67) 권혁봉, "浸禮敎와 神學," 「福音과 實踐」 10집 (1987): 67.
68) Ibid., 113.

강화했고, 배교의 가능성을 말함으로써 성경의 경고를 무시하지 않았으며, 하나님의 주권과 인간의 반응을 동시에 강조했다는 점에서 하나님과 인간의 상호 협력적 관계를 분명하게 포착했다고 설명했다. 그리고 이런 멀린스의 견해가 새로운 신학적 대안으로 받아들여질 가능성에 대해 조심스럽게 전망했다:

> 결론적으로 멀린스의 "강권적 은혜"는 견인의 확실성과 배교의 가능성을 포괄하는 이론적 근거로서 주목을 받을 만한 개념이라고 평가될 수 있다.… 그러므로 멀린스의 "강권적 은혜" 개념은 칼빈주의의 "불가항력적 은혜"와 아르미니우스주의의 "조건적 은혜"의 대립적 구도에서 벗어나, 그 둘의 갈등적 관계를 조화하고 조정할 수 있는 신학적 체계를 마련하는 하나의 대안으로 사용되리라고 기대한다.[69]

멀린스는 하나님의 주권을 극단적으로 강조하면 범신론이나 운명론으로 빠지게 되고, 반대로 인간의 행위를 극단적으로 강조하면 이신론이나 무신론으로 나가게 될 것이라고 간파했다.[70] 그런데 범신론과 운명론, 이신론과 무신론은 어떤 점에서 양극단이면서도 뒤집으면 같은 것이 된다. 모든 것이 하나님의 뜻에 따라 결정되어 있다면, 하나님도 그 뜻에 의해 결정되는 존재가 되지 않을 수 없다. 모든 것이 하나님이라면 반대로 하나님은 아무 것도 아닌 것이 된다. 모든 것은 결국 아무 것도 아닌 것이다. 그래서 양극은 통한다. 하나님의 주권이든 인간의 행위이든 그 어느 것이든 극단화하면, 범신론도 되고 운명론도 되며, 동시에 이신론도 되고 무신론도 될 수 있다는 말이 된다.

2. 인간의 원죄와 하나님의 형상

하나님의 형상과 인간의 본성 문제에 본격적 관심을 보인 신학자는 이상배다. 그는 한 논문에서 "접촉점을 부정하는 종류의 신학은 침례교인의 삶과 동떨어진 추상적인 신학이 될 수밖에 없다"는 전제를 가지고 논의를 시작했다.[71] 그의 설명에

---

[69] 김용복, "E. Y. Mullins의 '강권적 은혜': 견인의 확실성과 배교의 가능성을 포괄하는 이론적 근거," 「복음과 실천」 25집 (2000 봄): 307.

[70] Mullins, 「조직신학원론」, 524.

따르면, 접촉점을 인정하지 않는 신학은 하나님의 무조건적 선택과 제한속죄, 그리고 불가항력적 은혜 개념을 강조하지 않을 수 없고, 반대로 접촉점을 인정하는 신학은 하나님의 은혜에 반응할 수 있는 인간성과 보편속죄 개념이 자연스럽게 나오게 된다.[72] 이상배는 스트롱(A. H. Strong)을 예로 들면서, 비록 그가 칼뱅주의자로 알려져 있지만 "자연적인 하나님의 형상이 상실될 수 없음을 주장하고 제한속죄가 아니라 일반[보편]속죄를 주장한 것"에 유의해야 한다고 말하면서, 바로 그런 점이 침례교인의 신앙과 삶을 충실히 반영한 결과라고 평가했다.[73] 또한 그는 멀린스 신학을 이해하는 열쇠는 "종교가 하나님과 사람간의 교통의 문제이며 상호간의 관계의 문제임을 강조"하는 것이라고 말했으며, 하나님의 주도적인 은혜에 인간이 반응을 할 수 있는 것은 인간 안에 하나님을 받아들일 잠재력 혹은 접촉점이 있기 때문이라는 멀린스의 입장을 받아들였다.[74]

이상배는 멀린스 이후, 카너와 무디, 그리고 에릭슨까지 대부분 신학자들은 이 접촉점을 인정하고 있음을 주지시켰다. 그리고 그는 역사적으로 침례교인들이 신자침례를 무엇보다도 중요한 신앙의 본질로 간주한 이유는 그것이 침례의 형식 때문이 아니라 믿음으로 반응한 신자에게 침례를 주어야 한다는 것을 강조하는 것이므로, 침례교인들이 접촉점을 인정하는 것은 신학적으로 불가피한 것이라는 논리를 폈다. 그는 결론적으로 "하나님의 형상의 완전 상실과 경직된 예정론과 제한적 속죄설을 주장하는" 칼뱅주의는 "개인의 인격을 존중하고 개인의 결단을 존중하는 전신자 제사장주의, 회중정체, 성경해석의 자유, 개교회주의, 국가와 교회의 분리, 그리고 무엇보다도 신자의 침례와 같은 침례교적 원리들"과 "어울리지 않는 관계"라고 단정했다.[75]

도한호 역시 인간의 전적 타락은 하나님의 형상이 완전히 파괴된 것을 의미하지

---

71) 이상배, "21세기 침례교 신학의 방향: '접촉점'을 중심으로," 「복음과 실천」 23집 (1999 봄): 132.
72) Ibid., 135.
73) Ibid., 139.
74) Ibid., 140.
75) Ibid., 144-5.

않는다고 주장했다. 다만 그는 이 개념을 인간의 힘으로는 하나님께 나갈 수 없을 정도로 파괴되었기 때문에, 종교적으로 무능력한 존재라는 의미에서 사용했다: "인간은 타락으로 인해 이러한 고상한 성품을 많이 손상 당했으나, 하나님의 말씀을 이해할 만큼의 성품은 여전히 가지고 있다. 그러나 인간은 하나님의 초자연적인 역사(役事) 없이는 하나님께 나갈 수 없다는 의미에서 우리는 인간의 전적 타락을 주장하는 것이다."[76]

3. 신앙의 의미와 자유의지

이상배는 인간의 운명과 참여의 문제를 다룬 "종말론적 인간"에서, 인간이 스스로는 자기 운명을 완성할 수 없다고 말하는 판넨베르크의 말을 인용하면서, 하나님의 섭리적 활동에 의존적일 수밖에 없는 인간의 운명성을 강조했다. 하지만 아무리 하나님의 인도하심을 필요로 하는 인간이라 하더라도 "인간성의 형성 과정에의 인간의 적극적인 참여를 경시해서는 안 된다"고 주장했다.[77] 이 말은 결국 하나님의 주권과 인간의 자유의지가 함께 작용해야 할 필요성을 인정하는 것이라 할 수 있다. 그는 논문의 마지막 글에서 이렇게 진술했다: "종말론적 인간은 모든 것의 모든 것이 되시는 주님과의 완전한 교통 안에서 자신의 생명을 드리므로서[드림으로써] 더욱 풍성한 새 생명을 얻음을 통해 실현될 것이다."[78]

또한 이상배는 다른 논문에서 하나님의 주권과 인간의 자유의지에 대한 자신의 견해를 원론적인 차원에서 제시했다. 그는 벌카우어(G. C. Berkouwer)와 캅(John Cobb, Jr.)의 입장을 섭리론적 입장에서 각각 가부장적 모델과 유기체적 모델로 규정했다. 그리고 전자는 하나님의 절대적 주권과 초월성을 지나치게 강조함으로써 인간의 자유를 실질적으로 보장하지 못했고, 후자는 하나님도 하나의 현실적인 존재로 파악함으로써 하나님의 초월성을 부정하는 결과를 낳게 되었다고 비판했다. 나아가 이 두 관점을 "기독교 유신론의 가능한 양쪽의 극단의 한계선에 가까운 입

---

76) 도한호, "새롭게 조명해보는 성서적 인간론," 「복음과 실천」 22집 (1998 여름): 111.
77) 이상배, "종말론적 인간," 「복음과 실천」 16집 (1993): 212.
78) Ibid., 225.

장"이라고 평가하고,79) "역동적이고 인격적인 하나님과 인간에 관한 상과 이에 상응하는 상호적인 관계성을 인정하면서, 동시에 하나님의 행동이 인간의 행동보다 높은 수준에서 이해되어야 함도 솔직하게 인정하는 모델"을 대안으로 내놓았다.80) 하지만 이런 모델에 대한 구체적인 설명을 결여한 채 논문을 마무리한 것은 못내 아쉬운 점이다.

한편, 하나님의 주권과 인간의 자유의지 문제를 다룬 "Berdyaev의 無根底(Ungrund)의 교리와 자유의 개념"에서, 이상배는 베르쟈에프의 "무근저" 혹은 "피조되지 않은 자유" 개념이 하나님이 인간에게 부여한 자유 때문에 겪어야 할 책임성 문제를 피해갈 수 있는 하나의 대안이라고 보았다. 베르쟈에프는 "세상의 악과 고통의 존재에 대한 책임으로부터 하나님을 면제해 주는 이론체계를 수립하기를 염원"했던 것이다.81) 하지만 이상배는 베르쟈에프의 "무근저" 개념이 우리를 구원하기 위해 다가오시는 "구원과 사랑의 인격적인 신관"과 합치할 수 있는가 하는 문제와, "비존재와 악의 세계에 대한 통제력이 없는" 창조주 하나님이 "우리의 경배를 받을 만큼 위대하냐"는 문제를 제기하게 한다고 비판했다.82)

4. 구원의 시작과 끝

구원의 문제를 종합적으로 다룬 논문은 신약학자 맥민(Don J. McMinn)에게서 나왔다. 그는 침례교인의 구원관을 조직신학적 관점에서「침신논집」에 최초로 소개했고, 그의 견해는 대체로 당시 침례신학대학교에서 가르쳐진 구원관을 잘 대변해 준 것으로 판단된다. 그는 자신이 에드가 멀린스, 토마스 카너, 허셀 홉스, 프랭크

---

79) Ibid., 263. 전자는 이미 세상의 모든 일을 하나님의 뜻에 따라 결정되어 있어서 일종의 이신론과 범신론으로 해석될 위험이 있고, 후자는 하나님조차도 우주의 한 과정으로 축소함으로써 성서적 하나님을 부정하게 된다는 것이 이상배의 주장이다.

80) 이상배, "하나님과 세상의 관계를 이해하기 위한 모델들: Berkouwer와 Cobb, Jr.를 중심으로,"「복음과 실천」25집 (2000 봄): 269.

81) 이상배, "Berdyaev의 無根底(Ungrund)의 교리와 자유의 개념,"「복음과 실천」17집 (1994): 273.

82) Ibid., 274.

스태그의 영향을 많이 받았다고 밝히면서, 침례교인들은 칼뱅주의자나 아르미니우스주의자와 다르다고 말한 화이트(W. R. White)의 주장을 인용했다.[83] 특별히 그는 구원에서 하나님과 인간의 관계를 논하면서 침례교인들이 하나님에 의한 구원의 선택과 인간에 의한 구원의 수용은 동일한 동전의 양면과 같음을 믿는다고 진술했다. 그리고 그는 이렇게 주장했다: "하나님은 구원의 주도권을 가지시고 계획하시고 제공하시고 유효하게 하신다. '구원의 시작과 끝은 하나님의 사역이다.' [하지만] 하나님은 하나님의 구원 제시를 받아들이지 않는 사람들을 구원할 수 없다."[84] 또한 그는 "구원을 받아들이는 것이 개인의 의지에 따른 선택에 의존한다"고 말함으로써 칼뱅주의의 무조건적 선택, 불가항력적 은혜, 제한속죄 개념 등을 받아들이지 않는 멀린스 계열의 신학사상을 따르고 있음을 보여주었다.[85] 그의 진술에서 하나님과 인간의 상호협력 관계를 발견하는 것은 그리 어려운 일이 아니다: "회개와 믿음은 구원의 조건이다." "용서는 그리스도의 십자가에서 속죄 사역과 회개와 믿음을 통한 인간의 반응에 기초해서 하나님이 행하신 일이다." "인간의 측면에서는 이것이[신자의 안전성] 성도의 견인으로 알려지고, 하나님 편에서는 하나님의 보존으로 불린다. 성도들은 인내하고, 하나님은 보존하신다."[86]

도한호는 로마 가톨릭의 칭의 개념을 비판적으로 다루면서, "칭의를 동시적 구원의 범주에서 계속적 구원의 범주로 옮겨서 성화와 동일시하면 행위에 의한 구원을 시인하는 결과가 된다"고 주장했다.[87] 로마 가톨릭의 공적설(功績說)은 마땅히 거부될 수밖에 없기 때문이다. 하지만 결론 부분에서 그는 칭의와 성화가 함께 시작된다는 것을 강조했다.[88] 이 점은 지나치게 칭의와 성화가 분리되는 것을 의식했기 때문에 나온 것으로 보인다. 스티븐스도 칭의를 "하나님의 선언적 행위임과 동시에 하나님의 창조적 행위"라고 정의했다. 그에 따르면 신약의 칭의는 "의로운 것으로

---

83) Don J. McMinn, "The Baptist View of Salvation,"「침신논집」10집 (1987): 166.
84) Ibid., 168-9.
85) Ibid., 173.
86) Ibid., 173, 177, 183.
87) 도한호, "구원론에서의 칭의론(稱義論)의 위치,"「복음과 실천」25집 (2000 봄): 229.
88) Ibid., 241.

간주되는 것과 의롭게 만드는 것으로 생각하는 이중 의미를 포함하고 있다."[89] 이것은 하나님의 은혜와 인간의 노력을 분리시키지 않고 함께 붙들려고 한다는 점에서 하나님의 주권과 인간의 자유의지라는 이중적 구도와 같은 맥락에서 이해될 수 있다.

5. 그리스도 중심의 신학

「복음과 실천」에서 그리스도 중심의 신학을 명시적으로 언급한 논문은 이상배의 "침례교적 성경관"이다. 그는 성경관과 관련해서 침례교인들은 성경의 권위와 성경해석의 자유를 동시에 주장한다고 밝히면서, "이러한 권위의 개념과 어울리는 권위의 구도는 하나님이 궁극적인 권위라거나, 성령의 직접적인 인도가 궁극적인 권위라고 하거나, 교회나 전통이 궁극적인 권위라고 표현하기보다는, 그리스도가 궁극적인 권위이며 그 분의 뜻은 성경에 계시되어 있다고 하는 방식으로 표현되는 것이 바람직하다고 본다"고 진술했다.[90]

또한 이상배는 멀린스의 신학을 긍정적으로 설명하는 논문에서 다음과 같이 멀린스의 신학 입장을 정리했다: "멀린스는 하나님의 주권과 인간의 자유의 양자의 문제는 어느 하나를 희생시킬 수 없는 것으로 보고, 이 양자의 신비적인 종합을 시도한다."[91] 이 신비적 종합은 일종의 중도적 신학이요 그의 다음과 같은 말을 따르면 변증법적 종합이다:

> 멀린스의 신학은 이 양극의 어느 하나를 지나치게 강조하는 것을 피하고 신학의 스펙트럼의 중간에 위치하고 있음을 확인했다. 우리는 멀린스의 신학이 이처럼 중도적 혹은 중재적(mediating) 신학임을 알 수 있었다. 이 때 우리가 주의해야 할 일은 중도적 신학이 양극으로부터 반반씩 취하여 혼합한 신학인 것으로 오해되어서는 안 된다는 것이다. 오히려 그의 신학은 양극 모두를 완전하게 인정하면서 그 둘의 변증법적인 종합을 시도하고 있다고 이해해야 한다.[92]

---

89) W. W. Stevens, 「조직신학개론」, 허긴 역 (대전: 침례신학대학교출판부, 1977), 320.
90) 이상배, "침례교적인 성경관," 「복음과 실천」 27집 (2000 가을): 22.
91) 이상배, "신학체계의 분류를 위한 도구들과 멀린스의 신학," 「복음과 실천」 19집 (1996): 348.

그리고 그는 이런 멀린스의 신학을 "개신교회의 균형 있는 정통주의에 충실"하다고 말하면서 멀린스 신학이 서 있는 위치의 중요성을 강조했다.[93]

따라서 「복음과 실천」에 수록된 조직신학자들의 신학은 대개 하나님의 주권과 인간의 자유의지를 중도적 입장에서 조화하려는 경향을 가지고 있다고 평가할 수 있다. 예외가 없는 것은 아니지만, 대체로 현재 한국 침례교의 조직신학을 주도하는 신학자들은 칼뱅주의나 아르미니우스주의처럼 하나의 폐쇄된 체계 속에서 신학하기보다는 좀 더 포괄적인 관점에서 양극의 조화를 추구하는 신학을 선호하는 것으로 이해할 수 있다. 비록 「복음과 실천」에 수록된 조직신학적인 논문들에 제한하여 연구된 것이 하나의 약점이 될 수 있지만, 한국 침례교가 궁극적으로 지향해야 할 신학 방향은 결국 「복음과 실천」에 발표되는 교수논문에서 드러나게 될 것이라는 사실에서 어느 정도 위안을 받는다.[94]

마치는 글

이제 서론에서 제기한 질문에 답을 해야 할 때가 되었다. 하나님의 주권과 인간의 자유의지에서 볼 때 한국 침례교신학은 과연 일관된 흐름을 보여주고 있는가? 그리고 그 신학은 어떤 유형으로 분류될 수 있는가? 첫 번째 답은 '그렇다'다. 적어도 이번 주제에 관해서는 일관된 흐름이 있다고 말할 수 있다.[95]

두 번째 질문인 한국 침례교신학의 유형은 '그리스도 중심의 신학'이라고 결론 내릴 수 있다. 앞에서 살펴본 바에 따르면, 이번 연구 대상 가운데 하나님의 주권과 은혜를 구원의 주도권으로 간주하지 않은 사람은 아무도 없다. 인간의 원죄를 부정

---

92) Ibid., 354.
93) Ibid., 355.
94) 지금까지 「복음과 실천」에 발표된 논문 가운데 하나님의 주권과 인간의 자유의지 문제를 가지고 씨름했던 신학자는 단연 이상배다. 그는 9개의 발표논문 가운데 8개를 이 주제와 직접 관련해서 썼다.
95) 이상배는 한국 침례교신학의 일관된 흐름을 인정하지 않았지만, 그리고 그 이유는 설명하고 있지만, 어떻게 한국 침례교신학에 일관된 흐름이 없는지는 말하지 않았다. 이상배, "한국 침례교신학의 흐름," 「한국 침례교와 신앙의 특성」, 221-2.

하거나 지나친 인간중심의 신학을 전개한 사람도 찾아볼 수 없다. 특히 오직 그리스도를 통해서만 구원을 받을 수 있다는 것을 강조한 점에서 한국 침례교는 넓은 의미의 복음주의적이고 정통적인 신앙 전통에 속한다고 말할 수 있다. 그리고 인간의 자유의지 문제와 관련해서 인간의 인격적이고 적극적 반응을 신앙의 핵심으로 이해한 것은 이번 연구 대상들이 가지고 있던 공통점이다. 비록 타락한 인간이라 할지라도 하나님을 향하는 마음이 있고, 하나님의 계시와 복음에 응답할 수 있는 선택권이 있다는 것은 하나님의 형상이 완전히 파괴되지는 않았다는 견해와 맥을 같이 한다. 이들에게 하나님의 주권과 인간의 자유의지는 모순되지 않고 충돌하지 않는다. 긴장과 조화 속에서 이 두 주체는 협력하여 구원을 이루어간다. 구원을 이루는 주체는 하나님이고 인간은 그에 응답한다. 하나님이 은혜로 같이 하시니 인간이 믿음으로 반응하여 구원이 이루어지는 것이다. 이것은 전형적인 그리스도 중심의 신학이다.[96]

또한 이번 연구대상들은 칼뱅주의 신학체계든 아르미니우스신학 체계든 그 어떤 것도 자신들의 신학 기준으로 삼지 않았다. 그들에게 신앙의 규범은 오직 성서뿐이다. 이 말은 자신의 신학을 어느 특정한 신학 체계 안에서만 전개하지 않는다는 의미와 같다. 이것은 침례교신학의 일반적 특성과도 일맥상통한다. 비록 제한된 자료 안에서 나타난 분석 결과지만, 한국 침례교신학은 대체로 칼뱅주의와 아르미니우스주의의 중도를 지향하는 신학을 유산으로 물려주고 있다는 결론을 도출할 수 있다.[97] 따라서 한국 침례교의 신학적 전통은 하나님의 주권과 인간의 자유의지를 타원형의 두 구심점으로 삼는 그리스도 중심의 중도적 신학이었다고 평가할 수 있다.

---

96) 그러나 한국 침례교의 그리스도 중심 신학은 단순히 아르미니우스주의와 같은 것이 아니라, 칼뱅주의와 아르미니우스주의의 중도를 가는 신학임을 기억하는 것이 중요하다.
97) 이런 중도적 경향은 몇 해 전 한국 침례교 목회자들 가운데 67.9%가 침례교의 신학은 칼뱅주의와 아르미니우스주의의 중도를 가는 신학이라고 응답했다는 사실에서 더욱 설득력을 갖게 된다. 김용복, "한국침례교 목회자들의 신학적 경향 분석," 「복음과 실천」 29집 (2002 봄): 193-4.

17
한국 침례교회 목회자들의 신학성향*

　침례교는 특정의 신학 체계 속에 갇혀서 '유일한' 침례교신학을 구성하지 않으려는 전통이 있다. 이런 신학 전통은 그 기원부터 신학적 다양성 속에서 시작되었고 다양한 신학 입장이 용납되었던 독특한 역사를 가지고 있었던 침례교의 중요한 특성이기도 하다. 그렇기 때문에 침례교단은 타교단과 비교할 때 신학의 정체성을 확립하는 일이 상대적으로 쉽지 않은 것이 사실이다. 그러나 신앙의 자유와 다양성을 존중하는 침례교의 기본 정신은 우리들에게 단점보다 오히려 장점으로 작용할 수 있으며, 마땅히 존중되어야 할 침례교의 유산 가운데 하나라고 생각한다.

　오늘날 한국 침례교인들은 침례교신학을 정립하는 일을 중대한 과제로 인식하고 있는 듯하다. 이 과제는 아직 한국 침례교의 신학정체성을 제대로 세워본 일이 없을 뿐 아니라, 정체성의 혼란을 경험하고 있는 우리들이기에 결코 피해갈 수 없는 문제가 아닐 수 없다. 우리는 '침례교인'이 어떤 사람들이었으며, 오늘날 침례교인으로서 우리가 어떤 신학정체성을 가져야 하는가 하는 질문에 대답할 준비가 되어 있어야 한다.

　우리의 신학 전통을 세워나가기 위해서 영미 침례교의 신학 전통에 대한 연구와 더불어 한국 침례교의 '과거'와 '현재'를 신학적 질문을 통해 들여다보는 일은 마땅히 요청되는 일이다. 이는 세계 침례교 역사 속에서 한국 침례교의 위상과 특징을

---

* 출처: 김용복, "한국 침례교 목회자들의 신학적 경향 분석," 「복음과 실천」 29집 (2002 봄): 183-221.

파악하기 위해서도 반드시 필요한 작업이다.

이 논문의 목적은 '현재'에 초점을 맞추어 한국 침례교 목회자들의 신학성향을 파악하는 데 있다. 이를 위해 이번 연구는 설문조사방법을 통해 그들이 특정신학과 교리에 관해 어떤 견해를 가지고 있으며, 어떤 신학 노선을 지지하고 있는가를 밝히고자 한다.

설문조사의 대상은 한국 침례교의 현역 목회자들로 제한했다. 이번 조사에 응답한 목회자의 구성비율은 담임목사 81.2%, 부목사 2.2%, 협동/기관목사 3.2%, 담임전도사 6.5% 등으로 나타났으며, 목회자의 평균연령은 43세, 평균목회경력은 13년이다. 설문응답자에 관한 일반적 특성은 〈표1〉과 같다.

조사기간은 2000년 12월 1일에서부터 2001년 2월 28일까지다. 전국의 100개 침례교지방회(제90차 총회 기준) 가운데 지역이나 연령에 대한 편견을 배제한 뒤, 전체 침례교 목회자들의 의견을 수렴하기 위해 지역별로 균형 있게 안배하고 무작위로 선정한 25개 지방회 목회자들을 연구대상으로 선정했다. 우편이나 인편으로 해당 지방회 총무나 회장에게 조사를 의뢰했으며, 설문지를 작성하여 반송한 지방회는 모두 22개 지방회였다. 배부한 설문지는 모두 600부였는데, 수거된 설문지는 312부, 그 가운데 성실하게 응답하지 않은 설문지를 제외하고 얻은 유효 설문지는 277부였다. 이 설문의 표본 크기는 한국 침례교의 전체 목회자 가운데 대략 10%에 해당하는 목회자들의 의견이 반영되었음을 의미한다. 수집된 설문지는 "사회과학을 위한 통계패키지"(SPSSWIN)를 이용해 분석했다. 분석방법으로는 빈도분석을 우선적으로 했고, 통계결과가 응답자의 특성변수(나이, 학력, 목회년수, 교회지역, 교인수 등)에 따라 특별한 차이를 보일 경우에는 교차분석의 결과를 제시했다.

〈표1〉응답자의 일반적 특성

구분		빈도(명)	비율(%)
연령	30대 이하	93	34.1
	40대	125	45.8
	50대 이상	55	20.1
	계	273	100.0
	M=43.19 SD=8.06 Min.=26 Max.=74		
목회년수	5년 이하	49	18.4
	6-10년	79	29.6
	11-15년	65	24.3
	16년 이상	74	27.7
	계	267	100.0
	M=12.70 SD=8.14 Min.=1 Max.=50		
최종학력	신학교 학부	63	23.4
	일반대, 신학대학원	108	40.1
	목회대학원	75	27.9
	대학원	23	8.6
	계	269	100.0
교회 지역	서울특별시	47	17.0
	광역시	66	23.9
	시	94	34.1
	읍, 면, 섬	69	25.0
	계	276	100.0
청장년 교인수	49명 이하	166	62.6
	50-99명	49	18.5
	100명 이상	50	18.9
	계	265	100.0
	M=94.54 SD=305.40* Min.=2 Max.=3,500		
지방회	서울, 경기, 강릉지역**	108	39.0
	충청지역	81	29.2
	경상지역	66	23.8
	전라지역	22	7.9
	계	277	100.0

*표준편차(SD)가 높게 나온 것은 응답자 가운데 교인수가 2명인 교회와 3500명인 교회가 함께 포함되었기 때문이다.

**각각의 응답자 사례수는 서울 64명(23.1%), 경기 19명(6.9%), 강릉 25명(9.0%)이다.

여기서 사용된 설문내용은 공인된 기관에서 측정하여 발표된 자료가 없기 때문에 연구자가 침례교의 신학 특성과 정신을 가늠할 수 있는 문항들로 구성했다. 대개 신학적 입장 차이를 첨예하게 드러내는 질문들과 신학정체성을 파악할 만한 내용들로 작성되었는데, 질문의 객관성과 신뢰도를 높이기 위해서 사전에 전문가들(신학과 통계학)의 의견을 참고하여 수정보완하는 과정을 거쳤다.

설문조사의 주제문항은 모두 여섯 부분으로 구성되었다. 첫째 부분은 침례교에 대한 기본 인식도(6문항), 두 번째는 역사적 정체성 문제(8문항), 세 번째는 신학적 정체성 문제(9문항), 네 번째는 교리 문제(12문항), 다섯 번째는 교회 행정과 제도 문제(7문항), 그리고 여섯 번째는 한국 침례교의 정체성 확립 방안 문제(3문항)를 다루었다. 하지만 이 논문에서는 주제의 통일성과 지면의 한계 등을 고려하여 기본적 인식도와 신학적, 교리적 정체성에 국한해서 분석하고 평가했다.

I. 기본 인식도와 정체성 확립 문제

1. 침례교에 대한 관심과 열정

제일 먼저 확인한 것은 침례교 목회자들이 속해있는 교단의 정체성에 대한 기본 인식도 문제였다. 한국 침례교회의 역사를 보면, 어떤 사람은 침례교에 미래가 없다고 생각하여 교단을 떠나기도 했고, 침례교의 간판을 내걸고 목회하는 일을 부끄러워하는 목회자도 없지 않았는데, 오늘날은 침례교 목회자들이 얼마나 침례교단에 대해 자부심을 가지고 있으며, 스스로 침례교의 신학정체성을 정립했다고 생각하는지 알아보았다. 〈표2〉는 침례교에 대한 기본 인식도를 조사하기 위한 질문과 그에 대한 응답을 정리한 것이다.

〈표2〉 침례교에 대한 기본 인식도 조사 단위: N(%)*

문항	매우 그렇다	대체로 그렇다	대체로 그렇지 않다	전혀 그렇지 않다	합계
침례교의 신학적 정체성이 확립되었는가?	54(19.6)	134(48.6)	87(31.5)	1(0.4)	276(100.0)
한국 침례교의 신학적 정체성 확립이 필요하다고 생각하는가?	180(65.0)	90(32.5)	5(1.8)	2(0.7)	277(100.0)
한국 침례교가 타교단과 구별된 특성이 있다고 생각하는가?	53(19.2)	146(52.9)	74(26.8)	3(1.1)	276(100.0)
평소에 자부심을 가지고 교인들에게 침례교를 가르치는가?	89(32.2)	152(55.1)	33(12.0)	2(0.7)	276(100.0)

*N: 빈도, %: 비율 (이하 동일)

전체적으로 응답자 68.2%가 신학정체성이 확립되었다는 데 긍정적 반응을 보였다. 그리고 이런 신학정체성이 확립되어야 할 필요성에 대해서도 압도적으로 긍정적이었다(97.5%). 또한 응답자 72.1%는 침례교가 타교단과 구별된 특성이 있다고 생각하고 있으며, 87.3%가 자부심을 가지고 침례교를 가르치고 있다고 반응했다. 이런 반응은 학력, 교인수 정도, 목회년수 등에 관계없이 공통적으로 나타난 현상이다. 물론 스스로 신학정체성이 확립되었다고 답한 응답자들이 과연 얼마나 올바르게 침례교의 정신과 이상을 실천하고 있는가 하는 것은 별개의 문제지만, 침례교의 신학정체성 확립을 위해 이런 반응은 대단히 고무적인 결과라고 할 수 있다.

2. 침례교의 정체성 확립에 대한 장애 요인

한국 침례교의 정체성을 확립하는 데 장애 요인이 되는 것은 무엇일까? 복수응답을 통해서 알아보았다(〈표3〉참조). 이 자료는 앞으로 침례교의 정체성을 확립하기 위해 어떤 부분에 주력해야 할지를 결정하는 데 참고자료가 될 것이다.

가장 많은 표를 얻은 것은 침례교 전통에 대한 지식 부족이었다(53.1%). 이 수치는 응답자 가운데 147명이 지식부족의 문제점을 적어도 한 번 이상 지적했다는 것을 의미한다. 정체성 확립의 필요성을 97.5%가 긍정적으로 응답한 사실과, 장애 요인으로 전체 응답자 가운데 과반수 이상이 침례교 전통에 대한 지식 부족을 지적했다고 하는 것은 신학 교육이나 기타 여러 가지 경로를 통해 좀 더 침례교에 관한 교육이 강화될 필요성을 보여주는 근거라 할 수 있다.

〈표3〉침례교 정체성 확립의 장애 요인에 대한 반응(복수응답)　　　　단위: N(%)

장애 요인	그렇다	아니다	합계
침례교 전통에 대한 지식 부족	147(53.3)	129(46.7)	276(100.0)
초교파적인 성향으로 교파의식 결여	80(29.0)	196(71.0)	276(100.0)
타교단에 대한 열등의식	57(20.7)	219(79.3)	276(100.0)
총회(지방회)나 신학교의 무관심	79(28.6)	197(71.4)	276(100.0)
교단의 정치적 영향력이 있는 사람들의 의식부족	85(30.8)	191(69.2)	276(100.0)
개교회주의로 인한 교단애착 결여	106(38.4)	170(61.6)	276(100.0)

특히 침례교 전통에 대한 지식 부족을 장애 요인으로 대답한 목회자들은 남부 지역의 지방회보다 중부 지역의 지방회에서 더 많았고, 그 중에서도 가장 많은 지역은 충청도 지역 지방회였다(64.2%). 교파의식의 결여를 장애 요인으로 지적한 목회자는 29.0% 정도였는데, 학부 출신보다는 일반대 출신과 고학력으로 갈수록 조금씩 높아지는 현상을 보여주었다. 그리고 개교회주의로 인한 교단애착 결여를 꼽은 목회자는 목회년수가 5년 이하의 경우 과반수를 넘었고(51.0%), 목회년수가 그보다 많은 목회자들은 모두 과반수 이하에 머물렀다(〈표3-1〉참조).

⟨표3-1⟩ 응답자의 특성에 따른 반응의 차이   단위: N(%)

항목	구분		그렇다	아니다	합계
침례교 전통에 대한 지식 부족	교회 위치	서울강원경기도	59(54.6)	49(45.4)	108(100.0)
		충청도	52(64.2)	29(35.8)	81(100.0)
		경상도	27(41.5)	38(58.5)	65(100.0)
		전라도	9(40.9)	13(59.1)	22(100.0)
		계	147(53.3)	129(46.7)	276(100.0)
교파의식 결여	최종 학력	신학교 학부	12(19.4)	50(80.6)	62(100.0)
		일반대, 신학대학원	26(24.1)	82(75.9)	108(100.0)
		목회대학원	28(37.3)	47(62.7)	75(100.0)
		대학원	10(43.5)	13(56.5)	23(100.0)
		계	76(28.4)	192(71.6)	268(100.0)
애착 결여	목회 년수	5년 이하	25(51.0)	24(49.0)	49(100.0)
		6-10년	20(25.6)	58(74.4)	78(100.0)
		11-15년	27(41.5)	38(58.5)	65(100.0)
		16년 이상	32(43.2)	42(56.8)	74(100.0)
		계	104(39.1)	162(60.9)	266(100.0)

3. 정체성 확립 방안 문제

정체성 확립을 위해 목회자들이 평소 기독교한국침례회 총회가 우리의 역사적 유산을 얼마나 잘 보존계승한다고 느끼는지 알아보았다. 그 결과, "매우 그렇다"가 3.7%, "그런 편이다"가 21.9%, "그렇지 못한 편이다"가 69.3%, "매우 그렇지 못하다"가 5.2%로 집계되었다(⟨표4⟩참조). 이는 총회가 우리의 역사적 유산을 보존하는 문제에서 소홀하다고 부정적으로 평가한 목회자가 74.5%에 이른다는 것을 보여준 것이다. 그러므로 한국 침례교 목회자들은 좀 더 우리의 역사적 유산에 대해서 관심을 가질 필요가 있다는 공동 인식을 한 셈이다. 문제는 어떻게 누가 이 일에 앞장설 것인가 하는 것이다.

〈표4〉 총회의 역사적 유산 보존계승 문제　　　　　　　　　　단위: N(%)

항목	매우 그렇다	그런 편이다	그렇지 못한 편이다	매우 그렇지 못하다	합계
총회가 역사적 유산을 잘 보존한다고 생각하는가?	10(3.7)	59(21.9)	187(69.3)	14(5.2)	270(100.0)

또한 목회자들에게 역사적 유산을 보존하기 위해 가장 선행되어야 할 문제는 무엇인가를 물어보았다. 중요도에 따라 표기한 설문 결과에 따르면, 35.0%의 목회자들이 제1순위로 총회 산하에 역사연구소와 같은 공신력 있는 기구를 발족해야 한다고 지적했고, 순위를 가중치로 계산하여 낸 종합점수 결과도 마찬가지였다(〈표4-1〉참조). 따라서 기독교한국침례회 총회는 교단적 차원에서 전문가들로 구성된 역사신학연구소를 설립해서 역사와 전통을 보존하고 계승하는 문제에 좀 더 관심을 기울일 필요가 있다.

〈표4-1〉역사적 보존을 위한 대책　　　　　　　　　　　　　단위: N(%)

대책	1순위	2순위	3순위	4순위	무응답	종합*
유산을 발굴 연구하여 책으로 발간	57(20.6)	77(27.8)	72(26.0)	31(11.2)	40(14.4)	628
총회 산하에 역사연구소 발족	97(35.0)	67(24.2)	59(21.3)	12(4.3)	42(15.2)	719
총회 차원의 역사박물관 설립	30(10.8)	33(11.9)	55(19.9)	111(40.1)	48(17.3)	440
세미나 등을 통해 역사의식 고취	77(27.8)	52(18.8)	39(14.1)	70(25.3)	39(14.1)	612

*종합점수는 순위별로 가중치를 계산한 것이다(예/ 1순위×4점, 2순위×3점, 3순위×2점, 4순위×1점).

II. 신학적·교리적 경향 분석

1. 침례교의 기원

침례교의 기원 문제는 아직도 끝나지 않은 신학논쟁 가운데 하나다. 우리는 미국 남침례교의 역사 속에서 이 기원 문제가 침례교인들에게 얼마나 심각한 논쟁을 불러 왔는지 잘 알고 있다. 남침례신학대학원의 휫시트(W. H. Whitsitt) 학장이 끝내 사퇴할 수밖에 없었던 것도 바로 이 논쟁 때문이었다.[1] 휫시트는 전통적으로 침례교인들이 믿어왔던 계승설을 비판했다는 점에서 당시 파격적 주장을 펼쳤던 인물이었다. 지금은 침례교의 대다수 역사학자들이 휫시트의 이론을 수용하고 있지만, 그 때만해도 그것은 대단히 위험한 사상이었다:

> 19세기 후반의 대다수 침례교인들은 침례교가 주후 30년에 시작되었으며, 그 이후로 단절되지 않은 채 이어져 왔다고 단순히 믿고 있었다. 침례교 역사에 대한 이러한 계승론자들의 생각은 침례교인의 위상을 높여주었기 때문에 의심을 사지도, 도전을 받지도 않았다. 이 계승설은 침례교인들에게 비판할 수 없는 성스러운 것이어서, 이것에 대해 논하거나 비판하려면 많은 위험을 감수해야 했다. 대부분의 침례교인들은 계승설을 너무나도 당연한 것으로 여겼기 때문이다.[2]

그런데 현재 한국 침례교 목회자들의 견해는 어떤가? 놀랍게도 전체 응답자 가운데 65.3%가 계승설을 지지하고 있었다(〈표5〉참조). 계승설에 대한 이러한 지지는 응답자의 특성에 관계없이 공통적으로 나타난 현상인데, 이것을 최종학력별로 분석하면 학부 출신이 계승설을 가장 많이 지지했고(74.6%), 영국 침례교 기원설은 학력이 높을수록 지지율도 높아졌다. 또한 연령별로 보면 계승설을 주장하는 세대는 50대 이상이 가장 높았고(80.0%), 연령이 낮아질수록 재침례교영혈설과 영국침

---

[1] 휫시트 박사는 「침례교 역사의 문제」라는 책을 출판함으로써 교직에서 쫓겨나는 운명이 되었다. Walter B. Shurden, 「침례교신학논쟁」, 김용복, 김태식 옮김 (서울: 침례회출판사, 2000), 31.

[2] Ibid., 32.

례교 기원설을 지지하는 비율이 점차 높아지는 것으로 나타났다.

〈표5〉 침례교의 기원에 대한 특성별 반응　　　　　　　　단위: N(%)

구분		계승설	재침례교 영혈설	영국 침례교	미국 침례교	합계
전체		181(65.3)	39(14.1)	51(18.4)	5(1.8)	276(100.0)
최종학력	신학교 학부	47(74.6)	9(14.3)	5(7.9)	2(3.2)	63(100.0)
	일반대, 신대원	62(57.4)	21(19.4)	23(21.3)	2(1.9)	108(100.0)
	목회대학원	52(69.3)	7(9.3)	15(20.0)	1(1.3)	75(100.0)
	대학원	14(60.9)	1(4.3)	7(30.4)	0(0.0)	23(100.0)
	계	175(65.1)	38(14.1)	50(18.6)	5(1.9)	269(100.0)
연령	30대 이하	56(60.2)	15(16.1)	20(21.5)	2(0.7)	93(100.0)
	40대	78(62.4)	18(14.4)	26(20.5)	2(0.7)	125(100.0)
	50대 이상	44(80.0)	6(10.9)	5(9.1)	0(0.0)	55(100.0)
	계	178(65.2)	39(14.3)	51(18.7)	4(1.5)	273(100.0)

2. 한국 침례교의 장단점

한국 침례교의 장단점을 알아보는 것은 정체성 확립에 주요한 근거 자료를 마련하는 것이다. 과연 목회자들은 한국 침례교의 장점으로 무엇을 들고 있는가? 중요도에 따라 표기하도록 한 문항에서 1순위로 가장 많이 채택된 것은 성경제일주의였다(68.6%). 그러나 반대로 한국 침례교의 단점으로는 이기주의가 제1순위로 가장 많이 지적되었다(37.9%). 다섯 가지의 단점 가운데 1순위로 가장 적은 표를 얻은 것은 장로에 대한 배타성이었다(4.3%)(〈표〉6 참조).

이 결과를 종합점수에 따라 순서를 열거해 보면, 장점은 성경제일주의, 회중정치, 개교회주의, 목사와 집사의 단순한 직분 순으로, 단점은 이기주의, 교세 약화와 인물 부재, 총회기능 약화, 특정신학 부재, 장로에 대한 배타성 순으로 나타난다. 장점으로 목사와 집사의 2직분제에 대한 선호도가 가장 낮은 점과, 단점으로 장로에 대한 배타성이 가장 낮다고 하는 것은 직분에 대한 전통적 침례교의 정체성이 흔들리고 있거나, 상대적으로 그 문제를 중요한 사안으로 인식하지 않는다는 증거라고 볼 수 있다.

〈표6〉한국 침례교의 장점과 단점   단위: N(%)

구분		1순위	2순위	3순위	4순위	5순위	무응답	종합*
장점	개교회주의	39(14.1)	87(31.3)	90(32.5)	40(14.4)	-	21(7.6)	893
	성경제일주의	190(68.6)	45(16.2)	19(6.9)	11(4.0)	-	12(4.3)	1,209
	회중정치	36(13.0)	111(40.1)	89(32.1)	17(6.2)	-	24(8.7)	925
	목사와 집사의 2직분	9(3.2)	15(5.4)	45(16.2)	175(63.2)	-	33(11.9)	590
단점	이기주의	105(37.9)	47(17.0)	42(15.2)	35(12.6)	24(8.7)	24(8.7)	933
	특정신학 부재	41(14.8)	52(18.8)	56(20.2)	38(13.7)	43(15.5)	47(17.0)	700
	총회기능 약화	42(15.2)	54(19.5)	59(21.3)	53(19.1)	33(11.9)	36(13.0)	742
	장로에 대한 배타성	12(4.3)	26(9.4)	26(9.4)	58(20.9)	107(38.6)	48(17.3)	581
	교세약화와 인물부재	73(26.4)	73(26.4)	53(19.1)	34(12.3)	11(4.0)	33(11.9)	895

*종합점수는 순위별로 가중치를 계산한 것이다(예/ 1순위×5점, 2순위×4점, 3순위×3점, 4순위×2점, 5순위×1점).

3. 신학 노선

침례교의 신학체계는 언제나 논란의 대상이 되어왔다. 침례교는 하나의 신학 노선을 공식 입장으로 가져본 바가 없지만, 이 연구에서는 침례교신학을 편의상 칼뱅주의와 아르미니우스주의의 잣대로 접근하기로 했다. 조사 결과, 응답자 가운데 67.9%가 침례교신학을 칼뱅-아르미니우스주의의 중도라고 응답했다. 반면에 칼뱅주의라고 응답한 사람은 15.9%, 아르미니우스주의라고 답한 사람은 10.3%에 불과했다. 신학이 없다고 응답한 사람도 3.3%였다(〈표7〉참조).[3]

---

3) 물론 이 수치는 목회자 자신의 신학적 경향이라기보다 침례교신학에 대한 목회자들의 평가라고 보아야 한다. 하지만 어느 정도 자신의 성향이 반영된 것이라는 사실도 무시할 수는 없다. 목회자 자신의 성향에 대해서는 "6. 교리적 특성"에서 조사했다.

〈표7〉신학 노선   단위: N(%)

구 분	빈도(명)	비율(5)
칼뱅주의	43	15.9
아르미니우스주의	28	10.3
칼뱅주의와 아르미니우스주의의 중도	184	67.9
무(無)신학	9	3.3
잘 모르겠다	7	2.6
전체	271	100.0

침례교신학을 칼뱅주의와 아르미니우스주의의 중도로 인식하고 있는 목회자들이 과반수를 훨씬 넘은 이유는 어디에 있을까? 이것은 침례교의 정신에서 성경주의를 압도적으로 지목한 목회자들의 성향과 맥을 같이 하는 것이라고 볼 수 있다. 또한 이것은 신학교의 교육과도 무관하지 않았을 것으로 보인다. 그동안 침례신학대학교에서 조직신학의 강의교재나 참고도서로 사용되었던 책은 대부분 칼뱅주의와 아르미니우스주의의 중도를 추구한 멀린스의 신학계열에 속한 것이었기 때문이다.[4]

그러므로 침례교의 신학을 칼뱅주의나 아르미니우스주의 가운데 어느 하나로 단정하는 것은 침례교의 신학특성에도 어긋날 뿐 아니라, 한국 침례교 목회자들의 보편적 신학정서에도 상반되는 것이다. 이 대목에서 연구자는 침례교의 다양성을 추구하는 정신을 반영하면서 칼뱅주의와 아르미니우스주의의 중도를 지향하는 침례교의 신학특성을 새롭게 체계화할 필요를 절감한다.[5]

---

4) 초창기 게미지의 조직신학 강의안을 정리한 「조직신학강론」, 카너의 「기독교교리」(Christian Doctrine, 권오갑 역), 멀린스의 「조직신학원론」(권혁봉 역), 스티븐스의 「조직신학개론」(허긴 역) 등이 신학대학에서 주로 사용된 국내번역판 교재였는데, 이 책들은 대체로 멀린스와 카너의 사상을 이어받은 것이었다. 이상배는 이 시기의 신학을 "수정된 칼빈주의 신학이 근간"을 이루고 있다는 결론을 내린다. "한국 침례교 신학의 흐름," 「한국 침례교와 신앙의 특성」, 침례교신학연구소 편 (대전: 침례신학대학교출판부, 2000), 229.

5) 김용복, "E. Y. Mullins의 강권적 은혜: 견인의 확실성과 배교의 가능성을 포괄하는 이론적 근거" 「복음과 실천」 25집 (1999 봄), 271-311 참조.

4. 침례교의 정신과 원리

연구자는 Baptists의 자모음을 풀어서 침례교의 정신과 원리를 소개한 바 있다.6) 그때 사용한 개념들을 설문항목으로 사용하여 목회자들의 반응을 살펴보았다. 중요도의 순서에 따라 조사한 결과, 지지를 가장 많이 받은 개념은 역시 성경주의였다. 전체 응답자 가운데 45.8%가 이 개념을 제1순위로 꼽았고, 그 다음으로 많은 사람이 제1순위로 택한 것은 신앙과 양심의 자유였다(22.4%). 한편, 가장 많은 사람들이 제8순위로 지목한 개념은 국가와 교회의 분리였다(〈표8〉참조).

〈표8〉침례교의 기본 정신에 대한 중요도   단위: N(%)

개념	1순위	2순위	3순위	4순위	5순위	6순위	7순위	8순위	무응답	종합*
영혼의 능력	17 (6.1)	10 (3.6)	10 (3.6)	21 (7.6)	35 (12.6)	30 (10.8)	47 (17.0)	66 (23.8)	41 (14.8)	761
신앙과 양심의 자유	62 (22.4)	59 (21.3)	40 (14.4)	2 9(10.5)	27 (9.7)	28 (10.1)	8 (2.9)	0 (0.0)	24 (8.7)	1,361
신자의 침례	17 (6.1)	58 (20.9)	55 (19.9)	42 (15.2)	29 (10.5)	25 (9.0)	16 (5.8)	8 (2.9)	27 (9.7)	1,313
전신자 제사장직	19 (6.9)	53 (19.1)	58 (20.9)	51 (18.4)	30 (10.8)	17 (6.1)	5 (1.8)	14 (5.1)	30 (10.8)	1,321
개인의 인격적 체험	13 (4.7)	14 (5.1)	21 (7.6)	29 (10.5)	36 (13.0)	45 (16.2)	46 (16.6)	34 (12.3)	39 (14.1)	878
국가와 교회의 분리	2 (0.7)	4 (1.4)	11 (4.0)	17 (6.1)	23 (8.3)	48 (17.3)	61 (22.0)	68 (24.5)	43 (15.5)	621
개교회의 자율성	8 (2.9)	30 (10.8)	29 (10.5)	43 (15.5)	38 (13.7)	30 (10.8)	37 (13.4)	31 (11.2)	31 (11.2)	1,010
성경주의	127 (45.8)	35 (12.6)	32 (11.6)	18 (6.5)	19 (6.9)	10 (3.6)	6 (2.2)	5 (1.8)	25 (9.0)	1,666

*종합점수는 순위별로 가중치를 계산한 것이다(예/ 1순위×8점, 2순위×7점, 3순위×6점, 4순위×5점, 5순위×4점, 6순위×3점, 7순위×2점, 8순위×1점).

---

6) 김용복, "침례교신학은 없는가?" 교수논단, 「침신대학보」, 1999. 10. 5. 참조. 여덟 개의 주요 원리는 다음과 같다: Biblicism, Autonomy of the Local Church, Priesthood of the All Believers, Training of Sunday School, Individual Experience, Soul's Competency, Testimony of the Gospel, Separation of State and Church.

가중치로 계산한 종합순위는 성경주의, 신앙과 양심의 자유, 전신자 제사장직, 신자의 침례, 개교회의 자율성, 개인의 인격적 체험, 영혼의 능력, 국가와 교회의 분리 순이다.7) 이런 기본 정신들이 구체적으로 역사 속에서 발현된 것이 침례교의 교회론적 특징, 즉 중생한 교회회원권, 신자의 침례, 회중정치 등이라고 할 수 있다.

5. 목회현장에 반영된 침례교정신

1) 사도신경

침례교가 신조를 성경의 권위 위에 두지 않으려고 노력하는 전통을 가지고 있음은 주지의 사실이다. 윌리엄 럼킨(William Lumpkin)은 이렇게 말했다:

> 전통적으로 침례교운동은 조직의 공식적 기초와 정통성에 대한 시험의 하나로서 권위적 신앙고백을 만들지 않는다는 의미에서 비신조적(non-creedal)이었다. 개인이나 교회 혹은 그보다 큰 단체들에 유일한 신앙고백을 강요하는 권위가 없었다. 비록 신앙고백을 강요하는 권위가 존재했을지라도 통일성을 이루려는 욕구가 결코 고정된 신조의 채택을 보장할 만큼 강력하지 못했다.… 미국의 신앙고백들은 교육적이고 복음전파적 목적으로 만들어진 것이다. 논쟁과 위기의 시기에 침례교신앙고백들이 많이 만들어졌지만, … 어떤 신앙고백도 영속적으로 개인, 교회, 지방회, 총회 혹은 침례교인들 사이의 연합을 제한하지는 않았다.8)

허셀 홉스(Herschel Hobbs)도 신조와 신앙고백을 구분하면서, 침례교의 비신조적

---

7) 영혼의 능력과 국가와 교회의 분리 개념이 가장 낮은 점수를 얻은 것은 다른 개념들에 비해 상대적으로 익숙하지 않거나(영혼의 능력), 현실성이 떨어지는 문제(국가와 교회의 분리)이기 때문으로 보인다. 하지만 침례교 역사에서 이 두 개념만큼 중요한 것도 아마 없을 것이다. 맥베드(H. Leon McBeth)는 침례교인들이 영혼의 능력과 종교의 자유를 전통적으로 믿어왔고, 그것을 지키기 위해서 국가와 교회의 분리를 주장했다고 언급했다. 그는 이 점에서 다른 복음주의자들과 남침례교인의 역사적 뿌리가 다르다고 주장하면서, "복음주의자들의 선조들이 권력을 행사하고 있을 때 우리의 선조들은 감옥에 있었다"고 진술했다. "Baptist or Evangelical: One Southern Baptist's Perspective," *Southern Baptists & American Evangelicals: The Conversation Continues*, ed. by David S. Dockery (Nashville: Broadman & Holman Publishers, 1993), 75.

8) William Lumpkin, *Baptist Confessions of Faith*, Revised edition (Valley Forge: Judson Press, 1969), 16-7.

특성을 다음과 같이 설명했다: "신앙고백이 우리가 무엇을 믿는다는 것을 진술하려고 노력하는 것이라면, 신조는 당신이 우리의 교회에 일부가 되려면 이것을 믿어야 한다고 말하는 것이다.... 남침례교는 결코 신조를 가지지 않는다.... 그들이 '만일 이것을 믿지 않으면 나가라'고 말한다면, 그것은 이미 신앙고백이 아니라 신조다."[9] 또한 월터 셔든(Walter Shurden)은 침례교인들이 "신조주의(creedalism)를 연상케 하는 그 어떠한 것에 의해서도 제한 받는 것을 일관되게 거부해왔다"고 주장했다.[10]

침례교는 이처럼 신조에 대해 철저하게 거부반응을 보여왔지만, 한국 교회들은 상대적으로 사도신경을 매우 강조하는 전통을 가지고 있다. 심지어 사도신경을 인정하지 않거나 암송하지 않는 교회를 이단시할 정도다. 그런 영향 때문인지 어느새 한국 침례교회들 가운데 사도신경을 공적 예배에서 암송하는 교회가 많이 늘어났다. 이번 설문조사에서 암송한다고 응답한 목회자는 31.8%, 암송하지 않는다고 답한 목회자는 68.2%로 나타났다(〈표9〉참조).

응답자의 특성별로 분석하면, 사도신경은 교회위치가 중소도시나 읍면 단위보다 대도시일수록 많이 사용되었고, 목회년수가 6년에서 15년 사이보다 5년 이하나 16년 이상인 경우가 더 사용하는 것으로 나타났다.

---

9) "Southern Baptist Theology Today-An Interview with Herschel H. Hobbs," *The Theological Educator* VII, 2 (Spring 1976), 20.

10) Shurden, 「침례교 신학논쟁」, 189. 이런 문제가 역사적으로 표면화된 대표적인 논쟁 가운데 하나는 영국의 찰스 스펄전과 존 클리포드 사이에서 벌어진 이른바 "하강논쟁"(The Downgrade Controversy)이다. 이 논쟁 과정에서 스펄전은 문서화된 신조를 채택하자고 주장했고, 클리포드는 성경 해석의 자유가 억압당할 것을 염려해서 반대했다. 결과적으로 영국침례교연맹에서는 스펄전의 청원을 거부했고, 스펄전은 그 연맹을 탈퇴했다(ibid., 97-98).

〈표9〉사도신경 사용 여부   단위: N(%)

구분		찬성	반대	합계
전체		88(31.8)	189(68.2)	277(100.0)
목회년수	5년이하	23(46.9)	26(53.1)	49(100.0)
	6-10년	21(26.6)	58(73.4)	79(100.0)
	11-15년	14(21.5)	51(78.5)	65(100.0)
	16년이상	27(36.5)	47(63.5)	74(100.0)
	계	85(31.8)	182(68.2)	267(100.0)
교회위치	서울	20(42.6)	27(57.4)	47(100.0)
	광역시	27(40.9)	39(59.1)	66(100.0)
	시	29(30.9)	65(69.1)	94(100.0)
	읍, 면, 섬	11(15.9)	58(84.1)	69(100.0)
	계	87(31.5)	189(68.5)	276(100.0)

물론 침례교 목회자들이 사도신경을 암송하거나 하지 않는 데는 그만한 이유가 있다. 〈표9-1〉은 찬성 이유와 반대 이유를 각각 비교하여 정리한 것이다.

〈표9-1〉사도신경 암송 여부에 대한 이유(응답자가 많은 순서대로 기록한 것임)

찬성 이유	반대 이유
- 한국 기독교의 풍토이므로	- 성경에 없으므로
- 이단시비의 해소를 위해서	- 동의할 수 없는 신학적 내용이 있으므로
- 타교단에서 전입한 사람의 정착을 위해	- 침례교 전통이므로
- 복음적 신앙의 핵심이 들어있으므로	- 신앙의 다양성을 위해서(개인적 신앙고백)
- 교회역사를 통해 검증된 것이므로	- 별 의미가 없기 때문에
- 신앙교육을 위해(초신자와 노인들)	- 천주교 종교회의 산물(신조)이므로
- 동일한 신앙고백을 하기 위해	- 사도의 고백이 아니므로
- 신앙은 고백하는 것이므로	- 우리가 채택한 다른 신앙고백이 있으므로
- 침례교에는 마땅한 신앙고백이 없어서	- 형식에 빠지기 쉬우므로
- 고백해서 손해볼 것이 없으므로	- 주기도문과 같은 권위가 없으므로

결국 사도신경을 사용하자는 측은 현실적이고 실용적 측면에서 교회성장을 위한 방편으로 삼으려는 경향이 강한 사람들이고, 사도신경을 반대하는 측은 외적 성장보다는 성경적 원리와 침례교의 전통을 지키려는 이상적이고 원칙적 성향이 강한 사람들이라고 평가할 수 있다.

이 문제와 관련에서 한국 침례교의 정체성을 위해서 우리의 신앙고백서를 만들 필요성에 대해 어떻게 생각하는지 알아보았다. 긍정적으로 응답한 목회자는 53.6%, 부정적으로 응답한 목회자는 44.4%였다. 신앙고백의 제정을 찬성하는 쪽이 다소 높은 수치를 보여주었지만, 찬반의 정도가 크게 벌어지지 않았다. 그 필요성과 문제점에 대한 목회자들의 인식은 대체로 분명했다(〈표9-2〉참조).

신앙고백의 작성을 찬성하는 사람들의 주된 이유는 신앙고백서 작성이 침례교의 정체성을 확립하는 주요한 수단이라고 보는 데 있다. 침례교의 신학적, 교리적 특성을 정리하여 교단의 공동체 의식과 더불어 자긍심을 심어주는 데 필요하다고 본 것이다. 그러나 반대하는 사람들의 입장은 신앙고백이 또 다른 신조의 기능을 하게 될 것이라는 점과 성경 말씀으로 충분하다는 견해가 지배적이었다. 사도신경과 관련해서 보면, 사도신경을 그대로 사용하기를 원하기 때문에 별도의 신앙고백이 필요 없다고 생각하거나, 혹은 정반대로 신앙고백이 사도신경처럼 될 것을 우려해 반대한다는 양면성을 보여주기도 했다.

물론 신앙고백이 신조화하는 것을 염려하는 것은 한국의 목회자들뿐만이 아니다. 그토록 신조를 반대하던 미국 남침례교인들도 20세기에 들어와서는 점차 자신들이 신조주의를 향하고 있다는 자성의 목소리를 내고 있다. 빌 레너드(Bill Leonard)는 교단의 일치를 지키고 분열을 막기 위해 사용되던 신앙고백이 교단주의자들에 의해 특정한 교의들(dogmas)을 정의하는 데 논쟁적으로 사용되면서 분열의 근원이 되고 있으며, 권력을 장악하기 위한 수단이 된다고 비판했다.[11]

---

11) Bill J. Leonard, "Southern Baptist Confessions: Dogmatic Ambiguity," *Southern Baptists & American Evangelicals*, 170.

〈표9-2〉 신앙고백 작성필요성 여부(응답자가 많은 순서대로 기록)　　단위: N(%)

구분	이유	전체
필요하다	- 정체성 확립을 통해 자긍심과 긍지를 가지게 된다 - 공통 교리를 명문화하여 공동체 의식을 함양하기 위해 - 믿음의 내용을 분명히 밝힐 필요가 있다. 이단 논란에서 벗어날 수 있고, 성도들이 이단에 빠지는 것을 방지할 수도 있다 - 성도들(특히 초신자)의 신앙교육을 위해서, 신앙생활의 혼란을 피하기 위해 - 사역 방향 결정 등을 통해 교회 성장을 위해 - 교단의 특성(차별성)을 살려 토착화하기 위해 - 조직신학을 통해 우리의 입장을 정립할 필요가 있다	140 (53.6)
필요없다	- 인위적인 기준이 생기는 것이다. 우리는 성경 말씀 하나면 족하다 - 또 하나의 신조(사도신경)나 교리주의가 되기 때문 - 자유정신에 입각해 볼 때 불필요. 오히려 침례교의 정체성을 흐리게 된다(성경중심이나 개교회주의 정신과 같은) - 개인의 신앙양심을 따르면 된다. 신앙을 획일화 할 수 없다 - 주기도문이나 현재 "침례교의 이상과 주장"으로 족하다 - 초교파적인 사역 활동에 방해가 된다. 사도신경을 사용하면 된다 - 만드는 과정이나 그후의 부작용이 클 것이다. 또 다른 논쟁의 불씨를 제공한다 - 이미 존재하는 미국 침례교의 신앙고백을 활용하면 된다	121 (44.4)

2) 직분

최근 한국 침례교회들이 심한 갈등을 빚은 문제 가운데 하나는 호칭장로직분에 관한 것이다. 그동안 한국 침례교회들 간에 일어난 '호칭장로논쟁'이 건설적 토론의 장을 통해 전개되었는가 반성할 필요가 있다. 하지만 문제의 발단부터가 그렇지 못했던 것 같다. 호칭장로를 도입하자는 측과 그것을 결사적으로 반대하는 측은 모두가 너무 감정적이고 세상적 방법(내용증명) 혹은 정치적 논리 속에서 이 문제를 대한 것이 아닌가 우려된다. 호칭장로를 인정하자는 쪽을 지조도 없는 실용주의자로 비난하거나, 반대하는 사람들을 편협한 보수주의자로 매도하는 것도 성숙한 태도는 아니다.[12]

아직 해결되지 않고 봉합된 채 소강상태에 빠져있는 한국 침례교의 직분 논쟁은 앞으로 다시 비화될 가능성이 있다. 가장 현명하고 침례교적인 방법으로 이 문제에 접근할 필요가 있다. 이를 위해 우선 침례교 목회자들은 직분에 대해 어떤 경향을 가지고 있는가를 알아볼 필요가 있다. 직분 수여 여부와 관련된 질문에서 권사와 (호칭)장로 직분을 모두 준다고 응답한 목회자는 9.6%였고, (호칭)장로는 인정하지 않고 권사 직분만 준다고 말한 응답자는 14.9%였다. 물론 (호칭)장로 직분을 주면서 권사 직분을 주지 않는 목회자는 아무도 없었다. 그리고 권사와 (호칭)장로 직분을 모두 인정하지 않는 목회자들은 75.4%에 달했다(〈표10〉참조).

아직까지는 2직분제(목사와 집사)를 고수하는 교회가 크게 앞서 있는 셈인데, 그렇지 않은 교회도 24.5%에 이루고 있다는 사실은 한국 침례교회의 직분론에 큰 변화가 일어나고 있음을 반영하는 통계하고 할 수 있다. 직분제는 교회의 위치에 따라 다소 차이를 보이고 있는데, 2직분제를 고수하기보다 권사, (호칭)장로를 인정하는 비율은 서울 지역이 소도시 이하지역과 비교할 때 압도적으로 높았으며, 광역시는 서로 비슷하게 나타났다.

〈표10〉 교회위치에 따라 직분을 주는 차이 비교　　　　　　　　　단위: N(%)

구분		목사, 집사, 권사, 장로 모두 준다	목사, 집사, 권사까지만 준다	목사, 집사만 준다	합계
전체		25(9.6)	39(14.9)	196(75.4)	260(100.0)
교회위치	서울	10(40.0)	9(23.1)	25(12.8)	44(16.9)
	광역시	6(24.9)	9(23.1)	47(24.0)	62(23.8)
	시	5(20.0)	16(41.0)	68(34.7)	89(34.2)
	읍면섬	4(16.0)	5(12.8)	56(28.6)	65(25.0)
	계	25(100.0)	39(100.0)	196(100.0)	260(100.0)

참고로 권사나 장로직분을 찬성하는 쪽과 반대하는 쪽의 이유를 각각 들어보았

---

12) 원세호, 「직제에 관한 논쟁연구: 기독교한국침례회 직제논쟁」 (서울: 국제신학연구소, 1992), 19-20, 23-4 참조.

다(〈표10-1〉참조). 찬성하는 쪽이 내세운 가장 중요한 이유는 교단의 흐름에 순응하고 교회 사역과 부흥에 유익하기 때문이고, 반대하는 쪽은 장로, 권사가 성경적인 직분이 아니고 침례교의 정신에 어긋나기 때문이라고 응답했다.

〈표10-1〉호칭장로직분 찬성 혹은 반대 이유(응답자가 많은 순서대로 기록)

구분	이유
권사나 장로를 인정한다	- 교단의 흐름에 순응 - 교회 사역과 부흥에 유익 - 기도하는 동역자를 얻기 위해 - 한국 교회의 정서를 따라(토착화) - 여성의 활동을 촉구하기 위해(권사는 여성의 안수집사 효과가 있다) - 타교단 교인 등록 및 타교단과 교류 위해 - 직제는 자유로워야 한다 - 성경에 장로도 있으므로
목사와 집사만 인정한다	- (신약)성경적이기 때문 - 침례교의 정신/교리/전통이기 때문에 - 교단의 결정 사항이므로 - 단순하여 목회에 유익하기 때문. - 필요성을 느끼지 않는다. - 장로제도는 계급화하는 것이고, 부정적인 요소가 더 많다. - 교인들이 반대해서 - 개척교회라 장로를 줄 만한 인물이 없어서

현재 호칭장로 직분을 인정하는 교회는 전체 응답자 가운데 9.6%에 불과하지만, 앞으로 이 수치는 더욱 높아질 가능성이 있다. 왜냐하면 "〈표6〉한국 침례교의 장점과 단점"에서 본 바에 따르면, 목사와 집사의 단순한 2직분제를 침례교의 장점 가운데 가장 낮은 점수를 준 목회자가 압도적으로 많았고, 반대로 (호칭)장로제에 대한

배타성을 단점으로 지적한 목회자들이 상대적으로 가장 낮았기 때문이다. 따라서 이 문제는 향후 한국 침례교회의 일치를 방해하는 요인으로 작용될 소지가 없지 않다.

그래서 목회자들이 이 문제를 어떤 방향으로 풀어가기를 원하는지를 알아보았다. 응답자 가운데 "호칭 장로도 허용해서는 안 된다"고 말한 목회자는 23.5%였고, "장로직제는 반대하지만 호칭 장로는 허용해야 한다"고 주장하는 목회자는 22.0%였다. 한편 "제3의 호칭을 사용하는 것이 좋다"고 응답한 목회자는 1.8%에 불과했고, "총회에서 찬반 투표를 통해 입장을 정리하는 것이 좋다"고 말한 목회자는 14.4%였다. 그리고 가장 많은 목회자들이 원하는 방향은 "개교회의 결정에 따르자"는 것이었다(31.4%). (〈표10-2〉참조).

이 결과들을 분석해 보면, 극단적으로 호칭장로까지 반대하는 목회자들보다는 어느 정도 유보적 입장을 가지고 그 가능성을 모색하거나 개교회의 형편에 따라 자율적으로 정하자는 입장이 더 많은 것으로 드러났다. 그런데 과연 이 문항에 대한 응답에는 침례교의 장점으로 지적되었던 개교회주의와 단점으로 꼽혔던 개교회 이기주의 중에서 어느 쪽이 더 반영된 것일까? 당위론적으로 본다면, 회중정치의 원리에 입각해서 총회의결을 따르자는 의견이 압도적으로 많이 나왔을 법한데, 결과는 정반대였다. 이런 결과는 침례교의 개교회 이기주의가 빚은 하나의 소산일 수 있고, 동시에 총회에 대한 개교회 목회자들의 불신을 반영한 것일 수도 있다.

〈표10-2〉호칭장로문제 해결 방향

구분	빈도(명)	비율(%)
호칭장로 불허한다	65	23.5
장로직제 반대, 호칭장로 찬성한다	61	22.0
제3의 호칭 사용하자	5	1.8
총회결의를 따르자	40	14.4
개교회의 결정에 따르자	87	31.4
기타무응답	19	6.8
합계	277	100.0

한편, 직분과 관련해서 여성 목사안수 문제를 다루었다. 우리 교단은 아직 공식적으로 여성안수를 허용하지 않고 있지만, 점차 여성 목회자들의 수는 조금씩 늘어가는 추세인 것 같다. 일선의 목회자들은 어떤 생각을 가지고 있는지 알아보았다. 놀랍게도 "목사 안수와 담임목회를 허용해야 한다"고 응답한 목회사가 38.3%로 가장 많았다. "전도사 시취만 허용하자"는 의견은 37.2%, "전도사 시취와 담임목회까지 허용하자"는 주장은 20.49%가 지지했다. 가장 폐쇄적인 견해인 "전도사와 담임목회 모두를 불허하자"는 견해도 4.0%에 나왔다. 결국 아직까지는 여성에게 목회할 수 있는 길은 열어줄 수 있지만, 목사 안수만은 허용하기 어렵다고 보는 견해가 우세한 것으로 보인다(61.7%). 이는 여성 문제에 대한 우리 교단의 보수성을 반영한 결과라고 할 수 있다(〈표11〉참조). 그러나 이런 현상은 침례교의 기본 정신에서 볼 때 모순되는 대목이 아닐 수 없다. 미국 침례교회도 이 문제에서 결코 예외는 아니다.[13]

〈표11〉 여성 목회자 안수 문제

구분	빈도(명)	비율(%)
목사안수와 담임목회 허용	103	38.3
전도사 시취와 담임목회 허용	55	20.4
전도사 시취만 허용	100	37.2
모두 불허	11	4.1
합계	269	100.0

3) 교회예전

침례교회 가운데 세족식을 공식 예전으로 인정하는 교단이 없는 것은 아니지만,[14] 대다수 침례교회는 침례와 주의만찬만을 공적 예전으로 받아들였으며, 특별

---

[13] 남침례교단이 목회자의 권위와 여성의 역할에 대해 논쟁하는 과정에서, 근본주의자들은 여성이 목회자나 집사로 안수 받을 수 있는 권리를 거부해왔다(Shurden, 146.) 하지만 침례교회에서 여성의 안수를 금지하는 것은 침례교 정신에서 볼 때, 바람직한 현상이라고 볼 수 없다. C. B. Hasting은 *Introducing Southern Baptist: Their Faith & Their Life* (New York: Paulist Press, 1981)에서 여성의 위치와 역할은 남성과 동등하며, 교회에서도 지도력을 발휘할 수 있어야 하고 성직 임명도 각 지역 회중에 맡겨야 한다고 주장했다(139).

히 침례의 방식으로는 침수례(immersion)를 성경적 방법으로 인정하고 있다. 역사적으로 볼 때 침례 문제는 침례교회가 다른 교단으로부터 박해를 받은 원인이 된 것도 사실이다. 하지만 오늘날 침수례가 성경적이고 초대 교회의 전통적 침례방법이었다는 것은 이제 널리 알려진 사실이 되었다.15) 또한, 한 때 침례를 받아야만 구원을 얻을 수 있다고 주장했던 극단적 침례주의자들이 있었던 것도 사실이다.16)

이번 설문에서 한국 침례교목회자들은 침례를 고수하기는 하지만, 직분 수여에서 침례교인과 세례교인의 차별은 크게 두지 않는 것으로 나타났다. 응답자 가운데 43.9%는 "침례교인들에게만 직분을 준다"고 대답했고, "차별하지 않고 모든 직분을 다 준다"고 답한 목회자는 36.7%였다. "세례교인에게는 일부 직분만 허락한다"는 중도적 입장을 취한 녹회사 19.3%를 포함시킨다면, 적어도 56.0%가 침례교인과 세례교인의 차별을 일부 혹은 전부 철폐하고 있음을 알 수 있다. 그런데 〈표12〉에서 정리한 내용을 보면, 침례교인에게만 직분을 주는 교회는 침례교의 교회론적 특성을 지키기 위해서 폐쇄적 정책을 쓰고 있는 것으로 나타났다.

---

14) 1729년 버지니아와 북캐롤라이나에서 조직된 원자유의지침례교회(Original Freewill Baptists)와, 1780년에 뉴잉글랜드에서 발생하여 1911년 북침례교와 합병했던 자유의지침례교회(Freewill Baptist Churches)는 공식적 예전으로 침례, 주의만찬, 세족식을 행하고 있다. Robert G. Tobet, 「浸禮敎會史」, 허긴 역 (대전: 침례신학대학출판부, 1984), 295.

15) 고대교회(주후 600년까지)에서는 대체로 침수례를 사용했다는 증거가 교부들의 기록이나 종교회의, 고대성경번역판이나 건축물, 교회법 등에서 일관되게 나타났으며, 12세기까지도 침수례는 공인된 침례방법으로 인정받았던 것으로 보인다. 로마 가톨릭의 추기경 Gibbons는 「교부들의 신앙」에서 원칙적으로 초기는 침수례를 행했으나 12세기 이후 편의에 따라 관수례가 성행했다고 진술했다. 13세기에 와서 유아에게 침례를 주는 방법으로 관수례 혹은 산수례의 행습이 이전의 그 어느 때보다 서방세계에 널리 퍼졌다. 이런 의식은 루터나 칼뱅도 인정했던 사실이다. William L. Lumpkin, *A History of Immersion* (Nashville: Broadman Press, 1962)을 참조하기 바람.

16) 이것을 신학적 용어로 "침례중생"(baptismal regeneration)이라고 하는데, 이 사상을 세우고 전파한 대표적 인물은 알렉산더 캠벨(A. Campbell)이다. 그의 사상은 한때 켄터키, 서부 펜실바니아, 오하이오, 테네시, 버지니아 등지에 크게 기세를 떨쳤고, 침례교 목회자들을 양분하는 결과를 초래하기도 했다(Torbet, 311-5 참조).

〈표12〉 직분수여와 침례/세례의 관계　　　　　　　　　　　　　　　단위: N(%)

구분	전체	이유
세례교인에게도 모든 직분을 준다	97(36.7)	- 개인신앙의 깊이가 중요하기 때문 - 구원의 확신만 있으면 된다 - 세례(타교단 의식)를 인정하기 때문 - 일꾼이 부족해서 - 교회성장을 위해
세례교인에게는 일부 직분만 준다	51(19.3)	- 침례교 정신을 강조하기 위해 - 구원과는 상관이 없으므로 - 지나친 폐쇄정책이 옳지 않으므로 - 직분자의 효율적인 활용을 위해
침례교인에게만 직분을 준다	116(43.9)	- 침례교의 특성과 정신을 유지하기 위해 - 목회방침에 따라서 - 세례교인이 없어서 - 침례를 안 받는 것 자체가 불순종이므로 - 세례는 침례와 다르기 때문

한편, 주의만찬에 참여할 수 있는 자격에 대해서는 응답자 가운데 47.0%가 "침례 혹은 세례 받은 사람들에게 개방한다"고 답했고, "침례받은 사람에게만 허용한다"고 답한 목회자들은 21.5%에 이르렀다. "침례받은 본 교회 신자들에게만 개방한다"는 지극히 폐쇄적 입장을 가진 목회자들은 2.2%에 불과했다. 또한 침례나 세례를 받지 않았어도 "구원의 확신이 있는 사람까지 모두 허용한다"는 개방적인 입장을 지닌 목회자들도 29.3%에 달했다(〈표13〉참조).

〈표13〉 주의만찬 자격 요건

구분	빈도(명)	비율(%)
수침자 모두	58	21.5
본교회 수침자만	6	2.2
침례나 세례를 받은 모든 사람	127	47.0
구원의 확신자 모두	79	29.3
합계	270	100.0

6. 교리적 특성

목회자들의 교리적 특성을 파악하기 위해서 민감한 차이를 보여주는 11개의 주제를 통해 어떤 교리를 지지하는지를 확인했다. 응답의 내용에 따라서 신학적 입장이 결정될 것이다.

1) 성경의 영감설 문제

성경은 하나님의 말씀이요, 성령의 영감에 의해 오류없이 쓰여졌다는 것을 부인하는 목회자가 얼마나 되겠는가? 하지만 영감의 방법과 범위에 대해서는 여러 가지 이론이 있다. 그 가운데 많은 사람들로부터 지지를 받는 대표적 이론은 이른바 축자영감설과 역동영감설이다. 한국 침례교 목회자들은 어느 쪽에 더 많은 표를 던져 주고 있을까? 응답자 가운데 과반수 이상(52.3%)이 축자영감설의 손을 들어주었고, 역동영감설을 지지한 목회자는 31.8%였다(〈표14〉참조). 물론 축자영감설이 곧바로 기계적, 구술적 영감설을 의미하는 것은 아니지만, 대개 이것을 문자적 오류가 전혀 없다는 점에서 완전무오설의 입장에서 이해하면 무리가 없을 것이다.

〈표14〉성경영감설

구분	빈도(명)	비율(%)
축자영감설	145	52.3
역동영감설	88	31.8
자연영감설	6	2.2
잘 모르겠다	20	7.2
무응답	18	6.5
합계	277	100.0

2) 인간의 구성요소 문제

인간론에서 의견일치를 보지 못했던 것 가운데 하나는 인간의 구성요소 문제다. 이것은 영과 혼을 하나의 실체로 보느냐 아니면 서로 다른 요소로 보느냐에 따라

이분설(dichotomism)과 삼분설(trichotomism)로 나뉜다. 응답자 가운데 58.1%는 삼분설을, 28.2%는 이분설을 지지하는 것으로 나타났다. 한편, 밀라드 에릭슨(Millard J. Erickson)이 제기한 조건적 일원설(conditional monotomism)이니 데일 무디(Dale Moody)가 주장한 일원설(monotomism)을 지지한 목회자는 각각 1.4%와 8.3%에 불과했다(〈표15〉참조). 에릭슨은 이분설이 기독교사상사에서 가장 광범위하게 지지를 받았고, 삼분설은 보수적 개신교 진영에서 인기있는 이론이라고 평가했는데,[17] 한국 침례교 목회자들도 대개 삼분설을 더 선호하는 것으로 나타났다.

〈표15〉인간 구성요소

구분	빈도(명)	비율(%)
일원설	23	8.3
이분설	78	28.2
삼분설	161	58.1
조건적 일원설	4	1.4
잘 모르겠다	2	0.7
무응답	9	3.2
합계	277	100.0

3) 그리스도의 속죄론 문제

속죄론 문제는 전형적으로 칼뱅주의와 아르미니우스주의를 가늠하는 잣대로 이용될 만큼 전체 교리체계를 결정짓는 중대한 영향력을 행사하는 교리 가운데 하나라고 할 수 있다. 이번 설문조사에서 89.2%는 보편속죄설(universal atonement)을 지지했고, 상대적으로 제한속죄설(limited atonement)을 지지한 목회자는 5.4%에 불과했다(〈표16〉참조). 이렇게 압도적으로 많은 목회자들이 보편속죄설을 받아들이고 있다는 것은 무엇을 의미하는가? 결코 한국 침례교 목회자들은 적어도 속죄설에서만큼은 칼뱅주의가 아닌 아르미니우스주의 계열에 속한다는 것을 단적으로 입증하는 것이다.

---

[17] Millard J. Erickson, 「인죄론」, 나용화, 박성민 공역 (서울: 기독교문서선교회, 1993), 122-9.

〈표16〉속죄의 범위

구분	빈도(명)	비율(%)
제한속죄설	15	5.4
보편속죄설	247	89.2
만인구원설	9	3.2
잘 모르겠다	1	0.4
무응답	5	1.8
합계	277	100.0

4) 구원의 논리적 순서 문제

구원에서 중생(regeneration)과 회심(conversion)의 논리적 순서를 물었다. 중생이 회심보다 앞선다고 답한다면 칼뱅주의요, 회심이 중생보다 앞선다고 답하면 아르미니우스주의라고 볼 수 있다. 응답자 가운데 63.2%는 중생과 회심이 동시에 일어난다고 답했다. 중생이 회심보다 앞선다고 응답한 목회자는 9.4%, 회심이 중생보다 앞선다고 답한 목회자는 23.1%였다(〈표17〉참조). 이 결과를 놓고 볼 때, 역시 한국 침례교 목회자들은 구원의 순서에서 칼뱅주의와 아르미니우스주의의 중도를 가고 있으며, 칼뱅주의보다 아르미니우스주의 성향이 더 강하다는 것을 확인할 수 있다.

〈표17〉구원의 논리적 순서

구분	빈도(명)	비율(%)
중생 〉회심	26	9.4
중생〈 회심	64	23.1
중생 = 회심	175	63.2
잘 모르겠다	1	0.4
무응답	11	4.0
합계	277	100.0

그렇다면 예정 문제에서는 어떤 견해를 가지고 있는가? 응답자 가운데 70.4%가

예지예정을 지지했다. 반면에 칼뱅주의의 절대(이중) 예정을 택한 목회자는 11.9%에 불과했다(〈표18〉참조). 이로써 한국 침례교 목회자들은 70% 이상이 아르미니우스주의의 예지예정을 선호한다는 것을 확인한 셈이다.

〈표18〉예정론

구분	빈도(명)	비율(%)
이중예정	33	11.9
예지예정	195	70.4
예정교리 불인정	24	24.7
잘 모르겠다	11	4.0
무응답	14	5.1
합계	277	100.0

지금까지 예정론, 중생과 회심의 논리적 순서, 그리고 속죄설에서 나타난 결과에 따르면, 한국 침례교 목회자들이 칼뱅주의 교리를 지지하는 비율은 각각 11.9%, 9.4%, 5.4%로 나타났음을 알 수 있다.

그런데 앞에서 조사한 내용에서는 침례교신학을 칼뱅주의라고 응답한 사람이 15.9%였다. 왜 이런 차이가 나올 수 있는가? 추측컨대, 이런 현상은 침례교신학이 칼뱅주의라고 응답한 목회자라 하더라도 그 당사자는 아르미니우스주의를 지지하기 때문에 나온 결과라고 할 수 있다. 어쩌면 피상적으로 침례교가 칼뱅주의라는 선입견을 가지고 있거나, 혹은 칼뱅주의에 대한 우호적 정서 때문에, 자신이 반(反)칼뱅적 교리를 믿고 있으면서도 그 실상을 파악하지 못하는 경우도 배제할 수는 없을 것이다.

끝으로 구원의 영원성 문제, 즉 신자의 최종적 견인에 대해서 조사했다. 응답자 가운데 63.9%는 신자의 최종 견인설(칼뱅주의)을 지지했고, 반대로 신자라도 신앙을 상실할 수 있다(아르미니우스주의)고 본 응답자는 31.0%였다(〈표19〉참조).

〈표19〉 성도의 견인과 배교

구분	빈도(명)	비율(%)
신자의 견인	177	63.9
배교 가능	86	31.0
잘 모르겠다	1	0.4
무응답	13	4.7
합계	277	100.0

이 대목에서 한국 침례교 목회자들의 신학적 독특성이 극명하게 나타난다. 칼뱅주의의 5대교리에서 볼 때, 지금까지는 대부분 아르미니우스주의를 지지했던 목회자들이 성도의 견인 문제에서는 정반대로 칼뱅주의의 손을 들어주었다. 이것은 무엇을 의미하는가? 바로 침례교신학이 칼뱅주의와 아르미니우스주의의 중도 노선이라고 말한 목회자들의 신학적 입장이 반영된 결과이며,[18] 동시에 "한번 구원은 영원한 구원!"(Once Saved, Always Saved!)이라는 침례교인의 보편적 신앙정서도 아울러 반영한 것이라고 볼 수 있다.[19]

5) 성령론 문제

중생과 성령침례의 관계에 대해서는 신학적으로 크게 두 가지 견해가 대립해왔다. 첫째는 중생과 성령내주와 성령침례를 동일시하는 것이고(중생=성령내주=성령침례), 둘째는 중생과 성령내주는 동일시해도 성령침례는 구분하는 것이다(중생=성령내주≠성령침례).[20] 한국 교회에서 이 논쟁은 한때 장로교단 안에서도 뜨겁게

---

[18] 멀린스는 자신의 신학적 입장을 칼뱅주의와 아르미니우스주의의 중도를 지향한다고 전제한 뒤, "강권적 은혜"(Constraining grace)를 통해 그 가능성을 설명했다. Edgar Y. Mullins, *The Christian Religion in Its Doctrinal Expression* (Philadelphia: Roger Williams Press, 1917); 김용복, "E. Y. Mullins의 강권적 은혜" 참조.

[19] 데일 무디(Dale Moody)는 바로 이런 신앙정서와 상반되는 신자의 배교 가능성을 주장했다가 논쟁에 휘말렸고, 결국 신학교에서 물러나는 결과가 빚어지기도 했다.

[20] 전자의 입장은 개혁신학이, 후자의 입장은 오순절신학이 대체로 대변한다. Anthony A. Hoekema, 「개혁주의구원론」, 류호준 역 (서울: 기독교문서선교회, 1991), 80-90; Guy P. Duffield and N. M. Van Cleave, *Foundations of Pentecostal Theology* (Los Angeles: L.I.F.E.

일어난 적이 있었다.[21]

이번 설문에서 가장 많은 목회자의 지지를 얻은 견해는 중생과 성령침례를 동일한 사건이라고 보는 것이었다(55.2%). 그 다음으로는 성령침례를 제2의 성령은사로 간주하여 중생 이후에 일어나는 사건으로 보는 견해다(39.7%). 물론 이 두 번째 견해는 성령침례를 결코 구원의 문제와 관련시키지 않는 것이다. 한편 성령침례를 받지 않으면 구원받을 수 없다고 믿는 사람은 1.1%에 불과했다(〈표20〉참조).

〈표20〉중생과 성령침례의 관계

구분	빈도(명)	비율(%)
동일한 사건	153	55.2
중생후 일어나는 제2의 사건	110	39.7
성령침례는 구원의 필수요소	3	1.1
잘 모르겠다	2	0.7
무응답	9	3.2
합계	277	100.0

또한 성령의 초자연적 은사(방언/ 통역/ 예언/ 신유 등)가 모두 존재한다고 믿는

Bible College, 1983), 304-8.

21) 한국 교계에서 성령론 논쟁은 고신교단에서 1986년 "성령세례에 대하여"라는 입장을 정하고 이것을 1992년 7월 11일자 「기독교보」에 실으면서 표면화된다. 「기독교연합신문」에서는 안영복 교수의 주장을 4회로 나누어 게재함으로써(1992. 8. 14) 전체 기독교의 논쟁으로 확대되었고, 이어서 총신대의 차영배 교수, 총회신학교의 최갑종 교수, 고신대의 유해무 교수 등이 가세한다. 이 논쟁은 같은 신문에서 1993년 2월 21일까지 계속되었다.
「기독교연합신문」에 게재된 내용을 정리하면, 안영복 교수는 오순절 성령강림이 신약교회 전체에 내린 것이 아니라 예루살렘 개교회(120명)에 임한 것이고, 단회의 사건이 아니라 재림까지 계속되는 사건이며, 오순절 이전이나 이후에도 성령세례와 중생은 구별된 것이라고 주장했고, 이에 대해 최갑종 교수는 오순절 사건이 "[단회적] 구원역사적 사건이며 동시에 또한 [계속적] 구원적용의 사건"이며, 성령세례는 제2의 은사가 아니라 복음을 통해 구원에 참여하는 모든 사람에게 적용되는 말이라며, "성령주심," "성령 보내심," "성령으로 인치심," "성령충만"과 상호교차적으로 사용된다고 주장했다.

목회자는 압도적으로 많아서 전체 응답자의 90.6%에 달했다(〈표21〉참조). 이 수치는 허셀 홉스가 「침례교인은 무엇을 믿는가?」에서 제시한 견해와 큰 대조를 보여 주목할 만하다. 홉스는 이 책에서 방언, 방언 통역, 예언, 기적적 치유 등의 은사는 일시적인 것이요 오늘날은 그 기능이 소멸되었다는 입장을 표명했기 때문이다.[22]

〈표21〉 성령의 초자연적 은사

구분	빈도(명)	비율(%)
모두 가능	251	90.6
일부만 가능	19	6.9
더 이상 불가능	1	0.4
잘 모르겠다	1	0.4
무응답	5	1.8
합계	277	100.0

끝으로 입신(入神)이나 영서(靈書)를 성령의 은사로 인정하는가 하는 질문에서는 응답자 가운데 39.0%는 단정할 수 없다는 신중한 태도를 보였고, 35.4%는 성령의 은사로 간주했다. 성령의 은사가 아니라고 말한 목회자도 17.7%로 나타났다(〈표22〉참조). 성령의 은사가 주어지는 목적이 교회와 그리스도인을 세우고 성숙하게 하기 위함이라는 기본 전제에서 볼 때, 오늘날 입신과 영서 등의 현상이 과연 얼마나 그 목적에 부합하는가 하는 문제는 반성될 필요가 있다. 교회를 세우기보다 오히려 분열시키고, 그리스도인의 신앙을 성숙시키기보다 오히려 그것을 맹목적, 미신적으로 만드는 데 더 기여했다는 비판의 소리를 기억할 필요가 있다.

---

22) Herschel H. Hobbs, *What Baptists Believe* (Nashville: Broadman Press, 1964), 50-60; 「침례교인들은 무엇을 믿는가?」, 김태식 옮김 (서울: 서로사랑, 1997), 61-74.

〈표22〉입신과 영서의 성령은사 문제

구분	빈도(명)	비율(%)
성령의 은사다	98	35.4
성령의 은사가 아니다	49	17.7
단정하기 어렵다	108	39.0
잘 모르겠다	14	5.1
무응답	8	2.9
합계	277	100.0

6) 종말론 문제

종말론에서 가장 격렬하게 논쟁이 일어나고 있는 천년왕국 문제에 대해서 알아보았다.[23] 대체로 역사적 전천년설(33.9%)과 무천년설(28.9%)이 지배적이었다. 반대로 세대주의 전천년설을 지지하는 목회자들은 11.6%, 후천년설은 14.8%로 나타났다(〈표23〉참조). 후천년설보다 세대주의적 전천년설을 지지하는 목회자가 더 적었다는 것은 의외의 사실이었다. 일반적으로 후천년설은 19세기 자유주의 경향과 낙관적 세계관에 기초한 사상으로서, 1차, 2차 세계대전을 거치는 동안 인간성에 대한 낙관적 견해가 무너지면서 오늘날은 대체로 그 인기가 하락하는 견해라고 볼 수 있다.

그런데 동아기독교의 창시자 말콤 펜윅은 세대주의 전천년설을 주장한 인물이었고, 한국에 영향을 끼친 멀린스 계열의 남침례교 신학자들은 무천년설을 지지했던 상황에서 볼 때, 이번 결과는 다소 의외라고 할 수 있다.[24]

---

23) 천년왕국에 대한 일반적인 소개서는 *The Meaning of Millennium: Four Virews*, ed. by Robert G. Clouse (Downers Grove: InterVarity Press, 1977); M. J. Erickson, 「현대종말론 연구: 천년왕국과 대환난에 대한 여러 입장 연구」, 박영희 옮김 (서울: 생명의말씀사, 1996); 최갑종, 이광복, 「종말론 논쟁: 천년왕국, 사실인가 상징인가」 (서울: 신망애출판사, 1996) 참조.

24) 김용복, "「사경공부」에 나타난 펜윅의 종말신앙: 조직신학적 관점에서," 「한국 침례교의 신앙적 특성」, 침례교신학연구소 편 (대전: 침례신학대학교출판부, 2000), 77-119 참조; Mullins, Conner, Stevens, Gamage 등은 모두 무천년설을 주장했다. 그리고 미국 남침례교의 일반적 전통은 대체로 천년왕국에 대한 일관된 견해보다 다양한 견해를 인정하는 편이다. Paul Basden, 「침례교신학의 흐름: 1845년부터 최근까지」, 침례교신학연구소 옮김 (대전: 침례신

〈표23〉 천년왕국설

구분	빈도(명)	비율(%)
역사적 전천년설	94	33.9
세대주의적 전천년설	32	11.6
무천년설	80	28.9
후천년설	41	14.8
잘 모르겠다	17	6.1
무응답	13	4.7
합계	277	100.0

마지막으로 대환난과 휴거의 관계에 대해 알아보았다. 이 문제는 특별히 천년왕국 사상과 밀접한 관계를 가지고 있기 때문에 설문 응답자의 신학적 지식 수준을 판단할 수 있는 자료로 사용되리라 기대된다. 설문 결과, 환난전 휴거설을 지지하는 목회자가 전체 응답자 가운데 50.9%, 환난중 휴거설은 9.4%, 부분 휴거설은 1.4%, 환난후 휴거설은 24.2%였다(〈표24〉참조).

〈표24〉 대환난과 휴거설

구분	빈도(명)	비율(%)
대환란후 휴거설	67	24.2
대환란전 휴거설	141	50.9
대환란 도중 휴거설	26	9.4
여러 번 휴거설	4	1.4
잘 모르겠다	28	10.1
무응답	11	4.0
합계	277	100.0

그런데 문제는 환난후 휴거설만이 역사적 전천년설과 관련되어있고, 나머지는

학대학교출판부, 1999), 333-80 참조.

모두 세대주의 전천년설에서 나올 수 있는 견해라는 데 있다. 물론 무천년설과 후천년설을 지지하는 사람도 굳이 환난과 휴거의 문제에 대해 입장을 정해야 한다면 환난후 휴거설에 속할 것이다. 그런데 앞 문항에서 세대주의 전천년설을 지지한다고 응답한 목회자는 11.6%에 불과한데, 이 문항에서는 무려 61.7%의 목회자들이 세대주의 전천년설에서만 나올 수 있는 휴거설을 지지했다. 이런 불일치가 나온 원인은 어디에 있는가? 역시 종말론에 관한 정확한 신학적 지식의 결여에서 그 일차 원인을 찾을 수 있다. 세대주의 전천년설이 부정적으로 비판을 받고 있다는 것을 알고 있었지만, 그것이 구체적으로 어떤 내용을 주장하는 것인지에 대해서는 정확하게 알지 못했던 것이다. 그리고 실제로는 종말론에 대한 자신들의 견해가 세대주의 전천년설이라는 것을 알지 못한 채 부주의하게 입장 표명을 했던 것이 아닌가 추측된다.

마치는 글

한국 침례교신학의 정체성을 확립하려는 취지 가운데 하나로 시작된 이번 연구에서 일차 목표로 삼은 것은 한국 침례교 목회자들의 신학 경향을 분석하는 것이었다. 위에서 분석한 결과를 바탕으로 한국 침례교 목회자들의 전반적 신학 경향에 대한 결론을 두 가지 관점에서 도출하고자 한다: 하나는 교리적, 신학적 차원이고, 다른 하나는 교육적, 제도적 차원이다.

1. 교리적, 신학적 차원

이 논문에서는 한국 침례교 목회자들의 신학 경향을 유형적 구도로 접근하기 위해 편의상 칼뱅주의와 아르미니우스주의라는 두 개의 틀을 사용했다. 그 결과, 다음과 같은 몇 가지 특징들을 발견할 수 있다.

1) 신학 노선: 칼뱅주의-아르미니우스주의의 중도

서론에서 제기한 일차적 물음에 대한 한국 침례교 목회자들의 신학 경향은 종합적으로 평가할 때 칼뱅주의와 아르미니우스주의의 중도를 지향하는 신학이었음이 나타났다. 예정론, 속죄론, 구원의 순서 등에서는 아르미니우스주의를 선호했고, 성도의 견인에서는 칼뱅주의를 따랐다. 이런 현상은 부정적 측면에서 보면 한국 침례교 목회자들의 신학정체성이 결여되어 있는 모습으로 비춰질 수 있지만, 한 편으로는 목회자들이 의도적으로 중도 입장을 지지한 결과로 볼 수도 있는 것이다. 그러므로 이번 설문조사에서 나타난 한국 침례교 목회자들의 신학 경향은 적어도 교리 문제에서 어느 특정한 신학 틀 안에서 논리적 사유를 하지 않으려는 특성을 보여주었다고 해석할 수 있다.

2) 정립될 필요가 있는 교리적, 신학적 문제

신학적으로 분명한 입장을 보여주지 못한 교리 문제들도 일부 드러났다. 첫째는 성령의 은사 문제다. 침례교 목회자들은 성령의 초자연적 은사를 대부분 인정하는 편이지만, 영서, 예언, 입신 등과 같은 특별한 현상에 대해서는 입장이 정립되지 않은 것으로 나타났다. 성령의 초자연적 은사 문제는 교회의 사역방향을 결정하는 데 매우 중요한 영향을 끼치는 것이기 때문에, 바른 입장 정리가 필요하다. 오늘날 한국 기독교의 일부 기도원에서 비성서적이고, 비신학적인 성령운동, 혹은 은사운동이 활개를 치는 것은 목회자들이 이에 대한 올바른 견해가 정립되지 않은 결과와도 무관하지 않은 것으로 판단된다.

둘째는 종말론의 천년왕국 문제다. 이 문제는 설문조사 내용 중에서 목회자들의 신학 지식이 가장 취약한 것으로 나타난 부분이다. 우선 네 가지의 천년왕국설 개념이 분명하게 서 있지 않았고, 천년왕국설과 관련된 환난과 휴거의 문제가 정리되지 않았다. 그래서 50% 이상의 목회자들이 세대주의적 전천년설을 거부하면서도 환난과 휴거의 문제에서는 세대주의 전천년설에서만 나올 수 있는 견해를 지지하는 불일치를 보여주었다. 신학교육 과정에서 종말론에 대한 교육이 철저하게 실행되지 않은 원인도 있겠지만, 무분별하게 확산되는 비성서적 종말론 세미나에 대한 규제가 거의 이루어지지 않은 것도 문제점으로 지적될 수 있다.

마지막으로 지적할 사항은 침례교의 기원 문제다. 목회자들이 과반수 이상 계승설을 지지한다는 사실은 어떤 점에게 예상하지 못한 바는 아니지만, 주목받을 만한 현상이 아닐 수 없다. 미국 남침례교의 60년대 휫시트 사건을 역사적 교훈으로 볼 때 이 문제는 앞으로 교단 안에서 하나의 논쟁의 불씨가 될 가능성이 높다.

2. 교육적·제도적 차원

1) 침례교 전통에 대한 지식 부족과 전통 유산 보존 문제

목회자들은 침례교의 정신이나 이상에 대해 자부심을 가지고 있지만, 침례교의 정체성 확립을 위해서 침례교의 전통에 대한 지식을 더욱 함양할 필요성이 있음을 보여주었다. 이 문제를 해결하기 위해서는 신학교나 총회의 관련 기관에서 세미나 등을 통해 침례교의 역사와 신학 특성을 연구하고 교육할 수 있는 제도적 장치가 마련될 필요가 있다.

또한 목회자들은 침례교가 전통 유산에 대한 발굴과 보존에 매우 소홀히 하고 있다고 지적했다. 이 문제를 풀기 위해서는 총회 산하에 전문 연구기관을 두어 지속적으로 침례교의 전통과 유산을 발굴하고 보존하는 데 범교단적 관심이 모아져야 한다는 견해가 지배적이다.

2) 직분제 조율 문제

침례의 문제에 대해서는 대체로 개방적 태도를 보여주고 있었지만, 아직까지 직분 문제에서는 전통적인 2직분제(목사-집사)를 고수하고자 하는 목회자들이 상대적으로 많았다. 그러나 점차 (호칭)장로제를 도입하는 교회들이 늘어나는 추세임을 감안할 때, 역시 이 문제는 시급히 어떤 형태로든 그 매듭을 지어야 할 필요가 있다. 설문 응답자 가운데 가장 많은 사람들이 손을 들어준 것은 "개교회에 결정에 맡기자"인데, 과연 그것이 침례교의 정신과 부합하는 선택인지, 아니면 다른 방법을 따라야 하는지 하는 문제도 다시 한 번 논의할 필요가 있다.

3) 여성 안수 문제

침례교의 기본 정신에 입각해서 볼 때, 교회 안에서 남성과 여성을 차별하여 여성목사 안수를 반대할 근거는 없다고 생각한다. 또한 성서적으로나 신학적으로도 그다지 여성 안수를 반대할 근거가 충분하지는 않다. 상당수의 목회자들이 여성에게 목회의 기회를 열어주자는 의견에 찬성한 대목은 시대의 분위기를 반영하는 것으로 보인다. 한국 교회들이 여성안수를 허락하지 않음으로 해서, 오히려 무자격 여성목사가 음성적으로 양산되는 현실을 감안할 때, 그리고 유능한 여성 사역자들을 이 문제 때문에 타교단으로 내모는 형국을 막는 차원에서라도 한국 침례교는 여성안수 문제를 좀 더 전향적으로 검토할 필요가 있다.

이번 연구결과는 한국 침례교의 신학정체성을 확립하는 일을 시작하기 위한 첫 걸음에 불과하다. 한국 침례교의 어제와 오늘을 파악하고, 내일을 설계하고자 하는 의도에서 준비된 이 논문은 내일의 구체적 방향설정이나 대책보다는 오늘의 현상을 분석하는 것을 소임으로 삼았다. 전통은 단지 고수하는 것이 아니라 만들어지는 것이다. 그러므로 한국 침례교회는 새로운 토양에서 침례교신학이 독창적으로 형성될 수 있도록 좀 더 많은 관심을 모으고 교육여건을 개선할 필요가 있다.

에필로그

 이 책에 수록된 논문들이 지시하는 하나의 방향이 있다면 그것은 한국 침례교회 조직신학의 특성과 정체성을 탐색하는 데 있다. 그런데 비록 특정한 시대와 제한된 공간에서 다뤄지는 작업이기는 하지만, 한국 침례교회의 신학정체성을 탐색하는 일은 결코 간단하지 않아 보인다. 연구의 주제나 대상이 분명하지 않은 것도 어려움을 안겨주는 요인이지만, 그보다도 더 큰 걸림돌로 작용하는 것은 같은 역사를 다른 시각에서 보려는 견해와 관점 차이다. 관점과 이해관계의 차이는 해석의 다양성을 제공하기도 하지만, 경우에 따라서는 역사를 왜곡시키거나 호도하는 요인이 되기도 한다. 그 점에서 여기에 소개된 필자의 연구와 주장도 단편적이거나 편견에 따른 것일 수 있음을 부인하지는 못한다. 그러므로 누구에게나 다양한 시각과 관점의 차이를 극복해낼 수 있는 학문적 성숙함과 헌신이 절실히 요구된다.
 이 연구들을 3부로 구성한 데에는 연구의 주제와 대상에 따른 분류에 부응하기 위함이다. 제1부는 현재 한국 침례교회 안에서 불어지고 있는 신학 갈등과 최근의 관심을 반영한 것이다. 이 갈등 주제들은 침례교회의 신앙과 신학의 정체성을 평가하는 데 매우 중요하게 작용한다. 여기서 다룬 주제들, 즉 성서의 무오성, 창조신앙과 생태신학, 죄책과 의의 전가, 성령침례, 방언, 신자침례와 유아세례 문제 등은 개방적 신학패러다임을 표방하는 침례교회들의 특징을 잘 보여주는 현장이라고 할 수 있다. 한국 침례교회는 이 주제들과 관련해서 다양한 목소리를 내고 있는 중이다. 그러나 그 다양성 속에서도 우리는 침례교의 정체성을 훼손하지 않으려는 노력의 끈을 놓지 않아야 할 것이다.

제2부는 침례교의 조직신학 전통의 특징을 정리하기 위해 연구된 자료들을 모은 것이다. 이 연구는 오래 전부터 침례교의 조직신학이 무엇인가를 질문하는 이들에 대한 답변을 준비한 것이라고 할 수 있다. 이 연구들은 침례교조직신학을 대표할 만한 교리적 특징이 있는가를 묻는 사람들에게 그것이 현명하지 못한 질문이라는 것과, 침례교회 안에는 다양한 조직신학체계가 공존해왔다는 사실을 보여주게 될 것이다. 이것을 입증하기 위해 쓴 논문이 첫 번째 글, "침례교회의 조직신학 전통과 정체성"이다. 그리고 침례교회 안에 존재하는 다양한 신학체계를 보여주기 위해 각 형태를 대표하는 신학자들, 즉 미국 남침례교 전통에서 존 대그(칼뱅주의), 에드가 멀린스(중도주의), 데일 무디(아르미니우스주의)의 신학사상을 다루었다. 그 다음에는 이러한 신학형태가 침례교회의 역사에서 어떻게 공식적으로 신앙고백 되었는가를 분석한 글을 제시했고, 침례교신학에서 새로운 패러다임, 즉 "제4 패러다임"이 어떻게 가능할 수 있는가를 타진했다. 2부 끝에 "침례와 주의 만찬의 교회론적 의미"를 배열한 것은 다양한 조직신학전통을 허용하면서도 침례교인들이 교회론에서 만은 합의된 하나의 견해를 일관되게 유지해왔다는 것을 강조하고자 하는 의도가 담겨있다.

제3부는 한국 침례교회 안에서 나타난 신학특성과 침례교의 정체성 문제를 다루었다. 우선 말콤 펜윅의 신학정체성을 분석하여 그의 사상이 아르미니우스주의에 가깝다는 것을 밝혔고, 과거 대한기독교회(동아기독교)의 신앙과 직제에 관한 연구를 덧붙였다. 특별히 동아기독교의 '감로'직분이 일반적으로 추측했던 것처럼 '장로'가 아니라 '집사'였다는 사실을 밝힌 것은 이 논문이 처음이다. 그리고 동아기독교의 직분제가 세계 침례교회의 공통된 2직분제(목사와 집사)와 마찬가지로 2직분제였음도 주장했다. 그 점에서 볼 때 감독정치를 했다는 이유로 '반침례교적'이라고 비판받았던 동아기독교에 대한 평가는 재고의 여지가 있다. 또한 최근까지 첨예한 갈등을 빚고 있는 '호칭 장로' 문제를 다루고 그 해결책을 제안했으며, 전반적으로 한국 침례교회가 어떤 유형의 조직신학 전통에 속하는가를 탐구한 논문과, 한국 침례교회 목회자들의 신학성향을 설문조사하여 분석한 내용도 실었다.

한국 침례교회가 총회 차원에서 공식적으로 합의된 신앙고백을 내놓은 것은 지금까지 몇 차례 있었다. 그 가운데 무엇보다도 중요한 문서는 1906년에 처음으로 대한기독교회를 설립할 때 발표한 "46개 교규"와 1970년대 후반에 합의한 "총회규약" 그리고 1982년에 채택한 "침례교회의 이상과 주장"이다. 그밖에도 중요한 현안들이 생길 때마다 총회에서는 그 문제를 연구하고 논의해서 한국 침례교회의 전통을 세우며 그 정체성을 지키기 위해 노력해왔다. 그 과정에서 많은 갈등과 다툼이 일어났고, 총회 차원에서 돌아올 수 없는 강을 건널 위기도 경험했던 것 같다. 물론 이런 갈등과 분쟁은 앞으로도 계속해서 이어져 나갈 것이다. 마치 휴화산이 언제라도 폭발할 가능성을 가지고 있는 것처럼.

그런데 언제부터인가 한국 침례교회를 대변할 수 있는 체계적인 신앙고백서를 만들어야 한다는 목소리가 회자되는 것은 우리에게서 일어나고 있는 하나의 중요한 변화라고 할 수 있다. 적지 않은 목회자들이 "총회규약"이나 10개조로 구성된 "침례교회의 이상과 주장"이 우리의 신학정체성을 담아내는 데 충분하지 못하다는 인식을 하고 있는 것 같다. 그래서 그런 불만이 '침례교조직신학'을 내놓아야 한다는 볼멘소리로 표출되는 것이 아닌가 하는 생각도 든다.

이제 우리는 그런 변화에 대비할 필요가 있다. 앞에서도 언급했지만, 한국 침례교회의 신학체계를 마련하는 것은 결코 어려운 일이 아니라고 생각한다. 과거에 총회를 통해 규약을 제정하고 침례교회의 이상과 주장을 채택했던 것처럼, 우리는 한국 침례교회의 역사적 유산과 신학전통을 파악하고, 그 선상에서 우리가 처한 현재 상황과 관심사를 반영하는 신앙고백서를 작성할 수 있다. 이를 위해서는 먼저 침례교인들의 공감대가 확산되는 것이 필요하며, 총회를 통해 적절한 절차를 거쳐 그에 대한 합의를 이끌어내는 노력이 수반되어야 한다. 이 책에서 논의된 연구주제들이 한국 침례교회의 신학전통과 유산을 정리하는 데 조금이라도 기여할 수 있기를 바란다.

참고자료

단행본

고재수. 「세례와 성찬」. 개혁신앙 강좌 4. 서울: 성약출판사, 2005.

국제신학연구원 편. 「21세기를 위한 교회론: 교회의 일치와 성숙을 위하여」. 서울: 서울말씀사, 2004.

기독교한국침례회 총회 역사편찬위원회 편. 「한국침례교회사」. 이정수 집필. 서울: 침례회출판사, 1990.

「기독교한국침례회 제77차 연차총회」. 서울: 기독교한국침례회 총회, 1987.

김갑수. 「원당교회100년사」. 서울: 삼영사, 2005.

_____. 「한국침례교인물사」. 서울: 요단, 2007.

김균진. 「생태학의 위기와 신학」. 서울: 대한기독교서회, 1991.

_____. 「하나님은 어디에 계신가?」. 서울: 대한기독교서회, 1990.

김남수. 「복음과 찬미: 침례교 찬송가」. 대전: 침례신학대학교출판부, 2005.

김도훈. 「생태신학과 생태영성: 창조와 하나님의 아름다움의 회복을 위하여」. 서울: 장로회신학대학교출판부, 2009.

김동수. 「방언은 고귀한 하늘의 언어」. 개정증보판. 초판 2008; 서울: 이레서원, 2012.

김승진. 「침례교 신앙의 관점에서 본 요한 칼빈: 그의 교회론은 신약성서적인가?」. 대전: 침례신학대학교출판부, 2007.

김승혜 외 4인. 「현대 생태사상과 그리스도교: 종교대화 강좌」. 서울: 바오로딸, 2010.

김용국. 「한국침례교사상사: 1889-1997」. 대전: 침례신학대학교출판부, 2005.

김용복. "「사경공부」에 나타난 펜윅의 종말신앙." 「한국 침례교와 신앙의 특성」. 침례교신학연구소 편, 75-119. 대전: 침례신학대학교출판부, 2000.

_____. "교회직분의 계급적 이원구조에 대한 신학적 재고." 「21세기 목회자」. 이정희 박사 은퇴기념 논문집, 219-46. 대전: 침례신학대학교 출판부, 2002.

_____. "한국 침례교회의 직제 문제: '호칭장로'를 중심으로." 「다문화시대에 다시 보는 한국침례교회」, 79-118. 대전: 침례신학대학교출판부, 2009.

_____. 「신학과 신앙의 만남: 간추린 조직신학」. 서울: 요단, 2004.

_____. 「침례교신학: 침례교인의 신앙과 신학 유산」. 수정재판. 대전: 침례신학대학교출판부, 2009.

_____. 「회중주체적 조직신학: 자유의 길에서 은혜를 찾다」. 대전: 하기서원, 2017.

김용해 편저. 「대한기독교침례회사」. 대한기독교침례회총회. 출판지불명: 성청사, 1964.

김우현. 「하늘의 언어」. 서울: 규장, 2007.

김장배. 「침례교회의 산 증인들」. 서울: 침례회출판사, 1981.

문효식. 「방언! 무엇이 문제인가?」. 서울: 크리스챤서적, 2008.

민경배. 「한국기독교회사」. 개정판. 서울: 대한기독교출판사, 1982.

박명수. 「근대복음주의의 주요 흐름: 한국 성결교회의 배경에 대한 연구」. 서울: 대한기독교서회, 1998.

박영돈. 「일그러진 성령의 얼굴: 한국교회 성령운동 무엇이 문제인가」. 서울: IVP, 2011.

박용규. 「한국기독교회사 1: 1784-1910」. 서울: 생명의말씀사, 2004.

_____. 「평양대부흥운동」. 서울: 생명의말씀사, 2000.

배국원. "한국 문화와 한국침례교회." 「한국 침례교와 신앙의 특징」. 침례교신학연구소 편, 245-66. 대전: 침례신학대학교출판부, 2000.

성결교회와 역사연구소 편. 「유아세례 다시보기」. 서울: 바울서신, 2004.

성결교회와 역사연구소 편. 「유아세례 다시보기」. 서울: 바울서신, 2004.

성기호. 「교회와 신학논쟁」. 서울: 성광문화사, 1995.

신호섭. 「개혁주의 전가교리」. 서울: 지평서원, 2016.

아시아 여성신학 자료센터 엮음. 「하나님의 형상대로: 아시아의 여성신학 I」. 서울: 대한기독교서회, 1995.

안영복. 「성령론의 바른 이해」. 서울: 기독교문서선교회, 1987.

안희열. 「말콤 펜윅: 시대를 앞서 간 선교사」. 개정증보판. 대전: 침례신학대학교출판부, 2010.

여주봉. 「성령사역의 회복」. 용인: 새물결출판사, 2001.

오관석. 「하늘의 소리」. 서울: 바울서신사, 1997.

옥성호. 「방언, 정말 하늘의 언어인가」. 개정판. 서울: 국제제자훈련원, 2012.

옥한흠 편. 「현대교회와 성령운동」. 서울: 엠마오, 1984.

원세호. 「직제에 관한 논쟁연구: 기독교한국침례회 직제논쟁」. 서울: 국제신학연구소, 1992.

이경숙. 「구약성서의 여성들」. 서울: 대한기독교서회, 1994.

이문균. "幼兒洗禮의 神學的 正當性." 「崇田大學校 論文集」, 제12집 (1982): 45-65.

이상배, "한국 침례교신학의 흐름," 「한국 침례교와 신앙의 특성」. 침례교신학연구소 편, 219-42. 대전: 침례신학대학교출판부, 2000.

이영희 외 11인. 「여성사역자의 소명」. 교회와 목회 시리즈 38. 서울: 기독신문사, 2003.
이용규. 「한국 교회와 신유운동」. 서울: 쿰란출판사, 2006.
이정배 편저. 「창조신앙과 생태학」. 서울: 설우사, 1987.
이종성. 「삼위일체론」. 서울: 대한기독교출판사, 1991.
이한수. "바울과 누가의 성령 이해." 「기독교연합신문」, 1993년 3월 14일자. 17면.
이형기 엮음. 「교회직제와 평신도론」. 서울: 장로회신학대학교출판부, 2001.
이형기. 「하나님의 나라와 교회: 20세기 주요 신학의 종말론적 교회론」. 서울: 한들출판사, 2005.
장도곤. 「예수 중심의 생태신학: 생태신학 입문」. 서울: 대한기독교서회, 2002.
전성용. 「세례론: 칼 바르트의 성령론적 세례론」. 서울: 한들출판사, 1999.
조효훈. "한국침례교회 약사와 정체성." 「다문화시대에 다시 보는 한국침례교회」. 침례교신학연구소 펴냄, 13-41. 대전: 침례신학대학교출판부, 2009.
최갑종, 이광복. 「종말론 논쟁: 천년왕국, 사실인가 상징인가」. 서울: 신망애출판사, 1996.
최만자, 박경미. 「새하늘, 새땅, 새여성」. 서울: 생활성서사, 1993.
최봉기·펜윅신학연구소 편. 「말콤 C. 펜윅: 한국기독교 토착화의 거보(巨步)」. 서울: 요단출판사, 1996.
최영실. 「신약성서의 여성들」. 서울: 대한기독교서회, 1995.
침례교신학연구소 편. 「하나님의 주권과 인간의 자유」. 대전: 침례신학대학교출판부, 2003.
_____. 「한국 침례교의 신앙적 특성」. 대전: 침례신학대학교출판부, 2000.
한국기독교학회 편. 「교회와 코이노니아」. 한국기독교신학논총 10. 서울: 대한기독교서회, 1993.
_____. 「전환기에 선 한국교회와 신학」. 신앙과 신학 제3집. 서울: 양서각, 1988.
_____. 「여성신학과 한국 교회」. 한국기독교신학논총 14. 천안: 한국신학연구소, 1997.
한국여성신학회 엮음. 「교회와 여성신학」. 여성신학사상 제3집. 서울: 대한기독교서회, 1997.
한국여성신학회 편. 「한국여성의 경험」. 서울: 대한기독교서회, 1994.
한국여신학자협의회 엮음. 「새롭게 읽는 성서의 여성들」. 서울: 대한기독교서회, 1994.
허 긴. "대한기독교회와 펜윅 선교사: 펜윅 선교사역의 功過." 「한국침례교회와 역사: 회고와 성찰」. 해송 허긴 박사 은퇴기념논문집, 223-34. 대전: 침례신학대학교출판부, 2010.
_____. 「한국침례교회사」. 대전: 침례신학대학교출판부, 1999.

Akin, Daniel L. "Southern Baptists & American Evangelicals: A Common Salvation?" *Southern Baptists & American Evangelicals: The Conversation Continues.* Ed. David S. Dockery, 176-85. Nashville: Broadman & Holman Publishers, 1993.

Althaus, Paul. *The Theology of Martin Luther.* Tr. Robert C. Schultz. Philadelphia: Fortress Press, 1966;「마르틴 루터의 신학」. 구영철 옮김. 서울: 성광문화사, 1994.

Anderson, Stanley Edwin. *Your Baptism is Important.* Little Rock: Seminary Press, 1958.

Arminius, James. *The Works of James Arminius,* Vols. I-III, Tr. by James Nichols. Rpt. Grand Rapids, Mich.: Baker Book House, 1991.

Augustinus. 「아우구스티누스의 은혜론」. 김종흡 역. 서울: 생명의말씀사, 1990.

Baillie, D. M. *The Theology of the Sacrament.* New York: Charles Scribner's Sons, 1957.

Bainton, Roland H. 「마틴루터의 생애」. 이종태 역. 서울: 생명의말씀사, 1982.

Bangs, Carl. *Arminius: A Study in the Dutch Reformation.* 2nd ed. Grand Rapids, Michigan: Zondervan Publishing House, 1985.

Barth, Karl. *Church Dogmatics.* IV/4. Tr. G. W. Bromiley. Edinburgh: T & T Clark, 1969.

_____. 「그리스도교 교리의 주제와 내용: 하이델베르크 신앙고백에 관한 해설」. 백철현 옮김. 서울: 그리스도교 신학연구소, 1989.

_____. *The Teaching of the Church Regarding Baptism.* tr. by E. A. Payne. London: SCM Press, 1948.

Basden, Paul., ed. *Has Our Theology Changed?: Southern Baptist Thought Since 1845.* Nashville: Broadman & Holman Publishers, 1994;「침례교신학의 흐름: 1845년부터 최근까지」. 침례교신학연구소 옮김. 대전: 침례신학대학교출판부, 1999.

Bavink, Herman. 「개혁주의 신론」. 이승구 역. 서울: 기독교문서선교회, 1988.

Beasley-Murray, G. R. *Baptism in the New Testament.* Reprinted. Grand Rapids: William B. Eerdmans Publishing Company, 1994;「성서적 침례론」. 임원주 역. 서울: 검과흙손, 2006.

Beilby, James K. and Paul R. Eddy 편. 「칭의논쟁: 칭의에 대한 다섯 가지 신학적 관점」. 문현인 옮김. 서울: 새물결플러스, 2015.

Berkhof, Louis. 「벌코프 조직신학」. 상, 하. 권수경, 이상원 옮김. 서울: 크리스챤다이제스트, 1991.

Boettner, Loraine. 「칼빈주의 예정론」. 홍의표, 김남식 옮김. 개역판. 서울: 보문출판사, 1990.

Boyce, James P. *Abstract of Systematic Theology.* Philadelphia: American Baptist Publication Society, 1887.

Brackney, William H. *The Baptists.* Westport: Praeger Publishers, 1994.

Briggs, John H. Y. "지역교회에 충실할 뿐 아니라 지구촌 침례교인들의 공동체에도 기여하자." 「21세기 속의 1세기 신앙」. Charles W. Deweese 편. 김승진 옮김, 357-69. 대전: 침례신학대학교출판부, 2005.

Bromiley, G. W., ed. *Zwingli and Bullinger.* The Library of Christian Classics. Ichthus Edition. Philadelphia: The Westminster Press, 1953.

Bromiley, Geoffrey W. *Historical Theology: An Introduction.* Edinburgh: T. & T. Clark, 1978.

Buchanan, James. 「칭의 교리의 진수」. 신호섭 옮김. 서울: 지평서원, 2014.

Bush, L. Russ, and Tom J. Nettles. 「침례교인과 성경」. 노창우 역. 서울: 요단출판사, 1986.

Calvin, John. *Institutes of the Christian Religion.* 2. Ed. John T. McNeill. Philadelphia: Westminster Press, 1960; 「기독교강요」 상, 중, 하. 원광연 옮김. 서울: 크리스챤다이제스트, 2003.

Carr, Anne E. *Transforming Grace: Christian Tradition and Women's Experience.* San Francisco: Harper & Row, 1988.

Clouse, Robert G. ed. *The Meaning of Millennium: Four Views.* Downers Grove: InterVarity Press, 1977.

Cole, Edward B. 「침례교의 유래」. 임성택 역. 서울: 생명의말씀사, 1986.

Conn, Harvie M. 편. 「성경무오와 해석학」. 정광옥 옮김. 서울: 엠마오, 1992.

Conner, Walter T. 「기독교교리」. 권오갑 역. 서울: 침례회출판사, 1962.

Conner, Walter Thomas. *A System of Christian Doctrine.* Nashville: Sunday School Board of the Southern Baptist Convention, 1924.

_____. *Christian Doctrine.* Nashville: Broadman Press, 1937; 「기독교교리」. 권오갑 역. 서울: 침례회출판부, 1962.

Cooper, John. *Body, Soul, and Life Everlasting: Biblical Anthropology and the Monism-Dualism Debate.* Grand Rapids: William B. Eerdmans, 2000.

Criswell, W. A. *The Baptism, Filling & Gifts of the Holy Spirit.* Grand Rapids: Zondervan Publishing House, 1973.

Crockett, William, ed. *Four Views on Hell.* Grand Rapids: Zondervan Publishing House, 1996.

Cross, Anthony R. *Baptism and the Baptists: Theology and Practice in Twentieth_Century Britain.* Studies in Baptist History and Thought, Vol. 3. Cumbria: Paternoster Press, 2000.

Cullmann, Oscar. *Baptism in the New Testament.* tr. by J. K. S. Reid. London: SCM, 1950.

Dagg, John L. *A Manual of Theology.* Charleston: Southern Baptist Publication Society, 1857.

_____. *Autobiography of Rev. John L. Dagg, D.D.* Harrisonburg: Gano Books, 1982.

_____. "The Value of Proofs for God's Existence." *Nineteenth Century Evangelical Theology*. Ed. by Fisher Humphreys. Nashville, Tenn.: Broadman Press, 1983.

_____. *The Elements of Moral Science*. New York: Sheldon and Co., 1859.

_____. *The Evidences of Christianity*. Macon: J. W. Burke and Co., 1869.

Davies, Horton. *Bread of Life & Cup of Joy: Newer Ecumenical Perspectives on the Eucharist*. Grand Rapids: William B. Eerdmans Publishing Company, 1993.

Davis, Stephen T. *The Debate about the Bible: Inerrancy versus Infallibility*. Philadelphia: The Westminster Press, 1977.

Deweese, Charles W. ed. *Defining Baptist Convictions: Guidelines for the Twenty-First Century*. Franklin: Providence House Publishers, 1996; 「21세기 속의 1세기 신앙: 침례교신앙 정의하기」. 김승진 옮김. 대전: 침례신학대학교출판부, 2005.

Dockery, David S. ed. *Southern Baptists & American Evangelicals: The Conversation Continues*. Nashville: Broadman & Holman Publishers, 1993.

Drummond, Lewis A. *Spurgeon: Prince of Preachers*. Grand Rapids: Kregel, 1992.

Duffield, Guy P. and N. M. Van Cleave. *Foundations of Pentecostal Theology*. Los Angeles: L.I.F.E. Bible College, 1983.

Durnbaugh, Donald F. *The Believers' Church: The History and Character of Radical Protestantism*. Reprint. Scottdale: Herald Press, 1985.

Dürr, Hans-Peter외 4인. 「신, 인간 그리고 과학」. 여상훈 옮김. 서울: 시유사, 2000.

Erickson, Millard J. *Christian Theology*. Vol. 1, 2, 3. Grand Rapids: Bakers, 1983, 985, 1986.

_____. *Introducing Christian Doctrine*. Ed. L. Arnold Hustad. Grand Rapids: Baker Book House, 1992.

_____. 「현대종말론 연구: 천년왕국과 대환난에 대한 여러 입장 연구」. 박영희 옮김. 서울: 생명의말씀사, 1996.

Estep, William. 「재침례교도의 역사」. 정수영 역. 서울: 요단출판사, 1986.

Evans, Robert F. *Pelagius: Inquiries and Reappraisal*. New York: Seabury Press, 1968.

Eyres, Lawrence R. 「하나님이 세우신 장로」. 홍치모 옮김. 서울: 총신대학출판부, 1985.

Fee, Gordon D. 「바울, 성령, 그리고 하나님의 백성」. 길성남 옮김. 서울: 좋은 씨앗, 2000.

Fenwick, M. C. 「만민묘혼긔별」. in 「신약견셔」. 영인본. 서울: 침례회출판사, 1983.

_____. 「복음과 은혜」. 김용복 편역, 해설. 대전: 침례신학대학교출판부, 20

_____. 「사경공부」. 미간행필사본. 1909년 추정.

_____. 「편공부님 설교집」 (미간행자료).

_____. *Church of Christ in Corea: A Pioneer Missionary's Own Story*. Rep. New York: George H. Doran, 1911; Seoul: Baptist Publications, 1967; 「대한기독교회사: 펜윅 선교사의 자전적 이야기」. 허긴 역. 대전: 침례신학대학출판부, 1989.

_____. *Life in the Cup*. Mesa Grande: Church of Christ in Corea Extension, 1917; 「찌그러진 통에 불과할지라도」. 한국고등신학연구원 번역팀. 서울: KIATS, 2016.

Fiorenza, E. S. 「크리스챤 기원의 여성신학적 재건」. 김애영 옮김. 서울: 종로서적, 1986.

Fortman, Edmund J. S.J. ed. *The Theology of Man and Grace: Commentary Readings in the Ideology of Grace*. Milwaukee: Bruce Publishing, 1966.

Fosdick, Harry Emerson. ed. *Great Voices of the Reformation*. New York: Random House, 1952.

Freeman, Curtis W., James Wm. McClendon Jr., and C. Rosalee Velloso Ewell. *Baptist Roots: A Reader in the Theology of a Christian People*. Valley Forge: Judson Press, 1999.

Friedmann, Robert. *The Theology of Anabaptism: An Interpretation*. Eugene: Wipf and Stock Publishers, 1998.

Gaffin, Richard 외 3인. 「기적의 은사는 오늘날에도 있는가: 은사에 대한 네 가지 관점」. Wayne A. Grudem 편. 이용중 옮김. 서울: 부흥과개혁사, 2009.

Gammage, Albert. 「조직신학원강」. 펜윅신학연구소 편. 대전: 침례신학대학교출판부, 1993.

Garrett, Jr. James L. *Systematic Theology: Biblical, Historical, & Evangelical*. Vol. 1, 2. Grand Rapids: William B. Eerdmans, 1990, 1995.

Garrett, Jr., James Leo. *Baptist Theology: A Four-Century Study*. Macon: Mercer University Press, 2009.

Geisler, Norman L. 편. 「성경무오: 도전과 응전」. 권성수 옮김. 서울: 엠마오, 1988.

George, Timothy. 「개혁자들의 신학」. 이은선, 피영민 역. 서울: 요단출판사, 1994.

George, Timothy and David S. Dockery. ed. *Baptist Theologians*. Nashville, Tenn.: Broadman Press, 1990; 「침례교신학자들」 상/하. 침례교신학연구소 펴냄. 대전: 침례신학대학교출판부, 2008/2010.

George, Timothy and Denise. ed. *Baptist Confessions, Covenants, and Catechisms*. Nashville: Broadman & Holman Publishers, 1996.

Gilkey, Landon. *Reaping The Whirlwind: A Christian Interpretation of History*. New York: Seabury Press, 1981.

Gill, John. *A Body of Doctrinal Divinity, A Complete Body of Doctrinal and Practical Divinity or A System of Evangelical Truths*. Reprinted. Paris: The Baptist Standard Bearer, 1987.

_____. *A Complete Body of Doctrinal and Practical Divinity*. Reprinted. First Edition 1839; Paris: The Baptist Standard Bearer, 1987.

Gonzalez, Justo L. *The Early Church to Dawn of the Reformation, The Story of Christianity*, vol. 1. New York: HarperCollins Publishers, 1984.

Grenz, Stanley and Roger E. Olson. 「20세기 신학」. 신새구 옮김. 시올: IVP, 1997.

Grenz, Stanley J. *Theology for the Community of God*. Nashville: Broadman & Holman Publishers, 1994; 「조직신학: 하나님의 공동체를 위한 신학」. 신옥수 옮김. 서울: 크리스챤다이제스트, 2003.

Gromacki, Robert G. *The Modern Tongues Movement*. Phillipsburg: Presbyterian and Reformed Publishing, 1967.

Grudem, Wayne. *Systematic Theology: An Introduction to Biblical Doctrine*. Grand Rapids: Zondervan Publishing House, 1994; 「조직신학 (하)」. 노진준 옮김. 서울: 은성, 1997.

Hannah, John D. 편. 「성경무오와 교회」. 정규철 역. 서울: 그리심, 2009.

Hasting, C. B. *Introducing Southern Baptist: Their Faith & Their Life*. New York: Paulist Press, 1981.

Hazelton, Roger. *God's Way with Man: Variations on the Theme of Providence*. Nashville: Abingdon Press, 1956.

Higgins, A. J. B. 「신약성서에 나타난 주의 만찬」. 김세광 옮김. 서울: 한국장로교출판사, 2001.

Hobbs, Herschel and E. Y. Mullins. *The Axioms of Religion*. Nashville: Broadman Press, 1978; 「기독교신앙의 6대 공리」. 김용복 옮김. 대전: 침례신학대학교출판부, 2005.

Hobbs, Herschel H. *The Baptist Faith and Message*. Revised. Nashville: Convention Press, 1996.

_____. *What Baptists Believe*. Nashville: Broadman Press, 1964; 「침례교인들은 무엇을 믿는가?」. 김태식 옮김. 서울: 서로사랑, 1997.

Hoekema, Anthony A. 「개혁주의구원론」. 류호준 역. 서울: 기독교문서선교회, 1991.

_____. *The Bible and the Future*. Grand Rapids: William B. Eerdmans, 1979.

_____. *Tongues and Spirit-Baptism: A Biblical and Theological Evaluation*. Grand Rapids: Baker Book House, 1981.

Horne, Charles M. *The Doctrine of Salvation*. Chicago: Moody Press, 1984.

Horrell, David G. 「성서와 환경: 생태성서학 입문」. 이영미 옮김. 오산: 한신대학교출판부, 2014.

Horton, Michael Scott 외 5인. 「한번 받은 구원 영원한가」. 이한상 역. 서울: 부흥과개혁사,

2011.

House, H. Wayne. *Charts of Christian Theology and Doctrine*. Grand Rapids: Zondervan Publishing House, 1992.

Huber, Wolfgang. 「교회」. 이신건 옮김. 서울: 한국신학연구소, 1990.

Humphreys, Fisher, ed. *The Theological Educator*. New Orleans: the Faculty of New Orleans Baptist Theological Seminary, 1985.

Humphreys, Fisher. *Nineteenth Century Evangelical Theology*. Nashville: Broadman Press, 1983.

_____. *The Way We Were: How Southern Baptist Theological Has Changed and What It Means to Us All*. Revised Edition. Macon: Smyth & Helwys, 2002.

Huntley, Martha. 「새로운 시작을 위하여: 1884년부터 1919년 삼일운동까지 한국 초기 교회 역사」. 차종순 옮김. 서울: 쿰란출판사, 2009.

Ingle, Clifford, ed. *Children and Conversion*. Nashville: Broadman Press, 1970.

Jacobs, Cindy. 「여자여, 내가 너를 불러 세웠노라: 여성안수, 어떻게 볼 것인가?」. 이숙희 역. 서울: 죠이선교회출판부, 1999.

James, Rob, Gary Leazer and James Shoopman. 「미국 남침례교 현대사: 근본주의자들의 남침례교단 장악 약사」. 정양숙 옮김. 대전: 침례신학대학교출판부, 2001.

Jay, Eric G. 「교회론의 역사」. 주재용 역. 서울: 대한기독교출판사, 1986.

Jüngel, Eberhard. *The Doctrine of the Trinity: God's Being is in Becoming*. Grand Rapids: Wm. B. Eerdmans, 1976.

Kärkkäien, Veli-Matti. 「21세기 성령론」. 김명남 옮김. 서울: 프라미스, 2005.

Keller, Catherine. "종말론, 생태학, 그리고 녹화를 위한 우월권." 신재식 역. 「생태학과 기독교신학의 미래」, 322-44. 서울: 한들출판사, 1999.

Kelly, J. N. D. 「고대기독교교리사」. 김광식 역. 서울: 맥밀란, 1987.

Kerr, Hugh T. ed. *A Compend of the Institutes of the Christian Religion by John Calvin*. Philadelphia: Westminster Press, 1964.

Kraft, Vickie. 「여성을 멘토링하는 여성: 성경적인 여성 사역을 시작하고, 지속하며, 확장하는 방법」. 이현경 옮김. 서울: 두란노, 2000.

Kuhn, Thomas S. 「과학혁명의 구조」. 조형 옮김. 서울: 이화여자대학교출판부, 1995.

Küng, Hans. 「교회」. 정지련 역. 서울: 한들출판사, 2007.

_____. *Does God Exist?: An Answer for Today*. Tr. Edward Quinn. Garden City: Doubleday & Company, 1980.

Land, Richard D. & Louis A. Moore, eds. *The Earth Is the Lord's: Christians and the*

Environment. Nashville: Broadmann Press, 1992.

Lefever, Ernest W. 「암스테르담에서 나이로비대회까지: WCC와 제3세계」. 전호진 역. 서울: 한국기독교교육연구원, 1981

Leonard, Bill J. *Baptist Ways: A History*. Valley Forge: Judson Press, 2003.

_____. "Southern Baptist Confessions: Dogmatic Ambiguity." *Southern Baptists & American Evangelicals: The Conversation Continues*. Ed. David S. Dockery, 163-75. Nashville: Broadman & Holman Publishers, 1993.

Lindsell, Harold. *The Battle for the Bible*. Grand Rapids: Zondervan Publishing House, 1976.

Lloyd-Jones, D. M. 「성령세례」. 정원태 역. 서울: 기독교문서선교회, 1999.

Lumpkin, William L. *A History of Immersion*. Nashville: Broadman Press, 1962.

_____. *Baptist Confessions of Faith*. Revised Edition. Valley Forge: Judson Press, 1969;「침례교신앙고백서」. 김용복, 김용국, 남병두 옮김. 대전: 침례신학대학교출판부, 2008.

Luther, Martin. 「말틴 루터의 종교개혁 3大 논문」. 지원용 옮김. 서울: 컨콜디아사, 1993.

MacArther, Jr., John F. 「무질서한 은사주의」. 이용중 옮김. 서울: 부흥과개혁사, 2008.

Macquarrie, John. *Paths in Spirituality*. London: SCM, 1972.

Marcel, Pierre Charles. *The Biblical Doctrine of Infant Baptism: Sacrament of the Covenant of Grace*. tr. by Philip Edgcumbe Hughes. London: James Clarke & Company, 1953.

Marsden, George. 「근본주의와 미국문화」. 박용규 옮김. 서울: 생명의말씀사, 1997.

Marshall, I. Howard. 「마지막 만찬과 주의 만찬」. 배용덕 옮김. 서울: 솔로몬, 1993.

Mask, E. Jeffrey. *At Liberty under God: toward a Baptist Ecclesiolgy*. Lanham: University Press of America, 1997.

McBeth, H. Leon. *A Sourcebook for Baptist Heritage*. Nashville: Broadman Press, 1990.

_____. *The Baptist Heritage: Four Centuries of Baptist Witness*. Nashville: Broadman Press, 1987.

McBeth, L. 「침례교 여성사」. 정양숙 역. 대전: 침례신학대학출판부, 1992.

McCall, Duke K. Com. and ed. *What Is the Church? A Symposium of Baptist Thought*. Nashville: Broadman Press, 1958.

McClendon, Jr. James W. *Systematic Theology: Doctrine*, Vol. II. Nashville: Abingdon, 1994.

McDannell, Colleen and Bernhard Lang. 「천국의 역사 I」. 고진욱 옮김. 서울: 동연, 1998.

McGrath, Alister E. 「하나님의 칭의론: 기독교교리 칭의론의 역사」. 한성진 옮김. 서울: 기독교문서선교회, 2008.

_____. 「신학의 역사」. 소기천 외 옮김. 서울: 知와사랑, 2013.

_____. 「이신칭의」. 김성웅 옮김. 2판. 서울: 생명의말씀사, 2015.

McGtath, Alister. 「제임스 패커의 생애」. 신재구 옮김. 서울: 기독교문서선교회, 2004.

McKim, Donald K. 「교회의 역사를 바꾼 9가지 신학논쟁」. 장종현 옮김. 서울: UCN, 2005.

Mickelsen, Alvera, ed. *Women, Authority & the Bible*. Downers Grove: Intervarsity Press, 1986.

Migliore, Daniel L. 「기독교조직신학개론: 이해를 추구하는 신앙」. 전면개정판. 서울: 새물결플러스, 2012.

Moffett, Samuel H. 「아시아기독교회사 II: 1500-1900」. 김인수 역. 서울: 장로회신학대학교 출판부, 2008.

Moltmann, J. 「생명의 영」. 김균진 옮김. 재판. 서울: 대한기독교회사, 1994.

Moltmann, J. 「聖靈의 能力 안에 있는 敎會」. 朴鳳琅 외 4인 역. 서울: 한국신학연구소, 1980.

Moody, Dale. "The Authority for Faith," *Catholics and Baptists in Ecumenical Dialogue, May 14-16, 1973*. Ed. J. William Angell, 25-38. Belmont: The Ecumenical Institute of Wake Forest Univ., 1973.

_____. *Apostasy: A Study in the Epistle to the Hebrews and in Baptist History*. Greenville: Smyth & Helwys, 1991.

_____. *Baptism: Foundation for Christian Unity*. Philadelphia: the Westminster Press, 1967.

_____. *The Hope of Glory*. Grand Rapids: William B. Eerdmans, 1964.

_____. *Christ and the Church: An Exposition of Ephesians with Special Application to Some Present Issues*. Grand Rapids: Wm. B. Eerdmans, 1963.

_____. *The Word of Truth: A Summary of Christian Doctrine Based on Biblical Revelation*. Grand Rapids: William B. Eerdmans, 1981.

Mullins, E. Y. 「組織神學原論」. 권혁봉 역. 서울: 침례회출판사, 1982.

_____. *Axioms of Religion: A New Interpretation of the Baptist Faith*. Philadelphia: American Baptist Publication Society, 1908.

_____. *The Christian Religion in Its Doctrinal Expression*. Philadelphia: Roger Williams Press, 1917.

_____. *Studies in Ephesians*. Nashville: Sunday School Board of the Southern Baptist Convention, 1935.

_____. *Talks on Soul Winning*. Nashville, Tenn.: Sunday School Board of the Southern Baptist Convention, 1920.

Nettles, Thomas. *By His Grace and for His Glory: A Historical, Theological and Practical Study of the Doctrine of Grace in Baptist Life*. Grand Rapids: Baker Book House, 1986.

Neuger, Christe Cozad 엮음. 「목회의 새로운 패러다임· 여성들을 위한 목회사역」. 정석환 옮김. 서울: 한들출판사, 2002.

Neve, J. L. 「基督敎敎理史」. 徐南同 譯. 서울: 대한기독교서회, 1986.

Niebuhr, H. Richard and Daniel D. Williams, ed. *The Ministry in Historical Perspectives*. New York: Harper & Brothers, 1956.

Niesel, Wilhelm. 「비교교회론」. 이종성, 김항안 옮김. 서울: 대한기독교출판사, 1988.

Ott, Heinrich. 「하나님에 대한 우리 시대의 질문」. 김광식 역. 서울: 대한기독교출판사, 1981.

Otto, Rudolf. *The Idea of the Holy*. Tr. John W. Harvey. Second Edition. London: Oxford University Press, 1950.

Palmer, Edwin H. 「칼빈주의 5대교리」. 박일민 옮김. 서울: 성광문화사, 1982.

Pannenberg, W. 「인간이란 무엇인가?」. 허혁 역. 서울: 성광문화사, 1981.

_____. *The Idea of God and Human Freedom*. Tr. R. A. Wilson. Philadelphia: Westminster, 1973.

Patterson, Paige. 「개혁의 해부학」. 김종환 옮김. 대전: 침례신학대학교출판부, 2007.

Peters, Ted. *God-the World's Future: Systematic Theology for a Postmodern Era*. Minneapolis: Fortress Press, 1992.

Pinnock, Clark H. *Flame of Love: A Theology of the Holy Spirit*. Downers Grove: InterVarsity Press, 1996.

Pinnock, Clark H., ed. *Grace Unlimited*. Minneapolis: Bethany Fellowship, 1975.

_____. *The Grace of God and the Will of Man*. Minneapolis: Bethany House Publishers, 1989.

Porter, Stanley E. and Anthony R. Cross, ed. *Baptism, the New Testament and the Church: Historical and Contemporary Studies in Honour of R. E. O. White*. Sheffield: Sheffield Academic Press, 1999.

Porter, Stanley E. and Anthony R. Cross, ed. *Baptism, the New Testament and the Church: Historical and Contemporary Studies in Honour of R. E. O. White*. Sheffield: Sheffield Academic Press, 1999.

Rees, B. R. *Pelagius: A Reluctant Heretic*. Woodbridge: Boydell Press, 1988.

Reid, J. K. S., ed. *Calvin: Theological Treatises*. The Library of Christian Classics. Vol. XXII. Ichthus Edition. London: SCM Press, 1954.

Reid, W. Stanford. ed. *John Calvin: His Influence in the Western World.* Grand Rapids, Mich.: Zondervan Publishing House, 1982.

Richards, W. Wiley. *Winds of Doctrines: The Origin and Development of Southern Baptist Theology.* Lanham, Maryland: University Press of America, 1991.

Robinson, John A. T. *Honest to God.* Philadelphia: Westminster, 1963.

Schaff, Philip. *Apostolic Christianity A.D. 1-100, History of the Christian Church.* Vol. 1. Reprinted. Grand Rapids: Wm. B. Eerdmans, 1991.

Schaff, Philip. *The Creeds of Christendom with A History and Critical Notes.* Vol. III. New York: Harper & Brothers, 1877.

Scharper, Stephen B. "생태위기."「20세기의 사건들과 현대신학」. Gregory Baum 엮음. 연규홍 옮김, 354-66. 서울: 대한기독교서회, 2009.

Schilling, S. P.「무신론시대의 하나님」. 조만 역. 서울: 현대사상사, 1982.

Schleiermacher. *The Christian Faith.* tr. by H. R. Mackintosh and J. S. Stewart. Edinburgh: T. & T. Clark, 1928.

Seeberg, Reinhold. *History of Doctrine in the Ancient Church,* tr. by Charles E. Hay in Text-Book of the History of Doctrine, vol. 1. Grand Rapids, Mich.: Baker Book House, 1952.

Sell, Allan.「칼빈주의와 알미니우스주의와 구원」. 김경진 역. 서울: 생명의말씀사, 1989.

Shurden, Walter B.「침례교 신학논쟁: 침묵하지 않은 사람들의 이야기」. 김용복, 김태식 옮김. 서울: 침례회출판사, 2000.

Shurden, Walter B. and Randy Shepley, ed. *Going for the Jugular: A Documentary History of the SBC Holy War.* Macon: Mercer University Press, 1996.

Shurden, Walter B. *The Baptist Identity: Four Fragile Freedom.* Macon, Georgia: Smyth & Helwys Publishing, 1993.

Siddons, Philip. *Speaking Out for Women: A Biblical View.* Valley Forge: Judson Press, 1980.

Slaatte, Howard A. *The Arminian Arm of Theology: The Theologies of John Fletcher, First Methodist Theologian, and His Precursor, James Arminius.* Washington: University Press of America, 1979.

Spurgeon, Charles.「고린도전후서 갈라디아서」. 모수환, 김원주 역. 스펄전설교전집. 서울: 크리스챤다이제스트, 2011.

Stacy, R. Wayne, ed. *A Baptist's Theology.* Macon: Smyth & Helwys, 1999.

Stagg, Frank. *New Testament Theology.* Nashville: Broadman Press, 1962.

Stassen, Glen H. & David P. Gushee.「하나님의 통치와 예수 따름의 윤리」. 신광은, 박종금 옮김. 대전: 대장간, 2011.

Steele, David N. and Curtis C. Thomas. 「칼빈주의의 5대강령」. 서울: 생명의 말씀사, 1982.

Stevens, William W. *Doctrines of the Christian Religion*. Grand Rapids: William B. Eerdmans Publishing Company, 1967; 「조직신학개론」. 허긴 역. 4판. 대전: 침례신학대학교 출판부, 1977.

Stott, John. 「성령세례와 충만」. 김현희 옮김. 서울: IVP, 2002.

Strong, Augustus H. *Systematic Theology, A Compendium*. Three Volumes in One. Philadelphia: Judson Press, 1906.

Stroull, R. C. 「하나님의 예정과 선택」. 정중은 옮김. 서울: 생명의말씀사, 2014.

Swidler, Leonard. *Biblical Affirmations of Women*. Philadelphia: Westminster Press, 1979.

Talbot, Kenneth G. and W. Gray Crampton. *Calvinism, Hyper-Calvinism, and Arminianism*. Edmonton: Still Waters Revival Books, 1990.

Tillich, Paul. *Systematic Theology*. Three volumes in one. Chicago: The University of Chicago Press, 1967.

Torbet, Robert G. 「침례교회사」. 허긴 역. 대전: 침례신학대학출판부, 1984.

Torrance, T. F. *Calvin's Doctrine of Man*. Grand Rapids, Michigan: Wm. B. Eerdmans, 1957.

Torrance, Thomas F. ed. *Calvin's Tracts and Treatises*. tr. by Henry Beveridge. Edinburgh: Oliver & Boyd, 1958.

Trible, P. 「성서에 나타난 여성의 희생: 성서의 여성신학적 재조명」. 최만자 옮김. 서울: 전망사, 1989.

Tuck, William P. *Our Baptist Tradition*. Macon: Smyth & Helwys Publication, 1993.

Tull, James E. *Shapers of Baptist Thought*. Valley Forge: Judson Press, 1972.

Turner, Max. *The Holy Spirit and Spiritual Gifts: Then and Now*. Cumbria: Paternoster Press, 1996.

Walker, Williston. 「기독교회사」. 류형기 역편. 증보판. 서울: 한국기독교문화원, 1983.

Warfield, Benjamin B. *Calvin and Augustine*. ed. by Samuel G. Craig. Philadelphia: Presbyterian and Reformed Publishing, 1956.

Weatherhead, Leslie D. 「하나님의 뜻」. 이천수 역. 서울: 요단출판사, 1976.

Welker, Michael. 「성찬식에서 무엇이 일어나는가?」. 임걸 옮김. 서울: 한들출판사, 2000.

Westermann, Claus. *Genesis*. Tr. David E. Green. Grand Rapids: Wm. B. Eerdmans, 1987.

Williams, J. Rodman. *Renewal Theology: Salvation, the Holy Spirit, and Christian Living, Renewal Theology: Systematic Theology from a Charismatic Perspective*. Vol. Two. Grand Rapids: Zondervan Publishing House, 1996.

Williamson, G. I. 「웨스트민스터 신앙고백서 강해」. 나용화 옮김. 서울: 개혁주의신행협회,

1980.

Wright, Tom N. 『톰 라이트, 칭의를 말하다』. 최현만 옮김. 서울: 에클레시아북스, 2011.

Wynkoop, Mildred B. 『칼빈주의와 웨슬레신학』. 한영태 역. 서울: 생명의말씀사, 1987.

Yocam, Dale. 『기독교신조 대조: 칼빈신학과 알미니안신학의 비교연구, 성결교리의 신학과 성서적 바른 이해』. 손택구 역. 서울: 예수교대한성결교회(연합) 출판부, 1988.

Yoder, Gideon G. *The Nurture and Evangelism of Children*. Scottdale: Herald Press, 1959.

Zuck, Roy B., ed. 『미래목회 비전 리더십』. 조계광 옮김. 서울: 생명의말씀사, 2000.

정기간행물

강사문. "구약성경의 생태학적 이해." 「장신논단」 제13집 (1997): 8-26.

권혁봉. "儒佛道의 神觀과 基督敎의 神觀." 「浸神論集」 8집 (1985): 31-59.

_____. "浸禮敎와 神學." 「福音과 實踐」 10집 (1987): 55-115.

기독교한국침례회총회. 『기독교한국침례회 제95차 정기총회 의사자료』. 서울: 기독교한국침례회, 2005.

김경희. "우주적 소통의 경험 및 새로운 평등 공동체의 비전으로서의 초창기 기독교인들의 성령체험과 평등 공동체의 실현을 위한 그들의 구체적인 실천들." 「신학사상」 138집 (2007 가을): 55-87.

김득룡. "장로교회 정치사상 연구." 「신학지남」 (1981 가을/겨울): 90-130.

김명용. "영혼불멸과 죽은 자의 부활." 「기독교사상」, 1989년 7월, 98-112.

김병서. "한국교회의 계층성과 장로제도." 「기독교사상」, 1994년 6월호, 86-98.

김승진. "미국의 대표적인 침례교 신앙고백들." 「복음과 실천」 22집 (1998 여름): 121-58.

김영선. "영혼불멸과 부활을 통해서 본 죽음 이해." 「한국개혁신학」 11 (2002): 219-54.

김용복. "E. Y. Mullins의 강권적 은혜: 견인의 확실성과 배교의 가능성을 포괄하는 이론적 근거." 「복음과 실천」 25 (2000 봄), 271-311.

_____. "신자침례와 유아세례의 차이점과 그 신학적, 정치적 의미." 「복음과 실천」 31집 (2003 봄): 105-31.

_____. "생태계의 위기와 창조신앙의 회복." 「뱁티스트」 38호 (1999): 52-61.

_____. "성령침례의 성서적-신학적 이해: 침례교의 관점에서." 「복음과 실천」 제43집 (2009 봄): 227-60.

_____. "신앙고백서를 통해 본 침례교신앙의 패러다임." 「복음과 실천」 35집 (2005 봄): 131-66.

_____. "침례교신학은 없는가?" 교수논단. 「침신대학보」, 1999. 10. 5.

_____. "하나님의 존재와 섭리의 상관성: Dale Moody를 중심으로." 「복음과 실천」 33집 (2004 봄): 109-33.

_____. "후기교부시대 인간론: 펠라기우스" 「뱁티스트」 제26호 (1996. 7/8), 46-52.

_____. "대한기독교회의 감로(監老) 직분과 직제 재고(再考)." 「침례신학대학교 총동창회보」, 2010년 9월 6일자, 2면.

_____. "John Leadley Dagg의 신학과 패러다임 분석: 칼빈주의 5대 교리를 중심으로." 「복음과 실천」 27집 (2000 가을): 193-235.

_____. "「사경공부」에 나타난 펜윅의 종말신앙: 조직신학적 관점에서." 「한국 침례교와 신앙의 특성」, 침례교신학연구소 편, 75-119. 대전: 침례신학대학교출판부, 2000.

_____. "한국침례교 목회자들의 신학적 경향 분석." 「복음과 실천」 29집 (2002 봄): 183-222.

도한호. "구원론에서의 칭의론(稱義論)의 위치." 「복음과 실천」, 25집 (2000 봄): 219-46.

_____. "새롭게 조명해보는 성서적 인간론." 「복음과 실천」 22집 (1998 여름): 95-120.

_____. "침례교회에서의 장로 문제." 「복음과 실천」 13집 (1990): 57-66.

민명구. "왜, 여성안수인가?" 「활천」, 1999년 8월, 65-9.

박성완, "유아세례의 성서적 근거," 「신학과 신앙」 2 (1987): 22-34

박충구. "에큐메니칼 가치와 한국 교회: 에큐메니칼 운동과 청암의 윤리사상." 「신학세계」 42 (2001): 89-122.

서철원. "장로제도." 「신학지남」 (1992 봄): 71-9.

송기식. "여성안수에 대한 신학적 현실적 대안." 「활천」, 1999년 9월, 72-5.

이상배. "21세기 침례교 신학의 방향: '접촉점'을 중심으로." 「복음과 실천」 23집 (1999 봄): 127-47.

_____. "Berdyaev의 無根底(Ungrund)의 교리와 자유의 개념." 「복음과 실천」 17집 (1994): 261-81.

_____. "신학체계의 분류를 위한 도구들과 멀린스의 신학." 「복음과 실천」 19집 (1996): 333-56.

_____. "종말론적 인간." 「복음과 실천」 16집 (1993): 202-26.

_____. "침례교적 선택론." 「복음과 실천」 20집 (1997 여름): 133-59.

_____. "침례교적인 성경관." 「복음과 실천」 27집 (2000 가을): 169-92.

_____. "하나님과 세상의 관계를 이해하기 위한 모델들: Berkouwer와 Cobb, Jr.를 중심으로." 「복음과 실천」 25집 (2000 봄): 247-70.

이찬석. "일치에서 조화로: WCC의 에큐케니칼 운동에 대한 고찰." 「한국조직신학논총」 30 (2011): 305-32.

전현식. "생태적 회심과 창조세계의 회복." 「기독교사상」, 2009년 1월호, 210-28.

최만자. "한국여성신학-그 신학 새로하기의 어제와 오늘." 「한국기독교신학논총」 22집 (2001): 293-324.

피영민. "침례교 신앙고백서에 나타난 교회직분론." 「복음과 실천」 19집 (1996): 529-55.

허 긴. "침례교와 신앙의 자유." 「복음과 실천」 11집 (1988): 303-21.

_____. "한국의 침례교회사(10)." 「뱊티스트」 22호 (1995. 11/12): 31-36.

허정갑. "성만찬적 교회론: '성도의 교제'를 중심으로." 「한국기독교 신학논총」 52 (2007): 201-26.

홍치모. "장로제의 기원에 관한 역사적 고찰." 「신학지남」 (1996 여름): 153-70.

황성철. "한국 장로교 정치에 있어서 당회의 문제점과 그 해결을 위한 과제." 「신학지남」 (1997 여름): 216-51.

Avis, Paul. "Ecumenical Theology 1910-2010: Does It Have a Future?" *Modern Believing* vol. 51, no. 3 (July 2010): 30-8.

Bangs, Carl. "Arminius: An Anniversary Report." *Christianity Today* Vol.5, No.1 (October 10, 1960), 15-19.

Bay, Bonjour. "The Pyongyang Great Revival in Korea and Spirit Baptism." *Evangelical Review of Theology* 31, no. 1 (2007): 4-16.

Bernas, Casimir. "Book Review of Hanhart Karel, The Intermediate State in the New Testament (Gronigen: T. Wever, 1966)." *The Catholic Biblical Quarterly* vol. 30, no. 1 (1968): 101-2.

Bird, Michael F. "Incorporated Righteousness: A Response to Recent Evangelical Discussion Concerning the Imputation of Christ's Righteousness in Justification." *Journal of the Evangelical Theological Society* 47 no. 2 (June 2004): 253-75.

Bush, L. Russ. "Understanding Biblical Inerrancy." *Southwestern Journal of Theology* vol. 50, no. 1 (Fall 2007): 20-55.

Cain, Cliff. "Down to Earth Theology: Reclaiming Our Responsibility for Creation and Embracing Biblical Stewardship." *American Baptist Quarterly* vol. 30, no. 3-4 (Fall-Winter 2011): 276-81.

Chester, Stephen J. "Divine Madness? Speaking in Tongues in 1 Corinthians 14.23." *Journal for the Study of the New Testament* vol. 27, no. 4 (2005): 417-46.

Congdon, Philip F. "Soteriological Implications of Five-Point Calvinism." *Journal of the Grace*

Evangelical Society 8, 15 (Autumn 1995), 55-68.

Conner, W. T. "Review of The Christian Religion in Its Doctrinal Expression by E. Y. Mullins." Review and Expositor 14, 4 (October 1917), 494-8.

Conradie, Ernst M. "Towards an Agenda for Ecological Theology: An Intercontinental Dialogue." Ecotheology vol. 10, no. 3 (2005): 281-343.

Cooper, John W. "The Identity of Resurrected Persons: Fatal Flaw of Monistic Anthropology." Calvin Theological Journal vol. 23, no. 1 (Apr. 1988): 19-36.

Craigen, Trevor P. "Review of Brian Vickers, Jesus' Blood and Righteousness: Paul's Theology of Imputation. Wheaton: Crosway, 2006." The Master's Seminary Journal 19 no. 1 (Spring 2008): 141-4.

Davis, John J. "Ecological 'Blind Spots' in the Structure and Content of Recent Evangelical Systematic Theologies." Journal of the Evangelical Theological Society vol. 42, no. 2 (June 2000): 273-86.

Dever, Mark E.. "John Dagg: First Writing Southern Baptist Theologian." The Founders Journal 19/20 (Winter-Spring 1995), 32-37.

Dilday, Russell. "Mullins the Theologian: Between the Extremes." Review and Expositor 96 (1999): 75-86.

Dockery, David S. "Book Review of Dictionary of Pentecostal and Charismatic Movement, edited by Stanley M. Burgess, et. al. Grand Rapids: Zondervan, 1988)." Review and Expositor 87:1 (Winter 1990): 143-4.

_____. "Biblical Inerrancy: Pro or Con?" The Theological Educator 37 (Spring 1988): 15-36.

Dollar, George W. "Symposium on the Tongues Movement: Church History and the Tongues Movement." Bibliotheca Sacra vol. 120, no 480 (Oct. 1963): 316-21.

Edgar, Brian. "Biblical Anthropology and the Intermediate State: Part I." The Evangelical Quarterly vol. 74, no. 1 (2002): 27-45.

_____. "Biblical Anthropology and the Intermediate State: Part II." The Evangelical Quarterly vol. 74, no. 2 (2002): 109-21.

Estep, W. R. "Baptists and Authority: The Bible, Confessions, and Conscience in the Development of Baptist Identity." Review and Expositor 84 (Fall 1987): 599-615.

Franklin, Lloyd David. "Spirit-Baptism: Pneumatological Continuance." Review and Expositor 94:1 (Winter 1997): 15-30.

Gardner, Robert G. "John Leadley Dagg." Review and Expositor 54, no. 2 (April 1957), 246-63.

Garrett, James Leo, Jr. "Biblical Authority according to Baptist Confessions of Faith." Review and Expositor 76, no. 1 (Winter 1979): 43-54.

_____. "The Distinctive Identity of Southern Baptists vis-à-vis Other Baptists." *Baptist History and Heritage* vol. 31, no. 4 (Oct. 1996): 6-16.

George, Timothy. "Systematic Theology at Southern Seminary." *Review and Expositor* 82, no. 1 (Winter 1985): 31-45.

Gibellini, Rosino. "생태신학의 최근 흐름." 심광섭 옮김. 「기독교사상」, 1998년 12월호, 100-10.

Goatley, David Emmanuel. "The Charismatic Movement Among Baptists Today." *Review and Expositor* 94, no. 1 (Winter 1997): 31-40.

Gragg, Alan. "Dale Moody's The Word of Truth: A Review Article." *Perspectives in Religious Studies* vol. 10, no. 3 (Fall 1983): 269-78.

Green, Joel B. "Eschatology and the Nature of Humans: A Reconsideration of Pertinent Biblical Evidence." *Science & Christian Belief* vol. 14, no. 1 (2002): 33-50.

Hart, Larry. "Problems of Authority in Pentecostalism." *Review and Expositor* 75:2 (Spring 1978): 249-66.

Hinson, E. Glenn. "Baptist and Evangelicals: What is the Difference?" *Baptist History and Heritage* vol. 16, no. 2 (April 1981): 20-32.

_____. "Dale Moody: Bible Teacher Extraordinaire." *Perspectives in Religious Studies* 14, no. 4 (Winter 1987): 3-17.

_____. "Southern Baptists and Confessionalism: A Comparison of the Origins and Contents of the 1925 and 1963 Confessions." *Review and Expositor* 76 (Winter 1979): 55-68.

Howe, Claude L. "The Charismatic Movement in Southern Baptist Life." *Baptist History and Heritage* 13 (July 1978): 20-7.

Humphreys, Fisher. "Book Review of The Word of Truth: A Summary of Christian Doctrine Based on Biblical Revelation, by Dale Moody." *Review and Expositor* 79, no. 3 (Summer 1982): 513-6.

Jones, Keith G. "Baptists and Creation Care." *Baptist Quarterly* vol. 42, no. 7 (July 2008): 452-76.

Marshall, I. Howard. "The Problem of Apostasy in New Testament Theology." *Review and Expositor* 4 (Winter 1987): 65-80.

McKnight, Edgar V. "Baptist and Inerrancy." *Perspectives in Religious Studies* vol. 20, no. 2 (Summer 1993): 147-59.

McMinn, Don J. "The Baptist View of Salvation," 「침신논집」 10집 (1987): 165-85.

Moody, Dale. "Baptism in Recent Research," *Review and Expositor* vol. 65, no. 4 (Winter 1968): 13-22.

_____. "Perspectives on Scripture and Tradition: A Response." *Perspectives in Religious Studies* vol. 15, no. 1 (Spring 1988): 5-16.

_____. "Tabletalk on Theology Tomorrow." *Review and Expositor* vol. 63, no. 3 (Summer 1967): 341-56.

_____. "The Great Essentials: The Church of the Living God," *The Baptist Student* vol. 34, no. 8 (May 1955): 34-7.

_____. "The Holy Spirit and Missions: Vision and Dynamics," *Review and Expositor* vol. 62, no. 1 (Winter 1965): 75-81.

_____. "The Shaping of Southern Baptist Polity," *Baptist History and Heritage* vol. 14, no. 3 (July 1979): 2-11.

_____. "The Way of Salvation: The Great Essentials-Basic Doctrines of Our Faith." *The Baptist Student*, March 1954, 31-3.

_____. "What We Believe About Eternal Security." *Baptist Adult Union Quarterly*, December 18, 1955, 36-8.

_____. "The Crux of Christian Theology." *Review and Expositor*, 46, 2 (April 1949): 164-80.

_____. "The Living God: The Great Essentials-Basic Doctrines of Our Faith." *The Baptist Student*, October, 1954, 17-9.

Mueller, William A. "Southern Baptists and Theology." *The Theological Educator* 1, no. 3 (October 1970): 49-62.

Murray, John. "The Imputation of Adam's Sin." *Westminster Theological Journal* 19 no. 1 (Nov. 1956): 25-44.

Nettles, Tom. "The Rise & Demise of Calvinism among Southern Baptists." *The Founders Journal* 19/20 (Winter-Spring 1995): 6-21.

Rogers, Jr., Cleon L. "The Gift of Tongues in the Post Apostolic Church (A.D. 100-400)." *Bibliotheca Sacra* vol. 122, no. 486 (April-June, 1965): 134-43.

Shurden, Walter B. "The Inerrancy Debate: A Comparative Study of Southern Baptist Controversies." *Baptist History and Heritage* vol. 16, no. 2 (April 1981): 12-9.

Simmons, Paul D. "The Ethics of Dale Moody." *Perspectives in Religious Studies* 14, no. inter 1987): 125-38.

"Southern Baptist Theology Today-An Interview with Herschel H. Hobbs." *The Theological Educator* VII, no. 2 (Spring 1976): 18-26.

Tupper, E. Frank. "The Providence of God in Christological Perspective." *Review and Expositor* 82, no. 4 (Fall 1985): 579-95.

Venema, Cornelis P. "Calvin's Doctrine of the Imputation of Christ's Righteousness: Another Example of 'Calvin Against the Calvinists'?" *Mid-America Journal Theology* 20 (2009): 15-47.

Ward, Wayne. "Dale Moody's Ecclesiology." *Perspectives in Religious Studies* vol. 14. no. 4 (Winter 1987): 81-97.

Whalley, W. E. "Pentecostal Theology." *The Baptist Quarterly* 27, no. 7 (1978): 282-9.

Yun, Koo Dong. "Water Baptism and Spirit Baptism: Pentecostals and Lutherans in Dialogue." *Dialog: A Journal of Theology* 43, no. 4 (Winter 2004): 344-51.

미간행물

김용복. "남침례교 신학전통에서의 인간론: '자유와 은혜' 개념을 중심으로." 박사학위논문. 침례신학대학교대학원, 1997.

Ahn, Heui-Yeol. "The Influence of the Niagara Bible Conference and Adoniram Judson on Malcolm Fenwick and Korean Baptist Missions." Ph.D. dissertation, Southwestern Baptist Theological Seminary, 2002.

Basden, Paul A. "Theologies of Predestination in the Southern Baptist Tradition: A Critical Evaluation." Ph.D. Dissertation, Southwestern Baptist Theological Seminary, 1986.

Cho, Timothy Hyo-Hoon. "A History of the Korea Baptist Convention, 1889-1969" Ph.D. Southern Baptist Theological Seminary, 1970.

Gardner, Robert G. "John Leadley Dagg: Pioneer American Baptist Theologian." Ph.D. Dissertation. Duke University, 1957.

Kim, Yong-Gook. "An Analysis of the Theological Development and Controversies of the Korea Baptist Convention, 1889-1997." Ph.D. dissertation, Southern Baptist Theological Seminary, 2001.

Matheson, Mark E. "Religious Knowledge in the Thought of John Leadley Dagg and James Petigru Boyce, With Special Reference to the Influence of Scottish Common Sense Philosophy." Ph.D. Dissertation. The Southwestern Baptist Theological Seminary, 1984.

Moody, Dwight A. "Doctrines of Inspiration in the Southern Baptist Theological Tradition." Ph.D. dissertation, The Southern Baptist Theological Seminary, 1982.

Nam, Samuel Byung-doo. "A Comparative Study of the Baptismal Understanding of Augustine, Luther, Zwingli, and Hubmaier." Ph.D. diss. Southwestern Baptist Theological Seminary, 2002.

Patterson, Leighton Paige. "An Evaluation of the Soteriological Thought of John Leadley Dagg: Baptist Theologian of Nineteenth-Century America." Th.D. Dissertation. New

Orleans Baptist Theological Seminary, 1974.

Witt, William Gene. "Creation, Redemption and Grace in the Theology of Jacob Arminius." Ph.D. dissertation, The University of Notre Dame, 1993.

기타 자료

박세일. "중도란 무엇인가." [인터넷자료] http://blog.naver.com/hp0114938984.do?Redirect=Log&logNo=4927516. 2005년 1월 13일 접속.

배본철. "가옥명(賈玉銘)의 성령론." 「크리스천투데이」, 2003년 10월 30일자 [온라인신문] www.christiantoday.co.kr/view.htm?code=oc&id=150238. 2009년 1월 14일 접속.

_____. "한국교회 성령운동의 외래적 배경." 「크리스천투데이」, 2003년 8월 1일자 [온라인신문] http://www.christiantoday.co.kr/view.htm?code=oc&id=150162. 2009년 1월 14일 접속.

_____. "해방 이전 〈신학지남〉의 성령론." 「크리스천투데이」, 2003년 10월 23일자 [온라인신문] www.christiantoday.co.kr/view.htm?code=oc&id=150217. 2009년 1월 14일 접속.

[온라인성경번역본] http://www.biblegateway.com/versions. 2014년 1월 226일 접속.

권연경 외. "톰 라이트, 바울, 한국교회"(신학좌담). [온라인자료] http://cafe.daum.net/Wellspring/Tx8N/1?q=%C5%E8%20%B6%F3%C0%CC%C6%AE%20%C4%AA%C0%C7%B8%A6%20%B8%BB%C7%CF%B4%D9. 2017년 1월 8일 접속.

"A Southern Baptist Declaration on the Environment and Climate Change." [인터넷자료] http://www.baptistcreationcare.org/node/1. 2014년 11월 26일 접속.

"Albert Mohler: Why All Southern Baptists are Calvinists." [온라인자료] http://sbcvoices.com/albert-mohler-why-all-southern-baptists-are-calvinists. 2013년 12월 2일 접속.

Allen, Bob. "SBC Leaders Says Calvinism Steadily Dividing Church." *Christian Century*. [온라인자료] Oct. 19, 2011, http://www.christiancentury.org/article/2011-10/sbc-leader-cites-calvinism-top-challenge. 2013년 12월 21일 접속.

"Baptist Faith and Message"(2000). [온라인 자료] http://sbc.net/bfm/bfmcomparison.asp. 2005년 11월 27일 접속.

Birch, William. "Calvinistic Southern Baptist Al Mohler Excludes Arminians from Gospel Cooperation." [온라인자료] http://classicalarminian.blogspot.kr/2013/11/calvinistic-southern-baptist-al-mohler.html. 2014년 2월 4일 접속.

Brine, John. "Christ's Active Obedience Imputed to His People, and the Merit of It Demonstrated," *The Sermons of John Brine* (London: John Ward, 1759). [인터넷자료] http://www.mountzionpbc.org/John_Brine/jb_imputation_2.htm. 2017년 1월 5일 접속.

Busenitz, Nathan. "Spurgoen, Impressions, and Prophecy." [온라인자료] http://thecripplegate.com/spurgeon-impressions-and-prophecy. 2014년 1월 16일 접속.

Caner, Emir. Southern Baptists, Tongues, and Historical Policy. [온라인단행본] White Paper. Fort Worth: The Center for Theological Research Southwestern Baptist Theological Seminary, 2006. http://www.baptisttheology.org/baptisttheology/assets/File/SBCTonguesHistoricalPolicy.pdf. 2014년 1월 16일 접속.

"Comparison of 1925, 1963 and 2000 Baptist Faith and Message." [인터넷자료] http://www.sbc.net/bfm2000/bfmcomparison.asp. 2014년 12월 24일 접속.

Craig, Ed. "Southern Baptists and 'Creation Care.'" National Review Online [온라인신문], March 19, 2008. http://www.nationalreview.com/planet-gore/17914/southern-baptists-and-creation-care/edward-john-craig. 2014년 12월 2일 접속.

Elliott, Hannah. "Group asks SBC to reconsider tongues policy." The Baptist Standard [온라인자료] 8 Dec. 2006. http://www.baptiststandard.com/resources/archives/46-2006-archives/5913-group-asks-sbc-to-reconsider-tongues-policy; http://www.abpnews.com/www/1333.article. 2014년 1월 7일 접속.

"Free Will Baptist." [온라인자료] http://en.wikipedia.org/wiki/Free_Will_Baptist. 2013년 12월 6일 접속.

Garrett, Jr., James Leo. Baptist Theology: A Four Century Study [온라인 단행본]. Macon: Mercer University Press, 2009. http://books.google.co.kr/books?id=epEHq0mTsKgC&printsec=frontcover&dq=baptist+theology&cd=1#v=onepage&q=&f=false. 2010년 1월 23일 접속.

Gassmann, Günther. "Unity." Dictionary of the Ecumenical Movement, [온라인자료] http://www.oikoumene.org/en/resources/themes/christian-unity/ecumenical-dictionary-unity.html. 2012년 1월 19일 접속.

Gill, John. "of the officers of a church, particularly pastors." A Book of Practical Divinity [온라인단행본] www.pbministries.org/books/gill/practical_divinity/Book_2/book2_o3.htm#[1]. 2008년 10월 10일 접속.

Herzfeld, Noreen L. In Our Image: Artificial Intelligence and the Human Spirit [인터넷단행본] (Minneapolis: Fortress Press, 2002), 15, https://books.google.co.kr/books?id=D_9bpU_3rWEC&pg=PA15&lpg=PA15&dq=emil+brunner,+ecology,+image+of+God&source=bl&ots=VGznmMaXTu&sig=eysQ55hh3NqYHEfWgJPwkF0CIos&hl=ko&sa=X&ei=17ebVN31Ldfc8AXh4ILoBQ&ved=0CEEQ6AEwBQ#v=onepage&q=emil%20brunner%2C%20ecology%2C%20image%20of%20God&f=false. 2014년 12월 24일 접속.

Hill, James M. "John Smyth: Root of the Baptists." [온라인자료] http://www.christiansforchrist.org/articles/church-history/john-smyth-root-of-the-baptists. 2014년 2월 4일 접속.

Life Way Research. "SBC Pastor Views on Calvinism." [온라인자료] http://www.lifewayresearch.com/2012/06/19/sbc-pastors-polled-on-calvinism-and-its-effect. 2013년 11월 30일 접속.

"List of Baptist denominations." *Wikipedia, the Free Encyclopedia*. [온라인자료] http://en.wikipedia.org/wiki/List_of_Baptist_denominations. 2013년 12월 6일 접속.

Marus, Robert. "McKissic wants SBC to address 'tongues' in Baptist Faith & Message." [온라인자료] http://www.baptiststandard.com/resources/archives/46-2006-archives/5552-mckissic-wants-sbc-to-address-tongues-in-baptist-faith-aamp-message. 2014년 1월 7일 접속.

Michael, Larry J. Spurgeon on Leadership: Key Insights for Christian Leaders from the Prince of Preachers (Grand Rapids: Kregel Publications, 2003), 27. [온라인 단행본] http://books.google.com/books?hl=ko&lr=&id=UidkYbpXNZIC&oi=fnd&pg=PA7&dq=spurgeon+and+leadership&ots=RsPFSy2_rO&sig=BTHD5wN5M1JUOU1TcYGokElhG0A#PPA27,M1. 2008년 11월 28일 접속.

Moody, Dale. "Romans." *Broadman Bible Commentary*. Vol. 10. ed. Clifton J. Allen, 153-286. Nashville: Broadman Press, 1970.

Moore, Jared. "Dan Taylor vs. John Gill." [온라인자료] http://jaredmoore.exaltchrist.com/discernment-christian/polemics-a-healthy-debate/dan-taylor-vs-john-gill. 2014년 2월 4일 접속.

Nettles, Thomas. "John Clifford (1836-1923): Irrepressible Liberal." 58-81. [온라인자료] http://www.sbts.edu/resources/files/2010/07/sbjt-064_win02-nettles.pdf. 2014년 2월 4일 접속.

Rice, John R. "Kindly, Clear Bible Answers About Speaking In Tongues." [온라인자료] http://www.fbbc.com/messages/rice_tongues.htm. 2014년 1월 16일 접속.

Rudolph, Gerald L. "Oral History Interview of Dale Moody." November 28, 1978. Southern Baptist Theological Seminary Audio Visual Archives, CA 2126-2127, Transcription by Michele B. Fowler, 1-24 [온라인자료] http://digital.library.sbts.edu:8080/bitstream/handle/10392/46/CA.2121-2127.html. 2011년 8월 10일 접속.

"'Tongues' resurfaces as Southern Baptist issue." Christian Century [온라인자료] 17 October 2006, 17-8. http://www.christiancentury.org/article/2006-10/tongues-resurfaces-southern-baptist-issue. 2014년 1월 18일 접속.

"What is Centrism." [온라인자료] http://www.wisegeek.com/what-is-centrism.htm. 2014년 2월 9일 접속.

Wring, Robert A. "Elder Rule and Southern Baptist Church Polity." *Journal for Baptist Theology and Ministry*, vol. 3. no. 1 (Spring 2005): 188-212. [온라인자료] http://baptistcenter.com/11%20Wring%20Revision.pdf. 2008년 12월 5일 접속.

Young, Doyle L. "Salvation by Grace: Foundations of Baptist Heritage." Pamphlet. Nashville, Tenn.: The Historical Commission of the Southern Baptist Convention, 1989.

너희는 믿음 안에 있는가
너희 자신을 시험하고 너희 자신을 확증하라
예수 그리스도께서 너희 안에 계신 줄을 너희가 스스로 알지 못하느냐
그렇지 않으면 너희는 버림 받은 자니라

고린도후서 13장 5절

침례교신학 톺아보기
논쟁과 대화로 탐색하는 조직신학체계

지은이	김용복
발행인	이형원
초판발행	2018년 1월 30일
등록번호	출판 제6호(1979. 9. 22)
발행처	침례신학대학교 출판부 (하기서원)
주소	대전광역시 유성구 북유성대로 190 (34098)
전화	(042)828-3255, 3257
팩스	(042)828-3256
홈페이지	http://www.kbtus.ac.kr
이메일	public@kbtus.ac.kr

값 18,000원

ISBN 978-89-93630-86-2   93230